ZHONGGUO LIUTONG JINGJI
TIZHI GAIGE XINTAN

中国流通经济体制改革新探

- **陈建中** 主　编
- **林英泽** 副主编

人民出版社

前　言

2012 年 8 月 3 日,《国务院关于深化流通体制改革　加快流通产业发展的意见》(以下简称《意见》)正式发布,明确提出了流通产业改革发展的目标和任务,到 2020 年"基本建立起统一开放、竞争有序、安全高效、城乡一体的现代流通体系,流通产业现代化水平大幅提升,对国民经济社会发展的贡献进一步增强"。为进一步深化流通体制改革,降低流通成本,提高流通效率,加快流通产业发展,全面提升流通现代化水平指明了方向。但是,如何加快流通产业改革发展,还缺乏清晰的思路、明确的方案、实现的途径和实施办法,许多深层次的问题也没涉及,比如流通管理体制问题,流通政策问题等。因此,深入探讨加快流通产业改革发展的道路与途径,是当前和今后一个时期完善中国特色社会主义市场经济体制的一项重大课题和迫切任务。

一、高度重视加快流通产业改革发展的重要性

任何一个有机体的运行,如果循环系统出了问题,就会出现系统的紊乱甚至崩溃,不论是生命系统、社会系统还是经济系统,概莫能外。生命系统血脉不畅会出现心脑梗阻和危及生命,社会系统交通运输不畅会出现堵塞和社会混乱,经济系统流通不畅会出现供需矛盾甚至经济动荡。流通业是国民经济的血脉系统,在整个国民经济运行中发挥着承接生产、启动消费的重要功能,流通竞争力已成为国家竞争力的重要组成部分,是国民经济的命脉,决定着国民经济的整体运行效率。

1. 流通是国民经济的基础产业、先导产业与战略产业。计划经济与市场经济的本质区别在于:计划经济是生产决定流通,而市场经济则是流通决定生

产、引导生产。早期的重商主义是资本主义市场经济建立和发展的理论基础，其主要观点就是流通决定生产，认为没有流通的扩大，就没有资本主义制度的产生，也就没有市场经济的产生与繁荣。流通业处于产业链的高端，作为服务业的骨干产业，流通业与农业、工业一样，是国民经济的基础产业。从三次产业对国民生产总值的贡献率来看，我国服务业的贡献率在逐年增长，而大力发展包括流通业在内的服务业已成为我国未来经济发展的战略重点。在市场经济条件下，交换决定着生产，所以流通业处于基础产业的地位。同时流通业又是国民经济运行的晴雨表，由流通引导的消费是拉动国民经济发展的基本动力，没有流通现代化，就没有真正意义上的社会主义市场经济，国民经济的整体运行效率也就不可能得以提高。正是从这个意义上讲流通业又是先导产业。所谓先导产业，是指流通对经济社会发展的引导与推动作用，是流通引导和推动经济社会发展的综合体现，包括导向力、传导力和推动力。我国正在加快转变经济发展方式，经济增长主要由依靠投资、出口拉动向依靠消费、投资、出口协调拉动转变，流通业作为服务业中的骨干产业，在扩大内需、引导消费中发挥着越来越重要的作用，是拉动国民经济发展的助推器和调节器。如何提高流通业对国内生产总值的拉动作用，推动我国从制造大国向制造强国、从贸易大国向贸易强国、从生产大国向消费大国转变，流通业都起着举足轻重的作用，因此流通业更是战略产业。

2. 流通能促进和实现社会资源的有效配置。市场经济的本质是交换经济，是以市场为中心，以交换为手段，通过独立、自主、平等、竞争的商品流通来实现社会资源的有效配置。市场经济的核心内容是市场在资源配置中是否起基础性作用。我国由计划经济体制向市场经济体制转变，其根本的一点就是经济资源由原来的计划配置向由市场配置转变。所谓市场化，就是任何一个资源配置的行为都由市场来决定，是经济人之间平等的自愿的交易。市场化进程是市场机制在经济活动中对资源配置发挥作用的持续增大，而流通在资源配置中则起着桥梁与纽带的作用，所以把它比做国民经济的血脉系统。流通不畅、流通效率不高、流通结构不合理、流通形式单一、流通行为不规范，都会影响到社会资源的合理配置。所以流通业对整个社会资源配置与结构调整都起着不可替代的重要作用，流通现代化水平高、效率高，能优化社会资源配置，促进社会生产和消费的协调。流通不畅或发展滞后，必然导致生产结构与市场需求脱节，造成经济发展中的重复建设、生产资源的闲置和浪费等。

3. 流通是调节供需矛盾、形成合理市场价格、平抑物价和消除社会经济震荡的调节器。流通作为市场经济的血脉系统,起着调节市场供需矛盾的重要作用,市场经济秩序不规范及许多经济乱象大多表现为流通问题,如供需矛盾、哄抬物价、囤积居奇、暴利行为等,固然有趋利行为与市场炒作等人为因素,但说到底都与流通有关。近年来我国出现的许多市场乱象如"蒜(算)你狠"、"豆(逗)你玩"、价格不合理等现象都是由于流通主体多头经营、流通渠道混乱、流通价格任意、流通暴利行为造成的。市场运行效率的高低,还表现为能否形成合理的价格,商品价格是流通产业与消费者之间供求互动的结果,是流通企业向生产企业传递的重要信息。没有一个在供求整合与信息传递两大职能层面上发挥重要作用与富有效率的流通产业,市场价格机制的及时性、准确性、效率性都会受到影响,市场机制的作用与价格形成必然会扭曲,市场体系的整体效率会削弱,供求矛盾会进一步扩大甚至产生社会经济震荡。

4. 流通业具有价值实现与价值创造的功能。长期以来,受传统经济理论的影响,一直存在流通不创造价值、不属于生产性劳动的观点,由此认为流通不是产业,也一直得不到重视。虽然这一现象现在有所改变,但仍然根深蒂固,不论是各级政府部门的决策者还是理论研究人员,不论是生产部门经济政策的制定者还是企业的经营管理者,都未能认识到流通在国民经济发展中的重要作用,更不要说将其摆到重要的位置。如何认识流通产业在国民经济中的地位问题,不仅关系到生产企业商品价值的实现,也关系到如何充分发挥其"血脉系统"的重要作用、完善社会主义市场经济体制的根本性问题。其实,市场经济的理论与实践已经证明,流通不仅具有价值实现的功能,更具有价值创造的增值功能。流通产业通过市场交易实现商品的价值即完成"惊险的一跃",又通过自身的服务创造价值实现增值,它不仅通过创造有形的价值提供有形的服务产品,还通过创造无形的价值提供无形产品以满足社会生产和生活多层次的需要。

5. 流通能够优化完善市场匹配机制,实现供求平衡。实际上,市场出现供求矛盾或价格扭曲,与市场体系不健全和市场匹配能力低下有关,但从根本上说还是流通体制不完善、流通不畅或流通效率不高等原因造成的。流通是市场机制发挥作用的基础,又是市场活力的所在,也是市场调控的关键。要实现市场机制的合理匹配,首先要推进流通市场化,充分发挥流通在整个经济运行中的组织、调节和引导作用,实现流通连接生产、市场与消费的功能。这就要求流通主体自主决策、独立经营,其经济活动由市场来导向,流通市场是比较完善而有效的竞争市场,资源配置由市场机制来调节;流通范围不受行政条件的羁绊,完全由市场需要来确定;流通渠道是多元的、竞争的,而不是单一的、垄断的。这就是说,流通市场化的程度,决定了市场匹配的程度和市场机制在资源配置过程中发挥作用的范围与程度。

6. 流通的交易规则是建立市场经济制度的基础。市场经济是信用经济,又是法制经济。市场经济的各种制度安排,往往都源于或形成于流通产业发展过程中的基本交易规则。我们这里说的流通是包括物流、商流、资金流、信息流在内的大流通的概念,它包含了市场经济的所有交易活动。流通产业要高效履行其各种交换职能,必须形成各种旨在约束交易各方的权力、义务关系的交易规范、交易规则乃至习惯性做法等,继而提高到法律法规的层面和制度的层面,将流通业内部通行的交易规则进行规范化、法规化和制度化,便形成了市场规则和市场经济制度。由此可见,市场经济的各种机制、体制、制度与流通业息息相关、相辅相成、相互影响、相互作用,没有流通业的健康发展,就没有市场经济体制与各种制度的形成与发展。

流通在市场经济发展中的重要作用,揭示了流通产业是国民经济的血脉系统,是国民经济的基础产业、先导产业和战略产业。同样也体现了流通产业在市场经济发展中的重要地位和作用。从某种意义上说,市场经济体制是否健全与完善,首先要看流通体制是否健全与完善。

二、流通体制改革滞后已成为制约 我国市场经济发展的瓶颈

当前我国社会主义市场经济体制改革已经进入深水区,其中一个关键问题就是流通体制改革滞后,不能适应社会主义市场经济发展的需要,流通体制已成为制约我国市场经济发展的瓶颈。

1. "重生产轻流通"的思想观念根深蒂固,仍在影响着我国经济决策、政策制定与实际运作。受长期的计划经济影响,"重生产轻流通"的思想观念很难消除,尽管现在对流通的重要性已有所认识,但各级政府在实际运作中并没有落到实处。首先,在国家层面一直对流通业发展重视不够,缺乏明确的战略定位。在流通不创造价值的思想观念指引下,各级政府"重生产轻流通",加

上片面追求 GDP 的政策导向,普遍重视高产值的制造业,忽视基础性、低产值的流通业。其次,在政策制定与实施层面一直存在"重工轻商"的政策歧视。在中央和地方预算中,各级政府对流通业的资金支持明显不足;在内外贸政策上,存在重外贸轻内贸的政策导向;在土地等基础资源的使用上,商业流通业的成本都高于工业企业;在对国内流通业实行产业政策歧视的同时,对外资流通企业却实行"超国民待遇",至今一些地方政府的招商引资政策仍然"内外有别"。再次,国家在制定产业规划中依然没有得到重视,包括商务部推动流通业纳入振兴规划的努力并未获得采纳,说明国家对流通业的产业地位与功能依然认识不到位。由于缺乏明确的战略定位,从国家层面到各级政府,有关流通的产业规划、政策制定及实施运作都重视不够,从而制约了流通产业的发展。

2. 生产成本低,流通成本高成为束缚我国经济发展的瓶颈。首先,工业品生产领域的流通成本过高。一般来说,工业产品生产过程除了再加工和再生产时间以外,全部是流通与物流过程的时间。在工业产品制造过程中,加工时间仅占 5% 左右,而流通与物流时间占到 90% 以上,这即是说很大一部分生产成本是消耗在物流与流通过程中的,生产领域的流通与物流对于生产成本起着决定性作用。其次,农产品的流通费用居高不下。近年来,我国农产品价格频繁出现大幅波动、"卖难买难"的现象,其中固然有人为炒作等因素,但流通费用过高、效率偏低无疑是一个不容忽视的重要原因。有数据显示,目前我国生鲜农产品的流通费用约占总成本的 70% 左右,比国际上高出 20 个百分点。农产品利润很大一部分为流通领域获得,陷入"菜贱伤农"、"菜贵伤民"(城市消费者)的怪圈,农民增产不增收,生产积极性受到极大打击。事实证明,农产品流通成本高企不下已经成为农业生产的制约因素。再次,物流总成本占 GDP 的比率过高。物流是流通的一个重要方面。我国物流起步晚、水平低。物流费用高、效率低是流通成本高、效率低的主要原因之一,物流总成本占 GDP 的比率一直徘徊在 18% 左右。物流成本居高不下的根本原因主要是粗放式经营,第三方物流发展缓慢,市场结构不合理,服务业欠发达,比率过低。由此可以看出,没有物流现代化,国民经济的整体效益和运行效率就不可能得到提高。

3. 我国流通业管理体制不顺,行政管理机构分散,管理方式落后,难以形成统一大市场,流通体制性制约是流通现代化的一大障碍。流通产业行政管理部门涉及商务部、国家发展和改革委员会、工业和信息化部、农业部、卫生部、工行总局、质检总局、烟草专卖局等部门,由于政出多门,经常出现推诿扯皮现象,更不要说提高流通效率、形成统一大市场大流通的格局。早在1997年,丁俊发同志在"跨世纪中国流通发展战略"这一国家课题中就提出了流通行政管理体制改革的设想:"在管理范围上,可选择实行面向全社会的大市场、大流通、大贸易的商务管理体制;在机构设置上,实现内贸、外贸、旅游、工商管理、物价、质量监督等合并;在管理方式上,可以选择中央与地方两级管理与中央垂直领导两种形式并存"。① 但这一建议当时并未被采纳。此后商务部的成立虽然在流通行政管理改革方面迈出了一步,但仍不彻底。流通管理的许多职能仍然分散在政府各个部门中,仍然存在政出多门的现象。流通业行政管理体制理不顺,不仅会形成政出多门、互相推诿扯皮现象,还会增加协调难度、管理真空及漏洞,加大管理成本,出现市场分割,难以形成全国统一的大市场大流通。

4. 流通市场分割造成市场匹配能力低下,影响流通效率的提高,最终形成恶性循环。要实现供求平衡,关键要提升市场匹配能力,不断优化和完善市场匹配机制,进一步提高流通效率。由于缺乏从国家层面和战略高度对流通业的整体规划和产业定位,加之流通业政策政出多门及管理体制改革滞后,造成了我国流通业市场分割严重,阻碍了统一大市场、大流通的形成,从而影响了市场匹配机制的形成、优化和完善,也影响了流通效率的提高和国民经济整体运行效率的提升。长期以来,我国形成的城乡二元经济结构造成了城乡市场分割,内外贸管理体制形成了内外贸市场分割,条块管理体制形成了条块市场分割,而地方保护主义又形成了区域市场分割。市场分割为优化和完善市场匹配机制设置了重重障碍,严重影响了流通效率的提高,不利于市场资源和商品的优化配置,也不利于城乡统一、内外贸统一、区域统一和国内统一的大市场、大流通的形成,最终导致流通业长期滞后于生产,流通成本居高不下,生产相对过剩,消费相对不足,国民经济总体效益和运行效率低下的局面,严重制约了我国经济社会的发展。

---

① 丁俊发:流通创新驱动的十大对策,《中国流通经济》,2013年第13期。

三、加快推进流通产业改革发展，
全面提升流通现代化水平

　　改革开放三十多年来，我国流通体制改革虽然取得了一定成就，但总体来看，流通产业仍处于粗放型发展阶段，网络布局不合理，城乡发展不均衡，集中度偏低，信息化、标准化、国际化程度不高，效率低、成本高的问题日益突出，远远不能适应我国市场经济发展的需要，已经成为制约我国经济社会发展的瓶颈。流通现代化问题，不仅关系到中国流通产业自身发展和竞争力提高问题，而且关系到中国经济整体效益和运行效率的重大问题。因此要从战略高度充分认识流通产业改革发展的重要性和迫切性，全面提升流通现代化水平。总体来看，主要包括流通观念现代化、流通体系现代化、流通制度现代化、流通组织现代化、流通管理现代化、流通方式现代化、流通设施现代化、流通技术现代化等方面。

　　1. 流通观念现代化。从中央到地方各级政府真正从思想上消除"重工轻商"、"重生产轻流通"的观念，从提高国家竞争力的全局和战略高度，重视加快流通产业改革发展的重要性，明确其基础产业、先导产业、战略产业的科学定位，真正消除观念歧视、政策歧视。在发展规划、产业布局、基本建设投资、政策制度与实施上，从国家产业政策层面得到明确体现。切实加强组织领导，制定具体实施方案，完善细化政策措施，确保各项政策贯彻落实。各级地方政府应在国家产业定位基础上，依据各地经济发展实际情况明确本地区的流通产业定位、政策制定与实施，真正把流通产业放到应有的位置，引导流通产业有序发展。

　　2. 流通体系现代化。流通现代化是一项系统工程，要坚持以科学发展观为指导，建立全国统一高效的现代流通体系。过去流通市场条块分割、政出多门，加之地方保护主义的阻隔，不可能形成全国统一的大流通、大市场，必然造成流通成本高、效率低的局面。建立现代流通体系需要从国际国内的全局出发，统筹兼顾、全面协调、综合平衡、协同发展，进行顶层设计，实行统一规划，打破条块市场分割，形成全国统一开放、竞争有序、安全高效、城乡一体的现代流通体系,包括流通市场体系、流通政策体系、流通行政管理体系、流通价格体系、流通法规体系等。应依托交通枢纽、生产基地、中心城市和大型商品集散地,构建全国骨干流通网络,建设一批辐射带动能力强的专业市场、商贸中心以及全国性和区域性配送中心。建立城乡一体化的营销网络,畅通农产品进城和工业品下乡的双向流通渠道,加强城际配送、城市配送、农村配送的有效衔接,构建全国统一、城乡贯通、内外一体、高效运作的城市流通服务体系、农村流通服务体系、进出口贸易服务体系。

3. 流通制度现代化。市场运行效率的高低取决于市场各种制度的安排,而市场制度的建立又往往源于流通产业形成的基本交易规则。提高流通效率,必须进一步完善旨在约束交易各方权利与义务关系的交易规范、交易规则和市场流通制度,包括行政审批制度、市场交易制度、社会信用制度、商品检验检疫制度、财税管理制度、市场监管制度等。一要提升政府公共服务、市场监管和宏观调控能力,深化流通领域多项改革,为流通产业发展提供行政制度保障;二要强化规范市场秩序,建立和完善流通市场各种交易规则、体制和机制,形成对关系国计民生、生命安全等商品的流通准入、监管和退出的全程管理体制和机制;三要加快商业诚信体系建设,完善信用信息采集、利用、查询、披露等制度,建立失信失范惩戒机制和体制;四要建立分工明确、权责统一、协调高效的流通管理体制,建立由商务部牵头的全国流通工作部际协调机制,加强对流通工作的协调指导和监督检查,及时研究解决流通产业发展中的重大问题,完善部际协作、协商制度。五要减轻流通产业税收负担,完善流通业税收制度等。

4. 流通组织现代化。我国流通市场分散、集中度低,流通企业竞争力不强,因此要不断提高流通组织化程度,加强产销之间衔接,提高市场集中度,增强流通企业竞争力。要积极培育大型流通企业,支持有实力的流通企业跨地区、跨行业兼并重组,形成一批网络覆盖面广、主营业务突出、品牌知名度高、具有国际竞争力的大型流通企业,不断提高流通企业的核心竞争力。促进中小流通企业特别是小微企业专业化、特色化发展,健全中小流通企业服务体系,扶持发展一批流通专业服务机构。鼓励发展直营连锁和特许连锁,支持流通企业跨区域拓展连锁经营网络。积极推进批发市场建设,支持流通企业建设现代物流中心,大力发展第三方物流。支持流通企业"走出去",通过创建、并购、参股等方式建立海外分销中心和营销网络服务中心等。要重视培育市场中介组织,大力推动经济信息、仲裁等市场中介组织发展。积极培育能充当做市商的大型流通集团,建立全国性或区域性大宗商品包括农副产品拍卖网,发挥市场匹配撮合功能。大力发展产销一体化组织特别是流通企业的农工贸一体化或"产+销"经济组织等。

5. 流通管理现代化。彻底改变我国流通业行政管理体制分散、政出多门的现象,组建统一高效的流通业管理机构。建立分工明确、权责统一、协调高效的流通管理体制,健全部门协作机制,强化政策制定、执行与监督相互衔接,进一步提高管理效能。要彻底转变政府管理职能,强化社会管理和公共服务职能,流通管理部门的重点放在宏观调控、市场规划、流通产业政策制定、市场法规建设上。消除地区封锁和垄断,严厉查处经营者通过垄断协议限制竞争的行为。推动监管部门信息共享,细化部门职责分工,堵塞监管漏洞。科学编制商业网点规划,制定全国流通节点城市布局规划及各层级、各区域之间的规划衔接。完善流通业税制,减轻流通产业税收负担,降低流通环节费用,规范流通领域收费行为。加强流通法制建设,着手研究制定《商品流通法》,明确流通业的法律规范、主体规范与运作规范。进一步修改《商标法》、《反不正当竞争法》、《广告法》和《消费者权益保护法》等法律。完善流通标准化体系,加快流通标准的制定与实施。充分发挥行业协会作用,完善流通行业协会的运行机制,引导行业组织制定行业规范和服务要求,加强行业自律和信用评价。

6. 流通方式现代化。现代流通的本质就是要突破一切束缚流通的障碍,提高流通效率。必须积极创新流通方式,拓宽流通渠道,发展新型流通业态,创新流通经营模式。电子商务的发展是流通领域的一场革命,要加快发展电子商务,创新网络销售模式,鼓励流通企业建立电子商务平台、开展网上交易。要统筹农产品产地、销地、集散地批发市场建设,形成多层次、多渠道、多形式的农产品批发体系。大力发展绿色流通,提倡绿色包装、绿色运输、绿色消费、减少碳排放、减少污染、减少消耗,提高流通速度、效率和质量。积极推广供应链管理模式,支持流通企业加强合作,实现供应链整合,降低流通和交易成本。实现流通业态多样化,大力发展连锁经营,重点发展便利店、专卖店、超市、折扣店等便民零售业态,提倡商业错位经营、多样化竞争。优化城市流通网络布局和商业适度集聚,构建便利消费的居民生活服务体系。

7. 流通设施现代化。积极建设和改造一批公益性质的农产品批发市场、农贸市场及重要商品的储备设施、大型物流配送中心、农产品冷链物流设施等,发挥公益性流通设施在满足消费需求、保障市场供给的重要作用。加大流通产业水、电、土地资源等生产要素使用的支持力度,鼓励利用闲置仓库、废旧厂房等建设符合规划的流通设施,重点支持公益性流通设施,制定政府鼓励的流通设施目录。拓宽流通企业融资渠道,支持符合条件的流通设施建设。强化市场运行分析和预测预警机制建设,增强市场调控的前瞻性、预见性和应急能力建设。

8. 流通技术现代化。加快现代信息技术在流通领域的广泛应用,增强流通产业资源整合与优化配置的能力。把信息化建设作为发展现代流通产业的战略任务,鼓励流通领域信息技术的研发和集成创新,推广物联网、互联网、云计算、全球定位系统、地理信息系统、电子标签等技术在流通领域的应用,实现营销网、物流网、信息网的有机融合。推进流通领域公共信息服务平台建设,提高各类信息资源的利用效率,提高仓储、采购、运输、订单等环节的科学化管理水平。加快流通标准化的建设,推动商品条码在流通领域的广泛应用,形成全国统一的物品编码体系。建立全国统一规范的流通统计调查体系和信息共享机制,不断提高流通统计数据质量和科学化水平。鼓励开展流通现代化技术的研究、开发、设计及推广应用,加快铁路、航空、港口、码头等流通基础设施标准化设计与建设,推行托盘、集装箱等物流技术设备及运载工具的全国统一标准化,实现不同形态的流通与物流技术配套和设施设备的无缝衔接与对接,真正降低流通成本,提高流通效率。

全面提升流通现代化水平,提高流通产业竞争力,对于完善我国社会主义市场经济体制,健全市场匹配机制,优化社会资源配置,实现供求平衡,稳定物价,加大对 GDP 的贡献率,促进和扩大社会就业,推动消费增长,带动相关产业发展,使我国从生产大国向生产强国、从贸易大国向贸易强国转变,实现整个国民经济系统的高效运行与良性循环,推动我国经济社会发展,不断提高人民的生活水平,具有重要的影响和战略意义。

进入 21 世纪以来,《中国流通经济》杂志作为中国市场学会会刊,始终"坚持以科学发展观为指导,贯彻'双百'方针,提倡学术争鸣,鼓励理论创新,加强流通经济理论研究,突出理论性、实战性、应用性等特点,深化流通体制改革,促进流通产业发展,推动我国经济又好又快向前发展"的办刊宗旨,刊发了大量精品文章,一批享誉国内外的著名经济学家、著名学者、政府官员为之撰稿,不少文章获国家和省部级经济理论研究优秀成果奖。自 2007 年以来,《中国流通经济》杂志秉持学术理论刊物要引领学术理论研究的办刊理念,先后举办了六届"中国北京流通现代化论坛"。论坛每年一个主题,结合我国流通体制改革的难点、热点问题进行理论探讨,来自世界二十多个国家和地区的数百名经济学家和著名学者参加了论坛,为推动中国流通现代化建设,促进我国经济社会发展建言献策,其中许多政策建议为各级政府所采纳。长期以来,《中国流通经济》杂志在加强流通经济理论研究和学科发展、深化流通体制改革、促进流通产业发展、全面提升我国流通现代化水平方面作出了重要理论贡献。为了进一步总结经验、发扬成绩,我们从2001年以来所刊发的文章中,荟萃精选了100余篇优秀论文,编辑出版了《中国流通经济体制改革理论探索》文集,集中反映我国流通经济理论工作者对深化流通体制改革,加快流通产业发展所作出的积极探索和理论贡献。相信文集的出版对促进我国流通经济理论研究,全面提升我国流通现代化水平会起到借鉴和推动作用。

中国流通经济杂志总编辑　陈建中

2012 年 12 月 16 日

目　录

第三篇　流通现代化

第四篇　货币资本流通

第五篇　市场分析与市场营销

第六篇　电子商务

第一篇　流通理论探索

中国转型期的经济理论走向

谷书堂

自党的十一届三中全会以来,以改革开放和经济发展为主要内容的经济转型已经走过了 27 个年头。27 年来,发展变化是巨大的,中国的经济转型已取得了令世人瞩目的巨大成就,被誉为"中国奇迹"。中国的经济转型是一场前无古人的伟大实践。由于我们是"摸着石头过河",在实践中一边摸索,一边前进。因此,经济转型的过程可以说是充满了艰辛和曲折。经济发展几经大的波折和调整;改革开放有时阻力重重,往往难以抉择,有时甚至出现决策失误(例如 1988 年的价格"闯关",还包括 1986—1992 年推行的国有企业承包制等)。造成这种情况的原因是多方面的。除了客观方面存在难以预料的撞击之外,最重要的则是影响政策形成的思想认识因素。如果往更深层追溯,则又是受不同经济理论观点的影响所致。因此,伴随着改革开放和经济发展,中国的经济理论研究和争论也是空前活跃。回想 20 世纪 90 年代中期以来关于"中国经济学向何处去"的几起几落的大讨论,便是社会变革实践在理论界的反映。这是一个理论与实践互动的过程。理论讨论是客观实践矛盾的反映,同时正确的理论指向又是推动实践发展的动力和前进方向。正是从这个角度,我认为对前一时期包括目前的经济学理论走向作一个回顾和判断是很必要的。

在"中国经济学向何处去"的大讨论中,出现了两种有代表性的观点。一种观点是继续坚持马克思主义的经济思想和分析方法。当然,持这种观点的学者也同意马克思主义经济学应随着时代的变化而发展。但是,在新形势下如何坚持、怎样发展马克思主义经济学,他们却没有给出具体阐述。另一种对立的观点则认为中国无须构筑自己的经济学。因为经济学作为一门科学,它是不分国界的。我们只要有分析地借鉴西方经济学,并与中国的实际情况结合起来进行研究就可以了。这种观点虽然时常遭到一些尖锐的批评,但它的影响却与日俱增。在学术界尤其是在中青年学者中的影响日益扩大,而且在我国的经济决策和政策的形成中,它已发挥了重要的作用。

要弄清楚上述两种观点看似简单,但要评论孰是孰非却并不是一件容易的事。可以说从不同角度看它们各有其存在的理由。但在探索这个问题之前,我认为首先要弄清楚政治经济学和经济学二者究竟是一回事,还是两个不同的范畴。在过去人们的观念里,二者是泾渭分明的。前者是指马克思主义政治经济学,而后者则是指西方资产阶级的经济学。它们似乎是对同一个事物但从不同的立场和角度观察得出的不同思想体系。西方经济学处于被批判的地位,是"庸俗经济学",甚至曾被指责是伪科学。改革开放以来,由于实践的迫切需要,我国再次引进了西方现代经济学理论,它与马克思主义政治经济学已"平起平坐",在学科目录中同处于二级学科的地位。然而二者究竟是什么关系,要求它们各发挥什么作用,反而不甚明确。马克思经济学,它本来诞生于19世纪资本主义时代。马克思从劳动价值论和剩余价值论出发,揭露了资本主义制度的内在矛盾以及它如何阻碍了社会生产力的发展,最终作出了必须推翻这个旧制度、创立社会主义制度的革命性结论。在这里,马克思经济学的研究目标和历史任务很明确,就是要破坏那个旧世界,而不是在维护资本主义制度的前提下去研究如何促进这个社会经济的发展。就这一点来说,它与西方经济学是背道而驰的。马克思经济学研究社会经济制度的发展变化规律,它认为应顺应生产力发展的要求推动生产关系的根本变革。而西方经济学则认为资本主义经济制度是自然形成的,是有效率的,它的研究目标是在既定的资本主义制度前提下,研究如何优化资源配置以促进经济发展。在这里,马克思经济学与西方经济学的区别是容不得混淆的。

问题是,中国经过二十多年的改革开放,已经初步建立了社会主义市场经济体制的基本框架。在这样的历史条件下,我们面临的主要任务已不是进行生产关系的根本变革了,而是进一步完善社会主义市场经济体制和发展经济。"发展是硬道理"。在这个历史任务面前,我们是仍旧坚持只研究生产关系推动制度变革这个主题呢,还是把重点放在如何研究更具体的改革和制度创新的同时,更加重视优化资源配置,并在完善社会主义市场经济体制的条件下,促进经济发展? 我认为只要是坚持马克思主义的一切从实际出发、实事求是的原则,就只能是选择后一条路,而不应该固守已不合时宜的教条。既然如此,单纯从总体上研究生产关系及其变革的马克思主义政治经济学的发展走向也就比较清楚了。但是我们在这里还应该强调,从方法论的角度来看,马克思的辩证唯物主义和历史唯物主义方法论,对于我们研究中国的经济转型仍具有重要的指导意义,应该始终坚持,并不能因为时间的变化而轻易放弃。

大的方向清楚了,却不等于问题就解决了。这里还有一些涉及学科分工等方面的问题有待探讨和明确。其一,马克思主义政治经济学是否可以兼有经济学研究对象的内容? 即是说,它既是政治经济学(研究经济关系),又是经济学(研究资源配置)? 目前国内经济学界对此似乎并没有一个明确的共识。但从通用的教材来看,社会主义政治经济学已或多或少地包含了一些经济学的内容。其二,如果上述改变不科学,试问,在马克思主义政治经济学之外,是否需要另设一门专门服务于经济建设的经济学? 对此问题的答案是有的,但并不统一。从实践看,有些人已把政治经济学视为经济学。然而这样一来对于这个学科的性质、对象、方法、体系等一系列问题都有待于进一步明确和澄清。而另一些人则主张无须再重设经济学。因为它已经有了,就是西方经济学。因此完全可以有分析地运用它的方法和思路分析研究中国的实际问题,特别是由于我们已经选择了市场经济体制和市场经济运行方式,而西方经济学对于市场经济则具有一般的适用性,对中国自然不能例外,又有什么必要另外(在西方经济学之外)设立经济学呢? 这个道理看起来也固然说得通,但考虑到我国的经济制度特点和历史的发展阶段与发达的资本主义社会还是有巨大的差异,因而西方经济学是否可以说也一般地适用于我国,这似乎仍有值得思考的地方。

在这种情况下,应该如何选择社会主义政治经济学的发展走向就是一个值得慎重考虑的问题。首先,应该认识到社会主义政治经济学走向面临的"彷徨"是社会经济转型问题反映到理论思维上出现的一个必然现象,是不足为奇的。同时也必须充分估计到要弄清楚这个问题的发展脉络也不是轻而易举的,而是一个需要深入探索的过程。任何要求过快过急的想法都是不现实的。因此,我们应该欢迎在探索过程中各种不同见解的争论,包括容忍错误观点的出现。只有在平等的自由探讨中,真理才能愈辩愈明。这就是说我们需要的是潜心的研究、冷静而客观的思考,同时还要坚持一切从实际出发和科学的研究方法。

我认为目前我们的探讨不仅要摆出观点,最好也要摆出支撑自己观点的思想体系或者著作,这样才便于进一步讨论。我主编的《社会主义经济学通论》就是这样的一个尝试。《通论》是兼有社会主义政治经济学的内容和经济学的内容,也就是说,它把研究社会主义生产关系和研究社会主义市场经济条件下的资源配置融为一体。这样做从学科体系和研究方法等方面来看当然会有一些问题,但是在整个社会转型时期的理论分野一时还理不清楚的状况下,这样做起码可以在一定程度上满足学生和读者对于转型经济条件下有关经济学知识的需要。至于经济理论学科究竟要经过怎样的分工和整合,研究方法怎样取长补短,则可以随着实践的发展和时间的推移逐步加以解决。

（作者单位:南开大学。原载于《中国流通经济》2005 年第 9 期, 被中国人民大学《复印报刊资料》之《社会主义经济理论与实 践》2005 年第 12 期全文转载）

坚持和发展马克思的流通经济论

何炼成

在近年来的社会主义劳动和劳动价值论的讨论中,涉及流通领域的价值创造和实现问题,但未展开深入的讨论。本文拟就其中的几个主要问题,谈些自己的看法,以期引起我国经济学界的讨论。

一、马克思的有关论述

马克思对流通领域的价值创造与实现问题有很多论述,除《资本论》第二卷外,还有第三卷和第四卷的有关论述,现择其要者摘录如下:

1. "物的使用价值对于人来说没有交换就能实现,就是说,在物和人的直接关系中就能实现;相反,物的价值则只能在交换中实现,就是说,只能在一种社会的过程中实现。"①

2. "商品所有者的商品对他没有直接的使用价值。否则,他就不会把它拿到市场上去。他的商品对别人有使用价值。他的商品对他来说,直接有的只是这样的使用价值:它是交换价值的承担者,从而是交换手段。"②

3. "商品价值从商品体跳到金体上,是商品的惊险的跳跃。这个跳跃如果不成功,摔坏的不是商品,但一定是商品所有者。"③

4. "资本不能从流通中产生,又不能不从流通中产生。它必须既在流通中又不在流通中产生。"④

5. "无论如何,用在买卖上的时间,是一种不会增加转化了的价值的流通费用。这种费用是价值由货品形式转变为货币形式所必要的。"⑤

6. "过程越是按社会的规模进行,越是失去纯粹个人的性质,作为对过程

---

①　《马克思恩格斯全集》第 23 卷,人民出版社 1972 年版,第 100 页。

②　《马克思恩格斯全集》第 23 卷,人民出版社 1972 年版,第 103 页。

③　《马克思恩格斯全集》第 23 卷,人民出版社 1972 年版,第 124 页。

④　《马克思恩格斯全集》第 23 卷,人民出版社 1972 年版,第 189 页。

⑤　《马克思恩格斯全集》第 24 卷,人民出版社 1972 年版,第 150 页。

的控制和观念总结的簿记就越是必要;因此,簿记对资本主义生产,比对手工业和农民的分散生产更为必要,对公有生产,比对资本主义生产更为必要。"①

7. "由价值的单纯形式变换,由观念地考察的流通产生的流通费用,不加入商品价值。就资本家来考察,耗费在这种费用上的资本部分,只是耗费在生产上的资本的一种扣除。我们现在考察的那些流通费用的性质则不同。它们可以产生于生产过程,这种生产过程只是在流通中继续进行,因此,它的生产性质只是被流通的形式掩盖起来了。"②

8. "一般规律是:一切只是由商品的形式转化而产生的流通费用,都不会把价值追加到商品上。这仅仅是实现价值或价值由一种形式转变为另一种形式所需的费用。"③

9. "投在运输业上的生产资本,会部分地由于运输工具的价值转移,部分地由于运输劳动的价值追加,把价值追加到所运输的产品中去。"④

10. "商品在空间上的流通,即实际的移动,就是商品的运输。运输业一方面形成一个独立的生产部门,从而形成生产资本的一个特殊的投资领域。另一方面,它又具有如下的特征:它表现为生产过程在流通过程内的继续,并且为了流通过程而继续。"⑤

11. "商人资本不外是在流通领域内执行职能的资本。流通过程是总再生产过程的一个阶段。但是在流通过程中,不生产任何价值,因而也不生产任何剩余价值。在这个过程中,只是同一价值量发生了形式变化。事实上不过是发生了商品的形态变化,这种形态变化本身同价值创造或价值变化毫无关系。"⑥

12. "商人资本既不创造价值,也不创造剩余价值,就是说,它不直接创造它们。但既然它有助于流通时间的缩短,它就能间接地有助于产业资本家所生产的剩余价值的增加。"⑦

13. "我们在这里考察的费用,是指买卖方面的费用。这种费用归结为计

---

①　《马克思恩格斯全集》第24卷,人民出版社1972年版,第152页。
②　《马克思恩格斯全集》第24卷,人民出版社1972年版,第154页。
③　《马克思恩格斯全集》第24卷,人民出版社1972年版,第167页。
④　《马克思恩格斯全集》第24卷,人民出版社1972年版,第168页。
⑤　《马克思恩格斯全集》第24卷,人民出版社1972年版,第170页。
⑥　《马克思恩格斯全集》第25卷,人民出版社1974年版,第311页。
⑦　《马克思恩格斯全集》第25卷,人民出版社1974年版,第312页。

算、簿记、市场、通讯等方面的开支。为此必需的不变资本包括事务所、纸张、邮资等。另外一些费用则归结为可变资本,这是为雇佣商业上的雇佣工人而预付的。""所有这些费用都不是在生产商品的使用价值时花费的,而是在实现商品的价值时花费的;它们是纯粹的流通费用。它们不加入直接的生产过程,但是加入流通过程,因而加入再生产的总过程。"①

14.“正如工人的无酬劳动为生产资本直接创造剩余价值一样,商业雇佣工人的无酬劳动,也为商业资本在那个剩余价值中创造出一个份额。"②

15.“因此,应当研究下述各点:商人的可变资本;流通领域中的必要劳动的规律;商人劳动怎样保持他的不变资本的价值;商人资本在总再生产过程中的作用;最后,一方面,向商品资本和货币资本的二重化,另一方面,向商品经营资本和货币经营资本的二重化。"③

16.“对产业资本来说,流通费用看来是并且确实是非生产费用。对商人来说,流通费用表现为他的利润的源泉,在一般利润率的前提下,他的利润和这种流通费用的大小成比例。因此,投在这种流通费用上的支出,对商业资本来说,是一种生产投资。所以,它所购买的商业劳动,对它来说,也是一种直接的生产劳动。"④

从以上引文中可以概括出两个基本结论:一是流通过程不创造价值,只是实现价值;二是生产过程在流通领域中进行的劳动属于物质生产劳动,它创造价值和剩余价值。

二、新形势下的新问题

众所周知,马克思以上论述是在资本主义工业化时代所作出的,现在世界已开始进入信息时代和知识经济时代,我国又是处于社会主义初级阶段和实行新型的工业化战略。在这种情况下出现的许多新问题值得我们深思:

第一,流通领域的内涵不断扩大。不仅有物质产品的流通,还有“劳务”产品的流通、精神产品的流通、货币和资本的流通、产权的流通、信息产品和知识产品的流通等等。这些新产品的流通与物质产品的流通有共同点,也有不

---

① 《马克思恩格斯全集》第 25 卷,人民出版社 1974 年版,第 322 页。
② 《马克思恩格斯全集》第 25 卷,人民出版社 1974 年版,第 328 页。
③ 《马克思恩格斯全集》第 25 卷,人民出版社 1974 年版,第 328 页。
④ 《马克思恩格斯全集》第 25 卷,人民出版社 1974 年版,第 337 页。

同点,例如前者有的流通过程与生产过程是同时进行的,如何加以区别呢?

第二,流通领域中进行交换的价值量成倍甚至成 10 倍地增长,而其中物质产品交换的价值量却增加较少,其相对量还不断下降。这又应当如何解释呢?

第三,从三次产业的划分来看,现在已为国际上所采用的产业划分方法,说明它符合世界经济发展的现实:由以农业经济为主过渡到以工业经济为主,现在正逐步过渡到以第三产业为主,也就是以服务产业为主,而流通产业又是构成服务业的主要内容。因此,如果流通产业不创造价值和剩余价值,就无法说明第三产业已占发达国家 GDP 总量 60% 以上这一现实,也无法说明发展中国家大力发展第三产业的重大意义和作用。

第四,根据马克思关于"总体工人"的论述:"随着劳动过程本身的协作性质的发展,生产劳动和它的承担者即生产工人的概念也就必然扩大。为了从事生产劳动,现在不一定要亲自动手;只要成为总体工人的一个器官,完成它所属的某一种职能就够了。"①问题在于:按照我国现阶段分工和协作发展的状况,"总体工人"的范围扩大到哪一个层次,这是必须深入研究的一个问题。

第五,关于物质商品流通中的生产劳动与非生产劳动的划分问题。马克思的划分标准是:凡是直接作用于物质商品使用价值的劳动是生产劳动(如商业中的运输、保管、包装、加工等),只是涉及商品价值形式变化的劳动是非生产劳动(如商业中的簿记、商品市场交易、通讯联络、广告费等)。问题在于:在信息经济时代这种划分标准是否仍适用,是否需要发展以及如何发展,都需要进一步研究。

第六,在非物质商品流通中,如劳务商品、精神产品、文化产品、信息产品等的流通,是否都属于非生产性劳动,都不创造价值和剩余价值? 而这方面的产品价值在 GDP 中占越来越大的比重,这又如何解释?

第七,在信息经济条件下,网络经济盛行,电子商务日益成为主要的流通形式,软件的生产、流通、储存、服务等基本通过网上进行。在这种情况下,生产、流通、消费往往结合在一起,很难具体划分,其性质(生产性和非生产性)也很难区分。这更是我们当前必须重点研究的问题。

---

① 《马克思恩格斯全集》第 23 卷,人民出版社 1972 年版,第 556 页。

三、坚持和发展马克思的流通理论

针对以上出现的新问题,我国经济学界近几年来在深化对社会主义劳动和劳动价值论的讨论中,存在着两种倾向:有人认为必须坚持,不能有任何发展;有人则强调发展,全盘否定马克思的基本原理。我们认为,必须把坚持和发展结合起来,在坚持中求发展,在发展中坚持。结合以上问题,谈几点具体意见。

第一,必须坚持马克思关于劳动是"人类有目的活动",不包括一般动物的"本能"活动的基本原理。马克思当时批判了麦克库洛赫关于牛耕田、马拉车也是"劳动"并创造价值的庸俗观点,后来又批判了机器运转也是劳动并创造价值的观点。当前应当批判"机器人"的活动也是劳动并创造价值的观点,特别要批判网络传送也是劳动并创造价值的观点。

第二,必须坚持马克思关于只有人的"活劳动"才是创造价值和剩余价值的唯一源泉的基本原理,坚持揭露和批判"三位一体公式"的沉渣泛起和借尸还魂。坚持价值源泉的一元论,抵制价值源泉的多元论。

第三,必须坚持马克思关于劳动二重性的基本原理,这是理解马克思全部经济学说的"枢纽"。这就是说,"一切劳动,从一方面看,是人类劳动力在生理学意义上的耗费;作为相同的或抽象的人类劳动,它形成商品价值。一切劳动,从另一方面看,是人类劳动力在特殊的有一定目的的形式上的耗费,作为具体的有用劳动,它生产使用价值。"①因此,不承认劳动二重性理论,就不能说明商品生产的二重性和流通的二重性。

第四,必须坚持马克思关于生产劳动与非生产劳动划分的基本原理,承认流通领域中既有生产劳动也有非生产劳动的客观实际。至于两者如何划分,应根据具体情况而定。

第五,关于生产过程在流通领域中的继续(如运输、保管、包装、加工等)的劳动性质问题,马克思指出这是生产劳动并创造价值的论断,是完全正确的,必须坚持。但是也不能绝对化,例如商品运输中的相向往返运输、保管中的霉变现象、包装中的过分张扬、加工过程中的废品等,就不能认为是具有生产性了。

第六,关于商业人员的劳动性质问题,马克思认为一般是非生产劳动,理由是这只是实现商品形式的变化,而不涉及商品使用价值的变化,这个理由是

---

① 《马克思恩格斯全集》第23卷,人民出版社1972年版,第60页。

能成立的。但问题在于,现代化的商品劳动,也包括部门内部的运输、保管、包装和部分加工等劳动,还包括商品的清洁、整理、陈列,向购买者介绍、捆扎、包装,收付款项、记账核算等劳动,这些劳动应当是生产劳动并创造价值。这个意见,是一位青年学者提出来的,①当时遭到批评,我也提了一些意见,现在看来应当承认该文有可取之处,是对马克思流通理论的一个发展。

第七,关于服务(又称劳务)的生产和流通的性质问题。这里指的是狭义的服务业,即提供一种动态的使用价值供人们消费,如理发、擦背、修脚以及教育、文化、医疗、保健等。这些行业利用各种物质产品,生产各种非物质产品;这种产品的特点是其生产、流通和消费的同时性,其产品的非物质性因而不能贮存。因此给人们一种假象,认为"劳务不是物",从事劳务的劳动是非生产劳动,不创造任何价值,甚至也不创造使用价值,因此这些人的收入是通过再分配而来的,他们是靠生产部门养活的。这也是我们过去把知识分子作为资产阶级分子加以批判的"理论"根据。我在 20 世纪 60 年代初的三篇文章,②就是企图纠正这种谬论而提出来的;20 世纪 80 年代初两位青年经济学家又具体论证了这个问题;③现已取得广泛的认同。

第八,关于"总体工人"的范围问题。于光远同志曾以机械加工厂的毛坯加工为例,从车工、铣工出发,扩大到搬运工、工厂经营管理人员、经济师、经济学家等都属于"总体工人"。最后得出结论:"从直接对劳动对象进行加工的人出发,一层比一层地向远处推,从结合劳动者的观点来看,各式各样许多参加物质资料生产的劳动者都是或近或远地参加对劳动对象处理的生产劳动者。"④我认为,于光远同志的论证是完全符合马克思的基本方法论的,因而是正确的。问题在于对"总体工人"的范围这样无止境地推论下去,似乎不完全符合马克思的原意,我们认为推到与生产直接联系的第一个层次就可以了,其中就包括与生产直接联系的流通过程,也是属于生产劳动并创造价值和剩余价值的过程。

第九,关于科教知识产品的流通性质问题。在我国实行计划经济时期,人们把科教文列入上层建筑部门,根本不存在其产品进入市场流通的问题,现在

---

① 杨百揆:《商业部门职工的劳动是物质生产劳动》,《经济研究》1980 年第 4 期。

② 参见《经济研究》1963 年第 2 期,1965 年第 1 期;《江海学刊》1963 年第 8 期。

③ 何小锋:《劳务价值论初探》,《经济研究》1981 年第 4 期;李江帆:《服务消费品的使用价值与价值》,《中国社会科学》1984 年第 3 期。

④ 于光远:《社会主义制度下的生产劳动与非生产劳动》,《中国经济问题》1981 年第 1 期。

我们建立了社会主义市场经济体制,教科文产品进入市场不可避免。当前科技和文化产品已开始进入市场流通,教育产品进入市场还在争论,但终究还是要进入市场的。因此我们现在就应当研究这些产品进入市场流通的性质及其价值创造与现实问题,特别是那些高新科技产品的流通及其价值决定与实现问题。

第十,关于信息和知识经济条件下的流通特点及其价值创造和实现问题。这个问题现已初现端倪,但还将进一步深化。例如,信息流通主要通过网上来进行,电子商务也主要是通过网上进行交易,还有信息网进行科技交流、网上教学等。这样就把教科文产品的生产、流通和消费完全融为一体,其价值的创造、流通和消费也就很难区分了。

（作者单位:西北大学经济管理学院。原载于《中国流通经济》2003 年第 4 期,被中国人民大学《复印报刊资料》之《商业经济》2003 年第 11 期全文转载）

论邓小平流通经济思想的现实意义

徐　虎

邓小平始终强调以经济建设为中心,把大力发展生产力、促进经济增长视为社会主义初级阶段的根本任务,其流通经济思想就服务于这一根本任务。邓小平流通经济思想的内容十分丰富,他的流通管理思想、资本流通思想、国际流通思想等在我国参与国际流通体系、吸引国际资本、发展进出口贸易和对外劳务交流等方面发挥了重大作用,是我国流通体制改革、完善市场经济体制、开拓国内外市场的重要政策基础和理论依据,是对马克思流通经济理论的补充和发展。

一、邓小平科学地预见了当代流通经济的发展趋势

随着资本主义生产方式的确立,商品经济迅速发展成国际间的分工与贸易,形成资本和生产国际化的雏形。19 世纪 40 年代,马克思总结了资本主义生产方式占支配地位的世界经济发展的客观历史进程,指出"过去那种自给自足和闭关自守状态,被各民族的各方面的互相往来和各方面的互相依赖所代替了。"[①]在现代世界经济的发展中,生产国际化和流通国际化日益加强的趋势是同时并进和互相促进的,生产国际化是流通国际化的基础,流通国际化是生产国际化的发展动力。第二次世界大战后,在第三次科技革命浪潮的推动下,流通国际化趋势进一步加强。国际垄断组织在国际范围内的专业化协作迅速发展,国际范围内的商品流通和资本流通规模急剧增长,跨国公司从全球战略角度安排产品设计并组织生产和销售,在全球范围内对生产要素进行优化配置,使更多国家和地区进入国际流通体系。这不仅大大提高了世界生产力的水平,而且使各国各地区生产力水平的提高愈来愈离不开相互间的经济联系和流通国际化发展的客观环境。

邓小平洞察到世界流通经济的发展趋势,认为现在的世界是开放的。

---

① 《马克思恩格斯选集》第 1 卷,人民出版社 1995 年版,第 276 页。

"任何一个国家要发展,孤立起来,闭关自守是不可能的,不加强国际交往,不引进发达国家的先进经验、先进科学技术和资金,是不可能的。"①针对当今世界经济的客观现实,邓小平说:"三十几年的经验教训告诉我们,关起门来搞建设是不行的,发展不起来。"②因此,中国要谋求发展,摆脱贫穷和落后,就必须开放。邓小平强调:"总的是要开放。我们的开放政策肯定要继续下去,现在是开放得不够。……不开放不改革没有出路,国家现代化建设没有希望。"③实行对外开放,就必须使我国生产力发展与流通国际化趋势相结合,使生产要素加入到国际流通体系中,从而分享国际流通的巨大利益。由此而来,"我们同国际上的经济交往更加频繁,更加相互依赖,更不可分,开放政策就更不会变了。"④另外,能不能利用马克思主义流通理论阐明流通国际化的客观规律,指导我国流通经济的实践,马克思主义的经典作家没有给出现成的答案。邓小平以中国国情为依据,坚持马克思主义生产力第一和实践第一的观点,明确指出:马克思主义的基本原理就是要发展生产力,社会主义的首要任务就是发展生产力。尽管我们在经济建设中走了一些弯路,曾经忽视或否定流通在经济运行中的作用,没有积累较丰富的流通经验,也没有现成的理论,但邓小平以总设计师的智慧,灵活运用了马克思主义的流通理论。他指出:"一切有利于发展社会生产力的方法,包括利用外资和引进先进技术,我们都采用。这是个很大的试验,是书上没有的。"⑤邓小平分析了引进外国资本的积极作用和消极因素,"当然,这会带来一些问题,但是带来的消极因素比起利用外资加速发展的积极效果,毕竟要小得多。危险有一点,不大。"⑥

邓小平关于流通经济发展趋势的理论在指导我国流通经济发展、推进社会主义市场经济建设过程中发挥了重要作用。在"十五"规划中,"物流"被列为国家大力发展的新型服务业;原国家经济贸易委员会等部委印发了《关于加快我国现代物流发展的若干意见》,指出了发展现代物流的重要性,明确了推进物流业发展的政府职能,由国家发展与改革委员会负责制定物流产业的发展政策;2004年,国家发展与改革委员会、商务部、交通部等9部委联合发

---

① 《邓小平文选》第3卷,人民出版社1993年版,第117页。
② 《邓小平文选》第3卷,人民出版社1993年版,第64页。
③ 《邓小平文选》第3卷,人民出版社1993年版,第219页。
④ 《邓小平文选》第3卷,人民出版社1993年版,第103页。
⑤ 《邓小平文选》第3卷,人民出版社1993年版,第130页。
⑥ 《邓小平文选》第3卷,人民出版社1993年版,第65页。

布《关于促进我国现代物流业发展的意见》。现代物流已经成为"十一五"期间我国服务业的重要组成部分,物流科技已经纳入国家中长期科技规划。

二、邓小平深刻阐明了中国参与国际流通经济的方式

作为国民经济中的新兴服务部门,物流产业在全球范围内迅速发展,被认为是国民经济发展的动脉和基础产业,其发展程度成为衡量一国现代化程度和综合国力的重要标志之一,被喻为促进经济发展的"加速器"。

发展中国家进入生产国际化和国际流通体系,必然要与世界资本主义生产关系发生联系,并在不同程度上互相融合。邓小平指出:"计划经济不等于社会主义,资本主义也有计划;市场经济不等于资本主义,社会主义也有市场。"①社会主义国家和资本主义国家在流通经济与流通体系方面存在广泛的兼容性。然而社会主义国家应该怎样加入国际流通体系、发展生产力呢?邓小平认为:"应该建立国际经济新秩序,解决南北问题,还应该建立国际政治新秩序,使它同国际经济新秩序相适应。"②"改变国际经济秩序,首先是解决南北关系问题,同时要采取新途径加强南南之间的合作。"③发展中国家要用既合作又斗争的方法来发展自己。邓小平指出:"现在国际垄断资本控制着全世界的经济,市场被他们占了,要奋斗出来很不容易。像我们这样穷的国家要奋斗出来更不容易,没有开放政策、改革政策,竞争不过。"④这段话体现了以合作共存、以斗争取胜的哲学思想。同时,还包含另一层含义:从我国经济制度的内涵看,与资本主义国际流通体系的合作,在于我国社会主义市场经济体制的改革取向与资本主义的市场经济、国际经济的市场流通有着一定程度的兼容性。

邓小平还分析了战后世界形势的变化,对世界形势作出了重新估量。他说:"世界新科技革命蓬勃发展,经济、科技在世界竞争中的地位日益突出,这种形势,无论美国、苏联、其他发达国家和发展中国家都不能不认真对待。由此得出结论,在较长时间内不发生大规模的世界战争是可能的,维护世界和平是有希望的。"⑤邓小平指出了和平与发展是当今世界形势的主流,阐明了在

---

① 《邓小平文选》第3卷,人民出版社1993年版,第373页。
② 《邓小平文选》第3卷,人民出版社1993年版,第328页。
③ 《邓小平文选》第3卷,人民出版社1993年版,第20页。
④ 《邓小平文选》第3卷,人民出版社1993年版,第218页。
⑤ 《邓小平文选》第3卷,人民出版社1993年版,第127页。

相当长的时期内,发展中国家发展本国本民族经济是其主要任务,与国际资本主义斗争的方式也转变为以经济发展和经济竞争为主。对于发展中国家,这种经济竞争意味着必须在国际流通体系中努力改善自己的分工地位,提高参与国际流通给本国或本民族经济带来的积极效果。

同时,邓小平总结了发展中国家通过参与国际流通使自己获得发展的经验,指出发展中国家有可能以流通为手段(如购买先进技术、引进外资、发展进出口贸易等),从而实现经济高速发展和改善自己的国际经济地位。他说:"从国际经验来看,一些国家在发展过程中,都曾经有过高速发展时期,或若干高速发展阶段。日本、南朝鲜、东南亚一些国家和地区,就是如此。"①邓小平清醒地看到,由于我们过去20年搞封闭,经济发展落后于其他国家和地区,在国际流通中处于不利地位。他说:"现在,周边一些国家和地区经济发展比我们快,如果我们不发展或发展得太慢,老百姓一比较就有问题了。"②邓小平认为,只有通过开放,吸收外国资本,大胆加入国际流通体系,加速我国经济发展,才能提高我国的国际地位,巩固社会主义事业。他说:"我国是社会主义国家,国民生产总值达到一万亿美元,日子就会比较好过。更重要的是,在这样一个基础上,再发展三十年到五十年,我们就可以接近发达国家的水平。"③邓小平坦诚地告诫西方政治家:"从世界的角度来看,中国的发展对世界和平和世界经济的发展有利。西方政治家要清楚,如果不帮助发展中国家,西方面临的市场问题、经济问题,也难以解决。世界市场的扩大,如果只在发达国家中间兜圈子,那是很有限度的。"④在经济建设过程中,邓小平认为应该多吸收外国资本,现在外国投资太少,还不能满足我们的需求,社会主义的经济基础很大,吸收几百亿、上千亿外资,冲击不了这个基础。

基于这些思想及其指导下的政策,我国在吸引外资、技术和开拓国内外市场方面取得了巨大成就。我国改革开放30年来的实践证明了邓小平流通经济思想的科学性,21世纪还将进一步证明邓小平流通经济思想对当代流通经济理论的历史性贡献。

---

① 《邓小平文选》第3卷,人民出版社1993年版,第377页。
② 《邓小平文选》第3卷,人民出版社1993年版,第375页。
③ 《邓小平文选》第3卷,人民出版社1993年版,第57页。
④ 《邓小平文选》第3卷,人民出版社1993年版,第79页。

三、邓小平丰富和发展了马克思主义流通经济理论

邓小平揭示了科学技术这一重要生产要素的流通规律,指出技术流通在现代流通经济中具有的重要地位,丰富了马克思主义流通理论。邓小平深刻认识到当代西方国家技术转移过程与资本流通互相融合的客观规律,指出:"西方国家在资金和技术上就是互相融合、交流的。"①西方世界经过三次科技革命,许多技术作为生产力的最重要因素,已经改变了它的存在方式,非物化形态的生产力因素愈来愈多,如信息、知识、管理经验等,人类智力直接转化为生产力已成为现实并日趋普遍。科学技术和生产力的最新发展使技术商品的流通对社会发展产生了重大影响,并进而影响资本流通和其他生产要素的流通。

在科学技术要素日益资本化的情况下,技术转让必然与资本流通相伴随。当代科学技术的进步已改变了决定各国比较优势的制约因素,技术商品流通在现代流通经济中具有更重要的作用。"第二次世界大战后,一些破坏得很厉害的国家,包括欧洲、日本,都是采用贷款的方式搞起来的,不过他们主要是引进技术、专利。"②技术流通还有利于增加发展中国家在国际流通中的利益,"我们有丰富的资源,加上利用世界的先进技术,我们实现四个现代化是有可能的。"③

科技进步减轻甚至摆脱了对自然资源的依赖,科学技术在生产要素中占据了主导地位。在科技革命的影响下,一些科学技术先进的国家,尽管缺乏自然资源和劳动力,生产资本也不很富足,但同样可以跨入发达国家的行列;一些资源贫乏的发展中国家在参与国际分工中通过购买和应用先进的适用技术,也初步摆脱了贫困而进入新兴工业化国家的行列。

邓小平密切注视当代科学技术发展对于世界经济的影响,实事求是地分析了我国与其他国家因技术差距而形成的经济差距,"拿中国来说,五十年代在技术方面与日本差距也不是那么大。但是我们封闭了二十年,没有把国际市场竞争摆在议事日程上,而日本却在这个期间变成了经济大国。"④因而,我国在发展中必须吸收外国的先进技术和管理经验,我们欢迎外资,也欢迎国外

①　《邓小平文选》第3卷,人民出版社1993年版,第367页。
②　《邓小平文选》第2卷,人民出版社1994年版,第274页。
③　《邓小平文选》第2卷,人民出版社1994年版,第65页。
④　《邓小平文选》第3卷,人民出版社1993年版,第274页。

先进技术,欢迎外商来办三资企业,从三资企业中可以学到一些好的管理经验和先进的技术,用于发展社会主义经济。

邓小平还论证了加强教育,提高我国劳动力素质,充分利用我国丰富的劳动力资源,在参与国际分工的过程中,不断增强自己的比较优势,改变我国在国际分工中的地位。在这种思想的指导下,我国政府提出了科教兴国的国策,实施了"863"等一系列高科技发展计划,推动了我国科学技术的迅速发展。

邓小平运用马克思主义的基本原理科学分析了我国国情,认真研究了具有中国特色的流通经济发展的客观规律,并成功地进行了一系列改革,形成了比较完整的流通经济思想体系。邓小平的这些思想,不仅进一步阐明了我国利用外资的必要性,而且,他关于科学技术对于世界各国经济地位的影响、关于技术转移与资本流动互相融合的分析,都是对当代流通经济特点的深刻剖析,从而大大丰富了马克思主义的流通经济理论。

(作者单位:中原工学院人文学院。原载于《中国流通经济》2008 年第 11 期,被中国人民大学《复印报刊资料》之《商业经济》2008 年第 7 期全文转载)

流通经济的科学发展

张薰华

本文的目的在于科学地审视流通经济的发展,也就是从探索客观规律来审视流通经济的发展。抽象地讲,应该用唯物的世界观来审视"发展",用辩证的方法论来显示其"科学"性。对此,本文运用的方法是我多年来批判、继承和发展的黑格尔的圆圈方法论。

黑格尔认为"科学表现为一个自身旋绕的圆圈,中介把末尾绕回到圆圈的开头;这个圆圈以此而是圆圈中的一个圆圈"。[①] 但他没有画出这个圆圈。20 世纪 70 年代末,笔者尝试按其机理画出该圆圈,并用以表述马克思科学地揭示的生产力(物质内容)、生产关系(社会形式)、上层建筑(形式的形式)三者之间的辩证关系,如图 1 所示。

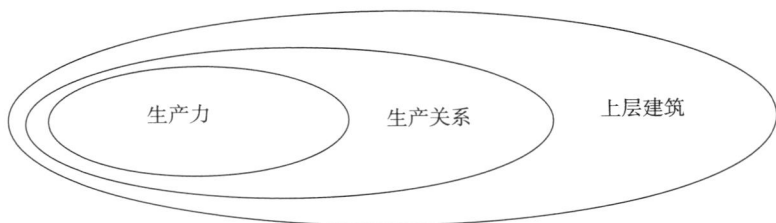

图 1   生产力、生产关系和上层建筑的关系

在图 1 中,圈中的内圈是内容,外圈是形式。它们的辩证关系是内容决定形式,形式反作用于内容。

此外,笔者还将图 1 扩展为六个圈层,用图 2 表示。

流通经济在内四圈,实质在核心的内二圈。本文就此顺序进行探索。

---

① 《列宁全集》第 38 卷,人民出版社 1984 年版,第 251 页。

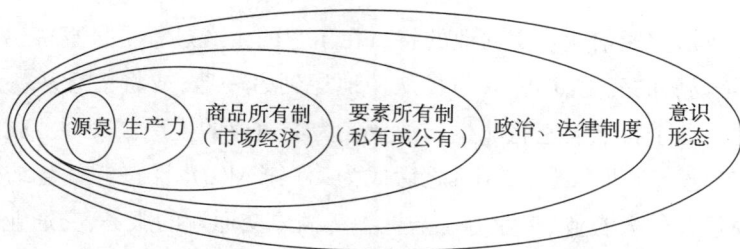

图 2　生产力、生产关系和上层建筑的关系的扩展

一、流通与生产力的源泉

源泉来自人口、资源、生态环境。

社会人口处于流动中。就当前而言,我国仍保有小农经济,也就是繁衍人口的经济。我国现有十三亿多人口,还有可能增到十五六亿,其中大部分在农村。农业经济的未来规模化将使大量人口城市化。目前,大量农民在节假日往返于城乡之间。美国农业用地的面积略大于我国,但农民数量只有我国的百分之一左右。我国农民的数量将会进一步减少,且人口的流动主要在于城市与城市之间以及城市内部。

资源主要是承载流通工具的土地(平面的陆地与水体、立体的空间)以及为矿山提供载运工具的能源。由于土地的有限性,且必须保证人类的基本生活,从这个意义上表现出了农地的不可侵占性。因此,必须合理规划土地的使用,尽可能少占陆地尤其是农业用地,多利用水运等等。在城市内部,存在的主要问题是人口流动量大,而人均占地狭小。因此,必须优先发展公交,而且公交还宜双层化。

土地也就是环境,但其还有特殊的含义。为了让人口能够生活下去,环境应是生态环境。由于森林是生态环境的支柱,森林被毁,土地就荒漠化,当地人口就生活不下去。因此,在兴建公路、铁路时必须注意保护森林。生态环境还要求交通工具在运行时不仅要节能减排,还不应污染环境和产生噪音危害。

二、流通与生产力

就流通与生产来讲,类比于人的有机体,人流、物流可视作脉管系统,信息流可视作神经系统。社会生产的各个要素就是通过这种脉管和神经连接起来,并最终促成运动中的现实生产。

企业外部的"三流"独立为交通业,为人流、物流服务形成客货运输业,为信息流服务形成通信业。交通业的特点在于它的生产过程不是直接生产物质产品,而是场所的变更,即将人与物从一地运到另一地,或将信息从一地传递到另一地。这个特点使它将非生产消费变为交通业的生产。交通业就随着农业(第一产业)、工业(第二产业)之后成为第三产业,并且三者日益结合而壮大。规模经营的大农业、工业分工与聚集都需要交通业的服务,交通业也就因此而日益发展壮大。

就社会生产力来讲,马克思指出:"劳动生产力是由多种情况决定的,其中包括:工人的平均熟练程度,科学的发展水平和它在工艺上的应用程度,生产过程的社会结合,生产资料的规模和效能,以及自然条件"。① 流通使生产过程得以社会结合,从而发展社会生产力。

就交通自身生产力来讲,上述马克思所揭示的生产力发展规律,都值得交通业加以分析,这里就不具体叙述。

总之,社会生产力的发展要求节约单位产品所耗劳动(物化劳动与活劳动),其中包含交通业所耗劳动。如果生产力布局合理,就会在宏观上缩短运距,加速再生产过程,节约社会交通劳动。如果交通业能优化自身结构,还会进一步节约交通劳动。

三、社会主义市场经济中的交通业

市场经济规律的特点在于以价值形式促进生产力发展。正因为如此,中国社会主义特色就在于与市场经济的结合。

商品价值是由社会必要劳动时间决定的。"社会必要劳动时间是在现有的社会正常的生产条件下,在社会平均的劳动熟练程度和劳动强度下制造某种使用价值的价值量"。② "劳动生产力越高,生产一种物品所需要的劳动时间就越少,凝结在该物品中的劳动量就越小,该物品的价值就越小……可见,商品的价值量与体现在商品中的劳动量成正比,与这一劳动的生产力成反比"。③

交通劳动是生产劳动,在商品经济中也凝结为价值。因此,价值规律完整地讲应该是:单位商品的价值量是由生产它并把它运往市场所必要的劳动量

---

① 《马克思恩格斯全集》第 23 卷,人民出版社 1972 年版,第 53 页。
② 《马克思恩格斯全集》第 23 卷,人民出版社 1972 年版,第 53 页。
③ 《马克思恩格斯全集》第 23 卷,人民出版社 1972 年版,第 53—54 页。

决定的。这就决定了交通业的经济活动影响价值规律,又必须遵循价值规律。

价值规律是市场经济的内在规律,它由外在竞争规律为之开辟道路,并迫使生产者提高生产力,使产品的个别价值低于市场平均价值。"他必须低于商品社会价值来出售自己的商品,又会作为竞争的强制规律,迫使他的竞争者也采用新的生产方式"。①

在这生产方式中包含流通的效率。流通的加速还可以加速资本周转,使较少资本占有更多的剩余价值,并会节约流通费用,进一步促进生产力的发展。

在商品流通费用中,主要是商品运输费用,此外还包括商品仓储费用和纯粹流通费用。

这里讲的仓储费用是指为了流通正常进行而必需的仓储费用。在这里,使用价值虽然没有增加,反而可能因仓存储耗而减少了。但这种减少受到限制,使用价值被保存下来。就因为这个缘故,保管费用在一定程度上会加入商品价值。这样,生产一个商品所消耗的费用,除了前面讲的生产费用以外,还要加上这项保管费用,它使商品变贵,这与劳动生产力低使商品变贵的道理一样。

仓储费用不是都会加入商品价值,这要看商品储备是正常的还是不正常的。如果是不正常的,投入的储备费用就不加入商品价值。只有正常的储备费用才会加入价值。

四、交通业中的生产关系

这里侧重叙述基础设施所占用土地的所有权与使用权问题。基础设施建基于土地,但土地有自己的所有权与使用权。就像房产与地产的关系一样,房租之中含地租,房屋的所有者应该向屋基所占土地的所有者交付地租。基础设施使用费中也应包括占用土地的地租。

土地作为自然资源,不是劳动生产的产品,不含有劳动创造的价值,但它的使用会带来超过平均利润的利润。这是社会转移来的价值,不是土地使用者创造的价值,因而应该归社会所有。社会由国家来代表,所以土地应当国有化。顺应这一规律,我国宪法也明确规定土地国有制。就经济学讲,生产关系由分配关系实现。土地国有化无非是将地租交给国家。马克思认为,如果使

---

① 《马克思恩格斯全集》第23卷,人民出版社1972年版,第354—355页。

用土地而不付地租,"意味着土地所有权的取消,土地所有权的废除"。[1] 他还指出,应当剥夺私人占有的地产,"把地租供国家支出之用"。[2]

严格地租的核算既可使基础设施的经营者不能侵吞国有资产,又能克服乱占土地建造不必要的基础设施。

另一方面,科学地兴建基础设施,反而会优化附近的土地。它使周边土地特别是车站、码头,地铁出入口临近土地的价格飙升。在规划时政府就应该加以调控,防止地价上涨的利益落入地产投机者手中,宜将此项高额地租转化为建设基础设施费用,以减少政府投资。

五、流通与上层建筑

对应人流、物流、信息流所形成的产业,提供的是公共产品。这就要求政府合理规划和巨额投资兴建公共产品,将其主要交付国有企业进行建设,并通过市场运营给予一定的补偿。

交通业是耗能大户,能源价格也应市场化。政府不应对交通业的能源消耗实施低价优惠,要让交通业自己努力节能减排,提高生产力。

由于城市道路面积有限,也为了节能减排,政府应该倡导公共交通,限制小汽车。

在市场经济中,公交也必须独立核算,提高运载生产力。政府不应干预它应有的票价。特别不应从违反客观规律的意识形态出发去干涉交通业。例如,好意让老年人免费乘车,却叫人想起人民公社吃大锅饭的恶果。

(作者单位:复旦大学经济学院。原载于《中国流通经济》2008年第 4 期,被中国人民大学《复印报刊资料》之《商业经济》2008 年第 7 期全文转载)

---

[1] 《马克思恩格斯全集》第 25 卷,人民出版社 1974 年版,第 846 页。
[2] 《马克思恩格斯全集》第 4 卷,人民出版社 1958 年版,第 490 页。

流通经济学导论

张声书

流通是社会再生产的组成部分,社会再生产要以流通为实现条件。社会生产的发展要求流通的发展与之相适应,否则社会再生产的发展是不可能的。21世纪经济全球化,人类社会进入了大商业、大流通、大市场的发展时代,流通经济的发展进入了一个新时代,反映和促进流通经济发展的流通经济学的理论创新也将进入一个新时期。本文主要研究流通的形成与分工,流通经济学的研究对象、内容与研究方法。

一、流通的形成与分工

流通是以货币为媒介的商品交换过程。流通的形成与社会分工是紧密联系在一起的。人类社会经历了三次社会大分工。①

第一次社会大分工是游牧部落从野蛮人群中分离出来,发生在原始社会野蛮时期的中级阶段。这一次大分工使劳动生产率有了显著的提高。原始畜牧业扩大了生产的范围和场所,使人的劳动力能够生产出超出维持劳动力所必需的剩余产品。这一阶段还出现了织机、矿石冶炼和金属加工。同时,农人和牧人都需要获得在本部落地区内部生产的产品,这就引起了彼此之间的交换,促进了商品交换和价值形态的发展。价值形态也逐渐发展到一般的价值形态和货币形态。由于交换的主要物品是牲畜,牲畜获得了货币的职能,充当了一般等价物。

第二次社会大分工是手工业从农业中分离出来,发生在原始社会野蛮时期的高级阶段。原始社会经过第一次社会大分工后,生产力有了进一步的发展。由于人们活动范围的扩大和生产劳动的多样化,一个人不可能承担全部活动,各种活动必须分别由专人来承担。这样,便使原来与农业生产结合在一起的若干手工业生产从农业中分离出来,因而产生了人类历史上的第二次社

① 许涤新:《政治经济学词典》(上),人民出版社1980年版,第177—179页。

会大分工。这次大分工促进了生产规模的扩大和劳动生产率的提高,也使商品货币关系进一步发展起来。随着生产分为农业和手工业这两大主要部门,便出现了直接以交换为目的的商品生产。商品交换的范围也扩大了,不仅有部落内部和部落边界的贸易,而且也出现了远距离的和海外的贸易。交换的发展促进了价值形态的发展。金、银等贵金属开始执行货币的职能,并且逐渐成为占优势的和普通的货币商品。

第三次社会大分工是社会上出现了不从事生产、只从事商品交换的商人,发生在原始社会瓦解、奴隶社会形成的时期。第二次社会大分工以后,商品交换日益频繁,交换的区域范围不断扩大,需要有一些人专门经营商品交换业务,成为生产者之间不可缺少的中间人,于是出现了商人,产生了社会第三次大分工。第三次社会大分工使商品生产和商品交换进一步发展起来。商人方便了生产者和购买者的买卖活动,缩短了生产者买卖商品的时间,并使其产品的销路一直扩展到遥远的市场。同时,出现了铸币。贵金属作为货币商品充当了一般等价物,成为财富的化身,成为如恩格斯所说的"可以任意变为人们随心所欲的东西的魔法手段"。① 在使用货币购买商品之后,出现了货币借贷,随之出现了利息,以致土地成为可以抵押的商品。

综上所述,社会分工是商品交换、商品流通形成和发展的前提条件,只要存在社会分工,就会有商品交换,就会有商品流通。

二、流通经济学的研究对象和内容

流通是商品经济所特有的范畴。流通的出现,是商品交换进一步发展的结果。② 商品流通存在于几个社会形态之中,它们在不同的社会形态中具有不同的特点。不同生产方式中的商品流通既具有共性也各有其特性。商品流通的共性,是它有一个一般的基础,即社会分工。

各个社会的商品流通又具有不同的性质。就以私有制为基础的商品流通来说,存在着两种商品流通,即简单商品流通和资本主义的商品流通。两者虽然都是以生产资料私有制为基础,但它们的性质及其所体现的生产关系却大不相同。在简单商品流通中,小商品生产者出售商品是为了换回自己需要的产品,其流通公式是商品—货币—商品,即 W—G—W。所以,简单商品流通

---

① 《马克思恩格斯选集》第 4 卷,人民出版社 1975 年版,第 162 页。

② 张绪昌、丁俊发:《流通经济学》,人民出版社 1995 年版,第 1—3 页。

的目的是为了满足小商品生产者的需要,而不是为了发财致富。

资本主义的商品流通是最发达的商品流通,其流通公式和简单商品流通的公式正好相反,不是商品—货币—商品,而是货币—商品—更多的货币,即G—W—G′。资本家投入的货币资本购买生产资料和劳动力进行生产,生产出包含剩余价值的商品,再把商品卖出去,收回更多的货币,从而获取一笔剩余价值。可见,资本主义的商品流通是资本家实现剩余价值的手段,商品流通过程是实现剩余价值的过程,反映了资本对雇佣劳动的剥削关系。

社会主义商品流通有别于资本主义商品流通。① 社会主义商品流通具有商品流通的一般特征,同时也具有不同于资本主义商品流通的特点:第一,两种商品流通所反映的经济关系不同。社会主义商品流通中,占主体地位的是公有制企业即国有企业、集体企业及其他多种混合型的公有制企业。流通主体虽然有个体企业、私营企业和外资企业,但公有制经济占统治地位,在国民经济运行过程中发挥主导作用。商品流通运行过程本质上是通过公有制资产在价值形式上的变化,并实现不断增值来强化和壮大公有制经济实力的过程。在资本主义商品流通中,流通行为的主体是私有企业,虽然也有一定数量的国有企业,但资本主义国家是资本家的总代表,所以仍未改变资本主义商品流通的私有制基础,商品流通运行本质上是维护和巩固资本主义私有制。第二,两种商品流通的最高目的不同。以公有制为基础的社会主义的性质决定了社会主义商品流通的最高目的是最大限度地保证社会主义再生产的顺利进行,以最大限度地满足人民不断增长的物质和文化生活的需要。以私有制为基础的资本主义社会制度决定了资本主义商品流通的最高目的是最大限度地为资本家实现剩余价值,获取高额利润。第三,两种商品流通实现个人消费品分配的主体不同。社会主义商品流通是实现个人消费品按劳分配为主的分配。社会主义经济中,个人消费品实行按劳分配与按要素分配相结合的分配方式。虽然也存在按生产要素分配的形式,等价交换与等量劳动交换相结合,但由于公有制决定了劳动是收入最一般的依据,是实现个人需要的满足与社会共同富裕相统一的基础,所以要坚持以按劳分配为主,以其他分配形式为补充。而以私有制为基础的资本主义的性质决定了资本主义的商品流通是实现资本家无偿占有工人剩余劳动成果,资本家按资分配,保护有产者收益,这种分配方式的必然结果是继续维护和扩大贫富差别,造成两极分化。

---

① 王伟利、刘东升:《市场经济概论》,中国商务出版社 2003 年版,第 142—143 页。

可见,任何社会形态的流通,都是一定社会生产方式决定的商品流通的一般性和特殊性即共性和个性的结合。资本主义生产方式的主要社会特征是生产资料的私有制,与此相适应的资本主义商品流通就是以生产资料私有制为基础的商品流通。社会主义生产方式的主要特征是生产资料公有制,与此相适应的社会主义商品流通就是以生产资料公有制为基础的商品流通。

作为一门科学,必定有它特定的研究对象。"科学研究的区分,就是根据科学对象所具有的特殊的矛盾性。因此,对于某一现象的领域所特有的某一矛盾的研究,就构成某一门科学的对象"。① 流通经济学就是研究商品流通现象这一特殊矛盾的学科,即研究以货币为媒介的商品交换。

商品流通过程不是一个单纯商品形态变化和运动的过程,它同时反映着人与人之间的关系。如商品生产者和消费者、卖者和买者等等之间的关系。"私的交换以私的生产为前提……"②因此,不同的交换关系表现着不同的生产关系。在社会主义条件下,商品流通则反映着以公有制为基础的社会主义劳动者之间平等的分工协作的互助关系。

在社会主义条件下,商品的流通活动客观地反映着社会主义的交换关系。这些关系包括公有制与非公有制经济单位之间、公有制内部全民与集体所有制经济单位之间、全民所有制经济单位之间、集体所有制经济单位之间、非公有制经济单位之间的交换关系、企业与企业以及部门与部门、部门与地区之间的交换关系等等。社会主义商品交换关系是社会主义生产关系的重要组成部分。因此,流通经济学要在研究商品流通活动一般经济关系的基础上,通过对社会主义商品流通活动的研究,在科学地揭示社会主义条件下商品流通经济活动所反映的经济关系并在深入研究这种关系的基础上,阐明社会主义商品流通的客观规律。

流通经济学作为一门应用性很强的经济学科,不仅要研究商品流通的经济关系,而且要研究流通的资源配置。流通作为生产和消费的中间环节,它通过购进、销售、运输、储存、加工、配送等商流、物流、信息流的运行,推动商品流通经济活动,实现流通的功能。流通特别是现代流通与生产的持续稳定发展相适应,已经形成庞大的商品流通体系和流通产业。③ 流通产业已经形成了

---

① 《毛泽东选集》第 1 卷,人民出版社 1991 年版,第 309 页。
② 《马克思恩格斯选集》第 2 卷,人民出版社 1972 年版,第 101 页。
③ 冉净斐、文启湘:《流通经济学:从概念到科学》,《商贸经济》2004 年第 7 期。

相当数量的固定资产、流动资金和职工队伍。流通生产力和现代流通科学技术得到迅速发展和广泛应用。因此,流通经济学必须研究流通资源在流通产业的合理配置和充分利用,研究投入产出,为提高流通经济效益探索途径和方法。

综上所述,流通经济学的研究对象是商品流通过程及其所反映的经济关系。流通经济学的任务就是要在马克思主义、毛泽东思想、邓小平理论的指导下,运用先进的经济理论和科学的方法,对商品流通过程中的经济关系进行剖析,认识和揭示商品流通的客观规律。

流通经济学是一门与政治经济学和产业经济学既相联系又相区别的独立的经济学科。政治经济学研究的对象是社会生产关系,以物质资料的生产为出发点,研究人类社会生产关系发展变化的规律。政治经济学所揭示的一般规律和基本原理,是其他经济学科的理论基石。流通经济学并不研究一般生产关系的经济规律,而是以政治经济学为基础,按照政治经济学所揭示的一般规律和基本原理,探索流通发展变化中的规律,为制定合理的流通政策,促进流通的合理化提供理论依据。产业经济学从国民经济整体的产业出发,探讨在以工业化为中心的经济发展中产业关系结构、产业内企业组织结构变化的规律及研究这些规律的方法。流通经济学是从国民经济整体出发,探讨以商品流通运行为中心的经济发展中的商品交换关系、流通运行组织变化的规律及研究这些规律的方法。流通经济学以产业经济学揭示的产业变化的一般规律和原理为基础,探讨流通产业的变化规律,为制定流通产业政策促进流通产业的发展提供理论依据。

流通经济学与其他相关的经济学科尽管有明显区别,但也有很密切的联系。流通经济学在形成发展过程中,广泛吸收了其他学科的相关理论。流通经济学在继续发展和完善过程中,与其他相关经济学科的相互渗透还将继续存在,与其他经济学科的联系将更为密切。

流通经济学的研究对象决定了流通经济学的内容。流通经济学的内容可概括为:

1. 流通概述

包括流通的地位与作用;流通运行与社会经济发展;流通创新与流通现代化。

2. 流通与市场供求

包括市场运行要素——需求与供给;市场构成与市场类型;流通运行机

制;流通市场组织;市场结构、市场行为、市场绩效的关系。

3. 流通运行过程①

包括现代流通运行过程的三流分立与一体化;商流、物流、信息流。

4. 流通渠道与环节

包括流通渠道;流通环节;流通业态;流通过程合理化。

5. 流通企业

包括流通企业的特性;流通企业类型;流通企业的功能;流通企业经营。

6. 流通产业

包括流通产业界定;流通产业组织分析;流通产业结构分析。

7. 流通运行调控

包括流通运行调控的必要性;流通运行调控的目标与手段;流通政策与法规。

8. 流通经济效益

包括流通经济效益的内涵和特点;流通经济效益的基本评价指标;提高流通经济效益的途径。

9. 流通可持续发展

包括流通可持续发展的必要性;实现流通可持续发展的途径;流通可持续发展的条件。

10. 开放经济下的流通

包括经济全球化、对外开放与贸易发展;流通国际化;流通企业国际化经营。

三、流通经济学的研究方法

每一门学科都要有科学的研究方法。马克思主义的唯物辩证法,就是流通经济学研究的基本方法。②

1. 全面系统的分析方法

流通经济活动同其他一切经济活动,同各企业、各产业,同生产、分配、消费,同国民经济的财政、金融、科技、教育、国防等各部门都有着密切的联系。流通是国民经济大系统的一个组成部分,流通经济活动与其他各种社会经济

---

① 崔介何:《物流学》,北京大学出版社 2003 年版,第 14—16 页。
② 张声书:《流通产业经济学》,中国物资出版社 1999 年版,第 3—4 页。

活动是相互联系、相互制约、相互依存的。因此,研究流通经济问题只有从国民经济这个大系统出发,全面系统地分析流通与国民经济大系统及其内部的相互关系,才能揭示流通经济运行的客观规律。同时,也要全面系统地分析流通系统内部各经营单位的相互关系,才能揭示流通经济活动的客观规律。

2. 发展变化的分析方法

流通经济活动随着客观经济条件的变化而无时无刻不在发展变化着。这种发展不是在原有基础上的简单重复,而是由低级到高级的上升过程。这种发展不是平静的,而是"矛盾着的对立面又统一、又斗争,由此推动事物的运动和变化"。① 在流通经济学的研究中,必须运用科学发展观去研究流通经济问题。

3. 历史唯物的分析方法

客观事物的发展,总有一个时间的连续进程。流通经济运动也是这样。今天的流通经济运动是过去流通经济运动发展的必然结果,是在一定的历史条件下形成的。因此,在流通经济的研究中,必须从连续不断的流通经济运动的历史来把握流通经济运动的本质,揭示流通经济运行的客观规律。否则,是不能得出正确结论的。

4. 理论联系实际的方法

流通经济学作为反映客观规律的理论,来源于实践并在实践中得到验证、充实和发展。因此,在流通经济研究中,必须运用理论联系实际的方法,深入实际,调查研究,掌握第一手资料。特别是流通经济学是一门应用性很强的新兴学科,必须在实践中不断发展和完善。同时,我国社会主义市场经济和经济发展所处阶段的特殊性,要求我们在借鉴西方经济科学成果的同时,要坚持解放思想,从我国实际出发,实事求是,即使是已经被证明了的成功经验,也要从我国的特点出发,研究具体条件下流通经济客观规律的表现形式和作用,切忌生搬硬套。

5. 定性分析与定量分析相结合的方法

定性分析与定量分析相结合是非常重要的经济分析方法。流通经济活动是质与量的统一,既有质的规定性又有量的规定性,二者缺一不可。这就要求对流通的经济范畴、概念进行理论分析和逻辑推理,对流通经济活动的关联关系作出定性的判断。同时,要在定性的基础上,通过比例、系数、模型等进行量

① 《毛泽东选集》第5卷,人民出版社1977年版,第372页。

的分析,把定性的关联关系定量地表现出来。但是,经济数学模型是静态的,当其中某些因素发生显著变化时仍旧照搬使用,可能会导致严重的谬误。①因此在流通经济学的研究中,必须把定性分析和定量分析结合起来。

6. 比较分析的方法

流通经济学中流通经济发展演变的一般规律是许多国家流通经济发展实践的经验总结。研究流通经济学就是为了探寻流通经济客观存在的规律,指导我国流通经济的发展实践。流通经济规律寓于流通经济发展过程中,由于不同国家、地区的流通经济自然资源、技术水平、资金实力、经济体制及所处的社会经济形态和发展阶段的差异,流通经济发展的表现形态不可能完全一样,只有运用比较分析方法,对大量的流通经济资料进行仔细的比较研究,才能找出流通经济规律。

流通经济学的研究方法,还要针对流通经济不断出现的新情况、新问题,探索新的研究方法,不断完善和发展。我国正在进行具有中国特色的社会主义现代化建设,并进行着经济体制改革,处于完善社会主义市场经济的新时期。市场经济经过了几百年的发展,在西方发达国家已经成熟,但是我国建立社会主义市场经济体制却是一项崭新的事业,是一项艰巨复杂的系统工程。这对流通经济学提出了进一步建立和完善流通经济学科体系的要求,也成为摆在我们经济学者面前迫切而艰巨的任务。

（作者单位:北京物资学院。原载于《中国流通经济》2007 年第 2 期）

---

① 　史忠良:《产业经济学》,经济管理出版社 2005 年版,第 1—9 页。

流通经济学：从概念到科学

舟净斐　文启湘

一、悖论的提出

社会主义市场经济体制的确立和发展,客观上为经济学的研究和发展奠定了坚实的制度基础。改革开放以来,经济学逐渐成为显学。理论经济学特别是对西方古典经济学、新古典经济学、制度经济学的研究成为当前研究的热点。与此同时,应用经济学的发展也取得了长足的进步。货币银行学、产业经济学、计量经济学、农业经济学等学科研究者甚众。在我国,经济学研究进入了一个繁荣时期。

然而,研究流通领域经济运行的流通经济学却于20世纪90年代中后期以来陷入了低迷状态(纪宝成,2001)。21世纪是商业的世纪,正是大商业、大流通、大市场形成和发展的时代(黄国雄,2002),流通经济学的研究却陷入了贫困状态(夏春玉,1999)。应该说,市场经济条件下复杂的、多样的流通实践更加需要正确的流通理论予以指导,研究流通理论应该得到重视,流通理论应该得到大发展。但现实却是,流通经济学被作为三级学科,流通经济学的博士点为数极少(只有中国社科院、中国人民大学、西安交通大学、中南财经政法大学等几个单位),全国大部分高校砍掉了流通经济学专业,或改为市场营销,或改为国际贸易,或改为产业经济学,如今,保留流通经济学专业(贸易经济)的只有16家。流通领域研究的专业期刊只有几家,即《财贸经济》、《商贸经济》、《中国流通经济》、《商业时代·理论版》、《商业研究》、《商业经济与管理》(其他流通类期刊流通方面的文章所占比重大大减少)。

这种现象不能不令人思索。为什么在市场经济大发展,流通成为社会再生产的重要环节,成为国民经济的先导产业(刘国光,2001)和基础产业(黄国雄,2002)的时代,流通经济学却被社会遗忘,却出现了流通研究的低潮？夏春玉(2000)提出了四点：一是生产者与消费者直接见面的假设使流通从新古典经济学的视野中消失；二是经济学的格式化过程间接影响了经济学对流通的关注和研究；三是经济现象的复杂性和经济学家认识能力的有限性限制了经济学关注流通的视野;四是马克思的流通理论并不是完整的流通理论。全国高校商经教学研究会主持的《关于贸易经济学科建设的思考》课题报告(2001)认为,西方理论缺少对交换问题的专门研究和马克思流通理论的一般性未受到应有的重视是流通经济学出现低潮的主要原因。纪宝成(2001)指出,对贸易经济学科冲击既有内部因素,又有外部因素,内部因素表现在:学科分离,内外贸专业的分离;缺乏与新学科、新专业的相互协调;非盈利专业与盈利专业相混淆;队伍建设问题。外部因素有:政府机构改革,撤销了贸易局;教育部对专业目录的调整;盲目照搬别国经验;教育学科的重理轻文等等。

　　这些认识也许并没有抓住流通经济学贫困的要害。首先,西方古典和新古典经济学一刻也没有放弃对交换贸易的研究,从重商主义的自由贸易论到亚当·斯密的劳动分工交换论,从德国历史学派的贸易保护论到埃奇沃思方框交换契约论,无不充满着对交换、贸易的研究。西方非主流经济学,如新制度经济学也是从交易出发,研究交易费用和产权的关系,核心是研究制度和交易费用在交易中的关系,而且康芒斯把交易分为三类,其中一类就是平等的交易即交换,杨小凯、黄有光(1998)等人还尝试从分工交换的角度研究流通,杨小凯指出,如果交易效率得到提高,则国内贸易将因一国之内的分工水平提高而产生。但如果交易效率提高幅度不是很大,则在没有形成全国统一市场时,贸易可能在各个地方性市场内进行。随着交易效率的进一步提高,全国性市场便因分工水平的提高而产生。如果交易效率继续提高的话,则高效率的分工水平便会要求更大的市场规模与之相适应,此时局限于一国市场之内的贸易和产品交换无法充分利用高水平的分工经济,因此国际贸易便会从国内贸易中产生。其次,马克思的流通理论是十分完整的流通关系论,马克思从商品的二重属性开始,从分工入手,详细论述了商业资本的流通和商人、商业的地位和作用,阐述了商业劳动的性质和商业利润的来源,研究了商品交换的一般规律,同时还创造性地研究了国际贸易问题;再次,内外贸学科分离本身有一定道理,因为国际贸易毕竟是不同主权国家的经济贸易交往,这种贸易和国内贸易不同,它时时要受汇率、关税、主权国家的贸易政策所制约,因此,在研究领域上与国内贸易有相当大的区别;教育部对学科调整并不会妨碍一个学科的深入研究,只要这个学科是具有生命力的,就会形成研究群体。一个显著的例子是人们对制度经济学的研究,教育部并没有规定理论经济学中有制度经济学的学科,然而还是有众多学者乐于从事这方面的研究。

　　可见,流通经济学的贫困问题还是要从流通经济学的内部入手才能解决。

本文尝试从核心概念和学科研究对象的角度进行分析,运用经济学方法论,以新的研究范式建立一套较为完整的流通经济学的理论框架,以求教于国内专家同仁。

二、流通经济学的核心概念

任何一种规范的经济学研究必然有其核心概念,该概念是对众多经济现象的高度逻辑抽象,概念必须以事实为基础,同时又是对事实的高度概括。

商品流通是连续不断的商品交换,是以货币为媒介的商品交换。马克思指出,"每个商品的形态变化所形成的循环,同其他商品的循环不可分割地交错在一起,这全部过程就表现为商品流通"。可见流通应该作为流通经济学的核心概念。因为它反映了商品流通的实质,更能体现出流通经济学的学科特点,具有较强的解释力。这表现在:商品流通这一概念反映了商品运行的过程,而且是社会大生产中商品多次不断的运行,因此商品流通更能反映出交换在社会再生产中的中介沟通地位,错综复杂的商品循环更能反映出流通的复杂性,才需要探究商品流通运行的规律,研究如何有效地处理好商品所有者之间的关系,合理分析商品流通的资源配置。这一概念,既包括了交换,又涵盖了市场,还暗含了商业出现的必然性,因为如此复杂的商品交换没有媒介商品所有者的商业是不可想象的。可见这一概念,具有高度的概括力,应该成为流通经济学的核心概念。

对流通的专门研究,是政治经济学所难以涵盖的。因为政治经济学虽然也研究商品流通,但它的主要目的是为了揭示商业资本的增值和生产关系,政治经济学的核心概念是资本和剩余价值。西方经济学也研究交换和贸易特别是国际贸易,而且形成了一套系统的国际贸易理论,如要素禀赋理论、比较利益理论、H—O 理论等,但它侧重于把交换看作一种外在的机制,没有触及商品流通的内核,把国际贸易作为开拓市场的手段,轻视对国内贸易的研究,西方经济学把一国内的商品流通当作一种黑箱(夏春玉,2000)。因此,流通经济学有必要把流通作为核心概念对商品流通进行专门的研究。

三、研究对象的确定与学科体系的构建

确定学科研究对象是进行科学研究的前提。只有在学科对象确定后,才能确立研究范式,进而建立研究的逻辑框架,才能进行演绎推理,结合实证研究,解决研究对象的问题。目前,对流通经济学的对象有四种观点:关系论、规

律论、服务论、主体论。

关系论认为,由于交换在社会再生产中的中介地位,流通经济学一方面要研究流通与生产分配、消费的外部关系,另一方面也要研究商品流通领域内的商业内部关系;规律论认为,社会商品交换既受普通经济规律的影响,也受流通过程特有经济规律的作用。流通经济学的任务是揭示商品流通活动中的这些特殊规律;服务论认为流通产业是由处于商品交换和流通过程中的所有中介人即商人构成的一个特定的产业,商人从事的活动表面上看来是进行商品交换,实质上是在流通产业内提供以"为卖而买"为核心内容的商业服务活动,即为商品交换和商品流通提供服务活动。既然商业活动的本质是提供商业服务,那么,流通经济学的研究对象不应该是商品或商品交换活动本身,而应该是商业服务;主体论以流通领域中的每一个行为主体如商人、商业企业等为研究对象来研究流通领域中的具体问题。

以上这四种研究对象论各有特色,但是都普遍忽视了一点,即作为一门经济学科应该研究资源配置问题。

流通经济学作为一门应用性很强的经济学科,必须研究流通领域的资源合理配置和充分利用问题。即研究从生产领域向消费领域(包括生产消费和生活消费)推动商品运动的各种行为,如采购、运输、仓储、加工、销售等不断地社会化、规范化最终达到最优化。由于现代流通已经发展成为一个庞大的产业,因此流通领域资源合理配置问题实际上就演变为流通产业的资源配置和利用问题。这里有一个难题,就是流通领域与流通产业的关系。领域这个概念比较模糊,在《资本论》里,流通领域包括两个环节,即 G—W 阶段和 W—G′阶段。在这两个阶段,商品与货币的转化都需要有流通组织的劳动耗费,从事这类活动组织的集合就成为流通产业。因此,研究流通领域的资源配置,具体到流通产业才能够体现出来。从实践来看,人们把研究农业、工业、流通业分别作为一、二、三产业,并分别叫做农业经济学、产业经济学、服务经济学等。所以,可以把研究流通领域资源配置的流通经济学称为流通产业经济学。如果不从对流通领域资源配置的研究过渡到对流通产业资源配置的研究,流通经济学只能是停留在关系论、规律论的层次,无法上升到从产业层面来研究的高度。那么,对流通领域资源配置问题的研究也就难以深入。

明确了流通经济学的研究对象,就可以大致构建流通经济学的基本框架。第一部分:流通的基本假设。一个学科的发展需要有该学科所公认的基本假设,一个学者的研究要形成一个体系,也必须有贯穿其所有研究工作的一致性假设,否则,其提出的理论模型之间容易出现自相矛盾而难于前后一致。笔者认为,流通经济学基本假设主要有:流通时间节约假设,假设 $t_1 < t_2$,设 U_1 为花费 t_1 给流通企业带来的效用,U_2 为花费 t_2 给流通企业带来的效用,则必有 $U_1 = F(t_1) > U_2 = F(t_2)$;流通费用最小化假设即满足:$maxC(x)$,$stC(x) = f(x)$,$U(x) \geqslant U(x_0)$;理性经济人假设,即 $maxU(x)$,$stU(x) = px - cx$。第二部分,研究流通产业组织理论,即流通组织的 SCP 分析,流通产业组织的博弈分析,流通产业的竞争模型。第三部分,研究流通产业结构,即流通产业的不同业态之间的比例关系,流通产业的规模,流通的空间结构、地区结构的均衡,流通产业布局的合理化、产业的投入产出。第四部分,研究流通产业政策,用 IS—LM 模型和 AD—AS 模型分析由于流通产业政策的变动对流通增加值的影响。同时研究各种政策的配套和协调。第五部分,研究流通发展与经济增长的关系。运用计量经济模型分析流通产业的发展对经济增长的总体效应和溢出效应,分析国内商品流通与国际商品流通的相关关系。第六部分,研究流通产业的发展趋势,运用产品生命周期假设等研究流通业未来的发展。第七部分,流通经济学专题,主要研究流通经济学中的电子商务问题,物流现代化问题,全球化背景下流通企业的跨国经营问题等。

四、流通经济学研究的科学方法

经济学理论的本质就是说明社会经济现象的几个主要经济变量之间因果关系的逻辑体系。理论的创新来自对新现象的分析或对旧现象的新解释。既然经济学的理论是一套逻辑体系,那么新的经济学理论的构建就首先要严格遵守形式逻辑内部一致的要求,否则,变量之间的因果关系就无法说清楚。林毅夫(2000)指出,传统的经济学研究经常侧重观点的整理而忽视逻辑分析和推导,经常也只讲个人对某个问题的观点、想法和主观愿望,常以个人的判断或其他经济学家的观点、理论替代逻辑推论,或是以比喻代替推理,所以,难以形成逻辑体系。现有的流通经济学普遍采用的是定性分析方法,而且不重视逻辑分析和推导。有些流通经济学教材和论文还停留在提出问题、分析问题、解决问题的对策论阶段,许多内容缺乏系统深入的分析研究,就贸然下结论,结果使流通经济学在逻辑结构上十分松散,没有形成一套严密的科学理论体系。这种研究方法,只重视证实主义,而忽视证伪主义的运用,结果造成许多问题甚至使一些基本理论问题也难以形成共识,造成进一步研究的困难。比如对流通与生产的关系的认识,有生产决定论、流通决定论、生产流通相互决定论等等,一直在学术界难以形成共识,虽然从事流通研究的大部分学者倾向于流通决定论,但是,在工业化时代,在物质产品没有十分丰富,在工业仍然是我国国民经济的主要支柱和 GDP 的主要组成部分的时代,没有严密的逻辑推理和经济数据的有力支持,这种观点难以得到大多数从事经济研究的人的支持。这也是流通经济学一直强调流通重要,流通业是支柱产业、基础产业,实际上却不为政府和社会重视的重要原因。而制度经济学在这方面就做得很好,制度经济学强调制度在经济增长中的关键作用,就是在建立了交易费用这个核心概念的基础上,通过对企业与市场关系的替代的思考,运用西方经济学的基本假设,在严密的逻辑推理基础上推论出科斯定理,从而赢得了学术界的普遍认可。

因此,在构建流通经济学的新体系时,必须高度重视科学的研究方法。只有建立在科学研究方法之上的流通经济学,才能获得广泛的解释力,因为经济学的任务不是改造世界,而是科学地解释经济现象,经济学家的任务,关键是要做好经济解释(张五常,1995)。对于流通经济学来说,科学的方法尤为重要,要彻底摆脱以前的就现象解释现象,就事实解释事实的研究方法。马歇尔指出,除非经过理智的考究和阐释,我们不可能从事实中学得些什么。同时在流通经济学的研究中,要避免套套逻辑的出现。张五常(1995)指出,套套逻辑广泛之极,不可能错,但如此一来,其内容就变得空洞,不着边际。在流通经济学研究中,还要注意避免概念或理论的模糊不清。模糊不清的理论或概念,是不可能清楚地证明是错了的。因此,模糊不清的概念没有解释力(张五常,1995)。

唐·埃思里奇把科学方法描述为以下一般步骤:(1)识别问题:这个问题可能是学科的、专题的或(和)对策性的;(2)限定研究目标;(3)提出假设,将其作为达到预期结果和(或)不同解决方案的途径;(4)设计研究程序;(5)获得适当信息,并对信息进行评价(如检验假设);(6)解释结果并得出结论。因此,在构建流通经济学时,也必须遵循这些规范。要坚决抛弃原来的罗列式、堆砌式的研究方法,重视因果式、递推式的研究方法的运用。要广泛借鉴和运用西方经济学科学的分析方法和分析工具。在流通经济学研究中,从侧重定性分析到定量分析,增加定量分析的比重。因为只有当一门学科运用了数学后才能成为真正的科学。国际贸易学就是借助大量的数学分析,才形成了较为科学的学科体系。要重视博弈论、计量经济学、系统经济学在流通经济学中的运用,也只有大量使用数学工具的时候,流通经济学才能真正地成为科学,流通经济学的地位才能真正提高。

参考文献:

[1]纪宝成:《商品流通论——体制与运行》,中国人民大学出版社 1993年版。

[2]刘国光:《先导产业:流通产业的转化目标》,载郭冬乐、宋则编《中国商业理论前沿》,社会科学文献出版社 2001 年版。

[3]黄国雄:《我国商业现状及其发展趋势》,《中国流通经济》2001 年第4 期。

[4]杨小凯:《经济学原理》,中国社会科学出版社 1998 年版。

[5]黄国雄:《现代商学通论》,人民日报出版社 1999 年版。

[6][英]马克·布劳格等:《经济学方法论的新趋势》,经济科学出版社2000 年版。

[7][美]唐·埃思里奇:《应用经济学研究方法论》,经济科学出版社1998 年版。

[8]张五常:《经济解释》,商务印书馆 2000 年版。

[9]盛洪:《现代制度经济学》,北京大学出版社 2003 年版。

[10]林毅夫:《经济学研究方法与中国经济学科发展》,2003 年 12 月 3日,见经济学教育和科研网。

[11]李金轩:《再谈充分认识商业的地位》,《中国流通经济》2002 年第1 期。

[12]文启湘:《提高流通产业组织化程度的理论分析》,《经济与管理研究》2002 年第 5 期。

[13]文启湘:《论我国流通产业进入管制制度创新》,《商业经济与管理》2003 年第 4 期。

[14]文启湘:《新时期我国流通产业政策创新研究》,《财贸经济》2003 年第 7 期。

[15]金永生:《论流通产业组织及其创新》,《南京经济学院学报》2003 年第 4 期。

[16]晁钢令:《论新形势下商业经济学的地位及发展趋势》,《商业研究》2002 年第 10 期。

[17]夏春玉、郑文全:《流通经济学的贫困与构建设想》,《当代经济科

学》2000 年第 1 期。

［18］许永兵,李建平:《商业经济学重构的一种思路》,《财贸经济》2003 年第 4 期。

［19］高觉民:《结构转换与流通产业结构高级化》,《产业经济研究》2003 年第 1 期。

［20］晏维龙:《试论商品流通的内涵及其复杂性》,《南京经济学院学报》2003 年第 3 期。

［21］石奇:《贸易理论需要重新构建》,《商业经济与管理》2003 年第 7 期。

［22］冉净斐:《从先导到创新:流通经济学研究的新进展》,《商业经济与管理》2004 年第 2 期。

(作者单位:西安交通大学经济与金融学院。原载于《中国流通经济》2004 年第 5 期,被中国人民大学《复印报刊资料》之《商业经济》2004 年第 7 期全文转载)

对流通经济学研究对象的认识

孙志伟

一门学科的研究对象属于该学科最基础的理论内容,对该学科的研究内容、发展方向起着非常重要的作用,对其系统发展也至关重要,甚至在一定程度上是决定着该学科能否形成独立、完整学科的关键因素。目前,随着市场经济的发展,虽然流通经济在国民经济中的地位越来越突出,乃至于有人将其作为国民经济中的先导产业,但对流通经济学的研究对象却没有形成统一和系统的认识。这在很大程度上制约了流通经济学的发展,使其理论的发展远远落后于实践,甚至造成了流通经济学这一提法只能获得业内少数人士的认可,而许多国家、经济理论研究者并不认同的局面。

一、研究对象确定的方法

1. 必须以内涵式为主确定研究对象

内涵是对事物本质属性的规定,以内涵式确定研究对象,一方面可以确定一个标准,让人们判断某些事物是否属于研究对象的范围;另一方面,在社会经过发展后,会不断出现新的事物,如果这些新事物具备了内涵规定的属性,那么也可以将其包括在研究对象范围内。因此,内涵式研究对象是一种动态的研究对象,这种方法也是适应能力较强的方法。当然,对事物内涵的规定需要随着对事物认识程度的加深而不断变化和丰富,且对事物内涵的规定本身需要研究者具备相当的研究能力。正是由于内涵式确定研究对象存在着一定难度,有人就以外延式方法确定研究对象,即将研究对象包括的具体内容一一罗列。这种方法看似简单,且能给人一目了然的感觉,但其缺陷也是非常明确的。一是由于研究者的知识、研究能力、关注重点等的不同,不同研究者对同一时代研究对象的罗列可能也不同,有时很难概括全面,难免出现挂万漏一的情况;二是这种方法不能包括未出现的事物,一旦新事物出现后,研究对象的确定就必须改变,否则是不利于一门学科发展的,而一门学科研究对象是不应该频繁改变的。在流通经济学研究对象的确定方面,就存在着简单地以外延式确定研究对象的情况,如认为流通是商流、物流、信息流和资金流的总和,无论其是否全面地概括了目前流通的种类,但这种外延式方法的缺陷是不可避免的,一旦出现新的具有经济价值的要素流动,这种对流通的界定就不能将其包括进去了。

2. 必须对内涵式规定的研究对象展开论述

内涵式规定研究对象虽然规定了研究对象的本质属性,但这毕竟属于抽象层次,难以让人形成直接、具体的认识,对研究对象的准确理解存在一定难度,这就要求必须根据对本质属性的规定进行展开论述,以弥补上述缺陷,这一定程度上就是外延式确定研究对象的方法。在确定流通经济学研究对象方面,许多学者将流通界定为商品从生产领域向消费领域运动的过程,这种观点看似非常合理,但仔细思考会发现其中隐藏着对流通经济学发展极为不利的影响。从这种规定的表述看,它明显受将社会再生产四分为生产、分配、交换和消费观点的影响。从流通经济学看,生产的组织过程中存在着大量经济要素流动的活动,对生产的准备、进行和生产成果的存放有着重要影响;交换过程本身就是流通过程,在一定意义上甚至可以说是流通的同义语,将其单独列出对流通经济的研究会造成一定的模糊认识;消费活动虽不是流通的内容,但它是流通的目的,流通与消费的关系是相互影响、相互制约的关系,但流通经济学对消费的研究应从消费对流通活动的影响出发。另外,这种规定虽然是内涵式规定流通经济学的研究对象,但其展开论述的程度不够,仍然易使人们不能精确地把握流通经济学的研究对象,并且根据经济学对生产过程不能过多干预的逻辑,一般经济学研究的重点也是集中于从生产领域向消费领域过渡的阶段,对生产主体即厂商的研究只是局限于一些原则性的探讨,详细、系统地对企业内部情况进行研究只是在 20 世纪二三十年代后才兴起的。因此,这种流通经济学研究对象的规定容易导致将流通经济学和一般经济学混同的缺陷,并影响流通经济学独立存在的说服力。

3. 必须对流通经济学的研究目的进行规定

在对研究对象的规定过程中,不可避免地要涉及流通经济学的研究目的。众所周知,经济学的研究目的是如何以有效的资源配置方式,达到国家和企业经济利益的最大化。作为从经济学中分化出来的流通经济学自然要受这种目的的制约,但又不能简单地将流通经济学的目的等同于一般经济学的目的,流通经济学之所以能独立存在,应有自己具有特色的研究目的,但目前大部分学者对流通经济学研究目的的特殊性没有给予应有的关注。如有人认为,"流通经济学作为一门应用性很强的经济学科,必须研究流通领域的资源合理配置和充分利用问题。即研究从生产领域向消费领域(包括生产消费和生活消费)推动商品运动的各种行为,如采购、运输、仓储、加工、销售等不断地社会化、规范化最终达到最优化"。① 这种将资源配置和充分利用移植到流通经济学中的做法虽然正确,但没有考虑到流通经济学的特殊性,且其将流通经济学研究目的确定为使各种流通活动社会化、规范化和最优化的提法也过于笼统,难以把握其中的准确含义。

二、流通经济学研究对象的确定

确定流通经济学研究对象离不开对流通的规定,而且在某种程度上,对流通的规定就是对流通经济学研究对象的规定。在现有研究中,有一种对流通的规定对我们非常有启发意义,认为"所谓流通,是运动着的具有交换价值的物质在流动中寻找通道或要求畅通并得以实现的过程"。② 这种规定较准确把握了流通的特殊性,但可惜的是,在其后的研究中没有对该流通经济学研究对象进行展开论述,在一定程度上影响了该观点的影响力。在借鉴前人研究成果的基础上,本文认为,流通经济学是研究如何使具有经济价值的要素流动并畅通起来,使之在合适的时间,以合理的价格到达合适地点的一门学科。

1. 对具有经济价值要素的认识

首先要指明的是,在经济学中,要素一般是指生产的各种投入,如劳动力、原材料、土地等,这里的要素不仅指生产的投入,也包括生产的成果。这样,从企业角度看,这些要素的流动就不仅指从生产过程向消费过程过渡的阶段,也包括为生产服务的前期准备阶段。

另外,许多要素的经济价值是随着社会经济的发展而变化的,原来没有经济价值的要素可以成为有经济价值的要素,原来隐含在其他要素中的要素有可能独立出来,且各种要素经济价值的重要程度也会随着经济发展的变化而变化,这会造成不同时期、不同水平经济体中具备经济价值的要素有所差别,对具备经济价值要素流动的关注程度也会随各种要素在经济发展中的重要性不同而不同。这就决定了流通经济学的一个重要任务是对要素经济价值的挖掘,促使人们充分认识要素的经济价值,在此基础上研究如何使这种要素流动

---

① 冉净斐、文启湘:《流通经济学:从概念到科学》,《中国流通经济》2004 年第 5 期。
② 陈文玲:《现代流通基础理论原创性研究》,经济科学出版社 2006 年版,第 17 页。

并畅通起来,同时对具有不同经济价值要素在经济发展中的作用进行研究,对不同经济发展阶段中制约经济发展的关键要素进行论证,研究制约其流动的原因,提出促进其流动的建议,努力达到要素畅通流动情况下各相关主体利益的最大化。因此,流通经济学是随时代的发展而发展的流通经济学,具有动态性的特征,而且在具有一定普遍性的基础上,在不同经济发展水平又具有建立在国别、区域、制度、体制等基础上的特殊性。

2. 关于流通经济学的研究目的

正如前面所述,作为从经济学中分化出来的流通经济学,不能简单地以利益最大化为目的,而应在该最终目的的制约下确定自己特殊的目的,这种特殊目的就是"使具有经济价值的要素流动并畅通起来",可以说"流动并畅通"成为了流通经济学研究的目的。经济学研究的目的是国家和企业的利益最大化,并研究实现这一目的的最佳资源配置方式。而流通经济学的研究目的就是为实现最佳资源配置方式而服务的,即在企业确定了自己最佳资源配置方式下,如何获得所需要的资源,而要素的流动和畅通就是实现最佳资源配置的前提,其他学科仍然可以对这些要素进行研究,但流通经济学对其的研究必须着眼于流动和畅通。在"利益最大化"和"流动并畅通"之间的关系中,"利益最大化"是最根本的,"流动并畅通"必须服务于"利益最大化",这体现了"一般"对"特殊"的制约,但是在企业经营活动中并不一定要求所有的流通活动必须实现利益最大化,因为在企业确定了某种流通方式、需要购买或销售某种经济要素时,已经是从企业整体利益角度考虑的,也就是说从企业整体利益最大化角度出发,某种具体的流通活动也许会亏损,但为了企业整体利益的最大化,也必须完成这种流通活动,因此,流通经济学的研究目的应该主要立足于"流动并畅通"。另外,在不同情况及不同流通方式下,"利益最大化"的目的也很可能不会成为流通活动的主要目的(详细情况在后面会有所论述)。所有这些因素决定了流通经济学的研究目的必须是"流动并畅通"。从这个角度看,流通经济学任重而道远,因为虽然市场经济在理论上要求所有要素自由流动,但现实中由于存在各种利益制约,存在着大量以局部利益牺牲整体利益、以当前利益牺牲长远利益的现象,要素流动的畅通程度受到了很大影响,如何减少和消除这些制约的影响,是流通经济学的一个重要任务。

3. 关于流通方式

如何使要素流动和畅通,就是流通方式的问题,也是国家和企业最关心的问题。从大的方面看,流通方式可以划分为两类,一是行政命令驱动型,一是经济利益驱动型。

　　我国在计划经济体制时代的要素流动基本上都属于行政命令驱动型的流通，在市场经济中也仍存在这种流通方式，在应对战争、突发性自然灾害时，该种流通方式有独特的效果。这种流通方式虽然可能造成一定的浪费，如调配的物资远远超过实际需求量，但却能满足当时的特殊需要，因而有其存在的合理性，对该种流通方式的研究是在满足特定目的的前提下，如何减少浪费，降低成本，并在整体规划中增加经济方面的考虑。由于目前我国经济正向市场经济转型，市场机制的作用越来越强，市场化程度越来越高，对这种流通方式的研究没有得到应有的重视，这不能不说是流通经济学的一个缺陷。我们必须承认，在计划经济时代仍然存在着各种经济要素的流动，而且当时成千上万与计划相关的工作者倾注了大量精力，努力保持我国经济的正常运转，在流通方式的安排、协调等方面产生了许多宝贵经验。对当时的流通问题，我们不应该简单地以"轻流通"或"无流通"对待，而是应该认真研究在那个时代采取行政命令驱动型流通方式的原因，吸收具体流通环节的经验，以利于对这种流通方式的合理调控。即使在市场经济大环境中，行政命令驱动型流通方式仍然有其存在的必要，这就是目前理论界所谓的"应急物流"。但在应急物流的研究中必须注意的是，由于应急物流满足的是社会利益和公共利益，其目的不能以经济利益为主，而必须以社会效益为中心，讲究的是一个"快"字，在尽短的时间内将需要的物资快速运达特定的地方。① 从某种意义说，行政命令驱动型流通更能体现流通"流动并畅通"的要求。

　　经济利益驱动型流通方式是市场经济中主要的流通方式，是我们比较熟悉的流通方式，本文论述的大部分内容都是针对此种流通方式的，这里就不再重述。

　　4. 流通业内部规律以及流通业与其他产业之间关系

　　上述研究对象的延伸，就涉及对流通业内部规律以及流通业与其他产业之间关系，这也是流通经济学必要的组成部分。流通企业与生产企业不同，在具体的企业管理、企业运转、人才素质、业务性质、企业融资等方面都具有不同的特点，流通经济学应针对流通企业的特殊性，构建系统的流通企业研究内容。而流通业作为一种产业也有其自身的发展规律，在不同的经济发展阶段，流通产业具体包括的内容也不同，需要对流通产业的社会化以及与此密切相

---

① 宋则、孙开钊:《中国应急物流政策研究(上)》,《中国流通经济》2010 年第 4 期。

关的业务外包进行研究。同时,随着区域经济的发展和经济全球化程度的加深,区域间流通产业的互动以及流通产业的国际化问题也是流通产业发展到一定程度必须重视的问题。上述问题以及流通产业内部竞争、集中与联合及其规范发展等共同构成了流通现代化的重要内容。此外,流通经济学还必须对流通业在国民经济整体中的地位进行规律性探讨,研究流通业与其他产业间的互动关系,从整体上探讨流通业的发展规律,为国家制定流通业的发展规划提供理论依据。

三、对流通的调控

当对流通经济的研究从企业层次上升到国家层次时,就涉及对流通的调控问题。对流通的调控要根据行政命令驱动型和经济利益驱动型的不同情况,确立相应的调控原则和方式。

在行政命令驱动型的情况下,流通经济学要研究所需物品的种类、数量和物品的收集、运输、登记、保管、调配以及事后多余物品的处置等问题。行政命令驱动型的流通之所以能存在,是因为它以效率即物品的通畅流动为根本原则,着眼于隐性利益,即长远的、全局性的利益,且很多时候是人的生命和生存,而不是通常情况下的显性利益,即与要素流通相关主体(包括生产者、流通者和消费者)的直接经济利益。这种隐形利益对时间的要求非常严格,一旦延误时间,就有可能发生不可挽回的损失。国家在这方面应制定相应的规定,甚至立法,明确所有企业、个人在发生紧急事件的情况下,有遵守国家对相关物品以合理价格调配的义务,并有义务根据需要扩大紧缺物品的产量,这是企业和个人社会责任的表现。同时,国家应考虑相关主体的经济利益,支付合理的价格,赋予贡献突出者以社会荣誉,提高其企业形象,并科学确定所需物品的种类、数量、运输方式、存放地点、保管方式、配送登记等环节,以减少浪费,以经济效益原则管理和规范行政命令驱动型流通的各环节。

经济利益驱动型流通是常态流通,国家对流通的调控主要表现为对该种流通的调控,而调控方式主要为法律和政策,重点调控的是与流通有关的流通业与生产商、消费者的关系,确定各自的权利和责任,维持流通业一个良好的竞争环境,处理好行业竞争程度和行业竞争力的关系,既要防止和消除行业垄断,又要促进形成规模大、实力强的流通企业,这在相当程度上是一个两难的问题。因为充分竞争的必要条件是众多的竞争者,而竞争者过多势必造成每个竞争者的实力不强,服务水平、服务能力和发展潜力都受制约,而从单个企业来讲,提高服务能力和水平的必然结果就是扩大规模,就有可能形成垄断,一旦垄断形成后,企业就很可能以非正常的手段经营,不利于行业总体的发展和消费者的利益。国家应对此确定一个总的调控思路,平衡行业、企业和消费者利益之间的关系。另外,相关法律应以促进要素自由流动为原则,消除要素流动过程中存在的区域桎梏,即使在提倡贸易自由化的时代,由于局部利益的存在,国内阻碍要素自由流动的问题将和国际上的贸易保护一样长期存在,而这种阻碍是不利于国家整体经济发展的。因此,流通经济学必须对此种问题加以研究,为国家制定相关的调控措施服务。同时,国家在调控经济利益驱动型流通时,应尽可能地减少行政干预,更多的是以经济参数的变化引导相关主体的行为,实现国家调控的目的。国家可以通过利息、收费种类和标准、融资、吸纳就业、员工培训、土地出让等方面的调整,使相关主体明确了解国家的意图,达到促进某种要素流动或特定行业、区域发展之目的。

(作者单位:北京物资学院。原载于《中国流通经济》2010 年第 8 期,被中国人民大学《复印报刊资料》之《贸易经济》2010 年第 11 期全文转载)

重新认识流通

丁俊发

在社会主义市场经济条件下,如何认识流通,如何发展流通就是一个必须突破、创新的重大领域。

2002 年 2 月 25 日,江泽民同志在省部级主要领导干部"国际形势与WTO"专题研究班上的讲话中指出:"由于长期受计划经济的影响,'重生产轻流通'的观念烙印很深,这也是影响经济发展的一个重要原因。发展社会主义经济,搞好流通极为重要,是消费通过流通来决定生产,只有现代流通方式才能带动现代化的生产,大规模的流通方式才能带动大规模的生产。因此,要大力支持和推动连锁经营、集中配送等现代流通方式,推动经济发展,提高竞争力。"

江泽民同志在十六大报告中又明确指出:"在更大程度上发挥市场在资源配置中的基础性作用,健全统一、开放、竞争、有序的现代市场体系。推进资本市场的改革开放和稳定发展。发展产权、土地、劳动力和技术等市场。创造各类市场主体平等使用生产要素的环境。深化流通体制改革,发展现代流通方式。整顿和规范市场经济秩序,健全现代市场经济的社会信用体系,打破行业垄断和地区封锁,促进商品生产和生产要素在全国市场自由流动。"这些论述,是经过实践得出的科学结论,是对马克思主义流通观的新发展,是指导中国现代流通业发展的指导思想。

一、马克思主义的流通观

流通是什么? 流通是社会再生产过程中生产、分配、交换(流通)消费中的一个独立的经济活动。18 世纪末 19 世纪初,政治经济学家都把社会再生产过程分为生产(包括交换)、分配、消费三个独立部分,称为"三分法",其代表人物为法国庸俗政治经济学派代表人物萨伊·让·巴蒂斯特(1767—1832)。马克思与恩格斯把交换从生产领域中分离出来,变成一个独立的经济领域,从而确立了社会再生产过程生产、分配、交换(流通)、消费的"四分法"。马克思与恩格斯批判了德国小资产阶级社会主义者杜林的"分配决定论",恩格斯指出:"杜林先生把生产和流通这两个虽然相互制约但是本质上不同的过程混为一谈……他这样做只不过是证明,他不知道或不懂得正是流通在最近五十年所经历的巨大发展。"①

流通是什么? 流通是"商品以货币为媒介的交换。""对商品流通来说,有两样东西始终是必要的:投入流通的商品和投入流通的货币",②"在现实的流通过程中,资本总是只表现为商品或货币,并且它的运动总是分解为一系列的买和卖。"③在商品经济时代,一切生产转化为商品生产,是为卖而生产,商品通过流通才能实现其价值与使用价值,而这种商品的交换已不是产品的直接交换,而是以货币为媒介的等价交换。"商品的流通过程就其纯粹的形式来说,要求等价物的交换。"④

流通是什么?"流通是商品所有者的全部相互关系的总和。"⑤马克思在《资本论》中经常论述流通要素、流通行为、流通过程,较多地讲到商品流通与货币流通,但由于运输业与电讯业的出现也开始论述到实物流通与信息流通。"有一些独立的产业部门,那里生产的产品不是新的物质产品,不是商品。在这些产业部门中,经济上重要的,只有交通工业,它或者是真正的货客运输业,或者只是消息、书信、电报等的传递",⑥马克思称之为"追加生产过程",是"生产过程在流通过程内的继续,并且为了流通过程而继续"。⑦

综上所述,我认为流通是商流(商品价值形态的流通)、物流(商品实物形态的流通)、信息流(商品经济形态的流通)、资金流(商品货币形态的流通)的总和。只有从这样的总体去研究问题,才能把握流通在国民经济中的地位与作用。

流通与生产是一种什么关系呢? 马克思主义认为,在商品经济的发展过程中,在卖方市场为常态的前提下,从单个再生产过程看,生产决定流通。生产是人类利用和改造自然从而创造物质财富的经济活动,是社会再生产的首

---

① 《马克思恩格斯全集》第 20 卷,人民出版社 1971 年版,第 167 页。
② 《马克思恩格斯全集》第 24 卷,人民出版社 1971 年版,第 459 页。
③ 《马克思恩格斯全集》第 25 卷,人民出版社 1971 年版,第 385 页。
④ 《马克思恩格斯全集》第 23 卷,人民出版社 1971 年版,第 182 页。
⑤ 《马克思恩格斯全集》第 23 卷,人民出版社 1971 年版,第 188 页。
⑥ 《资本论》第 2 卷,人民出版社 1975 年版,第 63 页。
⑦ 《资本论》第 2 卷,人民出版社 1975 年版,第 63 页。

要环节,如果没有生产要素及其创造的物质财富,后续的分配、消费及交换要素就会成为无源之水、无本之木。因此,从单个再生产过程看,生产成为决定其他环节的关键要素,从这个意义上说,生产决定流通。生产的性质、规模和方式决定着流通的内容、规模和方式。"就流通本身来看,它是预先存在的两极(指生产与消费——作者)的媒介。但是它不会创造这两极。"[①]"流通的前提是通过劳动进行的商品的生产",[②]"生产方式的总的性质决定这两种流通(即货币流通与商品流通——作者),而更直接地决定的是商品流通。"[③]"交换的深度、广度和方式都是由生产的发展和结构决定的。"[④]"一定的生产决定一定的消费、分配、交换和这些不同要素相互间的一定关系"。[⑤] 在发达的商品经济即市场经济出现以前,马克思、恩格斯就已看到流通对生产的制约作用,并认为终有一天生产要建立在流通的基础上。生产和交换"在每一瞬间都互相制约,并且互相影响,以致它们可以叫做经济曲线的横坐标和纵坐标。"[⑥]当社会经济的综合水平发展到一定程度之后,"生产过程已经完全建立在流通的基础上"。[⑦] 马克思认为,只要产品生产变成商品生产,即为卖而生产,那么"生产出来的一切财富都要经过流通"。[⑧] 生产就"以流通,以发达的流通为前提"。[⑨] 在一般的情况下,可以这样讲,生产是流通赖以进行的基础和归宿,生产决定着流通的内容、规模和方式;流通是生产得以存在和发展的必要前提。二者相互制约、互相决定、互为媒介,是一个矛盾的统一体,不可能脱离一方去谈另一方的决定作用。但是到了市场经济时代,商品的供求关系发生了根本变化,已形成买方市场的总格局,这种情况下,是消费通过流通决定着生产。

为了说明这一问题,我们还必须阐述流通与分配、消费的关系。按照马克思的观点,在社会再生产过程中,分配与交换同是生产和消费的中间环节。但是,分配与交换的作用是不同的。正如马克思指出的:在产品和生产者之间插

---

① 《马克思恩格斯全集》第46卷(上),人民出版社1979年版,第208页。
② 《马克思恩格斯全集》第46卷(上),人民出版社1979年版,第209页。
③ 《马克思恩格斯全集》第46卷(上),人民出版社1979年版,第134页。
④ 《马克思恩格斯全集》第46卷(上),人民出版社1979年版,第36页。
⑤ 《马克思恩格斯全集》第46卷(上),人民出版社1979年版,第37页。
⑥ 《马克思恩格斯全集》第20卷,人民出版社1971年版,第160—161页。
⑦ 《马克思恩格斯全集》第25卷,人民出版社1971年版,第367页。
⑧ 《马克思恩格斯全集》第23卷,人民出版社1971年版,第644页。
⑨ 《马克思恩格斯全集》第46卷(上),人民出版社1979年版,第37页。

进了分配,分配借社会规律决定生产者在产品世界中的份额,因而插在生产和消费之间。而流通"是生产和由生产决定的分配同消费之间的媒介要素。"①显然,在社会经济运行的一般序列中,分配在前,交换(流通)在后,分配的经济职能是借助社会经济规律确定社会各成员对社会产品占有的份额和比例,交换则是社会各成员在其对社会产品占有之后相互交换自己所需要的其他产品,从而达到最终消费。可见,从生产到消费,插进了两个中间环节,即分配和交换(流通),正是分配和交换这两个作用不同又相互联系的环节,才维系着生产和消费的正常运转,它们共同推动着社会经济的正常发展。

分配与流通这种相互联系、相互作用的关系表现在:由于分配是插在产品和生产者之间,它属于国民收入的初次分配,这种分配首先在物质生产领域内进行,然后在全社会内进行再分配。国民收入的初次分配根据社会经济规律的要求进行。国民收入的初次分配包括两种,一种是产品的分配,一种是生产资料的分配。无论是产品的分配,还是生产资料的分配都必须借助于交换(流通)才能实现其价值和使用价值,才能满足生产性消费和生活性消费。在这种意义上讲,交换是分配的继续,没有交换,分配则不能彻底。但是,反过来,如果没有初次分配,也就没有再分配,也就没有交换。总之,分配的方式决定着交换的方式,分配的数量和结构影响着流通的规律和结构;而交换(流通)对分配则有能动作用,它不仅调节着分配的数量和结构,而且对分配能否进行到底起着决定性作用。

马克思主义认为,消费也有两种,即生产性消费和生活性消费。生产性消费是生产资料和劳动力的消耗,经过这种消耗生产出社会需要的产品;生活性消费是消费品的消耗,经过这种消耗,再生产出新的劳动力。在商品经济条件下,为了实现生产性消费和生活性消费,必须借助交换(流通)这个环节,换句话说,流通的直接目的是为了消费。马克思指出:"商品只要最终退出流通,不论在生产活动中或在本来意义的消费中被消费,它就在某一点上被抛出流通,完成自己最后的使用。"②"投入流通的商品达到了它们的目的;它们互相进行了交换;每个商品成了需要的对象并被消费。流通就此结束。"③在这里,流通对实现消费有决定性作用。但是,消费是多种多样的,不仅有消费水平、

---

① 《马克思恩格斯全集》第46卷(上),人民出版社1979年版,第210页。
② 《马克思恩格斯全集》第46卷(上),人民出版社1979年版,第36页。
③ 《马克思恩格斯全集》第46卷(上),人民出版社1979年版,第150页。

结构问题,还有消费速度问题,这些复杂而多样的需求必定对流通规模、结构和速度产生影响和制约作用。马克思曾明确指出:"把再生产消费所造成的限制撇开不说,商人资本的周转最终要受全部个人消费的程度和规模的限制,因为商品资本中加入消费基金的整个部分,取决于这种速度和规模。"①商人资本的流通速度"取决于:1. 生产过程更新的速度和不同生产过程互相衔接的速度;2. 消费的速度。"②总之,流通与消费之间是辩证关系,流通是消费实现的必要前提,流通对扩大消费规模有巨大促进作用;而消费对流通也有积极的反作用,它对流通规模、结构和速度均起着影响和制约作用。

无论从理论上,还是实际情况看,消费通过流通决定着生产既是一个客观真理,又是一个客观的实际。生产的目的是为了最终消费,消费的总量决定着生产的总量,消费的要求决定着对生产的要求,消费的结构决定着生产的结构,消费的趋向决定着生产的趋向。住房是如此,汽车是如此,家电是如此,食品是如此,如果不是让生产去适应消费,而是为生产而生产,必然出现生产过剩或生产短缺,满足不了人民生活与生产建设的需要。

二、坚决同"重生产,轻流通"的观念、做法彻底决裂

"重生产,轻流通"是怎么来的呢?我认为,马克思在设计未来社会时已有这种思想萌芽,固定这一模式的是斯大林时期的苏联,中国是从苏联那里学来的。

马克思与恩格斯在研究资本主义社会的商品经济时,提出了马克思主义的流通理论,但他们在设计社会主义革命胜利后的社会形态时都出现了偏差。他们以西欧与北美发达的资本主义国家同时取得社会主义革命胜利为前提,对未来社会的设计是:1. 生产资料完全归社会所有;2. 全面统一的计划化;3. 实行按劳分配;4. 不需要商品与货币。

马克思认为,私有制消灭之时,金钱将变成无用之物,一旦社会占有了生产资料,商品生产就将被消除。

但历史的发展,并没有按马克思设定的轨迹,而是在比较落后的俄国取得了十月社会主义革命的胜利。列宁按马克思的设计模式,实施了"战时共产主义",想建立一种直接由国家进行生产与分配的经济制度,废除市场,实行

---

① 《马克思恩格斯全集》第 25 卷,人民出版社 1979 年版,第 339—340 页。
② 《马克思恩格斯全集》第 25 卷,人民出版社 1979 年版,第 309 页。

全面的计划经济和中央集权管理,实行平均主义的按需分配,提出了"消费生产公社"组织形式,用直接的产品交换来代替商业,用经济关系的实物化来代替货币交换,力求实行最激进的措施准备消灭货币。这种"战时共产主义"的实践使十月革命后的苏维埃政权走进死胡同。列宁的伟大在于迅速改变了这一错误,他说:"在一个小农国家里按共产主义原则来调整国家的产品生产和分配,现实生活说明我们错误了。"①列宁提出了"新经济政策":

1. 改变清一色国有化的做法,允许一定的私人经济、国家资本主义经济和资本主义经济的存在。

2. 采用市场的分权经济体制,一是重视商品货币关系,二是用收粮食税的办法取代强制收购余粮的作法,三是国家不直接干预企业经济活动,企业在生产、销售、投资等经济活动中有广泛的权力。

3. 实行有条件的计划经济。他说:"现在对我们来说,完整的、无所不包的、真正的计划等于官僚主义的空想。"

4. 提出对资本主义国家开放与利用外资。提出"向资产阶级学习"。

这一新经济政策使苏维埃政权渡过了难关。但列宁于1924年过早逝世,斯大林从列宁的思想倒退回去,突出所有制的作用,把所有制变成可以脱离生产、分配、交换、消费的自在之物,一味追求公有化;否定商品生产与商品交换,只承认劳动者在生产过程中的互换劳动。

当时人人都怕谈商品,反对交换,主张统购统配。认为商品货币关系会导致资本主义复辟,社会主义劳动是直接的社会劳动,根本不需要商品交换,也不存在商品流通。直到他逝世前写的《社会主义经济问题》一书中才认识到不能完全否定商品经济,不能否定价值规律,提出要按客观经济规律办事。但他仍然否定交换,否定社会主义商品的流通过程,否定价值规律在社会生产中具有调节作用。许多苏联经济学家认为,社会主义经济中,生产与消费之间只有有意识的、系统的、有组织的分配,而不需要交换和流通;到未来的共产主义社会,人与人之间的经济关系就会变得像原始社会那样自觉、直接和一目了然,反映多种利益关系的商品交换和商品流通根本没有立足之地。所以苏联模式是典型的"重生产,轻流通"或典型的"无流通论"。

中国从苏联移植了这一套模式,后来毛泽东同志虽然从中国的实际出发,提出了"十大关系",但始终没有摆脱"重生产,轻流通"的格局。

---

① 《列宁全集》第42卷,人民出版社1987年版,第176页。

　　回想这段历史,除理论上的错误以外,从实际出发,所有社会主义国家当时都处于短缺经济,供不应求,"重生产,轻流通"也在所难免。

　　改革开放以来,小平同志拨乱反正,充分重视商品生产与商品交换,提出社会主义也可以搞市场经济,小平同志的流通观给中国流通业以前所未有的活力,发生了翻天覆地的变化。但从改革开放以来,"车马论"还是"马车论"一直争论不休。即如把流通看作马,生产看作车的话,是马在前,还是车在前。"生产者主权论"者认为在中国生产决定一切。而"消费者主权论"者认为在中国是消费,是流通决定着生产。我于1995年明确提出了"流通三论"即"流通决定论"、"流通调节论"与"流通一体论",同样引起了不少反对声。

　　在国民经济运行中,生产、分配、交换(流通)、消费应当如何摆正它们的位置,在经济体制改革中,如何摆正生产体制改革与分配体制、流通体制与消费体制的关系一直存在着偏差。"重生产,轻流通"仍然是一个客观存在,在许多方面表现出来。但一些人就是死不承认。江泽民同志给这场争议作了一个结论,当前"重生产,轻流通"的观念烙印很深,这也是影响经济发展的一个重要原因。

　　在社会主义市场经济条件下,如果我们不能正确认识流通的重要性,在买方市场即供大于求是一种常态的条件下,一味再强调生产决定一切,一切从生产出发,整个经济运行就会出现混乱,就会出现低效率。目前中国流通业有六个不适应:

　　第一,在中国并未形成大流通、大市场格局。部门分割、条块分割、地区封锁仍很严重。特别是中国仍然是内外贸分割的体制,与市场经济背道而驰。流通体制不顺,许多流通环节都不顺。

　　第二,流通的主体不成熟、不到位。改革开放以来,流通企业的所有制结构发生了历史性变革,在社会消费品零售总额中公有制经济从1978年的97.9%下降到1999年的33.8%,但大中型流通企业仍然主要是公有制经济,中国流通业的集中度很低,大型企业很少,缺少跨国流通集团,不能形成江泽民同志要求的"大规模的流通"与"现代流通方式",也无法去带动"大规模的生产"与"现代化的生产"。

　　第三,还没有形成社会主义市场经济体制下的流通模式,流通秩序还比较混乱,在交易过程中,信用危机严重,使流通对生产与消费的带动作用严重削弱。

　　第四,流通的科技含量低,还未形成强大的流通生产力。特别是现代物流,作为一种新的经济运行模式与新的流通方式很不发达,物流成本占 GDP 的比重达 20% 左右,比市场经济发达国家高出一倍。这说明中国经济运行的粗放与企业商业运作"大而全"、"小而全"还没有得到根本改变。

第五,还未形成完善的、成熟的市场体系。这个市场体系应当包括商品市场与要素市场的总和,目前两种市场并没有协调发展。也包括市场主体、市场客体、市场载体、市场中介组织的总和,许多方面并没有到位,不是缺位就是错位,使市场不成熟,也使流通不畅通,形成流通低效化。

第六,还缺乏全民的流通意识。中国流通的总体目标是通过实现流通的市场化、社会化、现代化、法制化与国际化,在更大程度上发挥市场在资源配置中的基础性作用,健全统一、开放、竞争、有序的现代市场体系,以满足生产建设与人民生活的需求,为实现社会主义现代化与建设小康社会服务。但这些观点并没有在大多数领导干部的头脑中树立起来,还没有在人民群众的头脑中树立起来,在小学、中学以至大学的教学中流通经济学也并没有得到应有的重视,流通理论研究的深度、广度也不够,流通的一些深层次问题往往被"通货紧缩"与"买方市场"所掩盖。

所以我认为,学习贯彻十六大精神,要提出重新认识流通的问题。

三、中国流通业发展战略

中国流通业的发展要以十六大精神为指导,以"三个代表"为指针;以扩大内需、促进经济增长,提高人民生活质量,实现小康社会目标为核心;以加入世贸组织,应对国际竞争为契机和动力;以加快推进流通现代化发展为重点,推进连锁经营、现代物流与电子商务的发展;以市场为导向,以企业为主体,切实改善和调整流通行业的所有制结构、业态结构、规模和组织结构、城乡和地区分布结构;培育流通企业的核心竞争力,提高消费在国民经济中的比重,充分发挥流通在国民经济增长中的先导性作用,促进国民经济持续、快速、健康发展和社会全面进步。

新世纪的中国流通发展战略要分三步走:第一步,第一个十年,继续完成两个根本转变时期,形成适应社会主义市场经济需要的流通总框架和大流通、大市场的总格局,与整个国民经济协调发展。第二步,再经过十年,流通的市场化基本完成,与国民经济的市场化相一致。第三步,到本世纪中叶,全面实现流通的现代化,赶上世界先进水平。为实现这个目标,重点要抓好以下工作:

（一）进一步推进中国流通体制改革

"十五"规划指出,要"积极推进流通体制改革,增强流通企业活力。"十六大报告指出,"深化流通体制改革,发展现代流通方式。"朱镕基总理也指出:"社会主义市场经济要真正搞好,解决好流通问题最重要,只要把流通领域的问题从理论到实践正确地解决了,那么,有中国特色的社会主义市场经济的模式就基本建成了。"中国的流通体制要解决六大问题:

第一,理顺流通行政管理体系。一定要打破内外贸分割、部门垄断、地区封锁、管办不分、分工重叠的格局,为建立全国大市场创造条件。

第二,进一步完善政府宏观调控体系。包括总供给与总需求的总量调控,进出口调控,战略储备与市场调节储备,建立市场与价格基金,调整重要商品购销体制等等。

第三,进一步培育商品市场体系。使市场主体、客体、载体、市场中介各就其位,使批发与零售市场、有形与无形市场、现货与期货市场、一般与特种市场协调发展。商品市场的进一步发展还有赖于要素市场的发展,在"十五"期间,没有要素市场的快速、健康发展,商品市场将难以健康发展。

第四,重构流通企业组织体系。目前形成的所有制与业态多元化格局是动态的,流通企业还没有形成一批大型集团,中小流通企业还很弱小,特别是农村的流通网络比较落后与粗放,"十五"期间必须下大力气进行战略性调整。

第五,强化流通法制体系。市场秩序很乱是"九五"以来一直非常严重的问题,表现为商流中资金互相拖欠,进口走私,出口骗税,制售假冒伪劣商品,地区封锁,过度价格竞争等等。这些问题的出现,一方面是有法不依,执法不严的问题;另一方面是无法可依的问题,所以必须加快流通立法,形成法律、法规、标准体系,制订一个人人必须遵守的游戏规则。

第六,调整商品与服务价格体系。市场经济并不等于价格全部放开,对特种商品与服务,所有的市场经济国家都是政府定价的,在特种情况下,还要实行价格管制。从总体上讲,我国在价格问题上还管的太多,而对有些垄断价格则调控不力。所以我国的商品与服务价格体系还处于调整期。

以上六大体系的改革与调整,将有利于形成有中国特色的商品流通总格局。

（二）大力推进流通现代化

1. 大力发展连锁经营。一是在地区上,鼓励有条件的连锁企业,通过兼并联合、资产重组、参股控股或通过输出商标、商号和经营管理技术、发展特许经营等方式,把现有分散的连锁企业纳入大型连锁企业。同时,通过合资、合作和联营等方式,积极鼓励有条件的企业实施"走出去"的发展战略,争取在利用两个市场和两种资源方面有所突破。

二是在业态上,从超市、百货店向便利店、专业店、专卖店、大型综合超市、仓储式商店等多种业态发展。

三是在行业上,在零售和餐饮服务业取得成功经验的基础上,开拓邮政、电讯、石化、烟草、图书报刊、医药等实行集中管理和专营专卖制度的行业,以及家电、电脑、软件、家具、装饰装修材料、汽车销售及租赁、服装等行业和房地产中介、教育培训、汽车配件及维修、家庭服务、旅游等新兴服务业的连锁经营。

四是在形式上,在直营连锁不断完善和规范的同时,选择有自主知识产权、核心竞争力强、知名度高、管理基础好的企业,积极探索特许经营的发展模式。特许经营在 20 世纪六七十年代进入快速发展期以来已风靡世界。在美国每一美元的销售额中,55 美分花在特许商品或服务上。美国有 5.4 万多家特许加盟店,拥有职工近 1000 万。日本现有的 4.1 万个方便店中,其中特许形式的有 1.8 万个。法国 2.1 万个特许加盟店的营业额占全国总营业额的60%。特许经营无禁区,不仅在零售与饮餐业中,已扩大到旅游、不动产业、租赁业、健身美容业等,中国在这方面的差距很大,要作为连锁经营中的一个重大战略问题来研究,来发展。

2. 积极推进现代物流发展。经济全球化与物流国际化是一个相辅相成的关系,近 10 年来,各国物流业出现了一些新的发展趋势:

第一,由于全球产业结构的大调整,以及全球采购的兴起,使全球货物贸易量大增,全球物流规模增大,物流活动的范围进一步扩大,已到达世界的所有角落。

第二,电子物流因适应电子商务的发展而飞速发展。

第三,供应链的竞争将逐步取代企业(特别是大企业)的竞争。

第四,第三方物流与第三方物流企业快速发展。

第五,物流装备现代化加速。

第六,物流服务的优质化进一步明显。

加入 WTO,国外跨国物流企业进一步进入中国市场,对中国传统物流业的落后观念,粗放管理,效率低下是一个巨大冲击。面对这一现实,中国的物流业要重点抓好以下战略发展：

第一，政府对中国物流业的发展要作出总体规划，创造条件，积极推进。按"十五"规划，加快物流资源垄断部门的改革，重点是提升改造传统的流通业、运输业与邮政服务业，加快电子、铁路、民航、仓储业的管理体制改革，使物流资源全部进入市场，并引入竞争机制。

出台物流业发展产业政策。主要是土地政策、投资政策、税收政策、市场准入政策、金融政策等等。可以借鉴国外的一些成功做法。

成立物流标准化委员会，设计中国特色的物流标准化体系，并与国际接轨，这项工作主要依托各行业协会来进行，但政府要指导，要协调，要在财力上给予支持。

第二，培育物流市场。要提高全民物流意识，首先解决企业领导层的物流理念，改变企业商业运作模式，把物流活动逐步从工农业生产企业与流通企业中分离出来，培育物流需求，这是物流业发展的前提。在"十五"期间，要培育5—10个中国物流企业集团。同时要支持中小物流企业的发展，包括支持传统运输企业与仓储企业改造为物流企业，也包括鼓励民间资本进入物流领域。

第三，以城市为中心发展社会化、专业化物流。重点是：按实际需要规划建设物流中心与配送中心，提高城市经济活动与综合实力；以城市为中心带动农产品物流，特别是农产品增值物流，提高农民的收入，并建立新的城乡关系；稳步推进电子商务，特别是 B to C（即商业主体对消费者），以提高居民的生活质量。

第四，启动物流人才工程。尽快在高校设立物流专业，培养本科生、研究生。全国应有 20 家左右高校设物流专业，在经济专业设物流课程；引进美国、英国、日本、澳大利亚等国家的物流师与采购师资质证书培训，在此基础上建立中国自己的资质证书培训体系；加强物流基础理论研究，重点是物流成本研究，物流中心、配送中心模式研究，物流学科研究，物流经济学研究，物流标准体系研究等等。

第五，大力推进物流信息化与物流装备现代化进程。物流的现代化应包括四个方面：物流观念的现代化，物流管理的现代化，物流技术的现代化，物流装备的现代化。这涉及目前国务院许多部门与许多行业，需要协同作战，瞄准国外先进技术，实现跨越式发展，该引进的引进，该研制的研制，该改进的改进。

中国物流业的发展处于起步期，经过加入 WTO 五年过渡期，将形成中国物流市场的基本格局,再经过 20—30 年的发展,中国可以实现物流业的跨越式发展,中国作为一个物流大国一定能走向物流强国。

3. 积极稳妥地推进电子商务。电子商务受到发达国家和国际性组织的高度重视,因为在经济全球化的情况下,跨国、跨地区的商贸文件、资金流动、商品交易频繁起来,而且涉及的内容繁多,加之各国的商务政策和处理方法不同,使数据量剧增。以网络技术为核心的电子商务系统能很好地解决这些问题。

电子商务除美国处于绝对领先地位以外,许多国家包括中国在内都处于同一起跑线上,因此,我们不能错过这一发展机遇。中国电子商务的发展要抓好以下几项工作:

第一,打好基础。要加快企业信息化建设,打好电子商务的应用基础。

第二,制定政策法规。一是制定流通产业电子商务发展规划,进一步明确发展的目标与政策措施,并根据需要,在一定时期内公布我国流通行业电子商务发展白皮书。二是制定网上销售的相关法规,建立对商品交易和服务贸易类电子商务网站的管理制度,建立健全网上交易规则,规范网上交易秩序,维护交易双方的合法权益。三是协调有关部门,研究制定支持电子商务发展的相关政策,如网站的经营范围、税收等,进一步推动电子商务的发展。

第三,继续试点。国家经贸委批准北新建材集团组建的"中国建材总网"进行试点,今后将继续开展电子商务应用的试点和示范工程。一是在钢材、电子、医药、建材等传统行业中,通过优化供应链管理,建立上下游客户的网上采购,探索传统产业与电子商务相结合的模式。二是在粮食、棉花、食糖、有色金属等大宗商品批发市场中建立专业网络系统,探索有形市场与电子商务相结合的模式。三是探索连锁企业、代理企业发展电子商务的模式,利用连锁店铺与代理商的有形网络,通过开办网上商店,拓展经营品种与业务范围,取得更好的规模效应。四是探索物流企业与电子商务相结合的模式,使全国全球采购网络、销售网络、配送网络发挥巨大作用,降低物流成本,提高竞争力。通过这些示范工程,总结经验,探索中国电子商务的不同发展模式。

(三)打造中国信用体系

市场经济是靠"看不见的手"即价值规律与"看得见的手"即政府宏观调控来运行的,没有一个国家只靠一只手来运行。对政府宏观调控力度的大小,区分了美、德、日市场经济的不同模式。中国实行的是社会主义市场经济体制,不仅要进行体制转换,还要把社会主义基本制度与市场经济有机结合在一

起。在社会主义市场经济体制下,应如何建立一种市场运行制衡机制,发展信用经济,建立信用体系,我认为重点要抓好以下几点:

第一,要充分运用市场经济自身的规律,在竞争中形成优胜劣汰机制。在激烈的市场竞争中,所有的生产者与经营者都依靠产品质量、价格、服务来参与竞争,创品牌、创名牌已是一种共识。这种品牌意识、名牌战略是对用户负责的一种信用,是创企业自身的信誉,这是一种无形资产,是一种精神力量,是一种核心竞争力。如果为了一时的利益,不讲信用,不讲信誉,那是自毁长城,必然淘汰。这是一种任何人都不可抗拒的客观规律。

第二,要把信用意识教育作为全民教育的重要内容。信用教育的目的在于提高全民信用意识,信用意识的增强有利于市场主体的成熟,而培育一个具有生命力的市场主体是发展社会主义市场经济的核心;信用意识的增强有利于信用制度的建立,而信用制度是市场经济的重要组成部分;增强信用意识,还有利于提高对各种非信用行为的识别能力,使其无立足之地;增强信用意识,也是全民职业道德教育的一部分,可以提高全民族的精神文明程度。

第三,建立与健全社会主义市场经济法律体系。要把信用意识变为一种法律的力量才能充分发挥市场经济的作用。法制包括立法、执法和守法三个方面,完善市场经济的法律制度,是健全市场经济法律的根本前提,而有法必依,执法必严,违法必究则是市场经济法律的中心环节。

在社会主义市场经济的法律体系中,有市场主体法、市场主体行为规则法、市场管理规则法、市场体系法、市场宏观调控法、社会保障法等。可以用民法、商法与经济法加以概括。与发达的市场经济相比,我国的经济法律体系是不完善的,所以加快立法与对法律法规的修订是当务之急。另一个当务之急是执法与守法,加强守法教育,加强执法力度,在法律面前人人平等,一切依法办事,任何个人都不能以权代法。我国的《合同法》、《产品质量法》、《反不正当竞争法》、《广告法》、《消费者权益保护法》、《商标法》等都明确规定了市场主体的行为规范,现在的首要任务就是不折不扣地按这些法律办事。

第四,加快建立信用制度。信用对国家、对单位、对个人都是一种资源,现在的问题是如何培植与利用这种信用。国家的信用与国有企业的信用我们用得比较多,但对非公有经济的信用与12亿中国人的信用却用得不好。拿建立个人信用制度来讲,目前刚在上海试点,与发达国家相比差距很大。但个人信用制度的建立并非易事,首先要有个人信用评估机构,对每一位消费信用申请人就资信状况进行科学、准确的信用风险评级,建立个人信用档案,并实行跨银行联网查询,还要解决信用监管、信用风险与信用惩罚等问题。在发达国家,个人信用是第二身份证,对个人来讲,不仅为了便于向银行借贷,更重要的是个人拥有道德信用与资产信用的一个有力证明。我认为在中国建立单位与个人信用制度势在必行,只有建立信用制度,才能使市场经济真正成为信用经济。

(四)进一步确立流通的地位与作用,增强全民流通意识

第一,商品流通是我国社会主义市场经济发育和成熟程度的主要标志。流通问题是搞好社会主义市场经济的最重要问题之一。在社会主义市场经济条件下,流通不仅可以引导生产和消费,起桥梁纽带作用,而且对稳定经济全局和优化资源配置的作用越来越大,流通产业已成为促进经济全面发展的先导产业;流通体制运行状况影响着社会主义市场经济体制整体推进的快慢;商品市场体系的培育是整个市场体系建立的基础条件。社会主义市场经济要真正搞好,解决好流通问题最重要。只要把流通领域的问题从理论到实践正确地解决了,有中国特色的社会主义市场经济的模式就基本建成了。

第二,商品流通是国民经济运行状况的晴雨表。社会与经济结构是否合理,国民经济是否协调发展,首先在流通领域表现出来。流通反映着国民经济产业结构的合理化程度,流通如同国民经济的命脉,不断地循环,不停地运作,随时调节着“机体”内部各器官的协调与平衡。流通的顺畅与否,决定着国民经济良性循环的能否实现。当前流通领域中存在一些长期困扰我们的问题,特别是一方面生产的产品积压,另一方面有效需求的产品得不到满足,以及通货紧缩与通货膨胀,这些现象反映了国民经济运行中较深层次的矛盾即结构性矛盾。流通已成为国民经济运行的“瓶颈”领域,流通经济增长方式的转变是整个国民经济增长方式转变的重要组成部分与关键。

第三,先进的流通生产力是促进我国经济持续、快速、健康发展的重要因素。发达的商品流通,必须依托于先进的流通生产力和流通生产关系。一方面,流通生产关系要适应流通生产力的发展,不能人为地超越。另一方面,在一定的流通生产关系条件下,流通生产力水平越高,流通效率越高,社会总产品价值实现越好,对国民经济持续、快速、健康发展是一个有力保障。国外发达国家的流通实践证明,先进的流通生产力,有利于降低流通费用。流通费用的降低,推动着工农业生产成本的下降、销售价格的下调,从而提高整个国民经济效益。

第四,当前流通的现状已成为我国经济进一步发展的严重制约因素,加速

流通的"两个转变"是当务之急。目前,流通现代化水平落后于工业生产现代化水平,流通的规模落后于生产的规模,远远不能满足经济发展的需要。当前流通现状无法与大生产相适应,无法与社会需求相适应,造成大生产与小流通的矛盾,必然导致社会有效供给与总需求的不均衡,最终制约国民经济持续、健康、快速发展。所以,加速流通领域的两个根本性转变是当务之急,应当确立流通产业加速发展战略。

(作者单位:中国物流与采购联合会。原载于《中国流通经济》2003 年第 1 期和第 2 期,被中国人民大学《复印报刊资料》之《商业经济》2003 年第 6 期全文转载)

流通生财

茅于轼

流通是因为有交换才发生的。对自给自足的经济而言,没有什么流通,因为没有交换。过去我们学的传统政治经济学,说交换是不能创造财富的,因此流通对财富的创造没有什么贡献。现在要证明的是交换能够产生财富,所以流通特别重要。

交换不能创造财富,这个命题看似有理。一个苹果换一只香蕉,交换前和交换后都是一个苹果一个香蕉,没有任何变化。所以从表面上看,交换不可能对财富创造有什么贡献。

可是仔细想一想,如果交换不能创造财富,那么大家忙交换,目的何在呢?交换可不是轻松的事,而且往往有风险。辛辛苦苦,担惊受怕,财富没有增加,难道是自找麻烦吗?但事实上大家确实从交换中赚到了钱。钱应该代表财富,因为拿钱可以买到任何一件东西。可是苹果香蕉都没有变,财富从何而来?这样想下去,问题越来越多。过去学的传统政治经济学到底有没有错?交换到底是否创造财富?

这个问题看似简单,其实牵涉到经济学最核心的问题,即财富是如何被创造的。依我看来,这里最关键的一点就是交换。是交换推进了整个财富创造的过程。交换包括物质的和非物质的,非物质的交换就是服务,对于物质的交换就会有流通发生。当然,服务业也会有流通,不过那多半是人员和信息的流通,而非物质的流通。

何以交换能产生财富?回答非常简单明了。因为平等自由的两个人在没有外来干扰的条件下,自愿达成的交换必定对双方都有利,任何有损于一方的协议都不可能达成。既然双方都得利,必定有新的利益被创造。否则损益之和为零,一方得了另外一方必定受损。证明已经完成,就这么简单。

从逻辑上讲,交换有利于双方,自然应该有财富的创造。但是如何从经济学上解释为什么交换会生产出财富来。

首先是交换使物品的使用价值得到提高。假定甲有 100 个香蕉,乙有

100个苹果。但是甲不但爱吃香蕉,同样爱吃苹果;乙不但爱吃苹果,同样爱吃香蕉。甲用香蕉换乙的苹果肯定能够增加各方的使用价值。国际贸易在这方面表现得最明显。在一个国家里不值钱的东西到了另外一个国家就可能变得很值钱。从古代的丝绸之路到现代的国际贸易都能赚取巨大的利润,也就是创造了财富。

以上是从消费一头看。从生产一头看,交换发展了分工,分工促进了专业化,从而出现了专门的科学技术研究和门类繁多的专家。比如生产一台计算机需要成千个不同门类的专业的配合,包括专门软件的设计,生产流水线的配置等。再往远里说,还有资金的筹集,律师的咨询,零配件到成品的运输等等,少了哪一样都会影响产品的质量或成本。我们能够以很低的价钱买到质量好的产品完全得益于分工。所以说,分工极大地提高了生产力,给大家带来了巨大的利益。如果这还不算财富的生产,那么什么才是财富的生产呢?

物品的交换多半伴随着运输或流通。流通是有成本的,如果流通的成本太高,把本来双方可以得到的利益吃掉了,这笔交换就做不成了。所以降低流通成本对于帮助交换获利至关重要。交换获利的机会几乎到处都存在着,但是因为交换中所发生的成本,往往将许多交换变成了无利可图。

举一个例子,任何两个国家,任何两种商品的价格比不同的话,就可以通过交换使双方同时获利。比如在甲国两个苹果的价格等于一个香蕉;而在乙国则两个香蕉的价格等于一个苹果。那么以一比一的价格在两国之间交换苹果和香蕉,双方都能赚钱。事实上任何价格比不同的国家之间都存在着交换获利的机会,不一定非得二比一和一比二。

可是由于流通成本的存在,使得大部分的交换变得得不偿失。交换赚钱的机会因为流通成本高而被淹没。这里要强调的是流通成本的降低可以使全社会获得巨大的财富创造的机会。反过来也一样,如果流通成本提高,社会上交换获利的机会就减少。

当然,流通成本只是完成一项交换所需的诸多成本中的一种。通常所说的交易费用还包括谈判,签约,因纠纷而发生的律师、诉讼等费用。这些费用大部分和社会的信用水平有关。所以一个信用良好的社会,其交易费用是比较低的。拿我国的情况来看,降低交易费用存在着巨大的可能性。拿流通本身来讲,这里不但有信用问题,而且其作用比一般行业更为重要。提高流通中的信用同样可以降低流通成本,使全社会获取巨大的商业利益。

我们在公路边上,常常可以看到利用回程空驶的卡车寻求装运货物的广告,但是真正能利用上的并不多。其原因就是没有足够的信用保证。万一所装的货被骗了上哪儿去追去?物流中因为牵涉物品收发两个地点,没有信用担保谁敢随便把货交给别人?对于重要的货物不得不派人跟货押运,大大地增加了成本。邮政往往由国家承办,原因也是信用问题。现在有了私人办的快递公司,他们运作多年,逐渐建立了信用,业务得以开展。但是至今快递公司还不敢承运钞票等有价证券。即使个别公司想作些试探,仍然有严格的限制。通过提高信用降低物流成本,存在着巨大的机会。

过去的经济学不承认流通和交换能够生产财富,因而不重视流通和交换,甚至打击从事流通和交换的人。我国从秦汉以来一贯重农轻商,打击商人。秦始皇把全国的富豪全都搬迁到洛阳来,不让他们在自己的家乡从事商业活动。到了汉朝虽然商人很有钱,但是皇帝不许他们骑马坐轿,不许他们穿丝绸衣服。国家打仗没有钱,就把富商大贾的家产拿来没收充公。私人财产在权力无边的皇权统治之下是完全没有保障的。不要说财产,连性命都是朝不保夕。也正因为这样,中国虽然很早就有了市场和交换,可是发展不出市场制度。市场制度是首先在欧洲萌芽结果,然后才传输到中国来的。现在我们接受了市场制度,得到了巨大的经济利益。

蔑视商人,轻视流通,至今也还有不少人持这种观点。不但在中国,而且在一些东南亚国家也是如此。华人在东南亚国家经商获得成功,帮助了当地的经济发展。可是当地百姓认为是华人剥削了他们。一有风吹草动,就破坏华人商店,捣毁华人工厂,结果当地经济遭到严重破坏,失业增加,经济萧条,十年也恢复不起来。印度尼西亚、越南、马来西亚等地都发生过这类混乱。现在他们吸取了多年来的教训,逐渐在改变看法,经济也得到较快的发展。

流通是联系生产者和消费者不可或缺的桥梁,有时候它也是原料商和加工商之间,生产商和批发商之间的桥梁。不管是哪种情况,它一定起到帮助双方实现利润的关键作用。对消费者而言,虽然他们没有得到利润,但是得到了方便和能够提高生活质量的商品。在流通桥梁的两边,都是平等自愿的。如果一边获得利润,另外一边一定同样获得利润或者方便,不可能是一方损害了另一方。如果一个企业家赚了 100 万,和他打交道的另一方一定也赚了相仿的钱,或者相当的方便。这个推论和一般的剥削理论恰好相反。剥削理论认为企业家是剥削者,或者剥削了工人,或者剥削了消费者。果真如此的话,这些人为什么心甘情愿地被剥削呢?我国改革二十多年,有许多企业家发了财(当然也有差不多同样的人破了产),同时国家大大地富有起来。富起来的不光是企业家,而是整个国家。这中间,企业家起了关键作用。

我们常常说,财富是工人农民创造的,也还有知识分子,更有共产党的领导。但是请想一想,改革以前这些条件都具备,可是财富的创造非常有限。改革之后财富的创造突飞猛进,这里的区别就是有没有企业家。可见企业家所起的作用非同小可。这样的归纳过分简单了点,但是至少从某个方面说明了企业家的作用。看看世界上势力强大的国家都有强大的生产力,而生产是在企业里进行的。所以一国的强弱取决于企业的好坏,而企业的好坏很大程度上取决于企业家。

过去往往认为企业家是剥削者。这种普遍的看法不能讲完全没有道理。因为企业家和工人可能不是平等自由的双方。这时候一方不得不就范,就可能遭受损失。像工人被企业家拖欠工资,想要离开吧,工资还拖欠着,继续干下去吧,不知道最后这份工资到底能给不能给。这就是一方控制另外一方.此时如果政府也不为他们主持正义,工人就要吃亏。所以解决的办法是政府负责任地维护工人的利益,尤其是让工人能够有平等谈判的地位。按照国际经验和国内的法律,应该允许工人组织工会,提高他们的谈判地位。可是有时候工人处于强势,企业家变成了被侵犯的一方,这同样是可能的。有些国家工会的力量太强,企业家不得不把工厂开到工会力量弱的地方,包括中国,这已经是大家都知道的事实,结果反而使当地的就业机会减少,受害的反而是工人自己。所以在法律面前人人平等的现代社会里,到底是谁受益谁受害没有什么一定之规,未见得一定是谁剥削了谁,谁侵犯了谁。

物流是一门伟大的学问。它联系消费和生产,沟通了物和人,也沟通了人和人。归根结底,物流之所以重要,因为它帮助社会创造了财富。

(作者单位:北京天则经济研究所。原载于《中国流通经济》2005 年第 4 期)

流通先导作用辨析

赵　娴

一、商品交换与商品流通

从一般意义上说,商品流通是指以货币为媒介的商品交换。它是随着社会生产的发展、商品货币关系的出现而产生的。原始社会末期,最初在原始共同体之间出现的偶然的商品交换已扩展到共同体内部成员之间。随着私有制的产生以及专门为满足他人需要而进行的商品生产的出现,这种偶然的物物交换逐渐发展成为经常发生的现象。货币的出现使商品的交换分为卖(商品转化为货币)和买(货币转化为商品)两个阶段,卖和买的统一就形成了商品流通。商品流通的出现克服了物物交换的困难,促进了商品生产和商品交换的发展,也使得专门从事商品交换的商人应运而生,加速了商品的流通,提高了社会经济效益,这无疑是商品生产和商品交换发展过程中的一大进步。商品交换从原始社会末期开始出现,经过奴隶社会、封建社会后得到进一步的发展,进入资本主义社会后,发展到它的最高阶段,这时,进入流通过程的商品包罗万象,流通过程成为实现价值的必经过程。

商品流通过程是指商品从生产领域向消费领域运动的经济过程。整个社会的商品从离开生产过程,通过一系列以货币为媒介的错综复杂的交换关系到达消费领域的过程中,具有丰富的内容,并成为社会再生产中具有相对独立的特殊功能的客观经济过程。一方面,流通过程是一个动态的过程,流通过程的两个阶段——买和卖是紧密衔接、不断循环的,它们互为条件又互相作用,互相联系又互相制约,不断交替,不断循环,构成了不间断运行的商品流通过程,保证了再生产过程的正常进行;另一方面,流通过程是价值运动和使用价值运动的统一,经过流通过程,商品实现了价值和使用价值,而这种价值和使用价值的实现是不间断进行的,也是在动态中实现的。同时,价值的补偿和使用价值的更替都是统一于流通过程之中的,互相联系,不可分离。

二、流通的功能

在社会主义大生产条件下,社会再生产过程是生产、分配、交换和消费的统一。交换是生产和由生产决定的分配与消费的中间环节,是生产和消费的媒介要素。由于以货币为媒介的商品交换将交换过程分解为两个独立的阶段:卖的阶段和买的阶段,因而,流通就成为连续的商品交换或从总体上看的商品交换过程。通过流通过程,不断地完成着商品的形态变化,实现着商品由生产领域向消费领域交换的运动过程,从而为社会主义扩大再生产的正常进行提供必要条件。可见,流通构成了社会再生产的中间环节,一端联系着生产,另一端联系着消费,成为再生产过程的中介,是联结生产和消费的媒介要素。

商品流通过程与生产过程一样,在社会再生产过程中居于重要地位,发挥着重要的作用。在一定的社会经济条件下,生产决定流通,流通又反作用于生产,而当社会生产力发展到一定程度时,生产就会完全建立在流通的基础之上,流通成为不可缺少的必要组成部分,统一于再生产过程之中。这种统一性表现在社会再生产运动过程中的多个方面,从而揭示了流通的功能与作用。

商品流通功能是由流通运行内在要素的相互作用所决定的,是其相互作用的内在规定性和流通规律性的具体体现。流通功能是在动态的流通运行过程中发挥作用的,它既是流通规律的客观要求和反映,同时也受各种外部环境因素的制约。商品流通功能的作用不仅表现在通常所说的"流通作为社会再生产过程的一个重要环节而对生产过程起反作用"的方面,也表现在"流通在一定生产力发展阶段会对生产过程起决定性作用"的方面,更重要的是表现在其对社会再生产的速度、比例、结构以及社会经济效益等方面的调节作用。

1. 实现功能

商品流通是实现商品价值和使用价值的唯一途径。生产企业的产品只有进入流通过程,才能实现其价值和使用价值,获得相应的货币收入,满足再生产的需要,并完成生产过程中必要的劳动耗费的及时补偿,保证社会再生产的正常进行。因此,从一定意义上讲,商品价值和使用价值的实现过程就构成了商品流通过程的经济内容。

2. 中介功能

商品流通总是处于生产的两极之间:一极是商品的生产者,另一极是商品的消费者。在这里,一方的买意味着另一方的卖,买和卖、购和销必须相互衔接和配合,不能发生任何脱节和间断,否则就会造成再生产过程的中断,这就要求有一个中介过程来连接,而流通正可以担当此任。这样,商品流通一方联系着生产过程,另一方联系着消费过程,成为社会再生产过程的中介。这种中介功能的实现就使生产过程和消费过程得以衔接,也使社会再生产过程的连续性得到保障。此外,流通中介功能的实现也有利于流通的环节、速度、规模、质量等方面的改进,还有利于促进生产结构与消费结构的合理性,克服产销脱节的不合理现象。

3. 调节功能

商品流通对于社会再生产过程具有极为有效的调节作用,主要表现为:商品流通是实现社会再生产的必要条件,它能满足社会再生产迅速发展的各种需求,保持社会再生产合理的比例关系,提高产品结构和产业结构的合理性;商品流通是调节社会资源合理流动、实现社会资源合理配置的有效手段;商品流通是生产企业、消费企业经济利益关系的调节器,能满足各方面经济利益的要求并使其合理化;商品流通是调整社会生产力布局的有力工具,能促进社会生产分工及专业化发展,提高社会劳动生产率;商品流通是国民经济各部门保持优化比例关系和合理结构的重要影响因素。

三、流通的先导地位

进入 20 世纪 90 年代末期,随着改革开放的不断深化,国民经济取得了长足发展,流通业在自身发展的同时,更带动了上游生产领域的发展,起到了配置资源、调整经济结构的重要作用,充分体现了流通业在整个国民经济中承上启下的重要功能,与此同时,流通业带动国民经济发展的先导性作用也日益强化。"流通先导作用"的提出也是对流通内涵和作用认识不断深化和完善的结果。

科学地认识流通的地位对于国民经济的健康发展极其重要。我国建国以来很长一段时期内,未能很好地解决流通产业的科学定位问题,重视生产,轻视流通,过于追求以 GDP 为标志的经济增长,集中力量发展高产值产业,尤其是重工业和制造业,而基础性的、低产值的流通产业的发展被放在次要地位,从而使流通产业成为制约国民经济持续、健康、快速发展的瓶颈产业。

生产过程和流通过程是社会经济系统运行的基本过程。在自给自足的生产条件下,生产过程和流通过程彼此独立,相对隔离,并未成为社会再生产过程的必经阶段。而进入商品生产尤其是发达商品经济阶段后,生产过程和流通过程就成为社会再生产必不可少而又彼此紧密联系的两个阶段,它们互为前提,以彼此的继起和连接来保持社会再生产的正常运转。正是生产过程和流通过程不断地相互贯通、相互渗透、相互融合构成了社会经济运行的总过程。由此看来,社会经济系统中的流通过程是一个与生产过程既相互联系又相互影响的客观经济过程。

1. 生产过程对流通过程的决定作用

生产过程对流通过程的决定作用,不仅表现为前者是后者的逻辑前提,更重要的在于前者是后者的物质来源和运行目标。虽然为交换价值而进行的生产必须经过流通过程才能最终得以实现,但流通的客体还是缘于生产过程,流通过程是社会再生产总过程的一个阶段。在社会再生产的周期中,流通过程只是在其之前和之后的生产过程的中介,其物质内容来源于在其之前的生产过程,而其服务的对象和目标是在其之后的又一个生产过程,离开生产过程,流通过程就会因失去必要的前提和目的而不复存在。商品的价值和使用价值只能来源于生产过程中的有用劳动,但商品的使用价值只有在进入消费领域以后才能实现。商品价值在生产者手中只是以潜在的形式存在,而由潜在形态向现实形态的转化依靠的就是流通过程及其商品价值形式转换的功能。流通过程并不仅仅是被动地从属于生产过程,而是与之并立并可对其产生多种能动影响的一个社会经济过程。

2. 流通过程对生产过程的能动作用

流通过程是生产过程得以顺利进行的基本保障。商品生产是为交换而进行的生产,它的这种质的规定性注定了流通过程会对生产过程及社会经济运行总过程的正常运行产生重要的影响:流通过程是生产过程得以实现的必经阶段;流通过程可以实现商品的使用价值,并且是实现商品价值的必要手段;流通过程还是剩余价值或剩余产品价值的实现条件;同时,流通过程也是生产过程获得生产要素的必要途径。

流通过程的运行状况直接影响生产过程的进行。即使生产过程可以顺利地转入流通过程,流通过程本身的运行也存在是否通畅、速度快慢及时间长短等问题,即流通过程本身的运行状况存在着差别。流通过程运行状况对生产过程及整个再生产过程运行的影响,最明显地体现在流通速度快慢及流通时间长短对社会再生产周期的影响上。从某种程度上说,流通决定着生产。

3. 流通先导地位的确立

随着市场经济的深入发展和买方市场的形成,流通对生产的决定作用日益凸现,流通产业的发展已经成为对国民经济发展实施影响——先导与带动作用的决定性力量。流通产业成为先导产业,对经济发展起带动作用,这已是必须面对的客观现实。

流通过程是市场经济条件下社会再生产必不可少的一个重要阶段。它与直接生产过程相互作用,相互影响,共同构成统一的社会经济运行总过程。随着生产力水平及生产商品化、社会化程度的不断提高,流通对于整个社会经济运行的影响也愈来愈突出,成为较之生产过程更为重要的经济运行过程。流通过程成为商品经济条件下生产过程实现的必要前提,流通过程运行情况直接影响生产过程的进行。流通对生产的决定作用日益凸现,流通决定生产,流通会对国民经济的发展起带动作用,这就是流通在经济运行过程中的先导作用,这是必须面对的客观现实。在现阶段,流通业的进一步发展是启动市场的关键,也是带动生产发展的关键,流通业停滞不前甚至倒退必将阻碍我国的市场化进程,影响其他产业的发展。

可从以下几个方面来进一步理解流通的先导作用。

(1)流通对经济增长的贡献度在不断提高。一方面,通过提高流通效率、节约成本,流通可以对国民经济增长产生重大的贡献。企业通过生产的高度自动化、劳动力的专业分工及适当的库存控制等提高生产效率,降低生产成本,增强企业竞争力。而新的经济环境和日益创新的技术则迫使企业必须突破单纯以生产效率为主的传统竞争方式,将企业的原材料采购、存储、加工生产与产成品储存及销售的整个物料和相关信息的流通进行整合,而流通效益的提高对国民经济整体经济效益的提高有着巨大的促进作用。另一方面,对外贸易的发展也成为经济增长的重要原动力。外贸依存度是用于衡量一国对国际市场依赖程度的指标,据国际组织的专家分析,外贸依存度每提高一个百分点,GDP 可增长 10% ,外贸依存度增大意味着外贸的重要性增强。改革开放以来,国内经济的增长已经在相当大而且越来越大的程度上依赖着对外贸易的扩大,国民经济的增长与对外贸易的发展密不可分,外贸推动国民经济增长的作用已经凸现出来,对外贸易成了国民经济增长名副其实的发动机。

(2)较高的产业关联度使得流通产业与国民经济各个产业部门的技术经济联系更加密切,成为相互之间实现物资、货币、信息等经济要素传输的渠道与载体。产业关联度是一个产业对国民经济其他各产业的制约和影响程度。在社会主义市场经济的有机体中,流通好比其中的血液循环和神经系统,联系着国民经济各个产业与部门。流通体系的现代化程度与运作效率反映并决定了整个市场机制的成熟程度和运作效率,进而决定了整个经济系统的活力与素质。因此,要大力发展流通产业,加快资本周转和商品流通速度,提高流通效能,实现流通现代化。此外,统一、开放、竞争、有序的国内大市场的形成也需要现代化的流通体系来支撑。

(3)流通产业的发展有助于扩大内需和增加就业。发达的流通产业具备引导需求、发掘需求、创造需求的功能。第一,通过发达的销售末梢和信息技术,掌握、跟踪多变的市场需求信息并及时地传递给上游生产企业。第二,流通业态具有规模化、专业化、信誉高等特点。合理的零售业态既能适应消费者多样的消费习惯和消费方式,还能引导和营造新的消费习惯和消费方式。各种流通业态不同的市场定位和市场细分,在营业时间、产品种类和档次、购物环境等方面能够满足各类消费者的需求,充分体现人文关怀,从而使潜在需求在最大程度上转化为实际消费。第三,流通产业具有技术相对简单,工作时间、地点相对灵活等特点,从而决定了流通产业具有很强的劳动力吸纳能力,存在比较大的吸纳劳动力的空间。从西方国家的发展来看,一国就业水平的高低在很大程度上取决于流通产业的发展水平。表1为英、美、日、韩、德等发达国家20世纪80年代及90年代初流通产业对就业的贡献情况。从表1可以看到,英、美、日、韩这一比例在20%左右,德国稍低,但也接近15%。

表1   流通产业对就业贡献的国际比较[3]

(单位:%)

年份	英国	美国	日本	韩国	德国
1980—1984	19.8	20.6	22.8	21	15.2
1985—1989	19.9	20.7	22.9	22	14.8
1991—1993	20.7	22.5	22.8	14.8	

(4)在对外开放不断扩大的背景下,流通产业有着越来越强的战略性。加入世界贸易组织以后,世界50家最大的零售企业中有70%已经进入我国。随着2004年11月零售业的全面开放,外资企业将以国民待遇与国内同行进行平等的竞争。现代流通内部的经营方式正在经历一场大变革,现代流通企业正在通过连锁经营、超市经营等先进的经营方式,将零散的流通渠道整合、集中成若干条发达的流通渠道中枢,这样,现代流通企业就有能力通过对流通渠道的垄断实现对上游生产部门的控制。一旦国内生产企业的大部分商流、物流、信息流和资金流被外资流通企业巨头所控制(事实上目前一些外资零售企业已经在一定程度上实现了对某些生产企业的控制),那么产业安全问

题就会受到挑战。总体上看，目前我国零售企业不论在经营管理水平上还是在资金实力上都与国外零售企业存在很大的差距，必须重视流通产业的战略地位问题。

当流通产业成为引导国民经济发展的先导产业之时，必须正确认识流通产业的充分发展对经济发展的带动作用并给予应有的重视。近十几年来，我国流通产业的产出在国民经济总产出中所占的比重呈上升趋势，显示了随着国民经济总量增长而产生的产业结构调整趋势，也预示着流通产业在今后相当长一段时期内将成为国民经济发展的一个新的、重要的产业增长点，有着加速发展的趋势，并将日益深刻地影响到国民经济的结构调整和持续发展。因此，必须重新审视流通产业的作用，给流通产业在国民经济中的地位以应有的定位，给流通产业以进一步发展的空间。应给予流通产业同工业一样的发展空间，流通企业改革也应纳入国家整个国有企业改革的总体规划，享受与工业企业同等的改革政策，与工业企业同等对待。必须充分认识到流通产业的停滞不前会阻碍经济发展，造成不良后果。

4. 流通产业结构调整对国民经济结构调整具有重大影响

流通产业在产业结构中占有重要地位，是国民经济发展的支柱产业之一，是当代各国积极发展的重点。流通产业的状况是评价一国经济整体发展水平的重要指标，是投资的主要领域、利税的主要来源、就业的主要渠道和科技开发应用的主要领域。流通产业在国民经济中发挥着产业带动作用，发展流通产业对国民经济的协调、快速发展具有重要意义。

20世纪80年代以后，世界各国产业结构重心向后推移的速度日益加快，第一、第二产业所占比重进一步下降，第三产业比重加速上升，尤其在发达国家，这一变化更加明显。近几年来，发达国家产业结构"软化"的趋势仍在继续加强。但我国流通产业在国民经济中的地位整体偏低。我国流通产业产值的比重不仅低于发达的市场经济国家，甚至低于经济发展水平相似的发展中国家和新兴工业化国家。流通产业的这种状况不仅影响了其自身的发展，也影响了整个国民经济的持续、协调发展。因而，对流通产业进行结构调整，不仅会加快流通产业的发展，也将成为第三产业发展甚至产业结构演进的主导力量，有利于实现第一、第二、第三产业的协调发展，形成合理的产业运行序列，优化产业结构，从而优化经济结构，带动国民经济发展。

市场化进程的加快也将对结构调整的方式产生深刻影响。随着我国社会主义市场经济体制的确立，市场化进程逐步加快，市场机制在资源配置中的基础性作用日益增强。国内市场对外开放的步伐逐渐加快,长期形成的内外贸分割的局面开始打破,国内外两个市场的联系更加紧密。在这样的背景下,结构调整的主体和方式都将发生深刻的变化。

高新技术迅猛发展、产业技术含量不断提升和技术进步成为经济发展和国际竞争的关键因素。以信息技术为代表的高新技术产业的迅猛发展预示了新经济时代的到来。由技术进步引发的产业革命正深刻和持久地改变着人类社会经济生活的方方面面,科学技术对经济增长的贡献日益突出。从目前情况来看,发达国家技术进步对经济增长的贡献率已远远高于其他要素,高新技术的产业化趋势及其对传统产业的渗透和改造已达到了空前的规模和水平。发达国家的第三产业之所以能得到迅速发展,一个重要原因就是现代科学技术的广泛渗入和普遍应用。现代意义上的流通产业已不再是传统的劳动密集型行业,由于广泛采用先进的科学技术,流通产业的技术含量大大提高。高新技术已成为推动流通产业进一步发展的最主要动力。因此,必须大力推进现代科学技术在流通领域的广泛应用,提升流通产业的技术含量,这是结构升级的主要推动力和重要标志。

全球化电子商务的应用对传统流通业的冲击有日趋加强的趋势。伴随着全球信息化的浪潮,人们在信息共享和交流方面极大地摆脱了时间和空间的限制,传统的贸易运作方式面临着新的挑战。电子商务是一种以电子数据交换和网上交易为主要内容的新型贸易方式。它缩短了信息流动时间,降低了物流、资金流及信息流传输处理成本,是对传统贸易的一次重大变革。电子商务促进了销售方式的革命,引发了流通业自身的基础性变革;电子商务也推进了流通技术的革命,从而实现了产销一体化整合;电子商务更催发了流通产业业态的革命,使流通组织结构面临重大调整。西方各国纷纷制定政策,促进电子商务的应用,以赢得新的竞争优势。目前我国的电子商务还处于探索阶段,但从战略上考虑,电子商务是一个发展方向,必须抓住时机,创造条件,积极推进。

(作者单位:北京物资学院经济学院。原载于《中国流通经济》
2007 年第 10 期,被中国人民大学《复印报刊资料》之《商业经
济》2007 年第 12 期全文转载)

新零售之圈理论:零售业态发展理论的新探索

杨　慧

一、传统零售之圈理论及真空地带理论

"零售之圈"理论又称车轮理论,由哈佛商学院 M·P·麦克内尔(M. P. MeNair)教授于 1958 年率先提出,这一学说的理论前提是充分的竞争。麦克内尔教授根据对零售业的长期实证研究发现,在竞争中,零售业的业态变化呈如下循环:低价格新业态的出现—效仿者加入—竞争激化—提高服务水平—转变为高价格业态—新的低价格业态的机会—再循环。这种变化过程形成了一个循环圈,故叫做"零售之圈"理论。

这一理论认为,创新型零售商在进入市场时,为了吸引大量消费者总是以低价格、低毛利为进入优势。但是,随着大量仿效者的进入和竞争的加剧,它们开始寻找价格以外的竞争优势,如"差异化"的优势。它们会追求商业的特异性与广泛性,会不断增加新的服务,从而不断提高经营成本,逐步转化为高成本、高价格和高毛利的传统零售商,为新的零售业态留下了生存和发展空间,而新的业态也以同样的模式循环发展。

美国 19 世纪中期以后出现的新业态,如百货公司、邮购店、超级市场、折扣店等的问世与发展就是"零售之圈"理论的最好例证。但是,"零售之圈"理论却对 20 世纪中期以后出现的自动售货机、购物中心、便利店等新业态不以低价格面貌出现难以作出合理的解释。为了弥补这一理论的不足,丹麦的尼尔森(Orla Nielsen)于 1966 年提出了"真空地带"理论。

"真空地带"理论的研究前提是,零售商店的服务水平与价格水平之间存在正相关的对应关系:服务水平高,价格水平也高;反之,服务水平低,价格水平也低。同时该理论认为,消费者的选择主要受顾客偏好度的影响。在同一市场,偏好某一商店的顾客的概率,是这一商店的顾客偏好度,不同商店的顾客偏好度连接成一条曲线就形成顾客偏好分布。

顾客偏好曲线上分布着 A、B、C 三个零售商店。各店的服务水平及相应的价格水平分别在不同的位置上。B 店处于偏好分布的对称重心,A 店是低

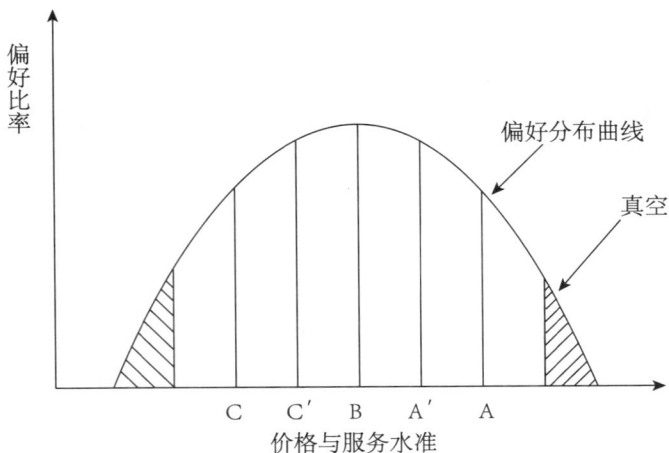

服务低价格店,C 店是高服务高价格店。显然,对于 A 店与 C 店来说,都想争取一些 B 店的顾客,以扩大销售额。它们将改变原有的经营方式,使其服务水平与价格水平向 B 店靠近,分别移至 A_1 与 C_1。移动的结果是低服务与低价格,高服务与高价格的两侧形成"真空地带",即图中的斜线部分。从而为新的零售业态提供了进入市场的机会。可见,"真空地带"理论由于明确地引进了消费者的偏好分布,很好地解释了高价格高服务新业态的加入原理,在一定程度上弥补了"零售之圈"理论的不足。

但是,"真空地带"理论也存在不足。首先,其对 20 世纪末无店铺零售业的迅速崛起与发展难以作出合理的解释;其次,理论上尚未解释清楚新业态进行低毛利,低价格革新的源泉;第三,消费者接受新业态的理由也不明确。

二、新"零售之圈"理论概述

为了回答理论界对传统"零售之圈"理论及"真空地带"理论提出的种种质疑,日本学者中西正雄(Maso Nakanisi)1996 年在《零售之圈真的在转吗》一文中提出了新"零售之圈"观点,对传统的"零售之圈"及"真空地带"理论重新进行论证,其观点引起了学术界的关注。

首先,中西正雄认为"真空地带"的形成并非必然。因为新业态无论从右端还是左端进入"真空地带",受"真空地带"狭小区域的限制,其进化为主要业态的概率很小。同时,如果新业态不拥有在信息、管理、物流等方面的革新,就难以获取对原有业态的竞争优势。因为新业态即使向消费者偏好分布中心移动,也无法保证压倒原有业态而成长为主业态。因此,一部分零售企业也许仍然会选择留在最初加入时的区域内,而不向中心区域转移,"真空地带"的形成也就并非必然。

其次,提出业态变化的原动力是技术革新,并因此引入了"技术边界线"的概念。所谓"技术边界线",是指任何时期,受当地管理技术水平、信息技术水平及物流技术水平等因素的限制,零售服务水平与零售价格水平的组合都具有一个限度,即保证某一服务水平必要的最低零售价格水平线。技术边界线受收益递减规律的影响,在图形上是一条向右上方延伸的曲线(参见图1)。在技术边界线上方是高服务高价格的组合,下方为低价格低服务组合。凡是越接近技术边界线进行价格服务组合的企业,越具有竞争优势。反之,位于技术边界线左侧的企业则处于竞争的不利地位。值得指出的是,位于同一技术边界线上的企业,无论是新业态,还是老业态,都具有相同的费用与利润结构(参见图1)。新业态由于业态内竞争的压力,如果要提高服务水平,也仍然是在这一曲线上移动。新业态如果想要成长为主业态,有意义的价格服务组合也仅限于技术边界线上,最有效的做法就是,突破原有技术边界线的物流、信息流、管理等技术革新,使技术边界线向右移动,形成新的价格与服务组合,以赢得对原有业态的竞争优势。

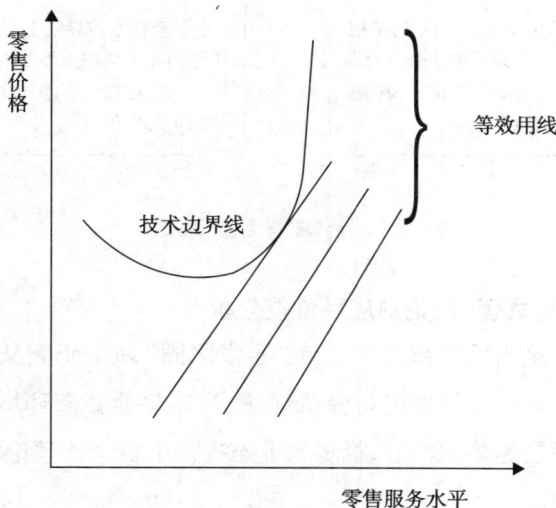

图1　技术边界线与消费者效用函数

技术革新推动了技术边界线的移动,技术革新成为新业态变化的原动力。零售业致力于技术革新的动机有:第一,如果技术边界线不变,随着企业间竞争激化,零售企业的利润平均化,同时由于整个零售业利润率下降,零售业就会为谋取竞争优势和高额利润而摸索革新;第二,留在技术边界线内企业只能退出,但有时却因种种退出壁垒而无法从零售业退出,因此为了生存也会赌命式地进行革新;第三,零售业的利润比产业一般平均利润高时,其他企业会试图加入,这时便会以在其他产业已经进行过的技术革新为武器,来确保在零售业竞争的优势。

最后,中西正雄提出了新"零售之圈"理论(参见图2)。中西正雄教授指出,仅仅是低价格低服务的组合不是新业态的特征,零售竞争导致的任何层次上的革新,才是产生新业态的根本动力。

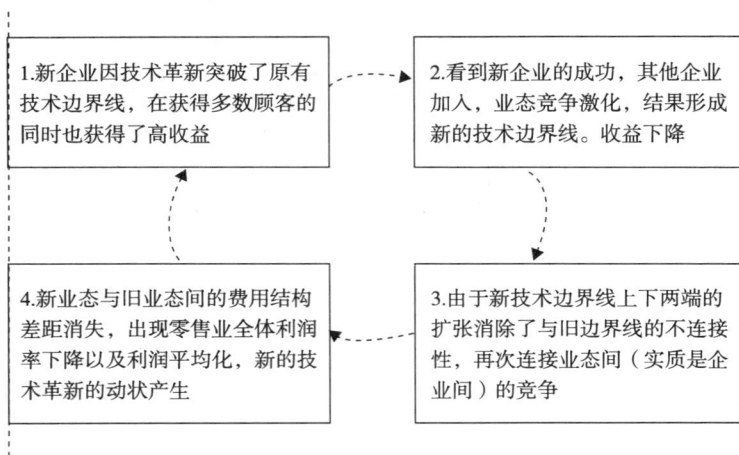

```
┌─────────────────────┐        ┌─────────────────────┐
│1.新企业因技术革新突破了原有│ ┄┄▶ │2.看到新企业的成功,其他企业│
│技术边界线,在获得多数顾客的│      │加入,业态竞争激化,结果形成│
│同时也获得了高收益        │      │新的技术边界线。收益下降  │
└─────────────────────┘        └─────────────────────┘
        ▲                                ┊
        ┊                                ▼
┌─────────────────────┐        ┌─────────────────────┐
│4.新业态与旧业态间的费用结构│ ◀┄┄ │3.由于新技术边界线上下两端的│
│差距消失,出现零售业全体利润│      │扩张消除了与旧边界线的不连接│
│率下降以及利润平均化,新的技│      │性,再次连接业态间(实质是企│
│术革新的动状产生        │      │业间)的竞争          │
└─────────────────────┘        └─────────────────────┘
```

图2　新"零售之圈"理论

三、新"零售之圈"理论的应用价值分析

理论的研究是为实践服务的。新"零售之圈"理论研究从一个全新的角度总结分析了零售业态的发展与变革规律,为零售业在新环境下正确认识零售业态的未来发展趋势,合理选择零售业态提供了科学的理论依据,具有很强的实践应用价值。

首先,该理论为零售业态的变革实践指明了方向。长期以来,受传统"零售之圈"理论及"真空地带"理论的影响,零售业态的变革思路或者以低价格、低服务为新业态的市场切入点,或者以高价格、高服务为新业态的切入点。过分追求业态形式的改变,缺乏实质性的根本性的改革,致使新业态常常出现竞争乏力或过早夭折等遗憾。新"零售之圈"理论的提出,将从根本上改变零售业态的变革思路,以技术革新为先导的崭新理念,将促使企业在信息管理、物流配送管理、成本管理等方面有意识地挖掘和培育企业自身优势,力求新业态一进入市场就能推动零售业的"技术边界线"向右移动,并能够成长为新一轮主导业态。新"零售之圈"理论的提出无疑使企业在业态发展中的行为更为科学与理智,同时也使未来零售业态的变革有了更为明确的方向。

其次,该理论要求零售业态的发展与所在地区经济与技术水平相一致。"技术边界线"的提出,在一定意义上告诫人们,零售业态的发展水平受所在地区经济与技术发展水平的制约。也就是说,任何一个新业态的出现都将充分体现当时当地的经济与技术水平,只有这样,新业态才有发展所需的技术支撑及经济支援,新业态才有发展的后劲,才能得以长期的发展。因此,零售业态技术革新的水平应立足不同时代、不同地区经济发展水平,任何超越地区发展水平的零售业态都是不现实的。同时提醒欠发达地区,在引进经济发达地区先进的零售业态时,要立足本地区实际,切忌一味追求高水平的业态形式,盲目效仿。否则将自食其果,难以取得预期成果。

第三,该理论要求零售业态之间的竞争突破价格表象的竞争,力求因技术革新而使费用大幅削减以赢得竞争。零售业态的竞争通常表现为价格之战,新"零售之圈"理论认为,如果价格战仅仅停留在表层,为了在短期内扩大市场占有率,而在价格上做简单的调整,其效果必然是短期的。长期有效的竞争取决于零售业内部各方面的技术革新与挖潜。只有通过技术挖潜实现成本费用的下降,才能真正达到提高零售业竞争力的目的。新"零售之圈"理论对有效避免零售业盲目的价格竞争行为,引导企业最大限度地开展技术创新活动具有积极的指导作用。

(作者单位:江西财经大学工商管理学院。原载于《中国流通经济》2002 年第 6 期,被中国人民大学《复印报刊资料》之《商业经济》2003 年第 2 期全文转载)

第二篇　流通政策研究

深化睦邻互信　促进东北亚各国共同发展

蒋正华

东北亚经济论坛为推动东北亚地区各国的经济合作、和平发展、经济繁荣、人民友好,作出了不懈的努力。东北亚经济论坛第十三届年会在汉城召开,研究本地区 21 世纪的经济合作与共同发展,具有重要的现实意义。

一、走和平发展道路的中国

众所周知,中华民族历来酷爱和平,崇尚和睦,中华民族的优良传统之一是以和为贵、和而不同,己所不欲、勿施于人。我们深刻地认识到,中国的发展离不开世界,世界的繁荣也需要中国。中国的发展,不仅造福于全体中国人民,也是对世界和平与发展的重大贡献。中国的发展给世界各国特别是周边国家的发展带来重要机遇,其稳定和谐的政治社会环境,丰富优秀的劳动力资源和巨大的市场,直接为东北亚开展互利互惠的经贸合作提供了理想的场所。走什么样的发展道路,成为中国发展的重大方向性问题。

1. 中国坚持走和平发展道路

在中国改革开放的总设计师邓小平先生的领导下,中国走的是一条和平发展的道路。这条发展道路的精髓是:中国作为一个社会主义国家,在以和平与发展为主题的时代条件下,走的是一条在维护世界和平中来发展自己,又以自身的发展来促进世界和平的发展道路。其内涵体现在三个方面:一是中国和平发展的道路,是一条和平共处和永不称霸的发展道路。近代以来,中华民族饱受强权欺压和蹂躏,深知强权必然黩武,称霸必失人心。中国历代领导集体多次重申过,不管是现在还是将来,不论发展到什么程度,中国永远不称霸,永远是维护世界和平的坚定力量。二是中国和平发展的道路,是一条统筹国内发展和对外开放的发展道路。对内将毫不动摇地坚持以经济建设为中心,把发展作为第一要务,用发展来解决中国的一切问题;对外将毫不动摇地坚持和平与合作,与世界人民一道,共同推进人类和平与发展的崇高事业。三是中国和平发展的道路,是一条勇于参与世界经济全球化而又坚持广泛合作、互利共赢的发展道路,把中国的发展与地区经济振兴结合在一起,与各国人民的共同利益结合在一起,与人类和平发展的事业结合在一起。

和平是发展之基,发展是和平之本。中国和平发展是东北亚地区和平发展的一部分。中国的持续、快速、协调、健康发展,不仅给中国人民带来福祉,也能给东北亚各国带来机遇;不仅对本地区生产要素重组和产业转移形成积极的推动,也能在区域经济一体化过程中发挥建设性作用。

2. 温饱到小康的历史性跨越

中国自改革开放以来,沿着和平发展的道路前进,社会经济面貌发生了深刻的变化。中国已经初步建立了社会主义市场经济体制。从 1978 年到 2003 年,中国经济保持了年均增长 9.4% 的速度。国内生产总值由 1473 亿美元增长到 1.4 万亿美元,外贸进出口总额由 206 亿美元增加到 8512 亿美元,实际利用外资累计达到近 6800 亿美元,贫困人口由 2.5 亿人减少到不足 3000 万人,城乡居民年均收入扣除物价上涨因素实际增加了 4 倍多,人均寿命由新中国成立前的 35 岁上升到 71.8 岁。可以说,改革开放 25 年来中国的社会生产力和综合国力大幅度跃升,人民生活水平总体上实现了由温饱到小康的历史性跨越。

同时我们也清醒地认识到,中国是一个拥有近 13 亿人口、面临众多难题的最大的发展中国家,虽然人均 GDP 已经突破 1000 美元,仍然排在世界的第 111 位。中国要实现现代化,还需要长期不懈的艰苦努力。为此,中国政府确立了 21 世纪头 20 年的奋斗目标,这就是全面建设惠及十几亿人口的更高水平的小康社会,力争到 2020 年实现国内生产总值比 2000 年翻两番,达到 4 万亿美元,人均达到 3000 美元。到那时,中国的经济更加发展,民主更加健全,科教更加进步,文化更加繁荣,社会更加和谐,人民生活更加殷实。目前,中国人民正在邓小平理论和"三个代表"重要思想指引下,树立和落实以人为本,全面、协调、可持续的发展观,为实现这个目标而奋斗。中国经济社会的现代化,不仅不会影响东北亚地区各国的发展,而且会为本地区的发展提供更加广阔的市场,使得东北亚各国共同受益。

3. 谋求东北亚的共同繁荣

冷战结束后,中国与周边国家的关系陆续正常化,中国对亚洲区域合作的参与经历了一个逐步演变的过程。特别是亚洲金融危机的爆发,为我们提供了启动区域合作的契机和动力。中国共产党十六大报告明确提出了"与邻为善、以邻为伴"的方针,进而又明确了推进周边外交的两个方向:一是加强睦邻友好;二是加强区域合作。区域合作与双边关系并列,成为中国周边外交的一个重要方向。今后几年,中国区域合作的目标是在保持和深化经济合作的基础上,逐步开展安全对话与合作,以上海合作组织与"10+3"合作为重点,努力推动周边各种类型的区域合作均衡发展。中长期目标是逐步整合地区多边合作框架,建立起符合中国和邻国利益并为各方接受的地区新秩序。其基本指南是坚持和平共处五项原则和大小国一律平等,全面参与,重点投入,积极主动,循序渐进,互惠互利,开放包容,以此来推动亚洲地区的经济繁荣和社会和平。在东北亚地区,中国与日本连续召开了 10 次中日经济讨论会,与韩国召开了两届经济研讨会,并积极与日、韩协商,发表了第一份《中日韩三方合作联合宣言》。中国还积极发展与俄国边境地区的贸易合作,加强与朝鲜、蒙古及中亚国家的经济合作,取得了较大的进展。这些举措增进了中国与东北亚地区各国的相互信任,进一步树立了中国和平、进步、开放、合作的形象,赢得了国际社会的广泛好评。

二、全球化进程中的东亚区域合作特点

从现代化发展进程看,经济全球化已经成为历史发展的趋势,区域合作则成为经济全球化的重要组成部分和主要外在表现形式。区域合作既是各国顺应时代潮流的必然产物,也是相邻国家为减缓全球化无序冲击的合理选择。不少国家对东亚合作的目标和方向提出了自己的设想,在东亚区域合作方面,已经显示出三个闪亮的特点:

第一个特点是起步晚,发展快,前景广,区域合作势头旺盛。自 20 世纪90 年代以来,东亚地区各种形式的区域、次区域合作不断涌现,已经逐渐形成宽领域、多层次、广支点、官民并举的良好态势。东盟与中日韩("10+3")和上海合作组织作为两个支柱性合作机制深入发展,东盟一体化和湄公河流域开发不断推进,南盟恢复活力并确定自由贸易建设目标,以"亚洲合作对话"为

代表的泛亚合作初露头角。近些年来各国签署和正在商谈的自由贸易协议已经超过 40 个。此外,博鳌亚洲论坛、亚太安全合作理事会、东亚思想库网络等二轨机制也日益活跃。东亚已经成为亚洲各种类型区域合作中势头最好的地区之一。

第二个特点是东亚合作正在成为亚洲区域一体化进程中的先导。东亚合作从 1997 年开始,已构筑了良好的基础。一年一度的"10+3"会议走向机制化,形成了"10+3"和中日韩等会议体系,建立了由领导人会议、部长会晤以及高官磋商等相互联系、梯次升级的立体对话与合作机制,同时各种学术论坛、非政府论坛应运而生,为东亚合作提供了各种智力支撑。东北亚地区的合作,在东北亚经济论坛的持续努力下,取得了更多的共识;在《中日韩三方合作联合宣言》的带动下,开始筹划新的区域合作蓝图和实施方案。可以说,东亚合作已经成为亚洲范围内最有活力、前景看好的区域合作,不仅深化了东亚各国的经济依存和政治互信,提高了各国应对全球化挑战的能力,也为亚洲地区发展提供了新的动力,促进了区域内外大国关系的良好互动。

第三个特点是东亚区域合作是一个动态深化的过程。时代的发展要求我们必须从战略的高度,用历史的眼光来看待亚洲区域合作。从本质上看,亚洲区域合作、东北亚区域的次级合作与今后建立何种地区秩序和格局密切相关。目前,亚洲和其他地区一样,进入了建立秩序的过渡期。与其他地区不同的是,亚洲各国政治体制不同,历史文化背景各异,发展水平和资源差异很大。因此,需要整体规划区域合作的方向和目标,动态地逐步推进。我个人认为,在合作模式上,除了遵循区域合作的一般规律外,应该寻求多样化发展,同时坚持平等参与,协商一致,照顾各方的舒适度;在合作领域上,从现实角度出发,今后一段时间应该以深化经济合作为中心任务,以自由贸易区建设为重点内容,稳妥地开展政治安全对话与合作,逐步发展为涵盖各领域的综合性合作机制;在推动力量上,东盟在东亚合作中继续发挥着主要推动作用,是"10+3"会议的组织者和协调者,同时尽可能地发挥中、日、韩的各自优势和作用。中、日、韩三国在东北亚地区合作方面,应该作出特殊的贡献。我相信,这既是东亚合作的特色,也是符合各方利益的稳妥思路。

三、深化睦邻合作的五点建议

中国的发展离不开东北亚各国,东北亚各国的繁荣也需要中国。我们主张建立公正合理的国际政治、经济新秩序,东北亚各国在政治上应相互尊重,共同协商;在经济上应相互促进,共同发展;在文化上应相互借鉴,共同繁荣;在安全上应相互信任,共享和平。

1. 继续深化睦邻友好

在东北亚各国进一步密切高层交往,完善各领域合作机制的过程中,在涉及各自国家主权、领土完整和民族尊严等重大问题上,要继续相互支持,共同构筑面向 21 世纪的全方位、高水平的睦邻友好和互利合作关系。我们既要正视国家关系中的摩擦和分歧,更要以诚相待,通过协商消除分歧。我认为,东北亚各国之间建立互信关系和相互协调的机制,有助于开诚布公地讨论任何问题,即使是极为敏感的话题,都可以通过增信释疑找到解决的办法。中国改革开放的总设计师邓小平先生曾多次表示过,东北亚各国在冷静处理新老纠葛时,"唯一的办法就是不断加强友好、发展合作"。我们应该把它作为东北亚地区睦邻友好的重要准则长久坚持下去。中国多次明确地表示,将坚定不移地高举和平、发展、合作的旗帜,东北亚各国共同致力于睦邻、安邻、富邻,将会对世界经济的持续发展和社会进步作出巨大贡献。

2. 大力拓宽经贸合作

自中国与东北亚地区各国关系正常化以来,各国经济发展中的互补性增强,相互依存度也越来越高。东北亚地区正在成为世界贸易最活跃的地区之一。中国经济发展保持的强劲势头,继续为东北亚和世界各国提供着巨大的市场和发展的潜力。与此同时,日本、韩国、俄罗斯等国的经济发展也呈现出可喜的势头。中国的发展对最近的日本景气恢复发挥了重要的作用。中韩第二届经济讨论会认为,中国的迅速崛起与经济环境的变化,给中、韩两国关系带来了根本性变化。这说明中国经济繁荣与稳定同东北亚地区和世界各国的发展密不可分,同时,东北亚和世界各国的发展也促进了中国经济的繁荣。

中、日、韩三国是东北亚地区的经济中心。最近,中国总理温家宝先生在不同场合分别表示,中、日经贸合作有着巨大的潜力,中、韩两国经济更加显现出很强的互补性、合作潜力和发展机遇。日本首相小泉纯一郎先生表示,日本对华投资不断增加,中国经济发展对日本是机会,这个预言正在成为现实。韩国前总理高健先生表示,韩国政府和国民清楚地认识到,要实现与东北亚各国共同谋求和平与繁荣的国家发展目标,关键在于加强与中国的交流与合作。三国领导人的积极态度,标志着东北亚地区经贸合作开始进入一个新的时代。为了规划 21 世纪的东北亚经济合作蓝图,一些机构和专家已经着手研究建立东北亚自由贸易区问题。为此,我建议在下述四个方面重点推进区域合作,为最终建立东北亚自由贸易区奠定坚实的基础：

一是持续推进图们江区域项目合作计划。在中、朝、韩、蒙、俄签署的《关于建立图们江区域开发协调委员会的协定》和《关于图们江经济开发区和东北亚环境准则谅解备忘录》的基础上，希望 UNDP 图们江区域项目秘书处组织制定相关的实施规划及一致的区域开发政策；在加强交通运输基础设施建设、贸易产业合作和联合开发旅游产业等方面，推动签署新的双边或多边的投资贸易协定，为筹建东北亚自由贸易区奠定良好的基础。

二是抓住振兴东北老工业基地的发展机遇。2003 年，中国政府提出实施振兴东北地区老工业基地的战略，加快老工业基地的调整和改造，支持以资源开采为主的城市发展接续产业。主要任务是进一步推进改革开放，从战略上调整这些老工业基地的经济结构，包括产业结构、所有制结构、国民经济结构，切实加强企业的技术改造，积极搞好就业和社会保障体系建设，加快发展科技教育事业。中央政府一方面拨出相当规模的资金进行投入，并动员其他地区给予支持，更加欢迎东北亚各国积极参与。据中国媒体报道，珠江三角洲、长江三角洲的企业为了参与东北地区的开发，正在激烈地竞逐东北市场。中国的企业家看到参与东北发展是按照"互惠互利、共同发展"的原则，力图抓住这个发展机遇，并且已经行动起来。与此同时，媒体也注意到一些日、韩的企业家也只是看到中国东北地区企业的债务包袱大，富余人员的社会负担重，而处于观望的状态。我认为，中国实施振兴东北老工业基地的战略，不仅可以促进本国区域经济的协调发展，也会成为东北亚地区经济发展的新动力。日本、韩国、俄罗斯等国的企业家应该抓住这个机遇，在中国东北老工业基地的结构调整、技术改造、企业重组中发挥作用，特别是可以发挥人才智力的优势，在推进东北老工业基地形成新的经济增长机制的同时，自己也能够得到快速发展。

三是共同解决东北亚地区的能源安全问题。能源问题是东北亚地区各国今后发展的重大问题，伊拉克战争后的中东石油供应现状，使得美国、俄国、中国、日本、韩国的领导人十分关注国际石油供应问题。最近，中国政府正在抓紧制定和实施国家可持续发展油气资源战略，其中提出要继续发展国际石油贸易和合作开发。从全球石油资源分布和供应情况分析，中、日、韩等国再过多地依靠中东石油的困难越来越多，而远东和西伯利亚地区拥有俄罗斯石油资源的 72%，其运输距离短、成本低，且相对稳定，已经成为东北亚国家能源进口多元化的较优选择。通过中国把远东的石油运输到日本、朝鲜和韩国有着明显的区位优势，中国愿意并有能力参与远东的石油开发，在维护东北亚地区能源安全方面发挥作用。同时,中国实施的西气东输工程,将会为日、韩等国提供一条最安全、最便捷和最节省资金的能源进口线路。因此,东北亚各国共同协商开发石油天然气资源,能够产生更多的共同利益,对东北亚和中亚的和平与稳定也会产生深远的影响。

四是逐步改善各国贸易商品结构。东北亚地区各国的商品贸易不少方面还属于传统领域,劳动密集型的低附加值产品和初级产品所占比重过大,不利于东北亚地区发展中国家加快经济的发展。自20世纪90年代以来,高新技术特别是IT技术和电子商务的广泛应用,使人类生产活动和社会生活进入信息化和智能化时代。我认为,东北亚地区要想在世界经济竞争中处于强势地位,需要在超大规模集成电路、高性能计算机、大型系统软件、超高速网络系统等核心技术的研究、开发和产业化方面加强合作,在运用电子商务对政府行政管理、社会公共服务、企业生产经营方面加强合作。东北亚各国应继续按照诚信、互利、共赢的原则,相互尊重对方利益,创造公平的法制环境,进一步优化和改善相互之间贸易商品结构,提高互供商品的技术含量和附加值,增加高新技术产品和机电产品在贸易中的比重,为对方商品、投资和服务进入本国市场提供有力支持,提升本地区商品贸易整体质量和水平。

3. 积极推进金融合作

金融是现代经济发展的核心,对促进东北亚地区经济合作、稳定社会、造福人民具有重要的作用。东北亚金融合作应逐步突破仅包括官方互助与对话的局面。着手研究东北亚地区金融市场、金融机构、金融交易等领域的各种合作方式,是促进本地区经济繁荣的重要动力。最近,中国人民银行提出了积极推动区域金融合作的五点思路:一是在区域金融合作方面强化宏观经济合作机制,各国财长和央行行长要加强对重大问题的讨论,达成共识,对各国的经济政策形成一定的影响力;二是要不断完善金融救助机制,共同努力使目前的货币互换机制成为东亚金融合作进一步发展的基础;三是要加强金融监督和预警机制,减少发生金融危机的潜在危险,保持金融体系的稳定;四是要稳定区域内货币的汇率,保持人民币汇率在合理均衡水平上的基本稳定,这既是中国经济持续、快速、协调、健康发展的需要,也有利于促进亚洲地区的经济增长;五是建立区域金融市场,从发展债券市场合作入手,稳定东亚资金流动,改善资源配置,维护金融稳定与促进经济发展。这表明中国经历亚洲金融风暴后,采取了既对东亚地区负责任、又积极稳妥地扩大区域金融合作的态度。

日本银行副总裁武藤敏郎先生在第十次中日经济讨论会上说,不能只是停留在贸易和直接投资的活跃上,促进区域内的资本交易活跃,也是在带动有效的资金配置方面有必要应对的课题。这个看法是有见地的。如果说历经十多年的图们江区域合作开发项目进展还不如人意,一些区域合作项目推进困难的话,其原因恰恰是还没有解决好有效的资金配置问题。东北亚经济论坛的一些有识之士较早就提出了设立东北亚开发银行的构想,就是希望能够筹措推进东北亚区域经济合作的资金。设立为东北亚地区各国经济合作服务的区域性银行是一个创举,不管是官办、民办还是官民合办,都可以探讨和论证。不同看法总会存在,重要的是要保护好银行家、企业家和愿意参与推进解决本地区资金有效配置人士的积极性。我真诚地希望这次会议在研讨设计建立东北亚开发银行方面能够取得某些突破,为造福东北亚地区人民作出积极的贡献。

4. 发展中小企业集群

所谓中小企业集群,是指基于专业化分工和协作的众多中小企业集合起来的组织。它们既具有大公司规模经济的优势,又具有中小企业柔性生产的特点。其具有的技术扩散效应以及核心能力的传播与共享等优势,可以形成分散状态下的单个中小企业无法达到的高效率。最近,中国一家传媒策划机构在对中国经济发展动因调查中发现,人们往往忽视了中小企业是创造巨大财富的庞大经济体。有关资料显示,在中国房地产、汽车、钢铁、化纤、医药、电力、通讯和金融等八大行业中,出现了中小企业集群的高成长态势。有人说中国已经成为亚洲和世界的加工厂,而承担这个重任的就是中小企业群。客观地分析,"中国制造"的商品虽然遍布全球,但是其科技含量和附加值还是比较低的。

东北亚地区的中小企业跨国合作有着广阔的前景,对本地区的未来发展有着至关重要的作用。目前,在东北亚地区的汽车、造船、钢铁、零部件等传统产业方面,已经融入了一大批中小配套企业集群,在电子、轻工、化工、生物工程、金融、环保等高技术领域,一批中小企业集群也蓬勃兴起。加强东北亚各国中小企业合作而形成新的产业集群,对各国的经济发展都是有好处的。为此需要解决好三个问题:一是东北亚地区各国应努力优化中小企业跨国经营的外部环境,建立起中小企业跨国经营的服务体系,为中小企业跨国经营提供信息、经营指导、职业培训以及研发、中介和咨询等方面的服务;二是需要在本地区加强国际产业分工和建立协作网络,通过精细的专业化分工及密切协作,组织起紧密的中小企业集群网,以提高中小企业跨国经营的整体抗风险能力;

三是需要各国营造良好的经济社会运行机制,包括税收优惠政策、信贷扶持政策,建立境外投资保险制度,完善金融支持的辅助系统等。我认为,大力推动各国中小企业的合作与跨国经营,是本地区经济、社会发展的一个新趋势,各国政府已经开始认识到它的重要性,还需要各国的行业协会加强沟通和交流,共同推进中小企业跨国经营的技术装备国际化、产品开发国际化和市场开拓国际化。

5. 建立物流合作网络

在东北亚经济合作的进程中,中国的优势在于劳动密集型制造业众多,市场潜力巨大;日本的优势在于技术密集型企业集中,资金雄厚;韩国的优势在于汽车、造船等传统产业发展快,IT 等新技术产业已经具备国际竞争力;俄罗斯的优势在于资源丰富,能源供应的持续力强;朝鲜、蒙古在旅游资源等方面有着自己的特点。而将本地区各国经济发展优势进行整合,就要通过建立国际化的地区现代物流中心来实现。特别是中国山东、天津、河北和东北三省已经设立了成千上万家合资及对外加工企业,其加工原料和商品需要通过海运和空运发往日、韩、俄等国家及世界各地,需要通过陆运和空运发往俄罗斯、蒙古和欧洲各地。统筹规划,发挥各国交通运输业的优势,构建东北亚的区域物流中心,已经成为大家共同关注的热点问题,也是推进地区合作一个现实的要求。

据我了解,中、日、韩三方的有关机构正在研究这个问题。这其中既有原材料和商品流转的科学合理性要求,也有利益均衡、照顾到各方的需求。我认为,从东北亚地区的经济发展战略考虑,可以利用中国天津、青岛及大连等东北地区的海港、空港与韩国仁川、釜山和日本西海岸的一些海港、空港构筑起有机联系的物流中心综合网络。从东北亚地区的现实出发,可以首先考虑加强中国天津、山东和韩国仁川、釜山海港、空港及中国大连海港、空港与日本一些海港、空港的双边密切合作,充分利用中国欧亚大陆桥等交通设施,提高东北亚地区物资扩散流通能力和效率。

另外,东北亚各国都有着特点各异的人文、历史和风景旅游资源,蓬勃兴起的国际旅游活动,不仅增强了各国人民的交流和友谊,而且成为各国经济发展新的增长点。加快推进东北亚物流中心的建设,还可充分利用各种交通设施,支持、鼓励各国文化、媒体、学术、旅游交流及社会团体和各界人士相互交往,促进各国人民相互了解,和谐共处。

我相信,东北亚经济论坛的工作会取得更大的成绩,东北亚各国会和平友好,共同发展,走向富强!

（作者单位:全国人大常委会。原载于《中国流通经济》2005 年第 1 期）

中国社会经济政策调整

王梦奎

一

　　实现科学发展与社会和谐以及为此而进行体制改革和制度建设,是中国当前乃至整个现代化建设时期社会经济政策的主调。

　　中国 20 多年来经济发展和改革开放取得重大进展,目前保持着良好的发展势头,这是公认的。与此同时,人们也越来越多地注意到,在中国经济和社会发展的潮流中,有许多令人眼花缭乱的矛盾:

　　第一,资源和环境制约。一方面,现在经济发展的物质技术基础比过去雄厚得多,能源和原材料的生产量,交通运输能力的增长,是过去所不能想象的;另一方面,随着经济规模的扩张,能源、水、土地和其他重要资源的需求急剧增长,资源约束和环境压力比过去任何时候都强烈。能否实现可持续发展,是中国面临的挑战。

　　第二,发展不平衡。一方面,纵向比较,全国各地区经济都有很大发展,城乡收入都有明显增长;另一方面,发展不平衡的问题日益突出,地区差距和城乡差距明显扩大。能否实现协调发展,是中国面临的挑战。

　　第三,社会发展滞后。一方面,就业持续扩大,贫困人口大幅度减少,人均寿命在延长,各项社会事业在发展;另一方面,社会保障、公共卫生和医疗、教育事业的发展明显滞后,失业率甚至在上升。能否在经济发展的基础上实现社会全面进步,是中国面临的挑战。

　　第四,社会矛盾比较突出。一方面,中国在经济发展和社会变革中保持着社会稳定,这是继续推进发展和改革的重要条件;另一方面,社会阶层分化,收入差距持续扩大,有许多深刻而复杂的矛盾。能否协调利益关系,化解社会矛盾,继续在稳定的社会环境中推进现代化建设,也是中国面临的挑战。

　　中国面临的矛盾和问题,有一些与认识上的片面性、具体政策的偏差、实际工作措施不够有力有关。但是,从根本上说,这是在经济体制转轨和经济增长方式转变过程中,在工业化和城市化快速推进过程中,在从城乡二元结构向现代社会结构转型过程中与之俱来的,带有中国发展阶段的明显特征。如果说,在前几年,人们对于中国已经进入新的发展阶段,感受还不那么深切,那么,现在人们对于这一点的认识就深刻得多了。在中国这样的发展阶段,放在任何国家,都是矛盾比较尖锐的时期。中国是有十多亿人口、具有独特的历史文化传统、发展很不平衡的发展中大国,这种涉及广泛领域的根本性社会变革,必然是矛盾重重的。中国现代化进程中所遭遇的是"成长中的烦恼"。

为了解决经济和社会发展中的突出矛盾和问题,中国提出两大战略思想:一是贯彻落实科学发展观,一是构建社会主义和谐社会。这是发展理念的进步,也标志着政策调整的方向。不是说,过去完全没有注意科学发展与社会和谐;而是说,现在确实到了突出地提出和解决这些问题的时候了。最近几年,已经采取了若干重大的政策措施。前不久由全国人民代表大会通过的第十一个五年规划纲要(2006—2010 年)集中体现了这种政策导向。

二

促进科学发展与社会和谐的政策导向,将会显示出以下五种趋势:

第一,更加注重可持续发展。未来 5 年,经济增长的预期目标是年均7.5%,明显低于过去 5 年实际达到的年均 9.5% 的速度;同时要求单位 GDP 能源消耗降低 20%,扭转过去 5 年能耗大幅攀升的局面。这是对经济增长速度适度回落的预期,也表明注重提高经济增长质量和实现可持续发展的政策导向。中国将长期面临经济增长同资源和环境承载能力之间的矛盾,现在工业化和城市化快速推进,基础设施和城乡建设大规模开展,正是资源消耗高峰阶段,矛盾更为突出。根本出路是转变经济增长方式,走新型工业化道路。中国已经把环境保护和资源节约确定为基本国策,在这方面需要采取更有力的措施,包括推动技术进步,优化产业结构,完善立法和政策以及进行关于可持续发展的全民教育,这些方面的潜力是很大的。

第二,更加注重支持落后地区和农村的发展。要继续发挥东部经济发达地区在增强国家经济实力方面的优势,发挥工业化和城市化在带动农村发展和促进农民向非农产业转移方面的重要作用。国家在西部开发和东北老工业基地振兴方面采取的政策措施开始见到成效,支持中部地区发展的规划和政策正在制定中。2000 年以来,东、中、西部差距扩大的速度有所减缓,原因是经济落后地区国家投入增加,基础设施建设和经济增长速度加快,以及对农村经济发展支持力度加大。国家确定了"工业反哺农业、城市支持农村"的方针,采取了全部免除农业税并且把义务教育全部纳入公共财政保障的重大政策。对农村公共卫生、医疗和社会救助的投入在增加,对基础设施建设投入的重点也要逐步转向农村。地区之间和城乡之间的差距短期内还难以缩小,新农村建设更是长期的历史性任务,但实行注重支持落后地区和农村发展的政策,将有助于抑制差距持续扩大的趋势,在发展不平衡中形成比较协调的发展格局。

第三,更加注重社会发展。坚持以经济建设为中心,是中国经济持续快速增长的重要原因,也为解决社会问题提供了物质基础,这一点不能动摇。但是,经济发展并不意味着会自动地带来社会的全面进步。过去5年,经济增长指标都达到甚至远远超过规划的预期,而环境保护和其他一些社会发展指标却没有达到规划的要求,在社会保障、公共卫生和医疗方面甚至没有提出数量化的要求。社会发展滞后于经济发展是目前社会矛盾比较突出的重要原因。注重社会发展,首先是注重解决群众最关心的问题,包括扩大就业、社会保障、公共卫生和医疗以及义务教育。"十一五"规划把经济增长指标从过去的约束性改成了预期性,而在社会发展方面规定了带约束性的指标,反映了更加关注民生、注重经济与社会协调发展的政策导向。因为在争取经济快速增长与解决社会问题之间存在许多两难选择,真正落实新的政策并不容易。

第四,更加注重社会公平。社会各阶层人民都能享受到发展和改革的成果,是实现社会和谐的基础。注重社会公平是一个重要的政策出发点。基本方针是:保护合法收入,取缔非法收入,堵塞灰色收入,调节过高收入,帮助低收入阶层。在这几个方面都有不小的政策空间。现在面临着极其复杂的体制环境:有市场经济体制不健全带来的问题,也有市场经济体制所产生的问题;有计划经济体制弊端没有消除带来的问题,也有计划经济条件下取得的积极社会成果在体制转轨过程中流失所产生的问题。加之由计划经济体制下的平均主义分配走向市场经济体制下的差距扩大,公众对不公平问题特别敏感,更增加了政策选择和把握的难度。社会公平是具体的和历史的,不是抽象的和超历史的,每个特定的发展阶段只能提出经过努力能够解决的任务。把市场经济在提高效率方面的优越性,与社会主义追求公平的本质属性有机结合起来,是建立社会主义市场经济体制的初衷。也许永远达不到至善至美的境界,但不断努力可以趋近这个目标。现在,经济体制和调节机制在完善,国家经济实力壮大增强了帮助低收入者的力量,工作做得好,很多问题可以比过去解决得更好。

第五,更加注重制度建设。为科学发展与社会和谐提供体制保障,是下一步改革的着力点。20 多年来的实践证明:坚持以公有制为主体、多种所有制经济共同发展的基本经济制度,坚持社会主义市场经济体制,是正确的选择。深化改革和解决社会问题要在这个大方向下进行。要继续推进政府职能转变,改善对经济的管理,实行有利于科学发展与社会和谐的经济政策,加强公共服务,健全公共财政,并且完善相关的制度。过去的不足之处是对体制转轨中政府特别需要加强公共服务重视不够,公共财政投入和实际工作安排相对薄弱,这是社会事业发展滞后的重要原因。社会管理体制改革要疏通社会流动渠道,推动社会有序变动,既增强社会活力,又维护社会安定。企业改革要建立对企业各阶层都既有激励又有约束的治理结构,并且提倡企业的社会责任。各类所有制企业都应该实现"劳资两利",政府要实行"劳资两利"的政策,建立"劳动者—投资者—政府"三方协调机制。

三

科学发展与社会和谐是发展理念和政策目标,也是不断实践的过程。不同的发展阶段应该有不同的要求。目前讲科学发展与社会和谐,同全面建设小康社会的要求是一致的。用 21 世纪头 20 年的时间全面建设小康社会,现在刚刚过去 5 年。即使在 2020 年实现了全面建设小康社会的预期目标,也还要继续走科学发展与社会和谐的道路。这是中国现代化的必由之路,需要长期坚持不懈的努力,现在所取得的进展还是很初步的。我们不可能在一个早晨把所有事情办好,但是,认真按照科学发展与社会和谐的要求去做,可以克服困难,减少风险,比较顺利地走向现代化。

中国发展是世界发展的一部分。中国坚定不移地走和平发展的道路,实施互利共赢的对外开放战略,在同其他国家的互利共赢中谋求自身的发展,经济贸易交往中的摩擦和争端,可以在 WTO 框架内,通过平等协商和谈判得到解决。中国实现科学发展与社会和谐,符合世界各国人民的共同利益。实现科学发展与社会和谐的中国,将会对世界和平与发展作出更大的贡献。这就是全世界舆论对中国这种新的发展理念与政策普遍持欢迎态度的原因。

(作者单位:国务院发展研究中心。原载于《中国流通经济》2006 年第 6 期)

加快增长模式转型是我国彻底
走出危机的必由之路

吴敬琏

一、旧增长模式的主要弊端

目前,旧的发展方式所带来的弊端已严重阻碍了我国经济的发展,到了非解决不可的程度。在我看来,转变经济发展方式的核心和基础,是摈弃靠自然资源和资本投入支撑的传统经济增长模式,采用靠效率提高驱动的增长模式。

旧增长模式的主要弊端,在宏观经济层面上,主要体现为内外两方面的失衡。所谓内部失衡,主要是指投资与消费之间的失衡。我国这些年的投资率不断攀升,目前固定资产投资占 GDP 的比重已经大大高于多数国家的平均水平。在投资率畸高的同时,我国居民消费的比重却在下降,仅为一般国家的一半左右。这种状况会造成最终消费不足,劳动者生活水平提高过慢,居民收入差距拉大,消费品市场销售疲软,企业财务状况恶化等消极后果。所谓外部失衡,主要是指由低附加价值产品出口形成的高额国际贸易顺差和高额国际收支盈余,以及国家外汇储备的大量积累,由此造成人民币升值压力增加,与国际贸易伙伴的贸易摩擦加剧。

内外失衡的交织,会导致货币的过度供应和流动性泛滥。而货币的过量供应必然导致资产泡沫或者通货膨胀,或者二者兼而有之。最值得警惕的是:这些状况的出现会使整个金融系统变得脆弱,当出现了 2008 年全球金融危机这样的冲击的时候,就会出现严重的系统性风险。

对于已经取得了相当成就的中国经济来说,要长久保持经济又好又快发展,解决"两个失衡"问题,避免经济出现大的波动,就必须改弦易辙,把经济发展引导到更多地依靠提高资源配置效率和各类创新活动上来,实现传统的经济发展方式到现代经济发展方式的转变。实际上,从这次金融危机发生以来,我们从各地的调查看,哪一个地区,哪一个行业,哪一个企业,在转变发展方式上,在提升产业上做得好,哪个地方受到的冲击就小。

二、我国经济发展方式转变效果不明显的原因

转变经济发展方式对于中国来说,并不是一个新问题。1981年全国人民代表大会通过的《政府工作报告》就提出了以提高经济效益为中心的发展国民经济的十条方针。"九五"(1996—2000)计划时期,中央就已经明确提出要"实现经济增长方式从粗放型向集约型转变"。"十五"(2001—2005)计划又把经济结构调整和经济结构升级确定为五年经济发展的"主线";"十一五"(2006—2010)规划更是把转变经济发展方式作为这一时期的战略重点。但从经济发展方式转变的效果来看,收效并不明显。

为什么发生这样的问题?看来基本的原因有两个:第一,与旧的经济发展方式相配套的体制基础还顽固地在起作用。比如,各级政府仍然掌握着信贷、土地等重要资源的配置权力;仍然将产值的增长速度作为各级官员政绩优劣的主要标志;在财税体制中,各级政府的收入与物质生产部门的产值直接挂钩;大部分生产要素仍然由行政定价并采取低价政策,导致价格信号的严重扭曲。

第二,还没有能够建立起有利于创新和创业的经济、社会、文化、政治环境。经过30年的改革和发展,我国的创新能力已经大大增强,许多技术发明已经进入世界前沿。但是由于创新和创业的环境不够完善,这些技术发明往往由于受到制度的压抑而难于顺利地实现产业化。

由此可以得出结论,我国能否加快实现经济发展方式的根本转型,关键在于能否真正推进改革;没有体制与机制上的重大突破,发展方式的转变依然会举步维艰,更谈不上加快根本性的转变。

我们应当清醒地认识到,加快增长模式转型是我国彻底走出危机的必由之路,也是极其复杂的过程。这就要求我们必须依据现阶段中国的国情,坚定不移地推进改革开放,通过改革开放,建立起一个规范的法治化的市场体系,让市场充分发挥在资源配置中的基础作用。以改革来推动转型,同时以转型来保证国民经济又好又快的发展。唯有如此,我们才能彻底走出危机的阴影和进一步实现经济的腾飞。

三、加快增长模式转型是我国彻底走出危机的必由之路

在全球金融危机的冲击下,由于虚拟资产泡沫迅速破灭,世界普遍出现了流动性极度短缺和需求不足,引发全球经济衰退。然而,这只是表面现象。21世纪以来世界性的货币超发导致的流动性泛滥,催生巨量资产泡沫,终至造成

泡沫破灭,才是触发全球金融危机的根本原因。

中国自第一个五年计划(1953—1957)以来,开始采用前苏联的发展模式,即以投资作为拉动经济增长的主要驱动力。然而,这种粗放增长模式导致的必然结果是消费需求不足。改革开放后,中国学习并实施了东亚国家和地区的出口导向政策,用一系列政策措施扩大出口来弥补国内需求不足。出口导向政策在还存在大量需要就业的劳动力且自然资源又还不太紧缺的条件下,是一个对发展中国家快速崛起十分有利的政策选择。但是,经过一二十年的发展,采用这种政策的国家和地区无一例外地遇到了流动性过剩和资产泡沫膨胀的问题。这是因为,出口导向政策的一个重要内容,是保持本国货币汇率的低估。随着出超规模的不断扩大,西方国家货币超发就被输入到国内,出现流动性泛滥。中国从21世纪初以来,央行通过发行货币收购美元的规模亦愈来愈大;货币超发又导致证券和房地产等资产价格快速上涨。于是,中国金融体系就面临与以美国为首的西方国家金融体系同样的问题,即存在大量的虚拟资产泡沫并使金融体系风险不断积累。在日益融入世界经济格局的背景下,一旦受到外部冲击,长期积累的矛盾和风险便会集中爆发。

总之,从外因看,国际金融危机的冲击是导致我国出口大幅下滑、需求不足进而导致经济衰退的原因;但从内因上看,却是由于粗放增长方式过度依赖投资和低附加值产品的出口拉动。当表象的短期问题和深层次的长期问题的表现形式相反时,我们应对金融危机的措施就需要标本兼治。解决短期问题的措施是要用财政政策和货币政策扩大需求,而长期问题的根本解决还是要靠增长模式转型和产业升级。过去一年来,我国在执行短期政策方面的力度很大,并且已经表现出拉动 GDP 增长的成效。当前必须把政策重点转向根本解决长期增长的问题上,关键是要从过去以投资和出口支撑的粗放增长模式转向主要依靠技术进步和效率提高支撑的集约增长模式。所以,加快增长模式转型是我国彻底走出危机的必由之路。对于上海、深圳等制造业集中的城市,一方面,要实现制造业的"服务化",即尽量把产业链向具有更高附加值的研发、设计、品牌营销、售后服务等服务环节延伸;另一方面,则是培育服务业特别是生产性服务业和新兴支柱产业。

四、增长模式转型的关键在于着力推进创新

有一些经济学家认为,中国的比较优势只在于拥有丰富、低成本的劳动力资源,因此中国只宜于发展低水平的加工制造业。这种看法可能不完全准确。

事实是,经过 30 年改革开放,我国在创新领域的技术力量并不弱。从数量上看,我国受过大专教育的技术人员人数已跃居世界第一。不仅如此,我国劳动力素质的提高也十分明显。因此,完全有条件提高我国产品的技术含量和附加价值。难点只在于如何使各种创新成果顺利实现产业化。对此,有两个问题值得社会各界予以关注。

一是如何发挥小企业在创新中的关键作用。企业是技术创新的主体,小企业是主体中的主体。从世界技术发展历史看,20 世纪 50 年代中期的新技术革命发生以后,由于规章制度束缚太多和发明者贡献与得到的利益的疏离,原来作为技术创新主要力量的大企业优势不在,西方国家的技术创新主要是来自小企业。大企业们主要借助对小企业投资、收购小企业等方式保持自己在技术上的先进性。在中国,据国家统计局和工商联的调查,70% 以上的技术创新也是来自中小企业。

目前,我国在一些地方出现了"国进民退"的倾向,加上信贷向国有大企业的倾斜,小企业发展受到一定程度的挤压,这对于中国应对危机和实现产业升级是十分不利的。以电动汽车的发展为例,在两年前,"以纳米技术制备磷酸铁锂电池"国内一些厂商的技术水平与国外先进水平不相上下。然而,发达国家本来市场组织就比我们好,加上政府支持方法得当,近一年来发展速度比我们快得多。中国汽车产业能不能抓住这次机遇便很难说了。而这种情况并不是第一次发生。例如在 3G 手机、数字电视、核电等领域就一再发生这种情况。中国产业发展为什么往往是"起个大早,赶个晚集",这种教训值得好好总结。

中国小企业的日子在应对金融危机期间似乎更不好过了。除了"左"的意识形态问题,在一系列保增长、调结构的举措、政策对小企业的扶助作用十分有限;相反,4 万亿经济刺激计划和 10 万亿元新增贷款主要流向了国有大企业和各级政府项目。在银行风险控制意识提高的情况下,甚至出现对中小企业信贷的"挤出效应"。事实上,小企业起不来,产业升级和增长模式转变不可能实现,也不可能彻底走出危机。中小企业的作用并未得到充分发挥,这是值得担忧的。回想 1998 年,中国正是在发行 1000 亿国债投资的同时,采取有力措施积极扶持小企业、积极扩张民间投资,才得以成功应对亚洲金融危机。这一成功经验不少人似乎淡忘了。

值得关注的另一个问题,是政府如何在技术创新上正确地发挥作用。目前,在科学发展和技术创新中由政府主导分钱、分物、分人、分地的做法仍然存在。钱花得并不少，但是效果不大。在一些具体的产业规划中，常常可见政府对技术路线和产品路线的预先设定，这种做法风险很大。日本有关当局曾因误判高清电视的技术路线，使日本在数字技术的发展中落后于美国一个时代。同样，在一些新兴产业示范项目中，由政府暗示甚至直接规定订购或提供指定产品的做法，在各地也是屡见不鲜。出于"肥水不流外人田"的想法，某些政府机构和地方政府在争取到政府补贴项目之后，往往安排由自己所属企业或本地企业生产；在财政补贴的运用上，也往往选择补"供方"而反对补"需方"，也就是说，为了保护"自己的"企业而排斥市场的介入。利用行政权力抑制竞争和技术进步的情况也不少见。

政府的扶持方式不但要"有所不为"，还要"有所为"。政府最重要的职责是通过改革，一方面消除转型升级的体制性障碍；另一方面建设有利于创新的制度环境。政府应当在建立公平、宽松、法治化的市场环境，保持宏观经济稳定，建立共用技术平台和公共服务平台，提供基本社会保障等方面负起责任来。

必须承认，我国的市场经济或多或少还受计划经济残留的影响，这意味着小企业发展和技术创新成果的产业化仍将是难点。在未来的改革过程中，政府之手应当避免"不该为的为了，该为的没有为或没有为好"。

现在看来，"十一五"（2006—2010）规划和中共十七大关于经济发展方式转型的基本判断必须肯定和继续贯彻落实。近两年的发展经验充分证明，这是我国经济实现可持续发展及构建"创新型国家"的必由之路。事实表明，哪一个地区、哪一个行业、哪一个企业转型升级做得好，它受到的冲击就小，甚至逆市发展。所以我劝那些对转型升级缺乏信心的朋友坚定对于这一方针的信心。因为这是彻底走出危机的唯一出路。

（作者单位：国务院发展研究中心。原载于《中国流通经济》
2011 年第 1 期）

着力提高自主创新能力　加快转变经济发展方式

万　钢

党的十七届五中全会提出：以科学发展为主题，以转变发展方式为主线，坚持把经济结构战略性调整作为加快转变经济发展方式的主攻方向，坚持把科技进步和创新作为加快转变经济发展方式的重要支撑。

"十二五"是我国全面建设小康社会的关键时期，是提高自主创新能力、建设创新型国家的攻坚阶段，创新驱动发展，科技引领转型的作用将更加突出。深入贯彻加快转变经济发展方式的战略主线，将显著增加对科技创新的需求。

一、"十一五"科技创新取得重要进展

1. 科技资源总量跃居世界前列

2010 年，全国研发人员接近 260 万人，居世界首位；全国研发经费保持年均 20% 以上的增长速度；国家财政科技拨款达到 3800 亿元，是 2005 年的近 3 倍。

2. 科技产出总量快速增加

2010 年，我国 SCI（Scientific Citation Index）论文近 13 万篇，居世界第二；本国人发明专利授权量居世界第三；在载人航天、探月工程、高效能计算机、铁基超导、诱导多功能干细胞等前沿领域，取得一批具有国际影响力的重大成果。

3. 科技创新基地和平台建设取得重要进展

"十一五"期间，新建 38 个国家重大科学工程和科技基础设施、142 个国家（重点）实验室。全国有 1.7 万台套大型科学仪器通过信息平台向社会开放，全国分布式信息资源共享网络体系初步建立。

4. 科技重大专项取得重要阶段性成果

（1）电子与信息方面：飞腾—100 国产 CPU 应用于千万次计算机天河一号，65nm12 英寸刻蚀机装备生产线和 TD—SCDMA 大规模示范与推广应用。

（2）能源与环保方面：1000 兆瓦非能动先进压水堆（AP1000）重大部件研制进展顺利；3000 米深水半潜式钻井平台进入国际先进行列。

（3）先进制造方面：C919 大型客机国产材料研制、关键技术攻关等取得突破；数控重型 5 轴联动车铣复合机床、大型快速数控自动冲压装备生产线等投入生产。

（4）生物与医药方面：传染病监测技术平台网络实验室在甲型 H1N1 流感等重大疾病防控中发挥了重要作用；国产转基因抗虫棉推广和产业化步伐加快，已占国内 93% 的市场份额。

5. 科技创新促进民生改善和农业发展

在防灾减灾、服务北京奥运会、上海世博会等国家重大任务等方面，科技都发挥了重要作用；在新药创制以及艾滋病、病毒性肝炎等重大传染病防控技术方面取得重要进展；推动科技特派员等多元化农村科技服务体系建设，全国科技特派员达 13. 9 万人。

6. 有利于成果转化的良好环境正在形成

（1）面向市场的科技资源配置格局初步形成。2010 年，企业的研发投入占全国总投入的 74%，全国技术市场交易规模接近 4000 亿元。

（2）国家高新技术开发区成为科技人员面向市场创新创业集聚区。2010 年 56 个国家高新区总收入超过 10 万亿元，工业增加值占比 10. 1%。

（3）高等院校、转制院所科技创新面向市场需求。研究型大学的科技经费来自企业委托的横向科技经费已占到 50% 以上。2009 年 261 家中央级转制院所获得市场横向科技性投入 186 亿元，是政府投入的近 6 倍。

（4）国家财政性科技投入大力支持企业研发和应用推广。国家科技支撑计划的 95%、重大专项的 50% 都由企业牵头实施。

（5）科技与金融结合更加紧密。2009 年启动的创业板共融资 988 亿元，其中 91% 是高新技术企业；科技保险风险保额 3874 亿元。

7. 建立了创新型国家评价指标体系

为测度我国创新型国家建设进程，我们参考世界经济论坛、瑞士洛桑国际管理发展学院等国际权威机构的评价方法，建立了一套评价指标体系。

自《国家中长期科技规划纲要》实施以来，我国创新能力整体提升。知识创造能力增长较快，企业创新能力增长相对缓慢。增强企业创新能力仍然是今后工作的重点。

二、我国科技发展面临的机遇与挑战

世界科技加快发展的速度前所未有,科技对经济社会发展的支撑引领作用日益凸显,国际金融危机加快催生重大科技变革的步伐,科技全球化的广度和深度迅速拓展,全球进入空前的创新密集和产业变革时代。

1. 世界各国纷纷强化创新战略部署

(1)美国出台《创新战略》。奥巴马总统在 2011 年的国情咨文中特别强调,保持美国的竞争力首先是要鼓励创新。(2)欧盟通过《欧洲 2020 战略》。27 国承诺将研发投入占 GDP 的比值提高到 3%。(3)日本 2009 年出台《数字日本创新计划》。(4)俄罗斯启动《2009—2013 创新科研与科教人才》计划。(5)韩国、印度、巴西等国也纷纷出台创新计划,强化创新的战略部署。

2. 推动经济社会发展进入创新驱动的新轨道

(1)应对气候变化、粮食安全、能源安全等全球重大挑战,必须增强国家创新能力,积极参与国际经济科技新秩序重构。(2)高投入、高消耗、高排放、低效率的发展模式难以为继,加快经济发展方式转变,最根本的是要依靠科技的力量。(3)城镇化加速推进,人口老龄化问题日益突出,消费结构不断升级,依靠科技进步促进民生改善的需求尤为迫切。(4)经济社会发展不平衡不协调问题短期内难以根本好转,依靠科技创新缩小城乡、区域发展差距和促进可持续发展的任务尤为艰巨。

3. 科技发展仍然面临诸多挑战

(1)科技资源配置分散问题依然存在,需要进一步优化科技资源配置方式,提高科技资源的综合利用效益。(2)科技成果转化为现实生产力的能力较弱,特别是高等院校、科研院所科技成果与市场不能有效对接。(3)基础研究整体水平与发达国家还有较大差距,原始创新能力不足,解决重大问题能力仍然比较弱。(4)企业技术创新能力较弱,需要探索促进产学研结合的新方式,加快提高企业技术创新能力。(5)领军人才和优秀团队数量相对不足,亟需加大高端人才培养和引进力度,提升人才队伍整体质量。(6)创新的激励评价机制亟待完善,需要进一步深化科技管理体制改革。

4. 创新型国家建设的战略路径

"十二五"时期,我国创新型国家建设将进入攻坚阶段。应大力提升自主创新能力,切实依靠科技进步和创新加快转变经济发展方式,为 2020 年我国最终进入创新型国家行列奠定坚实基础。

三、"十二五"科技发展的重点部署

1. 加快组织实施科技重大专项

(1)把实施科技重大专项作为推进自主创新的重要任务和培育战略性新兴产业的重要抓手,完善市场经济条件下的新型举国体制,优化资源配置,突出系统推进,力争取得重大进展。(2)着眼于科技和产业发展新的制高点,在清洁能源、深海探测、深地勘探等方面,选择有望实现突破的重大任务,调整充实科技重大专项。

2. 积极培育和发展战略性新兴产业

(1)重点发展节能环保、新能源、新一代信息技术、生物、高端装备制造新材料等战略性新兴产业,加快形成一批重大战略产品、技术系统和产业体系。(2)发挥国家重大科技专项的核心引领作用、国家科技计划的基础支撑作用和国家高新技术开发区的辐射带动作用。

3. 运用高新技术加快提升传统产业

(1)加强新材料、新能源等高新技术成果的转化和推广应用,促进传统产业升级和重点产业振兴。通过全面推进节能减排科技行动,增强可持续发展能力。(2)加快发展研发设计与服务、现代物流、创意等知识和技术密集型产业。(3)强化中关村国家自主创新示范区的示范和引领作用,加速发展国家高新技术开发区,培育一批具有国际竞争力的高新技术龙头企业和产业集群。

4. 大力提升科技改善民生的能力

(1)切实加快农业科技创新,促进城乡统筹发展。继续实施粮食丰产科技工程,加快提高农业综合生产能力,构建新型农村科技服务体系,强化农业基础地位。(2)加强人口健康、环境保护、公共安全等重点领域的技术研发与集成示范,实施医药健康科技行动,加强水环境综合治理、生态保护治理、环境污染控制等技术研发。(3)提高应对气候变化的科技能力,加强对极端气候、重大自然灾害预测预报,增强减缓、适应和抗灾能力,提高全民应对气候变化的自觉性。

5. 前瞻部署基础科学和前沿技术研究

(1)加强基础研究,优化和完善基础研究布局,促进基础学科均衡发展。重点实施蛋白质、量子调控、纳米技术、发育与生殖、干细胞以及全球变化等重大科学计划。(2)加强对前沿技术的研究,在蛋白质组学技术、纳米技术、全光通信网络等战略方向突破核心关键技术。(3)整合构建一批国家重大创新基地和创新服务平台。在重点学科和新能源、新材料等战略高技术领域,新建

一批国家大科学工程和国家(重点)实验室。

6. 加强科技人才队伍建设

(1)以实施国家人才发展计划为抓手,组织开展"创新人才推进计划",以高层次科技人才为重点,培养和造就规模宏大、素质优良的创新人才队伍。(2)加强面向生产一线的实用工程人才、卓越工程师和技能人才的培养。(3)依托重大专项、重大科学工程等的组织实施,大力培养和造就一大批创新型领军人才和创新创业科技人才团队。高度重视管理人才以及创业型专业人才的培养,激励全社会的创新创业热情。

7. 加大科技投入,改进和完善投入结构

(1)确保财政科技投入的稳定增长,同时有效调动地方和企业加大投入。研发经费与国内生产总值的比例在 2015 年达到 2.2% , 在 2020 年达到2.5% 。(2)进一步优化科技投入结构,加大对基础研究和社会公益研究的投入。继续鼓励企业增加研发投入,引导全社会加大对科技的投入。(3)推进科技与金融的结合,促进民间资本投向科技创新,把社会投资的热点和资本市场的重点引导到对新技术的应用和产业化上。

8. 深化科技管理体制改革

(1)推进科技宏观管理体制改革,建立健全国家科技决策机制和宏观协调机制,打破创新要素流动的体制机制障碍。(2)深化国家科技计划管理改革,进一步强化计划项目的过程管理,积极推动项目(课题)法人责任制和项目专员制建设,加快建立国家科技计划备选项目库。(3)深化科研经费管理改革,优化科技经费配置结构,完善竞争性支持和稳定支持相协调的投入机制,提高科技经费使用效率。

9. 进一步加大科技成果转化力度

(1)加快实施国家技术创新工程,切实提升企业创新能力。加大引导支持,推进创新型企业建设。构建产业技术创新战略联盟,加强试点示范。整合资源,搭建面向中小企业的技术服务平台。(2)加快推进国家科技计划管理改革,促进科技成果的应用。(3)加强公共科技服务平台建设,大力发展科技中介服务。(4)把科技服务业作为推进服务业向高端发展的重要抓手。

10. 扩大和深化科技对外合作

(1)实施科技发展的国际化战略,开展广泛的科技合作交流,提高政府间科技合作层次,积极参与全球性重大科技问题的合作研究。(2)主动实施平等互惠的国际科技合作计划,加大参与国际大科学计划和大科学工程的力度,支持我国科学家参与国际组织工作,积极参与国际知识产权保护。(3)继续鼓励跨国公司在我国设立研发中心,并积极融入我国科技发展进程之中。支持我国科研机构和企业走出去。(4)加强与发展中国家和周边国家的科技合作,与发展中国家共享科技发展成果,树立我国负责任大国的良好形象。

我国正处于加快经济发展方式转变和全面建设小康社会的关键时期,让我们共同努力,励精图治,奋发图强,为着力提升自主创新能力,为建设创新型国家作出新的、更大的贡献。

(作者单位:中华人民共和国科学技术部。原载于《中国流通经济》2011 年第 6 期)

商贸流通服务业影响力政策分析

宋　则等

从实证分析可以看出,研究商贸流通服务业直接贡献和外溢效应的影响力问题具有重要的政策含义和现实针对性,并可以提出一系列有助于政策创新的设计思路。①

当前,我国经济还面临不少困难和问题,要扭转这种局面绝非易事。最要害的问题在于,传统增长惯性强大,存在着明显的"外延式、拼增量"的经济增长方式,且对其治理的效果不佳。这种情况说明,我国面临的许多重大问题都与不断累积、乱象丛生、质量不高且绕不过去的经济存量的困扰有关。落实科学发展观、构建和谐社会、实现全面小康、转变发展方式、建立节约型社会,以及随之而来的化解风险、调整结构、优化流程、节能降耗、扩大就业、提高收入、增进消费、促进公平、生态环保等等,都有一个实质性的共同点,即如何优化、降解、盘活累积多年、已被视为既成事实的经济存量中的矛盾和问题。从积极的态度出发,目前种种触目惊心的损失、浪费状况刚好反衬出"腾出手来挤压存量"的巨大潜力,今后的工作思路迫切需要将主要注意力从"靠加法、拼增量"转变为"靠减法、解存量"。

按照科学发展观提出的创新思路观察,强劲而低效的外延式增长之害使人们不得不重新审视经济增长、财富增长质量和终极目的的评价问题。引入时间因素,从动态化和商贸流通服务业影响力的角度出发可以发现一种衡量经济增长质量和最终目的的新财富观:不仅要看我国每年生产物质产品的数量及付出的代价,更要看这些产品中有多少真正处于实际发挥效能的状态,即看有效产品率的高低。在当今国际国内分工日益加深的情况下,不经过市场、流通的检验过程,社会财富只不过是观念的、想象中的存在,并不会带来任何效用和效益(马克思语);社会财富存量既定以后,货畅其流,消灭耽搁迟滞、库存积压和断档脱销,使所有经济环节和领域趋近于流畅平滑、最为经济合理的

---

① 课题组:《商贸流通服务业影响力实证分析》,《中国流通经济》2008 年第 3 期。

有效状态,就是社会财富实际效用和总福利的真实增长,就意味着社会生产效率提高和人民生活得到实惠;反之,则是社会财富实际效用和总福利的虚假增长。假如缺乏关注存量效能的新财富观,践行科学发展观就仍然会在有意无意之间被打折扣。

如前所述,市场化、竞争性商贸流通服务业的强大影响力和天然功能就在于最大限度地减少各种形式的财富闲置和浪费。而提高所有时点中实际发挥作用的社会产品所占比重,最大限度消灭闲置、损失和浪费,是评价流通效率和国家综合竞争力的重要指标之一。因为商贸流通服务业天然具有"双优"的本质和功能,即在时间上消灭耽搁迟滞、库存积压和断档脱销,加快节奏,优化经济流程;在空间上消灭无效生产、优化资源配置和产业结构。这是从时间继起和空间并存两个视角所作出的最高概括,具有很强的现实针对性和政策含义。我国经济结构调整效果不够理想,经济流程不顺畅,都同商贸流通服务业影响力被低估、被轻视有着极大的关系。

因此,从国民经济大局和大背景出发,从政策分析和对策分析的角度提出关注存量效能和重视商贸流通服务业影响力的新财富观,有助于创新政策思路和解决方案,最大限度消灭经济存量中的闲置、浪费和损失。而一切存量的优化与盘活,最终都是稀缺资源的节省和生态压力的减轻,这是新时期成本最低的战略选择。

充分发挥商贸流通服务业的影响力,有望在新时期挖掘出至少五六万亿元的巨额实效。在计划体制向市场体制转型过程中,我国现代市场体系缺失、流通产业落后及经济存量恶化的现象具有普遍性,本质上是总体经济缺少市场化的底盘,而绝非某一个部门、行业存在的问题。因此,宏观调控不仅需要财政政策、货币政策,更需要培育市场、加快发展商贸流通服务业的基础性政策。在新时期,率先改变这种底盘缺失状况,有望成为解决各种深层次存量难题的新途径;依靠存量发展法,从商贸流通服务业入手,有望解决国民经济存量中结构扭曲、流程紊乱、高耗低效、消费瓶颈、"三农"滞后等老大难问题。即通过相互关联的五项政策措施和具体行动,在未来5—10年,坚持"减法、效能"的思路,培育市场体系,优化流通环节,充分发挥商贸流通服务业影响力。

一、实施以市场化为主导的产业结构优化行动

实践证明,总量调控是政府的强项,市场的弱项;结构调整是市场的强项,

政府的弱项。我国经济结构扭曲的一个原因就是政府和市场角色的颠倒,是政府弱项阻碍了市场强项。如果经济结构调整的市场化基础依然缺失,仅凭借行政能力进行调节,则我国一轮又一轮由政府弱项指导,以有限的增量来调整巨大存量的政策思路,将越来越难以奏效。在从排斥市场体制向依赖市场体制转变的过程中,我国与一般市场经济国家最大的区别在于商贸流通服务业这一传导产业、传导机制的严重缺失。在这个背景下,最应警惕的是由政府越位、垄断集团操控所导致的伪市场调节。

我国原有的纵向化、条块分割、高度集中的计划管理体制,使原本可以更有效率、更具竞争性、内外贸一体化的商品流程和流通网络被切割得零零碎碎、混乱不堪,导致直接和间接经济损失难以计数。我国应将主要注意力从自计划经济时代并延续至今的制造业转向贸易、市场和流通业,寻求借助商贸流通服务业解决原有问题的新途径;改变习惯于越过市场流通过程这一市场经济的天然基础,直接凭借政府力量配置资源、调整结构的传统做法,结构调整要从政府主导型向市场主导型转变。

最新情况表明,作为市场配置资源"人格化"的表现,企业竞争性的商业订单机制及流通渠道对产业结构的优化和市场资源配置能力的提高产生了明显的作用。凭借贴近市场和了解消费信息的优势,流通服务企业逐渐取得了对上游制造商、供应商的支配地位。另外,由于网络技术和供应链管理的兴起,产业结构实现竞争性升级和高效率运作在技术上已经不存在问题,关键在于体制和政策环境。在这种背景下,结构优化只能更多地依托市场配置资源机制,实行市场化、竞争性的商业订单机制和流通渠道建设,促使商品和生产要素高效率自由流动,促进区域分工的深化,改变地区之间产业结构高度趋同的自然经济体系,改变国内商品和要素市场分割、封闭、垄断、无序以及价格信号扭曲的局面。

二、实施以信息化为主导的流程优化行动

据保守估计,通过加快经济节奏,提高资本周转速度,我国全社会工商企业可节省至少一万亿元的流通资本。目前,我国企业资本周转速度与发达国家的差距还在继续拉大,特别是2007年流动资本的周转速度出现减慢趋势。与流动资本周转速度相对应的另外一个指标是库存率。在市场竞争越来越激烈的今天,减少商品库存量是企业获得竞争优势的重要条件。因此,通过发挥商贸流通服务业的影响力,加快经济节奏、消除迟滞耽搁来挖掘竞争优势和开

发利润源泉,已经成为新世纪宏观经济运行的突出特点。以制造业流程优化为主导的经济节奏的较量正在全球范围内展开,在微观方面表现为提高科技含量、加快资本周转、控制库存、精确采购、强化销售、降低成本、推行供应链一体化等。工业品流程的优化,一要改变工业品流通渠道行政化,商业资源重复建设,信息传递受阻,货不对路,产、供、销脱节,脱销积压并存,成本高昂,效率低下的局面;二要改变我国原有高度集中、条块分割、纵向管理的工业经济体制,把制造业从一个个非市场化的封闭型孤岛中释放出来,使其真正成为市场主体;三要改变我国工业企业在国际和国内市场无渠道、无品牌、无订单、无技术,处处受制于人、勉强微利经营甚至亏损经营的状况。在这个基础上,切实以等量资本获取等量利润这一市场化的公平原则,推动流程中利益相关各方,特别是零售商和供应商、工业企业和商贸流通服务企业结成利益共赢体,减少因利益冲突而损毁流程的现象。

三、实施以物流合理化为主导的节能降耗行动

从全球看,成本削减的重点正在从空间越来越有限的制造环节向空间广阔的流通环节转移,产品生产时间和生产成本发生了结构性变化,即在越来越大的程度上被物流时间和物流成本所取代,物流成本占产品销售价格的平均比重高达30%—40%,已经成为吞噬企业利润的巨大"黑洞"。据推算,现阶段我国物流成本占GDP的比重每降低1%,就可节能降耗1600亿元以上;如果我国能达到当前发达国家的物流成本平均水平(10%—12%),则每年可节约物流成本14000亿—16000亿元。

这种节能降耗行动的要点是快速发展我国现代物流业,推进物流合理化和高效化,"十一五"后期应明确将社会物流资源优化整合、工业企业物流绩效改善作为主攻方向。我国物流的主要问题不在批发、零售业等商贸流通服务业,而在制造业,突出表现为工业企业大而全、小而全及普遍自办物流的低效格局。在历年的社会消费品零售总额和工业生产资料投资品销售总额中,工业企业自采自销比重高达70%;在社会总产品中,工业生产资料占75%,工业品物流总值占社会物流总值的85%以上,这些产品的市场流通绝大部分是在工业企业之间直接进行的。目前,对工业企业自设的采购、库存、储运、销售机构所造成的巨额投入以及成本和效率状况几乎难以统计,原因在于游离于市场交易之外的非社会化物流运作在全部物流活动中所占比例过高。这正是我国物流效率低下、流程恶化的原因所在,也是改善的潜力之所在。

四、实施以商品畅销为主导的增进消费行动

我国居民收入增长和生活质量提高不同步的情况已持续多年,非收入消费制约因素大大抵消了收入增长对消费的促进作用。而从商贸流通服务业入手,排除非收入制约因素的影响,可化解至少一两万亿元的购买力存量,从而增加即期消费需求。这就迫切需要在增长动力、经济结构上完成由政府推动、投资主导型向市场调控、消费主导型的转变,改变重投资、轻消费,重需求、轻供给,重收入、轻转化的传统思路,将改善消费环境、排除非收入制约因素、化解购买力存量作为政策实施的重点。目前,尤其需要根据收入增量有限而购买力存量巨大的特点,大力改善消费环境条件,加快释放收入—消费能力的存量。这一点比以往任何时候都更加重要,也更加迫切。为此,要切实发挥现代流通服务业在促进消费方面转化剂和催化剂功能,建立买方市场条件下的商品畅销体系。相关的政策要点包括:从批发、零售场所建设转变为大批发商、大零售商的培育;倡导绿色、健康、环保、可持续消费;建立、巩固快速反应体系;在内外贸一体化背景下,优化各类商贸流通企业资源和国内外商品产供销流程,实现国际市场和国内市场的有效对接等。

五、实施以提高组织化程度为主导的反哺农业行动

在新时期,反哺"三农"固然需要直接补贴、外援式的输血机制,但更重要的是要发挥商贸流通服务业在提高农村组织化程度方面的影响力,形成内生式的造血机制。其中,培育农村经济的微观基础是万事之本。目前,在农村未能形成像城市居民和企业那样具有独立承担市场风险、经营风险和民事责任能力、充满活力的市场主体,在整体上农民的组织程度比较低,还处于松散的组织状态。这是中央一系列"三农"利好政策得不到有效落实的根本原因。

在农村经济的多种微观基础中,农村合作经济组织是最适合国情的组织形式。推动、唤醒农民行动起来,大面积创办真正属于自己的农村合作经济组织的时机已经成熟。有关农村的经济政策都要从外在于"三农"的包办代替模式转变为内在于"三农"的内生性自主模式,从千方百计"替"农民办实事,转变为提供条件允许农民组织起来,依靠真正属于自己的组织,自己办好自己的实事。换而言之,我国的政策要点需要从"他组织"转变为"自组织",从为"三农"服务的包办政策,转变为促使农民自己组织起来为自己服务的自主政策。政府需要做的就是创造条件,提供服务,尊重农民的创造,总结农民的经验,制定政策、程序和办法。如合作社登记注册办法、内部组织管理办法及合

作社优惠政策等,为农民创建合作组织创造条件。同时,促使其始终保持经济独立和农民自治,改变农村行政机构与经济组织混淆、机构臃肿、人员庞杂的状况。同时,以此为基础,提高农民和商贸流通服务企业的参与度,整合流通渠道资源,降低涉农产品的交易成本,加快构建可化解自然风险、市场风险的城乡一体化市场流通体系,进一步使"万村千乡"市场工程成为新农村建设的有效实现形式。

当然,围绕以上充分发挥商贸流通服务业影响力、从流通领域入手挖掘潜力的思路,还需要有其他方面行动的配合。一是不断增强商贸流通服务企业可持续盈利能力和发展能力,改变对外开放中各自为政、少稳多变的优惠吸引政策思路,创造一视同仁、公平竞争的市场环境;二是积极开展以服务至上为主导的诚信商业行动,使商贸流通服务企业切实提供优质服务,从源头上降低交易成本中的社会防范成本(实际上,化解诚信危机也可从源头上降低至少1万亿元的社会防范成本);三是以精确化为主导的科学监测行动解决数据、信息、指标等的缺失、虚假、混乱、不全、不准、不及时问题,加强商贸流通服务业监管体系的精确化、制度化、基础性建设,重点建立商贸流通服务业现代化评价体系、标准化指标体系和竞争力评价体系等。

(作者单位:中国社会科学院财贸经济研究所等。原载于《中国流通经济》2008 年第 4 期,被中国人民大学《复印报刊资料》之《商业经济》2008 年第 7 期全文转载)

加入世界贸易组织对中国社会经济的深层影响

龙永图

　　当前,国内对我国"入世"的影响存在着争论。我认为,从各方面情况看,我国"入世"5年对中国经济和世界经济的影响都是正面的。在我国"入世"5周年时,有必要回顾一下当时中央对我国"入世"所作的基本思考。当时中央认为,参加世界贸易组织是我国参与未来经济全球化的一个重要战略部署。既然是战略部署,其作用就不只体现在一年、两年或者五年,而是体现在很长的时间。也就是说,我国"入世"对世界和我国经济的影响是长期的。"入世"对我国社会经济的影响可以用八个字概括:"外塑形象,内促改革。"

一、外塑形象

　　通过"入世",对外要树立中国的新形象,特别是一个崛起的中国的新形象。国家的形象就像企业的信誉一样,在某种程度上决定着一个国家国际环境的优劣。我国加入世贸组织是政府间的协议,政府在经济发展过程中的主要作用是营造一种环境,因此,"入世"的一个重要作用是为企业在参与经济全球化和对外开放过程中营造一个好环境。我国"入世"最大的收获就是解决了美国对中国的最惠国待遇问题。

　　影响我国对外经济贸易的因素虽然有很多,但最核心的因素是中美之间的关系。从某种意义上来说,中美之间的关系对我国对外经贸的影响是一好百好,一坏百坏。因此,处理好中美之间的关系,是我国对外经济环境的核心问题。这不仅仅因为美国是世界上经济实力最强的国家,而且还主导着世界经济贸易组织,所以,中美关系对我国至关重要。"入世"前,我国开展对外经济关系最大的困扰是美国国会每年一次的对中国最惠国待遇的审查。他们不仅讨论我国的经济问题、贸易政策问题,还要讨论我国的人权问题、西藏问题,乃至于他们认为应该提出来的关于我国的所有问题。因此,每年一次的这种审查就成为了当时中美关系的定时炸弹,为中美关系带来了很大的不稳定性和不确定性。中央对此问题极为关注,时刻关注着"入世"能否解决中国最惠国待遇的问题。美国代表团当时一直不承诺解决这个问题,因为要解决这个问题就必须修改美国的国内法,而美国代表团在修改美国国内法的问题上是没有发言权的,要解决这个问题就必须与美国国会直接谈判,这是美国的体制决定的。因此中央提出,如果我国加入世界贸易组织,克林顿政府必须表态做其国会的工作,促使国会修改国内法,一劳永逸地解决中国的最惠国待遇问题。我们必须抓住这个时机解决中国最惠国待遇问题,错过这个时机,问题就可能长期拖下去。因为根据世界贸易组织的规则,所有世界贸易组织的成员相互之间都无条件给予最惠国待遇。既然中国加入世界贸易组织,承诺执行世界贸易组织的规则,那么美国作为世界贸易组织的成员也必须按照世界贸易组织的规则行事,也必须给予中国无条件的最惠国待遇。这就是当时谈判的逻辑。一直到最后时刻,江泽民主席与克林顿总统通电话后美国政府才承诺,如果中国加入世贸组织,美国政府将解决这个问题。所以,我国加入世贸组织后,美国政府也履行了承诺,促其国会修改了美国国内法,解决了长期困扰中美关系的一个重大问题,为我国营造了一个比较好的国际经济环境。现在回想起来,"入世"前中美经贸关系是相当紧张的,经过了多次的波折,有时火药味还相当浓。"入世"以后,虽然中美贸易关系也有摩擦和矛盾,但总体上是好的。

不久前,中美之间建立了以吴仪副总理和美国财政部长为团长的战略性的对话磋商机制,把中美经贸关系纳入了稳定的、机制化的轨道。由于有了长期对话机制,中美经贸关系中的任何问题都是可以解决的。所以,我们在讨论加入世界贸易组织的成果时,必须要看到"入世"后我国的对外经济环境已经产生了重大变化。没有这种变化,我国的经济贸易不可能取得今天的成就,也不可能获得今后更大的发展。

我国加入世贸组织时作了两个基本的承诺:一是遵守国际的规则;二是逐步开放我国的市场。这两个承诺对我国在国际上树立良好的形象起着重大的作用。因为对于外国而言,一个承诺遵守国际规则的国家,是不可能成为世界的威胁因素的。无论其多么强大,只要它承诺按国际规则办事,这个国家就是负责任的国家;如果一个国家承诺了开放市场,它越发达,对全球经济的贡献就越大。所以中央提出,我们要树立一个开放的、负责任的大国形象。这一点,对我国对外开放和参与经济全球化具有根本性的意义。

二、内促改革

国外在谈到中国"入世"时关心更多的不是我国开放市场的承诺。他们感到更深刻的意义在于,中国是世贸组织在六十多年的谈判历史中以国际谈判促进国内改革最经典的案例,它可能成为整个世贸组织和许多大学研究国际经贸关系的案例。我们应该深刻研究以国际谈判促进国内改革的难点,这对于提高世贸组织在整个世界经济中的地位有很重要的影响。

我国的"入世"确实加快了国内的改革,引进的一些重要原则已经对国内改革产生了深刻的影响。

我们在加入世贸组织时承诺履行国民待遇的原则,本来该原则只涉及给国外的企业与中国企业一样的待遇。在这个问题上,国内曾进行了一场深刻的讨论。如果我们给予外国企业国民待遇,那么首先就必须给予国内所有的企业(无论是何种所有制企业)同样的待遇。长期以来,我国的民营企业在银行贷款、土地使用、进入垄断行业等方面都遭受了或多或少的歧视性待遇。如何解决民营企业平等待遇的问题就成为我国经济改革十分重要的问题,因为民营经济已经成为我国经济中十分活跃和重要的组成部分。解决民营企业平等待遇问题,对促进民营经济和我国总体经济的发展都具有重要的意义。我国政府并没有将平等待遇问题只停留在解决外国企业和中国企业的平等待遇的层次上,而是在更深层次上落实所有企业在市场竞争中的平等待遇。这个问题刚开始解决,还远未彻底解决,所以解决国民待遇问题对我国来说还有很长的路要走。之所以现在还举行许多民营企业研讨会,就是因为民营企业还没有真正享受到国民待遇,我们的政治、经济、法律等环境还不健全。在讨论"入世"的问题时,我们不能仅仅讨论对外的经济关系问题,还应该讨论我们承诺的国际规则对国内经济体制改革的影响。前几天在《人民日报》上看到一篇文章,强调必须对农民工实行国民待遇,我非常激动,因为国民待遇已经延伸到如何对待农民工的问题了。如何对待农民工不是一个小问题,因为我国社会的一个深刻变化就是城市化进程的加快,每年成千上万的农民进城,如何解决对待农民工的问题对我国经济体制和经济发展具有核心意义。如果不解决对农民工在住房、子女教育、社会保险等各方面的歧视性待遇问题,就不可能完成具有历史意义的城市化进程。这是今后我国经济发展的重大问题,也是重大的体制问题。目前,我国许多城市已经不再称农民工或外来工,江苏省的昆山市和江阴市现在已经称之为"新市民"了。所以,国民待遇问题已经远远超出了当时我们"入世"时所承诺的范围。

　　另外,我国"入世"时承诺的透明度原则,也逐步地延伸到经济和贸易领域之外。在 2003 年非典期间,我们谈到最多的就是透明度问题,即政府必须无保留地、及时地向全国通报疫情。透明度问题还逐步延伸到政府的行政管理中,出现了所谓"阳光工程"、"阳光管理"的提法,也就是说在建立市场经济的过程中,人民对知情权和行政透明度的要求变得越来越强烈。这些都是国际上通行的规则。

　　所以在回顾"入世"5 周年时,不仅要看到协议中我们承诺的,更应看到我国政府在"入世"时之所以能起到非常重要的作用,主要是因为我国政府长远的眼光,不是仅局限于字面上的承诺,而是把其中重要的原则延伸到政府内部的治理和管理中。这样,我国政府才能确定以"入世"这种重大的外交和对外开放契机来加快国内经济体制改革,推动经济发展。所以,以开放促改革、促发展,不仅仅是世界贸易组织的重要议题,也是我国今后继续发展的重要议题。在我们这样一个曾经长期闭关自守的国家,要真正接受开放的观念是非常困难的,可以说,国内在过去两年中对开放问题存在很多的杂音。我认为,在我国纪念"入世"5 周年时必须继续坚持开放,反对形形色色的打着所谓"左"的或民族主义的幌子而从事的使开放倒退的行为。因为历史已经证明,如果一个国家不开放,它是没有任何前途的。不要以为我国的开放程度已经足够了。我们现在最担心的是在"入世"5 周年我国已经兑现了所有"入世"时的承诺,特别是过渡期时的承诺的情况下,有人会认为已经万事大吉,不必要再开放了。有许多人仍然认为我们履行承诺是吃了亏,是作出了让步。这样的观念不消除,我国开放的进程就会受到阻碍。希望"入世"5 周年的纪念变成一个坚持继续开放、为开放鼓劲的契机,必须坚定不移地执行对外开放的政策。这些问题都是值得深思的问题。研究世界贸易组织的问题,就是研究如何继续开放的问题。前不久,在与欧盟一个谈判代表探讨时,我们共同认为在国际贸易谈判中必须永远把"让步"这个词语驱逐出去,在国际贸易谈判中达成的协议并不是各方的让步,而是各方的进步,是为了各自的利益而作出的重要的选择。他说,如果欧盟在农产品问题上作出让步,这些让步并不是为了巴西的农民,而是为了欧洲的消费者,因为农产品补贴使欧洲的消费者在农产品方面付出了高昂的代价。如果欧盟在农产品方面作出的是让步的话,首先得益的是欧洲人自己。这种思想是完全正确的。我们在开放汽车市场、保险市场等方面,并不是为了满足美国人的要求,首先是为了我国自身的发展。这不是让步,而是进步! 这才是双赢的理念。

三、双赢理念深入人心

我国"入世"的重要意义还表现在引进了一个重要的理念：双赢。现在我们每天都在谈双赢，报纸上每天都能看到双赢的字眼。但是，当时提出双赢时，很多人不能接受。后来的事实证明，正是因为接受了双赢的理念，才最后与美国、欧洲达成了协议。1999 年 11 月 15 日，当我国与美国达成协议后，江泽民总书记在中南海会见两国代表团时说的第一句话就是：我祝贺你们，中国代表团和美国代表团取得了一个双赢的协议。这是中央经过深思熟虑的结论！是观念上的重大变化！中国"入世"不仅仅是中国的胜利，而是中国和世界的双赢！我们应该深刻理解中央对我国"入世"的战略性思考。现在，新的中央领导提出对内建立和谐社会、对外建立和谐世界的思想，这是战略上、思路上、观念上的重大变化，是在接受双赢理念后在更高层次上、更广范围内所提出的战略性思考。

所以，我国"入世"的意义就在于引进了一些重要的国际规则和理念，使我们能够在经济全球化的时代，与全世界所有的国家、人民共享经济发展的成果，而且共同期待经济的更大发展。

（作者单位：博鳌亚洲论坛。原载于《中国流通经济》2006 年第 12 期）

中国"转轨"时期的效率与公平

黄范章

"效率优先,兼顾公平"是 1993 年党的"十四大"中的战略性表述。十多年来,在经济取得高速、持续增长的同时,我国城乡、地区及各群体之间的收入差距都扩大了,贪污、腐败、钱权交易之风也屡禁不止。有人因此对"效率优先"提法产生质疑。有些同志认为在改革的初期阶段提"效率优先"是合适的,现在差距已如此之大,再提就不合适了;有的同志认为,近几年中央文件中也未提"效率优先",只提"更加重视公平",现在则应该提"公平优先";更有甚者,把所有"不公平"之事都归罪于市场经济,尤其是将"效率优先"视为众多不公平的渊薮。似乎今天谁再讲"效率优先",谁就是对众多弱势群体的艰难处境冷漠无情。但我认为,在义愤和激情之余,还应有冷静和理性的思考。

一、效率优先是社会主义市场经济的必然要求

什么是效率优先? 首先强调效率优先绝不是"速度优先"。记得 20 世纪 50 年代,为了"超英赶美"便不惜工本地大量投入,为了"大上钢铁"而不惜动员城乡居民砸锅。这个历史性教训极其深刻。毛主席曾提出"多、快、好、省",四个字极简捆地表述了效率的真谛。然而,在计划经济体制下,国有企业是政府所有制企业而且一统天下,大家都争吃财政的大锅饭,结果总跟低效率联系在一起。改革开放以来,人们往往片面理解了邓小平同志提出的"发展是硬道理",一味追求 GDP 的增长,忽视了资源、环境方面所付出的成本和难以补偿的代价。迨至 20 世纪 90 年代末中央提出转变增长方式的必要性及紧迫性,特别是党的十六大提出了科学发展观,强调资源节约型、环境友好型、循环经济的发展要求,丰富和发展了邓小平的"发展是硬道理"的战略思想,给"多、快、好、省"提供了理论基础,只有在"好、省"基础上"多、快"才是实在的效率。所以,效率是科学发展观的集中体现。列宁把效率归结为劳动生产率,强调指出:"劳动生产率归根到底是保证新社会制度胜利的最重要最主要的东西"。现在我们可以说,科学发展观指导下的效率,应该是关系一个国

家、一个社会经济生存与繁荣的生命线。

对于市场经济来讲,无论是在资本主义市场经济中还是在社会主义市场经济中,竞争力是每个企业乃至国民经济整体的生命线,而效率乃是竞争力的决定性因素。只要采取市场机制作为分配社会资源的基本手段,竞争机制就会驱使企业为自身的生存和发展而把效率置于优先地位。然而,在资本主义市场中,私人企业一统天下,效率优先完全是企业的事,完全属于市场行为,政府所要做的主要是确保公平竞争的条件(即机会公平或起点公平)和通过再分配手段来改善分配不公(即事后公平)。所以西方国家政府从未也无需提出所谓"效率优先"政策或指导思想。

中央在1992年提出建立社会主义市场经济体制时,明确要求以市场机制作为分配社会资源的基本手段,那么为什么十四大还要明确提出"效率优先,兼顾公平"呢? 这很有必要。因为我国的经济是"政府主导型"经济(这跟东亚许多发展中国家相似①),不仅经济发展(如工业化、城市化等)而且经济体制改革,都要由政府主导。在20世纪90年代初,我国处于从计划经济向社会主义市场经济转变的初期阶段,国有企业政企分开的进程刚开始,竞争对国企的压力还不大,吃财政大锅饭而不思进取的惰性还不小。提出"效率优先"就是鼓励竞争,明确在经济体制上要以市场经济为制度取向,改变过去几十年在计划经济体制下形成的"短缺经济"(或"票证经济");在思想认识上反对"不患寡而患不均"的平均主义和守穷惧富思想。这种平均主义思想在我国落后经济中有深厚的土壤,不树立"效率优先"的竞争意识来克服平均主义思想,就难以推进以市场经济为取向的改革。

二、"转轨"时期公平问题更加突出

然而,市场经济确有其固有的缺陷,除了周期性波动和危机之外,其主要缺陷就是竞争机制在促进效率提高的同时会带来分配差距扩大,增大"不公平"。美国已故著名经济学家奥肯在1975年就提出公平与效率是市场经济的一大矛盾,二者之间存在互为代价的关系(Trade-off)。他所强调的是机会公平或起点公平,大家在同一条起跑线上起跑竞赛,同时也强调政府通过再分配手段来增进公平。但我国社会主义市场经济体制刚确立,各项设施还亟待完善,我们不仅要重视事前公平(即机会公平),还得重视过程公平(如信贷公

---

① 青木昌彦:《政府在东亚经济发展中的作用》,中国经济出版社1998年版,第8页。

平、税收公平)和事后公平(收入差距合理和完善社会保障体系)。宏观调控的难处在于掌握"效率"与"公平"二者的交汇点:既不应因追求效率而过分损伤公平,导致社会动荡;也不应因追求公平而有损效率。由于经济与社会的发展在不同时期会有不同的态势,因此,有的时期(如经济衰退或紧缩时)要强调效率,有的时期(如差距扩大时)要强调公平。特别要强调的是:即使在需要强调公平的时候,也不可否定或忘掉效率优先,更不可让效率增长停滞为零,甚至为负。因为归根到底,效率还是缓解、缩小收入差距的前提和基础,只有靠提高效率把蛋糕做大,才能做到在社会成员的经济收入都增加的同时,让弱势群体的所得增长更快些(快于平均增长率),从而使收入差距趋于缩小,使基尼系数趋降;否则,在原有的"蛋糕"盘子里要缩小差距,只能掉进平均主义泥潭,只能是倒退。所以,在任何时候,市场经济只能靠"效率优先"才能保持经济活力。正因如此,即使我们近年来大讲"更加重视公平",也并非针对"效率优先",更没有否定或放弃"效率优先"。相反,我国大力实施科教兴国,鼓励自主开发和创立自主品牌,转变增长方式,倡导节约型经济、环境友好型经济、循环经济、创新型国家等等,无一不是把"效率优先"落到实处的举措。令人遗憾的是,有些人却把中央文件作了错误的解读,这是很不应该的。

那么,现在讲"要更加重视公平",如果不是针对"效率优先",那又是针对什么讲的呢? 我认为,立足于我们经济发展与改革的现阶段,与国外的经验和我国改革开放初期阶段相比对,我们应更加重视"公平"问题。

改革开放掀开了我国经济"转轨"的历史进程。"转轨"至少有三重性"转轨":一是从计划经济向社会主义市场经济"转轨";二是从二元经济通过工业化向新工业经济"转轨";三是从粗放型增长方式向集约型增长方式转变。西方发达国家的工业化、市场经济建设、增长方式转变是在过去二三百年间逐步完成的。而今,我国却要在短短二三十年间实现三项重叠在一起的"转轨",出现改革不到位、体制不完善和不配套、法制滞后的情况是难以避免的,其间矛盾的多样性、交叉性、集中性及凸显性都十分突出。这么复杂的情况,是西方国家前所未见的。

以失业或就业问题为例。西方发达国家200年前完成了工业化,农村人口只占全部人口的3%—5%,失业率在4%—5%左右,而且有较好的社会保障措施。而我国农村人口占60%多,是全国最大的弱势群体,农村剩余劳动力有一两亿人处于隐性失业状态。在过去20年里,已有1.5亿农民工流向城市,虽大大促进了城市经济的发展,却也增大了城市的就业压力,属于城市中一个新的弱势群体,不仅在就业、劳动条件、医疗、社保等各方面受到不公平对待,甚至工资被长期拖欠,在个别地方还存在"无偿雇工"的现象。此外,国企和集体企业职工下岗,据统计1990年—2002年间两类企业就业人数共减少5610万人;另据统计,经济增长方式转变的推进,导致自1994年以来共失去了1.5亿—2亿个工作岗位,结果使我国在"转轨"时期所面临的失业(或就业)问题较当今西方发达国家更为严重。尽管我国城镇登记失业率并不算高,但实际情况不容忽视,而且今后一段时期还会趋于严峻。三种"转轨"叠合在一起的情况,使得我国经济即使有持续的高增长,也常和高失业或低就业结伴偕行。①② 这就要求我们应该"更加重视公平问题"。

此外,广大群众对权钱交易、化公为私的腐败现象深恶痛绝,而这类弊端则和政企不分、政企难分的胶着状态有关。

在改革开放初期,政府作为改革开放的主导者,开始建立社会主义市场经济体制框架,探索"政企分开"的道路,那时权钱交易还未盛行。随着改革的深入,我国在政企分开方面做了不少工作,特别是明确以股份制作为公有制的实现形式,通过建立公司治理结构以实现政企分开。可是难度很大,关键是我国政府具有政治实体和经济实体的双重身份和双重职能,要真正实现"政企分开",需要制度创新,③需要时间。目前,"政企分开"仍处于过程之中,"政"和"企"二者还处于藕未全断、丝更缠绵的胶着状态。这给一些人搞权钱交易留下了活动空间。例如,有些人在"转制"或"国有经济阵地战略性转移"的幌子下化公为私,侵吞国有资产,遣散职工,甚至"买断"企业,把下岗职工推向社会,还有些人故意把国企搞糟再转到私人手里。加以许多资源性资产(如土地、矿山)均掌握在国家手中,而各种制度创新及法规制定均靠政府主导和主持,这也给一些人"设租寻租"、蚕蚀或鲸吞国有资产提供了机会。这些权钱交易产生了一系列的社会不公平和收入不公平。在一个成熟的市场经济体制下,由于各种监管制度和法规(包括财产申报、收入申报)比较完备,这些不公平(如黑色收入和灰色收入)大多可以避免,而在我们"转轨"时期,由于改革不到位和法制建设滞后,这些弊端则难以避免。这就使得市场经济除了本

① 黄范章:《高增长与通货紧缩同时并存——我国转轨时期的特有现象》,《转轨通讯》2003年第1期。

② 刘鹤:《对高增长、低就业格局的初步研究》,《比较》2005年第9期。

③ 黄范章:《双重身份和双重职能是政府体制改革的重点》,《中国评论》2005年第10期。

身固有的导致不公平的弊病外,再加上"转轨"时期出现的弊端,使"公平"问题或"不公平"问题显得格外突出。这就要求我们除了加速推进以"政企分开、政经分开、政事分开"为主要内容的政府体制改革外,还要比改革初期更加重视"公平"问题。

但是,面对主要由权钱交易导致的诸多不公平及贫富差距扩大问题,有些同志错误地把这些弊端都归咎于改革。虽然这些弊病出现在改革过程之中,但它们是由于改革尚未到位、法制建设滞后造成的。事实上,绝大多数群众对权钱交易的弊端虽深恶痛绝,但不反对改革,即使属于弱势群体的农民工和下岗职工也都不愿意回到凭"粮票"、"布票"等票证过日子的计划经济时代去。近期中央党校在安徽向基层群众作调查,他们表示并不是反对人们致富,而是反对非法致富、特权致富、垄断致富。其实,这里所说的垄断致富,还是指某些人依恃国家垄断权力来谋取私利,搞设租寻租。然而,所有这些弊端都属于改革不到位、不配套的问题,只能用改革和发展的办法来解决。正因如此,"十一五"规划不仅要着力推进以"政企分开、政经分开、政事分开"为主要内容的行政管理体制改革,而且把它置于深化改革的首位。同时,"十一五"规划要求推进公共服务型政府与和谐社会的建设,加大政府在教育、医疗、社会保障和社会救助等方面的投入,特别是要大力推进社会主义新农村建设,把更加重视公平问题的政治意愿落到实处。

必须强调的是,即使在目前要更加注重公平的时候,也不应忘掉"效率优先"。理由有三:(1)效率——竞争力,是企业和市场经济赖以生存和繁荣的生命线。就市场经济来讲,效率优先是无情的竞争规律所要求的,不取决于人们的主观意志。无论什么时候,市场经济(无论是资本主义市场经济还是社会主义市场经济)的竞争规律,都会以荣衰存亡驱使人们不得不把效率置于优先地位。(2)市场经济所固有的缺陷之一,即竞争必然导致收入差距扩大,而为了缩小这种差距,以增进社会公平和促进社会和谐,正确的做法不是不要"效率优先",而是靠提高效率把"蛋糕"做大,通过政府调节让弱势群体所得部分的增长速度高于平均增长速度,使差距在发展中趋于缩小。(3)对于社会主义市场经济来讲,"效率优先"不仅只是市场或企业的事,也应是政府关于经济发展、经济改革有关政策的一个指导性思想,"转轨"时期尤其如此。我国经济发展与改革都离不开政府主导,在当今"转轨"过程中,政府仍一身兼有"政治实体"和"经济实体"的双重身份,①②"政"、"企"还处在难分难解的胶着状态,国有企业吃国家财政和国家信贷"大锅饭"的恶习或惰性尚未完全克服,特别是一些大型垄断企业,恃巨额垄断利润骄人傲世,却疏于革新和创新,亟需政府以"效率优先"的创新理念和创新机制来激励、鞭策。目前不少经济工作者对"效率优先"仍认识不足,表现在各地方政府仍不惜成本地追求经济增长速度。据统计部门反映,各地就"十一五"时期所规划的 GDP 增长速度均大大高于中央的预期。这表明在不少同志思想中"效率优先"意识淡薄,重申"效率优先"很有必要。总之,竞争需要效率,"增进公平"也需要效率,"效率优先"应成为经济工作的一项有指导意义的原则。这也可以说是社会主义市场经济有别于资本主义市场经济的一大特点。

三、倡议采用"效率优先、增进公平"的提法

在此还需强调一下,党的十四大提出"效率优先,兼顾公平",对建立社会主义市场经济框架起了重大的历史性指导作用,这是不容置疑的。根据十多年来我国的实践经验来看,这个方针性提法也有不足之处,即它虽考虑到导致贫富不均是市场经济的一个重大弊端,但仅提"兼顾公平"尚显不足,不仅不够积极,而且把"效率"和"公平"看成两码事,看不出其间正面的因果联系,即提高效率是促进公平的前提与基础。因此,人们面对近些年贫富差距扩大的现实,往往易对"效率优先"产生质疑。加以近几年中央虽坚持社会主义市场经济的改革取向,文件中未提"效率优先"这一市场机制的基本要求与原则,为了强调对公平问题的重视还加了"更加"二字,于是一些人有意或无意地作了错误的解读。我认为,我们不仅应继续倡导"效率优先",而且应正面面对效率和公平关系。为此,我倡议采取"效率优先,增进公平"的提法,既宣示社会主义市场经济为改革的取向,又鲜明地以因果关系把"效率优先"和"增进公平"二者联系在一起,不仅看到市场经济的缺陷,承认经济发展中会有差距,而且表明要靠提高效率来"增进公平",缩小差距。没有"效率优先",不用市场竞争机制来发展经济,不把"蛋糕"做大,则"增进公平"就成为"无源之水";而"增进公平",应是"效率优先"的目标和归宿,体现了"以人为本"、促

---

① 黄范章:《双重身份和双重职能是政府体制改革的重点》,《中国评论》2005 年第 10 期。
② 黄范章:《双重身份和双重职能是政府体制改革的重点》,《学习时报》2005 年 9 月 19日。

进社会和谐的社会主义理念与原则。故我认为，"效率优先、增进公平"的提法更为合适。

本文最早送《中国经济时报》，该报很快于2006年5月16日发表，但为了更突出"效率优先"问题而把我倡议"增进公平"的论点暂时搁下了。《中国改革报》于2006年6月15日将我关于倡议"效率优先，增进公平"的论述发表了。三天后即2006年6月19日中央党校主办的《学习时报》发表了以楼继伟、虞云耀同志为主的课题组《关于效率与公平的研究报告》，肯定过去文件中关于"效率优先，兼顾公平"的指导性方针起过重大历史作用，同时也认为有不足之处，倡议改用"效率优先，重视公平"的提法。

我同意楼继伟等同志倡议的"效率优先，重视公平"这一提法的基本精神。即使当今强调"公平"问题之时，即使近几年中央文件未提"效率优先"一词，也决非放弃"效率优先"原则。在"转轨"时期坚持"效率优先"，就是坚持社会主义市场经济改革的大方向。楼继伟等同志也可能理解近几年中央文件提的"更加重视公平"是对"公平"问题的高度重视，"更加"两字并不是针对"效率优先"的，于是倡议"效率优先，重视公平"，这是合情合理的。

但我认为还是提"效率优先，增进公平"更为合适。因为"效率优先，重视公平"不仅未能显示"效率"与"公平"二者的正相关关系，而且仅提"重视公平"不够积极，难以操作。我倡议"效率优先，增进公平"，即表明"效率优先"是发展经济、增进公平、实现和谐社会的前提，而"增进公平"以实现和谐社会则是"效率优先"的目标与归宿，是政府为弥补市场经济固有缺陷而努力（通过再分配完善社会保障制度）的方向，是政府义不容辞的责任及义务。

（作者单位：国家发展和改革委员会宏观经济研究院。原载于《中国流通经济》2006年第11期，被中国人民大学《复印报刊资料》之《社会主义经济理论与实践》2007年第2期全文转载）

把非公有制经济放在新时期所有制结构中来考察

晓　亮

我觉得对于私营经济、民营经济的研究,只有把它放在宏观经济背景下,放在新时期所有制结构中来,有些理论问题才好展得开,说得清,于是想了这样一个题目、十二个问题。

一、非公有制经济是中国所有制结构中的一朵鲜花

非公有制经济,即私有制经济;所有制结构就是马克思、列宁所说的经济结构。改革开放以来,随着我国经济的持续发展与所有制改革的推进和深化,我国的所有制结构已经发生了巨大的、深刻的变化。如果说改革开放以前我国的所有制结构是单一的公有制结构的话,那么现在我国的所有制结构已经变成五彩缤纷的混合经济结构,"八宝粥"式的结构。

单一式结构是指 20 世纪 50 年代对私有制改造以后的公有制一统天下,整个社会不是国有制就是集体所有制。集体所有制是"二国营",其他非公有制经济都在消灭之列。不断的政治运动,不断的斗私批修,归结到一点,就是消灭私有制,甚至要狠斗"私"字一闪念。

"八宝粥"式结构是指我国现今的所有制结构:公有制为主体,多种所有制共同发展。即十五大报告所说的初级阶段的基本经济制度。多种所有制是指多种的所有制的具体形式,包括多种所有制的实现形式。这是两个层次的概念。个体、私营经济只是这种所有制结构中的一个重要组成部分,一朵鲜花。这种所有制结构更能促进生产力的发展。

二、公有私有都是多种多样的

公有、私有都是一个系列,这是马克思的论述。即不是公有,就是私有;不是公有制,就是私有制。因此,认为公有制只有国家所有制和集体所有制两种形式,认为私有制只有个体和私营企业,这太简单化了。我们不仅要把公有制本身与公有制的实现形式区别开来,更要看到不论是公有制还是私有制,都可

以有多种多样的具体形式。不仅历史上是这样,现实中也是这样。

按照马克思的观点,即使在资本主义制度下,私有制至少有三种形式:个体户、资本主义私有制,这是私有制的两极,中间层为小业主经济。可惜我国在 20 世纪 50 年代进行社会主义改造时,把雇工不多的小业主经济与资本主义工商业放在一起,都当作资本主义所有制对待,造成打击面过宽的错误,直到十一届三中全会以后才给其"摘帽"平反。现实中我们仍沿用这种提法。不是个体,就是私营企业。其实,小业主经济,就是小打小闹的家族制企业,在我国私营企业中占绝大多数。真正搞大的才好叫私营企业。

至于公有制经济,也不是只有社会主义国家才有,资本主义国家也有。历史上奴隶社会、封建社会都存在过。像修建万里长城,"普天之下,莫非王土",难道不也是一种公有制吗?现实中的公有制更多了。

三、混合所有制是新提出的一个概念

混合经济、"八宝粥"式的经济,是董辅礽同志提出的一个概念,混合所有制是于光远同志和我提出的一个概念。二者有联系,但不是一回事。混合经济指的是宏观经济结构,即社会上的所有制结构;混合所有制指的是微观,即企业的产权结构。我国现今所有制形式的一大特点,是在基本的所有制之外出现了一个混合所有制的类型。

在混合所有制类型中,除了联营、联合企业,中外合作、合资企业以外,主要为股份制和股份合作制。它们都是由基本的所有制共同融资、结合而成的。股份制是混合所有制的典型形态,二者也不应等同起来。

据《报刊文摘》2003 年 11 月 28 日报道,我国混合所有制已占 40% 左右,再过 5—10 年,这个比例将达到 80%。据全国工商联对 2000 年全国私营企业的调查,25.7% 的私营企业是由原来的国有企业和集体企业改造而来的,分别有 8% 和 13.9% 的私营企业已经和准备兼并、收购国有企业,我怀疑工商联使用的混合制概念有误。哪有这么大的比重?但通过改革,混合所有制将成为我国所有制的主体,这种推断无疑是正确的。

四、我们要用生产力标准来看待私营经济的发展

个体、私营经济在现今我国的所有制结构中,是不可缺少的重要组成部分。它们都是基本的所有制类型,又是原始的所有制形式。个体经济早在封建社会就大量存在。有雇佣劳动关系的经济也出现得较早。这两种所有制之

所以能够促进生产力的发展,是因为它们同自然人的利益紧密结合,产权落实到自然人,动力机制、自我约束机制特别强,又能发展成为企业法人财产。它们甚至是谋生的唯一出路。包括家族企业,它存在的时间也很久。尽管这两种所有制的具体形式带有古老的性质,但它们在现今仍充满活力。根据资料,它们还是我国经济新的增长点,是发展地方经济,改变地方面貌,实现藏富于民的最有效选择。在我国的具体情况下,只要党的政策不改变,只要认真落实十六届三中全会《关于完善社会主义市场经济若干问题的决定》精神,个体、私营经济还将获得飞速发展。

现实中的私营经济,有人说它有原罪,有人说它有剥削,还有人说它有原始积累,这些我觉得都可以承认,因为它本质上是存在雇佣劳动关系的经济,有劳资矛盾。20世纪70年代末,沿海地区出现的私营企业,有一些就是依靠走私完成原始积累的。2002年8月7日《浙江工人日报》调查显示,现实中大量的国有小企业转制为"私人持大股",很多经营者都是一夜就成了百万富翁,能说这里没有问题吗?但我反对说这是普遍现象,因为据我调查,绝大多数是合法经营,老老实实地进行资本积累的。要说缺点,公有制就没有缺点吗?问题在于哪种形式更能促进生产力的发展,我们应当用邓小平同志提出的"三个有利于"标准来看待这个问题。

五、股份制本身是中性的,既可以成为公有制的实现形式,也可以成为私有制的实现形式

《关于完善社会主义市场经济若干问题的决定》提出,要使股份制成为公有制的主要实现形式,这是把公有制与公有制的实现形式区别开来的一个科学提法。因为股份制是一个中性的概念,承包、租赁、委托经营等也是中性概念,资本主义可以使用,社会主义也可以使用。现在有些人把"股份制成为公有制的主要实现形式"理解为今后我国的股份制都成为公有制的实现形式了。这不对,是一种误解。请大家注意这句话是在讲国有经济改革时说的。今后,可能我国多数股份制企业是公有制的主要实现形式,因为我国现实中公有资产的比重很大,并且多数要改革成为股份制。但是,股份制也可以成为私有制的主要实现形式。股份制本来就是在私有制经济发展的基础上出现的。私营经济发展的正道就是股份制。现今我国的《私营企业暂行条例》把有限责任公司定义为私营企业的三种具体形式之一(其他两种是独资企业和合伙企业),而且这些年来私营企业中有限责任公司所占的比重越来越大,同样证明了这一点。且不说现实中有不少私营企业已经在海内外上市了。

股份制的特点是：以法人财产为基础，有限责任为特征，公司法人治理结构为核心，它克服了个人业主制企业和合伙制企业筹资能力有限，负无限责任，对外封闭，稳定性差的缺陷，实现了财产主体多元化，财产开放化、流动化和财产占有社会化，所以它适应了现代市场经济发展的内在要求，发展前景十分广阔。我认为股份制和混合所有制都是马克思所说的社会所有制。但社会所有太泛了。如果一定要问姓"公"姓"私"、姓"社"姓"资"的话，我的回答是：公有股占主体地位就是公有制的实现形式，私人股占主体地位就是私有制的实现形式。

六、现今公有制的具体形式究竟有多少

最近，厉以宁同志发表了一篇《论新公有制企业》的文章。他在文章中说，政企合一的国家所有制和计划经济下的集体所有制，包括人民公社、供销社、信用社以及所谓的大集体等，都是传统的公有制的主要形式。而从计划经济转入市场经济体制后，随着集体财产的股份化、证券化，这才有了真正的集体所有制，但人们已不把它称作集体所有制，而称之为公众持股的股份制或股份合作制、合作制。他所说的新的公有制企业指国家所有制企业、混合所有制企业、公众持股的公众所有制企业以及公益性基金所有制企业。这些我基本上是同意的。我要补充的是，现实中的公有制形式，除了国有制、集体所有制、基金会所有制以外，还有合作制、社团所有制和社区所有制以及校办企业、劳动服务企业等。它们之间的区别，主要在于举办者、投资者的不同以及生产型与服务型、营利性与非营利性的不同。它们都属于公有制。这说明公有制的具体形式确实是多种多样的。但过去我们没有这些概念，在企业登记时，一律把它们登记为集体所有制，从而把集体所有制变成一个筐，什么都往里边装，模糊了它们的不同情况，今后应当改正过来。

七、集体经济的改革严重滞后，还不能说它是民营经济

集体所有制只是一个产权主体不清晰的概念。《宪法》定义它是劳动群众集体所有制，并且说一切合作经济都是劳动群众集体所有制经济。这种说法，符合改革前的情况，但并不符合改革后的情况。集体所有，究竟是哪部分人所有呢？是企业还是联社？山东诸城说它是全县人民集体所有。而在当初改造过程中毛泽东说它是名义上的集体所有，事实上的全民所有。而我们一

些学者则说它是部门所有,二全民。总之,它的产权是不落实到人的,是政企不分的。而真正的合作制的产权是落实到人的。所以我主张把集体经济与合作经济区分开来。

据新华社报道,不久前在郑州召开的中国民营经济发展形势分析会上,全国工商联明确地把集体经济作为民营经济的重要组成部分,我有不同意见。改革二十多年了,集体经济仍然政企不分,产权不清,仍然跟着国有经济跑,企业的上面仍有一个政府主管部门,仍然采用国有经济的管理模式,能说它们是民营吗? 它们自己都反对说自己是民营。只有按照十六届三中全会《决定》精神,深化集体经济改革以后,再说它们是民营都不迟。人们对集体经济的认识很不一致,这必须有一个解放思想的过程,提高认识的过程。

八、要敢于承认民营是一个模糊概念

民营或民营经济是一个好概念,又是一个模糊概念。说它好,是因为它突出了民;说它模糊,是因为它不是一个所有制概念。但界定清楚,不就不模糊了吗。因此,当四五年前国家工商局公开不让使用民营经济概念时,我写文章批评了他们,指出这是一个世界上通用的概念,我国历史上也有这个概念。1942 年毛主席在《抗日时期的经济问题和财政问题》中就使用了这个概念,与我们现在使用的这个概念完全一致,国家工商局有什么权力不让人家使用呢? 但是,到现在,当大家都使用这个概念,连国家领导人也说民营,社会上、报刊上普遍使用民营的概念时,我又得补充一句:民营经济的概念确实模糊。国家工商局的本意是企业登记时不要用民营,该用啥就用啥,这完全正确。

那么,怎样界定民营经济概念呢? 按照我的界定,民营是一个非国有国营的概念,即凡是非国有国营的都可以称为民营。民营不等于私营。在我国现实条件下,民营经济包括:个体工商户、私营企业、民营科技企业、外资经济、乡镇企业、合作制或股份合作制企业、股份制中国家不控股的企业以及国有民营企业等。由于它不是一个所有制概念,它包括了多种所有制形式,因此它是交叉的,不能相加的。企业登记时确实不能使用民营。但作为日常用语,它再好不过了。许多私营企业就是愿意使用民营的概念,以表示自己不是官办的。

九、发展民营经济、私营经济,重在落实政策

现在,《关于完善社会主义市场经济体制若干问题的决定》对于民营、私营经济的发展,确实给予了更多的关注,专门讲了一大段,表明党和国家领导

层的认识又有所提高,并且有所突破,政策也更加放宽了。一是在讲大力发展混合所有制,使股份制成为公有制的主要实现形式时,第一次讲了要有非公有资本等参股,其目的是实现投资主体多元化。非公有资本包括民间投资和外资。二是明确提出非公有制经济是促进我国社会生产力发展的重要力量。三是第一次提出清理和修订限制非公有制经济发展的法律和政策,消除体制性障碍。这个任务很重要,据说很多地方已经开始在调研和清理了。四是第一次讲放宽市场准入,允许非公有资本进入法律法规未禁入的基础设施、公用事业及其他行业和领域。这一点也很重要,意思就是国家要开始打破垄断了。五是非公有制企业在融资、税收、土地使用和对外贸易等方面与其他企业享受同等待遇。此外还提出要保护私有财产权。这五点或六点,我觉得都是有针对性的、有新意的。

发展民营经济、私营经济,关键的一点就是要创造一个宽松的、良好的环境。包括软环境,也包括硬环境。环境好,民营经济就能快速发展;环境差,就很难快速发展。这是多年来民营经济发展的基本经验。广东、浙江、山东、江苏等省这些年来民营经济发展迅猛,对地方经济发展的贡献不断提升,就是因为这些地方不断地放宽政策,不断地采取支持的措施,不断地破除思想障碍。相反,有些地方,例如陕西、河北、湖北等省,则因为落实政策不到位,发展的后劲较差。这些年来出现的陕北油田事件,民营开发的资本被强制收回,河北徐水孙大午集资被判刑以及武汉民间房地产商何功健筹集的资本被房地产局借口集体而强行改制等,证明了这些地方发展民营经济、私营经济的环境不宽松,证明了地区之间的思想、政策、态度确实有差距。

十、建议把"国有制为主导,多种所有制经济共同发展"作为我们国家在整个社会主义时期的基本经济制度

这个问题,我是考虑了好久才提出来的,意思是想让大家赞同。现在提改变基本经济制度的提法,也是建议在起草文件时,修改《宪法》时,用"社会主义国有制为主导,多种所有制经济共同发展"的基本经济制度的提法,代替以往的"公有制为主体,多种所有制经济共同发展"的提法,这不一定马上就能实现,但理论要走在实践的前面,必须先讲。我的理由有以下六点:

(1)国有制或国家所有制是一个标准的、规范的用语,不存在任何的误解。相反,公有制的说法,尽管不存在不规范的问题,马克思就是用非公即私来划分所有制的,但他把公有、私有都当作一个系列,而人们对有些公有制却有不同的认识。例如,我国现实中的集体所有制,《宪法》上定义为合作制,国际社会根本不承认它是合作制,毛泽东则认为它是形式上的集体所有,实际上的国有制。

(2)主导本质上是一个质量概念,要发挥引导、带动、指引的作用,而主体本质上是一个数量概念。改革开放前我们强调国家所有制的领导作用,现在提出抓大放小,发挥它在国民经济中的骨干作用、支撑作用,其实都是主导的意思。发挥国有制的主导作用,我认为更明确。而公有制为主体,如果搞不好,即使数量很多,也没有多大意义。

(3)公有制为主体的提法,根源在于公有制是社会主义的,其他私有制是资本主义的这个传统的认识。可是改革开放以来,我们实际上已推翻了"公有制、按劳分配、计划经济是社会主义经济基本特征"的观念,现在也没有必要再坚持公有制为主体的提法了。

(4)社会主义国有制为主导的提法,更带有根本的、永久性的意义。它不仅适用于社会主义初级阶段,即使社会主义初级阶段结束以后也是适用的。而公有制为主体的提法,很大程度上带有人为规定的意思,从长远的、改革的观点来看,很难不被突破。我们国家的所有制结构特别是各个地方的所有制结构,最好由改革的实践来自然地形成,不要人为地规定。人为地规定什么为主,什么为辅,什么为补充,从来都是不算数的。

(5)改革开放以来,在一些地方、一些部门,由于非公有制经济主要是个体经济、私营企业以及外资经济(特别是外商独资企业)的大发展,它们早已不是公有制为主体了。例如浙江省,到 2002 年,其非公有制经济的增加值为4065 亿元,占 GDP 的 53%。如果用非国有经济的概念,民营经济的比重更要大得多。2002 年民营经济缴纳的税金,已占到全部税收的 60.6%,成为国家税收的重要来源。而浙江经济的发展,这些年来是最快的,它已经由全国排行第 14 位提升到第 4 位,成为我国最强的省之一。深圳私营经济的发展,近十年来也最快。在一些部门、一些县市,私营经济所上缴的税收,在国民经济中的比重,已经达到百分之七八十以上了。在这种情况下,我觉得借修改《宪法》之机,或在以后的文件中,逐步地把"公有制为主体"换成"国有制为主导"岂不是更好!

(6)我们在采用国有制为主导的提法时,第一句话一定要加上"社会主义"的字样,以表明我们的国有制与资本主义国家的国有制还是有所区别的。我们的国有制的实现形式,与资本主义条件下国有制的实现形式,也不完全一样。

十一、私营企业主的劳动是复杂劳动

这个问题,是我在几年前,针对有些地方不允许评选私营企业主当劳动模范和五一奖章获得者而提出来的。

马克思在定义资本主义经济时,是把资本家假定为已脱离劳动的单纯的资本所有者来看待的,而现实中的资本所有者,据我所知,都没有脱离生产过程。他们既是资本的所有者,又是复杂劳动者,他们创造的价值更多、更大,理应得到更多的报酬,获得更多的收入。他们对国家、对社会是有贡献的,为什么不可以评为劳模呢?

那么,私营企业主有哪些复杂劳动呢?我把它界定为四种:一是创业劳动。创业是很复杂的劳动,不是谁都能承担的,并且有风险,包括要进行市场调查,确定和选择项目,寻找伙伴和合作者,疏通各方面关系,组织和购买各种生产要素,都要精力投入。创业要不断地进行,二次、三次、四次创业,才能把企业做大做强。二是管理劳动。即马克思所说的指挥劳动,是生产劳动。在任何共同劳动、有多数人在一起工作的地方,必须有人管理和指挥,就像一个乐队要有指挥一样。管理是一门科学,同样不是谁都可以从事的。三是经营劳动。即理财、资本运作,筹划谋略等。经营和管理不是一个概念。在市场经济条件下,经营主要是按市场经济的规律办事,把握市场的信息,把握市场的变化,把握机遇,灵活经营。只有这样,才能生财有道,办好企业。四是科学技术劳动。即企业家要懂技术,会用人才,在技术上要有创新,在产品的生产上要创品牌,注重质量,才有竞争力,才能占领市场。据我所知,我们不少企业家是懂技术的。由于他们的努力,使企业成为技术进步的主力军。

十二、发展民营经济,是实现藏富于民的重要手段

这是一个实证性的结论,是根据实践经验才形成的看法。

按照以往的理论和传统的观点,私营经济的发展,只能是财富愈来愈集聚和集中,造成两极分化,使富人愈富,穷人愈穷。我以前也持这种看法,因为以往的《政治经济学》正是这样教导我们的。所以我在开始研究私营经济时,并没有敢讲这样的话,而是观察了近十年之后,才形成这样的看法,即发展个体、私营经济、乡镇企业,是实现藏富于民的有效选择。不仅可以使国家获得税收,而且可以使老百姓富起来。

大约在 20 世纪 80 年代中后期,我开始到浙江温州、苏南、广东沿海地区、山东的胶东半岛去参观访问,看到的是人们都在忙忙碌碌,但是并不富裕。尤其是温州市,街道很窄,破破烂烂,连汽车都走不开。然而到了 90 年代初再去,面貌很快就改观了。差不多家家都住上了小洋楼,包括它附近的一些县,交通工具不是汽车就是摩托车,一派繁华景象。城市一下子现代化了。连温州的机场、高速公路,都是民间投资修建的。城乡居民的生活明显地大有改善。直到这时,我才敢讲发展民营经济与"藏富于民"、走共同富裕道路的内在联系。

这个内在的联系,就是凡是民营经济大发展的地方,差不多凡有一点能力的人,都成了投资者、企业家、大大小小的老板。例如温州在 20 世纪末,有七八万户企业,而股份合作制企业就有四五万,它们的投资者起码在十万人以上。还有相当多的个体户、私营企业、外出经商者。而投资者的收入,除了工资报酬、利润利息以外,还有各种各样的生产要素投入的报酬。即使是打工仔,也因为有了就业岗位,比在农村从事农业劳动的收入要高得多。最近我看了一个资料,四川省外出的打工者,一年寄回老家的人民币相当于四川省的财政收入。安徽省外出的打工者,包括到城市当保姆的,干上几年,学到了本领,回去都开商店、办企业了。总之一句话,民营经济的创收,除了向国家交纳的税金以外,全部为老百姓所有了。

这岂不是先富帮后富,先富者带动大家一起富吗!

(作者单位:中国社会科学院。原载于《中国流通经济》2004 年第 10 期)

当前企业改革与发展中若干重大理论和政策问题

范恒山

党的十六届三中全会通过了《关于完善社会主义市场经济体制若干问题的决定》。《决定》充满了理论和政策创新,在国内外评价都非常高,很多专家认为《决定》将为未来的中国经济体制和社会发展的格局产生重大的影响,而其中的创新突出表现在企业改革和企业发展方面。最近召开的中央经济工作会议着重落实三中全会的精神,就中央所提出的一系列方针政策及 2004 年发展目标,提出了一些新的政策举措,其中很大一块也是关于企业的。我想结合这两个会议精神就企业发展和改革中涉及的下列问题谈一些体会。

一、关于要使股份制成为公有制的主要实现形式

《决定》的创新可以说比比皆是。《决定》刚刚发表的时候,有些经济学家在报纸上发表文章概括出《决定》中有多少个创新,多少个第一次,我觉得讲得很有道理。《决定》中最重要的创新有两个,第一个就是要适应经济市场化不断发展的趋势,进一步增强公有制经济的活力,大力发展国有资本、集体资本和非公有资本参股的混合所有制经济,实现投资主体多元化,使股份制成为公有制的主要实现形式,这就与我们下一步的企业改革密切相关或者说它就是企业改革的内容。

怎么理解这个重大的理论和政策创新?我想应该把握这么几点:

1. 这是一个重大的突破,肯定了股份制在社会主义市场经济中的重要地位,为我们长期以来关于股份制好坏优劣的争论,作了一个结论,画上一个句号。关于股份制的认识,从国内来说,20 世纪 80 年代初就有很多学者发表文章谈了股份制的好处,希望我们能实行股份制,但是,一直没有定论。尽管 80 年代中期,国家有关部门曾推行股份制,在常州等一些地方进行了试点,但是最后在很长一段时间内都没有定论。那时,争论比较多的就是股份制究竟是资本主义的,还是社会主义的,它姓什么。很多人认为股份制产生于资本主义社会,是姓"资"的,所以不能用;也有人强调股份制是市场经济产生的一种好

的资本组织形式,资本主义可以用,社会主义也可以用。这个争论一直持续到党的十四届全国代表大会召开,在十四届三中全会上通过了《关于建立社会主义市场经济体制若干问题的决定》,这个《决定》把股份制看作是国有企业改革的方向,这个时候,关于姓"资"还是姓"社"、姓"公"还是姓"私"的争论画上了一个句号。但是,实际的思想问题并没有解决,由于不好再从"公"和"私"的角度谈论股份制问题,因而就转向谈股份制的"好"与"坏"的问题了。搞股份制是不是能够一股就灵,有没有效? 当时有人认为,搞股份制不是一股就灵,并不能解决所有的问题。但是落实到今天,我们党对股份制有了进一步深刻的认识,所以,这一次提出了这个重要的既是理论突破又是政策创新的见解。使股份制成为公有制的主要实现形式,充分肯定了股份制在社会主义市场经济条件下的重要地位。

2. 这一论断的提出,不仅肯定了股份制,而且解决了长期以来困扰我们的一个重大问题,即在我们刚确定市场经济目标的时候就提出来的"怎么样把社会主义的公有制同市场经济有机结合起来"的问题。因为在中国发展市场经济以前的国际经济发展史中,有的都是在私有制基础上发展市场经济的例子,再加上我们国有制本身有许多毛病,产权关系、责任主体等各个方面都有一些缺陷,所以对于公有制能不能同市场经济融合起来,大家是持怀疑态度的。比如,市场经济要求企业的自主性,要求市场充分的竞争性,而在国有企业的体制下,政企不分,企业没有自主性,更不可能有市场的竞争性,因此,在这种情况下对其能不能同市场经济融合起来是持怀疑态度的。我一直工作在改革战线,长期研究这些重大理论和政策问题。初开始,对这一问题,我们也是没有多大把握的。但是今天,通过实践,我们找到了公有制同市场经济有机结合的一种新的实现形式,这就是股份制。所以肯定股份制的意义,不仅仅在于我们今天确立了股份制在市场经济中的地位,更重要的是,我们找到了把公有制同市场经济结合起来的道路。

3. 这个论断的提出对于我们的实践、改革与发展提出了操作思路。

首先,它很明确地表现了今后我们搞改制"能搞股份制的,都搞股份制"的政策取向,不仅包括国有企业,也包括非国有企业。过去,我们总说把国有企业做强做大,但在十六届三中全会的《决定》中首次提出要把私有企业做强做大,这是从来没有过的,可见,中央的这个转变是非常大的。

其次,我们搞的股份制不是一般的股份制,而是多种性质资本混合持有的股份制,不是搞国有企业一股独大,更不是搞国有企业独资,而是要大力推进国有资本、集体资本和非公有资本相互融合、相互持股的股份制。这就意味着,在下一步改制的时候特别是国有企业改制的时候,要大量地引进民营资本或者非公有资本和外资来参与其中,这样的股份制才是我们要求的股份制,而不是搞假的股份制。现在我们有些股份制企业虽然搞了股份制,但最后没有那种效率,也没有那种活力,因而反过来批评股份制不行。不是股份制不行,是你搞的不规范。怎么规范?其中一个重要的因素就是产权结构变化,这是最基本的东西。这样的股份制实际上就是混合所有制经济,所以就我们当前的改革来说,发展股份制就是发展混合所有制经济。

再次,股权结构要合理。即使是国家、集体和私有资本参股的股份制,也不是笼统地参股,它还有具体的规定,就是股权结构必须是合理的,有利于提高效率、有利于提高企业竞争力的。所以,关于股权结构在改制的过程中有几点要非常注意,这就是我们在推进过程中,怎么把握这个政策取向。第一,能不搞独资的尽量不搞独资。除了特别重要的领域或关键行业国有资本要相当集中以外,其他企业、其他领域都要在市场竞争中优胜劣汰。特别是,是不是控股要视情况而定,要尽量搞相对控股,需要由国有资本控股的企业应该区别不同情况实行绝对控股和相对控股,不是都搞国有控股,更要少搞独资。第二,能不搞绝对控股的尽量不要搞绝对控股。第三,要尝试除绝对控股之外的多种控股形式。除了大家都很熟悉的相对控股,另外还有两种控股形式。一是所谓金股权控制。这种控股形式目前在政府和学术界还谈得不多,只是在少量的政策建议上有这种提法,实际中开展的也不多,我现在也还不清楚国内是否有金股权控制这种控股形式。这种控股形式最早发生在英国,英国在私有化的过程中,原来有些由国家资本控股的企业,一方面处在非常重要的领域,需要国家有所控制;另一方面又要私有化,因此,为了体现国家控制,就尝试了一种新的形式,在企业的股权中,将大量的股权让渡出去,只留下1%的股权或者相对比较少的股权,但是这个股权有法律或者企业规章规定,它有特殊的权力。简单地说,它类似于联合国安理会的机制。平时,企业完全按照董事会的规则运作,基本上是民营的机制,但是最后时刻如果涉及国家利益,涉及特别重要的决策的时候,这一股就相当于联合国安理会常任理事国的投票权,这就可以保证在关键的时候由国家来把握航向。国家通过金股权可以达到三个目的:(1)四两拨千斤,以少量的股权实现国家控制;(2)不出力还讨好,借鸡生蛋,企业按私有机制运作,企业发展好了,国家该分红就分红,该拿利就拿利,最后还可以在关键时候拥有控制权;(3)船小好调头,哪一天国家不想控制企业了,比如企业经营不善,国家只拥有一股,很容易撤出。金股权在英国作为一种创新形式出现后,现在运用最好的是俄罗斯,俄罗斯在私有化的过程中特别采用了金股权,取得了显著的效果。二是优先权益控制。所谓优先权益不一定是股权,但是在企业的拍卖和转让过程中,如果企业的未来潜力很大,对购买者具有很强的吸引力时,国家在转移企业时,可以提优先权益。也就是说,企业可以交给私有企业来发展,但是必须保障国家的利益要求,这也是一种很有效的办法。所以,我们尝试多种形式的控股,有很多好的形式,但有些形式并没有引起我们的重视,有些形式甚至我们并不知道,这些形式真的能够运用的话,是会得到很大的效益的。

二、关于管理层持股

这也是我们面临的一个热点问题,国资委刚刚发布了《关于规范国有企业改制工作的意见》。有人把这个文件看作是利好,有人把这个文件看作是利空,我是非常赞成这个文件的。这个文件中有一段专门讲 MBO 管理层持股,它重点讲的是企业内部的管理者购买企业股权的问题。我想 MBO 所涉及的不仅仅是企业内部的管理者问题,它涉及的实际上是在整个企业改制的过程中,怎么按照市场化来运作的问题。

1. 管理层持股为何被叫停

管理层持股在前一段时间,搞得热火朝天,但是后来被叫停了,为什么叫停? 其中一个很重要的原因就是我们搞不清楚什么是规范的 MBO,结果在改制过程中导致大量国有资产的流失。国有资产流失很严重,流失的渠道也很多,但是我只讲在管理层持股中造成国有资产流失的一个很简单的办法。为什么 MBO 要叫停? 不是 MBO 本身有什么问题,管理层持股是多年来市场经济摸索的经验,本身并没有问题,关键在于怎么操作。举一个例子,首先,企业自己决定要卖企业,而且提出要管理层持股,接着找一家会计师事务所,这家会计师事务所表面上是公正的,实际上是与企业勾结的。假如这个企业资产价值一个亿的话,通过提出诸如外面有债务或在地方有货账不实等理由,经过会计师事务所评估之后,企业的价值就变成了 5000 万。第二步,企业管理层提出,在企业发展中管理层是作出了很大贡献的,在购买企业的过程中是不是应给予一定的优惠或折扣? 有些地方政府觉得,企业不卖出去,机制不好也是流失,而且为了鼓励管理层购买企业,给一些优惠也是应该的,结果没有把好关。在第二个阶段,5000 万这么一折扣、一优惠就只剩 2000 万。最后企业管理层说,还是买不起,怎么办? 又提出两个办法,一个就是企业搞好了以后慢慢还,另一个就是拿着企业到银行去抵押贷款,用贷到的款再买企业。这样一个亿的企业通过三个阶段就一分钱不花变成了少数人所有。为什么说一分钱不花呢? 因为,在从银行贷到款后,先利用别的关系新注册一个公司,把企业的资产逐步转移到新注册的公司中去,等到企业实际变成了一个空壳之后,再努力使企业破产。一旦进入法定清偿程序,银行的债务就付之东流了。MBO就是在这样的情况下被叫停的。

2. 关于管理层持股的三点说明

我们要推动国有经济的战略重组,要加快改制,但是我们也绝不允许利用各种非法的途径把我国人民共同创造的财富,那么轻巧地流到个人腰包里去,最后又流到国外,所以 MBO 一定要规范。关于 MBO,有三点需要说明:第一,MBO 管理层持股是否意味着企业的管理者一定要持股? 不对,管理层持股包括对外公开招聘管理者,所以 MBO 管理层持股不是一定要本企业的管理层持股,管理者的身份要通过社会来公证。只有一个例外,就是当外面招聘的管理者与企业内部管理者条件差不多的时候,可以考虑让企业内部的管理者优先购买。第二,在管理层持股时,是不是必然有优惠、有折扣? 原则上没有。只有在一种情况下有,即有明确的证据确认管理者对企业的发展提供了有形资产或无形资产的支持。第三,是否可以持大股? 一般地说,不禁止持大股。但是从技术上说,不宜持股过大。一股独大从市场经济运作的角度来说,不利于企业的科学决策,不利于企业效率的提高,也就不利于企业的发展。管理层持股的核心是公开、有偿、有序。

三、关于加快国有经济的战略调整

《决定》和中央经济工作会议都提出要加快国有经济的战略调整。《决定》中提出要加快调整国有经济的布局和结构,在中央经济工作会议上,胡锦涛总书记和温家宝总理也都讲到加快国有经济布局的战略调整。

1. 为什么要加快国有经济的战略调整

我们的微观基础决定着许多方面的改革。比如说政府职能的转变:第一个转变是政府要从无所不为的政府变成为所必为的政府,政府要缩小范围,把职能转到它应该发挥作用的事情上去;第二个转变是从管理的政府变成主要提供服务的政府,要从服务的角度去做政府应该做的事,如果角色不转变,政府有些部门就会始终把企业当作自己的对立面,去管理、压制企业;第三个转变是从主要为国有经济服务的政府转变成为整个国民经济、为今天所有有必要存在的经济成分服务的政府。要使政府发生这些转变就需要有一个改革，那就是为官基础要改革。为官基础的改革始终决定着政府转变职能的进展和质量。我们的国有经济很庞大，而产权机制不合理。全民所有制的产权主体虚置，责任主体不到位，最后就变成了没人管。在改革之前，企业效率比较低，当时政企合一，企业没有自主权，国有资产流失主要是由于效率低下造成的间接流失，直接的国有资产流失很少。改革之后，我们搞所有权和经营权分离，但是所有权并没有到位，而经营权却掌握在了一部分人手中，这就给了一些心地不良的人捞取国有资产的机会。所以，在这样的产权制度情况下，政府不得不管理。在微观基础没有搞好的情况下，企业本身在流失，政府再不管，那国有资产就等于是拱手相送了。所以政企分开，政府职能转变是有条件的，我们推进国有经济的战略调整，除了优化国有资源的配置以外，也要构造一个推进其他改革的微观基础。但是问题是怎样把这个过程搞好。搞得好，它就构建了好的微观基础，优化了国有资源配置；搞得不好，它就变成了少数人攫取国有资产的又一次好机会。

2. 在国有经济调整中应把握些什么

党的十六届三中全会指出了国有经济战略调整的方向，两句话，第一，"要进一步推动国有资本更多地投向关系国家安全和国民经济命脉的重要行业和领域"；第二，"在其他领域要通过资产重组和结构调整，在市场公平竞争中优胜劣汰"。这两句话体现了两个很明确的政策含义：

第一，我们不提倡所谓国有资本完全从竞争性领域中退出。对于非公有制经济，要放开非公有制经济的准入。要使非有公制经济进入国家法律没有禁止的一切领域，要对非公有制经济在一切方面同其他企业包括国有企业、外资企业一视同仁，要把非公有制经济做强做大，依法保护非公有财产或私营个人的财产。今天，我们既不能歧视公有制经济，让公有制经济从竞争领域中退出是不对的，也不能歧视非公有制经济，而要让它们在市场竞争中优胜劣汰。

第二，这也意味着国家对竞争性领域的国有企业不再实施倾斜性的政策保护，不给优惠贷款，只凭它们自己的机制与私有企业、外资企业竞争。干得好，做强做大，干不好就退出市场，这就很平等了。在国有经济战略调整中形式是多样化的。但是我们也应该按照建立现代产权制度的要求推进企业资产的流动与重组，而其中一个很重要的形式就是拍卖。一定要通过公开、有偿的形式进行拍卖。把有些不适于我们搞的企业或者是没有竞争力的企业通过拍卖的方式卖出去,使它变成货币资产再投到关键领域中去。在这个问题上,一些经济学界学者提出的"靓女先嫁理论"和"烂苹果理论"对我们国有企业改革是有借鉴意义的。我们国有经济的战略调整,只要把握规律,掌握好正确的操作方式,就一定能实现优化的配置,实现微观基础的良性化。

(作者单位:国家发展和改革委员会。原载于《中国流通经济》
2004 年第 2 期)

贸易强国视角下的流通产业结构调整

龚晓菊

改革开放三十多年来,中国已经成为名副其实的贸易大国。但贸易大国并不等于贸易强国,"大而不强"等一系列老问题依然存在。2010 年 4 月,商务部提出到 2030 年要初步实现贸易强国的目标。这个目标分两步走:在 2020 年前巩固贸易大国地位,推动贸易强国进程;在 2030 年前后,初步实现贸易强国的目标。

贸易强国的基础是产业,贸易强国一定要以产业的强势竞争力为基础。加快流通产业结构的调整和优化,是构筑贸易强国的坚实基础。流通产业结构的调整就是要形成充满活力的流通产业,发挥其对国民经济的先导作用,启动市场,带动其他产业的发展,提高我国对外贸易的实力,从而加快向贸易强国转变的步伐。

一、流通产业结构的调整推动我国向贸易强国转变

贸易强国是指出口商品和服务中高级生产要素含量高、以价值型贸易为主体、能够在国际贸易中获得主要利益的国家或经济实体。一国成为贸易强国主要有六个方面的体现:(1)经济高度发达,GDP 总量和人均 GDP 位于世界前列;(2)货物贸易规模大,服务贸易发达,对世界贸易影响力强;(3)对外开放程度高,在对外经济贸易活动中,具有明显的竞争优势;(4)出口企业具有较高的参与国际合作的能力、较高的国际市场竞争力和较强的抵御国际市场风险的能力;(5)掌握出口商品的关键技术、知识产权和销售渠道,拥有一批属于本国的跨国公司和一批具有相当高知名度的品牌;(6)参与国际经贸规则、惯例的制定和修改,在国际贸易舞台上具有一定的话语权。

《2010 年世界贸易报告》显示,改革开放以来,我国对外贸易量 30 年间增长了 105 倍,成为世界上最大的出口国,但与其他贸易强国相比差距仍然较大,具体表现为:(1)贸易增长方式相对粗放,质量和效益有待进一步提高;在我国进出口总额中,有超过一半是加工贸易。(2)核心竞争力不强,缺乏自有

品牌和营销网络,具有自主知识产权和核心技术的产品还比较少。(3)出口产品层次偏低,不少产品仍处于国际分工价值链的低端,附加值不高;(4)尚未形成一批管理水平高、综合实力强、能够深度参与国际竞争与合作的企业。

自2001年我国加入世界贸易组织之后,流通产业发展便面临着国际竞争的压力。"十五"期间,流通产业稳步发展,市场规模继续扩大,有效拉动了内需,扩大了消费。同时,随着现代流通方式的推广和加速,流通现代化水平稳步提高,连锁经营、电子商务得到较快发展。

"十一五"期间,2006年商务部公布的《商务发展第十一个五年规划纲要》提出,以建立大开放、大市场、大流通的商务发展新格局为总体目标,加快发展国内流通业,完善现代市场体系,大力提升市场功能,积极培育经济发展的自主动力。2007年以来,受国际金融危机影响,我国出口呈现下滑趋势,甚至连续10个月负增长,许多产业趋同导致产能过剩,需要进一步调整流通产业结构。2009年下半年,随着全球经济逐渐回暖,我国流通产业开始逐步复苏。2010年,商务部发布的《2009/2010中国流通产业发展报告》显示,2009年我国批发零售业逐步回暖,全年批发零售业投资额同比增长39.4%,比上年提高5个百分点;全年限额以上批发和零售企业零售额同比增长17.6%,虽然较上年有所下降,但比2009年上半年高2.6个百分点;住宿餐饮业加速结构调整,全年住宿餐饮业零售额同比增长16.8%;经济型酒店、大众化餐饮等低端市场发展迅速;拍卖业、典当业等特殊行业发展趋于活跃。

随着经济增长由主要依靠投资、出口拉动向依靠消费、投资、出口协调拉动转变,由主要依靠第二产业带动向依靠第一、第二、第三产业协同带动转变,第三产业得到迅速发展。由《2010年中国统计年鉴》分行业增加值统计数据可以得出,2006—2009年,我国第三产业占比维持在42%左右,2009年略有攀升。目前,我国以第二产业和第三产业为基础产业,第三产业的基础性作用得到逐步发挥。从西方发达国家经济发展的规律看,当经济发展到一定水平时,第三产业发展速度普遍高于第一、第二产业,对整个国民经济的发展具有明显的推动和促进作用。就我国当前的情况来看,加快发展第三产业显得尤为重要。

流通产业是第三产业的重要组成部分,由2006—2009年的产业增加值可以看出,尽管流通产业在第三产业所占的比重略有降低,但仍然占第三产业产值的45%。

在"十二五"开始之际,国内经济结构调整压力较大,我国流通业发展面临有利因素与不利因素并存的国内外市场环境,流通产业结构急待调整和优化,从而进一步增加第三产业在国民经济中的比重。从流通产业的概念来看,广义的流通产业指商品所有者一切贸易关系的总和,我国进出口商品从属于流通产业这一范围,流通竞争力的提高可以使我国在国际竞争中拥有商品的定价权、渠道网络的控制权,进而影响我国对外贸易结构和贸易品在国际市场上的综合竞争力,并间接影响我国国际贸易的发展,推动我国向贸易强国转变。而流通产业结构调整有助于加强我国流通业国际竞争力,因此流通产业结构调整将推动我国向贸易强国转变。

二、我国流通产业结构现状与存在问题

流通产业结构是随着生产、消费、技术的发展而不断演变的,流通领域的变化反映了社会经济的客观要求,同时流通业结构的优化也推动着生产、消费、技术与社会经济的演变,并越来越成为重要的先导因素。[1]

流通产业结构是经济结构的表现形式之一,指的是流通运行中各种要素的比例关系和经济联系,属于国民经济中第三产业的重要组成部分,其产业结构对国民经济持续发展具有重要作用。流通产业结构的类型一般包括流通业的所有制结构、业态结构、规模结构、空间网络结构、商品市场结构及其派生的经营方式组合结构等。随着我国经济体制改革的深入,流通产业所有制结构调整逐步完善,国有经济以及个体、私营、外资等非国有经济多种形式的所有制企业得到充分发展。金融危机后的经济发展面临更多机遇与挑战,一方面暴露了我国流通产业结构存在的问题;另一方面,在百业复苏时期,为流通产业提供了一个自我检测的平台,为其可持续发展奠定了扎实的基础。目前,我国流通产业结构面临以下几个问题:

1. 流通产业行业结构失衡,物流行业发展不足。流通产业的行业结构包括纯商业结构(批发、零售、批零兼营)、餐饮业结构、商业服务业结构、售后服务修理业结构、物流配送业结构。其中,纯商业是我国传统商业,在我国流通中所占比重较大,其结构发展得较为完整;改革开放后,餐饮业迅速发展,逐渐成为流通产业的支柱之一。物流与商流的协调发展,是流通产业自身发展的客观要求,物流业是继劳动力、资本之后的第三利润源泉,其重要性已经为人们所认识。虽然我国物流基础设施和装备已经初具规模,但内在质量较差,物

---

① 马龙龙:《流通产业结构》,清华大学出版社 2006 年版,第 39 页。

流环节衔接不畅,物流专业化、社会化水平不高,这些因素导致物流运作成本较高,效益不佳。

首先,在科学技术支持下,物流配送的时间和效率有所提高,但配送在我国的发展只是近十几年的事情,仍然面临进展缓慢、设备落后、信息化程度低的状况,其具体表现为:配送规模较小,物流网点仍然没有统一布局,乡镇地区配送效率普遍低下;配送中心现代化、机械化程度低,物流技术水平整体比较落后,不能广泛运用发达的交通设施;配送中心功能不健全,信息没有得到充分的加工和利用,距离信息化还存在一定差距,等等。其次,售后服务修理业仍需进一步提高。在汽车和家电行业售后服务修理中,由于竞争过于激烈,经销商们为求生存,不断加大降价优惠幅度,采取"先卖后谋利"的营销手段,通过售后修理谋取暴利。许多家电行业面临不能履行服务承诺、维修网点难找、服务标准不规范、维修人员素质偏低等问题。

2. 新兴业态发展缺乏管制。在电子商务广泛应用的基础上,无店铺经营业态得到广泛发展,电视购物、电话购物、邮购、网上商城已经深入大众生活。从传统业态和新兴业态的结构变化看,按照业态划分,网购形式成为一种流行趋势,按目前网购上升速度与超市、专卖店和其他业态下降的速度计算,前者上升的幅度将超过超市、专卖店和其他业态,最终形成网购、团购等新兴业态比重超过超市、专卖店等传统业态比重的格局。这些新兴业态在快速发展的同时,将逐步进入成熟期。例如,2010 年初开始陆续出现的团购网站,是继淘宝网等网上商店之后又一兴盛的行业。中国电子商务研究中心发布的《2010年中国网络团购调查报告》显示,截至 2010 年 8 月底,国内初具规模的网络团购企业数量已达 215 家。与之前商家对客户(B2C)模式的网购相比,团购可以给消费者带来更多的实惠,且消费时间更为灵活。但由于团购网站大多采取预付款形式结算,团购消费者群体松散,消费者个体能力弱小,消费者很难依靠个体力量来防范风险,客户实际消费服务体验也得不到充分保障。

无店铺业态由于不需要租赁门店,所需投资成本相应较低。由于开店门槛较低,监管不健全,这一业态结构还很不成熟。对网上商城、团购投诉客户进行的调查发现,无店铺业态目前存在商品质量不能保证、买卖双方缺乏信任、中间商只承担部分风险甚至不承担风险等问题。因此,急需相关政府部门的规范和引导,建立一个相对标准的平台来进行资质及信用等级划分,通过自上而下信用的建立,完善市场结构,增加消费者信心。

3. 流通产业规模结构的不平衡性仍未得到有效改善。随着社会经济的快速发展,流通组织规模结构呈现出非均衡发展的两种趋势:一种趋势是盲目扩张和片面追求大型化,造成重复建设和规模不经济;另一种是一些流通企业规模呈小型化发展趋势。流通业技术要求低、投资少、进入门槛低的特点,促使下岗人员、竞争力较弱者纷纷涌入流通领域。大量小商业资本盲目扩张,商业企业过度竞争、不正当竞争现象严重,导致了流通领域的低效率、高成本和对城市公共资源的严重破坏。小型企业成为经济生活供应系统的主体,显然不能与工业化、现代化进程相匹配。盲目扩张与小型化使商业组织结构朝两极发展,难以形成规模经济。

就我国宏观结构而言,流通产业是先导产业。从2009年三大行业的占比看,我国产业重心序列仍然是"二三一",第三产业仍然处于第二位。作为第三产业重要的组成部分,流通产业发展会大大推动第三产业发展。但是,我国流通产业尚不具备规模优势,就流通产业微观规模而言,以连锁企业为例,我国还没有能与国外家乐福、沃尔玛抗衡的大型超市。在流通业较为发达的上海市和北京市,有物美、华联等本土超市类企业,尽管数目很多,但规模普遍较小。然而,流通企业作为服务型企业,单体扩大存在一个规模临界点,超过这个点,规模扩大反而会导致效益降低,因此流通企业的规模效益主要通过连锁这种组织形式来实现。受我国流通企业自身实力及体制性障碍等因素影响,大多数没有采用连锁经营方式,经营规模受到极大限制。规模优势不能发挥,一方面导致管理效率低下,再加上流通业管理水平低下,大多未开发出具有特色的经营模式,商品筹集、业态选择、促销、服务、店面设计等基本雷同,无法满足顾客个性化的需求;另一方面,导致集群效应无法实现。目前,国内大中小型企业各自为阵,企业间无法实现战略联盟与资源共享。

4. 流通产业空间结构失衡,东西部之间、城市与农村之间差距较大。流通产业结构中市场空间结构的变化与城市化的发展直接相关。城市在发展初期聚集了大量的人口和企业,整个社会的资金和购买力大量集中于城市,加之城市商业设施、商品品种、价格等方面优势,使得从空间结构上看,城市流通发展迅速。自2005年西部大开发和中部崛起战略实施以来,中西部流通产业发展速度加快,但与东部地区相比差距仍然较大。在我国,中西部地区人口约占全国总人口的60%,但经济发展却远远落后于东部发达城市。根据《中国统计年鉴(2010)》各地区居民消费水平数据计算得出,东部地区居民消费水平占全部居民消费水平的40%,中部地区(包括山西、内蒙古、吉林、黑龙江、安徽、江西、河南、湖北、湖南、广西等)占16%,而西部地区(包括四川、贵州、云南、西藏、陕西、甘肃、青海、宁夏、新疆等)仅占13%。不同的区域,城乡居民消费水平差距也较大,其中东部地区城乡居民消费水平之比为2.91,中部地区为3.03,西部地区差距最大,城乡消费水平之比为3.74。

城乡流通体系发展差别巨大,2004—2008年市级地区社会消费品零售总额比重一直保持在70%左右,县及县以下地区所占比重没有突破性进展。虽然2009年农村社会消费品零售总额迅速增长,且增速超过城市,但1997—2007年,中国城乡收入差距不断拉大并突破一万元大关。据统计,2008年城乡居民收入比为3.31:1,2009年扩大到3.33:1,绝对差距由11020元扩大到12022元。2011年1—2月春节期间,城乡消费市场之比为4.82:1,城乡流通过程中出现的商品进不来、出不去的"围城"现象仍然十分严重。

5. 流通产业技术结构失衡,传统技术仍然占据主导地位。长期以来,我国一直视流通产业为劳动密集型产业,忽视技术开发与运用。目前我国商业企业基本还未形成自动化信息网络,在物流等部门,操作工具还停留在传统的叉车等设备上,机械化自动化程度偏低。而发达国家的流通产业早已显示出技术密集型特征,其技术升级过程为我们展示了这一点。20世纪60至70年代,自动售货规模扩大;70年代,许多流通环节采用了计算机技术;80年代,电子数据交换技术(EDI)、供应链管理技术得到广泛应用;90年代以后,出现了运用因特网(Internet)的电子商务技术。我国流通产业技术结构迫切需要改善。

三、调整流通产业结构、推动贸易强国建设的对策建议

产业结构演变是许多经济与非经济因素综合作用的结果。在我国由贸易大国转变为贸易强国的过程中,流通产业国际竞争力的提高有利于我国商贸流通业的进一步对外开放;流通产业结构的调整不仅会提高第三产业产值,还会增加我国外贸额度。调查研究发现,居民消费水平、投资需求水平、工业化水平、市场化水平与流通产业结构调整之间为正向变动关系,而与信息化水平、居民收入水平显著负相关。[①] 流通产业结构变动受诸多因素影响,了解这些影响因素,有利于我们全面把握流通产业结构现状、变动趋势和规律,为科学制定流通产业政策、调整和优化结构、促进流通产业发展、推进贸易强国进程等提供依据。

---

① 孙敬水,章迪平:《流通产业结构变动影响因素探析》,《现代财经》2010年第6期。

1. 推进流通产业政策与制度创新,为结构调整提供良好的制度保障

制定详细的流通产业结构调整规划和政策,继续推进流通产业政策与制度创新,为实现流通产业结构调整提供良好的政策环境和制度保障。以美国为例,美国政府在制定流通产业结构调整政策时,充分认识到了公平竞争市场环境的重要作用,认为只有通过市场及其竞争,才能真正显示产业结构的未来发展,才能通过市场价格差异所引起的对投资者和生产者的鼓励,使社会经济资源按照产业结构发展的方向及时有效流动。而政府的作用主要是营造一个有利于产业发展与产业结构合理化的经济环境,政府只有在市场力量被证明无能为力的时候才采取行动。① 宽松的经济环境促进了美国第三方物流的发展,并逐步形成了综合的第三方物流服务商、专业的运输与仓储服务商和区域性配送服务商等分工合作的产业形态,促进了流通产业结构的调整与优化。

因此,我国应加快推动流通产业政策和制度的创新与完善,包括:彻底打破流通行业垄断和地区封锁,为流通企业公平竞争与快速发展提供制度保障;制定企业兼并、联合的法规,建立相应的制度规范,并通过经济手段促进企业资产重组与优化;妥善解决企业资产重组过程中出现的债务与职工就业安置问题,加速流通产业的组织化、规模化发展;完善市场竞争规则,规范企业竞争行为,特别是对企业无形资产给予充分保护,以促进知识型流通企业发展;加强对流通领域进口商品质量的监督管理,保障社会主义市场正常的经济秩序,保护国家利益,维护经营者与消费者合法权益,进一步完善《流通领域进口商品质量监督管理办法》等。

2. 建立流通企业对外投资审批制度,因地制宜地制定流通行业结构规划与方案

流通业国际化使商业企业面临出口外贸的机遇。一方面,大型供销商纷纷进军海外市场,在国外开办商店,在国外采购商品;另一方面,各国又在较大程度上向国外开放本国市场。商业企业经营的国际化主要包括以下几个方面:企业经济活动并不仅仅局限于本国,还有很大比重在国外市场进行;企业运行机制、制度规范与国际市场相一致;国内流通领域充分实现对外开放。因此,应健全外贸流通企业和大中小型流通企业审批制度,确保各流通行业大型商业企业数量与进出口额度、购买力水平、消费结构及城市规模相适应。又由于我国各地经济发展水平不同,所面临的矛盾与问题也不同,各地区在流通行

---

① 肖怡:《透视美国流通产业发展及相关政策》,《中国市场》2007 年第 25 期。

业结构调整过程中的侧重点也存在差别。根据不同地区的具体情况,深入研究各地区流通行业结构所面临的问题,充分考虑各地区的需要和可能,按照各行业流通企业数量适度、规模适度、布局与结构合理的原则,制定相应的中长期规划,并配合有关政策来引导商业网点合理发展。

3. 提高流通产业国际竞争力,发展多种业态结合的业态模式

以零售业为例,在 2009 年全球零售企业 100 强中,单一业态所占比例不足 1/3,而实施多业态经营的占了 2/3 强。不同的业态是流通产业对目标市场进行细分和选择的结果。由于各国经济发展水平不同,全球流通业进入市场时所进行的业态选择就会有所不同。而生活水平的提高和现代生活的多元化,导致购买需求日益个性化、多样化,进一步促进了流通业态的创新。新型商业业态一方面采用现代流通方式,重新考虑商业站在市场前沿,信息多、信息变化快、信息繁杂的特点以及准确定位市场信息的重要性,借助计算机网络技术快速处理和传递信息,加快信息传递速度与效率,提高信息精确度与集约度,提高企业市场反应能力,获得了市场竞争的主动性;另一方面,采用最新科学技术,使用自动销售技术、快速补货技术、先进的库存管理技术和物流配送技术等,以最低的成本、最快速的管理反应、最优的服务进行经营运作,取得了极大成功。

业态的相互融合使得一些业态之间存在诸多相似性,甚至很难分辨。从世界范围来看,传统百货商店所占的市场份额将逐渐萎缩,取而代之的是连锁超市、大卖场等新兴业态,而现代化购物中心和网上购物将赢得越来越多的市场。对于无店铺业态,顾客往往热衷于一时,最终因无店铺的信用和客服质量无法保证,仍然选择店铺式销售,这对无店铺业态发展无疑会形成某种制约,毕竟店铺往往能代表公司实力,给顾客以诚信放心的感觉。虽然《直销管理条例》中明确取消了店铺数量、标准等方面的限制,提出了服务网点的新概念,但店铺经营仍然是直销企业在中国发展的必然趋势。不过,鉴于无店铺业态所孕育的商机往往大于有店铺业态形式,顾客可随时查看所需商品,因此发展多种业态相结合的模式,可有效弥补各单一业态的缺陷,促进流通产业结构进一步合理化。

4. 加快企业集团化建设,优化流通产业规模结构

目前,国内流通企业规模普遍小而分散,不足以与国外大型商贸企业竞争。应借鉴发达国家流通组织、流通模式,结合我国现有流通方式,打破地区界限,加快企业集团化建设,以提高集约化程度与流通效率。政府在推进集团

化的过程中,应以"看不见的手"为基础,在进行资产重组的同时,以适度规模
增长为原则,采取产业催化政策,这种政策包括压力催化、利益催化、协调
催化。

我国在进行企业集团化建设的同时,还可推行自愿连锁联盟,将无数的小
规模企业进行整合,降低甚至取消地域性市场壁垒,企业之间通过相互参股、
战略联盟、人员互派、技术和信息交流等多种形式的合作,形成稳定的企业关
系,减少企业之间的摩擦成本,实现"双赢"。流通企业还要与各种供应商通
过供应链形成稳定的产销关系,把传统的企业之间的竞争上升为企业结合体
或供应链之间的竞争,弱化竞争风险。关于自愿连锁联盟,可借鉴发达国家的
成功经验。以美国和日本流通产业为代表发展起来的自愿连锁联盟,都取得
了不错的成效。比如,总部设在芝加哥的国际独立零售商联盟(Independent
Grocers Alliance,以下简称 IGA)是美国最大的自愿连锁组织,在欧美已有七十
多年的历史,在 40 多个国家开展了业务,店铺总数 4000 多家;日本早在 20 世
纪 60 年代中期就已经开始了自愿加盟者计划,其最大的自愿连锁企业 K 公
司于 1987 年正式成立了自愿连锁经营形式,当时已有 1015 个加盟店,年销售
额达 1250 亿日元,成为日本最大的自愿连锁组织。

5. 建立多渠道流通体系,优化流通产业空间结构

创新城乡流通体系,协调城乡流通产业,是流通产业发展的重要着力点。
农村流通的发展能有效缓解流通产业空间结构的失衡,缩小东西部地区与城
乡流通的差距。近年来,国家为促进农村流通业发展,先后出台了许多政策法
规,但没有很好地形成农商产业链条。国家和各地方政府应扶持一批大型流
通企业做大做强,支持一批特色商品交易市场集群的发展,发展一批规模大、
标准化、有品牌的农副产品生产基地,建设一批现代化的物流园区,积极推动
流通主体参与网上交易,完善绿色流通环境。

建立多渠道的流通体系,促使城乡流通产业协调发展。农产品流通渠道
多种多样,如近两年来商务部推行的"农超对接"就是一种。但农产品流通渠
道不仅仅是"农超对接",还包括生产企业+农户、批发企业+农户、零售企业+
农户、配送中心+农户、农产品协会(农产品技术协会)+农户、农产品合作组织
+农户、配送+分销等多种渠道,目前有 70% 左右的农产品通过批发市场渠道
进入各类渠道终点。城乡经济社会协调发展的关键在于打通城乡壁垒,坚持
城乡互动原则,走"以城带乡、以乡促城、城乡结合、优势互补、共同发展"的
道路。

6. 加快流通产业技术创新,进一步优化流通产业技术结构

为实现流通技术资源的有效开发和最优配置,防止技术创新的中断,确保流通产业技术持续进步,我国必须采取适当的产业技术政策对流通技术开发与推广应用进行有效的指导、组织、扶植与协调,但国家对流通产业发展的信息引导也需要流通产业自身具有非常高的信息化水平。具体来讲,可从以下两个方面来实施流通产业技术政策创新:(1)确定流通产业技术的发展目标和具体计划,包括:指定各种具体的技术标准和技术发展规划,公布重点发展的核心技术和限期淘汰的落后技术项目清单。(2)制定流通技术促进政策,包括:制定和完善对流通企业技术创新给予资金支持的政策,如设立流通企业技术创新基金、流通企业技术创新担保基金、流通企业技术创新风险投资基金;建立适应流通企业技术创新需要的技术支撑体系,如设立为流通企业服务的科技服务机构、制定鼓励科研机构和高等院校与流通企业进行技术合作的政策;建立完善流通技术创新政策与法规体系,为流通企业营造良好创新氛围。

(作者单位:北京工商大学经济学院。原载于《中国流通经济》2011 年第 4 期,被中国人民大学《复印报刊资料》之《贸易经济》2011 年第 6 期全文转载)

第三篇　流通现代化

发展流通产业要计划和市场两种手段并用

刘国光

一、改革开放以来我国流通领域发生的重大变化

中国经济体制改革从一开始就是市场取向的改革,逐步要实现从传统的计划经济体制向社会主义市场经济体制的转轨。经过三十多年的改革开放,我国流通领域发生了翻天覆地的变化,主要有以下几个方面的重大变化。

首先是流通规模快速增长。改革开放以来,全国社会商品零售总额以年均两位数增长,由 1978 年的 1. 5 万亿元增加到 2009 年的 12. 5 万亿元,增长了 73 倍,跃居世界第三位。生产资料销售额由 1980 年的 449 亿元增加到 2009 年的 28. 5 万亿元,增加了 634 倍。

其次是流通网络基本形成。不论在城市还是在农村,我国基本形成了四通八达的商品流通网络,各类商品市场空前发展,彻底改变了过去经营模式比较单一的状况,形成了多层次、少环节、开放式的竞争发展新格局。

再次就是多种经营业态并存。我国用 20 年时间完成了西方发达国家用近百年时间创造的各种业态。现在有有店铺业态、无店铺业态 30 多种,并不断有创新的批发、零售业态出现。流通体制由单一的国有转变为国有控股、股份制、民营、中外合资、中外合作、外商独资等多种经济成分并存,共同推动了我国流通业的持续发展。

同时,流通现代化相继显现。连锁经营、现代物流、电子商务等现代化流通快速发展。现代信息技术广泛采用,电子化信息、采购、运输、储存、运营等

管理已经在城市普及。

这些和其他一些可喜的变化,再加上流通企业数量和规模快速增长与扩大,吸纳了大批农村剩余劳动力和城镇待业人员,缓解了社会就业压力,这都是流通领域广大工作人员在党的领导下所取得的成就,是值得我们大书特书的。

二、社会主义市场经济下,流通业的基础和先导作用凸现

十几年前,在原国家内贸局举办的流通体制改革开放二十周年座谈会上,我提出商业在国民经济中的地位将从末端行业提升为先导行业,现在这个提法还有意义。改革开放以来,随着我国消费者主体整体向上位移,过去是生产者主体现在是消费者权利向上位移,买方市场已经形成。消费者主权地位的确立,流通业在作为启动市场经济运行的起点并将其转化为周而复始的新起点,也就是把不断的即期需求、潜在的需求转化为消费行为的过程中,流通业已上升为社会主义市场经济体制下的一个先导行业。过去我们的经济叫资源约束型的经济,现在是市场约束型的经济;过去是供给约束型的经济,现在变为需求约束型的经济,流通业的地位就提高了,应该由末端地位升为先导地位。还应该认识到,在经济全球化背景下,流通是反映一个国家经济发展与社会繁荣程度的窗口之一,是观察一个国家综合国力和人民生活水平的"晴雨表",是不断启动市场、促进需求和消费不断升位的一个助推器。随着社会主义市场经济的完善和产业结构的调整,消费对经济增长的贡献越来越大,要看到,面对这次世界金融危机和世界经济危机形势的蔓延及深化,我国政府采取了积极的、扩张性的财政政策与适当的货币政策来扩大内需,加大投资拉动经济的力度,是十分必要的。

但是,启动需求仅仅依靠投资需求是不够的,因为它还要依靠最终需求。没有最终的消费需求,投资需求也是不能实现的,最后会导致多余生产力并增加积压库存,为增加积压库存而生产是没有必要的。不能仅仅限于投资需求,要着手多方面开拓消费需求,特别是潜力巨大的农村市场需求。因此,我国流通业面临着把投资乘数效应所产生的有效需求转化为消费的任务,还必须多方面开拓消费需求,总之,流通业承担着扩大内需的重大任务,其基础和先导作用日益凸现。

三、发展流通产业,实现结构升级,要健全宏观管理机制,市场与计划两

种手段都要用

改革开放以来,我们在建立社会主义市场经济体制中取得了巨大的进步,逐渐学会了在国家宏观调控下让市场在资源配置中起基础性作用。现在市场经济在我国已实行将近二十年,计划离我们渐行渐远。由于历史原因,我们过去过于相信传统的计划经济,时过境迁,一些同志从迷信计划变成迷信市场,从一个极端走向另一个极端。在理论观念上计划几乎成了一个禁区。在宏观调控工作中,国家计划对宏观经济的指导作用明显减弱;计划本身多是政策汇编,很少有约束性、问责性的指标任务;中央计划与地方计划脱节,前者控制不了后者追求国内生产总值(GDP)的情结;计划的要求与实际完成的数字相距甚远,完全失去了导向的意义。所有这些,影响到宏观经济管理的实效,造成社会经济发展中的许多失衡问题。

在这样的情况下,重申社会主义市场经济也有"计划性"很有必要。2008年党的十七大重新提出"发展国家规划、计划、产业政策在宏观调控中的导向作用",就是针对我国经济实践中计划工作削弱和思想意识中计划观念淡化、边缘化而提出的。涉及发展流通产业的产业政策也属于计划导向作用的范畴。我们不仅要在实践中切实贯彻十七大这一方针,而且要在理论宣传工作中重新强调社会主义市场经济的计划性。发展流通产业,既要强调发挥市场机制的作用,又要用好宏观计划调控的手段。

1985年在巴山轮国际会议上,匈牙利经济学家柯尔耐提出,我国建立宏观调控下的市场经济并非社会主义国家经济体制独自的特点,资本主义国家也有。那么,我们社会主义国家宏观调控下的市场经济怎么区别于资本主义国家呢?除了基本经济制度外,就在于社会主义市场经济还有计划性,还有国家计划指导。少数市场经济国家如日、韩、法也设有企划厅之类的机构,编有零星的预测性计划。英美等多数市场经济国家只有财政货币政策等手段,没有采取计划手段来调控经济。但我们是公有制经济为主体的社会主义大国,有必要也有可能在宏观调控中采取几种手段,最重要的是计划、财政、货币三者。十四大报告特别指出"国家计划是宏观调控的重要手段",没有指财政货币政策。不是说财政、货币政策不重要,而是财政、货币政策是由国家宏观计划来导向的。所以,国家计划与宏观调控不可分,是宏观调控的主心骨。宏观调控下的市场经济也可称为国家宏观计划调控下的市场经济,这就是社会主义有计划的市场经济不同于资本主义在宏观调控下的市场经济的地方。

国家计划在宏观调控中的导向作用,不同于"传统计划经济"。现在我们在理论上说明了社会主义市场经济是有计划性的,实践上十七大又重新强调国家计划在宏观调控中的导向作用,这是不是如同某些人责难所说的"又要回到传统的计划经济去呢"？我认为不是这样的,这是计划与市场在改革更高层次上的结合。

第一,现在的国家计划不是既管宏观又管微观、无所不包的计划,而是主要管宏观,微观的事情主要由市场去管。第二,现在资源配置的基础性手段是市场,计划是弥补市场缺陷不足的必要手段。第三,现在的计划主要不再是行政指令性的,而是指导性的、战略性的、预测性的计划,同时必须有导向作用和必要的约束、问责功能。就是说,也要有一定的指令内容,不是编制了以后放在一边不闻不问了。

"十二五"规划是党的十七大后第一次编制和执行的中长期计划,对扭转我国发展方式和社会关系存在的问题有十分重大的意义。要在规划的制定和执行过程中,真正落实十七大精神,努力改进国家计划和宏观调控工作,使其名副其实地对国民经济社会发展起指导作用。

在"十二五"期间,我们要在转变发展方式的前提下保持经济的适度增长;在巩固社会主义基本经济制度的前提下促进公私经济的发展;在更加重视社会公平的原则下扭转贫富差距两极分化的趋势,实现这些目标,单靠市场经济是做不到的,要借助于国家宏观计划调控。流通产业的发展也是这样。宏观计划调控的权力必须集中在中央手里,地方计划必须服从全国统一计划。我赞成一些同志的建议,地方不再制定以国内生产总值牵头、无所不包的地方国民经济计划,而以地方财力和中央转移支付的财力为主,编制地方经济社会建设计划,加强地方政府的市场监督、社会管理、公共服务的功能。政府配置资源的作用仍要有,尤其是重大的结构包括产业结构的调整、重大基础建设等。资本主义国家在危机时刻,也不排除暂时实行所谓"社会主义的政策"(如国有化),何况社会主义国家,更不能一切交给市场,还要讲市场与计划两种手段相结合。

(作者单位:中国社会科学院。原载于《中国流通经济》2011 年第 2 期,被中国人民大学《复印报刊资料》之《贸易经济》2011 年第 5 期全文转载)

要重视流通在降低整个国民经济
运行成本中的基础性作用

石 桥 林英泽

由中国市场学会、北京开达经济学家咨询中心、北京物资学院、中国流通经济杂志社共同举办的首届中国(北京)流通现代化论坛于 2007 年 4 月 7 日至 8 日在北京物资学院国际交流中心隆重举行。全国人大常委会副委员长成思危、九届全国政协副主席陈锦华、中国工程院院士李京文等致信祝贺,著名经济学家王梦奎、刘国光、厉以宁、张卓元等为之题辞,中国工程院院士徐寿波,著名经济学家、流通经济著名学者张卓元、何伟、晓亮、吴念鲁、俞晓松、陆江、高铁生、解思忠、高明光、张伯海、龙协涛、王之泰、戴定一、陈文玲等与来自中、美、澳、俄、日、韩等国经济界、学术界、企业界的代表 180 余人汇聚一堂,就共同关心的流通经济热点问题及与流通经济相关的理论、政策与实务问题进行了深入探讨和交流,主要观点综述如下:

一、要重视流通在降低整个国民经济运行成本中的基础性作用

过去传统理论认为,生产决定流通,因此是"重生产轻流通",在市场经济条件下,是流通决定生产,流通引导生产。当前中国经济运行面临的一个重大问题是生产成本较低,但交易(流通)成本很高,因此,发展现代流通业,提高企业竞争力,降低流通成本,不仅关系到中国流通业本身的发展和竞争力的提高,而且关系到中国经济整体发展的重大问题。现代流通已经成为经济运行的先导,包括物流、商流、信息流、资金流和人力资本流。市场经济越发达,流通的地位与基础作用就越重要。解决经济问题、处理社会问题,流通越来越彰显出其重要意义,流通通过自我净化,降低整个国民经济运行成本,渐渐成为向社会主义市场经济转型中的主力,成为构建和谐社会的积极因素和健康的力量。现代流通的理论内涵包括四个方面:一是囊括有型要素禀赋与无型要素禀赋的全要素流通;二是面临全球市场的全开放;三是涵盖生产和流通全过程的流通;四是以需求为起点周而复始的螺旋式发展和上升的流通。因此,要充分认识加快发展流通经济的重要性,把降低流通成本作为提高企业竞争力的主要手段,重视发展现代流通业,特别要重视农村流通业建设,鼓励批发市场的发展;要发展现代物流业,重视物流业的基础设施建设,改善物流业发展的体制和政策环境。

二、要坚持科学的物流发展导向

在建设和谐社会已经引起世界极大关注的新时期,强调物流业的发展要突出科学发展观,最重要的一条就是要坚持科学的物流发展导向。目前中国物流发展导向方面存在某些值得注意的偏差,如宣扬中国物流业发展将步入成熟期、否定物流业社会化专业化发展的导向以及主张物流发展应当"大而全"等。这种偏差给物流业的科学发展带来很大的困惑,影响中小型物流企业的成长空间,也阻碍物流企业核心竞争力的打造。目前中国物流理论研究存在严重的"重宏观、轻微观"的研究倾向,企业物流研究没有受到应有的重视。流通理论研究也是"重宏观、轻微观"。造成这种理论研究倾向的原因主要有四:一是我国在很长时期内没有准确地认识物流;二是在理论研究层面和实际运作层面上,政府的行为多,企业的研究少;三是物流理论工作者多为脱离企业管理实际的高校教师和机关科研人员,对企业物流不甚了解或很少了解,缺乏研究企业物流的实践基础;四是企业本身接受物流理念的滞后性和对物流的重要性缺乏足够的认识。目前物流业理论研究路线尚存在某些较为严重的缺陷,还需要重大的理论创新。物流研究应高度重视企业物流特别是企业物流管理研究。

三、企业物流管理研究应向供应链管理研究转化

企业物流管理研究应向供应链管理研究转化。在全球供应链中,主要表现为供应链管理中的变化,价值链供应链中伙伴之间的合作,在降低成本的同时,能提高各自的反应速度,也是维护供应链安全的手段,建立高效的物流系统,有助于获得市场竞争优势。供应链物流系统集成整合主要应采取三种模式,即企业内部加强功能整合,对所有资源进行统一规划与专业化运作;企业外部加强网络资源整合,通过业务外包或第三方物流,减少中间环节;供应链物流集成商则应加强总体设计、资源开发、外包外购、运作监控、系统集成、增值服务等方面的工作,促进供应链物流系统集成整合,通过对整个物流过程的规划、整合、外包、监控,实现供应链物流一体化。物流研究应高度重视企业物

流:企业物流是社会物流的基础,我国是制造大国,企业物流水平的提高直接关系到我国物流整体水平的提高,企业物流水平的提高不仅不会阻碍第三方物流的进步,而且会促进第三方物流的发展,企业物流的进步,有利于供应链管理在我国的实践和推广。

四、物流信息化建设应从传统的制造业模式向现代的服务业模式转变

物流信息化建设应从传统的制造业模式向现代的服务业模式转变。传统的制造业模式是简单的生产和销售,将产品生产出来然后销售出去,有的还包括一些售后服务,而现代服务业模式是一种捆绑式的经营方法,是一种与消费者共生的方法,在信息销售环节并不收取费用,而是在消费者使用过程中,消费者产生利润后再收取费用,所收取的费用随消费者收益的提高而增加。物流信息化建设有两种模式,一是大企业主导的模式,二是企业与政府合作的模式。在现实中,二者往往交织在一起,造成了行业信息化建设的复杂性。物流信息化,必须首先解决信息标准化的问题,没有标准不行,标准过度也不行。物流信息必须要有管理,要在管理之下进行信息的交换和共享。要确定两种标准,一种用于管理,一种用于交换。建设标准有两种途径,一是强制型,由政府或大企业主导,确定一个标准后强制推行,其优点是效率高;二是利益驱动型,由信息的提供者和使用者协商确定,然后逐渐推广。在我国,政府部门虽处于强势地位,但政出多门,同时,企业虽多,但缺乏应有的公信力。我国物流信息化标准的确定任重而道远。

五、要注意流通渠道规划和产业组织的分工协调

发展现代流通业,要注意流通渠道规划和产业组织的分工协调,既要进行产业规制,又要形成有效竞争。第一,如何保护个体工商户的发展是当前值得关注的一个问题。小商户的生存空间越来越小,一方面是被大卖场挤占了,另一方面是在城市治理过程中被取缔了。我们应该从实际出发,考虑各个层次的需求,给各种业态和成分的流通组织以相应的生存空间;应充分考虑中国的基本国情,注意传统服务业和现代服务业的结合,发展传统服务业是解决就业问题的路径之一;有必要酝酿对大的流通企业进行规制,适当限制商业巨头的经营行为,让多种业态进行错位经营。第二,尤其要重视发展农村现代流通业。中国流通业发展城乡差距巨大,业态差距也同样有扩大趋势。《国家零售业分类标准》没有包括农村具体条件下的业态,如庙会、集市等。农村商业

设施和体系不完善,农民缺少自己的利益代表组织。农村超市严重存在假冒伪劣产品和"三无"商品,威胁到百姓的健康和安全。解决农村商业问题仅仅靠行政推动不行,还应依靠城市的大连锁店下乡。超市如何连锁到农村应考虑农村的消费习惯和消费需求,降低企业配送成本有利于满足农村消费需求,实现城乡之间的双向流通,使工业产品下乡,农业产品进城。第三,超市作为一种重要业态,其绿色发展(包括打造绿色产品、绿色企业和绿色市场、绿色流通)非常重要,应根据以人为本的要求建立中国超市的评价体系,对符合评价体系标准的企业给予授牌,采取设牌分级制度。对流通中存在的主要问题,如一些重要商品和服务的市场扭曲,地区和城乡之间流通发展水平落差过大,国内民族零售商业缺乏足够的实力和活力应对外商的挑战,信息技术落后,流通立法不健全等等,要努力探寻有效的解决对策和方法。

六、建立市场化、国际化、高效率的流通网络

组织创新作为市场经济运行的第三个支撑点,对推动建立市场化、国际化的平台和高效率的流通网络,推动贸易增长方式的转变进而推动经济增长方式的转变具有十分重要的意义。为实现构建和谐社会的目标,解决贸易流通及经济增长动力偏斜问题,必须提升产业结构,改变要素推动型经济增长方式,在充分认识市场经济基本规律的基础上,把比较优势、后发优势、竞争优势三者结合起来,通过降低物流成本,提高资金周转速度,改善流通技术设施水平,转变贸易增长方式,提高资金密集型、劳动密集型产品的贸易利润。

对于流通产业发展及流通领域的热点问题,要从多个角度进行研究,包括管理角度和贸易角度。同时对于服务业、第三产业、物流业的区别,对于流通方向、流通速度的分类等问题应该进一步研究。研究应从过去的事后研究转变为事前研究,进而引入系统工程等复杂方法。同时,理论应该超前而不是滞后,应该做到理论在前,实证在后。当前中国流通理论界存在着浮躁的现象,解决之道要首先从方法论入手,解决理论工具,同时要明确狭义流通和广义流通的关系,关注流通理论中的一些新概念,流通工作者的一个重要任务是努力使流通内外部和谐,并以此为基础促进整个社会和谐。

(作者单位:北京物资学院。原载于《中国流通经济》2007 年第4 期)

以现代流通体系建设推动流通发展方式转变

陈 静 石 桥

　　由中国物流与采购联合会、中国市场学会、北京物资学院主办，中国流通经济杂志与北京物资学院商学院承办的第五届中国北京流通现代化论坛暨加快现代流通体系建设高层峰会于 2011 年 10 月 15 日在北京物资学院国际交流中心隆重举行。全国人大常委会副委员长陈昌智致信祝贺，国务院发展研究中心原主任、著名经济学家王梦奎，中共中央政策研究室原副主任、全国政协经济委员会副主任、著名经济学家郑新立，中国物流与采购联合会会长何黎明，原国家经贸委副主任、中国市场学会会长俞晓松，原国家粮食储备局局长、党组书记、中国市场学会理事长高铁生，中国商业联合会副会长、中华全国商业信息中心主任王耀，国务院研究室综合司司长陈文玲，中国商业经济学会副会长、著名商业经济学家黄国雄，原国家内贸局副局长、中国物流与采购联合会首席顾问丁俊发，北京工商大学副校长、中国工程院院士孙宝国，原北京市政协副主席、北京物资学院原副院长、著名物流专家王之泰，中国市场学会副会长郭冬乐，商务部流通业发展司副司长王选庆，国家发展和改革委员会运输研究所副所长汪鸣，国务院发展研究中心市场经济研究所副所长王微，中国社会科学院财贸所研究员宋则，中国物流学会副会长、南开大学教授刘秉镰，日本物流学会副会长、爱知学院大学教授丹下博文，日本流通经济大学教授、研究生院物流信息研究科长矢野裕儿，日本流通经济大学物流科学研究所教授小野秀昭，韩国中央大学东北亚流通研究所教授申仁光，首都经济贸易大学发展规划处处长祝合良，中国人民大学商学院教授王晓东，北京工商大学商业经济研究所所长洪涛，中国物流学会副会长、北京交通大学经济管理学院教授鞠颂东等中外流通、物流产业相关部门的负责人以及理论界、实业界的专家、学者、企业家 300 余人出席本次论坛。与会者围绕加快现代流通体系建设，促进流通发展方式转变等热点问题进行了积极探讨。

一、转变流通发展方式,推动流通业又好又快发展

与会者指出,改革开放以来,我国流通业取得了长足的发展,整体规模快速扩大,流通质量与效益明显提升,流通体系初步形成,在推动经济结构战略性调整与经济发展方式转变、扩大内需、保障国民经济平稳较快发展等方面发挥了重要作用。但我国流通业在取得举世瞩目成就的同时,也面临着新的挑战,转变流通发展方式成为当前必须解决的课题。与会者认为,流通业发展方式转变是整个经济发展方式转变不可或缺的组成部分,是转变经济发展方式的前提和条件,关系到整个流通产业的效率和效益,关系到广大人民生活水平与生活质量的提高,关系到我国从生产大国向生产强国的转变,关系到我国从消费大国向消费强国的转变,关系到我国从贸易大国向贸易强国的转变。流通发展方式的转变,可以说是流通业的一次革命,必将对我国流通业的发展以及经济发展方式、消费方式的转变产生十分深远的影响。

当前,流通业发展方式转变主要涉及以下六个方面:第一个转变,要在发展理念上转变,从做大、求规模、重形式,向做强、求效益、重能力转变;从急功近利的短期行为,向眼光长远的长效机制转变;从偏重硬件设施建设、市场容量扩张,向兼顾服务提升、质量改进、环境和谐、低碳高效、集约有序转变。第二个转变,要在发展策略上转变,从只重视单方利益最大化博弈,向寻求生产、研发、流通、服务多方共赢的战略合作转变;从只重视流通企业的销售额、毛利率,向追求流通企业的赢利额、纯利率转变。第三个转变,要在发展方式和手段上转变,从粗放型的增长方式,向精细化、重视资源优化程度、重视资源运用效率的发展方式转变;从过去主要依靠物质资本,向注重依靠人力资本转变。第四个转变,要在流通模式和技术上转变,从传统的、落后的流通经营模式,向现代化的、先进的流通经营模式转变;从零散采购、分散配送、非连锁化经营,向集中采购、统一配送、连锁化经营转变;从重视引进国外流通技术,向追求我国自主技术创新转变。第五个转变,要在商品市场类型与定位上转变,从注重有形市场、显在市场、传统市场、低附加值市场,向注重无形市场、潜在市场、新兴市场、高附加值市场转变。第六个转变,要在流通产业结构布局上转变,从流通网络疏密无序、地区之间发展不平衡,向流通网络体系完善、结构布局合理转变。我们应从以上六个方面的转变着手,推动流通业发展方式转变,构建保障工业、农业、国防现代化与人民日益增长的物质文化生活需要的现代商品流通服务体系;应利用现代技术改造传统流通业,推动流通业实现由传统到现代的历史性跨越;应进一步健全完善流通业法律法规,依托流通产业,实现国

民经济又好又快发展。

二、落实"国九条",促进物流业与商贸物流业发展

与会者指出,物流业是流通业的重要支撑与基础保障,在降低流通成本、提升流通效率等方面起到了十分积极的作用。物流业的健康发展,需要一个良好的政策环境。近年来,我国物流政策环境进一步改善。2011 年 8 月,《国务院办公厅关于促进物流业健康发展政策措施的意见》(以下简称"国九条")出台,为我们更好地细化落实《物流业调整和振兴规划》、降低流通成本、提升产业竞争力、推动物流业发展方式转变提供了政策支持,为我国物流业政策调整指明了方向。"国九条"提出的有关税收、土地、交通、体制改革、资源整合、技术创新、加大投入和农产品物流等九个方面的四十多条政策措施,都是业界反映强烈、长期制约物流业发展的突出问题,对于引导物流业科学发展具有非常重要的意义。

与会者指出,落实"国九条"的主体在政府。下一阶段,政府及社会各有关部门应积极配合,全面推动各项措施的细化落实,力争在企业最为关心的税收、交通等重点问题上率先取得突破。首先,从税收方面看,要根据物流业一体化运作、网络化经营的复合型产业特点,改革原有税收管理体制。一是完善税收试点办法,扩大税收试点,在一些条件相对成熟的地区或行业,先行全面推广试点,并将试点政策延伸到仓储、运输、配送等各物流业务环节;二是充分考虑物流业运行特点,研究解决仓储、配送、货运代理等环节与运输环节营业税税率不统一的问题,将物流各环节应税劳务全部纳入增值税征收范围,重新测算适用税率,切实减轻企业负担;三是完善大宗商品仓储设施用地的土地使用税政策,切实减轻物流企业税收负担。其次,从交通环境方面看,针对当前过路过桥费过高、罚款过多过乱、配送车辆进城难等一系列制约物流业发展的较为突出的问题,一要对道路收费站点进行全面排查,采取相应措施,比如针对个别路段采取降低收费标准、回购撤销一些收费站点等措施,清理并降低过路过桥费,努力使公路回归公益性质,降低企业运输成本;二要"变堵为疏",尽快确定城市配送车辆标准环保车型,制定配送车辆技术规范,取消城市配送通行证管理,对城市配送车辆与普通货运车辆进行分类管理,允许城市配送车辆通行,全面取消城市配送通行证,放开符合条件的配送车辆进城限制,为配送车辆进城通行提供便利,解决城市配送问题;三要坚决治理"乱罚款"问题,通过设立交通和路政等部门的联合执法机制,统一执法标准,减少个人自由裁

量权,规范执法程序,通过规范和压缩罚款项目,改革罚款方式,彻底切断地方财政和基层执法部门与罚款之间的利益纽带,杜绝"以罚代管";四要修订车辆运输车标准,并在考虑修订标准复杂性和改装车辆资金与时间成本的基础上,实事求是解决车辆运输车难题,逐步过渡,长期坚持,切实改变"一边罚一边超"、"越罚越超"的现象;五是区别对待大件运输与一般的超限、超载运输问题,尽快制定出台大件运输管理办法,建立跨省超限运输综合协调与互联互认机制,规范申报与审批程序,制定全国统一的公路赔(补)偿费标准,减少各地自由裁量权。

此外,还要以商业与物流业的有机结合为切入点,以现代商贸物流服务体系建设为内容,构建区域性的商贸物流产业组织中心,使城市获得服务区域的集群化产业发展能力,创新商贸流通产业扩张发展模式,为城市通过商贸物流产业发展培育新的经济增长点奠定产业发展基础。通过系统建设布局商贸物流基础设施,改革创新商贸物流管理体制,扶持服务创新与技术进步,营造良好的金融服务体系,搭建公共信息平台,推进关键项目建设,完善发展政策与措施,整体推进城市商贸物流业发展,以更好地支持、提升、优化商贸活动,提升对用户的服务水平,扩大市场,降低商贸企业物流成本与流通费用,推动城市产业结构发展,提高城市规划的科学性,改变城市在地区、国家乃至全世界的战略地位,引导和扩大消费,促进生产,推动资源不足地区经济的发展,改善地区就业问题,提高地区财政收入。

三、重新认识现代流通,重新认识国际贸易规律,重建国际贸易理论与贸易评价体系,把争取我国在国际贸易中的更大权益作为国家战略

与会者认为,现代流通是社会化的大流通,这是它的需求基础;现代流通是国际化的大流通,这是它的流通范畴;现代流通是信息化的大流通,这是它的流通要素;现代流通的状态是混沌化的大流通,这是流通的一种存在状态。国际化的大流通主要表现为国际贸易,而国际贸易又表现为货物贸易和服务贸易。这就意味着更多的要素,包括有形要素、无形要素,都要进入全球化大流通。随着经济资源和要素禀赋(如商品、资本、劳动力、信息、技术等)通过国际化大流通超越国界被重新配置的范围越来越广,阻碍生产要素在全球自由流通的各种壁垒不断被打破,现代流通成为经济全球化的内在动力,经济全球化成为现代流通发展到更高阶段出现的必然结果,加速了不同国家和地区市场相互依存的进程。

在国际化大流通的大背景下,我国作为世界经济重要的组成部分,争取自身在国际贸易中更大的权益显得尤为重要。因此,必须重新认识国际化大流通,重新研究国际贸易规律,重建国际贸易理论和贸易评价体系,推动全球对国际贸易规律与规则的统一认识,公平评价全球化条件下各贸易国的贡献与获取;必须转变国际贸易策略,把争取我国在国际贸易中的更大权益作为国家战略,进一步提高我国在国际贸易中的地位。首先,从总体战略上看,要贯彻落实科学发展观,转变经济、贸易发展方式,从粗放型、数量型发展方式向集约型、效益型发展方式转变,从贸易大国向贸易强国转变。其次,从我国参与国际贸易竞争的优势看,要从出口导向型的贸易向竞争优势导向型的贸易转变,采取出口与进口相匹配的贸易竞争战略。其三,从贸易结构上看,要将更多的人力资本融入到出口商品中,成为出口商品新的形态,要从过去主要以货物贸易为主向以服务贸易为主转变,要从有形要素禀赋向无形要素禀赋转变。其四,从贸易方式上看,要调整原有贸易方式,在进一步发展一般贸易、加工贸易和边境贸易的基础上,发展采购式贸易、投资带动式贸易以及跨境合作贸易。其五,从商品出口结构上看,要进一步提高制造业水平,使商品出口结构从由低端要素构成的产品向由更多高端要素构成的高技术产品、高附加值产品、高技术含量产品、精深加工产品转型。其六,从出口的地理方向或流量方向来看,要根据整个全球经济格局的变化,实现出口增长从美、日、欧向新兴市场国家、新兴经济体转变。其七,从贸易政策来看,要根据全球化流通的需要,对货币政策、贸易政策进行新的调整,包括人民币、人民币浮动汇率、人民币国际化等。

四、以市场机制为基础,以企业为主体,以产业政策为导向,从宏观和微观层面共同努力,促进流通产业先导作用的发挥

与会者指出,市场经济条件下,消费通过流通决定生产,流通业既是国民经济的基础性产业,也是国民经济的先导性产业,对相关产业发展具有重要的带动和提升作用。改革开放以来,随着我国市场经济体制和目标的确立,流通产业在国民经济发展中的先导作用不断显现,社会各界对流通业作用与地位的认识也发生了深刻的变化。流通产业先导作用的发挥,首先需要流通业界树立服务意识,从观念和政策层面、从硬件和软件层面、从技术和队伍层面入手,积极、主动、有目标、有意识地改进和完善流通业存在的缺陷,提高流通产业自身素质,充分发挥流通产业的反馈、传导和传统服务功能,更好地把消费一端所发生的变化传导给生产一端,促使需求正确引导供给。其次,需要高度重视并解决信息不对称问题,大力推动流通信息化建设,大力发展电子商务,把实体市场与虚拟市场有效结合起来,使流通在解决时空矛盾、提供时空便利的基础上,实现信息的充分交流,避免和减少信息误导所造成的大量流通效率的流失,更好地发挥流通的信息传导作用。其三,需要尽快形成并理顺价格传导与形成机制,依靠流通在形成合理价格水平以及传递政策、校正价格等方面的重要作用,充分发挥流通引导生产的作用。其四,需要大力倡导以流通企业为主导来构建供应链,通过提高流通企业的比较优势与核心竞争力,提升流通企业在供应链中的主导地位,从而更好地提高企业竞争力,促进产销衔接,更好地适应当前我国扩大内需、调整产能、优化结构形势的需要。其五,需要为产业转移提供先行服务,通过制定相应的政策,在进行产业结构调整、推动产业转移的过程中,让流通先行,为产业转移提供必要的商业服务环境。其六,需要校正商业企业特别是零售企业物业管理式的经营倾向,使之回归主业,引导商业企业由主要依靠联营返点的赢利模式向以自营为主的赢利模式转变,搞好自营,主动响应并传导消费需求的变化,如实地向厂商传达需求方的信息,引导生产者调整生产结构,适应需求。还要鼓励商业企业培育发展自有品牌,推行体验式营销,深化商品与服务间的融合,从微观层面更好地引导产品与服务结构的调整。

五、转变调整结构的方式,完善流通体系,推动经济发展方式转变

与会者指出,经济发展方式转变与结构调整之间存在十分紧密的关系。调整结构是转变发展方式的重中之重,转变调整结构的方式是转变发展方式的要害,转变发展方式必须率先转变调整结构的方式。如果调整结构的方式,特别是实体经济中制造业调整结构的方式不能率先进行改革,转变发展方式的诸多目标就很有可能再度落空。以往转变发展方式之所以收效不大,其根本原因就在于我们对调整结构的方式缺乏足够的重视,就在于我们调整结构的方式转变得比较迟缓。

当前,解决我国产业结构失调的关键并不在于增量的调整,而在于存量的优化特别是制造业存量结构的优化。因此,当前我国调整结构必须致力于消化存量结构,解决长期累积下来的经济存量中的各种矛盾和问题。以往宏观政策实施的效果表明,总量管理是政府的强项、市场的弱项,而结构调整是市场的强项、政府的弱项。如果不顾及市场软实力、软调节的长期效应,仅仅凭

借政府部门层层开会、发布红头文件、下达紧急通知,仅仅以政府行政干预为主导,仅仅依靠行政手段、行政命令来调整产业结构中巨大的存量问题,必将越来越难以奏效。因此,"十二五"期间我国制造业产业结构调整的方式,必须实现从行政化到市场化的重大转变,必须从政府主导型向市场主导型转变;必须深化资源、能源类价格体系的市场化改革,强化金融、商贸等服务业对经济结构调整与产业升级的影响力和贡献率,创建有利于推进生产性服务业深度参与经济结构调整和产业升级的体制政策环境;必须深化服务业自身的改革,努力营造诚信至上、服务至上的商业环境,切实转变服务观念,树立服务意识,强化服务培训,规范服务行为,提高服务技能,讲求服务实效,充分发挥服务业在结构调整中的疏导和中介功能。其中,流通业作为服务业重要的组成部分,更要在结构调整中充分发挥作用。因此,必须进一步完善工业品流通体系,确立制造业所需要的现代批发体系,根据各类商品流通的特点和规律,完善多层次的分销渠道。作为产业链条上的紧密型关系主体,金融、批发、零售、物流、制造商之间必须完善以商业信用为基础的契约机制,依靠金融、商贸业信用制度创新,保证各环节之间的专业化分工与合作,促进信息与利益共享,强化制造商生产性服务外包的内在动力。

六、尽快建立多种渠道、多种业态、内外贯通、城乡一体的现代流通服务体系,确保市场平稳运行

与会者指出,为推动我国经济增长向依靠消费、投资、出口协调拉动转变,必须高度重视流通业在扩大消费、引导生产、保障建设、改善民生、吸纳就业、促进社会和谐等方面的重要作用,构建包括流通政策法规行政管理体系、国内流通体系、国际或地区流通体系以及流通支撑保障体系等在内的现代流通体系。从大流通的角度看,我们必须站在全球经济一体化的高度,综合考虑商流、物流、信息流、资金流以及外贸、内贸的关系,按照流通经济和市场经济的规律制定相关政策,在充分尊重市场主体意愿与价值规律的前提下,运用经济手段,在政府规划与指导下改革现有的以工业或制造业为核心的经济管理和公共服务体系,营造有利于流通业发展的政策和体制环境,推动大市场、大流通格局的形成;必须整合现有政策资源,支持包括流通业在内的服务业的综合发展以及业态和模式创新(如供应链等);必须改革不利于服务业发展的税收制度,进一步推动企业职能外包;必须支持流通业与工业、金融业的融合发展,破解中小企业融资难题;必须鼓励流通业集聚发展,提高流通物流企业的国际影响力;必须改变流通业重外贸、轻内贸,重零售、轻批发的观念,构建现代批发体系;必须加快建设城乡对接的现代农产品流通体系,全面升级并加快建设以城市为中心的现代消费品流通体系,建设包括钢材、矿石、粮食等在内的大宗商品市场流通体系,建设内外贸一体化的国际流通体系,建立财政保障体系、税收保障体系、应急保障体系,确保市场平稳运行。

七、多管齐下,提高我国农产品流通效率

与会者认为,农产品流通体系主要包括农产品渠道体系、农产品市场体系、农产品规范与支撑体系三个部分。改革开放三十多年来,我国农产品流通体系建设取得了一定的成绩,但也出现了一系列比较突出的问题。从农产品渠道方面看,主要表现为农户组织化程度较低,农户利益得不到很好的保证,农民参与流通过程的程度较低;从农产品市场体系看,主要表现为农产品市场结构与布局不尽合理,市场主体规模偏小,市场秩序和交易行为不规范,交易效率较低;从农产品规范与支撑体系看,主要表现为农产品物流设施比较落后,农产品物流损耗大,成本高,农产品流通信息服务薄弱,农产品流通法律法规体系不健全。以上均在一定程度上制约着我国农产品流通效率的进一步提高。

针对当前我国农产品流通体系存在的一系列问题,必须多管齐下,依靠各方面的共同努力,提高农产品流通效率。首先,从渠道体系建设角度来看,可以进一步创新和完善农产品流通渠道的模式,大力发展"公司+合作组织+农户"或"合作组织+农户"的渠道模式,大力提升农产品生产、加工、流通的组织化程度,以物流为中心整合流通渠道,建立物流基地,积极推广农产品电子交易类平台,提高农民参与流通的程度。其次,从市场体系建设角度来看,应继续发挥集贸市场的便利功能,大力发挥批发市场在集散、配送、库存调整等方面的功能,充分发挥期货市场的价格导向、风险转移和资源配置功能,推动农产品流通的发展。其三,从农产品规范与支撑体系建设的角度来看,应大力加强农产品流通基础设施建设,继续推进农产品批发市场建设和升级改造,大力进行农产品物流基础设施特别是冷链系统建设,切实加大对农村道路交通建设的投资力度;大力加强农产品流通体系信息化建设,改变信息服务的对象,建立信息机构进行信息分析和信息发布,建立快速、准确、有效的农产品信息传播网络,建立有效的农村信息市场监控机制;加大对农民合作组织的财政和信贷支持;加快农产品流通立法,尽快出台相关法律;加强农产品市场管理力

度,提高执法力度;强化参与者、监管者的品牌意识、安全意识,提高品牌保护意识。

（作者单位:北京物资学院。原载于《中国流通经济》2011 年第 11 期）

基于低碳经济视角的流通业发展路径选择研究

欧阳泉

近年来,有关低碳经济的概念越来越受到国际社会的重视,一些国家提出建设"低碳社会",探索走"中碳经济"再到"低碳经济"的发展路径。中国作为发展中的温室气体排放大国,如何从自己的国情出发发展低碳经济,事关经济发展方式的转型、资源节约型社会和环境友好型社会的建立,影响重大而深远。①

一、实施低碳流通的必要性

1. 适应现代流通经济发展趋势的需要

应对气候变化和全球变暖,发展降低人类经济活动和生活活动碳足迹的低碳模式,已在流通领域得到关注。以零售业为例,英国零售商特易购(TESCO)自 2005 年在苏格兰迪斯开出全球首家低碳环保店以来,已在全球建有 50 多家节能店,2008 年还在英国市场实施包括牛奶、灯泡、洗衣粉等在内的 114 种产品的碳足迹和碳标记工作,并规划从原材料采购、制造到配送、零售、消费以及废物弃置等整个产品生命周期的各阶段都采取措施减少碳排放。

零售巨头沃尔玛在新建或改造"零碳"未来超市的同时,于 2007 年提出"碳揭露计划",要求 6.8 万家供应商提供产品生命周期的环境信息,公布温室气体排放量,此计划已与 30 家供货商试行,包括 DVD、牙膏、香皂、牛奶、啤酒、吸尘器、汽水等项目。2009 年,沃尔玛通过发起"可持续指数"行动将供应商和产品的环境表现进行排名,以向整个利益链中的供应商施压,要求供应商制作碳足迹标签以供消费者了解。沃尔玛等企业在降低污染和缩减碳足迹方面一直走在前端,在可持续发展方面所作的努力为我国开展低碳流通提供了

---

① 任力:《低碳经济与中国经济可持续发展》,《社会科学家》2009 年第 2 期。

借鉴之路。①

2. 现代服务业的迅猛发展带来流通领域能耗的增加

近年来,随着各地大力发展现代服务业,综合超市、餐饮业、商贸物流以及与此相关的废弃物回收业等迅猛发展,随之而来的交通、建筑用能也急剧上升,能耗增长速度快于全行业平均速度。据《浙江省能源利用状况白皮书》对浙江省流通企业布局、能源消耗等情况以及其他的相关调查数据表明,交通运输、批发零售餐饮、建筑物碳比例虽远低于工业碳,处于低位,但其碳排放一直逐步上升。② 2009 年,中国连锁经营协会在对近 30 家零售企业调查的基础上,发布了流通领域第一部节能报告,与美国超市相比,我国大型综合超市除在冰冻冷藏设施、加热装置用电比例略低于美国外,其他如照明、空调用电则高于美国,其中空调用电高于美国近 20 个百分点。水电等能耗费用作为国内大型零售企业仅次于人力资源费、房租的第三大成本,占总支出费用的 10%—30%,远高于发达国家同类商场。③

3. 流通领域中的节能减排工作相对滞后

相对机械制造、化工、建筑、造纸、能源等工业领域而言,流通产业的节能减排无论在政策还是在机制上,都很滞后。我国较早在流通领域提出节能减排相关政策的是 2007 年 6 月商务部制定的"节约型零售企业"评价规范,确定把北京、天津、上海等城市营业面积在 1 万平方米以上的大型超市、百货店、专业店的节能降耗作为工作重点。2008 年 7 月则开始实施"限塑令"以及"以旧换新"政策等,但与国外相比,总体上缺乏系统性和综合节能意识。

流通过程中的运输、仓储、搬运、包装、加工等环节,在燃料能耗、资源浪费或过度消耗、流通效率不高、可耗竭资源型包装或不可再生资源材料的使用、废气废水固体废弃物的排放等,比工业产业的限制要求较为滞后,这些方面还有很大潜力可挖。

4. 流通业在促进供应商和消费者实现低碳排放中的地位

流通业作为连接生产和消费的中间环节,在发展低碳流通过程中,能够担当更多的社会责任。流通业可以促进供应商提供低碳产品,带动上游供应商

①　Katherine Jennrich. *Wal-Mart Supply Chain GHG Reporting Initiative*, North Carolina: Nicholas School of the Environment and Earth Sciences of Duke University,2007(10) pp. 30—32.

②　周树勋等:《浙江省低碳经济建设思路》,《环境经济》2009 年第 9 期。

③　商务部:《2010 年中国零售业节能环保绿皮书》,2010 年 9 月 7 日,见 http://www.gov.cn/gzdt/010—09/07/content_1697723. htm/。

低碳化发展,尤其是一些有一定规模和影响的零售企业,通过在谈判中的优势地位,督促供应商提供低碳产品,如要求供应商简化包装,以减少回收或废弃物流。同时通过一些举措,如销售节能环保产品、减少塑料购物袋使用、使用低碳材料的产品等向消费者宣传低碳消费理念,发挥流通业的窗口作用。

二、低碳流通发展的制约因素

1. 基础设施设备落后,形成锁定效应

目前,我国流通企业普遍依赖非低碳技术类的基础设施和技术装备,如叉车,我国使用内燃叉车比例接近80%,欧美及日本发达国家则不超过50%,电动叉车和内燃叉车在国内使用比例失衡。又如,据英国有关数据表明,商业建筑的二氧化碳排放量占碳排放总量的18%,而我国大量的传统高耗能的商业仓库自然增加了碳排放量。这些不节能、不环保的设施设备使用年限长,不大可能轻易废弃,一旦投入使用,将对温室气体排放产生长期影响,容易形成锁定效应。[①]

2. 配送资源没有达到优化配置,配送组织效率不高

随着电子商务、连锁经营等经营方式的发展,配送业也得到快速发展,而不合理的配送系统则会造成运输时间价值的损失和更多的污染物排放等,增加对环境的污染。不合理主要表现在:一是配送设施的建设对其未来吞吐量缺乏充足估计,造成资源闲置,产生沉没成本。据中国仓储协会第三次调查,国内配送物流中心平均空置率为60%。二是配送中心建设社会化、网络化程度不高,缺乏对配送系统外部性的考虑,没能形成很好的配送规模,线路的有效规划和车辆的满载率很难得到保证。三是配送组织缺乏整体规划。由于城市配送一般都集中在中心区,而配送通道区域的设置只是简单地按照城市中心区与非中心区的划分来标定路段,限制运货卡车通行,造成供货商改用面包车来配送,原来一辆卡车可以完成的配送量,现在需要几辆面包车来完成,造成在大型商业聚集区和重要物流节点的配送拥堵现象突出。另外实施JIT配送也相应增加二氧化碳的排放。[②]

3. 食品冷链缺乏上下游的整体规划和整合

食品腐烂变质不仅是食品安全隐患的主要原因,而且还是资源浪费、不利

---

① 王长琼:《绿色物流的内涵、特征及其战略价值研究》,《中国流通经济》2004年第3期。

② 戴定一:《物流与低碳经济》,《中国物流与采购》2008年第21期。

于发展低碳模式的主要原因。近几年,我国食品冷藏链及设备虽有所发展,但全国每年仅运输途中腐烂变质的水果、蔬菜等食品,价值就达 700 亿元。由于零售商在供应链中所处位置相对强势,生产商难以控制其产品零售环节的冷链。而冷链断点已不单纯是某家企业的问题,需要通过政策、行业标准和技术规范使供应链上下游之间实现整体规划与协调。

4. 低碳流通的相关政策和标准不成熟

长期以来,对国内流通企业的考核基本都是围绕"粗放型"概念,以销售额、利润额、店铺数、VIP 客户数量等直接营业数据为标准,对节能降耗实施低碳化没有足够的认识,但目前已有部分流通企业开始将注意力转移到节能减排等低碳措施的实际操作上来。在这转变过程中,需要更多考核能耗与营业额等比重。然而相关政策和行规标准的不成熟,使企业在建设诸如"低碳超市"等中有很大的随机性和盲目性。明确而完善的政策支撑和管理制度将影响流通企业节能效益衡量与节能持续动力的产生。[①]

5. 资金制约

根据中国连锁经营协会的一项调查显示,84.9% 的企业是靠自身投入来解决低碳建设的资金问题。另外据商务部发布的《2010 年中国零售业节能环保绿皮书》显示,多达 53.5% 的企业希望采取合同能源管理的节能机制;32.6% 的企业希望有政府补帖,由企业、政府、经营户相结合,或与厂家共同承担等其他方式;只有 10.5% 的企业考虑全部由企业承担节能费用。目前企业愿意采用的投资方式与实际情况差距较大,节能资金多由企业直接投资,缺乏其他融资渠道,缺乏金融、税收等方面的资金支持,使得资金成为制约低碳流通发展的主要制约因素之一。[②]

6. 从业人员低碳理念的缺乏

流通领域的从业人员作为仅次于制造业从业人员的庞大群体,人员素质不高,普遍缺乏低碳意识。而且,流通领域的复杂性,使节能减排工作难以与个人绩效考核挂钩。另外,为单纯提高顾客满意度而增加能源消耗和温室气体排放为代价的"面子消费"与"奢侈消费"陋习还普遍存在,如在餐馆使用一次性餐具、宾馆使用一次性洗漱用品等现象非常普遍,长期形成的传统高碳模

---

① 庄贵阳:《中国发展低碳经济的困难与障碍分析》,《江西社会科学》2009 年第 7 期。
② 商务部:《2010 年中国零售业节能环保绿皮书》,2010 年 9 月 7 日,见 http://www.gov. cn/gzdt/010-09/07/content_1697723.htm/。

式的工作方式在向低碳模式转变过程中非常艰难。

除此之外,直接或间接影响低碳流通发展的因素还包括:包装废弃物分类回收工作滞后、包装制品的回收渠道混乱;企业规模小、流通信息系统效率不高等。

三、低碳经济模式下发展流通产业的路径

1. 加大政府对流通企业实施低碳转型的扶持力度

要实现低碳流通转型,必须把流通企业的低碳经济转型融入到政府决策、制度设计中,营造有利于低碳流通发展的政策环境。从政府规制的角度,对现有的流通体制强化管理,构筑流通低碳化发展的框架,对企业流通活动外部不经济性进行约束与干预,逐步形成低碳流通的倒逼机制和补偿机制,确保各级政府、各部门、各环节科学有序地推动低碳流通。如对采购低碳产品的流通企业给予补贴、减税等政策激励和引导流通主体的行为,使外部成本内部化,增强低碳产品的价格比较优势,引导企业参与到低碳经济转型中来。[1] 同时逐步增加对流通企业使用清洁能源、替代能源以及提高能源效率的流通设施等的资金投入,鼓励企业通过能源合同管理节能模式,加大对耗能大、不利于低碳的设施设备的改造力度,缓解流通企业在低碳经济转型中面临的资金瓶颈。促使金融机构面向低碳型流通企业实行金融优惠政策,鼓励金融机构把低碳流通项目作为贷款支持的重点,加大支持力度。进行低碳流通贷款管理机制创新,完善低碳流通金融服务信息系统。

2. 实施"立体式"控制的管理模式

企业作为实现低碳流通的载体,应该实施全方位管理。第一,建立健全节能降耗工作制度,对一些重点耗能流通企业建立上报能耗情况的统计制度和通报制度,督促企业健全内部节能管理制度。第二,建立健全工作机制,制定流通领域节能减排实施方案,落实到部门和个人,明确节能工作目标和重点;确定运输、仓储等经营活动的减排目标,制定如提升燃油效率和降低二氧化碳排放等具体标准和要求;推出流通领域低碳建筑节能标准,实施目标管理。[2]第三,建立流通企业能耗统计指标体系,做好企业能耗评价和碳足迹认证工作;逐步推动供应商实施碳足迹标签;切实有效做好抑制过度包装等工作。第

---

① 　金乐琴,刘瑞:《低碳经济与中国经济发展模式转型》,《经济问题探索》2009 年第 1 期。

② 　朱志胜:《不要让低碳经济成为"纸上谈兵"》,《环境科技》2008 年第 11 期。

四,促进电子商务和连锁经营等经营方式的发展,强化电子商务与物流业之间的融合。第五,建立节能考核机制,严格执行节能标准;确定重点耗能部门,实行年度考核,奖优罚劣。最后,在销售场所推行节能标识制度,开展节能技术改造,加强仓储设施采暖(制冷)、照明及使用其他电器等的耗能管理,并对商品在流通领域过程中的储运、销售、废弃、回收等环节进行碳足迹管理。

3. 以低碳化的思路规划流通产业

政府在制定流通产业规划时要按照大流通、低碳化的思路,做好向低碳流通转型的准备。

第一,要合理规划大中型流通企业网点、商贸物流配送中心的空间布局,以减少运输资源的外部性输出。作为一个综合体,要把建筑耗能和建筑设计、墙体材料、绿化设计、水循环、房屋的热损失以及垃圾分类集中处理等综合考虑进行整体规划。以"低碳模式"开发流通企业网点、商贸物流园区、配送中心等建筑,增加生物多样性。[①]

第二,通过兼并重组等手段大力发展第三方物流配送,剥离低效仓储运输等业务。通过第三方物流系统化的运作,使物流资源实现集约化,减少运输资源浪费,提高能源利用率。利用信息技术手段和方案来优化配送路线,减少配送公里数,缓解资源消耗,抑制配送对环境造成的危害。同时,通过流程再造,有效整合物流资源,实施共同配送运作模式,提高往返载货率和货物积载率,减少空载率,实现对物流环境的净化,达到低碳环保的目的。

第三,科学规划包括中央厨房在内的流通加工中心、回收处理中心等,使农副产品等由分散加工变为专业集中加工,尤其做好餐厨垃圾回收再利用收集加工处置,提高设备利用率和加工效率。结合流通加工与运输配送,按干线或支线运输合理的要求进行适当加工,提高运输及运输转载水平,促进运输形式的合理化。进一步贯彻落实"以旧换新"政策。遵循3R原则(减量化、再利用和再循环),实施跨区域联合处理废弃物,完善逆向物流管理信息系统,实现废弃物物流顺畅对接,减少因分散处理所造成的泄漏物和废弃物的污染,使回流物品的处理效率更高。

第四,结合大宗商品的运输、流通加工、回收等流通过程以及自然条件,从

[①] Flora Vadas, Alexander Stoffregen, Dr. Constantin Herrmann. *Evaluating Environmental Performance in Low-Carbon Energy Systems*, Case Studies with the Ecodesign Toolbox 3, Brussels, Belgium; European Copper Institute, March, 2009, pp. 40–52.

发展低碳经济的长远效果出发,挖掘水路和铁路低碳运输的优势。开展水铁联运和多式联运,以减少运输次数、资源消耗和碳排放,形成低碳减排长效机制。

4. 以技术创新推动低碳流通

应充分认识到从传统发展路径向一个创新性发展路径转变过程中,为了避免技术的路径依赖所产生的碳锁定效应,低碳流通业的发展还必须注重选择前瞻性、战略性的技术。[①]

第一,综合节能新技术,提高能源效率,建设节能高效的现代流通体系。在各类零售企业、批发市场、酒店、宾馆、仓库等经营场所,推广和采用节电、节水、节材型产品和技术,如使用自动感应节能型扶梯、节能型灯管、冰柜、空调、灶具等,开展用电系统的节能改造,并采用综合控制系统对水、电、温度实行动态控制,最大限度地节约照明、空调等用电。

第二,使用新型清洁能源作为发展低碳流通的直接手段,逐步采用新能源环保低碳型物流设备和工具。如电动叉车以及综合了柴油发动机、电动机和镍氢蓄电的内燃式混合动力叉车等,以减少二氧化碳排放量和燃料消耗量。

第三,通过物联网技术实现可视化供应链,把低碳经济背景下的物联网信息技术的单点应用整合成一个物联网体系。推行低碳采购,通过减少采购难以处理或对生态系统有害的材料,提高材料的再循环和再使用,使用可降解或可回收的包装等,降低末端环境治理成本。

第四,树立"低碳餐饮"的理念,实施"低碳厨房"革命,推广采用节能减耗环保设备,减少碳排放。使用可循环餐饮、宾馆等用品,减少乃至取消一次性木筷、快餐盒和桌布以及客房牙刷、梳子、剃须刀等"6小件"的使用,采取建议客人有偿购买或不使用则增加积分等措施,使用布、纸等可再生资源替代塑料洗衣袋、礼品袋以及用品的外包装等,并把是否使用"低碳用品"列入酒店、宾馆评"星"准入门槛。

5. 培养流通业从业人员的低碳意识和行为

流通业从业人员作为主体,其低碳意识和行为对实施低碳流通模式有重要的影响。强调流通企业全方位对环境的关注,有利于实施流通低碳化和树立低碳形象。

第一,组织员工学习《节能法》、《商品零售场所塑料购物袋有偿使用管理

---

① 　郭恒,孙蕾:《低碳经济发展的路径选择》,《江苏工业学院学报》2010年第2期。

办法》等,加强交流与培训,引导员工对低碳理念的认识。

第二,开展节能低碳等主题活动,如推出"碳中和"活动,实施二氧化碳排放的"可视化"方案。所谓"碳中和"是指通过一些节能手段或者购买碳排放额,来抵消之前排放的二氧化碳。

第三,培育示范引导。在流通领域积极开展争创"低碳饭店"、"低碳超市"等活动,树立低碳标兵,以点带面,起到激励作用。营造流通业节能减排的良好氛围,并将节能低碳宣传与企业长远发展、员工利益相结合,推动行业节能。

第四,通过各种有效途径和方法培养消费者的低碳理念,如推动实施"碳足迹"项目,让消费者"看得见"每天所购买的生活用品和享受的服务中温室气体的排放量;建立针对消费者的"低碳积分制度",对消费者选择购买节能商品或者服务时,可获得额外积分;促进消费者树立理性、责任、文明的新消费观;倡导餐饮企业提供大、中、小份量菜品服务,引导顾客节约消费行为等。

四、结束语

低碳流通作为一种资源节约型与环境共生型的新流通方式,要求摒弃那种过分依赖资源投入与能源消耗,不顾对环境造成危害的粗放型流通模式,将节能减排、低碳经济、科技创新、环境保护列为流通产业持续发展的核心内容,实现集约化发展模式,通过社会化、专业化、集约化、系统化、和谐化运作方式,减少资源能源消耗与环境污染。

发展低碳流通模式需要依赖制度环境、组织环境和文化环境的融入,从政策、规划、管理、技术、文化建设等层面上分析"减排低碳"的对策。在把握经济增长机遇和发展低碳经济、转型经济增长模式的艰难博弈中,借鉴吸收发展低碳流通模式的成功经验,逐步走出一条协调长远利益与眼前利益,兼顾制度创新与技术创新,政府、企业、个人三方积极互动的低碳流通发展之路。

（作者单位:西南财经大学流通经济研究所。原载于《中国流通经济》2011 年第 3 期）

中国经济发展的现状和趋势

吴树青

2002 年,党的十六大作出了一个重大判断:"21 世纪头 20 年,对中国来说,是一个必须紧紧抓住并且可以大有作为的重要战略机遇期"。现在重要战略机遇期的第一个五年即将过去,"十一五"时期即将到来。在这个时候十六届五中全会提出了两个重要的判断:"十五"时期是不平凡的五年;面向未来,我们站在一个新的历史起点上。我想结合这两个判断来谈谈中国经济发展的现状和发展趋势问题。

一、"十五"时期是不平凡的五年

21 世纪的头五年,在中国历史进程中是不平凡的五年,是继往开来、与时俱进的五年。

与过去历次"五年计划时期"相比,"十五"时期有三个新的特点:

第一,它是中国总体达到小康以后的第一个 "五年计划时期"。这个五年是在我国实现了低水平的、不全面的、发展很不平衡的小康的基础上起步的。这决定了"十五"时期面临的任务是为向全面小康迈进奠定基础,为此必须开始着手解决经济社会发展中存在的不全面、不协调、不平衡方面的问题。

第二,它是中国人均国内生产总值突破 1000 美元后的第一个"五年计划时期"。根据国际经验,这是一个机遇和挑战并存、希望与压力同在的历史时期。它是一个"黄金发展期",如果举措得当,经济社会发展将实现新的跨越;它又是一个"矛盾凸显期",如果应对失误,很容易导致经济徘徊、社会动荡。

第三,它是中国加入世界贸易组织后面临的第一个"五年计划时期"。加入世界贸易组织后一方面意味着我国进一步参与经济全球化的进程,有利于进一步利用国际市场、国外资金、人才、先进技术和管理经验来发展我国经济。另一方面有一个按照世界贸易组织的规则办事,履行加入世界贸易组织承诺,为各国来华投资者创造更加公平规范的市场环境的问题,包括降低关税,开放货物贸易、服务贸易等,将影响国内相关产业和企业的竞争力。如何适应加入世界贸易组织后的新情况和新形势,在经济全球化的大潮中趋利避害,引领中国特色社会主义航船继续乘风破浪? 这也是摆在面前需要解决的一个重要课题。

现在"十五"时期即将过去,回头看这五年我们经历了许多风波。"十五"开局,中国经济还没有完全从亚洲金融危机的阴影中走出来。"十五"前期,又出现"9·11 事件"和美、日、欧三大经济体同时减速,世界经济发展明显放缓的不利局面。我们实行扩大内需的方针,努力摆脱通货紧缩、需求不足等困局,克服了世界经济发展明显减速的不利影响,使国民经济重新步入快速发展的新平台。"十五"中期又遭遇了突如其来的"非典"疫情和频繁发生的自然灾害,我们实行了抗击"非典"和发展经济两手抓的方针,经受住了严重自然灾害、重大疫情等严峻考验,夺取了抗击"非典"和经济发展的双胜利。"十五"后期,经济运行中又出现了某些不健康不稳定的因素,主要是局部领域经济过热,固定资产投资膨胀,货币信贷投放过快,导致煤、电、油、运紧张,农业发展缓慢,粮食供求关系趋紧。党中央、国务院审时度势,及时作出了加强宏观调控的决策和部署,综合运用经济、法律手段和必要的行政手段,严把信贷和土地两个闸门,控制钢铁、电解铝和水泥等行业过度投资,着力解决影响经济平稳较快发展的突出问题,经过全国上下共同努力,宏观调控取得明显成效,使经济发展进入新一轮增长周期的上升期,跃上 9%—10% 的快速发展平台。

2005 年是"十五"计划的最后一年。现在可以看得十分清楚,我们经受住了国际市场动荡的冲击,成功地战胜了严重自然灾害和重大疫情,有效抑制了经济运行中不稳定不健康的因素,克服了国内通货紧缩和通货膨胀趋势的影响,保持了国民经济的旺盛活力和快速增长,"十五"计划确定的主要发展目标提前实现。可以用三个明显提高来表达:综合国力显著提高,人民生活水平和生活质量不断提高,中国的国际地位明显提高。

就综合国力看,我国 GDP 和人均 GDP 两个重要指标分别突破 10 万亿元和 1000 美元大关,提前实现"十五"计划目标。"十五" 期间,我国 GDP 年均增长 8.8% 左右,五年累计增长约 67%。根据国家统计局初步预计,2005年国内生产总值将超过 15 万亿元,五年平均增长 8.8%;中国经济增长已成为亚洲乃至整个世界经济的重要"引擎"。在总量规模扩大的同时,我国的人均 GDP 也大幅度提高,建国初期不足 100 美元,改革开放初期不足 200 美元(168 美元),"十五"起步时 2000 年为 856 美元,2003 年我国人均 GDP 历史性地突破 1000 美元,2005 年预计约为 1380 美元,高于预期目标。这不能不说是一个令世人惊叹的成就。

与此同时,经济增长的质量和效益明显提高。工业企业利润从 2000 年的 4393 亿元增加到 2004 年的 11342 亿元,增长 1.58 倍。财政收入 2005 年预计将达 3 万亿元左右,比 2000 年的 13395 亿元增长 1.3 倍,而 1978 年仅为 206 亿元。

从人民生活看,在经济增长的同时,物价总水平保持基本稳定,既抑制了通货紧缩的趋势,又防止了通货膨胀,居民消费价格指数年均上升不到 2%。城乡居民收入有较大幅度提高,生活进一步改善。预计 2005 年城镇居民人均可支配收入可达一万元,比"十五"计划预期目标高出 2000 元左右,比"九五"末的 2000 年高出近 4000 元。农村居民收入增幅首次超过城镇居民,人均纯收入增长 12.5%,预计全年将超过 3200 元,比"十五"计划预期目标高出 300 元,比"九五"末的 2000 年高出 900 多元。居民消费结构升级步伐加快,城市和农村恩格尔系数由 2000 年的 39.4% 和 49.1% 降至 37.7% 和 47.2%,住房、汽车、通讯、旅游等消费热点迅速扩大。2004 年城镇居民人均住房建筑面积提高到 24 平方米以上,超过"十五"计划预计的 22 平方米。2005 年"十一"黄金周期间,全国出游人数过亿。当然,人均反映不出收入差距的扩大,但毕竟它从一个重要的方面体现了整体生活水平的提高。同时,"十五"期间国家已经开始重视解决困难群体问题,如实行积极就业政策,提出了扩大就业再就业和社会保障工作的一系列措施,加大这方面的资金投入、政策支持和工作力度。加大了对"三农"工作力度,开展了农村税费改革以减轻农民负担。推进西部大开发和东北地区等老工业基地振兴,以统筹区域协调发展等。

国际地位明显提高在经济方面一个重要标志是作为一个贸易大国对世界的影响与日俱增。"十五"期间我国对外贸易上了一个大台阶,预计 2005 年进出口总额将超过 13800 亿美元,比 2000 年的 4743 亿美元增长 1.9 倍,上升到世界第三位。而 1978 年改革开放初期中国年进出口贸易总额只有 206 亿美元。按照改革开放以来外贸年均增长 16.7% 的速度估计,至 2007 年我国外贸以目前汇率水平计算将超过德国,2013 年还将超过美国,成为世界第一贸易大国。利用外资和外汇储备也大幅度增长。2001—2004 年利用外资累计 2249 亿美元,其中外商直接投资达 2136 亿美元,预计五年累计利用外资可达 2700 亿美元。改革开放初期中国外汇储备为 1.67 亿美元,1989 年底也只有 55 亿美元,2005 年底预计达到 7700 亿美元,比 2000 年末增长近 4 倍。外汇储备已居世界第二位。

进出口贸易规模的不断扩大和国家外汇储备的增加,不仅使我国在东亚地区经济发展中发挥领头羊作用,带动广大发展中国家经济共同发展,而且成为世界经济增长的主要动力之一。它使我国在国际协商中增加了谈判筹码,拓展了回旋余地,丰富了可动用的手段。例如我国外汇储备7000多亿美元,其中大部分购买了美国国债,对美元汇价市场稳定发挥了不可或缺的作用,因而增加了我国对美谈判筹码。再如过去长期以来,我国发展经济需要日本的技术、资金和设备等,而日本对我国的需求则显得并不迫切,所以在中日双边磋商时,日方占主动地位的情况多于我方。但这种不利于我国的情况现在已有显著改观,不需要以仰视的方式与日本谈经贸。这些对防范国际金融风险,维护国家经济安全发挥着至关重要的作用。

除了上面列举的三个明显提高外,"十五"期间经济方面的发展还表现在经济结构战略性调整取得重要进展,农业特别是粮食生产出现重要转机,能源、交通、重要原材料等基础产业和基础设施建设明显加快,高新技术产业得到较大发展,工业化、城镇化、市场化、国际化步伐加快。经济体制改革不断深化,社会主义市场经济体制逐步完善。各项社会事业取得新进展。尤为重要的是,我们党对经济社会发展规律的认识有了新的飞跃,提出了以人为本、全面协调可持续的科学发展观和建设社会主义和谐社会的重大思想,这对于推进全面建设小康社会和整个现代化事业具有全局的长远的指导作用。

在肯定"十五"成绩的同时,也要看到经济生活中存在的问题。"十五"期间在经济快速发展的同时,也积累了不少矛盾和问题,主要是城乡差距、地区差距、居民收入差距持续扩大,就业和社会保障压力增加,教育、卫生、文化等社会事业发展滞后,人口增长、经济发展同生态环境、自然资源的矛盾加剧,经济增长方式落后,经济整体素质不高和竞争力不强等。所以,以胡锦涛为总书记的新一届中央领导集体,反复强调要居安思危,增强忧患意识,永不自满,永不懈怠。

二、面向未来,我们站在一个新的历史起点上

之所以说"十一五"时期我国站在一个新的历史起点上,是因为"十五"期间不仅从物质基础上、从对外开放新局面上为"十一五"提供了一个新的、更高的历史起点,而且在发展观念上也提供了新的起点。"十五"期间在经济发展的同时各项社会事业虽然取得明显进步,但从总体上看,经济发展和社会

发展存在着"一条腿长、一条腿短"的问题。2003年"非典"疫情的蔓延,集中暴露出这个方面的问题。我们通过抗击"非典"、推动发展的实践,深刻反思过去的发展进程,认真总结了我国社会主义现代化建设历史经验,同时借鉴国际经验,提出了科学发展观的重大战略思想,作为统领我国经济社会发展全局的根本指针。科学发展观把坚持以人为本和经济社会全面、协调、可持续发展统一起来,并强调按照"五个统筹"的要求推进改革和发展。它一方面坚持了发展是硬道理,是执政兴国第一要务的思想;另一方面又强调科学发展,强调要以人为本,不能只见物不见人,强调经济社会全面、协调发展,强调可持续发展,而不是重经济发展轻社会发展、重眼前轻长远。科学发展观进一步明确了中国要发展、为什么发展和怎样发展的问题,为我们转变发展观念,创新发展模式,提高发展质量,把经济社会发展切实转入以人为本、全面协调可持续发展轨道提供了明确的方向。科学发展观的核心是以人为本,就是要把人民的利益作为一切工作的出发点和落脚点,使改革和发展的成果惠及全体人民,不断满足人们的多方面需求,促进人的全面发展。科学发展观的实质是实现又快又好的发展。经济发展需要一定的速度,特别是作为一个发展中的大国更需要长期保持较快的发展速度,但不能片面追求经济发展速度。我们要求的经济较快发展,应当是建立在优化结构、提高质量和效益基础上的发展,实现速度、结构、质量、效益相统一。所以,必须注重依靠科技进步和提高劳动者素质,加快推进经济结构战略性调整,加快转变经济增长方式,显著提高经济增长的质量和效益。

在全面建设小康社会的进程中,"十一五"时期具有承前启后的重要历史地位。"十一五"时期能否实现又快又好的发展,为下一个十年发展打下坚实基础,对于能否实现十六大提出的国内生产总值到2020年比2000年翻两番、全面建设小康社会的宏伟目标,具有决定性意义。胡锦涛同志最近在河南、江西、湖北等地考察时指出,"十一五"时期我们面临的仍将是一个机遇和挑战并存、机遇大于挑战的环境,一个总体上有利于我们促进经济社会发展、但不利因素可能增多的环境。这是对我国经济发展的未来趋势问题的一个重要判断。这里分析了两个方面:总体上有利于我们促进经济社会发展;不利因素可能增多。

"十一五"时期是总体上有利于我们促进经济社会发展的时期。因为从"十五"中期开始,我国彻底摆脱了亚洲金融危机的阴影,经济发展进入新一轮增长的上升期。"十一五"时期我国经济还将处在增长的上升期,存在着保持经济较快平稳发展的诸多有利条件,保持经济快速增长的潜力仍然很大。

从发展需要的市场看,我国市场需求潜力巨大。中国有13亿人口,无论投资需求还是消费需求潜力都十分巨大。以消费需求来说,先富起来的人口保守一点以5%计就是6500万,相当于一个中等国家的全部人口,10%是1.3亿,20%则达到2.6亿,相当于一些大国的全部人口。所以全世界都看好中国市场。"十一五"期间工业化进入中期阶段,产业结构的调整和城镇化进程都将加快。随着产业结构的调整和城镇化的发展,一方面基础设施和城市建设将大规模展开,使投资需求持续扩大;另一方面城乡居民收入的增长推动消费规模的扩大和消费结构的调整,从吃饱穿暖向提高生活质量发展,使住宅、汽车、电信、教育、医疗、旅游等消费持续扩大。总之,13亿人口的市场潜在需求将逐步转变为有支付能力的现实需求,这是经济增长持久不衰的拉动力量。

从发展需要的资金看,中国人民有着勤劳节俭的传统美德,即使在收入水平较低的情况下,仍然把收入的一定比例用于储蓄,以备子女上学、养老、医疗等支出。因此中国的居民储蓄率较高,储蓄率长期保持在40%左右。高储蓄率一方面固然限制了消费需求的扩大,但另一方面使投资率保持在较高水平,从而为经济增长提供充足的资金支持。而我国有广阔的国内市场、丰富又廉价的劳动力资源、政治社会长期稳定的优势,决定了外资流入的规模不断扩大,这些都将有力地支撑较高的投资增长速度和经济增长速度。

从发展需要的人力资本看,我国劳动力资源丰富,人力资本快速增加。中国不仅劳动力数量巨大,而且在发展中国家中劳动力整体素质较高,随着教育的发展特别是义务教育、职业教育的普及,劳动力素质将不断提高。2004年中国大学招生人数达447万人,研究生33万人,还有成人教育、网络教育、自学考试等其他各类高等学历教育326万人,将为各行各业的发展提供专业门类齐全的高级人才。另一方面劳动力的成本相对较低。丰富的比较廉价又素质不低并且在不断提高的人力资本,是我国经济发展强劲的一个重大的比较优势。

从发展的技术方面看,在经济全球化加速发展的背景下,世界范围新科技革命蓬勃发展,有利于我们发挥后发优势,推动科技进步和创新,加快高新技术产业的发展和传统产业的升级改造。"十一五"规划突出强调自主创新问题,提出增加技术开发投入,增强自主创新能力是调整经济结构、转变经济增长方式的关键环节。相信在"十一五"规划实践进程中,中国企业技术开发能力将会增强,大量具有自主知识产权技术的产生,将会支持产业结构优化升级和经济效益的提高。

此外,再加上经济体制改革的不断深化将释放出新的活力,对外开放的扩大有利于更好地利用两个市场和两种资源。中国的快速增长势头是不会停止的。

有利条件是一个方面,同时也要看到面临的严峻挑战和"不利因素可能增多"的方面。从总体上说,我国正处于并长期处于社会主义初级阶段,生产力不发达,发展不平衡,人多地少,人均资源不足,这样的基本国情决定了我国实现工业化、现代化的任务比其他国家艰巨得多,遇到的矛盾和困难也复杂得多。"十一五"时期又处于人均 GDP 由 1000 美元向 3000 美元过渡的时期,是社会矛盾突显期。这个时期的社会矛盾具有多发性、多样性、多变性等特点,较为复杂。

"十一五"时期我国面临的矛盾和问题主要是以下几个方面:

一是资源环境矛盾凸现。我国号称地大物博,但因为人口多,因此实际上资源禀赋较差,生态环境比较脆弱,支撑经济增长的能源和重要矿产资源都严重短缺,如维系人们基本生存的水和耕地资源人均占有量很低,人均水资源量2200 立方米,仅为世界平均水平的 1/4。目前,我国缺水总量约为 300 亿—400 亿立方米,全国 669 个城市中有 400 个供水不足,110 个严重缺水。我国人均耕地不到世界平均水平的 1/2,人均耕地只有 1.41 亩,并且耕地后备资源十分紧缺。目前,我国水土流失面积 356 万平方公里,占国土面积的 37%。许多矿产资源人均占有量不足世界人均水平的一半。我国当前又处于工业化和城镇化加速发展的时期,消耗资源的强度和排污的强度同时会出现高增长。而我国粗放的经济增长方式更加剧了这方面的矛盾。尽管 1995 年在制定国民经济和社会发展第九个五年计划的时候,就明确提出要使经济增长方式由粗放型向集约型转变。甚至更早在 1987 年党的十三大就已经提出要使经济建设转到依靠科技进步和提高劳动者素质的轨道上来,但多少年过去了,我们在转变经济增长方式上虽然取得了一定成效,但总体来看没有取得根本转变,特别是近两年来粗放型增长方式明显回潮。究其原因,主要是在技术上缺乏自主创新能力,技术密集型产品主要依赖进口,在国际分工上只能生产处于产业链低端的产品。而造成技术上自主创新能力不足的原因又在于缺乏鼓励技术创新和淘汰浪费的体制机制。低水价政策导致水资源的过度消耗和浪费,低价征用造成土地的大量浪费,能源价格不能反映全部成本使能源消耗至少增加 9%。

　　还应当看到,20 世纪只有世界人口不到 15% 的发达国家进入工业化行列,他们当时是靠消耗全球 60% 的能源、50% 的矿产资源实现工业化和现代化的。13 亿人口的中国不可能再按照发达国家的老办法搞工业化和现代化。我国现在正进入一个工业化阶段资源需求量上升最快的时期,13 亿人进入工业化中后期所消耗的资源,即使是使用效率达到国际先进水平,其规模也是前所未有的,何况我们的资源利用效率不高,在许多方面浪费惊人。同时从环境方面看,它的约束压力也在不断加强。一方面随着经济规模的扩大排放相应增加;另一方面,人民收入和生活水平的提高,使环境正在成为体现生活质量的一种产品,人们对环境污染的容忍度降低。因此,经济社会发展中由资源能源紧缺所形成的对经济社会发展的瓶颈制约日益突出,粗放型经济增长方式已难以为继,缓解人口资源环境与经济社会发展的矛盾已经提上重要日程。必须较大幅度地降低资源消耗,提高资源利用效率,以尽可能少的资源消耗和生态环境代价实现经济的较快发展,这样才能有效化解人口资源环境与经济发展之间的尖锐矛盾。

　　二是社会矛盾凸现。“十一五”时期是产业结构剧烈变化,社会格局重新调整,利益矛盾不断加剧的时期。如人口和就业长期处于高压状态。不计农村转移人口,深层次矛盾仅城镇每年新增劳动力和遗留供求缺口 1000 万人,另外下岗失业人员的技能水平和就业能力也亟待提高。许多地区和部分行业出现的技能劳动者供不应求甚至严重短缺,直接影响到经济发展。还有一个未富先老的问题,60 岁以上人口超过 10% ,65 岁以上人口超过 7% ,使社会保障压力加大。还有地区、城乡和不同群体收入差距过大问题,公共服务体系不健全问题,短期难以有较大变化。再加上改革进入攻坚阶段,触及深层次矛盾和利益关系调整,妥善处理这些矛盾、兼顾各方面利益关系的任务更加艰巨和复杂。

　　三是国际竞争压力加大。随着中国经济总量的扩大和参与经济全球化程度的加深,各种摩擦增多,“中国威胁论”呈抬头之势;围绕资源、市场、技术、人才等方面的国际竞争更加剧烈,国际保护主义抬头,一些国家和地区对我国发起反倾销和保障措施调查的案件不断增加;围绕人民币汇率、纺织品出口、知识产权、能源资源等方面的外部压力加大,今后这些方面的摩擦还会继续出现。

　　四是经济安全问题突出。经济全球化迅速发展,我国从封闭型经济转为开放型经济,经济风险随增长活力的增加而加大,维护经济安全问题提上重要日程。如在国际资本流动加剧的情况下如何保持国际收支基本平衡,避免短期资本流动的冲击? 在国际金融市场动荡的形势下如何避免巨额外汇储备的风险? 如何顺利度过业已开始的贸易摩擦高发期,使之不致酿成大规模的贸易战,影响国家的经济关系甚至政治关系? 我们对开放型经济风险的防范经验不多,机制很不健全,健全风险防范机制是保证经济持续增长和国家经济安全的重要条件。

党的十六届五中全会深入分析了今后一个时期我国经济社会发展面临的国际国内形势,全面考虑了"十一五"时期发展的有利条件和不利因素,强调我们必须紧紧抓住机遇,应对各种挑战,认真解决前进道路上面临的突出矛盾和问题,"十一五"规划提出了"立足科学发展,着力自主创新,完善体制机制,促进社会和谐"的基本思路。概括地说,就是要以实现科学发展为出发点和落脚点,以科技创新和体制创新为强大动力,以社会主义和谐社会建设为重要保障,促进经济社会全面协调可持续发展和人的全面进步。以此思路来开创中国特色社会主义事业的新局面,为后十年顺利发展打下坚实基础。按照这样的思路,可以预期我们必将开创全面建设小康社会的新局面。

(作者单位:北京大学。原载于《中国流通经济》2006 年第 1 期)

中国经济需转型：从追求数量扩张转为注重质量效益

——未来十年经济走势思考

张卓元

进入 21 世纪后，2003—2007 年，中国经济连续五年以两位数或两位数以上速度增长。2008 年遭受国际金融危机袭击后，由于政府实行强刺激投资计划，2008 年和 2009 年经济仍实现 9% 和 8% 以上增长。这说明，中国经济在规模和数量扩张上取得了骄人的业绩，令世人瞩目。到 2008 年，我国 GDP 按当年汇率计算折合成美元达 38600 亿美元，人均 3300 美元，已成为世界第三大经济体。由于经济高速增长，中国许多主要工农业产品产量居世界首位。如农产品中谷物、肉类、棉花、水果等产量居世界第一，工业品中的钢、煤、水泥、化肥、棉布、汽车等居世界第一。

也要看到，在经济基本上沿袭粗放扩张模式超高速增长和强刺激投资的同时，积累了不少问题，严重制约着中国经济的稳定和可持续增长。因此，展望未来十年，包括第十二个和第十三个五年规划时期（2011—2015 年和 2016—2020 年），我个人认为，中国经济需及时进行转型，从追求数量扩张型转为注重增长的质量和效益型，也就是实现经济增长和发展方式转型，使经济真正走上稳定、协调和可持续发展的轨道，走上科学发展的轨道。

一、中国经济因连年高速增长而积累了几个失衡问题

由于经济的连年两位数增长，加上国际金融危机袭击下采取强投资应对措施"保增长"，中国经济出现了几个大的失衡或不协调。

一是内外需失衡。2007 年我国的出口依存度高达 36%，比 1998 年东南亚金融危机时的 18% 高出一倍。2008 年国际金融危机爆发后外需收缩，出口下降，对中国经济的影响很大，从 2008 年秋冬后至 2009 年年底的情况就是这样。

二是投资消费失衡，最终消费占 GDP 比重降到 50% 以下，其中居民消费

2008 年降到占 GDP 的 35.3%，2009 年估计居民消费率还要下降，比一般国家的居民消费率占 60% 左右低近一半（2008 年，美国居民消费率为 70.1%，印度为 54.7%）。这是我国内需不足的主要根源。

三是经济高速增长付出的资源环境代价过大，即经济增长与资源环境承受能力失衡。资源环境成为经济增长的重要瓶颈。我国主要矿产品的对外依存度，1990 年还只有 5%，目前已达 50% 左右，风险很大。

四是区域、城乡发展失衡，居民收入差距过大且未能扭转。这是多年的老问题。农民收入水平太低，城乡居民收入水平相比名义上为 3∶1，实际（加上社会福利）为 6∶1。农村市场小，农民消费水平低。基尼系数新世纪以来一直超过 0.4 的警界线。有学者指出，从 1988 年至 2007 年，收入最高 10% 人群和收入最低 10% 人群的收入差距已从 7.3 倍上升到 23 倍。[①]

在上述四大失衡中，最主要是投资与消费失衡，或储蓄与消费失衡。投资增速很高，产能过剩，只好靠扩大外需找出路，出口依存度一路攀升。投资增速很高，粗放型扩张，必然要付出过大的资源环境代价。投资增速很高，在于追求 GDP 的快速增长，财政用于支持欠发达地区和增加低收入群体的财力不足，不能很好缓解地区之间、城乡之间经济和收入差距，不能扭转居民收入差距过大的局面。

2008 年国际金融危机的爆发和冲击使中国几个失衡问题凸显出来，特别是投资与消费失衡问题突出起来。2009 年强投资刺激政策使这一失衡更趋严重，成为今后调结构的重点。

有人说，中央政府 2008 年冬出台的 4 万亿元投资没有挤压消费。的确，经过 2009 年春"两会"后修改的 4 万亿元投资（这次修改较大幅度地增加了用于改善民生的项目）总的说结构比较合理，不会严重挤压消费。问题是，4 万亿元投资是中央项目投资，其中 2009 年落实的只有 2 万亿元左右，而不是全社会投资，由中央投资项目带动的二三十万亿元地方投资项目才是大头，这些投资习惯性地投向"铁公基"（铁路、公路、基础设施）和一些重化工业项目。已有不少报道披露，不少原来被认为不能上马的"两高一资"（高能耗、高污染、资源型）项目，又在重新上马。2009 年 1—10 月，城镇固定资产投资已超过 15 万亿元，同比增长 33.1%。可见，中央项目投资只是全部投资中的一小部分，不能用中央项目投资结构相对合理说明全部投资是合理的，不会挤压消

---

① 李实:《促进形成合理的居民收分配机制》，《改革内参》2009 年第 32 期。

费的。

从 2009 年实践看,保增长和调结构(特别是调整投资与消费的结构)是有一定矛盾的。为了在本年度保增长,只有进行大规模投资才能见效,因此,大量上工业项目和基础设施项目,铺新摊子,粗放扩张。实际情况也是如此。据国家统计局材料,2009 年 1—9 月,全国 GDP 增长 7.7%,其中投资贡献 7.3个百分点,消费贡献 4 个百分点,出口贡献-3.6 个百分点,投资对经济增长的贡献比消费几乎多一倍。2009 年全年的趋势也是如此。这就意味着强刺激投资实现的增长,将进一步恶化投资与消费的结构。

二、产能过剩问题突出

投资增速过快带来的一个问题是产能过剩。据官方公布数据,2009 年产能过剩的有六大行业,即钢铁、水泥、平板玻璃、煤化工、多晶硅、风电设备。实际不止这六个行业。有一份材料说,在统计的 24 个行业中,有 21 个是产能过剩的。产能过剩是资本主义市场经济国家常态,我们常常批评资本主义市场经济不能充分利用生产能力,造成生产能力闲置,浪费资源。比如,美国在二战后 60 年中,工业产能平均利用率是 80.6%,即有近 20% 的产能过剩。问题在于,我国现在的产能过剩,比美国还厉害,从而说明问题的严重性。比如钢铁,2009 年产能为 6.6 亿吨,在建产能约 6000 万吨,而需求为 4.7 亿吨,过剩率达 30% 多。又如水泥,2008 年产能已达到 18.7 亿吨,目前在建产能 6.2 亿吨,还有已核准尚未开工产能 2.1 亿吨,建成后全部产能达到 27 亿吨,预计市场需求量将由目前的 14 亿吨增长到 16 亿吨,即使全部淘汰目前落后产能 5亿吨,还有 6 亿吨过剩产能,过剩率也超过 30%。

我国产能过剩问题存在已久,2004 年经济过热后就一直存在。政府采取的是增加投资、维持投资高速增长(20% 以上)来扩大需求,缓解过剩矛盾。在 2008 年国际金融危机爆发前,由于出口增速强劲,靠扩大外需消化了大部分过剩产能。但国际金融危机发生后,外需下滑,出口从 2008 年 11 月起到2009 年 11 月一直是负增长,靠扩大外需消化过剩产能已不可能,转而靠扩大投资来消化过剩产能则使这一问题越来越严重。实践证明,企求用新一轮的产能过剩来治理现有的产能过剩的路子是很难长时期走下去的。2009 年大量行业出现严重产能过剩说明了这一点。

产能过剩问题如果用市场经济通行办法并不难解决,市场竞争会使竞争力差的产能被淘汰,退出市场。中国产能过剩问题的复杂性在于,不少产能过剩是在政府主导下形成的。政府主导的项目,是软预算约束,产能过剩且无竞争力,产品卖不出去或者企业亏损,政府往往直接或间接出面,提供资金支持,不愿退出市场。这一届政府借的钱可以留给下一届或以后去还,使政府的隐性负债加重,积累风险。因此,为治理产能过剩,今后应更多地按市场经济规范办事,通过市场竞争优胜劣汰,淘汰行业内部落后的没有竞争力的产能。

产能过剩带来的一个严重问题是贷款大量增加形成通货膨胀压力。由于经济扩张过度依赖投资,使投资效率下降,经济高增长需要越来越多的资金支持。据国家信息中心测算,如果以增量资本产出率衡量,我国从 1995 年至 2009 年,15 年内平均增量资本产出率为 4,即每增加 1 元国民生产总值需要 4 元投资。预计 2009 年我国增量资本产出率将达到创纪录的 9.5,投资效果大大低于正常平均水平。而美国、德国、法国、日本、印度这些国家,每增加 1 元国民生产总值一般只需要 1—2 元投资。这也是为什么 2009 年 1—10 月我国新增贷款达到近 10 万亿元的天量、10 月 M2 增速达到 29.4% 的原因。大量的资金投放正在推高资产价格,催生资产泡沫,而且正在逐步形成通货膨胀压力,这也是中国经济的"隐忧"。

三、"十二五"起要逐步解决长期积累的失衡问题,实现可持续的增长

我个人认为,制定"十二五"规划是一个很好的机会,可以有一个比较长期的打算,并在实际工作中着力解决上述四个失衡问题,特别是投资与消费失衡问题、产能过剩问题,以便更好地摆脱国际金融危机的影响,实现可持续的较快增长,更好地于 2020 年实现全面建设小康社会的目标。

现在讨论和研究中国经济形势,较多的是从短期能否走出下滑局面率先复苏。我个人认为,在政府多项刺激政策和措施推动下,中国经济有望较快走出困境,较早复苏。2009 年 GDP 增长了 8.7%,实现了 8% 的增长目标。2010 年第一季度中国经济增长了 11.9%。问题在于,这些刺激措施能否使中国经济持续较快增长,包括这些刺激措施能否持续,如贷款的飞速增长能否持续,使中国经济真正走上 V 型轨道(即使走上 V 型轨道,V 型的峰值也不可能像前几年达两位数甚至到 13%,而很可能为 8%—9%)。如果这些刺激措施只能短期有效且措施本身也不可持续,就有可能使经济向上走一阵后再次向下探底或多次上下,走 W 型轨道,这比走 U 型轨道还糟。多次上下实际上是走弯路,而走弯路是最慢的。因此,对于治理中国经济问题,要有一个比较长期的规划,不能头痛医头,脚痛医脚,不要让目前采取的措施为以后的顺利发展

制造障碍。这次制订"十二五"规划有利于人们冷静地思考中国经济的问题，因此人们对此寄以厚望。

为了改善投资与消费结构，应考虑大力调整收入分配结构，增加居民特别是低收入群体的收入；采取更加积极的鼓励消费的政策；中央和地方财政支出都应更多地用于民生工程，向居民提供更多的公共产品。通过这些努力，提升消费特别是居民消费占 GDP 的比重。我国居民消费占 GDP 比重已从"六五"（1981—1985）和"七五"（1986—1990）占 GDP50% 多一点，降到"八五"（1991—1995）和"九五"（1996—2000）的 45% 多一点，2001 年还占 45.2%，可是到 2007 年已经降为 35.6%，2008 年进一步降为 35.3%。所以，应把改变居民消费比重过低作为最突出问题，采取有力措施逐步解决，只有这样，扩大内需才能落到实处，经济增长才能转移到依靠消费、投资、出口协调拉动的轨道上。提高消费比重，也有利于协调发展第二、三产业的关系，因为要提高消费的比重，必须大力发展第三产业，包括商业、旅游、餐饮、文化、医疗、教育、娱乐等产业。

为了顺利推进经济转型，今后 5—10 年的对策建议有三条。

一是适当放缓经济增速。中国经济运行出现问题的根源都在于追求不切实际的高速增长。根据一些经济学家研究，中国现阶段潜在增长率为 7.5%—9% 之间，因此今后十年的经济增速以控制在 8% 左右为宜，不要再企求两位数的增长，把工作的着力点放在提高经济增长的质量和效益上。有 8% 左右的增长，如果经济结构趋于合理，加快发展第三产业和中小企业，逐步提高就业函数，应当可以比过去吸纳更多的劳动力就业。中国经济在 2009 年第一季度见底（当季 GDP 增速同比增长 6.1%）后已逐步回升，到第三季度即已恢复到高速增长态势，当季 GDP 增速已达 8.9%，9 月和 10 月规模以上工业增加值增速已达 13.9% 和 16.1%。财政收入增速也很快。所以，中国经济已经复苏，而且复苏速度很快。有的经济学家据此认为中国经济已呈 V 字型运行。我个人认为，中国经济从 2009 年第四季度开始，就应对增速进行适当控制，以便使工作着力点从追求数量规模扩张转为着力提高经济运行的质量和效益。如果还是惯性地盲目追求 GDP 的高速增长，2009 年第四季度和 2010 年经济增速又达两位数，那么经济在一段时期超高速增长后很可能重新下行，这将打破 V 字型运行态势，变为 W 型态势了。目前一些国外投行预测和宣传中国 2010 年经济增速将超过 11%，我个人认为令人担心。

二是致力于调结构，转变经济发展方式。要认真落实 2007 年党的十七大提出的三个转变,即促进经济增长由主要依靠投资、出口拉动向依靠消费、投资、出口协调拉动转变,由主要依靠第二产业带动向依靠第一、第二、第三产业协同带动转变,由主要依靠增加物质资源消耗向主要依靠科技进步、劳动者素质提高、管理创新转变。转变经济增长和发展方式是很艰巨的任务,要着力提高自主创新能力,降能降耗减排,而且要用慢功夫,急不得,甚至在本届政府任期内不一定能明显见效。所以,一些政府部门一直对此没有多少兴趣,这是一个大问题。调结构范围更广,经济结构除产业结构外,还包括地区结构、城乡结构、收入分配结构、内外需结构、人与自然是否和谐等。其中产业结构的优化升级、大力发展第三产业和新兴绿色产业、节能减排等,是同转变经济发展方式一致的。当前调结构最重要的是调整投资消费结构,大力提高居民消费在 GDP 中的比重;调整收入分配结构,努力抑制居民收入差距过大的不正常现象;大力推进节能降耗减排减碳,努力建设资源节约型、环境友好型社会;加快城市化进程,加快农民转为市民的进程,这是今后扩大内需最为有效的选择等。特别需要指出,调结构、转变经济发展方式同追求 GDP 高速增长有时是有矛盾的。如何兼顾好优化结构、转变发展方式和经济增长,可能是今后经济工作最不容易处理好的难题。看来,保持经济的稳定增长,不去刻意追求不可持续的高速增长,将比较有利于优化经济结构和转变经济发展方式。还要看到,调整经济结构,转变经济发展方式,不是三年五年就能完成的,至少需要十年八年坚持不懈的努力。2009 年冬中央经济工作会议,把转变经济发展方式作为 2010 年经济工作的战略重点。这是一个良好的开端,希望能真正落实,并且在此后继续坚持下去,一步一个脚印,经过十年八年的努力,取得实质性进展。

三是深化改革,完善社会主义市场经济体制。调整经济结构,转变经济发展方式,有许多途径。如推进科技创新,提高自主创新能力,大幅度增加研究与开发投入;完善法律法规,健全法治环境;完善支持和鼓励各种有利于转变经济发展方式的政策,停止执行一切逆向调节的政策;完善各项技术标准、制定必要的市场准入标准;深化改革,促进经济社会转入科学发展轨道等。其中我认为最主要的是深化改革,完善社会主义市场经济体制。第一是深化政府改革,实现从经济建设型政府、追求 GDP 增速的政府向服务型政府的转变,切实履行好经济调节、市场监管、社会管理和公共服务职能,切实改变目前政府介入经济过深的状况。第二是价格改革,抓住当前物价稳定的有利时机,加快推进资源产品价格改革,使其能真正反映市场供求关系、资源稀缺程度和环境损害成本,发挥价格杠杆推动资源节约、保护环境的作用,推动资源的优化配置和产业结构优化升级。第三是财税改革,尽快向公共财政转型。要扩大消费,改善民生,就必须尽快从经济建设型财政向公共财政转型,逐步实现基本公共服务均等化。鉴于中国房地产市场炒风很盛,要尽快实施物业税,以抑制对房地产的过度和投机需求。2003 年就提出要实行物业税,至今已六年多,阻力重重,现在应是下决心推进实施的时候了。第四是金融改革。要吸取这次国际金融危机的教训,极力防止系统性金融风险,包括尽快建立居民存款保险制度。金融业要很好地为实体经济服务,促进资源配置优化。发展中小银行,更好地为中小企业服务。继续完善和发展资本市场、保险市场等。第五是深化垄断行业改革,放宽服务业市场准入,引入竞争机制,这对于加快金融、电信、铁路、公用事业、文化教育、医疗卫生事业的发展,优化产业结构,提高第三产业的比重,增加服务业就业岗位,有重要作用。现阶段要大力增加就业,而要增加就业岗位,主要靠发展第三产业。这就必须克服各种体制障碍,打破各种"玻璃门",在可以放开市场的所有领域特别是服务领域放开市场,引入竞争机制。第六是推进各项有助于提高中低收入者收入水平,有助于扩大消费的各项改革。包括较大幅度地提高财政对农村合作医疗的补助金额(第一步先从每人每年 100 元提高到 200 元,以后还要继续提高),降低个人所得税税率,继续推动家电等电子产品和农机、汽车等大规模、低价格进入农村市场,提高最低生活补助标准,建立廉租房等保障性住房的稳定的资金来源,建立对农民工失业的援助制度,等等。

中国经济改革已进入攻坚阶段。有一些改革容易受既得利益群体的阻挠和反对,改革很难迈步,因此,必须制订中长期改革规划,必须有党和政府自上而下的有力推动,才能使改革深入下去。当前,经济形势比较严峻,这也有利于大家努力从改革找出路,使改革获得较大的动力。重要的是抓住这一有利时机,适时推出必要的改革,积极配合适当的宏观经济政策,逐步使国民经济走上均衡可持续发展的轨道,实现中国 2020 年全面建设小康社会目标。

(作者单位:中国社会科学院经济研究所。原载于《中国流通经济》2010 年第 5 期)

中国宏观经济形势及流通业发展环境分析

任兴洲

一、当前经济形势分析

2008 年下半年以来,为应对金融危机,中国采取了一系列经济刺激计划,主要包括积极的财政政策和适度宽松的货币政策。到 2009 年 10 月份,这些经济政策取得了非常明显的成效。一系列重要经济指标显示,我国经济企稳回升态势表现得非常明显。2009 年一季度 GDP 同比增长 6.1% ,当时还是比较低的,前两个季度增长 7.1% ,前三季度增长 7.7% ,其中第三季度当季已经上升为 8.9% ,回升的速度、稳定性、可持续性都在增强,实现了 2009 年 GDP 增长率 8% 的目标(以下简称"保八")。

2009 年中国能够实现"保八"的目标,最重要的就在于动力机制。一般来讲,特别对短期分析来讲,关于促进经济增长的动力机制,我们一般从投资、消费、出口这"三驾马车"入手来进行分析。

1. 第一驾马车:投资

2009 年投资的特点是实现了两个阶梯的投资。第一个阶梯:2009 年初中央政府推出两年四万亿投资计划。受 2008 年金融危机快速冲击的影响,我国外贸和投资大幅度下降,我国政府投资在这个时候接替了上来,2009 年一季度和二季度整个政府投资力度非常大,有效遏制了经济大幅度下滑的势头。第二个阶梯:政府投资带动民间投资。2009 年第二季度,市场驱动的民间投资开始启动,特别是汽车和房地产行业增长显示出强劲的势头,2009 年 1—9月份私营企业增速达到 35.2% ,外企投资也在加大,9 月份我国利用外资同比增长接近 19% ,实现了连续两个月的正增长。可见,2009 年投资有效支撑了经济的增长。

2. 第二驾马车:消费

消费也令人非常惊喜,2009 年 1—9 月份我国实现社会消费品零售总额8.9 万亿元,同比增长了 15% ,扣除价格因素实际增长 17% ,实际增长高于名义增长,10 月份名义增长达到 16.2% ,扣除价格因素实际增长可能更高。其中有一个亮点就是 2009 年农村消费增速 16%,超过了城市 14.8% 的增速。

3. 第三驾马车:外贸

外贸尽管还是负的,但已经有了好转的趋向。2009 年 1—9 月份我国进出口总值同比下降 20.9%;7—10 月份环比连续增长,出口值均超过 1000 亿美元;9 月份出口已呈正增长(6.3%)。同时,尽管出口总额在下降,但我国在美国、欧盟、日本的市场份额却在上升,在出口到这些国家的份额里面,我国的出口在上升,从这个角度来看,外贸方面也出现了好转的趋势。

此外,经济运行质量有所提高,财政收入增幅总体呈回升态势。2009 年经济回升动力机制和结构的变化表明,经济运行的积极因素开始发挥作用。从 2009 年前三个季度来看,在三驾马车中,投资对 GDP 的贡献为 7.3%,消费的贡献为 4%,而出口的贡献为负的 3.6%。2009 年,投资成为经济增长最主要的动力,而消费则成为最稳定的一支力量。

二、2010 年宏观政策取向

1. 2010 年宏观经济形势分析

(1)从一系列积极因素看,如果不发生特别大的变化,2010 年我国经济增长态势和动力格局将总体上好于 2009 年。2009 年 11 月底,阿联酋迪拜酋长国最大的企业实体迪拜世界集团将进行重组并延期偿还债务的消息发布后,很多人担心国际金融领域是否又会引起新一轮的波动。其实,仅迪拜世界集团一个公司尚不足以对全球经济造成特别大的影响,前一阵许多股市的反弹也证明了大家对经济复苏的期待和信心。

首先,投资具有惯性作用,此外四万亿元投资已有实际安排。在这种情况下,惯性投资和既定的投资安排能保证 2010 年的投资仍然保持较高的比例。此外,民间自主投资也在逐步跟进,外资也在逐步增长,2010 年投资仍然可能保持较快增长。

其次,从消费来看,我国人均 GDP 处于 3000 美元的水平,其中相当一部分呈现刚性的特点,而且这个刚性水平正在提高,加之消费政策的稳定性,消费正处于升级阶段。所以,2010 年的另外一个动力源——消费也会保持一个平稳、较高的水平。

其三,2010 年出口有望保持一定水平的正增长,改变 2009 年负增长的格局,据我们估计大概为 8%—10%,甚至有可能更高一些,当然这取决于世界经济形势的变化和我国产品的竞争力情况。目前我国的贸易状况和贸易环境不是很理想,但整体来讲,我国的产品在外贸出口方面,特别是与许多发达国家的产品之间是互补的,从这个方面来讲,也有利于我国外贸出口保持一定水平的增长。

另外,由于基数的原因,2009 年四季度和 2010 年一季度的增长数据可能很高(翘尾因素),2010 年下半年会平稳增长,2010 年前高后稳的趋势比较明显。总体分析,2010 年我国经济有望保持平稳较快增长格局。

(2)随着增长速度的回升,2010 年物价上涨压力明显加大。部分农产品价格的回升、价格改革的推进(大家知道,资源性产品的价格,如电价、水价等都在调整),特别是大规模流动性的注入等因素都会对通胀产生较大压力。此外,随着世界经济的逐步复苏,对大宗商品的需求增加,国际大宗商品价格上涨,石油输入性通胀压力也会加大。2010 年上半年价格涨幅比较温和,但下半年压力有可能会加大。实际上,狭义的货币供应量(M1)和消费者价格指数(CPI)之间存在微妙的正相关关系,这样看来,狭义货币供应量(M1)当前的增长将于 6—8 个月后影响到消费者价格指数,2010 年消费者价格指数上涨的压力比较大。

(3)2010 年经济形势仍然存在很大的不确定性。目前世界经济走势尚不稳定,各国走出危机的情况不确定,经济发展不平衡,一些国家经济未见明显好转,失业率增加,会带来很大的不确定性,对 2010 年经济走势产生影响。从国内经济看,经济回升的基础也尚不稳定、不稳固、不平衡,一些深层次矛盾仍然突出。这些都会提高经济运行的复杂性,给 2010 年的经济形势带来许多不确定因素。因此有很多专家讲,2009 年是最困难的一年,而 2010 年则是各种因素夹杂在一起。对此,我们要做好准备。

2. 2010 年宏观经济政策取向

在这样的背景下,大家最关心的问题就是一揽子刺激政策在 2010 年是否会转向,是否会调整。这一点对众多流通企业来讲也会产生重要影响。

(1)2010 年的政策取向短期内不会有重大调整。我们认为,在当前的形势下,还存在一系列因素,不支持政策立刻作出重大转向。比如,经济回升的基础仍然不太稳定;由于刺激政策的刚性特点,对投资和流动性有依赖;实体经济回升不尽如人意,民间投资对刺激性投资的替代性仍然不强;经济增长的动力机制尚未全面恢复,内需明显增长,但仍然不稳定;外需仍然乏力,需要政策的支持。此外,还有一点特别重要,即中国的政策转向还要考虑国际上政策调整的情况,在美国的政策退出之前,中国政策退出的力度受到限制,如果我们进行大幅度的调整,而美元持续走低,容易吸引更多热钱流入,冲击经济,会导致我们面临如何防止热钱进入的问题。我国货币政策有四个目标,即低通货膨胀、经济增长、就业增长、国际收支平衡,对此需要统筹考虑。因此,2010年宏观政策需要考虑的因素比较多。党中央曾多次提出,目前仍将坚定不移地实施积极的财政政策和适度宽松的货币政策。2009 年 11 月底的政治局会议也特别强调,2010 年将继续保持积极的财政政策和适度宽松的货币政策。

(2)2010 年我国宏观经济政策也存在调整的必要。尽管 2010 年我国宏观经济政策不会有重大的转向,但必须看到,随着各国经济的回暖或复苏,刺激政策的退出问题正在日益提上日程。2010 年,我国宏观经济政策也存在适度调整的必要。这一是因为长时间刺激政策是难以为继的,有必要进行适度的调整。二是因为全球流动性过强导致通胀压力和风险加大。三是因为过多的刺激政策容易产生挤出效应。这一点必须注意,大规模政府投资下去以后会对民间投资产生挤出效应。四是因为市场机制的影响。我们在一定时期内遏制经济下滑、促进经济企稳回升,还需要发挥市场配置资源的基础性作用。在这种情况下,尽管我国需要保持大的宏观政策方向的连续性,短期内不会有重大转向,但也要逐步调整刺激政策的总量、结构、力度和节奏。这一点也需要流通企业引起注意。

(3)2010 年宏观政策将面临一些"两难"的选择。之所以说 2010 年是非常复杂的一年,宏观政策存在许多"两难"的选择,回旋余地不大,主要是因为:

第一,预防通胀风险与保持较大流动性之间的矛盾。预防通胀风险需要减少流动性,但大量投资下去以后还需要一定的流动性作为支撑,所以 2010年仍然会保持一定水平的流动性。

第二,促进实体经济增长与产能过剩之间的矛盾。实体经济中有相当一部分是产能过剩的,如何在刺激实体经济增长的同时解决产能过剩的矛盾,是我们面临的一个问题。

第三,刺激政策调整与投资惯性需求之间的矛盾。这边刺激政策调整了,那边又对投资惯性有依赖,这两者之间的矛盾如何解决也是一个问题。

第四,经济结构调整与保增长之间的矛盾。只要调整结构,就有阵痛期。许多地方需要调整经济结构,调整到以服务经济为主,但这样的话 GDP 就有可能降下来,这个问题也需要解决。

由此可见,2010 年我国宏观政策的选择还存在很多矛盾,面临着一个非常复杂的局面。

3. 2010 年宏观政策的着力点

当前,我国在保持大的宏观政策方向连续性的前提下,宜采取促进经济稳定增长的举措。本人的观点,一是不宜简单追求高速度(保持8%左右就好),而是要夯实经济复苏的基础,并为体制改革和结构调整留下空间。二是要着力采取措施稳定物价,使消费者价格指数(CPI)保持在一定的幅度内,防范物价过快上涨。这一点很关键,2010 年管理通胀预期,需要有稳定物价的政策。三是在向后金融危机过渡的过程中,要着力促进发展方式的转变和经济结构的调整。

三、当前经济运行趋势对流通交易市场的影响

1. 有利影响

当前大的宏观经济形势对我国流通业的影响,有利的方面主要有以下几个:

第一,总体经济形势持续向好,有利于流通领域的发展和回升,这是因为经济大趋势对流通业发展的影响是非常大的。

第二,外贸形势正在趋于好转,将促进外向度较高的市场和企业的发展,如珠江三角洲地区的流通业将出现较好的发展势头。

第三,消费保持较快增长,有利于批发零售业的发展。这是因为消费最突出的表现就在于零售和批发领域。

第四,温和的物价上涨对批发零售业有正向影响。2010 年物价如果能保持3%的增长速度,就会对批发零售业产生正向的影响。

第五,宏观政策的稳定性和连续性将为流通业发展创造宽松的政策环境,比如宽松的信贷政策对于那些对现金流要求较高的流通企业有利。

第六,政府公共服务职能转变有利于流通业的发展和经营。

第七,一些改革举措也将助力流通市场的经营与发展,如最近电价改革提出的工业和商业电价同价问题已经僵持了很长时间,这样的问题有望在改革中一并解决,这样的改革是有利于流通业发展的,当然还有一些其他方面的政策。

2. 需要高度关注的问题

对于宏观经济领域的一些变化,流通领域要予以高度关注,合理估计其可能产生的影响,及早采取应对措施。

一要关注全球金融危机的变化和世界主要经济体的走势。在世界经济形势逐渐向好的过程中，迪拜世界集团重组并延期偿还债务消息的传出，从某种程度上讲有可能是一件好事，它告诫我们整个金融危机尚未走远，还需要我们提高警惕，防范这种危险。

二要关注外需的变化以及对外贸易环境的变化情况。为实现内外贸的一体化，在整个经济增长中，外需这驾马车是不可缺少的。

三要关注政策微调和局部调整对流通业的影响。

四要关注居民收入和社会保障体系的进展。收入格局和社会保障问题直接影响居民消费倾向，与流通业特别是零售业具有非常大的关系。

五要关注消费需求的政策取向。此外，还要关注消费者价格指数（CPI）的趋势以及通胀的动向。

3. 要求与挑战

在向后金融危机过渡的过程中，对流通领域提出了新的要求和挑战。

第一，在此期间流通领域能否发挥销售终端对整个产业结构调整的促进和导向作用，流通业是整个产业链的最终环节，这个最终环节能否对上游产生结构调整和导向的作用。

第二，能否发挥品牌展示与培育作用，推动品牌创新，使国内品牌获得更多展示与实现的机会，其中特别是零售业。

第三，流通市场功能能否得到进一步提升并谋求经营模式的创新，目前许多零售业都在以出租柜台、联营的方式经营，能否进一步谋求新的经营模式的创新。

第四，在企业兼并重组势头不断加大的情况下，流通业能否抓住机遇，实现产业重组与产业集中度的提高。

第五，流通业能否借助新的营销手段和信息技术促进行业发展。信息化对流通业具有十分重要的作用，当前互联网包括电子商务发展得非常快，流通业应采用一些新的营销手段促进行业发展。

第六，能否真正发挥大批发、大贸易、大流通功能，并通过这样的功能促进我国新型批发体系的形成，如果说近年来我国零售业改革创新的水平还比较高的话，那么我国的批发体系仍然存在很大的问题。2008—2009年，商务部对此进行了一系列的调研。对于我国工业品批发新型体系如何建立的问题，我们的商业流通企业肩负着重要的责任。

在向后金融危机过渡的过程中，对流通业提出了许多新的挑战和新的要求。不过我们相信,2010 年经济形势会不断向好,我国流通业也将迎来更多更好的发展机会。

(作者单位:国务院发展研究中心市场经济研究所。原载于《中国流通经济》2010 年第 5 期)

中国流通业发展方式转变问题研究

李骏阳

中国流通业在取得很大成就的同时,也存在着诸多问题,流通业以外延式发展方式为主,在资源利用方面仍处于粗放状态,过分追求增长速度和规模,缺乏节能与环保意识,看重眼前利益,这显然是不符合可持续发展要求的。在新形势下,我国流通业应树立新的发展观念,加快转变发展方式,实现全面、协调与可持续发展。

一、在发展道路上从外延式发展向内涵式发展转变

改革开放以来,中国流通业主要是通过扩大投资实现外延式发展,包括增加流通企业网点数量和扩大门店经营面积、增加企业中各生产要素的投入数量。流通产业外延式发展顺应了当时的需要,促进了流通企业数量增加,单店经营面积不断扩大,连锁企业门店数量不断上升。伴随着大量流通企业的出现,流通业从业人员也大幅度增加。据国家统计局 2007 年数据显示,我国限额以上批发和零售业、住宿和餐饮业产业活动单位数与法人企业总数从 2000 年的 47801 家和 29075 家增加到了 2006 年的 174453 家和 73879 家,从业人数由 2000 年的 5150084 人增加到 2006 年的 8555359 人。到 2006 年,我国已形成包括由 1800 万个网点构成的商品零售市场体系,由 8.1 万多个交易市场组成的现货批发市场体系。[1] 2008 年,我国流通业产值已近 3 万亿元,占 GDP 的比重将近 10%。从 1980 年至 2008 年,流通业产值年平均增长速度高于 GDP 和社会消费品零售总额的增长速度。

外延式发展虽然使我国流通业具有了一定的规模,但已凸显出许多问题:第一,一些地区和城市的批发市场与零售网点已经饱和,流通业出现边际收益递减现象,如限额以上批发和零售业主营业务利润率的增长幅度逐渐下降,2004 年至 2005 年间增长幅度为 8.9%,2005 年至 2006 年间增长幅度为

---

[1] 丁俊发:《中国流通》,中国人民大学出版社 2006 年版,第 106 页。

3.4%;第二,我国大多数流通企业在物流配送、经营人才和信息技术方面跟不上规模扩张的速度,造成经营管理上的诸多问题;第三,流通产业结构不合理,业态发展不平衡,有些业态过热并出现无序竞争,流通企业数量虽多但大多数企业规模偏小,缺乏规模经济效益。

因此,未来我国流通业面临的任务不应是简单的扩大规模,而是在发展过程中降低流通成本、提高流通效率和流通效益以及合理利用流通资源。流通业的发展不能仅靠增量,重要的是提高流通业现有存量的效用。这就需要走内涵式发展道路,通过创新,提高生产要素的产出水平,优化流通产业结构,促进流通业发展。

流通业内涵式发展的实现方式包括制度创新、技术创新、组织创新和业态创新,从国外近年来流通业发展的经验来看,创新是提升竞争力、开拓市场、提高效益的重要动力,国际零售巨头正是依靠新型的业态和组织形式,在先进的技术支持下将零售商店开到了全世界,挤垮了许多东道国本土的零售企业。

在流通市场趋于饱和以及外资零售企业不断进入的情况下,我国流通企业必须以创新走内涵式发展道路。在一个日趋成熟的行业,内涵式发展是可持续的,可为企业提供长久的发展动力。制度创新通常是业态创新和技术创新的前提,原国有大型流通企业虽然都实现了股份制改造,但在经营机制上与跨国企业相比仍有差距;在优化流通产业组织结构方面,政府应出台政策鼓励国内流通企业并购重组,以横向或纵向一体化等方式组建大型流通企业。改革开放以来,中国零售企业的业态始终是从发达国家引进,基本没有原创性的,业态的发展比国外慢一个节拍,当前中国消费市场的发展已经使企业有自主创新的环境,流通企业要通过业态创新拓展市场,形成新的增长点。在流通技术创新方面,政府需要加大基础设施投资,流通企业需要更加关注商业新技术,如无限射频识别技术(RFID)、商业智能(BI)、增值链系统(VAN)、客户关系管理(CRM)、供应链管理(SCM)以及需求链管理(DCM)等技术,以信息化改造和装备流通业。

二、在发展手段上从主要依靠物质资本向注重人力资本转变

改革开放初期,我国商品供应能力不足,流通设施落后,流通领域亟需大量投资。过去几十年流通领域出现持续投资高潮,资本的投入促进了流通产业增长,流通企业经营面积和门店数不断增加,在流通设施方面,冷链技术为生鲜食品保鲜销售创造了可能,计算机和POS机为流通企业现代化经营管理

提供了基础,配送中心的建立为大规模连锁经营以及流通效率的提高创造了条件。

但是近年来随着零售业经营面积的不断增加,零售业的每平方米销售额在下降,根据《中国统计年鉴》相关数据计算,2002—2005年间,每平方米销售额从15340元降至13005元,同期人均销售额从41.98万元上升71.69万元,人均销售额的上升是产出增加的主要原因,提升人力资本价值越来越重要。

虽然我国流通业从业人员数量较多,但人员专业素质总体上并不高,熟悉现代化流通管理的人才不足,流通业人才队伍的整体水平与流通业现代化的发展要求不匹配。目前国内零售业具有大专以上文化程度的各类人才比例远低于其他行业水平。以零售连锁企业为例,在其员工的专业构成中,销售人员占70%—80%,专业技术人员(包括财务人员)只占2%—13%;在受教育程度方面,大学本科及以上仅占2%—8%,中专、职业高中及以下占到了72%—78%。① 随着流通业技术含量的不断提高,对流通从业人员的素质要求也越来越高。首先,由信息技术的发展引起的经营管理方式的变化要求流通企业的经营管理者掌握现代信息技术和计算机知识;其次,商业企业中经营的商品结构和种类的快速更新,要求流通从业人员既懂销售,又懂较多的高科技商品知识;再次,连锁经营形式的迅速发展和流通业组织结构的变化,需要经营管理者拥有现代的商业企业管理知识。

与物质资本相比,人力资本对流通业的发展更具有持久性和创造性的作用:(1)流通业的销售业绩与个人能力有极大的关系,人力资本的投资能提高员工的人均销售额;(2)零售业门店数量扩张和经营面积的扩大有可能造成每平方米销售额递减,而增加人力资本投资导致的人均销售额上升具有持久的潜力。

跨国流通企业进入我国后,流通领域的人才争夺越来越激烈,未来流通业的竞争很大程度上取决于人才的竞争。跨国流通企业十分注重人才储备和培养,建立了高层次人才培养机制,经常开设各类培训活动。相比之下,国内流通企业人力资本投入不足。在人才使用方面,跨国流通企业一般先设定业务目标,确定员工岗位和职责,明确必备的技能、专业知识和管理知识,员工受到系统的培训,在岗位上可以人尽其才,使每位员工发挥最大潜能。沃尔玛开设一家1.8万平方米的大型超市,经营2.5万种商品,只需各类人员300人,而

① 戴遐海:《我国零售连锁企业竞争力现状分析及对策》,《经济论坛》2007年第5期。

我国同等规模的超市则需要 1000 人。

我国流通业的管理人才,尤其是物流和连锁经营方面的高层次管理人才缺乏。随着新型业态和连锁化经营形式快速发展,人才短缺已经成为制约我国流通业发展的瓶颈之一。流通行业迫切需要研究制定流通领域的人才教育、培训规划,加大教育和培训力度,提高流通从业人员的素质,建立一支具备现代经营理念、熟悉现代流通规则、精通现代流通管理和掌握现代流通技术的高素质、复合型经营管理人才队伍。同时需要加大对流通业从业人员的专业素质培训,特别是对基层员工的培训,形成层次性强、梯队紧密、专业素质高和技能知识过硬的流通从业人员队伍。

三、在发展目标上从规模扩张向效益提高转变

截至 2008 年底,全国亿元以上商品交易市场数量达 4567 个,比 2002 年增加 1309 个;市场摊位数、营业面积分别为 283.9 万个、2.1 亿平方米,年成交额 52458 亿元,分别比 2002 年增长了 29.6%、1.2 倍和 1.6 倍;2008 年,我国成交额 10 亿元以上的商品交易市场有 1005 个,比 2002 年增加 590 个。其中,成交额 50 亿—100 亿元的市场有 108 个,比 2002 年增加 80 个;成交额 100 亿元以上的市场有 89 个,比 2002 年增加 65 个。[①] 全社会消费品零售总额从 1999 年的 35647.9 亿元增加到 2009 年的 125343 亿元,年均增长幅度超过 13%。

流通业虽然在规模上得以扩张,但是在追求规模化过程中存在许多问题:第一,我国流通企业产出规模的平均值呈现递减趋势,批零企业单位消费品零售额由 1999 年的 0.744 亿元减至 2006 年的 0.437 亿元;第二,物流成本较高。发达国家物流成本占 GDP 的比重为 10% 左右,而我国 2005 年这一比重为 21.4%;[②]第三,与外资批发零售企业相比,我国本土批发零售企业利润率较低,2008 年内资企业的主营业务利润率为 7.21%,外资企业是 16.02%,内资企业不到外资企业的一半。中国销售额前 10 名的超市和中国连锁百强的毛利润率分别为 12.8% 及 11.95%,而外资企业平均是 20.56%;销售额前 10 强的超市和连锁百强的净利润率分别是 1.77% 及 1.32%,而国外平均为

①　王克臣,李敏,刘晓燕:《近几年我国商品交易市场发展状况分析》,《市场营销导刊》2009 年第 5 期。

②　丁俊发:《中国流通》,中国人民大学出版社 2006 年版,第 325 页。

2.22%。净资产利润率这一指标国内企业普遍在2%以下,而沃尔玛在2003年度为3.5%。

从结构上看,流通业在追求规模扩大过程中,产生了盲目建设的问题,布局不尽合理,有些业态过于膨胀,过度竞争严重;从行为上看,零售商凭借销售终端的控制权,经常占用供应商的资金,造成供应商和零售商的关系不和谐;从绩效上看,许多企业缺乏创新和战略规划,强调做大而忽视做强,经常遭遇资金困境和人才障碍,甚至出现资金链断裂后破产的现象,造成资源浪费,增加沉没成本。[①]

流通业发展追求规模固然重要,但更为关键的是提高效益。流通企业必须摆正规模与效益的关系,没有效益的规模是不能持久的,效益是规模扩张的保障,只有产生效益,规模化才能继续推进。从可持续发展要求出发,流通企业在发展目标上需要从规模扩张向效益提高转变。中国的流通业总体规模增长较快,随着国内生产要素价格不断提高,商业地产和劳动力成本上升成为流通业发展的制约因素,现在已经到了效益竞争比规模竞争更为重要的阶段。流通企业应把目光从规模转向效益,通过各种方式在提高效益上下功夫,努力提高经营管理水平。政府部门也应加强引导,对流通产业发展和城市商业布局进行更好地规划,优化流通产业结构,实现有效竞争,提高流通产业的整体素质,避免过度竞争和网店重复建设。

四、在发展策略上从零和博弈向合作共赢转变

在当前渠道关系中,零售商与生产商一般都是以自身利益最大化为出发点,双方往往都采用零和博弈的策略。如零售商极力压低生产商的出厂价格,压缩生产商利润空间,使一些生产商无利可图;零售商凭借市场强势地位向生产商收取各种不合理的费用,如节庆费、促销费、广告费、店庆费、上架费等,这些费用成为零售商利润的重要来源;零售商还通过延期支付款项或占用生产商的资金获取收益。同时,一些生产商极力隐瞒产品的真实成本,虚报高价;有些生产商为降低成本而偷工减料,或降低产品质量,或变相提价,这些行为导致生产商的利益和形象受损。

从理论上分析,零和博弈下的渠道利润小于零售商与生产商双方合作时

---

① 李骏阳:《先做大还是先做强——论中国零售业发展观》,《市场营销导刊》2006年第5期。

产生的利润,双方合作共赢是流通产业可持续发展的根本出路。但是当前的问题是零强供弱,要从根本上实现合作共赢必须从建立零供平衡的机制上着手,包括提高中小零售商的组织化程度,促进中小零售商联合,形成多元化的零售市场;政府应制定政策法规抑止大型零售商滥用市场势力的不规范行为;促进供应商通过提升品牌知名度等方式增强中小供应商的市场势力;推动供应商以直销店、电子商务等方式实现渠道多元化。平衡机制的理想状态是建立零供战略联盟。

在零售商与供应商市场势力不对称情况下,因双方的利益诉求受到众多因素的影响,零售企业与生产企业建立战略联盟并不那么容易,需要零供双方的共同努力,创造一个良好的环境。零供战略联盟的可选模式有:

(1)供应商管理库存模式。该模式旨在通过供应商管理零售商库存而实现与供应链一体化同样的效益。供应商通过电子数据交换(EDI)或者互联网获得有关零售商销售水平和库存水平的数据资料,据此制定和管理零售商的库存计划。该模式能直接减少零售商和整个供应链系统的库存成本、增加市场需求量。而对供应商来说短期内虽然库存成本和运输成本增加,但也能从采购价格的提高中得到一定补偿,而从长期来看,供应商管理库存能直接掌握市场情况以减少信息失真和牛鞭效应,提高市场响应速度。

(2)零售商定制生产模式。在该模式下,零售商根据其掌握的市场信息作出预测,据此向供应商下订单进行定制生产,这有利于零售商形成特色产品,提升竞争力,而供应商按需生产,也最大限度地减少了盲目生产所带来的损失和销售压力。

(3)零供共同研发模式。在该模式下,零供双方都需要有较大的投入,共同组建研发机构,通过发挥各自在市场信息和产品研发方面的优势,共同参与新产品的研发和营销,通过排他性合作获取研发新产品所带来的超额利润,并更好地满足消费者需求。

流通企业与生产企业合作,用掌握的市场需求信息为生产企业的决策提供参考,可以使生产企业的产品适销对路,避免大量库存,加快商品周转。而掌握货源的生产企业的及时供货和商品质量的稳定性对流通企业利润有重要影响。未来的竞争是供应链之间的竞争,流通企业与生产企业各自的利益最终取决于双方纵向构成的整条供应链的竞争力。流通企业只有和生产企业形成战略合作伙伴关系,通过整合供应链,降低物流成本和交易成本,加快流通速度和提高销售量来提升整条供应链的竞争力,及时按消费者需求提供相应的产品与服务,才是最有效的共赢策略。

五、在资源利用方面从粗放型向集约型转变

由于流通业外延式增长方式和大量依靠物质资本投入的发展手段,导致了我国流通业中的各项资源利用仍属于粗放状态:在商业流通业中,"圈地运动"现象严重,商业企业在各城市投入巨资争夺商业房地产资源,攀比建造大型豪华的卖场、购物中心和汽车4S店,重复建设较为普遍,占用了大量土地资源;经营面积越来越大、档次越来越高的大型商场每年需要消耗大量的能源,2006年零售业用电量高达343亿度,相当于每万元销售额耗电45度。商务部鉴于此提出了到2010年零售业万元营业额能耗比2005年下降20%的目标,并将完善相关政策,探索建立公共财政支持零售业节能降耗的鼓励政策。在商品包装方面,产品包装过于精美,耗费大量原材料,甚至出现包装材料的成本超过产品本身价值的情况。根据消费部门反映,目前我国城市居民每天人均消耗塑料袋2个以上。[①] 2005年塑料包装材料成为固体废弃物丢弃的约为250万吨,占塑料包装材料总产量的30%左右。[②] 我国大约有2/3的塑料袋是在零售行业中使用,给环境保护造成很大的压力。流通企业需要在其中肩负起法人的社会责任,利用其连接生产与消费的特殊地位,促使生产者减少不易回收型包装物的使用,推动消费者养成自备购物袋的习惯。2008年,国务院办公厅下发了《关于限制生产销售使用塑料购物袋的通知》,要求超市、商场等场所一律不得免费提供塑料袋,但是许多农贸市场和个体商店依旧免费提供塑料袋。

流通业在资源利用上实现从粗放型向集约型转变是我国建设资源节约型、环境友好型社会的必然要求。(1)从全世界对环境的高度关注来看,我国转变经济发展方式,节约资源、降低能耗、减少排放、保护环境已刻不容缓。我国早在1994年制定"九五"计划时就提出经济增长方式由粗放型向集约型转变。2007年党的十七大又提出科学发展观,要求建设资源节约型、环境友好型社会。哥本哈根会议前夕,中国政府提出到2020年单位GDP能耗与2005年相比减少40%—45%的目标,流通企业在这方面有义不容辞的责任。(2)

---

① 付宜飞、张铁帅:《白色污染的危害与现状分析》,《环境科学与管理》2006年第3期。

② 赵曜、赵延伟、邝贤锋:《塑料包装废弃物在城市垃圾中的含量及其危害性分析》,《广东轻工职业技术学院学报》2006年第3期。

中国的土地资源有限,流通企业规模扩张使门店数量急剧增加,单店面积不断扩大。流通业对土地资源需求的扩大与土地资源的稀缺性产生结构性矛盾,土地资源的有限性将制约流通业的无序规模扩张。目前流通业现有商业地产的使用效率并没有达到优化,单位经营面积可创造的效益仍有增长空间,不能再单纯依靠占有土地资源扩大规模,而应在资源利用上由粗放型向集约型转变,充分发掘现有资源的利用潜力。(3)从流通企业的资源成本来看,流通业的加速发展对资源的需求扩大,致使流通资源价格上涨,近年来商业用房的租金和商业劳动力成本上升都很快,使流通企业成本开支加大,利润空间缩小,这种状况将促进流通企业节约资源和生产要素。

实现流通业在资源利用上由粗放型向集约型转变可从以下几个方面入手:(1)在国家宏观经济政策的指导下,完成在资源环境方面的各项任务指标,同时政府制定法律法规对零售企业的规模扩张和大型商场扩建进行规制,以避免土地资源的粗放使用和耗能的过度增加;(2)提高现有流通资源利用效率和激活现有的闲置流通资源,地方政府应该采用限制措施改变企业盲目占用土地资源抢占网点的现象;(3)政府进一步制定有关商品包装和塑料袋使用方面的法规,实现绿色包装,在零售环节回收可再利用的包装材料,在更大范围推广环保理念;(4)节约各种资源,提高流通资源的效益,抵消由于流通资源的价格上涨带来的成本上升。

(作者单位:上海大学国际工商与管理学院。原载于《中国流通经济》2010 年第 4 期)

加强流通理论创新　推动流通产业快速发展

黄国雄

一、对流通的认识问题

分工是交换的前提,没有分工就没有交换,社会性分工产生社会性交换,流通是一连串的交换,是总体上的交换。从这一点来看,没有流通就没有交换,社会分工的目的就无法实现。不过,在商品流通问题上始终存在不同的认识,需要深入探讨,这里需要解决以下四个方面的基本认识问题:

1. 流通是否生产性劳动,是否创造价值

长期以来,我们衡量生产性劳动的标准有两个:其一,是不是创造有形产品;其二,是不是体力劳动。只有同时具备这两个条件,才是生产性劳动,才是创造价值的,这种观点在理论界长期占主导地位。而本人认为,流通是生产性劳动。对于生产性劳动的衡量应建立一个这样的标准,即能否为社会提供有益的产品或有效的服务。只要符合这一标准,就是生产性劳动。这样,我们就可以把许多创造价值的服务归为生产性劳动,而不是单一地认为只有体力劳动者和产业工人才能创造价值。生产性劳动的衡量标准需要转变,应把能否为社会提供有益的产品或服务作为我们的衡量标准。只有如此,我们才能正确认识"科学是第一生产力"的深层含义,才能确立商业服务业在社会中的地位,才能更为深刻地体会发达国家经济发展以第三产业为主体的原因以及我国大力发展现代服务业战略部署的深远意义。

2. 生产与交换的关系到底如何

传统观点认为,生产决定交换,交换在一定条件下也会影响生产。把交换、流通和商业放在被决定的依附地位,于是就产生了诸如流通无用论、流通依附论等观点。而实际上,随着经济发展阶段的不同,生产与交换的主体地位也会发生变化。本文认为,生产与交换的关系大体经历了以下三个不同的阶段:

第一个阶段:小商品生产条件下,交换完全取决于生产,没有生产就没有交换,交换的是剩余产品。生产多少就交换多少,生产什么就交换什么,交换依附于生产,被生产所决定。

第个二阶段:商品经济条件下,商品是为了交换而生产的,生产与交换是互相决定的关系。

从社会再生产的第一个阶段来看,没有生产就没有交换,生产决定了交换的内容和范围。而进入社会再生产的第二个阶段,没有交换就不可能进行再生产。没有了交换,就没有了生产的条件,生产的价值就无法实现,生产就会失去意义。因此,生产与交换互为条件,互相决定,互相促进,共同推动社会再生产的不断进行。

第个三阶段:交换决定生产。一切生产都是为了交换而进行的,交换集中体现了社会的需要,交换的深度和广度决定了生产的规模与结构,决定了社会价值的实现。这就是订单经济的本质,就是市场经济条件下交换决定生产的现实含义。

3. 流通的利润来源是什么,流通是否创造利润

流通本身是否创造利润呢? 我们传统的教科书里曾经提到,流通不创造价值,流通的利润是产业的让渡。本文认为,流通的利润是多元化的,是价值创造的最终成果,是社会总价值中不可或缺的部分。流通的利润主要包括以下几个部分:

第一,是生产企业利润的让渡,是生产职能在流通领域的延续。例如,包装、整理、加工、保管等活动是生产在流通领域的延续,而为实现产品价值、开拓市场所作的贡献则是生产企业给流通产业应有的报酬或者说价值让渡。

第二,是追加利润,是流通产业的劳动者作为一般劳动者所创造的价值和应得的回报。它既包括作为一般劳动者所应获得的平均价值,也包括作为流通产业劳动者所创造的行业平均利润。

第三,是级差利润,指商业企业由于距离市场远近不同而导致的收益差别,以及由于投入状况、设备条件、消费环境不同而创造的级差收益。

第四,是转移利润,指由于政策性原因,对某些商品和服务的收费采取特殊政策而产生的转移利润。比如,烟酒行业实行的高税高价政策及其他垄断价格。

第五,是管理利润。主要包括:(1)机会利润。利用市场的间隙,抓住市场机会,使商品能够首先或抢先进入市场,获得他人没有的机会利润。(2)信息利润。信息创造利润,信息带来利润,借助信息指导企业行为能够产生利润。(3)集聚利润。有效利用产业内部的各种元素进行集聚、配备,可产生群

体效应,提高劳动或工作效率,进而产生利润。(4)因勤俭管理而使自身费用率降低,使自身成本低于社会成本,从而获得利润。

4. 商业行为是利他行为还是利己行为

很多人认为,商业是利己行为。而本文认为,商业本身是利他经济、利他行为,商业所有的利润都建立在利他的基础之上。商业只有为社会提供有益的产品和服务,才有价值,才能得到社会的承认并取得合法收入。因此,商业行为必须以利他为前提,以利他为手段,只有如此才能达到利己的目的。任何利己不利他甚至损人利己的行为,都违背商业道德,是商人、商法人机会主义行为和逐利行为的表现,这样取得的收益是非法或违法的,要受到社会的谴责。因此,应对商业本质与商人个人行为的关系以及合法经商与非法经商的界限进行严格区分。"投机倒把"、"长途贩运"已经成为历史名词,而把许多社会恶习和不道德行为全部视为商业现象也有失公允。

二、确立流通产业的基础性地位

对流通产业认识的正确性,并不能完全代表流通产业在社会中的地位。改革开放以来,流通产业的地位已经发生了重大的变化,从无用论发展到先导论,又发展到现在的支柱论、基础产业论。这在理论上是一个重大的突破和创新,是对市场经济本质的认识。流通产业的地位应该是:

1. 交换是经济的基础

所有的经济行为最终都要表现为交换行为,经济始于交换,终于交换,也是为了实现交换而进行生产,为了交换而从事一切经济活动。没有交换的经济实际上会造成社会资源的浪费和停滞。所有的经济学研究基本上都是围绕如何交换、在什么地方交换、以什么形式交换、谁与谁交换以及如何提高交换效率而展开的。比如,诺贝尔经济学奖的前34届中有29届获奖者都是在研究交换的程序、交换的效益、交换的场所、交换的手段等。所以,从这个角度来讲,交换是经济的基础,产品卖不出去,既不能实现商品的价值,也不能实现企业的增值,不仅会使企业失去存在和发展的基础,而且会对社会资源造成极大的浪费,企业社会责任的实现也就无从谈起了。

2. 流通是国民经济运行的基础

流通直接服务于各个部门,为各个部门的生产创造前提和条件,为各个部门产品价值的实现提供服务,流通所有的设施都是为社会服务的。对于这一点,我们应该有所了解。如果没有流通,恐怕没有哪个部门能够生存和发展下去。本文认为,应该从贡献率、就业率、社会性及不可替代性等方面去验证流通的重要作用,重视流通的发展,加大流通的投入,完善与提升为所有产业服务的流通平台。

3. 商业是现代城市的基础

工业园区的产生、工业集群的出现、新工业区的开拓、城市化的发展以及环境的改变,导致了城市由工业城市转变为商业城市这一世界性现象的产生。西方国家仅用一百年左右的时间就完成了从工业城市到商业城市的转化,我国所实施的"退二进三"策略正是要推动这个进程。因此,今后我们应该以第三产业为主体、以商业为基础构建城市经济的基本框架。

4. 零售业是人民生活的基础

计划经济条件下,人民群众的生活是通过分配来实现的;而市场经济条件下,是以交换的形式通过零售来完成的。零售业本身是一项民生工程,应该体现民情,反映民心,维护民权,推动民生的发展。零售业正在引导生活,改善生活,促进生活方式的改变。没有哪一个行业能够像零售业这样,与广大消费者建立起了如此密切、亲切、广泛的经济联系,零售业已经构成了人民生活的基础。零售业在营造宜居环境、营造和谐生活、促进人民生活水平提高等方面发挥着不可替代的作用。

三、正确认识流通领域的"九五"(95%)现象

流通是再生产的中间环节,它的状况不仅取决于自身的效益与生存的条件,而且直接关系到整个国民经济的运行,关系到社会和企业的经济效率与经济效益。其中,需要特别注意流通领域存在的"九五"现象。

第一个"九五"现象。指一般条件下我国产销率只有95%左右,也就是说有5%的产品有产值而没有价值,第一次就在生产部门沉淀了下来,再加上流通领域商品积压,销售不出去,导致我们的经济发展有速度而缺乏效率。世界平均经济增长速度达到2.5%就可实现正常发展,这是因为多数国家推行的是订单经济,按订单组织生产,产值几乎可以百分之百实现。而我们是按产能生产,按计划生产,按就业需要生产,有相当一部分产品是脱离市场需要的,容易造成产能过剩、产品滞销问题,影响整个国民经济的有效运行。

第二个"九五"现象。指社会再生产时间中,生产时间不到5%,而流通时间却超过95%。在流水线作业条件下,一部汽车或一件衬衣只需很短的时间就可以完成,而产品走出车间、进入市场到最终销售出去的过程则十分漫长,

需要经历运输、储存、待售、营销等不同的阶段,所占用的时间甚至不止95%。特别是在现代生产条件下,生产时间的压缩非常有限,而加速商品周转、压缩流通过程却存在着巨大的潜力和空间。

第三个"九五"现象。指社会再生产对物质的占用,生产过程所占用的物资不到5%,而产前的采购、储备和产后的销售却占用了大量的物资,许多产品散落在流通的各个环节,尽管其中有相当一部分是必要的,但更多是由于人为或制度性原因所造成的,部门利益、条块分割、市场待售、重复运输等占用了大量的物资和商品。

第四个"九五"现象。指社会再生产费用方面,生产领域占用的不到5%,而流通过程却占用了95%。当然,其中也有必要、合理的成分,有各环节、各部门应有的利润,但更多是由于环节过多、层层加码而形成的。欧洲市场上销售的汉特尔切割机,价格为600欧元,而我国的出厂价只有30欧元,仅占销售价格的5%;我国珠江三角洲地区生产的声控地球仪,成本3美元,出厂价5美元,而在美国市场上的售价却在100美元以上。

"九五"现象对我们最大的启示在于,它告诉我们不论从宏观角度看,还是从微观角度看,要改变经济增长的方式,必须重视市场,重视流通,重视交换在社会再生产过程中的作用,摆正它们的位置,发挥它们的效率。只有如此,才能最大限度地加快流通过程,降低成本,提高竞争力,进而以较小的投入实现最大的产出。我们要借助流通改变社会进程,通过流通提高社会效益。

(作者单位:上海大学国际工商与管理学院。原载于《中国流通经济》2010年第4期)

流通竞争力与流通产业可持续发展

纪宝成

为了促进我国流通理论的研究与流通产业的发展,我想从流通产业可持续发展视角谈谈我国流通竞争力的相关问题:一是流通产业可持续发展为什么重要;二是为什么要强调基于流通竞争力的角度推动流通产业可持续发展;三是如何从马克思主义流通基础理论认识流通竞争力,进而提出流通竞争力提升的途径、政策思路。

一、流通产业可持续发展为什么重要

中国经济经历了 60 年的风风雨雨,从破除计划产品经济体制下的"无流通论"的错误观念开始,推行流通体制的市场化改革,发挥市场在资源配置中的基础性作用,我国经济的转轨目标早已定为发展社会主义市场经济。在这一过程中,商品流通不断演进,微观基础创制重构,非人格化交易的不断发展和市场范围的不断扩大,促进了经济的不断增长。随着经济市场化和国际化程度不断提高,我国经济已经融入了经济全球化的进程之中,在很大程度上已经从短缺经济转变为相对过剩经济,经济发展的约束条件也相应地从供给约束转变为需求约束。在需求约束下,商品生产建立在流通过程的基础之上,无论是资源的配置,还是生产与消费的统一,都必须通过流通过程来实现,因而,流通产业天然地成为弱化需求约束、实现货畅其流的载体。统计数据表明,建国 60 年来,流通总量持续增长,2008 年批发和零售法人企业数超过 10 万个,从业人员数达 737.4 万人,全国社会消费品零售总额达到 108488 亿元,首次突破 10 万亿元大关,较 1952 年的 276.8 亿元增长了 392 倍。

然而,我们也应看到中国经济增长依然存在着非均衡因素。在宏观方面,比如高储蓄、低消费的并存问题、外贸依存度过高、收入差距问题等等。据国家统计局的数据,2008 年城乡居民的收入比已经扩大到 3.36∶1,城乡发展的不均衡进一步制约了消费需求。在微观方面,生产领域出现了商品相对过剩问题;流通领域出现了假冒伪劣、恶意欺诈、渠道冲突等市场秩序紊乱问题。

从理论上来讲,发展市场经济总会由于生产者的"无规则的任意行动"带来生产过剩问题,但是由于各种利益关系没有理顺,一些体制性障碍没有破除,导致了"有政府的无政府状态"。

这样一种非均衡的宏观经济格局和微观经济状态反映了社会劳动没有实现按比例配置,各种利益矛盾影响着社会系统、经济系统的和谐。所以我们国家的领导人提出了科学发展观,科学发展观的根本方法是统筹兼顾,统筹兼顾的理论基础是什么? 马克思说:"按一定比例分配社会劳动的必要性,决不可能被社会生产的一定形式所取消,而可能改变的只是它的表现形式,这是不言而喻的。"可见,经济领域的统筹兼顾本质上就是社会劳动按比例分配。对于流通产业的可持续发展来说,我们需要做的事情就分为两个方面:一是通过创新各种制度、体制和机制,促进商品的自由流通、统一市场的形成和市场的公平竞争,形成现代流通系统,快速传递价格信号,低成本地实现自我调节,从而快速地协调社会劳动的按比例分配。二是基于"生产—流通—消费"的动态总体关系,坚持以市场实现为中心从宏观上对商品流通进行调控,有目的、有计划地引导流通产业的总量平衡、结构调整。

流通产业的可持续发展问题在国际金融危机的背景下显得更为迫切。不可否认,中国的加工贸易发展为经济增长作出了重要贡献,但从另一个角度看,也造成了对外部需求的过分依赖。而国内的流通成本过高和社会信用体系建设的不健全又加剧了对外贸的依赖程度。显然,在国际经济环境急剧变化的环境下,外部需求难以拉动经济的可持续发展,扩大国内需求已经成为学术界、政府部门的共识。那么,流通产业的大力发展理应成为破解经济困境的主要着力点之一。

二、为什么强调流通竞争力

首先应当明确的是流通竞争力是一个国家竞争力的重要组成部分。流通竞争力主要分为两个层次:一个是微观,一个是宏观。微观层面的流通竞争力主要包括流通企业的竞争力和企业的流通竞争力,体现在如何在既定的费用约束下获得最大的经济利益或者是在既定的经济利益前提下节约尽可能多的流通费用,从而获得市场竞争优势。宏观层面的流通竞争力主要是指一个国家的流通企业、流通产业、流通系统是否比其他国家的流通企业、流通产业、流通系统更有效地协调产销矛盾以及提供产品或服务的能力。主要体现在如何在国际竞争中拥有重要商品的定价权、渠道网络的控制权,从而赢得国家竞争优势。应该说,第一个层面的问题是流通企业界更为关心的问题,而第二个问题则是政府部门更为关注的问题。在商业领域对外开放的背景下,这两个问题又是相互联系的。流通产业可持续发展的关键就是在国际竞争的背景下提升流通竞争力。

相关数据显示,2008 年外资零售业规模占零售业的比重高达 22.5%。其些跨国零售企业对我国的供应商滥用买方势力,通过各种经济的、超经济的手段进一步压缩供应商的利润空间,在某种程度上制约了我国产业的结构调整与升级。与此同时,我国内资零售业的发展依然存在着组织化程度低、成本控制力不强、品牌化意识不够、中高级人才匮乏等问题。例如,我国大多数零售企业的存货周转周期比跨国零售企业的平均存货周转周期要多 20—40 天。我国零售企业的平均毛利润比跨国零售企业的平均毛利润要低 20% 左右。内资零售企业不是数目不多,而是竞争力不强。内资零售业的竞争力不强,难以形成对跨国零售企业的制衡力量。

从产业链微笑曲线来看,在需求约束的条件下制造环节或生产环节能够分享到的价值只占特定产业活动总价值的约 20%。80% 的价值被上游的研发、设计以及下游的品牌、营销等环节分享。不可否认的是,按照要素比较优势的原则参与国际分工,可以在一定程度上促进经济的发展。但是,自由贸易必须要建立在国家长远利益的基础上。从某种意义上讲,流通竞争力在国家之间的竞争中显得尤为必要。马克思认为,如果商品不能转化为货币,摔碎的一定不是商品,而是商品所有者。在国际化竞争条件下,如果流通主导权、商品定价权掌握在外资流通企业手里,显然我国的经济安全就会受到威胁。因此,必须基于竞争优势的原则不断提升我国流通竞争力,牢牢握住流通渠道的主导权和控制权,与此相适应的是必须彻底根除"重生产、轻流通"的观念。

三、怎样提升流通竞争力

首先从微观角度来看。从马克思主义的流通基础理论来看,流通只是实现生产领域创造的价值。但是这里的流通仅仅是商品到货币的形态变化过程,是一种理论上的抽象。在现实中,我们不能笼统地说流通不创造价值。流通不创造价值并不代表流通企业不创造价值。从《资本论》来看,马克思的研究重点主要是产业资本活动,因此没有对现实中流通企业通过生产无形服务创造价值问题予以特别的关注。但是,马克思在《资本论》第四卷"剩余价值理论"中提到"服务的价值如何确定"的问题时,明确指出"服务有一定的使用价值(想象的或现实的)和一定的交换价值"。

我在《商业活动论》一书中把商业人员的劳动分为非生产性的商业劳动和生产性劳动两种类型。商业人员的生产性劳动除了包括生产过程在流通领域继续的劳动之外,还应包括商业人员面对消费者时提供的服务劳动。从流通领域的现实来看,零售企业的各种服务职能提高了消费者的效用水平,消费者在购买商品的同时也消费了无形的服务,支付了相应的价格。因此,把流通领域的劳动作为非生产劳动来对待,并认为这是马克思的观点,既不符合马克思关于服务创造价值的思想,也不符合流通领域的现实。

上述理论分析表明,对于流通企业来说,其利润来源有两个:一是来自产业资本让渡的产品价值;二是来自商业人员劳动创造的服务价值。在现实中,流通企业之间的价格竞争会影响到流通企业与上游生产企业的关系,如果着眼于价格竞争,则在流通成本保持不变的条件下必然会通过各种方式压低采购价,从而不利于生产者的利益。如果着眼于服务竞争,通过创新提供差异化的服务赢得竞争优势,无疑可以更好地兼顾生产者、流通企业和消费者三者的利益。由此分析可知,竞争力的提高途径主要表现在两个方面:一是流通企业与生产企业建立产销联盟,共享信息,通过降低流通成本获得价格竞争优势;二是流通企业根据消费者的需求特点,创新服务方式,创造服务价值赢得竞争优势。因此,流通企业提高竞争力需要切实转变盈利模式,从单纯的价格竞争转变为渠道的合作竞争以及服务竞争,从分享价值转变为创造价值。

再从宏观角度来看,当前尤应着重以下几个方面:一是大力发展民间经营。由于零售企业是面向消费者服务的企业,那么消费者需求的特征就必然会对零售业市场结构、布局结构、投资主体有一定的要求。在我国的改革开放进程中由于消费需求的分散性、多样性、层次性,流通产业的市场结构必然体现为"大、中、小"企业并存,其中以劳动密集型的中小企业居多。这就要求大量的民间资本进入,大力发展民营经济,搞活零售市场,满足各个层次的消费需求。二是大力发展规模经营。流通企业的规模经营能够降低运营成本、引导生产、促进大量消费,因此,通过兼并重组、资源的跨区域整合、制度规范,发展具有网络化、连锁化、富有社会责任感的国有控股或国资参股大型流通企业集团,发挥其平抑物价、稳定市场,应对突发的自然、经济事件的能力,从而提升我国流通企业的国际竞争力,维护我国的经济安全。三是大力发展文明经营。没有道德底线的经营,没有诚信的经营是不可能长久的,但是这种短期行为却在我国的转轨经济中大量存在,这充分表明我国建设社会主义市场经济需要建立在法治基础和道德基础之上。政府需要构建相应的商业信用体系和适宜的鼓励政策,引导和规范企业的文明经营。

我以为,今后一段时间大力发展和加强民间经营、规模经营和文明经营,才能够通过制度、技术的创新全面促进流通竞争力的提高,从而实现流通产业的可持续发展。

对于学术研究部门来说,要继续深挖马克思主义流通基础理论,结合流通发展实践中提出的新问题,借鉴和应用科学的经济分析方法,提出解决问题的思路。流通竞争力问题,我们中国人民大学贸易系对城市流通竞争力进行了系统的研究,并且构建了相应的评价体系,这些研究为城市的政府部门提供了重要的决策参考。当然,流通竞争力还有一些问题需要更为深入的研究。

(作者单位:中国人民大学。原载于《中国流通经济》2010 年第 1 期,被中国人民大学《复印报刊资料》之《贸易经济》2010 年第 4 期全文转载)

新时期流通结构优化升级之再认识

王晓东　谢莉娟

一、当前商品流通领域的矛盾反思

当前,国内经济正加速步入转变发展方式的结构调整期。面对新时期经济发展和结构调整的整体要求,流通结构优化升级既是必然也很必要。说其必然,是因为流通增长必然寓于经济发展之中,转变经济发展方式也必将涵盖流通结构调整,从这个角度看,此轮流通调整是有被动因素的;说其必要,不仅是强调流通增长应与经济发展相适应,也应看到这是加速完善流通先导作用的关键一环,或者也是转变流通增长方式的一个机遇,从而在流通结构优化升级上,更需要主动推进。

在过去三十多年的流通改革中,我们已明显看到了结构调整的深度和广度都不断加大,从所有制结构、行业结构、业态结构直至组织结构、网点结构,都历经了理论与实践上的若干探讨和大力调整,可以说过去的流通改革正是流通结构不断优化升级的一个持续过程,对其中取得的显著成效自然已不必过多论证。但同时不否认以往的改革中也存在部分有失偏颇之处,或者至少是仍有一些悬而未决的问题,这些问题在商品流通实践中长期积淀就难免引致矛盾,而眼前矛盾如若不能理顺,则会使新时期的流通结构调整陷入纠结和瓶颈。① 因此,结合经济发展方式转变的新要求对流通结构的优化升级问题进行客观的再认识,就要对流通改革中悬而未决的问题以及这些问题在当前商品流通中引致的结构矛盾先有一个客观的认识和评价。综观国内商品流通领域,主要存在如下突出矛盾。

1. 流通规模与流通效率之间的矛盾

在我国商品流通规模总体呈现逐年稳步增长之时,国内商品流通成本也随之呈现逐年上升之势,对此有大量的统计数据可以说明。尽管在总体流通规模加速扩张的情况下,流通绝对成本的随之增加实难避免,但目前流通成本

---

① 王晓东:《中国工业品批发体制改革的思考》,《中国市场》2010 年第 17 期。

的相对比重不降却反映出体系层面的若干问题。我们看到,尽管流通组织在市场化改革中日趋多元并极大丰富,但流通主体的组织化却遭到极大破坏,商品流通领域的主导力量正加速分散;在传统批发商伴随"少环节"的市场化趋势而日益萎缩之后,渠道内外的协调程度和流通秩序却大不如前;出口加工企业在内需扩张的良好势头下并不缺市场需求和市场容量,但其出口转内销却十分困难。流通效率的损失固然是一个复杂的系统问题,其中既受制度影响、也受技术制约、同时也有生产与消费的结构问题,但如果体系层面的上述问题得不到解决,则恐怕整个流通领域就很难有效率上的突破。流通改革至今,我们一直在积极探索建立与新型经济相配套的高效的市场流通体系,但在其中,各式流通主体和各种新型业态应如何配置到商品流通的合适节点上?以及如何形成与内外贸统一市场相适应的开放式、可控型的流通体系?对此,理论界和政府均作了大量的探讨和努力,但时至今日无论在理论上还是实践中都尚未形成科学的统一框架。当前,流通体量的增长性无疑已经培育起来并得到巩固,但流通体系的合理模式在理论上却仍不十分明晰,在实践中也尚存很多困惑。流通的体系模式创新赶不上流通的体量增长速度,在结构层面也就表现出了流通规模与流通效率之间的矛盾,这种矛盾既是在以往改革中长期积累起来的,也是需要在新时期的流通结构调整中及时解决的。

2. 传统流通与现代流通之间的矛盾

20世纪90年代开始,批发市场作为国内新兴流通组织的重要尝试而持续经历了爆发式增长,目前大概有45%的农副产品、70%的日用小工业品都要经由批发市场完成流通,应肯定其显著成效,但与批发市场的总量扩张相伴而生的也有流通效率下降、流通秩序较差及流通功能落后等多种现实难题,表明以摊位制批发市场为代表的传统流通虽然不可缺少,但已明显不适应经济发展的要求。问题在于,即便批发市场理论上只是过渡形式,并且"摊商"的平均效益目前并不可观,这种带有粗放性质的传统流通也依然作为商品流通领域的重要力量而继续生长;与之形成反差的是,理论上应当作为核心主体的现代流通企业,不仅未见批发市场式的爆发性成长,并且尚未走向组织化就已先表现出过度竞争的迹象,其优势在市场活力、扩张潜力等很多方面比不上批发市场。这样,现代流通的相对弱势使传统流通难以适时退位,而现代流通的示范性不足又使传统流通的转型升级陷入搁浅状态。因此,目前不单是发达的现代流通与粗放的传统流通平分秋色的问题,而更大程度上是二者同时面临发展难题、相互僵持又难以突破的问题。当然,从中国实际出发,传统流通与现代流通的二元结构不是不可以存在,或者也正有可能将其打造成中国的特色之处,但是不同组织之间的职能分工和发展定位却需要在新时期的流通结构中得到及时恰当的调整,否则传统流通与现代流通之间的二元结构就只能是僵硬和纠结的。

3. 流通业态与流通技术之间的矛盾

在以往的流通改革中,我们仅用 20 年的时间就完成了发达国家历时一百多年创造的各种业态,流通现代化的技术优势也相继显现并持续释放。但是,各种新型业态在国内市场的适应性却明显不足,尤其是流通技术与流通业态之间的契合度不高,导致发达国家在近百年中陆续出现的各种矛盾也开始在短时期内大量积累和集中。时至今日,"连锁难"依然是困扰国内流通企业尤其是中小流通商的普遍问题。理论上,"分店复制"式的连锁扩张将赋予流通企业近乎无限的规模边界,但国内多数流通企业却并未在连锁扩张中显现出应有的规模优势,理论上的规模边界在现实中受到极大限制。根据美国的经验,连锁成功的关键在于发达的物流,而发达物流的背后又是持续创新的先进技术;日本的经验表明,中小流通商能够通过自由连锁发展起来,共同配送的物流网络起到极为关键的作用。相比之下,我国的连锁经营呈现出明显的异化现象。比如,便民连锁不是依靠共同配送而是凭借贴近居民区来获取优势,连锁超市自有配送中心缺位的情况不在少数,还有一些连锁店只是生硬地试图通过连锁来实现品牌化。除了连锁的异化以外,很多传统流通业态的更新也由于技术不到位而最终只是成为吸引消费者的销售方式翻新,比如"自选"销售方式并未体现出节约劳动和降低成本的技术,而只是更大程度上赋予了消费者接近商品的自由。可以说,国内流通业态的更新始终是与时俱进的,但与之相适应甚至起先导作用的技术应用却明显滞后,这种结构矛盾与改革开放初期市场发育不充分而各种新型业态又一次性大量涌入的实践背景不无关系,业态与技术的相互背离也致使很多重要的流通功能走向不同程度的异化,这种矛盾亟需在新时期的流通调整中得到解决。

4. 流通的经济职能与社会职能之间的矛盾

改革开放至今,我们过于偏重流通的经济职能而忽视了其社会职能,或者说是过度强调了流通的产业性质而淡化了其服务性质。从理论上讲,流通业的微观规模相对较小,所需资本投入较少,资本的流通性强、专用性弱,对人力资本的要求相对不高,总体来看就业容量大、安置成本低,从而应随经济发展而成为解决城市就业的主要行业;同时,流通服务的丰富性、便利性和规范性,也是文化气息、和谐生活和商业诚信的重要保障,如上均属流通的社会职能。近年来,随着流通业产值总量和相对比重的双重扩张,流通业的就业吸纳性得到了良好释放,流通在促进就业和增收方面的社会职能也得到一定验证,但经验数据表明,目前流通业对就业增长的带动作用依然存在较大的结构制约和地区差异,①这也反映出以往改革过多强调了流通的产值增长而忽视了其就业增长。不仅如此,最近几年中央对民生问题的高度重视依然改变不了地方政府追求 GDP 的情结,各地区在追求流通产值增长、市场容量扩张的同时,很大程度上忽视了商业对生活氛围和社会诚信等的维护和促进,表明从偏重流通的经济职能转向经济职能和社会职能并重仍需有较大力度的制度推动。

二、新时期流通优化升级之功能定位

需要指出的是,对流通改革和实践问题的再梳理和再评价,不是为了纠结于过往,毕竟流通市场化改革是要与经济发展的阶段特征相适应的,无论成败,都已是"过去时"了。当然,也不是完全既往不咎,因为无论经验还是教训,都有助于我们更好地认识当前问题并调整改革取向。在厘清上述改革成败和眼前矛盾之后,就是需要以此为鉴,继续往前看,也就是要进一步思考,新时期的流通结构"优化升级"应着重涵盖哪些内容? 或者说,在谈及流通结构调整时,我们一直在强调"优化升级",但究竟该如何理解和把握"优化升级"?"优化升级"以后,流通的功能应作何体现? 以过去的改革为借鉴,以现有的矛盾为基础,应对流通结构的"优化升级"作如下功能定位。

1. 繁荣市场的功能要适度

关于前段时期的物价上涨尤其是以农产品及农副食品为主的生活必需品的价格上涨,相关统计数据已经作了最直接的说明。在看到各种常规影响因素的同时,我们必须高度警惕此轮物价上涨中一些"无厘头"因素的存在,除了屡屡出现的猪肉市场垄断事件以外,有些地区甚至出现了"菜价上涨、油价追涨"或者"肉价上涨、洗车价格跟涨"的情况,这些显然已经难以用纯经济因素来解释,相互串通、恶意囤积、盲目跟涨和哄抬物价等行为在其中占了很大的比例。将这些现象和问题置于流通角度,我们就必须对"搞活流通"有一个科学的再认识。追溯到我们致力于"搞活流通"的初衷,这是针对不适合市场

---

① 王晓东,谢莉娟:《论流通产业结构调整与就业增长:基于中部地区流通业对就业吸纳的贡献分析》,《财贸经济》2010 年第 2 期。

经济的计划流通体制而言的,是繁荣市场的客观要求;但在我们试图通过搞活流通来使市场繁荣起来的同时,有些领域也存在着被搞"散"、搞"乱"的问题。种种现象提示我们,当前流通在繁荣市场中的功能和作用已呈现盲目和过度迹象,比如流通主体和所有制形式实现了多元化,但国有商业的主渠道作用却逐步丧失,流通体系的完整性和系统性遭到破坏,流通的"稳定器"功能也几乎不复存在。从而,新时期的流通结构"优化升级",必将涵盖对"搞活流通"的重新合理定位,也就是要使流通在繁荣市场中的功能回归适度和理性的范畴。

2. 稳定市场的功能要重启

如上所述,在这些年来的流通市场化过程中,我们逐步淡化和丢弃了流通稳定市场的功能。至于流通业"维稳"功能丧失以后的弊端,在当前的物价上涨中已经有所体现。可以想象,如果国内市场能够培育起真正有竞争力的流通主体,如果全国有若干流通企业能够按照政府的导向去运作,则上述"无厘头"的"跟涨追涨"之风就很难出现大范围的连锁和串联,不仅物价上涨之势不至于此,市场秩序也会大不一样。事实上,就繁荣市场和稳定市场的关系而言,二者并不对立,不存在"二选一"的难题,而是在经济发展的任何阶段都应有所兼顾。现在谈到重启流通在稳定市场中的功能,也绝不是要暂时否定或抛弃当初"搞活流通"的议题,而只是要据此合理规范流通在繁荣市场中的作用,使流通在繁荣和稳定市场中的功能重新回归应有的平衡。事实上,稳定市场的功能是潜伏在繁荣市场的功能之下的,在如今的物价波动形势下,流通的维稳功能无疑更加引人注目,这既是对搞活流通过程中一些矫枉过正的因素所进行的调整,也是转变流通业增长方式、对其合理优化升级的一次机会。

3. 新型技术的功能要加强

从零售角度讲,由于技术之后而导致的业态流于形式和流通功能异化已在上文论证,在零售业的未来调整中,必然要涵盖流通技术的创新和应用。而从批发角度讲,批发商作为中间商,能够将 $10 \times 10 = 100$ 次交易转变为 $10 + 10 = 20$ 次交易,这是我们过去叙述其减少交易费用职能时通常使用的例子。但在考虑了现代交易技术如互联网、移动通信、传真、电子支付等先进手段对交易成本的影响条件下,则不难断定,现在的 100 次交易所需费用比过去 20 次交易所需的费用可能还要低,这也是致使传统批发商不断萎缩和败退的重要原因。但如若再考虑在现代交易中引入批发商这个交易中介,那么还是可以将 100 次交易再次简化为 20 次交易从而进一步节约交易费用。问题就在于,如何保证批发商能够实现这种节约交易费用的职能？这自然还是要依靠新型技术。既然传统批发商丧失优势是源自现代交易技术对其传统职能的削弱和替代，则批发商若要重新介入渠道并实现交易费用节约，就势必要花更大气力加速新型流通技术的应用。另外，无论从物流企业还是从商品交易市场的角度讲，新型流通技术也都在其存活和发展中起着极为关键的作用。因此，在未来的流通结构优化升级中，新型技术的功能是需要加强的。

4. 促进就业的功能要充分发挥

民生问题不单是眼前的问题，而是在我国经济发展的任何阶段都应给予高度重视，这也是流通结构"优化升级"中必然要兼顾的中国实际。从我国历年居民收入的主要来源看，工薪收入大致占全部年收入的七成左右，说明就业增长仍然是收入保障的重要条件。并且与以往的资源约束型经济特征不同，在当前的需求约束型经济特征之下，只有就业和增收问题解决了，才能不断把即期和潜在需求转化为消费行为，从而不断形成拉动经济运行的周而复始的新起点，讲求诚信、和谐发展的商业和生活氛围才能营造起来，流通经济职能和社会职能才能真正实现有效配合。目前流通发展对于促进就业的功能尚存很大空间，在新一轮的流通结构调整中理应重视。但需要指出的是，发挥流通的就业促进功能，绝不是简单停留在流通产值和流通企业数量增加的层面上，最终的落脚点既要涵盖流通内部产值结构的优化，又要涉及流通企业的就业结构和要素分配结构的转变。

三、流通结构优化升级的重点问题

基于以上提到的在流通结构"优化升级"中应涵盖和体现的四层功能，就必须尽快解决如下几大重点问题。

1. 加速流通总体规划和立法

目前的内贸发展总是缺乏好的思路，实际工作越做越碎，上不了层次，形不成完整的体系，这与长期以来缺乏流通总体规划和立法有很大关系。由于没有流通总体规划，我们对待实际问题就经常是"头痛医头、脚痛医脚"，打不出组合拳，形不成综合实力，在总体发展思路和发展理念没有统一的情况下，地方政府独立编制的商业发展规划也经常是赶不上实际情况的变化。从长远看，对待流通问题还是应该有大的方向和视角，所以应尽快形成一个有前瞻性和整体性的流通发展规划，这也便于为内贸工作起到导向和示范作用。与之相配套的，就是应加速流通立法，可以先考虑出台一部促进法性质的《转变流通发展方式促进条例》,以缩短立法时间,早日颁布施行,待条件成熟后再上升为法律。

2. 健全流通宏观管理机制

不可否认,在过去的改革中存在从迷信计划转向迷信市场的极端跳跃,重申市场经济也有计划性已十分必要,十七大重新提出"发挥国家发展规划、计划、产业政策在宏观调控中的导向作用",就是针对我国经济实践中计划观念的一再淡化提出的,这对流通问题同样适用。重新强调国家计划,并健全流通的宏观管理机制,不是要回归计划经济,也不是改革的倒退,而是要实现计划与市场在更高层次上的结合,是一种"肯定—否定—否定之否定"。但由于目前的计划不再是行政性的,而是指导性、战略性和预测性的,因此就不得不重新提及国有商业在其中的主导作用。从协助履行宏观计划的角度看,国有商业在流通领域的规范性和示范性是任何其他所有制形式无法替代的,如果说当初搞活各种形式的非国有商业是为了活跃市场,那么至少从改革的初衷来讲,也并不是要否认国有商业的必要性,当前的市场状况和流通矛盾应使我们更加肯定这一点。所以,健全流通宏观管理机制,就是要将流通领域的宏观问题重点计划,微观问题留给市场,而在宏观计划和微观市场之间必然需要有一批具备竞争实力的国有或国有控股商业企业,成为流通宏观管理机制的传导主体。

3. 完善大宗商品流通体制

目前大宗商品在流通主体、价格机制、储备制度、交易方式、补贴办法、调控机制等方面都存在不少问题和困惑,重视和改革大宗商品流通体制,将关系市场稳定大局的"重要的少数"从"一般的多数"中剥离出来,并在其中保持一定的国有经营的比重,既很必要,也不困难。① 葱、姜、蒜的问题政府尽量少管,但市场物价总水平政府一定要管,而要控制好价格总水平,就一定要管住、管好大宗商品流通,因为大宗商品具有"领涨"能力,在此轮通胀中我们也的确看到了这种"领涨"能力。政府若要调控好社会商品流通就必须着重抓好"重要的少数",与这个问题相关联的,就是应建立大宗商品流通的价格调节基金制度,这对于稳定供求关系和平抑市场价格甚为重要。

4. 重构工业品批发体系

过去我们讲,批发是流通的"蓄水池",过去的批发企业也都有库存指标。批发环节不仅有组织商品交易的功能,而且有价格发现和预警的功能,可以提前防范物价的非正常波动。现在,生产企业讲"零库存",零售业的"勤进快

---

① 纪宝成:《发挥国有商业主导作用之我见》,《商业时代》1988 年第 4 期。

销"现在也谈不上了，"购销调存"也丢得差不多了。那么必要的商品储存放在哪儿？如果都不存的话，出了问题怎么办？现在看来，要想使整个商品流通"活而不死"、"活而不散"、"活而不乱"，做到"活而有序"，关键还是要掌控批发。在传统批发体系肢解以后，工业品流通的环节并没减少多少，流通的系统性和秩序性却极大地被破坏，过渡性的工业品市场虽体现了一定中国特色，却由于功能问题而难以成为国家调控市场的依托。长远来看，还是要培育和孵化出具备先进批发职能的现代批发企业，无论是从政府的集中调控还是从工业品流通的整体效率来看，这都必不可少。但是，重构工业品批发体系并不是要使工业品全部回归批发环节，是不是要经过批发需要具体情况具体对待，比如大型连锁企业可以绕过批发商自有采购，而出口转内销则往往可以通过建立批发体系来有效解决问题。因此，现在讲到重构工业品批发体系必然是有针对性的、有重点的重构，要根据不同情况选择合理的批发组织、业态形式直至渠道模式，最终使各种批发主体和方式各得其所。

5. 转变零售业盈利模式

对零售业的"微利"必须有一个正确认识，是供大于求的生产关系决定着价格要不断下降这个问题，因此并不是说中间环节少了，零售利润就能上升，一味通过"引厂进店"、"保底扣点"来规避主营业务，并不能使零售业的盈利难题得到根本突破。零售业的盈利模式要转型，这个问题关系到零售业的长远发展，从当前的流通矛盾中我们更看到了解决这一问题的迫切性。现在的零售业不采也不销，采购功能缺失的背后是流通效率的损失，摊位费、进场费的背后是零售价格定价权的消失。零售商不做买卖却偏重租店的行为正导致零售业呈现愈发明显的"市"、"场"分离之势，而各大零售商不断加快的店面翻新速度却并没有带来利润空间的明显改善，目前频频发生的"零供"冲突也暴露出市场秩序的难以调和性。种种现实迹象表明，部分零售商通过减少环节而获得的货币收益可能还不抵由于渠道冲突所引致的效率损失，与其收取通道费用还不如容忍批零差价。所以，零售业还是要及时向主营业务回归，也只有完成向自主经营的转型后才能从根本上掌控定价权，零售业在繁荣和活跃市场中的作用才能得到理性的体现。从流通业对繁荣市场的作为这个角度讲，这是零售领域能做的和可为的。

（作者单位：中国人民大学。原载于《中国流通经济》2010 年第 1 期，被中国人民大学《复印报刊资料》之《贸易经济》2010 年第 4 期全文转载）

后危机时代流通体制变革的新思考

陈文玲

一、新时期必须用国际的视野、世界的眼光、全球性的战略思维考虑流通的战略定位

国际金融危机之后,整个世界的经济形势、经济格局对经济学理论,对各国的经济运行模式,对大国之间的经济关系提出了新的挑战,也提出了许多重大的亟待研究的课题。这些课题实际上不仅关系到世界的未来,也关系到中国的未来。

回顾新中国成立以来的历程,回顾流通领域 60 年发展的历程,可以说我国目前正处在一个非常重要的转型时期。改革开放 30 年,我国从计划经济转向市场经济;未来 30 年,我国将从经济大国走向经济强国。目前,我国正处在这样的转型期。毫无疑问,我国已经成为了一个经济大国,在这轮经济危机中我国表现得很出色,国际地位得以迅速提高,世界也对中国给予了更高的期望。

世界经济形势的变化对流通理论和流通格局提出了新的挑战和要求,需要对一些重大基础理论问题进行重新思考。从世界看,还没有一门成熟的现代流通经济学,西方经济学有宏观经济学,有微观经济学,还有各种门类的经济学,但是却没有一整套的现代流通经济学。

从世界发展的进程来看,制造业的发展先于流通业的发展。改革开放 30 年来,我国已经成为了一个制造业大国,制造业产值已经占到世界生产总值的 10%,但我国流通领域的发展严重滞后,流通能力还相对比较落后。大家知道,尽管发生了金融危机,尽管美国面临着巨大的经济风险和不确定性,但毫无疑问的是,美国目前仍然是第一经济大国。本人认为,美国经济的绝对优势不仅表现为它的军事力量、政治力量、经济力量,它还有一个很突出或者说非常突出的核心竞争力——现代流通竞争力。现代流通竞争力是一个国家的核心竞争力,或者说是软竞争力。目前,美国制造业占全球制造业总值的比重是 25%,但其流通中的货币占世界货币储备量的 60% 以上,占世界贸易结算货币分布的 60% 以上,其资本市场的市值加上期货市场的市值,再加上债券市场的市值也占全球的 60% 以上。由此可以看出,美国的商流、物流、信息流、资金流在国际上仍然具有最大的优势。大宗商品价格上涨的时候,美元就会贬值;石油价格上涨的时候,美元就会贬值;而美元价格上涨的时候,石油就会贬值。控制美元货币币值以及期货市场价格形成机制的是哪个国家呢? 本人认为是美国。

因此,在经济方面美国的核心竞争力绝对不表现在它的 GDP 和生产制造总值上,而是表现在它的现代流通竞争力上,也就是说表现为美国在全球商流、物流、信息流、资金流等流通资源配置领域的组织能力和流通的现代竞争力方面。因此,本人认为,我国要从经济大国迈向经济强国,如果不能解决流通竞争力落后的问题,不能解决现代流通软竞争力的问题,那么这个目标是根本不可能实现的。

我国可以成为制造业大国,我国的 GDP 总量可以达到世界第三位,我国的进出口总量可以达到世界第三位,我国的外汇储备量可以达到世界第一位(2007 年 4 月就达到了世界第一位),我国有规模的优势,我国有总量的优势,我国有数字的优势,但我们的这种优势是积累起来的,是静态的,是一种基本上不流动的量的改变,而不是快速流通的概念,不是在流通中产生增值的概念。比如,我国的外汇储备 2007 年 4 月超过日本,成为了世界第一位,现在我国外汇储备是 2.2 万亿美元,但这种外汇储备是一种货币结算的存量。

本人曾去美国进行社会信用体系调研,调查过美国财政部的数据,其中有一项数据叫整个社会资本的总周转,美国社会资本的总周转量是很高的。而货币流转速度越快,流转次数越多,产生的增量货币就越多,这就是流通的力量。在新的时期,我们必须用国际的视野、世界的眼光、全球性的战略思维考虑流通的战略定位。我国要从一个经济大国迈向经济强国,必须提高流通竞争力,并努力使流通竞争力成为国家的核心竞争力,成为国家的软实力。这是我国向经济强国迈进的战略选择,是国家战略必须作出的选择,而不仅仅是要不要发展流通、要不要发展交易的问题。

二、现代流通的特点

在新的世界经济形势下,经济的全球化在各个方面对传统流通理论提出了根本性的挑战,要求我们从全新的视角出发来认识现代流通的本质,诠释现代流通理论。首先我们要从内外贸分割、国内外分割、城乡分割、部门分割这样的误区中真正走出来,不能就国内市场谈国内市场,不能就部门谈流通,不能就单个产业来看待商业。现代流通理论有以下几个基本特点:

第一,现代流通是囊括有形要素禀赋与无形要素禀赋的流通。我们过去研究的是有形的、刚性的物的流动。这表现在哪些方面呢?表现在我们研究的主要是有形商品的流通和有形资产的流通。现在越来越多的无形要素进入流通,对此我们缺乏研究。比如,更多无形的、柔性的、没有物质形态的要素的进入,它们在流通中所起的作用是引领性的,还是爆炸式几何增长的状态。再比如,就贸易来说,有形商品我们有货物贸易,无形商品我们有服务贸易,但无形的服务贸易的增长速度和数量都比有形的货物贸易快得多。

所以,我们的贸易转型就是要发展服务贸易,服务贸易带给我们的附加值比货物贸易更多,发达国家就在服务贸易上获取了更多的利益。比如,无形货币的流通比有形货币的流通快得多。马克思曾经讲过,有形货币经过商业资本到货币资本,通过生产过程产生形态的变化。现在,世界上越来越多的无形货币以资本的形态、股权的形态、债券的形态进入流通,产生的是从货币到货币的流通过程。美国之所以会发生金融危机,主要原因就在于其数量远远高于实物商品的流通规模。再比如,过去工厂、厂房都是固定的,现在无形资产进入了流通,证券进入了流通,是一个流动的过程,厂房仍然存在,企业仍然存在,但产权关系会随着交易而发生变化。

第二,现代流通是面向全球市场、全开放的流通。过去的流通受世界容量、密度、规模和速度的限制,而现代流通通过高科技化、高智能化、网络化、现代化、电子化把几乎所有的国家、所有的交易都纳入了国际化的大范畴,并由此形成了全开放的流通。比如,波音飞机,有将近 200 个国家为之进行零部件生产,它在美国西雅图完成的只是组装过程,其生产过程已经并且开始了流通的过程。

第三,现代流通是涵盖生产、流通全过程的流通。过去传统的流通边界日益模糊,日益一体化,生产过程就是流通过程。本人曾对日本丰田汽车公司本部进行过考察,丰田汽车公司近几年最大的革命就是生产流程改造,其中最主要的就是用现代流通来改造生产流程,把整个组装车间变成物流的供应链。目前丰田汽车公司在中国的生产组装车间,汽车与零部件通过两条传送带进行匹配。通过利用物流技术改造生产流程,使丰田汽车所有的规格品种都可以同时在组装车间下线。本人曾到上海通用汽车公司进行过考察,它采用的是柔性生产线,这个生产线可以生产组合各种汽车,但只能在一种汽车组合完成之后才能更换另外一种模型,组装另外一款汽车。而日本丰田汽车公司本部利用现代流通改造生产流程,现在可以同时下线不同款式的汽车。生产与流通的边界日益模糊,日益一体化。

第四,现代流通是以消费为起点的周而复始的社会化大生产过程。现代流通的起点是消费过程,而且是日益增长的物质和文化消费需求,消费需求是流通的基本动力,是现代流通的起点。从这个意义上讲,本人认为流通是经济运行的先导性力量,这就彻底颠覆了传统的经济学,以生产为起点的政治经济学,也颠覆了西方经济学中的某些东西。比如西方经济学讲边际理论、均衡理论,但现代流通受需求决定论影响,恰恰使经济产生了不均衡发展,不均衡成为一种常态,而均衡只是一个点上的一种状态。边际理论讲的是,在边际投资成本与管理成本相交的边界点上,投资得越多,边际效应递减得越厉害。现代流通催生了许多现代新型业态,如连锁经营模式就突破了边际理论,因为它可以输出管理模式,可以输出品牌,可以输出管理文本,其品牌输出的过程就是收取费用的过程,它的品牌可以变现,它的品牌可以卖钱,加盟是需要交品牌费用的。这个品牌的费用需要一次性支付,也有些可以分年度支付。这就突破了边际理论,品牌扩张越快,连锁店铺越多,寿命越长,投资收益越大,而不是导致投资成本加大。

第五,物流是现代流通的决定性力量。随着现代科技的发展,商流的过程可以不断缩短,商流的成本可以不断节约,甚至可以消失。信息流成本,比如过去经济学讲的搜寻不对称信息的成本极大减少。这是因为在信息化社会,信息成本大大降低,而且许多信息是公共信息,公共信息有一个特点,就是其使用价值不是随着使用频率的增加递减,而是递增,使用频率越高,信息的价值越大。

因此,商流的成本、信息流的成本以及资金流的成本都可以降低,资金的支付方式可通过电子支付、无纸化支付瞬间完成,唯有物在物理意义上的移动不能被消灭,只能被设计,其流程需要合理设计,物流方式需要合理设计。因此,现代流通的商流、物流、现金流、资本流,再加上人的流动,最主要的成本支付就变成了物流成本。

从这个意义上讲,成本是决定流通成本、流通速度、流通效益的一种决定性力量。现代流通是决定经济运行的先导性力量,而现代流通的决定性力量就是物流。物流的流程需要合理设计,只有信息流先行,借助信息流改造整个流程,才能达到合理设计的目标,降低物流成本。

三、未来流通体制可能发生的根本性变化

随着世界经济格局的变化、大国关系的变化、国内经济政策的调整、宏观经济形势的变化,未来流通体制可能会发生以下八个方面的根本性变化。

1. 国内与国际流通的一体化,即国内外流通的一体化

这种变化其实已经发生了,也正是基于这个原因,本人反对就内贸谈内贸,就外贸谈外贸,而是应当内外贸一体化发展。改革开放30年来,国外跨国公司特别是流通企业,基本上都进入了中国市场,而中国的流通企业到目前为止,仍然没有像跨国公司等大流通组织那样进入全世界,成为全球性的大型流通跨国集团。当然这与我们的眼界有关系,与我国现代流通业的落后有关系。随着我国"走出去"战略的实施,随着中国经济实力的不断壮大和许多重大战略的调整,流通企业走出国门,实现国际化,成为在全球范围内配置优质资源的现代流通组织,将成为一种必然趋势。

2. 区域流通一体化

我国区域经济格局也发生了重大的变化:第一,我国已经形成了完整的沿海经济带,从最南端的北部湾到珠江三角洲,到海峡西岸,到长江三角洲,到江苏沿海一带,再到黄河三角洲,然后到环渤海经济圈,到辽宁的新经济带。与此同时,我国内地也形成了一些经济带、经济圈或者经济走廊,比如武汉的"1+8"城市经济圈,湖南的长沙、株洲、湘潭城市群,河南的中原经济带等,这些新的经济带、产业经济区就是未来流通的经济圈。在这些新的区域战略布局中,流通能力特别是跨行政区的流通能力一体化设计非常重要。这些区域一体化的流通能力或者整体的流通能力,将决定这些区域的整体竞争力。以前,我们经常讲一个城市与一个城市的比较,而今后将是一个经济区与另外一个经济区整体经济的比较,其中流通能力是决定性的力量。

3. 城乡流通一体化

今后的流通是城乡一体化的流通,十七届三中全会提出五个"一体化",其中也包括市场一体化。以前的流通是以城市为核心的,城乡是基本分割的,今后我们这种城乡一体化的流通和市场就是中心城市多功能的、极具竞争力的市场向农村延伸的过程、向农村拓展的过程、与农村需求相连接的过程,这将成为一种发展的趋势。

4. 制造业与流通业的融合,也就是制造业与流通业的一体化

制造业与流通业融合发展的需要十分迫切,用"微笑曲线"来分析目前我国的制造业,两端分别是品牌设计、营销渠道,或者说处于价值链高端的是流

通能力、品牌流通能力、能不能在流通中变现、有没有渠道。现在我们没有渠道，渠道实际上掌握在了国外经销商手中。本人曾到浙江义乌市场进行调研，它在212个国家进行采购，其小商品指数是世界小商品市场的最低点。我们现在没有渠道，我们只是在生产产品，我国的浙江义乌市场就是一个批发市场，价格最低。所以，中国的制造业与流通业还没有实现融合，没有实现低端和高端的一体化，这样的话中国制造业的附加值是不可能得到提高的。

5. 现代流通将是立体化、混沌化的流通

过去传统的流通是一个平面的流通，是伴随着物的流动过程中其他流的分流或者合并而进行的，而未来的流通是商流、物流、信息流、资金流，它们是相对分离的，是只在一定时点上集结的流动。因此，有些时候有形市场和无形市场的关系会发生变化，单体经营和连锁经营的关系会发生变化，企业内部流程和社会化流程的连接会发生变化，独立产业与其他产业融合的产业形态会发生变化。从物流的角度来讲，会形成立体化的物流体系，其中包括信息流，物流的各种运输方式，包括空中的、海洋的、陆地的、管道的，也是立体化的、混沌的。在这种情况下，如何提高流通速度，降低流通成本，对于流通业的未来发展至关重要。

6. 现代流通将成为我国转变经济运行方式，转变经济增长方式的重大战略选择

国务院出台的十大振兴产业中就包括现代物流业，下一步需要研究的是现代旅游业的发展。毫无疑问，从人的流动、商品的流动、信息化等各个方面推动现代流通将成为我国的战略选择，只有改变我国目前的经济运行方式，使现代流通成为引领性的力量，才能促使我国真正从价值链的低端走出来，以新的形式参与世界财富分配。

7. 流通整体再造

这一点也非常重要，是大国在新一轮竞争中新的选择。要成为一个经济强国，必须进行流通的整体再造。这里所讲的流通整体再造指的不仅仅是商务，资本的流通方式、商品的流通方式、无形的服务流通方式等，都需要进行整体的再造。比如资本流通，我国目前的流通方式是不是可以呢？我们的制造业资本周转速度一年不到两次，我们的商业资本周转速度一年不到三次，资金利用效率非常低。此外，我们大量的外汇实际上也在流动。马克思曾经讲过，资本在流通中增值，由于我们的资本没有流通起来，是静态的，是存量的，因此难以实现增值。所以，需要对整个流通进行整体再造。

8. 流通理论的整体创新

我们面临着整个流通理论的创新,既要学习和借鉴国外的经济学理论,也要研究世界新经济,研究中国改革开放以来出现的诸多我们自己的新经验,要形成新的现代流通新理论,以引领整个流通领域健康发展。

（作者单位:国务院研究室综合司。原载于《中国流通经济》2010 年第 1 期,被中国人民大学《复印报刊资料》之《贸易经济》2010 年第 4 期全文转载）

中国流通业发展形势及主要任务

姜增伟

一

近年来,中国流通业得到了长足的发展。2005 年,全国社会消费品零售总额达到 67177 亿元,增长 12.9%,高于 GDP 增速 3 个百分点;人均社会消费品零售总额突破 5000 元;生产资料销售总额达到 14.3 万亿元,增长 16.2%。流通业在引导生产,扩大消费,增加就业,转变经济增长方式,调整产业结构,建设小康社会,构建和谐社会等方面发挥着日益重要的作用。

2005 年国务院召开改革开放以来的第一次全国流通工作会议。会后下发了《国务院关于促进流通业发展的若干意见》,明确了今后一个时期我国流通业发展的指导思想和主要任务。这一纲领性文件为全国流通领域做好下一步工作奠定了重要基础。

2005 年商务部正式启动"万村千乡市场工程"。通过大规模的网点改造,在农村发展连锁经营和物流配送,当年建成标准化农家店 7.1 万个,推动解决农民买东西贵、商品不安全、消费不便利等问题。这项工作是培育和开拓农村市场,扩大农村消费的一个重大举措,也是商务部参与社会主义新农村建设的重要载体。同时我认为,也是现代流通市场体系的重要组成部分。

商务部对全国市场运行监测工作取得重大进展。正在运行的市场运行监测体系包括生活必需品、重要生产资料、重点流通企业、特殊内贸行业管理 4 个直接监测系统,社会信息搜集、专项调查、专家评估 3 个间接监测系统以及全国商品流通数据库。这个体系被命名为"城乡市场信息服务体系"。

同时,商务部在推进流通产业对外开放,推广现代流通方式,培育大型流通企业,整顿和规范市场经济秩序,保护知识产权等方面也取得了明显成效。

但也应该看到,目前我国流通领域还存在不少亟待解决的问题:

一是国有流通企业历史债务包袱沉重。由于债务抵押,一方面大量土地和房产等国有资产长期处于"呆滞"状态;另一方面国有企业安置职工、偿还债务等改革成本没有来源,已经或者正在形成影响社会稳定和金融安全的隐患。我认为这是历史遗留的问题,商务主管部门必须正确对待,而且应该积极想办法,对这个问题要特别关注,妥善处理。不管你愿意不愿意看到,想不想解决,这个问题是存在的。对此商务主管部门必须引起高度重视。

二是相当一部分城市的社区商业设施不足,网点布局不合理,服务功能单一。新建社区同样存在着购物难、买菜难、维修难等问题;老社区购物环境差、服务水平不高等问题仍然存在。特别是餐饮早点问题、大众化服务问题,消费者对于解决这些问题的期望值很高,需要政府给予回答。

三是商业科技工作基础薄弱,与国外差距较大。流通企业整体技术素质低,技术手段和装备落后,流通效率仅及发达国家水平的1/10,物流成本高出1倍;科技人才匮乏,懂技术又懂行业的复合型人才更少;投资也不足,基础性、前沿性的研究极为薄弱;商业科技主要是模仿照搬,缺乏有自主知识产权的独立创新。

四是侵犯知识产权的问题比较严重。一些企业售卖虚假商标的产品构成违法;同时一些外国企业和个人抢注中国内地企业的商标、字号尤其是"老字号"中的著名商标,然后要求我们的企业高价"赎回",这类案例不少,影响极坏。最近国务院专门成立国家保护知识产权工作组办公室,目的就是为了加强这方面的工作。这不仅是应对国外在知识产权方面给我们所带来的经济损失的需要,更重要的是提高全民族的知识产权意识,建立我们民族的知识产权体系,促进科技创新,走民族富强必由之路。

二

2006年是"十一五"规划开局之年,未来五年流通工作的主要任务可以概括为以下九个方面。

第一,积极扩大国内消费。充分利用好国内国外"两个市场"、"两种资源",改善供给结构,增加有效供给。推进工商联手、商商联手、农商联手、银商联手,不断开拓市场,引导和促进即期消费增长。鼓励大型流通企业到农村和中西部地区开拓市场。创造诚信、健康、舒适、环保的消费环境。研究制定促进消费升级的政策措施,建立与全面建设小康社会相适应的信贷消费政策体系。

第二,加速推进流通现代化。加强国内贸易领域信息化、自动化、标准化技术的创新、推广和应用,引导和鼓励企业采用先进经营管理技术。推进连锁经营向更广领域、更多行业拓展。着力发展第三方物流,加强连锁企业内部配送中心建设。在更大范围、更高层次上推进消费类电子商务的发展。规范和发展网络消费、电视电话销售、邮购等无店铺经营形式。大力发展新型零售业态,改造和提升传统零售业。推进批发业经营与服务方式创新,促进商品交易市场改造升级。继续深化重要商品流通体制改革,推进流通方式创新。今天在座的大部分是专家学者,我们也要回答一些问题,比如产地批发市场和销地批发市场的问题,在批发市场的建设中我们的物流体系如何形成的问题等。在新的形势下,要有新的思路来研究这些问题。批发市场在刚开始建立的时候,就有不同的看法。当时我在商业部工作,我认为从社会的角度来看,它是一项有益的工作,但由于各方面的原因,我们的企业化运作不是很成功。到今天,我们的批发市场,从我个人的观点上讲,还有待于在理论上加以分析,在实践上不断完善。我们国家人口众多,市场调控和市场管理工作不能轻视。

第三,健全现代市场体系。消除市场发展障碍,推进内外贸一体化,建设统一大市场。加强商业网点规划。加强农村市场体系建设工作,搞好"万村千乡市场工程"和"双百市场工程"。围绕"便利消费进社区,便民服务进家庭"的主题,加快发展城市社区商业。进一步深化国有流通企业改革,推进产权多元化,妥善处理国有流通企业的历史包袱。培育一批具有著名品牌和自主知识产权,主业突出,核心竞争力强,初步具有国际竞争力的流通大公司、大企业集团。扶持中小流通企业发展,建立中小流通企业的促进与服务体系。实施品牌战略,发展特色化、专业化、品牌化经营,保护与传承"老字号"文化,促进"老字号"企业创新发展。老字号要保留历史的原色,但是必须注意时代的发展和时代的脉搏。

第四,提高对市场运行的调控能力。进一步完善生活必需品、重要生产资料及其他关系国计民生的重要商品和服务的城市市场监测体系,加强市场运行动态和供求变化趋势分析,及时准确地发布市场信息,为政府和企业决策服务。进一步建立和完善中央、地方两级储备制度,加快商务部应急商品数据库等应急管理系统的建设,与对外贸易协同运作,形成应对突发事件的快速反应机制,保障国内市场稳健运行,保障市场供应。我们既要学习国外的先进经验,也要根据我国的实际情况特别是要考虑到经济发展不均衡的地区。

第五,加快发展商业服务业。建立健全服务业法律法规和标准体系,发展特色餐饮,培育餐饮业知名品牌和龙头企业。大力发展经济型连锁旅店。加强会展设施建设规划,推进办展模式创新,培育名牌展会。积极发展洗衣、修理、家政、再生资源回收等各类便民生活服务业。积极稳妥地发展融资租赁业。加强拍卖行业规划管理。加强对典当行业的市场准入和执业行为管理。推进旧货业和二手车交易市场健康规范发展。

第六,促进国内贸易区域协调发展。通过努力要形成珠江三角洲、长江三角洲、环渤海湾等内贸增长的核心区域。加快发展以郑州和武汉为核心的中南商业圈、以重庆和成都为核心的西南商业圈、以西安和兰州为核心的西北商业圈,发挥其连接东西、贯通南北的作用。加强中小城镇特别是新兴城镇商业设施的开发建设。充分发挥边疆省区的区位优势,加快发展民族贸易,大力拓展周边国家市场。我今天看了中国市场学会有关积极发展民族贸易工作的有关材料,非常好。民族贸易在一定程度上体现党和国家的民族政策,在这个问题上,应该说,我们的工作提升空间非常大。目前来讲,对于我们的工作压力也很大,比如,面、油、茶的问题已经引起中央高层领导的关注,怎么保证供给特别是怎么保证质量、保证安全、保证卫生,这是一个极其重要的问题。我们的国家完全有能力解决好这个问题,但是在目前情况下,我们必须用市场经济的办法来解决,加强政府的调控作用,我认为需要不断完善。

第七,进一步整顿和规范市场流通秩序。打破地区封锁,废除各类歧视性规定,规范市场竞争秩序。整治流通领域中误导消费、滥用市场优势地位等各种扰乱市场秩序的行为。特别是当前要着重解决大型供货商与大型零售商之间的关系问题,这个问题应该说到了该解决的时候了,通过什么方式我们正在研究。我国85%的商品是由中小企业来提供的,零售商的强势和供货商的弱势形成了反差(当然并不是说就是零售商的问题)。这些现象背后的东西是什么?我认为,一定要保障生产者的利益,也一定要保障消费者的利益,单纯地考虑地方的利益,不是我们社会主义市场经济倡导的,即便是市场经济发达的国家也不会倡导的。严厉打击制售假冒伪劣产品、商业欺诈、侵犯知识产权等严重违法行为。建立健全食品安全市场准入制度和不安全食品退出机制,保障食品安全。加快商务领域信用体系建设,形成鼓励守信、惩戒失信机制。

第八,提高内贸领域对外开放水平。注重引进、消化和吸收国际先进的商品流通模式、经营服务方式、经营理念和流通技术。促进外商投资国内贸易领域的布局、结构调整,鼓励和推动外资投向中西部地区与农村市场体系建设,投向物流配送中心、采购中心、农产品采购基地建设。鼓励国内商业企业利用外资进行改组改造,改善经营机制,提高经营管理水平。推进内外贸流通企业重组与合作,更好地促进国内优势商品出口和内贸企业全球化采购,稳步推进内贸企业到境外发展。当然,我们按照中央的要求和国务院 19 号文件,要重点培育民族的大型的商业零售企业,这个问题经过一年的实践,整体看来效果不错。

第九,加强内贸领域法律法规和标准体系建设。制定和修订规范市场主体、市场行为、市场秩序、市场调控和市场管理等方面的法律法规,加快构建以《反垄断法》为核心的内贸领域法律法规体系。建立健全商业服务业标准体系,以标准化促进规模化和现代化。对商务部来讲,应该要加强商业流通领域的研究,成立专门的学校,专门的研究机构、中介组织和学者,在这方面要配套,要有规划。从商业建设来讲,我认为有两个问题需要研究:一个是法律、法规建设的滞后问题;另一个是流通领域的标准化建设的严重滞后问题。这两个问题不解决,流通领域的现代化乃至中国现代化建设就很难顺利完成。

三

中国市场学会成立十多年来,做了不少有益的工作。流通理论界的许多研究成果对扩大内需,加快实现流通现代化起到了积极的推动作用。理论研究要有生命力和影响力,就必须密切联系实际,及时研究新情况,解决新问题,并要有一定的战略性、前瞻性,提出有针对性、可操作的工作建议。中国市场学会在这方面已经作出了很大的贡献。

当前,流通领域有很多重大的现实问题值得关注和深入研究。除了我们讲的以外,比如,关注农村现代流通体系建设,关注流通领域的并购,关注零售商业的零供矛盾,关注零售业的同质化竞争,关注流通环节的食品安全等问题。要研究中国商业网点合理布局及发展问题,研究中国农村现代商业发展与建设社会主义新农村问题,研究构建适应中国流通业发展的现代物流体系问题,还要研究我国商业科技发展思路问题,研究国内消费结构升级和扩大内需问题,研究商业欺诈的表现、成因及治理对策问题等等。

今天我参加市场学会第四届全国会员代表大会十分高兴,这是我第一次参加这样的会议,这对我的工作是有帮助的,将来应该加强这方面的工作。我殷切希望中国市场学会和在座的、不在座的流通领域所有专家学者,继续加强流通领域的基础理论研究、前沿问题研究和实际工作中的重点、难点问题研究。商务部将充分借用外脑,邀请专家学者为研究制定商务政策提供智力支持。商务部也要支持中国市场学会开展政策研究和课题调研。让我们共同努力,为开创流通工作新局面作出更大贡献。

(作者单位:中华人民共和国商务部。原载于《中国流通经济》2006 年第 5 期,被中国人民大学《复印报刊资料》之《商业经济》2006 年第 9 期全文转载)

中国城乡流通业协调发展初探

洪　涛

一、问题的提出

由于历史上形成的城乡之间隔离发展,国内各种经济社会矛盾出现,城乡一体化思想逐渐受到重视。中国是典型的二元经济结构,农村人口占大多数,农业经济发展滞后于城市工业经济。从经济发展规律角度出发,城乡一体化是现代经济中农业和工业联系日益增强的客观要求。伴随流通体制的改革,流通产业已成为引导我国国民经济发展的先导产业,在促进城乡协调发展方面作出了积极贡献,城乡之间多角度、多环节的联系越来越依靠商品流通的组织模式、管理渠道、基础设施现代化的流通。

改革开放以来,我国城乡流通体系在流通网络、组织渠道多样化、流通方式多样化、市场模式多样化、国家扶持力度、家电下乡(以及以旧换新、节能惠民工程)等8个方面发生了巨变。2008年以来,受国际金融危机的影响,我国出口下降甚至出现连续十多个月的负增长;2004年以来粮食连续6年丰收,同时也带来相对供过于求的困境;许多产业结构趋同出现的产能过剩等都需要进一步开拓国内市场,城乡统筹,城乡互动促进城乡经济的发展。

虽然2009年农村社会消费品零售总额迅速增长,并且增长速度超过城市速度。但从1997—2007年,中国城乡收入差距在不断的拉大并已突破1万元的关口,据2008年统计,城乡居民人均收入比为3.31∶1,社会消费品零售总额比为2.12∶1;2009年城乡居民收入比扩大到3.33∶1,绝对差距由2008年的11020元扩大到12022元,农村内部收入差距也在不断扩大,目前仍有4007万农村人口尚未脱贫。2009年,城乡社会消费品零售总额比为2.11∶1,2010年1—2月春节期间城乡消费市场比为4.82∶1,城乡流通过程中出现的商品进不来、出不去的"围城"现象仍然十分严重,需要认真研究城乡流通体系创新,协调发展城乡流通产业。

二、文献综述

1. 城乡农产品流通体系研究。早期杜润生①、段应碧②、万典武③、吴硕④、陈锡文⑤、宋则⑥等人研究了农产品宏观调控下的自由流通体制的目标，许多研究人员对不同农产品的流通体制进行了研究，如粮油流通体制改革、棉花流通体制改革、果蔬流通体制改革、肉类流通体制改革、农产品物流体制改革、农产品市场体制改革。夏春玉等⑦对农村流通体制改革进行了系统性研究。

2. 城乡生产资料流通体系研究。高铁生、郭冬乐等⑧对我国化肥流通体制进行了认真研究，在河北、浙江、海南等地以及美国、巴西等国进行调研和考察的基础上，从国内化肥市场出现的主要问题方面进行了探讨，即化肥的生产、流通、消费及相应的价格和政府调节控制问题。此外，赵海燕、易法海，⑨张颢译、陈晓明，⑩陈建梅，⑪刘导波⑫对我国农业生产资料流通进行了研究。

3. 城乡日用工业品流通体系研究。万典武、贾履让、乔刚等⑬较早对我国

---

① 杜润生：《农村形势与流通问题》，《商业时代》1986 年第 8 期。

② 段应碧：《改革农产品统派购制度把农村经济进一步搞活》，《农业经济问题》1985 年第 3 期。

③ 万典武，贾履让，乔刚等：《市场经济条件下的批发商业》，中国商业出版社 1993 年版，第 54 页。

④ 吴硕：《中国粮食购销政策的演变及评价》，《中国农村观察》1995 年第 6 期。

⑤ 陈锡文：《农村经济结构调整的历史机会》，《中国农村观察》1985 年第 3 期。

⑥ 宋则：《从双轨制到市场化——经济体制改革总思路的调整》，《财贸经济》1987 年第 12 期。

⑦ 夏春玉，张闯，梁守砚：《城乡互动的双向流通系统：互动机制与建立路径》，《财贸经济》2009 年第 10 期。

⑧ 高铁生，郭冬乐等：《中国化肥市场改革与发展报告》，中国经济发展出版社 2006 年版，第 36 页。

⑨ 赵海燕，易法海：《当前我国农业生产资料市场的问题与对策》，《华中农业大学学报（社会科学版）》1999 年第 4 期。

⑩ 张颢译，陈晓明：《农业生产资料价格对农民收入增长的影响——基于动态 VAR 模型的解释》，《财贸研究》2006 年第 6 期。

⑪ 陈建梅：《我国农业生产资料市场特点、问题与对策》，《农场经济管理》2007 年第 3 期。

⑫ 刘导波：《稳定农业生产资料价格的对策研究》，《商场现代化》2006 年第 12 期。

⑬ 万典武，贾履让，乔刚等：《市场经济条件下的批发商业》，中国商业出版社 1993 年版，第 54 页。

日用工业品批发企业进行了研究,侯新华[①]对城乡一体连锁经营进行了研究,张国藩、熊敦华[②]对日用工业品批发商业改革进行了分析与论述。

4. 城乡统筹理论研究。城乡关系理论主要分为城乡不平衡发展理论和城乡统筹协调发展理论两大类型。城乡不平衡发展理论又分为城市偏向论和乡村偏向论。城市偏向论代表人物有弗朗索瓦·佩鲁、布德维尔、缪尔达尔、赫希曼和弗里德曼,主要观点分为两类,一类是基于对刘易斯模型的反思而发展的乔根森模型和托达罗模型,另一类是以增长极和核心—边缘关系为代表的城乡空间极化发展理论模型。弗里德曼和道格拉斯首次提出乡村城市发展战略,20 世纪 80 年代,受依附论理论和新马克思主义发展思潮的影响,施特尔和泰勒提出了自下而上的"选择性空间封闭"发展理论。

国内学者在研究城乡发展时也先后提出了城乡协调、城乡一体化、城乡融合、乡村城市化、自下而上城市化等概念,这些概念之间虽有本质区别,又有内在的联系,但核心思想就是把城市和乡村纳入统一的社会经济发展大系统中,改变城乡分割局面,建立新型城乡关系,改善城乡功能和结构,实现城乡生产要素合理配置,逐步消除城乡二元结构。

我国处理城乡关系比较典型的模式有:义乌——城市发展主导下的以城带乡模式,龙港——以乡镇企业带动城乡发展模式,嘉兴——整体推进的城乡发展模式。

5. 城乡流通产业一体化研究。我国关于城乡流通产业一体化的研究目前较少,林素娟[③]和周爱华、王艳[④]的研究成果比较有代表性。还有一些文章从各省市的实际情况出发,通过理论研究与实证研究,分析城乡流通一体化的困难、目标、实施路径等。

三、回顾新中国城乡流通体系的发展

1978—1984 年,家庭联产承包责任制以后,农村流通体制改革主要是价格改革,体现在几次的农产品提价,以大幅度连续的农产品提价来提高农民收

---

①　侯新华:《城乡一体连锁经营——开拓农村供销社日用工业品经营新路子》,《合作经济与科技》2002 年第 8 期。

②　张国藩,熊敦华:《日用工业品批发商业改革的若干问题》,《财贸经济》1983 年第 10 期。

③　林素娟:《新农村建设背景下西南地区城乡流通一体化体系构建》,《商业时代》2008 年第 13 期。

④　周爱华,王艳:《流通带动型城乡一体化发展研究》,《南昌大学学报(人文社会科学版)》2008 年第 6 期。

入,这是城乡流通联动初期。

1985—2001 年,这一阶段最重要的是 1985 年取消了 30 多年的统购和派购,如粮食的统购统销、生猪的派购等指令性生产和指令性收购,改革的重点由生产领域转变为流通领域,由农村的改革转变为城市的改革,这是城乡联动的发展时期。

2001—2004 年,2001 年我国加入世界贸易组织(WTO),农产品对外关税大幅度下降,国外大量农产品进入我国市场,国内大量农产品也走出国门,这是城乡、国内外联动时期。

2004 年至今,我国全面对外开放以后,其中也包括农产品市场的全面开放,对我国农业、农村、农民产生了很多积极的影响,但也有一些消极的影响,这是城乡国内外联动的深化时期。[1]

四、城乡流通体系现状与问题

1. 体制性障碍问题

原因之一是特大城市、大中城市之间、城市与农村之间存在许多体制性障碍,严重阻碍了城乡一体化的发展。主要表现在"分灶吃饭"的体制下,不少地方虽然建立了城乡合作共赢的思维模式,但是协同性较差,具体表现在市场流通效率不高、城市要素市场对农业化带动不强、农产品对城市居民的满足程度低、农民增收困难等。

2. 农产品进项税政策执行中存在的问题

国家制定了农副产品采购实行进项抵扣制度,对营业执照中有收购业务的增值税,一般纳税人直接以现金形式零星小额收购农业生产者个人自产的免税农产品,允许其自行开具由税务机关提供的"收购发票"依 13% 的扣除率(2001 年 12 月 31 日前为 10%)扣除进项税额。该项政策的实施,减轻了农产品收购企业的税收负担,促进了农产品的流转和农业经济的发展。但在实际操作过程中,税务机关采取的一些诸如凭身份证复印件、自产自销证明抵扣、本人签字等一些管理措施来认定收购发票的真实性,则在客观上加大了农产品收购企业取得合法收购发票的难度。另外,根据现行政策规定,准予按13% 抵扣率计算抵扣进项税额的农产品是指种植业、养殖业、林业、牧业、水产业的各种植物、动物的初级产品。财政部、国家税务总局专门就初级农产品的

---

① 洪涛:《中国流通产业改革 30 年》,经济管理出版社 2009 年版,第 40—54 页。

范围进行了明确。但在实际执行中有几个问题：一是对一些农业产品是否属于初级农产品难以把握，争议较大；二是一些初级农产品经过简单加工后，不再属于初级农产品，按17%税率征税，造成高征低扣，企业负担较重，也不尽合理，并且与国家大力提倡发展效益农业、加快推动农业产业化进程的宏观政策相背离。

3. 城乡龙头市场的牵引、辐射作用不强

至今全国有600多个城市，尽管城乡流通一体化取得了长足发展，但从总体上看，城乡流通龙头企业总量不大、结构不优、水平不高、竞争力不强、发展不够充分等。具体表现为：大型专业市场规模小、组织分散和辐射力不强；流通企业规模偏小，组织化程度低，现代化水平不高，市场体系不够完善，未能培育出竞争力强、走向全国的流通企业；缺少专门原材料和产品的大型无形交易市场。

由于缺乏流通龙头企业的带动，流通企业间在物流园区、配送中心、网点布局上存在无序竞争、各自为政、重复投资、重复建设、资源浪费严重等问题。特别是在城乡交界地、插花地和农副产品、建材、生猪市场等方面，重复建设比较突出。另外，市场集群机制尚未形成，如纺织服装市场、面料市场等未形成关联市场结构。在消费品市场上，网点过密和布点过疏的问题并存。

4. 基础设施建设的一体化存在问题

城市圈的交通、通信网络体系尚不健全，大城市、各城市与农村之间的高等级公路有部分工程尚未完工，存在不少断头路和"瓶颈"路。整个城市圈的公路缺乏网络功能，城市之间高等级公路尚未成网，各城市与中心城市的联系基本实现高速化，但相互之间的高速连通大多需绕道大城市，农村的公路明显缺乏网络功能。公路收费站卡林立，加重了物流成本。信息网络尚未完全互联互通，信息资源的开发、共享不够，缺乏平台支撑。交通装备水平和服务质量不高，管理手段落后，保障系统不完善，公共运输信息传输慢，导致商贸物流配套体系也不够健全，运转效率低。

5. 资源要素流动和农村劳动力转移失衡

20世纪90年代后，随着我国工业化和城市化进程的加快，乡村资源要素加速向城市流动。与此同时，农村剩余劳动力进入非农产业领域就业难和大量的农民被排斥在城市化之外使工农关系、城乡关系变得越来越尖锐。

6. 仓储物流企业的总体实力仍需提高

农产品仓储在近年来发展较快，但在仓储、物流的管理与技术水平同国际先进水平相比还有较大差距,多数物流主体的专业化程度不高,工作效率低,甚至有些仓库设施落后,服务质量满足不了农产品流通的服务要求,这在一定程度上制约了城乡流通产业一体化的发展。

五、城乡流通一体化的基本设想

1. 城乡流通规划一体化

在城乡已有的批发零售业、服务业、物流业发展规划及商业网点规划的基础上,根据城乡发展规划和总体方案,按照现代化流通网络体系要求,对流通业进行统一布局,形成城乡日用工业品流通体系、生产资料流通体系、农产品流通体系、再生资源流通体系、居民服务体系、信息服务体系6大体系,避免重复建设。

2. 城乡流通政策一体化

清理、取消阻碍一体化的政策规定,消除城乡间市场壁垒,统一城乡各城市流通业发展政策,形成圈内各城市间相互支持、相互融通的政策支持体系,使流通企业在圈内各城市能享受同城待遇。统筹政策协调,在城乡之间建立均衡增长的良性互动机制,推动城乡市场主体之间联合、重组和经营网络的跨地区、跨城乡延伸。

3. 城乡流通基础设施建设一体化

按照城乡流通一体化规划,统一制订流通业基础设施建设专项规划,统一流通基础设施布局,对涉及流通发展相关的铁路、公路、水路、航空、管道以及园区、物流配送中心、大型市场、超市、电子商务等项目建设进行统一规划,并与城乡交通一体化和基础设施一体化相衔接。

4. 城乡流通物流一体化

统一商品配送是现代商业和物流业发展的基本要求,也是节省物流成本、防止假冒伪劣、净化市场秩序、保障消费安全的重要举措。应在现有物流企业、物流园区、企业物流等多渠道商品配送的基础上,建立分层物流配送中心和商业企业联合配送中心,逐步实现配送一体化。

5. 城乡流通信息一体化

建立城乡流通信息报送制度,建立城乡流通信息平台,实现流通企业、商品供求、商品流向、物流园区、商业网点、"万村千乡工程"、"双百市场工程"、"信福工程"、"百百万万工程"、"家电下乡、以旧换新、节能惠民工程"等流通业发展政策信息共享。城乡流通领域信息工作的重点应放在完善流通领域服务体系、丰富服务手段、培养专业人才、加强专业人才培训等方面,促进流通信息在产品生产经营、产品推广营销、市场流通和人民生活消费等领域的应用,以此推动整个流通业健康发展。

六、城乡流通一体化的基本原则

城乡流通一体化既是长远目标,又是一个长期过程,应按下列原则持之以恒地推进。

1. 改革创新,规划先行

城乡流通一体化是对传统流通模式和体制的改革,应把改革创新放在第一位,坚持用流通一体化所要求的新理念、新业态、新体制、新消费模式来推动流通业的改革与创新,用改革创新促产业发展;一体化的关键是规划一体化,应在各市规划的基础上,率先研究和制订城乡流通发展规划,用有权威性、指导性、可操作性的规划推动一体化目标的逐步实现。

2. 政府引导、市场调节

推进一体化应正确处理好政府与市场的关系,科学确定政府与市场在一体化中的功能定位。政府的主要职责是用目标和规划来引导和推动一体化,用良好的政策环境、经营环境、体制环境和高效运行机制保障一体化进程加速推进。市场是推进一体化的主导力量,应充分发挥市场调节的作用,依靠市场力量,实现城乡流通资源在城市圈内的自由流动和优化组合。

3. 统筹兼顾,重点推进

统筹各城市间、城乡间、业态间、企业间发展,统筹城乡间流通信息交流与基础设施建设;重点推进城市商贸中心、大型商业企业发展、重点物流园区发展,以城市间互动项目为重点,大力推进大型流通企业到周边城市发展,加强农副土特产品与大型超市的对接。

4. 企业主体,合作共赢

企业是市场主体,也是推动城乡流通一体化的主体。在改革、规划、项目等各项工作中,应突出企业主体作用,创造各种条件,充分调动国有企业、民营企业、外资企业参与一体化建设的积极性,让城乡各类流通企业在一体化进程中竞相发展,以企业的扩张推动一体化发展;合作是一体化的基础,圈内各城市间、企业间应加强合作,形成一体化的合作机制,实现城市间合作共赢。

5. 技术先进、注重效益

按照城乡一体化要求,逐步建设培育大型粮食、食用油、果品、蔬菜、水产品和鲜活农产品批发市场等,积极采用先进、适用、成熟的交易模式和技术。注重项目建设前的可行性调研,保证投资效益。努力探索传统交易方式与现代交易方式相结合的办法,充实、完善协商成交、竞价拍卖、委托代办等多种方式,并积极试办电子商务、网上交易。

七、推进城乡流通一体化的思路

1. 扶持一批大型流通企业做大做强

借鉴跨国零售商、批发商的经验,形成一批具有较强竞争力的大型企业,形成统一的商业标识、商品采购、商品配送、服务标准和信息管理;支持大型流通企业在城乡发展多层次商业网点,通过延伸式发展做大做强本土商贸企业。鼓励和支持一些有条件的流通企业探索农超对接等多种模式,探索 ASP 基础上的农产品协议流通模式等。

2. 支持一批特色商品交易市场集群发展

发挥城乡区位、交通、市场等优势,按照"合理布局、提升功能、服务发展、扩大辐射"的要求,支持一批专业商品交易市场集群扩大规模,加快发展。

(1)巩固和发展一批大型批发市场,增强其带动消费、服务生产的功能。主要是支持一批交易额过百亿元、管理水平较高、区域性的大型农产品批发市场、日用工业品批发市场、生产资料批发市场,进一步增强其辐射能力。(2)选择性地支持和发展一批特色消费品市场。按照"特色鲜明、功能完备、提档升级、方便消费"的要求,根据当地发展规划和消费需求现状,发展特色市场。(3)依托龙头市场优势,形成市场带动市场、市场带动生产的良性发展。如依托商品市场优势,整合城市圈内同类产品市场,带动相关产业发展,不断延伸产业链和产品价值链。(4)发展和规划一批特色产业带,建设一批农产品交易市场、日用工业品交易市场和生产资料交易市场。(5)积极培育和发展新的消费热点。推动生产、服务企业调整产品和服务结构,开发在农村适销对路的商品,开展"名品进名店"、"品牌到乡村"等活动,拓展城市、乡村旅游、农业观光、文娱体育、教育培训、电子通信产品等热点消费,倡导个性化、时尚化、品牌化趋势,引导农民消费结构升级。

3. 发展一批规模大、标准化、有品牌的农副产品生产基地

流通企业带动农业发展已成为许多城乡经济良性发展趋势,对城乡一体化发展和完善以城带乡有着重要作用。农超对接实现了流通企业的优势与农业的优势的互补共赢,应作为农业产业化重要模式来抓,把接纳农产品的超市类商业企业作为农业产业化龙头企业给予扶持。应发挥大型流通企业、地方政府、农产品协会、农业产业化龙头企业等各方面的积极性,建设一批满足市场需求的农副产品生产基地。

4. 建设一批现代化的物流园区

大力发展农产品和生活必需品的仓储、物流配送企业,加快建设已经规划的公共物流区,逐步扩大零售企业集中统一配送商品的比重,整合相关的物流资源。培育大型仓储、物流企业,发展专业化、社会化的仓储和物流。通过提升仓储、物流企业的管理机械化、自动化和信息化水平,大力提高商品流通效率。现代物流业发展状况是决定一个地方的流通产业水平高低的重要标准,推进城乡流通一体化,必须高度重视物流园区规划和建设,发挥城市物流节点作用,重点建设以城市为中心的圈内各城市的 1 小时物流服务圈,积极发展面向城市及周边的 3—6 小时物流服务圈和面向全国城市的 8—10 小时物流服务圈,形成许多区域乃至全国的物流中心区。

5. 积极推进流通主体参与网上交易,完善绿色流通环境

通过网络开展农产品企业对企业(Business To Business)的交易方式,建立"农产品网络交易平台",在农产品信息网站上丰富并及时更新市场研究专栏,聘请经济专家及时对农产品信息进行整合和分析,普及营销知识,有效指导市场行为,繁荣农产品的网上交易。在发挥传统流通职能的同时,彰显绿色经济的优势,将传统农业与现代流通技术相结合,实现农产品销售中的食品绿色化,通过绿色流通这一崭新目标打造特色,寻找新增长点,提高信息的利用率,以信息促流通。

6. 健全社会信用体系,建立良好的市场秩序

一是建立信用的社会评价机制;二是政府建立以法律、制度为手段的信用保障机制;三是建立交易主体之间的相互制约机制。打破市场垄断局面,形成竞争氛围,使诚信成为一种商业价值。

城乡经济社会协调发展问题关键在于打通城乡壁垒,坚持城乡互动原则,走"以城带乡、以乡促城、城乡结合、优势互补、共同发展"的城乡一体化道路,这是全面建设小康社会的有效途径,对深入贯彻实施科学发展观有重要的现

实意义。构建城乡一体化的现代流通体系是农村劳动力转移,发展农村经济,增加农民收入的重要载体,是实现三大产业互动、城乡经济相融的关键环节,对统筹城乡发展,推进建立在城乡空间布局高度融合、城乡功能结构高度互补、城乡生态环境高度协调、城乡基础设施高度共享基础上的城乡流通产业协调发展具有重要意义。

(作者单位:北京工商大学经济学院。原载于《中国流通经济》2010 年第 7 期,被中国人民大学《复印报刊资料》之《贸易经济》2010 年第 10 期全文转载)

开拓创新　加快升级　构建北京流通发展新格局

程　红

一、北京市流通业发展现状

改革开放以来,首都经济一直保持着平稳较快的发展,为流通业发展带来了十分良好的机遇,全市流通业实现了量和质的飞跃。

1. 消费规模连上新台阶

1995 年,北京市人均 GDP 只有 1600 多美元,但 2009 年底,预计将要超过1 万美元。伴随首都经济的持续快速发展,北京消费规模迅速扩张。1996 年,北京社会消费品零售总额为 1000 亿元,六年后的 2002 年,登上了 2000 亿元的台阶;之后用了四年,在 2006 年突破了 3000 亿元;然后又通过两年时间,在2008 年突破 4000 亿元,超过 4500 亿元,提前两年实现了"十一五"消费发展目标(4470 亿元),首次居全国各城市之首。与国际大都市对比,消费规模相当于伦敦的 78% 左右,是香港的 1.9 倍。

"六年、四年、两年"的递减数列,印证了北京消费规模的加速发展态势,几年连续迈出了几大步。特别是 2009 年,面对全球金融危机,北京市贯彻国家关于扩内需、保增长的一系列方针政策,1—11 月消费规模在高基数上实现了 15% 的增幅,达到 4794 亿元,预计全年将突破 5200 亿元,这次增长超过1000 亿元将只用一年的时间。消费规模的增长得益于奥运效应的重要推动作用,但归根结底是由经济增长与购买力持续增长所决定,这是根本基础。

2. 对外辐射能力逐步增强

作为首都经济的重要体现,北京也是北方的流通中心,特别是在商流方面,北京商品购销总额多年在全国各城市中保持首位。2008 年,全市商品购进额是 2.38 万亿元,其中从市外和境外购进占 72% ;商品销售额为 2.44 万亿元,其中向市外和境外销售占 61% 。

3. 消费结构持续升级,消费方式日益创新

居民消费日益从生存型向保健型、休闲健康型的高端消费方向升级

2008 年,吃穿等基本生活需求仅占消费的 1/3,比改革之初下降了 26 个

百分点。这26个百分点均体现在用类商品上,使目前用类商品占全市消费的58%。黄金饰品、家居、汽车、书报杂志等用类商品已成为拉动消费的新的骨干商品。以汽车为例,2009年汽车消费仍然保持了近30%的增长,平均每月新增8万—9万辆机动车,平均每天新增2400辆左右。

4. 商旅结合日益紧密,外来消费规模持续扩大

北京是世界闻名的旅游城市,近十年来,北京旅游业发展迅速,入境游客和外地游客年均增速4%左右,带动外来消费持续增长。2008年,北京接待海外游客接近380万人次,国内游客超过1.4亿人次,对北京消费的增长作出了一定贡献。北京的电子产品、文化用品、时尚用品、品牌商品等均是较受旅游者欢迎的商品。同时,特色商业街、老字号以及特色餐饮都成为吸引外来消费的一些亮点。

5. 商业外资持续增长,零售业开放活跃

截至2009年11月份,北京累计批准外商投资零售店铺2600家,涵盖购物中心、超级市场、专业店、专卖店、便利店等十多种业态。近几年,外资在京设立全国批发代理机构的趋势也日益明显,尤其是奥运后,开放活跃的北京商业日益成为北京国际化大都市的重要体现。据权威机构调查,世界顶级280家零售商有101家进驻北京。凭借零售业较高的开放度,北京跻身《福布斯》2009年全球十五大"购物之都"和全球第八大美食城市。

二、流通业对首都经济发展的贡献

1. 流通业已成为首都经济的支柱产业,是拉动经济增长的重要引擎

北京的经济结构以服务业为主体,其中商业服务业又是一个非常重要的骨干力量,对北京的经济社会发展起到了非常重要的作用。从增加值来看,2008年商业创造的增加值超过1000亿元,占GDP的10.1%,占第三产业的13.8%,成为第三产业中仅次于金融业的第二大行业,即第二大服务业。从就业来看,以批发零售业为主体的商业服务业涉及从业人员230万人,占全市职工人数的比例超过25%。从税收来看,2008年商业服务业实现税收超过1200亿元,占全市税收的22%。

2. 流通成为促进首都经济发展方式转变的一个重要力量

目前备受关注的加快经济发展方式转变问题,是实现可持续发展的一个重要方面。自1985年开始,投资曾经长期是北京经济发展的主拉动力,1994年最高时,投资率超过消费率15个百分点。进入新世纪,北京的经济发展方

式发生了根本性转变。2006年,北京市消费率首次超过投资率达3个百分点,并且这几年消费率超过投资率的势头得到了很好的延续。2008年,消费率超过投资率16个百分点,消费日益成为首都经济发展的主拉动力。金融危机发生以来,按照扩内需、保增长的一系列方针政策,北京市消费不仅满足了自身发展的需要,同时还使得北京经济持续保持了消费、投资协调拉动的格局,对首都经济发展方式的转变起到了非常重要的促进作用。扩内需、促消费,不仅是应对金融危机的一个权宜之计,也是实现经济发展方式转变的长远发展良策。

3. 流通成为保证城市安全运行的重要基础

流通是基于交换的经济,城市是由于社会分工而形成、以交换经济为基础的空间类型,因此流通是城市生活的必然组成部分。特别是对于常住人口超过1700万的特大型消费城市而言,生活必需品的流通事关城市安全,在应对突发事件时,作用非常显著。2003年"非典"发生后,北京市建立了一整套生活必需品快速反应系统,主要包括日常监测、政府储备和快速投放体系三个方面。

日常监测是掌握市场动态的基础。全市对12大类生活必需品、71种商品建立了日常监测。在特殊时期,奶制品、蔬菜、食用油等的价格可以进行日监测。这些重要生活必需品的监测为政府调控决策提供很重要的基础。

政府储备是城市安全运行的保障。北京市已建立了一套数量适当、结构合理的政府储备,使得政府储备能够"储得住、调得出、用得上",在近几年重要生活必需品的市场调控中发挥了很好的作用。

快速投放体系是有效应对突发事件的关键。在加强预警和应急调控方面,北京市建立了应急机制,制定了生活必需品应急预案,建立起应急商品投放的网络体系。通过市场监测、政府储备和应急投放三方面工作相结合,确保大中型城市在应对突发事件时,市场能够平稳运行,不出现由于流通问题引发的社会不稳定。

4. 流通体现城市的繁荣,特色消费成为城市的亮点

地方商业与地方的历史、文化、社会密切相关,因此流通在发展过程中要充分体现城市的特点与繁荣,成为展示城市的窗口。近几年,北京以承办奥运会为契机,大力加强特色商业体系的建设,重点发展了特色商业街、老字号、特色商店和特色餐饮。截至目前,全市拥有10个市级特色商业街和15个区域性特色商业街。老字号是商业与文化的结合,是地方文化的活化石。北京老

字号优势明显,在第二届中华老字号品牌价值百强榜上,有 53 个北京老字号,位居全国首位。奥运会期间,一大批老字号进入奥运村和许多重点接待单位,体现了中国传统文化的独特魅力,成为展现城市繁荣的亮点。近几年,政府持续加大对老字号振兴发展的支持力度,北京老字号以超过 20% 的年均增速发展。在 2009 年金融危机背景下,全市 20 多家有代表性的老字号企业的销售额、利润、税收三项指标,均实现了两位数增长。许多老字号开设了新门店,其中一半以上在外省市,这是商业与文化相结合、促进交流的很好方式。另外,一大批国内外特色风味餐饮的聚集,是北京作为国家首都、国际化大都市的又一重要体现。

　　5. 流通渠道的体系优势得到发挥,成为落实强农惠民政策的重要载体

　　改革开放以来,通过连锁经营的发展,流通产业方式有了根本性变化,流通日益形成体系化的渠道,成为流通业的一个新优势。特别是近几年来,通过政府和流通企业的合作,已形成体系的流通渠道成为落实流通政策的载体和通道,承担了许多富有社会效应的工作。如"万村千乡"工程,北京市的郊区连锁店铺已经超过 4000 家,覆盖郊区所有的乡镇和千人以上的大村,为郊区300 万农民送去了安全、放心、价格实惠的生活日用品。又如"家电下乡"和家电"以旧换新"工作,从 2009 年 1 月份启动以来到 10 月底,全市销售"家电下乡"产品 15 万台,销售额超过 3 亿元,销售家电"以旧换新"产品 3 万多台,销售额超过 12 亿元。利用现有流通渠道优势,可以快速把政策兑现到千家万户。再如"农超对接",也是流通可以大力发挥平台作用的一项工作。北京的"农超对接"始于 2008 年奥运会期间,现在全市经营农副产品的超市有 30 多家,店铺达 1800 多个,这 30 多家企业已经在全国十多个省、市、自治区建立了85 个直接采购农副产品基地。"农超对接"不仅提高了流通效率,降低了20%—40% 的采购成本,使消费者直接受益,而且对于农民增收有积极的作用。流通渠道的重要作用,还体现在其他直接关系社会和民众的工作中。2008 年年初的雨雪冰冻灾害之后,通过全市大型连锁企业统一向民众推荐江西爱心橙;四川地震发生之后,北京对口支援什邡市,许多什邡市的农副产品都通过北京的连锁企业得到销售,这些都起到了良好的社会效应。

　　三、北京市流通业发展方向

　　按照科学发展观的要求,北京奥运会之后,及时将奥运三大理念转变为城市发展的要求,朝着"人文北京、科技北京、绿色北京"方向发展。北京流通业

要围绕这个中心持续地升级,朝着国际化、规范化、现代化和特色化方向,努力打造繁荣、便利、放心、特色的流通新环境。

1. 国际化

2008 年奥运会使北京与世界的距离进一步缩小,强化了北京连接国际、国内两个市场的枢纽地位,为北京加快建设国际商贸中心城市奠定了基础。要在努力营造国际化的消费环境上做工作。首先,积极吸引国际商贸企业和一些大的代理机构,提高北京流通的影响力,促进更多具有国际影响力的时尚品牌落户北京,扩大商品来源,打造时尚区域,提高北京消费对于国内消费的引导力和辐射力。其次,要做好消费环境无障碍工程,使商业设施和服务,即软、硬件两个方面,朝着无差异的国际化方向发展。重点是要努力提高刷卡消费率。目前,全市银行卡特约商户覆盖率超过 80%,刷卡消费额占社会消费品零售总额的比例达到 50% 以上。此外,外币兑换、外语服务、商品退换等服务,都要按照国际惯例打造无差异的环境。

2. 现代化

继续鼓励连锁经营的现代流通方式在更多的行业、业态和企业中发展,以提高全市流通产业的组织化、规模化和标准化程度。与国际消费都市同步发展,积极引入现代流通业态,结合首都实际,处理好现代业态的创新和应用问题,加快传统流通业态的升级改造。要充分利用首都在信息化人才、市场秩序方面的比较优势,大力促进电子商务特别是 B2C 电子商务的发展。

3. 规范化

流通是面向社会的开放行业,要通过持续不断地规范化发展,鼓励和约束流通企业更好地承担社会责任,营造安全有序的消费环境。一是保障食品安全,这是必须坚守的底线。二是抓好生产安全。针对流通场所人员密集的特点,强化流通企业的安全意识,确保企业和消费者的生命财产安全。三是积极推进流通领域的节能环保,促进企业树立"绿色消费"的观念。2009 年对全市几十家商场进行了节能改造,落实了合同化管理。四是健全相关机制,切实保护消费者和知识产权所有者的合法权益。

4. 特色化

从供给角度来说,北京乃至全国的流通行业存在着同质化竞争问题,这是影响消费扩大和行业发展的重要制约因素。从需求角度来说,随着经济的发展,人们的消费需求日益多元化。供给要适应需求,就必须逐步削减同质化竞争,通过多元化发展提升竞争力。特色发展也是城市发展的需要,按照建设

"人文北京"的要求,流通产业要加强与其他产业的结合和互动,特别是与文化产业、旅游产业的融合,积极朝着文化创意产业的方向发展。发展特色商业的根本目的是要不断地提高商业附加值,从而提升竞争力,传承城市文化和特点。

上述关于北京流通业未来的发展方向,国际化是北京城市发展的目标定位,现代化是流通产业自身发展的根本途径,规范化是流通业日益承担社会责任的必然要求,特色化则是提升行业竞争力、凸显城市特点的明智选择。

总之,消费和流通在社会经济运行中的关键作用是不可逆转的,随着市场机制日益对资源配置发挥基础性作用,消费和流通对整个社会运转的基础性作用也不会改变。其先导作用、甚至主导作用也将日益突出。特别是随着经济发展方式的转变,扩大消费、促进流通发展,将是国家经济发展的长期战略。

（作者单位:北京市人民政府。原载于《中国流通经济》2010 年第 3 期）

充分发挥现代流通在现代农业建设中的作用

李炳坤

一、加深认识现代流通在现代农业建设中的积极作用

改革开放以来,我国流通体制改革和流通产业发展取得了显著成绩,对促进农业和农村经济发展起到了重要作用。现在,全国已经进入发展现代农业和建设社会主义新农村的历史时期,对现代流通提出了新的要求。与发展现代农业和建设新农村的要求相比,目前农村流通改革和发展显得相对滞后,其积极作用远远没有充分发挥出来。

发展现代农业是一项关联度很强的重大任务,离不开现代流通的支持和促进,仅在农业自身做文章是不可能达到预期目标的。发达的物流产业和完善的市场体系是现代农业的重要保障,对发展现代农业、建设新农村具有至关重要的积极作用。

因此,在推进现代农业发展的过程中,应高度重视农村市场体系建设、加快物流产业发展。要强化农村流通基础设施建设,发展现代流通方式和新型流通业态,培育多元化、多层次的市场流通主体,构建开放统一、竞争有序的市场体系,充分发挥现代流通在现代农业建设中的积极作用,促进我国农业现代化水平的不断提升。

现代流通对推动现代农业建设的积极作用是多方面的,主要表现在四个方面:一是现代流通对农业生产具有导向作用;二是现代流通对农产品质量具有把关作用;三是现代流通对农产品购销具有组织作用;四是现代流通对农产品市场具有开拓作用。

如果现代流通以上几个方面的积极作用能够得到充分发挥,必将极大地加快现代农业发展和新农村建设的进程。

二、现代流通对农业生产的导向作用

经过多年的持续努力,我国农村市场机制已经确立,对引导和调节农业生产发挥着基础性作用。但是应当承认,目前农村市场体系还很不完善,市场信

息滞后和信号失真的情况时常发生,加上农民的组织化程度较低,农业生产安排上的盲目性仍然在相当程度上存在,农产品供给与市场需求不协调的现象还比较突出。

这种情况不仅影响到某些重要农产品生产的稳定发展和农民收入的持续增长,而且影响到市场供给和市场价格的相对稳定。我们面临的一个重要课题,就是要充分发挥现代流通的导向作用,促进农业生产的稳定发展和农民收入的持续增长,努力保持市场供给和市场价格的相对稳定。

1. 通过提供市场信息引导农业发展

现代农业是以市场为导向的农业,市场导向首先是通过市场信息来体现的,而市场信息往往是通过流通领域来传递的。因此,推进现代农业建设必须加强流通信息网络建设,向农业经营者提供及时、准确、有效的市场信息,避免农产品生产、加工的盲目性,增强针对性,使农产品及其加工品能够顺畅地销售出去,实现农业发展、效益提高和农民增收的目标。

2. 通过联系和签订定单保证农产品销售

市场信息具有趋势性和意向性的性质,要实现和保持农业稳步发展,关键是签订要求明确、约束力强的农产品及其加工品的购销合同,并且努力将这种定单予以兑现,确保购销双方的要求如期足额得到满足。这个看起来很普通的老问题,截至目前还没有得到很好解决,因此,应当作为发展现代流通的一个重点问题来对待。可以说,这个问题的及早解决,不仅关系到现代农业的顺利发展,而且关系到现代流通体系和信用体系的建设。

3. 通过规范产品标准促进农业规模经营

现代农业要求实现规模经营,但是推进规模经营必须适应我国普遍实行家庭承包经营的现实。如何做到两者有机结合,相当程度上需要发挥现代流通的催化作用,即通过签订定单和兑现合同,规范农产品及其加工品的品种、品质、批量、批次、规格和包装等方面的标准,推动农产品生产实行区域化布局、专业化生产、社会化服务,在稳定和完善农村基本经营制度的基础上推进集中连片生产,形成区域规模经营和特色产业,从而提高产品质量,推进批量加工销售,创造品牌、名牌,实现传统农业向现代农业的转变。

三、现代流通对农产品质量的把关作用

保证农产品质量特别是食品安全,是现代农业发展中的一项基本要求,更是消费者高度关注的热门话题。在市场化程度日趋提高的今天,包括食品在内的农产品主要是通过流通领域进入消费领域的。把好农产品及其加工品的质量关,是现代流通的神圣使命和重要职责。近些年来,在农产品质量特别是食品安全方面暴露出来的一些问题,更是提醒我们必须高度重视和认真解决这个问题。

1. 现代流通对农产品质量的把关要从两个环节入手

一是农业生产资料供应;二是农产品及其加工品运销。在农业生产资料供应方面,实行农药、兽药专营和添加剂规范使用制度,严格禁止不符合质量标准和规定用途的化学投入品用于种植业、养殖业、加工业及其他相关环节。在农产品及其加工品产销方面,继续加强农产品生产环境和产品质量检验检测,搞好无公害农产品、绿色食品、有机食品认证,依法保护农产品注册商标、地理标志和知名品牌,严格禁止不符合质量标准的农产品及其加工品进入市场销售。

2. 加强农产品质量安全监管和市场服务

加快完善农产品质量安全标准体系,建立农产品质量可追溯制度。在重点地区、品种、环节和企业,加快推行标准化生产和管理。尤其是对上市销售的食品,应当进一步健全完善质量安全标准,继续加强质量安全监测,加大处罚力度,严格法律追究制度,全面提高食品的安全性。加强对农资生产经营和农村食品药品质量安全监管,探索建立农资流通企业信用档案制度和质量保障赔偿机制。

3. 增强形成农产品经营者、生产者和加工者的质量意识

农产品质量安全是由多个环节共同努力的结果,只要一个环节出现疏漏就可能造成不良后果。流通领域是农产品特别是食品进入消费流域的关键领域,不应只是等到农产品临上市前才显示质量把关的作用,应利用流通所处的特殊位置,对包括农产品生产、加工、包装、贮存、运输等环节在内的产销全过程都提出相应要求,增强农产品经营者、生产者和加工者的质量意识,促使这些环节建立健全完善的农产品质量保证制度。

四、现代流通对农产品购销的组织作用

现代农业发展要求建立完备通畅的农产品流通体系,使农产品的应有价值能够及时实现。现代流通在发展现代农业中最普遍、最大量的工作,就是发挥对农村流通特别是农产品购销的组织作用,运用适应现代农业要求的组织形式、流通方式搞活农村流通,促进农业和农村经济全面发展。这方面的事情纷繁复杂,应着重抓好以下几个要点:

1. 着力培育多种形式的农村流通组织

加快培育农村经纪人、农产品运销专业户和农村各类流通中介组织；在财税、金融等方面，鼓励各类工商企业通过收购、兼并、参股和特许经营等方式参与农村市场建设和农产品、农资经营，培育一批大型涉农商贸企业集团；供销合作社要推进开放办社，发展联合与合作，提高经营活力和市场竞争力，从而最大限度地发挥各类流通组织的特点和优势，构成相互补充、相互促进的农村流通组织体系。

2. 健全完善各种形式的市场

在合理布局的基础上，加快建设一批设施先进、功能完善、交易规范的鲜活农产品批发市场；改善农民进城销售农产品的市场环境；加快建设"万村千乡市场"、"双百市场"、"新农村现代流通网络"和"农村商务信息服务"等工程；规范和完善农产品期货市场，充分发挥其发现价格、引导生产、稳定市场、规避风险的作用；规范和完善生产资料市场，增加供应品种，提高产品质量；同时，大力加强农村流通的基本设施和装备建设，为进一步发展农村物流产业创造良好条件。

3. 发展新型流通业态

大力推广农村连锁经营、电子商务等现代流通方式；支持龙头企业、农民专业合作组织等直接向城市超市、社区菜市场和便利店配送农产品；积极支持农资超市和农家店建设，发展农资和农村日用消费品连锁经营，力争较快地做到全面覆盖农村，成为农民购买日用消费品和生产资料的主要途径；加快流通组织创新步伐，传统流通组织都应积极创造条件改造成现代流通业态，通过配送中心和连锁店形成网络，降低流通成本，方便农民群众，杜绝假劣产品，改善农村购物环境。

五、现代流通对农产品市场的开拓作用

向农村销售和从农村采购，历来是我国农村流通网络的两大职能。改革开放以来，随着农村流通渠道的多元化，这两大职能在相当大程度上分别由不同的流通渠道承担，但是覆盖程度各有不同，向农村销售的覆盖面相对广泛，而从农村采购的覆盖面相对狭窄。这就导致在部分地区农民生产的产品卖不出去或者卖不出好价钱，同时也没有能力购买生活用品和生产资料。增加农民收入，扩大国内需求，必须把拓展农产品市场放在更加突出的地位，使农民生产的农产品能够以较好的价格顺畅地卖出去。

1. 重视连锁经营网络的采购功能

现在连锁经营网络发挥着比较大的作用,完成了大部分农民生活消费品和农业生产资料的销售,但是这一网络农产品采购的作用还远远没有发挥出来。对于比较健全的连锁经营企业,在继续强化销售职能的同时,应当拓宽业务经营范围,重视发挥采购农产品的作用,帮助农民解决农产品卖难问题,以采购带动农户发展生产、增加收入。

2. 加强连锁经营网络的推销功能

采购农产品及其加工品,目的是为了卖出去。连锁经营网络在这方面具有很多优势,完全可以大有作为。特别是城乡都有较多销售网点的连锁经营企业,除了大力向外界推销企业采购的农产品外,完全可以发挥自身销售网络优势,把城市生产的工业品销往农村,把农村生产的农产品销往城市,把产区农产品销往异地城乡市场,不断拓宽城乡商品流通渠道,持续推进不同区域经济融合,增进社会效益和企业经济效益。

3. 发挥农业产业化经营中的龙头作用

城乡购销网络比较健全的连锁经营企业,不应只满足于被动收购农产品的状态,而应向产供销一体化的龙头企业发展。可以考虑根据市场需求,建立农产品生产基地,加强与农民专业合作经济组织的沟通和对接,组织农产品生产、加工和销售,并向农户提供产前、产中和产后的系列化服务。在此基础上,还应当建立利益联结机制,增强龙头企业的凝聚力,形成稳定可靠的生产基地、加工基地和销售基地,在富裕农民的同时使企业逐步做大做强。

4. 带领开拓农产品贸易的国际市场

我国作为一个农业大国,应当逐步确立在国际贸易中的应有地位。流通企业应当具有全球眼光和战略思维,根据国际比较优势的原则,充分运用我国劳动力资源丰富这个突出优势,集中力量组织生产和出口竞争力较强的园艺产品、养殖产品、土特产品和农产品的加工制成品。应充分发挥大型流通企业在国际贸易中的骨干作用,带动我国农产品及其加工品更多更快更好地走向国际市场。不但要使我国成为农产品出口大国,而且要使我国成为农产品出口强国,进而对世界农业发展作出更大贡献。

（作者单位:国务院研究室。原载于《中国流通经济》2007 年第8 期,被中国人民大学《复印报刊资料》之《商业经济》2007 年第10 期全文转载）

贯彻十六届三中全会精神　推进生产资料
流通行业改革与发展

陆　江

一、关于生产资料市场形势

生产资料市场形势和经济发展形势密切相关。改革开放以来,在经济体制改革逐步深化、经济持续快速增长的推动下,我国生产资料市场也出现了需求促进市场、市场拉动经济的好形势。据中国物流信息中心的统计,我国全社会生产资料销售总额按照现行价格计算,1985 年为 4480 亿元,1990 年翻了一番,达到 9851 亿元;1993 年再翻一番,达到 2.2 万亿元;1998 年 4.27 万亿元;2002 年 7.1 万亿元。如果照这个口径计算,全社会生产资料销售总额在 18 年间差不多翻了 4 番。即使剔除价格因素,生产资料销售总额也超过了同期经济增长的速度。

2003 年以来的经济形势,总体来看遇到的困难比预想的大,取得的成绩比预计的要好。国民生产总值可望达到 8.5% 的增长速度,总量超过 11 万亿元,生产资料销售增速又创新高。一是市场需求强劲,销售增速加快。1—10 月份,全社会生产资料销售总额完成 7.1 万亿元,按可比价格计算增长 19.5%,增幅比去年同期提高 6.2 个百分点,全年预计超过 8.5 万亿元。二是国内资源产销两旺。1—10 月份,钢材产量 1.9 亿吨,同比增长 20.5%,预计全年产量可达 2.1 亿吨;汽车产量 363 万辆,预计全年产销量将达到 430 万辆。三是主要品种进口量攀升。1—10 月份,重要生产资料进口增长 24.9%。其中,钢材进口 3105 万吨,同比增长 51%,铁矿石和原油的进口增长幅度分别为 31.7% 和 30.3%,有些原材料进口量已达到或超过国内产量的一半。四是生产资料价格普遍上涨。从重点监测的 200 种生产资料价格来看,约 80% 的品种价格都有不同程度的回升。1—10 月份,价格水平累计同比上升 7.5%,其中油品、钢铁和部分化工原料涨幅较大。

生产资料市场形势显著回升是我国经济进入新一轮增长周期的重要标志。拉动市场较快增长的重要因素有:一是生产的拉动。1—10 月份,全国工业增加值同比增长 16.7%,增幅比上年提高 4.4 个百分点,其中重工业同比增长 18.5%，从而促进了基础原材料消费需求的上升。二是投资的拉动。
1—10 月份，投资同比增长 30.2%，高于上年 6 个百分点，而且投资主体多元
化步伐加快，一些重大基础设施建设对基础性原材料和重要装备的需求大量
增加。三是消费的拉动。随着人民生活水平提高，消费结构发生重大变化，居
民消费由"衣食温饱"向"住行小康"转变，住房、汽车和电子通讯产品等成为
消费"新亮点"。四是进出口和外资的拉动。1—10 月份，我国外贸进出口总
值 6823.3 亿美元，同比增长 36.4%，全年预计达到 8000 亿美元。到 10 月末，
我国实际利用外资 435.6 亿美元，期末国家外汇储备 4009.92 亿美元，都达到
新的高度。五是积极财政政策的拉动。从 1998 年以来，我国实施积极的财政
政策，先后利用国债资金 8000 亿元，建设规模超过 3 万亿元，成为扩大生产资
料市场需求的重要因素。

　　2004 年是实施"十五"计划的关键一年，按照"稳定政策、适度调整，深化
改革、扩大开放，把握全局、解决矛盾，统筹兼顾、协调发展"的思路，国家将继
续坚持扩大内需的方针，实施积极的财政政策和稳健的货币政策，适时适度调
整政策的力度和重点，进一步扩大对外开放的步伐，保持经济平稳增长。生产
资料市场从总体上来说还会处于上升期，销售总额增长幅度会继续高于 GDP
的增长，重要生产资料国内资源和进口量将持续增加，生产资料价格水平将在
高位呈稳中有升的态势。生产资料市场持续向好的形势，为生产资料流通企
业提供了发展的机遇。当然，我们也要正视存在的困难和问题，例如，价格变
化过快，对国外资源依赖程度加大，下游产品成本承受能力限制等。国家有关
部门对此十分重视，我们也要认真研究，积极应对。

二、关于生产资料流通企业改革与发展

　　传统国有物资流通企业是随着计划经济体制的建立而发展起来的，曾经
是生产资料流通的主渠道。经过二十多年改革开放，无论经济体制、经济增长
方式，还是流通渠道和流通方式都发生了翻天覆地的变化。特别是 1993 年以
来的十年，是我国社会主义市场经济体制基本确立的十年，也是传统物资流通
企业脱胎换骨、分化重组、转轨变型的十年。经过十年改革，原来自成体系的
全国物资流通行政管理体系已经不复存在，以市场为主导的流通体制基本确
立。地县一级原来的国有物资经营管理单位基本上转轨变型，大多数县级及
以下单位已经改制为民营企业或退出原来的行业。省区市一级经过深化改
革，并购重组，有一部分走上新的发展道路，一部分正在重组整合，还有一部分

企业仍处于生存探索过程中。从总体上来看,原来的经营管理体系已经打破,多种所有制流通企业迅速发展起来,以市场配置资源的模式基本建立,我国生产资料流通领域出现了新的局面。

但是,流通渠道和经营方式的变革,并没有改变生产资料流通快速发展的总趋势。十年前,物资系统企业实现销售收入6752亿元,占全社会生产资料销售总额2.2万亿元的29%,在20世纪90年代中期,这一比重下降为10%左右。现在,虽然没有准确统计,估计物资系统企业的销售收入占全社会销售的比重顶多也就在3%—5%。十年来,原有国有物资企业市场占有率逐步下滑,而各种类型的生产资料市场和工业生产企业的直销蓬勃发展,多种所有制流通企业的经营规模迅速做大。虽然没有详细的统计资料,但年销售钢材上百万吨、销售汽车上千辆的民营流通企业都已出现,发展势头很猛。在流通主体和渠道发生重大变化的同时,代理制、配送制、连锁经营、电子商务等新的营销方式得到较快推广,生产资料流通的规模、速度、效益、效率、服务和质量都提高到新的水平。

在生产资料流通行业翻天覆地的变化之中,一批原来的物资流通企业通过深化改革,转轨变型,走出了新的路子,规模越做越大,竞争力越来越强。据统计,纳入2002年重点统计的33家企业,销售收入同比增长24%,比同期全国生产资料市场销售总额增长率13.8%高出11.2个百分点。2003年1—10月,47家重点生产资料流通企业销售收入同比增长35.4%,高出同期全国生产资料市场销售总额增长幅度13.9个百分点。47家重点企业中有28家盈利9.7亿元。全年预计销售收入,浙江330亿元、上海260亿元、天津230亿元、广东200亿元、安徽100多亿元,20多家省区市和计划单列市物资企业可望达到10亿元以上。对这些企业的经验进行总结和推广,可以起到一定的借鉴和示范作用。在这次会上,部分企业介绍了各自的经验,总结起来,有这样一些共同点:

第一,坚持市场化的改革方向,深化企业改革,抓好体制创新、企业转型。浙江物产集团从抓机构转体和成员企业改制入手,历经十年改革,完成了行政机关向经济实体的体制转型,成员企业由原来单一的投资主体,普遍进行了多元持股的公司制改造,建立了以资产为纽带的母子公司管理体制,经营业绩稳居全国同行业前列。从2002年起连续进入中国企业500强行列,2003年名列第58位;连续8年进入全国外贸企业500强行列,2003年实现进出口总额预计超过10亿美元。2003年以来,浙江物产集团继续保持了强劲发展势头,主要经济指标再创历史最高水平。中国华星集团经过几年来的整改重组、招商改制,已由资不抵债转变为具有发展潜力的大型企业集团。目前,其所属成员企业基本上完成了改制任务,全体职工实行了劳动用工市场化和岗位聘任制。集团确定了"一切以投资回报为出发点,努力创建新体制、新业务和新文化"的发展思路。三年多来,引进民营资本和海外资本12亿元。所属华星汽贸建立品牌汽车专卖店63家,年销售规模达50亿元。在2001年和2002年财政部考评中,华星集团被评为优良企业,并被列入国家统计局发布的500强企业集团名单。安徽省物资局1995年退出政府序列,改制转变为经济实体。由于没有从根本上解决体制问题,集团经营陷入困境,到1998年明亏加潜亏超过一个亿。从1999年开始,徽商集团有限公司按照现代企业制度的要求深化企业改革,实现了由不规范的国有独资公司到多元投资企业的转变,对资不抵债、亏损严重企业清理重组,在能够正常经营的企业全面推行资产经营责任制,到2001年,集团公司净资产累计增值74.5%,职工年人均收入增长35%。2002年同1998年相比,销售收入增长2.62倍,盈亏相抵增加盈利6630万元。通过改革走出困境的例子还有许多,他们的经验表明,坚持市场化的改革方向,建立符合社会主义市场经济要求的现代企业制度和经营机制,是国有物资流通企业的根本出路。

第二,明确市场定位,调整经营结构,集中培育核心竞争力。天津市物资集团在市场调研的基础上,狠抓企业结构、资产结构和经营结构调整,充分运用优势企业和优良资产整合社会资源,联合生产企业和金融部门,培育核心业务,取得显著成效。2001年,公司名列全国企业500强第119位,2002年上升到第111位。广东物资集团坚持做大做强主营业务,连续7年保持较高的增长速度。2003年1—10月,实现自营销售收入118亿元,汽车、钢材、机电、煤炭、石油、有色金属、建材等主营品种普遍大幅度增长。上海物资集团总公司在深化改革的基础上,狠抓骨干企业和重点品种。2002年21家骨干企业经营总额同比增长32.1%,占集团经营总额的87.3%,旧车、拍卖、汽车、煤炭、铜、铝锭等品种和业务在当地市场保持了领先地位和较高的市场占有率。

第三,大力推行现代流通方式。中国诚通集团1999年进行剥离重组,在较短时间内实现了扭亏为盈,进入中央管理企业序列。集团现有总资产98亿元,年货物吞吐量3500万吨,现货交易额700多亿元。近年来,诚通集团利用自身优势,积极向现代物流业务转型。它们对原有物流资源进行整合改造,扩展服务功能,发展具有高附加值的社会化物流服务,业务结构由单一的仓储向仓储、运输、配送、货代、分销、加工、仓单质押、提供一体化解决方案等现代物流模式转换。诚通集团的发展目标是,力争在3—5年内成为具有国际竞争力的现代物流企业集团。徽商集团把改造提升传统流通产业和发展现代物流作为重点工作来抓,经过两年整合,明确了发展现代物流、对外贸易和汽车销售三大支柱业务,2003年上半年又开办了钢材电子交易市场。他们的"农家福"农业生产资料连锁经营项目,已建成3个中心店和130多家连锁加盟店。天津物资集团按照贸易加物流的模式,努力推进经营方式创新,配送企业已达255户,按照现代营销方式,应用电子技术,建立信息管理系统。他们吸收供应链管理理论,联合金融部门,与生产企业建立战略联盟,向上下游企业延伸业务链条,不断开拓出企业做大做强的新路子。

第四,重视企业文化建设和领导班子建设。浙江物产集团为什么在这十年改革发展中始终站在全国同行业的前列,关键在于他们有一个坚强团结的领导班子,有一个好的董事长、好的总经理。他们坚持改革,建立现代企业制度;抓住主业,培育核心竞争力;集体决定重大决策,没有发生大的失误,班子每位成员都维护领导集体的团结。广东省物资集团认真实践"三个代表"重要思想,坚持"两手抓",促进了精神文明建设和经营管理双丰收,集团名列全国500强企业第81位,广东省50强企业第19位。集团品牌知名度和社会影响力不断提高,为进一步做大做强、加快发展创造了一个有利的社会环境。浙江物产、广东物资和其他单位的经验再一次表明,有一个好的领导班子和一支优秀的职工队伍,有健康向上的企业文化,是企业稳定发展的根本保证。

十年前,我们就讲过"有为才有位"。这些企业的成功实践,奠定了他们在市场经济体制下行业领先的地位。各地情况有所不同,都有一些成功的经验和做法,我们要结合自身实际,创造性地学习借鉴。

三、关于生产资料流通企业贯彻党的十六届三中全会精神

当前,全党全国,各行各业都在认真学习贯彻党的十六届三中全会和中央经济工作会议精神,各地都有安排部署。中央经济工作会议在分析当前国际形势时指出,世界多极化、经济全球化仍是当今国际格局演变的两个主要趋势。世界经济逐步回升和结构调整加快,对我国经济发展总体上是有利的。同时国际环境的变化也使我国面临一些新的挑战。我们必须深刻理解十六大关于本世纪头二十年是我国发展的重要战略机遇期的科学论断,切实增强紧迫感,牢牢抓住机遇期,努力加快自身的发展。下面,我结合国有生产资料流

通企业的实际,谈谈贯彻党的十六届三中全会精神的一些想法。

第一,坚持完善社会主义市场经济体制的改革方向,抓好国有生产资料流通企业的战略性调整。十六届三中全会《决定》指出:"完善国有资本有进有退、合理流动的机制,进一步推动国有资本更多地投向关系国家安全和国民经济命脉的重要行业和关键领域,增强国有经济的控制力。其他行业和领域的国有企业,通过资产重组和结构调整,在市场公平竞争中优胜劣汰。"

显然,生产资料流通行业属于竞争性行业,而不属于重要行业和关键领域,通过资产重组和结构调整提高市场竞争力是生产资料流通企业改革的主要任务。对竞争性行业国有资本的战略性调整,不应该是"一刀切",也不是简单地"一卖了之",而是按照中央确定的"有进有退"、"有所为有所不为"的方针和市场竞争的原则,实施"进"或"退"。"有为才有位"。"有为"即在行业中有优势,有竞争力,就能做大做强,在市场竞争中才能生存和发展,你才能"进"。否则,"无为",不适应市场需要,没有竞争力,就只能"退"。"退"不能使国有资产流失,不能逃废债务,要安排好职工出路,做到退而有序。当前,各地都在政府机构改革中建立国有资产监督管理机构,筹划对国有资本的战略性改组,我们要在地方政府领导之下,结合自身实际情况,选择适宜的重组方式。

第二,大力推进股份制改革,建立现代企业制度。"进一步增强公有制经济的活力,大力发展国有资本、集体资本和非公有资本等参股的混合所有制经济,实现投资主体多元化,使股份制成为公有制的主要实现形式。"这是党的十六届三中全会的重大理论创新,也是生产资料流通企业的改革方向。

这几年,国有生产资料流通企业的改革虽然取得了很大成绩,但也存在产权不清、权责不明、一股独大、法人治理结构不健全等问题,包括一些已经获得稳定发展的企业,也不同程度地存在这些问题。因此,我们要把发展混合所有制经济,实现投资主体多元化,进而建立归属清晰、权责明确、保护严格、流转顺畅的现代产权制度作为生产资料流通企业体制改革的目标。要按照十六届三中全会的基本精神,根据市场经济的需要,结合本企业的实际来选择具体的改革模式。从这次会上几家企业介绍的情况来看,主要有这么几种做法:一是以浙江和广东为代表的,以国有资本为主进行公司制改造的模式。用广东物资集团的说法就是"一人坐轿,两人抬轿"的改革思路,即以我为主(国有资本坐轿),引进投资者和合作经营者。二是以安徽为代表的股份制改造模式。从产权入手,分步骤改造国有独资公司,将直属企业改制为多元投资主体的股份有限公司或有限责任公司。2002 年,按照省政府决定,原省商务厅 12 家直属企业已与徽商集团合并重组。三是以上海物资集团为代表的改革重组模式。在市政府统一领导下,整体进入新组建的"百联集团"。

生产资料流通企业改革发展的实践表明,原来的经营管理体制已经走到尽头,体制创新是改革发展的关键所在。凡是发展型企业都是进行体制创新的企业,不解决体制问题在市场经济体制下就没有出路。我们一定要根据十六届三中全会精神,抓紧股份制改革,建立现代企业制度。

第三,根据自身优势,明确市场定位,培育企业核心竞争力。随着市场经济体制的完善和我国加入 WTO,生产资料流通领域的竞争进入新的阶段。买方市场已成为商品供求关系的基本表现形式,企业没有资源优势可言;民营流通企业的超常规发展,已经占有相当的市场份额;我国履行 WTO 的承诺,到2005 年将取消分销服务的所有限制;对东盟地区率先实行零关税政策,与港澳地区的贸易便利化安排,给生产资料市场加入新的竞争因素。这种竞争的压力,迫使我们必须明确市场定位,采用现代流通方式,尽快培育企业的核心竞争力。

近年来,我们提出发展现代物流,但并不是说所有的传统物资企业都去搞现代物流。要根据市场需求和自身的优势条件选择适宜的发展模式。目前物资企业转型主要有三种情况,一种是转向纯贸易企业,集中力量把贸易做大做强;一种是转向第三方物流企业,提供专业化的物流服务;再一种就是贸易加物流,通过扩大贸易支持物流的发展,物流的发展又反过来提高贸易的竞争力。物资企业发展现代物流,不管采取哪种形式,都要有利于进一步增强服务功能,扩大主业经营,促进业务创新,形成核心竞争能力。因此,物资企业在转型过程中,不能搞一刀切,要根据企业具体情况和自身优势,选择适宜的发展模式。

很多物资企业拥有一定规模的土地、仓储设施、运输手段、物资加工和配送能力,这些物流资源是开展现代化物流服务必不可少的物质条件,发展现代物流首先要盘活利用好这些资源。从物资企业发展看,资源整合有两种形式,一种是以我为主,着力于内部整合或整合外部资源;另一种是被具有竞争优势的外部企业整合,承担其供应链中某一段物流服务或成为其物流服务的能力供应商。企业的竞争发展到一定阶段,就是供应链与供应链的竞争。我们必须加入到供应链当中去,游离于供应链之外的企业是没有出路的。

第四,改造提升生产资料批发市场。据国家统计局最新统计,截止到

2002 年底,企业批发交易市场有 89043 个(其中生产资料市场 6545 个,消费品市场 82498 个),年成交额 34772 亿元(其中生产资料交易额 8796.3 亿元,消费品交易额 25975.7 亿元)。虽然这些批发交易市场大多是批零兼营,但仍然是目前中国许多商品特别是农副产品与部分日用工业品的重要批发渠道。

　　贯彻十六届三中全会提出的"建设统一开放竞争有序的现代市场体系"的要求,必须对传统批发市场进行改造、提升。结合整顿市场秩序,解决有的批发市场"假冒伪劣"、"跑冒滴漏"的问题,规范市场行为。要按照推进流通现代化的要求,通过资产重组、结构调整等措施,改造、提升这些传统的批发市场,充分发挥他们原有的规模、网络、设施、人才等优势,实现产业组织形式和企业营销模式创新,不少企业在这方面已经进行了多方面的探索和实践。有的利用场地优势,发展加工配送;有的利用批发优势,发展连锁店、专卖店、超市等新型业态;有的发展电子商务,开展网上批发交易;有的以市场为龙头,引进供应链管理模式,延伸上下游产业链条。总之,现有的生产资料批发市场急需提升改造,改造后的批发市场在新的流通格局中可以大有作为。

　　最后,我再讲一讲关于加强行业联系的问题。过去,无论是物资部时期、内贸部时期,还是内贸局时期,我们这个行业有比较正常的联系渠道和方式,有定期的会议,原来的物资流通协会也做了大量的工作。从 2001 年以来,内贸局撤销、物资流通协会更名,各地包括省区市一级的行业管理机构和协会也发生了很大变化,原来的渠道和方式已经不能够完全适应当前形势发展的要求。但是,不少地方的同志仍然认为,在新的形势下,这种行业联系还是很有必要的。这两年,华东、华北、西南等地仍然坚持了年度片会制度。我认为,不论体制和机构发生什么样的变化,总需要进行信息的沟通、经验的交流和日常的联系。所以,希望大家对这方面的工作继续给予关心和支持,比如,落实专人做好物流信息中心的信息统计工作,支持《中国物流与采购》杂志社的工作,与中国物流与采购联合会各相关部门加强联系,以便及时了解情况,传递信息。联合会从"为企业服务、为行业服务和为政府服务"的根本宗旨出发,很愿意积极做好这些工作。

　　　　　　　　　　(作者单位:中国物流与采购联合会。原载于《中国流通经济》
　　　　　　　　2004 年第 2 期)

现代流通业是推动农业产业化的助推器

张广生

改革开放以来,中国农村发生了根本变化,农产品市场化程度有了显著提高,农民可以向城市自由流动,农村发展多种经营走城市化道路也取得了不小的成绩。但是,中国农业产业化程度还落后于发达国家,部分农民的生活仍然没有摆脱贫困,城乡差距有继续扩大的趋势。现在,从中央到地方都关心"三农"问题,并寻求解决方案。党中央、国务院采取了减轻农民负担、增加农民收入和加快新农村建设等很多有效措施,取得了一定成效。不久前,党中央又提出发展现代农业的政策,要求改变农业经营理念和管理模式,用市场经济的运行规则和文化促进农业经济发展,用现代科学技术改造农业,用现代产业体系提升农业,促使农业和农村摆脱传统,走向现代。在这一转变过程中,流通产业将扮演重要的角色。

一、小商小贩是几千年小农经济的产物,传统商业束缚了农业现代化

漫长的封建社会和连年的战乱、灾荒造就了我国传统的小农经济模式。地区分割、信息不畅、土地资源分散、水利资源利用落后、机械化水平低,再加上农民的科技教育投入严重不足等,使农业靠天吃饭的格局始终未能改变。在我国的历史上也不乏有识之士力图改变这一现状,但是均未彻底解决问题,如大禹治水、愚公移山、土地革命等都属惊天动地之举,但都没有从根本上改变农村落后、农民贫困的局面。几千年来,虽然人类社会发生了根本性的变化,经过改革开放后我国也发生了翻天覆地的改变,但是,农民的收入并没有达到预期目标。这原因是多方面的,其中与农村的商业形态不无关系。小商小贩是基于小农经济条件下而产生的流通业态,适应的是小农经济的运作方式,但同时,小商小贩又阻滞了我国农业经济产业化的步伐。

几千年来,以小农经济为基础的中国农村,形成了与之相适应的商业形态,类似"林家铺子"式的综合经营的小店铺是 20 世纪 30 年代以前我国商业业态的主流,在农村、小城镇则以走街串巷的"货郎担"、流动摊贩来补充商业

网点的不足,每逢初一、十五农民可以参加城镇的"庙会"、"赶集"对农民来说就是大型的商业活动了。商业的发展脱离不了产生它的经济基础,小农经济就是产生小商小贩的经济基础。除此之外,在我国的传统文化中,根深蒂固的"重农抑商"思想阻碍了商业特别是现代商业的发展。

在信息化的 21 世纪,传统的小商业无法完成时代赋予的推动农业现代化和实现农业产业化的宏伟目标。商业的运行方式直接影响与其同在的经济运行效率。因为商业运行模式不仅会带来信息、资金、物资、人才的流动,更会带来这些流动方式的变化。恰恰是这种变化能够引起农业生产方式和农业产业链的变化。现代新农村的建设,必须首先考虑改革农村商业的运行模式。

长期以来,农村的改革、发展与流通业的改革、发展没有很好配套,很少有人认真地研究农业产业与流通产业的内在联系。我国历史上虽然搞过农业合作化运动,也搞过农村供销合作社,力图通过供销社来解决合作化后的农村产、供、销问题。但是,在计划经济下不存在大市场,大流通格局就不可能形成。

二、大商业是现代经济发展的大动脉,建设现代化的农村必须引进大流通

20 世纪初,欧洲在工业化的带动下产生了百货商店,流通业态组织形式出现了大的飞跃,反过来又促进了工业产业结构的大调整、大发展。这种百货业态到 20 世纪 20 年代才刚刚传入我国,对当时我国民族资本的发展也起到了积极的推动作用。20 世纪 60 年代,美国、日本、欧洲先后出现了连锁商业经营业态,包括超市、便利店、大卖场等,连锁商业的出现不仅给消费者带来了方便,更推动了信息产业、冷藏保鲜业、物流配送业、食品加工业等行业的快速发展。20 世纪 70 年代更有大型购物中心出现,其商业的综合配套、服务功能空前完善,不仅改变了大、中、小城市的生态环境,而且也创造了一系列新的产业链、供应链、服务链,加工工业、房地产业也得到迅速提升。因而,现代流通业为城市提供了大量新的就业岗位,为改善城市居民生活奠定了基础。

在改革开放的过程中,城市建设迅速发展,城市居民生活条件明显改善,农民大量进城寻找就业机会,我国出现了农村人口大量向城市转移的移民潮。当然,这也是增加收入、改善农民生活的必经之路。但是,这仅仅是给农村减压,并没有帮助农村造血,不能从根本上改变农村产业单一、农业落后的状态,更不能从根本上改变农民贫穷的困境。

像上海这样的大型城市,近年来积极推进城乡一体化,实现第二产业向郊区梯度转移,使农村人口向小城镇集聚,实现农业人口城市化,彻底解决了上海郊区的农业、农村、农民问题。目前从全国来看,具备上海市这样条件的地区并不多,也不可能让所有的农村变成城市,让所有的农民变成城市居民。在这样的情况下,就必须采取鼓励农村产业结构调整,促进农业产业结构多元化,加快农村产业升级的步伐。农产品产业升级,首先就遇到产成品的市场出路问题,这项任务很自然地就落到了现代流通产业的身上。迫切需要解决现代流通产业与现代大农业的配套,形成第一、第三产业对接,促使第一、第二、第三产业在农村配套、协调发展。

当今世界,开放市场,推进国际化合作与交流,共享资源和科技成果,依靠的是大市场、大贸易、大流通。农副产品如棉花、玉米、大豆、水产品、水果、鲜花、生猪、禽、蛋等都是国际贸易中的骨干产品,不少农产品还是大宗交易的对象,有的产品已经进入了期货交易所,利用金融衍生工具,实现套期保值,锁定价格,维护了农业产品生产者的权益。现代商业、流通产业的发展,给农产品创造了市场机会,但同时也要求农产品必须规格化、标准化,农业产业必须高度组织化。

三、现代流通产业以信息、科技为支撑,成为农业产业化的强大推动力

在市场经济条件下,有什么样的流通业态,就会产生什么样的生产方式。现代化的农业为了实现市场配置农副产品资源,以市场决定价格,让市场决定商品流动的方向和形态,就必须依赖现代大流通、大市场、大商业。

现代流通产业以连锁商业为代表,大量应用信息技术实现管理的现代化;应用高科技手段实现农产品保鲜、保质、保值;应用现代物流技术完成农副产品的集散,节约社会成本,提高运营效率。现代流通产业面对大市场,在需求不断提升、竞争日趋激烈的环境下,要求农产品必须实现标准化、规格化,促使农业技术和生产方式由过去的小农经营方式转变为高度组织化的现代化农业大生产方式。

20世纪80年代末,我第一次去日本考察东京水产蔬果批发市场时,看到清晨的东京中央批发市场,来自四面八方的水产品、蔬菜、水果都是按照不同的品质、规格、品牌分别排列整齐地被推进拍卖厅,转眼之间就在激烈的竞价中物归新主了。交易是在极其短暂的时间内完成的,效率非常高,但是,产品的组织却是在漫长的岁月中形成的。当我到东京郊区农家考察时才恍然大

悟,那时日本人生产蔬菜、水果大多已采用大棚技术,种子经过严格的筛选、培育,秧苗从培养基地移栽到生产基地后,就严格控制温度、湿度、光照和营养,从而控制花期,控制蔬果的成长期。因此,他们能培育出长、短、粗、细、外形、规格基本统一的黄瓜、西红柿、番茄、辣椒等,因而能够生产市场最受欢迎的规格,申请品牌、商标、装箱、上市,这样的产品当然会卖出好价钱。购销商在农产品生产过程中负责技术指导和营销管理。

20世纪90年代,我去荷兰考察花卉市场。荷兰是世界上最大的花卉集散地,最大的花卉生产国,最大的花卉供应商。在花卉拍卖市场,有拍卖厅和花卉加工、整理厅。荷兰式的拍卖不同于日本,报价是由高向低,花卉样品装载在一列列陈列车上通过拍卖台,很快就被欧、美、日本、东南亚等国的商人购买,标上送往目的地的标签,发送到全球。如此高的效率没有现代化的流通产业支撑是不可能的。当我去花卉生产基地参观时,更令我惊叹不已。那里简直不像农村,而是地地道道的高档居住区,是生产花卉的加工厂。一切生产花卉的流程都是在人的科学控制下进行,包括开花时间、花的颜色、花茎的长度,甚至花粉是否脱落等都通过科技加以控制。我问过几位花农,他们大多都受过很好的教育,多数具有大学本科或研究生学历,可见荷兰花农基本队伍的高素质。花农的工作环境和生活条件更是无可挑剔,他们享受着创造性的工作和色彩缤纷的生活,生活质量比城市更上一层楼。

类似的情况在我国也已经开始出现。2007年5月10日,中央电视台为山东省寿光市国际蔬菜节举办了一期特别节目,介绍寿光市农民在新农村建设中过上了快乐、幸福、和谐、美满的生活情景。2000年,我曾经到寿光市学习、考察,了解到寿光市"中国蔬菜之乡"始建于1984年3月。当初仅17户农民组织起来,利用土胚玻璃暖棚土法上马搞温室蔬菜。经过十多年的努力,整个寿光地区温室蔬菜已经遍布千家万户。汽车开进去,到处都是"土胚玻璃暖棚",一望无际,无比壮观。寿光地区经济繁荣的秘诀是什么?我认为是得益于1984年3月17户农民创建的寿光蔬菜批发市场有限公司。该公司先后在国家开通的蔬菜运输绿色通道中实现了"买全国,卖全国"的大流通,搭建了10万平方米的批发市场交易平台,设有冷冻、仓储、市场管理、信息网络和交易结算等服务体系,同时还设有农副产品质量检测中心,实行客户会员制,带动了当地农民推进农业产业化的热情,建成了规模达600万亩的蔬菜大棚,成为了蔬菜供应链的源头,也是我国蔬菜生产、供应的重要产业基地。今天,人们都公认寿光市是中国的"蔬菜之乡",以寿光市为源头形成的采购链、批发链、运输链、服务链、加工链、科研链、冷藏链、种植链、养殖链等现代大市场、大商业、大流通造就了寿光市的蔬菜大产业和现代新农村。但是,寿光人并没有满足,2003 年又建设了拍卖中心,有 2.7 万平方米的理货大厅,两个 430 平方米的电子拍卖大厅采用了荷兰式电子钟拍卖系统,这是国内第一家蔬菜电子拍卖市场。现在,寿光市的蔬菜品种不断改良,从以色列、瑞士等 30 多个国家引进种子,实行科学种田,标准化生产,培育出无公害新鲜蔬菜,加工成冻干蔬菜,不仅供应全国,而且出口香港、日本、俄罗斯。

推动农业产业化,是一项长期而又艰巨的工作,必须不断坚持才能取得成效。1998 年,我和上海联华超市集团的领导到吉林省考察农副产品生产基地的情况,上海采购团一下子就订购了 500 个品种,包括蘑菇、木耳、玉米、大豆等农副产品和山珍等土特产品。吉林省的农副产品进入联华超市,形成了一个稳定的产品采购链和供应链,为吉林省的农副产品找到了进入主流市场的端口。经过十多年的努力,吉林省的农产品开始由粗加工向进一步深加工转化,由粗放型开始向标准化、规格化方向转化。有的专家曾测算,农副产品每经过一道加工环节,其价值就会提升 8 倍。吉林省选择上海联华超市作为进入现代流通业的渠道是十分明智的举措。通过上海市这个现代流通业的平台,吉林省的农副产品就可以输往全国。

在推进农业产业化过程中,把农民组织起来不是一个简单的口号,也不是仅靠行政推动就能完成的。我认为,依靠大市场,利用服务业配套,形成产业链,结合现代科学技术,共同推动,才能形成真正的合力。

（作者单位:上海市流通经济研究所。原载于《中国流通经济》2007 年第 8 期,被中国人民大学《复印报刊资料》之《商业经济》2007 年第 10 期全文转载）

中国农村流通发展 30 年之成就

王成慧　郭冬乐

经过 30 年的改革和发展,我国农村商品流通体系建设取得了重大成就,农村商品市场规模不断扩大,农村商品流通渠道单一的状态发生了转变,多种所有制、多种经营类型的流通组织成为市场主体,农村商品经营方式也呈现出多元化发展趋势,形成了由各种经济组织构成的多种类型、多级层次、互相促进、互相依存的商品流通网络。

一、形成了多层次的商品市场体系

改革开放以来,伴随着农村市场经济转型和农村经济的发展,我国农村市场迅速成长,除传统集贸市场外,各种综合市场、专业市场以及批发市场、期货市场,都取得了一定程度的发展,初步形成了包括消费品和生产资料市场、批发市场和集贸市场、有形市场和无形市场在内的农村市场体系。

1. 农副产品批发市场发展迅速

从 1985 年开始,农产品流通体制改革全面启动。1985 年,国家宣布废止业已实施 30 余年的农产品统派购政策。随着农产品产量和品种的迅速增加以及产销区域范围的扩大,国营与合作社经济逐渐退出农产品流通领域,而小规模的集贸市场又无法组织和分销大规模农产品的异地交易。为解决各类区域性、小规模集贸市场所面临的全国性农产品大流通问题,各地纷纷建立农产品批发市场。无论是市场数目,交易品种、数量、金额,还是价格的放开程度,除极少数个别产品(如粮食、棉花)外,发展速度都比较快,初步形成了批发市场的雏形。

1986 年,我国有农副产品批发市场 892 个,成交额 28.35 亿元;1998 年,发展到 4243 个,成交额 2869 亿元;2002 年,发展到 4150 个(城市销地市场 1859 个,农村产地市场 2291 个),占农副产品市场数量的 15.73%,年总成交额 3461 亿元(城市为 2327.9 亿元,农村为 1133.1 亿元),占农副产品市场成交总额的 42.89%,相当于全国各类消费品批发市场成交总额的 1/3(见表

1）。全国城市农贸中心联合会的数据表明,截至 2006 年,全国农产品批发市场达到 4370 家,其中农村产地市场 1500 家左右,城市销地市场 2500 家左右,批发交易总额约为 1.1 万亿元,全国经由农产品批发市场交易的农产品比重高达 70% 以上,且这一比例仍在继续升高。①

表 1 我国农产品批发市场发展情况（1986—2002 年）

年份	1986	1988	1998	2002
市场数量(个)	892	1224	4243	4150
总成交额(亿元)	28.35	70.58	2869	3461
单个市场平均成交额(万元)	317.8	576.6	6761.7	8339.7

数据来源:国家统计局贸易外经司等:《2003 中国商品交易市场统计年鉴》,中国统计出版社,2003 年版。

近几年,特别是 2002 年以来,在国家惠农利农政策的扶持下,我国农产品批发市场的发展更为迅速,并呈现出以下特点:

一是向规模化方向发展。2002—2007 年,我国亿元以上农产品批发市场数量从 503 家增加到 825 家,成交额由 2616 亿元增加到 9119.6 亿元。平均每个亿元以上交易市场成交额由 5.2 亿元增加到 11.1 亿元。2007 年,全国最大的农产品批发市场——北京市新发地农副产品批发市场交易额高达 211 亿元,北京市 60% 左右的蔬菜由该市场供应,排名第二的深圳布吉农产品中心批发市场交易额也达 160 多亿元。②

二是农产品专业批发市场发展迅速。从全国亿元以上农产品批发市场来看,2002 年农产品专业批发市场为 305 个,批发交易总额为 1448.61 亿元,占比分别为 60.6% 和 55.4%;2007 年农产品专业批发市场为 600 个(比 2002 年增加了 96.7%),批发交易总额为 5651.11 亿元(比 2002 年增加了 290.1%),占比分别为 72.7% 和 62%。专业批发市场数量、交易额及其在整个农产品批发市场中所占的比重均有所增加。广州江南果菜批发市场是全国最大的果菜专业批发市场,2007 年交易额达 152 亿元。③

三是配送功能逐步加强。目前,一些规模较大的农产品批发市场正在积

---

① 郑惊鸿:《我国农产品批发市场全面升级》,《农民日报》2007 年 9 月 6 日。

② 国家统计局贸易外经司等:《2008 中国商品交易市场统计年鉴》,中国统计出版社 2008 年版,第 305 页。

③ 国家统计局贸易外经司等:《2008 中国商品交易市场统计年鉴》,中国统计出版社 2008 年版,第 10 页。

极拓展面向零售终端的配送业务,"农产品批发市场+超市"、"配送中心+超市"等模式得以快速发展。

四是对农业生产和经济发展的带动作用日益增强。深圳布吉农产品中心批发市场在福建、山东、海南、新疆等十几个省区建立了上百万亩生产基地,通过合同收购各地的优质农产品,使约 20 万农民受益,平均每户增收 2000 元。①

2. 农业生产资料交易市场稳定发展

1978 年到 20 世纪 90 年代中期,除农业生产资料流通主渠道外,我国农业生产资料的市场化交易主要是通过城乡集市贸易零散完成的。

但随着流通领域改革的不断深入和农业生产资料领域的不断放开,越来越多的主体开始参与农业生产资料流通,农业生产资料流通领域的竞争越来越激烈,越来越多的农业生产资料生产企业将产品交给经销商运作,生产企业希望有一个物流畅通的经销网络,农民也希望通过专门的农业生产资料市场进行采购,以确保农业生产资料质量。在这种背景下,各地开始兴建农业生产资料专业市场。特别是 1997 年以来,我国各种农业生产资料市场稳定发展,数量不断增加,成交额一直保持良好增长势头。1997—2002 年间,我国农业生产资料市场数量从 480 个发展到 534 个,成交额从 163 亿元增加到 170.9 亿元(见表 2)。

表 2　我国农业生产资料市场发展状况(1997—2002 年)

年份	1997	1998	1999	2000	2001	2002
市场数(个)	480	478	420	443	542	534
其中:城市(个)	119	137	140	158	268	173
农村(个)	361	341	280	285	274	361
成交额(亿元)	163.0	2237.5	129.9	127.1	132.3	170.9
其中:城市(亿元)	51.1	108.8	59.0	54.8	67.1	74.4
农村(亿元)	111.9	128.7	66.9	72.4	65.2	96.5

数据来源:根据中国统计出版社《中国商品交易市场统计年鉴》(1998—2003)整理而得。
注:2002 年以后只统计成交额亿元以上的商品市场。

尤其是我国亿元以上农业生产资料市场发展迅速,成交规模不断扩大。

---

① 常晓村:《在 2007 中国农产品批发行业年会上的讲话》,2007 年 9 月 5 日,见 http://scjss. mof. com. gov. cn/ aarticle/ cp/ qyfy/ 200709/ 20070905065429. html。

2000—2007 年,我国亿元以上农业生产资料市场从 12 个发展到 41 个,成交总额由 20.40 亿元增加到 252.5 亿元,平均每个市场的成交规模由 1.7 亿元增加到 6.2 亿元(见表 3)。

表3　我国亿元以上农业生产资料市场发展情况(2000-2007 年)

年份	2000	2001	2002	2003	2004	2005	2006	2007
市场数(个)	12	11	13	8	9	25	34	41
交易额(亿元)	20.3999	28.963	33.1756	32.9985	29.6761	219.9970	179.7	252.5410
其中:批发(亿元)	19.4103	27.6961	32.4256	26.3035	28.9808	215.0465	159.2	238.7470
零售(亿元)	0.9896	1.2877	0.76	6.6950	0.6953	4.9505	20.5	13.7670

数据来源:根据中国统计出版社《中国商品交易市场统计年鉴》(2003—2008)整理而得。

3. 农村消费品市场规模庞大

1978 年以来,我国逐步由高度集中的计划经济体制向市场经济体制过渡,农村消费品交易市场日趋活跃。1978 年,农村消费品交易市场(主要是集市)为 33302 个,交易额为 125 亿元;1994 年为 66569 个,达到新中国成立以来的最高值,交易额为 4412.5 亿元;1995 年,由于进行整顿,市场总数减少到 63000 个;1996—1998 年间再度增长,1998 年达到 65050 个,成交额为 8793 亿元。此后,随着乡镇一级行政区划的调整,撤乡并镇,市场总数又有所下降,截至 2006 年,农村消费品交易市场总数是 41805 个。[①] 市场数量的增加,活跃了农村日用消费品流通,极大地便利了农民消费。

长期以来,在农村消费品市场体系中,农贸市场一直承担着农副产品零售环节的流通任务,发挥着不可替代的作用。改革开放以来,城乡农贸市场得以迅速恢复和发展,市场数量和交易额大幅增加。全国城市农贸中心联合会的调查数据显示,2006 年我国共有农贸市场 2.6 万家,其中 1.5 万多家在农村。特别是食品流通中,农贸市场长期占据农村食品市场第一位,截至 2007 年,这一比例仍为 44.4%。[②] 近年来,随着城市建设的升级和人民生活水平的提高,经过各级政府的治理和规范,现在主要大中城市的农贸市场都已基本完成了"退路进厅"工作,农村农贸市场也逐步走向规范化。

---

①　根据《中国统计年鉴》(1996—2007)数据整理而得,2004 年之后没有分类统计消费品市场交易额。

②　全国城市农贸中心联合会:《2007 年流通领域食品安全调查报告》,2008 年 3 月 20 日,见 http://www.cawa.org.cn/ArticleInfo.aspx? ID=11259。

二、农村商品流通主体多元化

改革开放以前,农村商品流通主体主要通过供销合作社和国有商业部门。改革开放以后,随着国民经济市场化步伐的加快和农民收入水平的提高,农村商品流通渠道和流通主体格局也发生了深刻变革,多元化趋势日益明显,形成了多种经济成分和市场主体共同发展的格局。特别是在消费品(包括工业消费品和农副产品)流通中,农民个体运销户、经纪人日趋活跃,农民合作经济组织、农业产业化龙头企业日益重要。

1. 供销合作社在农副产品和农业生产资料流通中仍然发挥着重要作用

1951 年,以化肥、农药等部分产品的供应交给供销合作社经营为起点,之后的三十多年,化肥、农药、农机等农业生产资料一直由供销合作社系统垄断经营,由省、地、县三级农业生产资料公司独家批发,由供销部门的乡镇网点进行零售。

家庭联产承包责任制建立以后,农民生产积极性不断提高,对农业生产资料的需求进一步增加,在这种情况下,保障农业生产资料供应,加快农业发展,成为当务之急。为此,国家对农业生产资料流通体制进行了几次大的调整和改革,如统一计划,统一分配,分级管理;对化肥等农业生产资料商品实行专营;加快农业生产资料流通的市场化进程,减少统配平价化肥资源,有限度地放开经营渠道;化肥实行"一主两辅"经营;取消国产化肥统配计划,使我国农业生产资料流通不断向市场化方向迈进。1992 年以后,随着社会主义市场经济体制的确立,为了加快农业生产资料流通的市场化进程,国务院下发了《关于加强化肥经营管理的通知》,文件规定中国农业生产资料公司和各级供销合作社农业生产资料经营单位是农业生产资料经营的主渠道。化肥流通由供销合作社独家经营改为有限度地放开经营渠道。1994 年,国务院下发了《国务院改革化肥等农业生产资料流通体制的通知》,进一步明确了化肥等农业生产资料流通"一主两辅"的政策,继续以农业生产资料公司为主渠道,发挥农业"三站"和化肥企业自销等辅助渠道的作用,其他任何单位和个人一律不得经营化肥等农业生产资料。

可以看出,在计划经济向市场经济转轨的过程中,供销合作社系统虽然在农村消费品流通体系中的重要性有所下降,但在农业生产资料流通中仍然具有举足轻重的地位。以化肥为例,1978 年国有商业和供销合作社的化肥销售额占当年农村化肥施用量的 93.8% ,之后基本呈逐年下降趋势,但一直到

1997 年,这一比例仍然高达 43.3%。①

随着流通领域改革的不断深入,特别是 1998 年国家对化肥流通体制进行改革以后,化肥市场发生了重大变化,各行各业纷纷涉足其中,竞争日趋激烈。随后,除种子、农药外,大多数农业生产资料的经营都基本放开,原来由供销合作社独家经营农业生产资料的垄断局面被打破,供销合作社农业生产资料公司、农业生产资料生产企业、农业"三站"、种子公司、个体工商户等多种市场主体参与其中,而股份、合伙、私营等各类经营主体也介入农业生产资料流通,跨国公司也以合资建厂、并购、股权转让等形式介入国内市场,促使我国农业生产资料流通格局发生了深刻变化,形成了多种经济形式相互竞争,多种流通渠道共同参与、共同发展的农业生产资料经营格局。但近年来,随着供销合作社系统改制的进行,其在农业生产资料流通中仍然发挥着重要的渠道作用,在农副产品流通中也有所作为。

截至 2007 年底,全国供销合作社系统开展农业生产资料连锁经营与配送业务的企业有 1600 多家,发展连锁、配送网点 15 万个;开展日用消费品连锁经营与配送业务的企业有 1700 多家,发展连锁、配送网点 20 万个。网络覆盖面达到全国行政村总数的 30% 以上。

2. 个体工商户、农产品经纪人、专业合作组织发展迅速

我国农村流通体系的最基层,以从事农村商品运销的个体工商户或私营企业、农产品经纪人、各类农民合作组织为主力军。无论是直接面向农村千家万户的夫妻店、路边店、游商以及批发市场和农贸市场的经营户,还是从事农业生产资料最终销售、农机维修保养的经营户,个体工商户在数量上都占绝对优势,已经成为农村流通产业中不可或缺和不可替代的力量,在搞活农产品流通,促进农村市场发展,连接农产品生产和消费方面起到了积极作用。

农产品经纪人是 20 世纪 90 年代初随着市场经济的发展应运而生的,迈入新世纪以来,农产品经纪人队伍也进入了发展的鼎盛时期。目前我国农产品经纪人数量众多,中国农产品经纪人流通协会的统计显示,截至 2007 年末,我国农产品经纪人已发展到 600 万户,其中具有执业资格的 40 余万户,经纪执业人员逾 100 万人,全年经纪业务量超过 2500 亿元。②

农业部信息中心的统计显示,截至 2006 年底,全国农民专业合作经济组

---

① 根据《中国统计年鉴》(1990—2007)数据整理而得。

② 廉维亮:《农产品经纪人"破茧成蝶"》,《人民政协报》2008 年 1 月 18 日。

织为 15 万多个,农民专业合作组织成员为 3878 万户,占全国农户总数的 15.6%。据《农民日报》报道,截至 2007 年底,陕西省共有专业合作社 1453 家,带动农户 118 万户,全省共有各类农民专业合作组织 9600 多个,成员 150 多万户,①经营范围涉及农林牧副渔等众多领域,以及农副产品储运、加工、购销等诸多环节。

2007 年 7 月 1 日,《农民专业合作社法》、《农民专业合作社登记管理条例》正式颁布实施,同时《农民专业合作社示范章程》也已发布。这标志着农民专业合作社制度建设体系正在逐步完善,为规范农村合作经济组织的活动与行为,保护成员的合法权益,增加成员收入,提供了规范与依据。

3. 农业产业化龙头企业的地位越来越重要

近年来,随着专业化分工和规模经济的发展,涌现出了大批从事农产品加工和流通的农业产业化龙头企业。这些"公司+农户"型的农业产业化龙头企业依靠先进的经营理念、雄厚的资金和人才实力,迅速发展成为农产品加工和流通体系中强大的新生力量,对实现农产品产销一条龙、贸工农一体化和订单农业,促进农产品流通的标准化、规模化、安全化和迅捷化起到了积极作用。如 2006 年山东省规模以上农业产业化龙头企业达 5868 家,实现销售收入 5000 多亿元,占山东省规模以上工业销售总收入的 15%。山东省参与农业产业化经营的农户比重已达 67%,户均增收 1191 元。②

在农业生产资料流通中,"农业产业化龙头企业+农户"模式也得到了很好的发展。这种模式以农业产业化龙头企业为依托,建立原料基地或"农业车间",按照标准化的要求,统一组织生产,企业向基地和农户提供农业生产资料、管理技术及使用方法等一体化服务,并对农业生产资料的来源、质量等进行严格控制,全程监控生产过程,确保产品质量安全,并对基地农户进行统一培训,为农民提供管理技术和农业生产资料使用方法等方面的系列化服务。

4. 邮政、医药、文化企业等新型流通主体出现

随着农村市场的不断扩大,邮政、医药、文化企业等也开始加入到农村商品流通领域。目前,邮政系统利用其分布在农村的近 7 万个邮政支局(所)和服务网点,充分发挥自身优势,按照现代流通业的要求,发展服务于农村市场

---

① 冯克:《陕西农民专业合作社已达 1453 家》,《农民日报》2008 年 7 月 29 日。
② 山东省人民政府调查研究室:《2006—2007 年度山东省政府系统优秀调研成果选编》,山东大学出版社 2008 年版,第 113 页。

的连锁经营、物流配送和电子商务,完善流通网络,不断提高服务"三农"的能力和质量。例如,截至 2008 年 6 月底,安徽省邮政农业生产资料分销直营店、加盟店、代办点数量累计达 5571 个,其中通过验收的农家店有 954 个。①

三、农村商品流通业态多样化

进入新世纪以来,农村新型流通业态发展势头良好。连锁经营、物流配送等新型经营方式和小型超市、便利店等经营业态,开始从城市走向农村。

1. 超市等零售终端得以快速发展

随着"万村千乡市场工程"的实施,我国农村超市和各种便利店迅速发展起来。目前,全国累计新建和改造农家店 25 万多家,其中设在乡镇的门店 2.9 万家,村级门店 22.3 万家,覆盖了全国 75% 的县(市、区)。超市逐渐成为农村食品市场的主角,在农村市场的占有率跃居第二位,达到 29.6%。② 农村连锁超市的快速发展,不仅提升了食品质量,改善了购物环境,还利用集中配送优势降低了商品价格。

2. 连锁经营发展迅速

在我国农村商品流通领域,连锁经营迅猛发展。③ 目前,我国广大农村地区出现的超市、便利店、专卖店等新兴流通业态,大都采用以连锁经营为主体的现代流通方式,并用现代流通方式构筑县、乡、村三级农村市场服务网络体系,通过统一的进货途径,最大限度地避免假冒伪劣产品从中间环节流入,为广大农民提供质优价廉的日用工业品和农业生产资料。截至 2006 年底,全国已有 2287 家流通企业在 1817 个县(市)进行"万村千乡市场工程"试点,累计建设连锁农家店 16 万多家,覆盖全国 63% 的县(市)。根据商务部制定的《农村市场体系建设"十一五"规划》,到 2010 年,连锁农家店将覆盖 90% 的县和 85% 的乡镇,真正形成以城区店为龙头,乡镇店为骨干,村级店为基础的农村现代流通网络。④

特别是在农业生产资料连锁超市等零售终端建设过程中,各类农业生产资料流通企业和农业产业化龙头企业成为主力军。例如,中国农业生产资料

---

① 陈晶晶:《安徽邮政掀起农资分销"夏季风暴"》,《中国邮政报》2008 年 6 月 27 日。
② 全国城市农贸中心联合会:《2007 年流通领域食品安全调查报告》,2008 年 3 月 20 日,见 http://www。cawa。org。cn/ArticleInfo。aspx? ID=11259。
③ 张华芹:《农村商品流通发展对策研究》,《中国流通经济》2005 年第 6 期。
④ 杜海涛:《"万村千乡市场工程"惠及亿万农民》,《人民日报》2007 年 4 月 9 日。

集团公司作为全国供销合作总社直属的全国性化肥、农药、农膜等农业生产资料的流通服务企业,截至 2007 年底,已在全国建立连锁配送中心 800 多个,直营与加盟网点 18000 多个,经营地域跨越 1200 多个县,①基本覆盖了全国绝大多数重要农业产区,成为全国最大的农业生产资料连锁经营网络。

（作者单位:王成慧为北京第二外国语学院市场营销系,郭冬乐为中国社会科学院财贸经济研究所。原载于《中国流通经济》2008 年第 12 期）

---

① 　肖仲凯:《推进现代流通模式构建新型农资服务网络》,《经济日报》2008 年 5 月 27 日。

第四篇　货币资本流通

新自由主义与西方社会信用体系危机

陈建中

市场经济是信用经济。信用是从属于商品交换和货币流通的一种经济关系。在商品交易过程中,等价交换、赊销让渡以及货币流通执行支付手段职能时,信用经济关系便随之产生了。正是从这个意义上说,市场经济是信用经济,市场经济的一切活动都以信用为基础,缺乏信用的市场交易是寸步难行难以成功的。随着工业革命与资本主义制度的确立,西方国家所推崇的理想的自由市场经济体制和发展模式,是与社会信用管理体系同时建立和同步发展起来的,社会信用体系是市场经济体制中最重要的制度建设,可以说,市场经济体制是以社会信用管理体系为基础的,市场经济体制是否完善与成熟,关键是看社会信用管理体系是否健全与完善。

当前,以美国为代表的西方发达国家都已建立了与本国经济和社会发展水平相适应的社会信用监管体系的基本框架和运行模式,然而目前的世界金融危机,是当代资本主义制度的特殊产物,它暴露了美国自由市场经济制度模式包括社会信用管理体系存在的漏洞与致命缺陷,因此进一步探讨这次金融危机的制度根源,建立健全社会信用管理体系,既是完善中国特色社会主义市场经济体制的客观要求,也是反思和检测西方发达国家自由市场经济发展模式及社会信用监管体系存在的问题与制度缺陷,以此为借鉴,构建一种更加科学规范的社会信用监管体系和市场经济发展新模式。

一、当前的世界金融危机首先是信用危机

毋庸置疑,当前的世界金融危机首先是信用危机。从信用体系来看,一国的社会信用包括政府信用、商业信用、银行信用、企业信用、消费信用等。这次金融危机,从表面上看,似乎只是金融危机,是美国主导下建立的以美元为中心的国际货币体系——布雷顿森林体系的危机,而实质上几乎涉及整个信用体系的各个领域,是以美国为代表的自由市场经济发展模式和治理思想的危机,从根本上来说也是资本主义的新自由主义经济制度与社会信用体系的危机。

1. 消费信用危机

从 2007 年以来,发轫于美国的次贷危机,首先是一场消费信用危机。

次贷危机是美国房地产泡沫破灭引发的危机,而房地产泡沫的产生又与美国社会长期以来形成的"超前消费"文化有关。美国的消费文化一直有高负债、低储蓄的特征。一方面是美国居民长期养成的大手大脚举债消费的习惯。典型的例证就是在中国广为流传的中美两个老太太买房的故事:美国老太太借债买房,临死前终于还清贷款,但享用了一辈子住房;中国老太太攒钱买房,临终前终于攒够钱买到了房子,但未来得及享用住房就去世了。我们无意评价两种消费文化孰优孰劣。而事实是,近年来美国居民个人消费支出占美国 GDP 的比重达到 70% 的历史新高,而 2001—2007 年的 6 年中,美国居民个人积累的债务却是过去 40 年的总和。[①] 可见美国经济与社会发展是在债台高筑的危险状态下运行的。另一方面,美国政府也鼓励居民大规模借贷和超前消费。从 2001 年 1 月至 2003 年 6 月两年半的时间里,美联储打开货币闸门并连续 13 次下调联邦基金利率,使利率从 6.5% 降至 1% 的历史最低水平。[②] 货币的扩张和低利率的政策降低了借贷成本,而房价的持续上升又使人们把希望寄托在房价只涨不跌的乐观预期上,促使民众蜂拥进入房地产领域,银行也千方百计地向信用度极低的借款者推销住房贷款。当经济开始周期性下滑,货币政策出现调整,联邦利率开始提升,房价暴跌,泡沫随之破灭,大批低信用阶层还不起贷款,违约率大幅攀升,资金链条出现断裂,就引发了次贷危机。

2. 金融创新与银行信用危机

---

① 国纪平:《过度创新与金融风暴》,《人民日报》2008 年 11 月 5 日。
② 国纪平:《过度创新与金融风暴》,《人民日报》2008 年 11 月 5 日。

一般来说,银行放贷应把贷款记在自己的资产负债表上,同时也就相应地把信用风险留在银行内部,因为次级贷款存在低信用阶层到期还不起贷款的违约信用风险。然而美国银行却在中介机构的协助下把次级住房贷款转换成证券在市场上发售;很多投资机构购买后再将其打包、分割、组合,变成新的金融产品出售给对冲基金、保险公司等。还有一些美国金融机构把大量的房地产抵押债券打包后出售给了很多国家。就这样,提供次贷的银行花样翻新般地销售掉自己账上具有巨大信用风险的抵押贷款风险资产。本来资产证券化所创造的金融衍生产品可以起到分散风险和提高银行等金融机构效率的作用,然而金融创新和资产证券化一旦过度,无疑加长了金融交易的链条,就像一石激起千层浪,金融衍生品的涟漪与波纹越变越大,链条越来越长,情况越来越复杂,就像层层迷雾,使金融市场变得越来越缺乏透明度和变幻莫测,以至于连始作俑者在内,没有人能弄清楚这些金融创新产品的基础资产是什么,更没有人知道其中蕴含多大的信用风险。这种投机行为,使购房者以低首付甚至零首付获得房产,使提供抵押贷款的金融机构不必坐等贷款到期就可以通过打包出售债权方式提前回笼资金,也可以使金融中介机构在提供资产证券化服务的同时不承担任何风险就赚取服务费。凡此种种,都使虚拟经济的泡沫被金融创新越吹越大,却将银行信用与金融风险抛之脑后,虚拟经济严重脱离实体经济的支撑,投机行为演变为一种投机经济,金融信用风险被急剧放大,一旦次级住房信贷资产出现问题,金融信用危机的爆发就不可避免。

3. 金融监管与政府信用危机

从现代经济体系来看,金融安全是国家经济安全的核心。这次世界金融危机昭示着这样一个道理:没有金融安全,就没有国家的经济安全,因此必须将保障金融安全放在首位。然而美国政府金融监管机制滞后,这是造成金融危机的一个重要因素,也产生了美国政府对金融监管机制的信用危机。

从政策来看,美国政府货币当局如美联储长期执行低利率和过分宽松的货币政策,给流动性泛滥创造了空间,超前消费的经济模式不断被强化,企业和居民负债得到了流动性充沛的金融体系的有力支撑,并通过过度负债虚增市场需求,金融资本过度集中于房地产业,催生价格泡沫,造成次贷危机。

从监管机构来看,美联储只负责监督商业银行,无权监管投资银行。而监管投资银行的美国证券交易委员会在2004年经过艰难谈判后才获得监管权,在相当长一段时间里金融投资机构几乎处于无人监管的状态。过度复杂的金融创新又模糊了银行、证券、保险、投资等行业之间的防火墙机制,打通了不同金融机构之间的风险传导通道,资本约束监管被有效规避,金融机构的杠杆率大大提升。同时监管机构过于信奉市场自我调节能力,在监管技术和方法上也滞后于金融创新与全球化进程,不能及时识别市场泡沫并约束投机行为。在泡沫积累过程中,由于失去政府和外部力量的及时干预,市场陷入价格上涨—投机—价格上涨的恶性循环之中,最终导致泡沫破灭。

　　从金融中介机构来看,也出现了监管缺失。许多金融机构的贷款和金融产品出现了问题,金融评级机构却熟视无睹。一方面,在非标准的资产证券化技术下,经过多次打包、分割的结构化产品已难以识别其风险性质,传统的信用评级机构已不能准确提供风险溢价参考,在此基础上形成的交易价格必然是扭曲甚至是虚假的。另一方面,一些信用评级机构弄虚作假,把大量问题债券和金融机构都评估为"优等",对资产泡沫与金融危机起到了推波助澜的作用。总之,美国政府货币当局缺乏有效的金融监管,也无视一些国家多次提出的加强监管的建议,加之监管机制滞后和监管乏力,终于酿成金融危机的发生。

二、信息不对称是信用危机的认识根源

　　在市场经济条件下,商品交换的形式是等价交换即同等价值量的相互交换,这是价值规律的客观要求。但是,由于商品生产者之间的竞争和生产的无政府状态,无法保证社会需求与供给之间的平衡,因此等价交换只能通过不等价交换来实现,但从长期看,从全社会看,商品是等价交换的。这种等价交换具有以下特点:一是在市场交易中,商品所有者之间的关系即条件、权利、机遇应是平等的,它严格按照优胜劣汰的原则进行,不存在什么特殊的权利;二是商品所有者之间的地位是平等的,交换是在相对独立、自主自愿的基础上进行的,不存在强买强卖和任何附庸关系;三是商品交换严格按照等价交换的公平原则进行,不公平的交易是难以成立的。① 然而传统的等价交换原则,却忽略了一个最基本的事实,即交易双方在权利、机遇、地位、价值平等的同时,更需要交易信息的公开、对称、确定与平等,如果双方掌握的交易信息不公开、不对称、不确定、不平等,这种交易结果也难以公平和平等。在市场经济中,信息不对称、不确定,不仅会使交易有失公允,加大交易费用,而且还存在着极大的信用风险与信用危机,而传统经济理论往往都忽略了这一点。从某种意义上说,

---

① 陈建中:《商品经济与社会主义民主》,《理论探索》1989 年第 4 期。

自资本主义制度产生以来,市场经济中出现的一切交易风险与信用危机都是由于信息不对称而产生的,可以说每一次的经济危机包括这次世界金融危机的根源都是由信息不对称造成的,信息不对称是信用危机的认识根源。

所谓信息不对称,是指市场交易各方所拥有的信息不对等,其中一方比另一方占有较多的相关信息,处于信息优势地位,而另一方则处于信息劣势地位。正常情况下,尽管存在信息不对称,但市场交易所拥有的信息足以使生产与销售有效运行。然而特殊情况下,信息不对称却会导致市场失灵甚至产生经济危机和信用危机。

需要特别提出的是,传统经济理论都是完全信息假设条件下的产物,即市场交易中每个参与主体都拥有对等的完全信息,其作出的决策都是在完全信息基础上的理性选择。然而现实却恰恰相反,在市场经济条件下,每个参与主体不可能占有完全的市场信息,其获得的信息都是不完全的,只是掌握程度不同而已。换句话说,现实中市场信息不对称、不完全、不确定是一种常态,这就使建立在完全信息假设基础上的传统经济理论失去了合理性与科学性。用完全信息假设条件下建立的经济理论指导现实中不完全信息的市场经济实践,其结果可想而知,这正是为什么会出现周期性经济危机与信用危机的原因,理论与实际的不相符合甚至背离,是传统经济理论的致命弱点,也是为什么每当经济危机出现,一些经济学家的观点和经济学理论屡遭质疑的症结所在。

信息不对称理论作为微观经济学研究的一个核心内容,主要研究市场信息不完全情况下,对交易双方经济行为以及经济运行效率和运行结果的影响。从内涵划分,至少应包含以下三方面内容:一是信息不完全,即市场参与主体或交易双方所掌握的信息有多有少,但都不完全,只是存在程度上的差异而已,交易双方,卖方对商品质量、价格等了解多一些,而买方对自己的支付能力及信用状况了解多一些,但掌握的信息都不完全;二是信息不对称,即一方比另一方占有较多的相关信息,处于信息优势地位,而另一方则处于信息劣势地位;三是信息不确定,因为市场是瞬息万变、发展变化的,交易信息跟随市场行情随时发生变化,具有不确定性,市场主体只能亦步亦趋地掌握市场信息。由于信息不完全、不对称、不确定,决定了交易过程中的决策常常带有非理性的因素,处于信息优势的一方为牟取自身更大的利益而使处于信息劣势一方的利益受到损害,久而久之就会演变成信用危机。

信息不对称为什么会产生信用危机呢?这是由唯利是图的资本本性所决定的。哪里有利可图,哪里有钱可赚,资本就流向哪里。由于利益驱动,市场主体特别是占有信息优势的一方为了追求利益最大化,可能会故意隐瞒相关信息,或者不遵守交易规则,采取投机、欺诈甚至不惜践踏法律的冒险行为,对另一方造成利益损害。信息不对称是一种客观存在的普遍现象。也就是说,所有实行市场经济的国家以及市场经济的所有领域都存在这一现象,从而使这一问题成为一种普遍现象而受到世界各国的广泛关注。2001 年诺贝尔经济学奖获得者约瑟夫·斯蒂格利茨于 1998 年 5 月底在美国《纽约日报》刊登的一篇文章《干预经济学》中指出,市场职能是不完善的,常常受到人们的破坏,理由不外乎是,市场参与者得不到充分的信息。……鉴于信息了解不充分,放款者和投资者很难区分保险的交易和危险的交易。① 正是由于信息不对称的广泛存在,导致了交易的不公平不公正性以及经济危机和信用危机的发生。

　　信息不对称会产生哪些信用风险呢? 首先是道德风险。占有信息优势的一方为了追求自身利益而故意隐瞒相关信息,不遵守公平交易原则,出现投机行为甚至商业信用欺诈,造成另一方的利益受到损害,增加了交易风险和交易成本。其次是委托—代理风险。1996 年诺贝尔经济学奖获得者詹姆斯·莫里斯教授在信息经济学理论领域作出了重大贡献,其开创的委托—代理模型及其方法,后来又由本特·霍姆斯特姆(Bengt Holmstrom)等人进一步发展,形成了莫里斯—霍姆斯特姆模型方法。② 在委托—代理关系中,代理人所拥有的信息影响委托人的利益,委托人不得不为代理人的行为承担风险。为保障自身利益的最大化,代理人往往会隐瞒或虚报真实情况,误导欺骗委托人,由此引发信用风险。再次是逆向选择风险。即占有信息优势的一方隐瞒相关信息,获取额外利益,导致不合理的市场分配行为。另一位诺贝尔经济学奖获得者乔治·阿克洛夫(George A. Akerlof)1970 年在其《柠檬市场:质量不确定性和市场机制》这篇经典论文中,通过对旧车市场的分析,指出买卖双方对旧车质量信息的掌握程度是不对称的。买主按照旧车质量的概率分布只愿按预期的平均质量价格付钱,这样优质旧车主的车市场价格被低估了,他将退出市场;而劣质旧车主的车市场价格被高估了,他愿意成交。重复博弈的结果是,

---

① 佟福全:《从膨胀经济政策的重新启用看全球宏观调节全景》,《世界经济》2000 年第 4 期。

② Bengt Holmstrom. "Moral Hazard and Observability", *Bell Journal of Economics*, 1979, 10 (1) pp. 74-91.

市场上只有劣质旧车能够成交。这种平均定价法则会得出一个一般化的格雷欣法则，即劣等品驱逐优等品，这类似于金融史上"劣币驱逐良币"的现象，阿克洛夫认为信息问题可能导致市场萎缩，只有劣等品充斥于其中甚至整个市场崩溃。[①]

其实，信息不对称造成的信用风险远不至此。众所周知，1929 年发生的世界经济危机是一场生产过剩的危机，而其一个重要的原因就是市场信息不对称造成的。例如商业信用中，随着买卖双方赊购商品这种借贷关系的发展，一方面加速了商品资本的形态变换和资本的循环与周转，从而促进了扩大再生产。但是，另一方面，随着信用的扩张，也会助长买空卖空和投机交易，这一切都会加深市场的盲目性和生产的无政府状态，使虚假的市场需求信息所造成的表面繁荣掩盖商品滞销的真相，从而加深生产过剩的经济危机。信息不对称，造成对商品的虚假需求，在掩盖生产过剩的同时，进一步加剧了生产过剩，使经济危机更加严重。

2007 年以来爆发的次贷危机实际是一场消费过剩的危机，其中的主要原因也是市场信息不对称引起的。表面的繁荣，使银行千方百计地向信用度极低的借款者推销住房贷款。抵押贷款一方面使商品、票据、有价证券等提前转化为货币现款，这对加速资本周转、刺激扩大再生产起到了一定作用。另一方面，这种贷款容易造成虚假的社会需求信息，使信用膨胀，助长投机活动，从而加深了市场条件下生产与消费之间的矛盾，一旦经济下滑，房价暴跌，泡沫破灭，便会引发消费过剩的信用危机。

由此可见，不论是商业信用危机还是金融信用危机，其认识论的根源都是由市场信息不完全、不对称、不确定造成的，这也是信息经济时代经济学研究的重点与难点之一。

三、社会信用管理体系不完善是金融危机的体制原因

国际金融危机的发生，从本质上来看是资本主义制度和自由市场经济体制的必然产物，根本原因是社会信用监管体系出了问题。确切地说，社会信用管理体系存在漏洞或者不完善是造成这次金融危机的体制原因。

1. 金融危机是资本主义制度与自由市场经济体制的必然产物

---

① George A. Akerlof. The Market for Lemons：Quality Uncertainty and the Market Mechanism，*Quarterly Journal of Economics*，1970，84（3）：pp. 488-500.

西方工业革命和资本主义制度确立以来,随着自由市场经济体制在各国的建立,社会信用监管体制也如影随形地建立起来,就像一个硬币的两面,两者是同步建立和同时发展起来的。我们说金融危机是自由市场经济体制的必然产物,这是由唯利是图的资本本性所决定的。哪里有钱可赚,资本就流向哪里,并且表现出极大的投机性和盲目性。这种投机性与盲目性常常是防不胜防,如果没有完善的信用监管机制加以约束和监督,也就使经济危机成为必然。自由市场经济发展的投机性、盲目性与社会信用监管的约束性之间的矛盾冲突也就产生了。一般来说,资本主义自由市场经济体制发展到什么程度,社会信用体系建设也就亦步亦趋地发展到什么程度,两者之间存在着一定的异步差。然而信用监管体系之于自由市场发展和金融创新来说,总是存在一定的滞后性。这使严重滞后的社会信用监管体系总是处于"亡羊补牢"的角色和地位。每一次的经济危机包括金融危机,都冲击着各国的社会信用管理体系,迫使信用管理体系进行着一次次的修改、补充、改革和完善。

2. 社会信用管理体系不完善是发生危机的体制原因

从根本上来说,这次美国的金融危机既是自由市场经济体制的必然产物,也是因为社会信用监管缺失和社会信用管理体制出了问题。社会信用管理体系不完善是危机产生的体制原因。

(1)新自由主义思潮与美国政府的解除管制政策。这次金融危机与美国政府推行的新自由主义治理思想和市场发展模式即解除监管政策有着密切的联系。新自由主义是一种以尽量减少政府对经济社会的干预为主要经济政策目标的思潮,具体的政策建议包括减少政府对金融等市场的干预,以高消费带动高增长等。其中的一个重要内容就是解除管制。因此,一些学者又称之为"完全不干预主义",即"最少的政府干预,最大化的市场竞争,金融自由化和贸易自由化"。由于是在里根时代兴起,又称为"里根主义"。里根政府执政期间,美国政府通过制定和修改法律,放宽对金融业的限制,推进金融自由化和金融创新,使得华尔街的投机气氛日益浓厚,资产证券化和金融衍生品创新不断加快,奢侈消费文化推动了超前消费和次贷危机。难怪索罗斯在接受法国《世界报》采访时表示,华尔街的危机"是我所说的市场原教旨主义这一放任市场和让其自动调节理论的结果。危机并非因为一些外来因素,也不是自然灾害造成的,是体制给自己造成了损失。它发生了内破裂"。①

---

① 国纪平:《过度创新与金融风暴》,《人民日报》2008 年 11 月 5 日。

（2）信用制度的不完善与监管机制的滞后性。美国是世界上社会信用管理体系和信用交易最发达的国家之一，自 20 世纪 60 年代末开始制定与信用管理相关的法律，并形成了包括《公平信用报告法》、《平等信用机会法》、《公平信用结账法》、《诚实租借法》等 15 部法律在内的法律体系；组成了美国联邦储备委员会、联邦贸易委员会、国家信用联盟办公室、国家储蓄监督局等政府信用管理机构，并设有美国信用管理协会、信用报告协会等一些民间机构加强信用监管；此外还形成了以市场主体为主的征信机构如益百利（Experian）、伊科法克斯（Equifax）、全联（Trans Union）等三大信用调查局，以及严厉的信用惩戒机制和以市场化方式运作的信息服务机构。尽管如此，仍然没有防止金融危机的发生。固然任何制度的设计都是有缺陷的，但这次金融危机暴露了美国社会信用监管体制存在的缺陷，一是各个机构与部门之间缺乏整体协调与配合，如美联储只负责监督商业银行，美国证券交易委员会只负责监督投资银行，结果出现了很多无人监管的灰色地带；二是各自为政，铁路警察各管一段，缺乏管理的系统性。政府信用管理机构、征信机构、信息服务机构、信用惩戒机构等缺乏衔接和联系，难以发挥监管系统的整体作用；三是监管严重滞后，从信用管理制度建设来说，本身就存在异步差，常常是"亡羊"之后才"补牢"，加之运用过时的管理方式来应对瞬息万变创新过度的金融市场，结果出现"马后炮"现象。

（3）监管缺位甚至放弃监管。一方面在金融创新过程中，由于过于信奉市场自我调节能力，监管缺位甚至放弃监管，实行"完全不干预主义"。另一方面，过度创新使金融交易链条越来越长，风险越来越大，然而形势却越来越复杂，缺乏透明度和难以辨别，最终使有限的监管也失去效力。马克思指出："信用制度加速了生产力的物质上的发展和世界市场的形成；使这二者作为新生产形式的物质基础发展到一定的高度，是资本主义生产方式的历史使命。同时，信用加速了这种矛盾的暴力的爆发，即危机，因而加强了旧生产方式解体的各种要素"。①

3. 社会信用管理体系是市场经济的体制保障

与实体经济相比，作为虚拟经济的金融业具有内在的脆弱性，其面临的风险容忍度更低。这一本质特征决定了银行业金融机构必须具备更审慎的经营策略、更严谨的风险管理体制以及更强的社会责任感，应从内部自我营造和设

---

① 《马克思恩格斯全集》第 25 卷，人民出版社 1975 年版，第 499 页。

计有效规避风险的防火墙机制。从社会与国家层面来看,加强信用监管是弥补和遏制"市场失灵"的必要手段,有效的金融监管是促进经济发展的重要因素,也是构成金融安全的第一道防线,同时也是保障金融安全的底线。一旦超越这条底线,危机就不可避免。

一个国家的社会信用监管体系是否完善,实际上也是这个国家市场经济体制是否成熟的标志。金融创新的出发点是服务实体经济,必须立足于满足市场的真实有效需求。这就是说,金融创新既要与金融市场发展水平相适应,也要与金融监管体系的发展水平相适应,更要与金融风险管理能力相适应。说到底,一个国家的市场经济发展体制要与其社会信用监管体系相匹配,社会信用监管体系成熟与否,决定了这个国家的市场经济体制成熟与否。社会信用体系不成熟、不完善,必然会爆发周期性的经济危机。

完善的社会信用管理体系是一个国家市场经济健康发展的体制保障。首先,社会信用管理体系犹如市场经济的防火墙、减压阀。就像人体中的免疫系统一样,社会信用管理体系实际上是一个国家经济与社会发展的免疫系统,它可以通过自我设计和营造的防火墙机制,抵抗各种经济危机的侵袭,增强社会经济有机体的自我校正能力和免疫力,保证市场经济的有序运行和健康发展。其次,它具有规避风险、预防危机发生的功能。银行机构在金融创新过程中通过加强自我约束,不断提高风险自我管理控制能力,将金融创新的风险管理纳入全面的风险管理体系之中,加强监管的有效性,提高监管效率,构建功能监管与机构监管相互协调相互促进的监管体系,以增强监管的敏感性、适时性和有效性。再次,它具有化解危机、自我修复的能力。每当危机发生时,社会信用监管体系都会针对自身的缺陷及漏洞进行改革、补充、修改,使监管体系更加完善,从而进一步化解危机,提高市场经济体制的免疫功能和制度的科学性,使市场经济秩序更加规范。总之,社会信用管理体系在体制上保障了市场经济健康有序的发展。

四、加快建立完善的社会信用体系是规避化解危机的治本之策

金融危机发生以来,世界各国都普遍采取了救市措施。美国的救市方案是通过政府收购金融机构的不良资产、注入资金以增加流动性等方式来救活金融业;欧盟国家采取了向金融机构注资,确保储户不受损失的方式来稳定金融业;有些国家通过减息、免税方式来刺激经济;还有些国家运用国家主权财富基金,投资本国股市挽救金融企业。这种从稳定金融市场入手,阻止危机向

实体经济蔓延的传统方法,历史上虽然也曾起过作用,但救市只是治标之策,并不能从根本上解决问题。只有将救市这一治标之策与改革国际金融体系和建立完善的社会信用监管体系的治本之策结合起来,才能从根本上消除和化解危机。

1. 改革国际金融体系和自由市场发展模式,必须首先改变新自由主义的治理思想,建立一种全新的自由市场与政府干预相结合的辩证统一的新发展模式。纵观资本主义制度发展的历史,实际上是经济自由主义和国家干预主义两大思潮交替主导的历史

从起源于 16 世纪中叶的重商主义的政府干预思想,到 17 世纪中叶亚当·斯密的自由放任原则和自由竞争的市场机制,再到 20 世纪 30 年代凯恩斯主义的政府干预主义的国家宏观调控观点,以及 20 世纪 70 年代西方国家又纷纷兴起的新自由主义思潮,资本主义市场经济体制一直在"看不见的手"和"看得见的手"两种治理思想交替中摇摆不定。实事求是地说,两种思潮在资本主义经济发展过程中都起过积极作用,也都存在着缺陷和消极的一面。从自由主义思潮来看,确实推动了自由市场的繁荣与发展,但也带来了 1929 年的世界经济危机和 2007 年由次贷危机引发的世界金融危机;凯恩斯的政府干预主义既出现了 20 世纪 50—60 年代的经济发展和繁荣,也带来了 20 世纪 70 年代的"滞涨"局面。可见两种思潮各有利弊,但一直争论不休,谁也说服不了谁。针对美国当前的金融危机,同样引发了一场新的争论。新凯恩斯主义学派的代表、2001 年诺贝尔奖获得者约瑟夫·斯蒂格利茨认为,这次金融危机是由新自由主义思潮引起的,应该吸取教训,强调政府介入和政府干预。① 美国哥伦比亚大学教授、2006 年诺贝尔经济学奖获得者埃德蒙·菲尔普斯认为,凯恩斯并非救世主,依然坚持自由市场观点和强调自由主义政策。② 无论这场争论还会持续多久,当前的金融危机仍然对传统的自由市场模式提出了挑战和质疑:解除监管的自由发展模式是行不通的,但过分的国家干预也是不可取的。这就必须改变各执一端的市场发展模式的治理思想,在自由主义与国家干预主义之间找到一个平衡点或结合点,把自由与干预、市场与计划有机结合并辩证统一起来,形成以市场为主导,以政府宏观调控为辅助

---

① 约瑟夫·斯蒂格利茨:《新经济自由主义的终结》,《东方早报》2008 年 7 月 12 日。

② 埃德蒙·菲尔普斯:《凯恩斯并非救世主》,2008 年 11 月 20 日,见 http://www.ftchinese.com/storyunreg.php.storyid=001023194。

的新的市场经济体制和发展模式。

在世界金融危机向以美国为代表的自由市场发展模式提出挑战的同时，中国的发展模式受到了世界各国的普遍关注。通过改革开放建立的中国特色的社会主义市场经济体制，实际上正是坚持以市场经济为主导，以政府宏观调控为辅助的新的市场发展模式，它使中国在短短30年里取得了举世瞩目的巨大成就，从而使这一模式成为世界各国学习和关注的焦点，尽管这一模式还需要进一步的完善与发展。

2. 改革和完善社会信用管理体系是治本之策

市场经济是信用经济，市场经济体制实际上就是市场信用体制。信用作为从属于商品交换和货币流通的一种经济关系，正是在这个意义上，马克思有时也将资本主义制度称之为信用制度。马克思指出："商业信用，即从事再生产的资本家互相提供的信用，这是信用制度的基础"。① 这次金融危机，信用管理体系存在缺陷和不完善之处才是危机发生的体制原因，因此加快建立完善的社会信用管理体系才是治本之策。

（1）建立一种自由市场与政府监管相互协调的信用管理机制。改革国际金融体系，关键是要处理好开放与管制、创新与监管之间的相互关系。没有金融创新，金融市场将失去效率与活力，但缺乏有效监管的创新，又会产生巨大的风险，这就要把握一个适度原则，这是正确处理金融创新和金融监管的焦点，也是改革的难点，过度的自由化与缺乏有效监管都将造成严重的经济与社会问题。

（2）完善社会信用管理体系和管理机构，形成良性互动、相互协调的有机整体。各个管理机构与部门之间要相互协调与配合，堵塞管理漏洞。各国和各经济体之间应当从系统管理的角度实施监管，加强相互之间的协调，逐步完善监管体系，使政府管理机构、社会中介服务机构、信用惩戒机构相互衔接，发挥系统监管的整体作用。

（3）制定科学合理的自由化与金融监管相互联系、相互制约、相互促进的政策体系。完善公司治理结构，理顺委托代理关系，实行民主决策，防止"精英治理"，从制度层面上规范内部人控制，构建功能监管与机构监管，政府监管、社会监管与内部监管相互制约的监管体系。

（4）完善社会信用法律体系和惩戒机制。美国有比较完备的信用法律体

---

① 《马克思恩格斯全集》第25卷，人民出版社1975年版，第542页。

系,有关政府部门和法院起着信用监督和执法的作用,但这次金融危机仍然暴露了信用立法、司法与执法中的一些漏洞。华尔街的许多精英在滥用金融创新工具的过程中,不少人已经触犯了法律,但司法与执法部门却熟视无睹,甚至怂恿金融泡沫越吹越大,一些信用评级机构的渎职行为把很多问题债券、问题银行评估为"优等",无异于在鼓励华尔街肆无忌惮地"圈钱"和犯罪。因此,从立法、司法、执法上进一步完善信用法律体系十分必要。

(5)完善信息披露制度与社会监督。在金融创新活动中,及时向个人和机构投资者进行充分的信息披露,提示相关风险,是信用建设的重要内容。要强化专门机构负责信息披露工作,建立信息披露第一责任人制度,加强信息披露监管,严查违规披露、不披露或者信息披露虚假和有严重误导性陈述现象以及泄露内幕信息进行股价操纵内幕交易等违法违规行为,并通过信息披露制度加强社会公众及新闻媒体的监督。

(6)提高风险监管能力,加强监管的有效性。美国金融危机与政府和各种监管机构解除监管或监管缺失有很大关系,同时也与一些部门监管失效、乏力有关。提高监管能力和水平,一是监管政策要具有有效的约束力;二是各种监管机构包括中介机构监管能力和水平有待提高;三是监管机制必须相互配合、相互协调,以提高监管的专业性、有效性、及时性和敏感性。

构建社会信用管理体系是一项复杂的系统工程,需要举全社会之力才能完成。在当今世界,市场经济体制几乎成为各国普遍实行的一种经济制度,社会信用管理体系建设也就成为各国政府广泛关注的一个课题。特别是目前的世界金融危机,充分暴露了美国社会信用管理体系存在的缺陷与问题,也越发显示出构建完善的信用管理体系的紧迫性和必要性。

(作者单位:北京物资学院。原载于《中国流通经济》2010 年第
3 期,被《新华文摘》,《高校社科文摘》,中国人民大学《复印报
刊资料》之《商业经济》2010 年第 4 期全文转载)

世界金融危机对中国的挑战

[美]埃德蒙·菲尔普斯

很高兴参加此次文化创意产业国际论坛,这个论坛给了我很多启发。在谈到创意、消费及与经济相关的一些话题,还有中国的经济时,我觉得主要的市场力量正在促进一些世界经济的重要变化。我会讨论到三个力量:一个是创新,一个是消费,一个是竞争。

一、创新

世界经济越来越具有普遍性,第二次世界大战结束之后,美国就开始了对商业的创新过程,现在美国的经济中,这一点仍然非常活跃。以前它们是更为传统地使用经济体,且它们还在沿着这样的方式继续发展,这些传统的经济体并没有带来许多的创新,而且有一些亚洲的经济体也没有带来许多创新。但现在的情况已经不是这样的了,如欧洲的丹麦和英国现在非常有创新活力,可以说它们已经为我们树立了这样一个战后创新高潮的典范。韩国非常有创新活力,中国也非常有创新活力,这些都是非常好的典范。当然,还有其他很多这样的例子值得一提。我希望这样的创新能够一直持续下去。

一个国家的活跃性表现在它的创新,以及它在商业上取得的成功当中创新占多大比重。创新无论从消费、发展还是营销的角度看,都值得我们关注,对于管理者来说也是值得关注的。这样的话还能带来我们更高的工资水平。一个国家更高的活跃性能提高该国在世界上的重要性,但从宏观的角度来看,活跃性对宏观经济的影响与创新性的变化是相关的。这种具有创意性的工作所涉及的并不仅仅是思维的创新,也不仅仅是问题的解决,它的范围应该更加宽泛,还应涉及新的点子、开创新的可能性以及发现和探索等。它会导致对知识产业非常高的奖励,与其他普通的工作相比,比如说在制造业或者传统的服务行业中,创新应该具备更高的奖励性。

至于活跃性对微观经济的影响,创意工作能够在很大程度上提高生产力,因为这种工作需要我们更为精湛的技艺和技术。从事这样的工作,对员工的要求很高,因此员工的工资要求自然也就更高。与那些非创意性工作相比较,从事创意性工作的员工工资应高出许多,而且其工资会有进一步的提高。这是因为需要通过激励的方式来鼓励员工不断地进行创新,并由此形成良性竞争,产生有效的工作体系。所以说在中国的创意行业当中,不管是中国的还是其他国家的创意行业,都正在赋予我们新的含义,而且可能会为我们带来精神以及知识的主要力量。同时,我们正在提高公司的质量。我本人生活在美国纽约,那里有很多人,他们认为自己是受到不公平待遇的被忽略的群体,觉得自己的生活状态应该得到提升。而我则认为这是雇主不愿意给这些人支付更高的工资,因为如果这样进行下去的话,可能会导致对工作的激励措施不够。

我一直在说创意产业的工作人员,但我觉得我也应该说一些有关这个行业消费者和管理者的问题。对于成功的创业来说,世界是一个整体,如果消费者不够或者消费者相对来说比较少的话,有可能对新的产品或新的创意来说是一个不好的现象,而且我们也没有有效的方法来检验一些具有竞争力的产品。这样的话我们就不会有足够的激励措施来促进市场上新的创新方法、新的创新产品的发展。所以说消费是我们整个产业链中一个很关键的环节,如果缺少的话,我们这个产业链将无法持续下去。

在美国也有很多这样的创新,我认为对中国的消费者来说,他们是比较务实的,而且也有很多相关的消费经验,这些都可以帮助我们创造一个优良的环境,促进整个中国市场的发展。

从另外一个角度来看,一个创意产业在中国的发展,或者在任何其他国家的发展,并不一定需要依靠消费者自身的先锋精神。这是因为在世界上很多的国家,我们都可以发展,如美国就已经在国外尝试了新产品的发展,同时中国的创意产业也可以在国外进行这样的尝试和试验。

作为总结,我想呼吁,中国的经济现在发展得越来越快,规模越来越大,消费也越来越多,中国必须在这个方面实现自给自足,而不应对外贸依赖太多,因此要特别注意创新方面,要生产出更多具有创新性的产品,而不是主要依赖其他国家,比如说美国的一些这样的创新产业。

二、消费

现在我来讲一下目前经济危机中的消费行为,在当前的经济状况下,这点尤为重要。有一些经济学家认为,现在美国消费者过度消费的状况,使得美国经济增长以后出现了泡沫,这可以在过去的几年中看出来,也造成了美国财政方面很大的赤字。这可能是 20 世纪 70 年代冷战结束以后,人们过于自信所引起的,当然储蓄在美国一直不是很高。也有其他一些经济学家认为,中国消费者的高额储蓄量使得中国有很多出口,由于储蓄非常高,过量的产品就必须借助于出口。两种观点都认为这种情形是不可持续的。

储蓄增加后可以增加很多贸易顺差。美国需要尽快解决储蓄不足问题,但目前我还没有发现这种倾向,在经济发展之前,美国消费者并没有开始增加他们储蓄的表示。我也不知道中国消费者是不是决定要储蓄得少一些,这一点也不得而知。如果中国消费者可以储蓄得少一点,就能够刺激整个世界经济的发展,也能够刺激美国经济的发展,能够减少失业率;而美国消费者如果能够储蓄得多一点,也可以促进整个经济状况的改善。所以,我们可以看到这样一种储蓄与消费之间的比较,中国和美国的对比情况,这是当前经济局势背后的情况。在我看来,就像美国很多经济学家所认为的那样,包括目前房价方面的投机因素,所有这些终究都会被打破,因而有可能导致这种不动产的产业裂化。利率增加可以改善泡沫的状况,如果它停止了增长,包括一些投机者在内就会开始失去信心,不再相信房价会继续增长,房价高速增长的基础就会消失。现在中国的情况也是如此,房价等不动产的价格也开始下降,建筑领域的投资也在下降。现在整个世界的需求都在下降,由于需求减少,美国的进口受到了影响,证券方面也是如此。中国为了应对更多的出口需求,应如何采取措施呢?我认为,要把资源从出口方面调转过来,同时在出口方面进行一定的调整,这样就可以通过减少整个出口的供应,即通过减缓增长或增加内需(即增加消费者的需求),将资源从出口方面转移到内部。

另外,政府在政策方面的回应就是不断地拉动内需,最好包括拉动投资的增长和消费者的需求等,而这些都需要激励因素与激励政策的配合。现在每个家庭工资税的减少,到底是不是可以成就这个目的呢?这样做可以使消费有一定程度的增加。也就是说如果政府能够在税收上对个人或公司有一定的退返或者减税,就能起到一定的促进作用,因为这样消费者就可以用退返的税收进行消费。例如,对消费者进行退税,可以促使其在消费上有一定程度的增加;为消费者提供一些返券,可以促使其利用返券进行消费。

在这样的情况下,中国就可以进行更多的消费刺激,美国的情况也很相似。而现在资金市场的价值在缩水,资金市场的产品价格不断下降,大概下降到了 25%—40%,这是过去几年的情况。资金产品方面的整体价格状况促使我们增加消费品的价格,这也是我们所要采取的措施。

三、竞争

我再回过头来讲一下刚才提到的动力。在当今全球化和竞争性的时代，一些国外的公司也必须加入到竞争中来，所有公司之间的竞争都是在世界舞台上展开的，整个产业都是这样。所以，国内的公司也必须加入到这种残酷、激烈的全球化竞争中来，其中金融产业就是一个很好的例子。

在目前的金融危机中，美国的银行等金融机构过于庞大，它们欠下了很多债务，也相互借取，以平衡自身的资产量，而随着房价的不断下跌，所有与抵押有关的行业都受到了重创。现在是不是能够帮助这些金融产业恢复元气呢？政府可以从银行买入股份，包括注资转换成现金、资金。这方面还存在很多的不确定性，包括银行之间的相互借贷等。我们并不是要把银行业恢复到过去的水平，因为最近的银行业，我们发现它的问题出在过去的银行运行模式并不是赢利的，所以现在银行等金融行业的风险越来越大，它们为了达到一定的利润额，不惜冒险采取一些过激的行为。今后，银行业要为经济作出更多的贡献，我们也要积极进行鼓励，只有这样它们才能拥有更好的信誉。现在我们正在采取这样的激励措施，激励整个金融市场的发展，使金融从现在的模式，也就是租赁抵押的模式中转变出来，更多地在商业的创新、发展方面下工夫。

美国是一个有创新历史的民族，所以美国的历史，包括美国梦并不是仅仅代表我们有房有车，并不是仅此就够了。美国梦其实代表着一项事业，一项人们能够发展的事业，它能够为我们带来各方面的经验。普通人可能需要通过基本的工作来维持自己的生活，但他也处在一个充满机遇和变化的世界中，我们必须对个人的成长进行激励，我们需要各种各样的行业，这样来刺激整个经济的发展。所以，无论对于个人还是各个工作单位，都应该采取这样的激励措施。这就需要一个有活力的经济作为支撑，建立在过去资本主义市场上的经济现在也必须加入进来，以促进我们整个行业的发展。因此我们要把历史的元素融入到发展过程中，包括我们要促进商业经济的发展。美国人不仅在工作中表现得更加积极，而且也能够在工作中获得乐趣和满足感。同时我们的就业率会升高，生产率也会上升，其他地方，包括中国，也会从美国的增长中获益。当然，这是一个任重而道远的过程，对于美国来说，对于整个世界来说，美国现在已经启航了，开始了创新产业的振兴。

（作者单位：美国哥伦比亚大学。原载于《中国流通经济》2009年第3期）

金融危机下中美经济的前景

［美］爱德华·普雷斯科特

当前对我们的财政和金融来说是一个非常有趣的时代,人们包括我们业界的人士越来越多地移向了金融领域。最近一段时间,本人作为一名教授和美国联邦储备银行的顾问参与了一些经济界年轻人的会议,主要谈些有关金融方面的话题。

一、房地产市场

在讲到经济危机之前,本人首先讲一讲有关美国家庭资产的问题。实际上每个美国家庭的房产也是他们本身的资产,有可能成为他们的负债。美国房地产占 GDP 非常大的一部分,对于大多数国家来讲这方面的情况都差不多,因为房地产是持续增长的国家收入的一部分,在这个过程中会逐渐引来一些国家通货膨胀的情况。

20 世纪 50 年代后期,美国房地产行业出现了下滑的趋势,并在接下来的10 年里一直逐渐下降。从 2007 年中期一直到 2008 年底,这个地区在房地产价值方面出现了锁定的情况,但房屋净值比历史上的标准值要高一些。2000年之前美国经济基本是向上发展的,有一个非常快的上升。接下来出现了什么样的情况呢? 之后出现了一个大幅度的下跌,与这种大幅度下降相关的就是经济危机。

有时候我们需要考虑一下房屋净值这样的事情,其实决定房屋净值的有两个关键因素:一个是与这些房屋价值相关的一些股票的市值,另一个是拥有这些房屋的公司的合作伙伴关系等。对房地产来讲,主要包括房屋还有土地。2006 年第一季度,美国房地产价值有了非常快速的增长,当时房地产基本占到了整个 GDP 的一半。房地产实际上也是一种非常重要的有形资产,当然有形资产还包括很多其他的东西,比如说家用电器还有汽车等。从房地产价值下跌的角度讲,它实际上也是导致经济危机的一个非常重要的原因。

二、股票市场

股票市场又是怎样的呢？我们可以看到非常多的资金出现在股票市场上，非常多养老金的基金以及其他一些基金也都流动于股票市场上。这实际上得益于我们的一些业务或私营企业，还有公共上市的企业，它们都在这个市场上进行交易。

近年来，股票市场有两次大幅度的下滑，一次是在 2000 年的 3 月份，另一次是在 2007 年中期，差不多是 2007 年第三季度左右。我们可以看到，2009 年也有一个非常急剧的下滑，之后有了一定程度的恢复，目前股票市场发展得稍微有一点正面的反应了，这是股票市场的情况。有些研究采用一种新的资产发展模式进行一些计算和估计，过去本人也曾经做过类似的研究。至于整个股票市场的价值到底如何，还要参照税务体系的一些具体情况。比如，20 世纪 60 年代，差不多一半的公司股息都是要用来付税的，对于这些公司来讲，股票的价值只能达到其市值的一半而已。这种税务上的分配也导致大家把资金投向了不同的领域，投向了不同税务的账户，而且如果你把资金从市场上拿回来，你总是要从个人所得税中扣除掉一些税款。这实际上也是美国税务改革方面的一个巨大成就。当然，美国在消费税方面也取得了一些成绩。

可以发现，股票市场的价值无论在美国还是英国，如果进行仔细研究的话，在它不断的反复过程中实际上可以看到其基本面还是比较积极向上的。现在遇到的一些问题是，对于不断增长的税款和业务，可能有些人会觉得比较害怕，这是因为他们现在所挣的越来越多的分红或者股息是需要付税的。我们再来看一看美国商业股票发展的情况，2007 年 10 月基本上使用了新型的税务体系。

这里进行一下总结，目前经济危机不好的表现就是股票市场在下滑，房地产市场也在下降。在以前的危机中，有的时候房地产价值是上升的，这实际上可以在某种程度上对冲一些损失。2001 年第一季度的经济危机比后来的经济危机更为严重，现在的经济危机又会怎么样？

三、金融危机下中美经济的前景

下面谈一谈金融危机下中美经济的前景问题。

有些银行家还有房地产商实际上在进行赌博。他们签订了一些合同，这些合同是 2001 年或 2002 年签订的。当时的情况还是不错的，但后来他们很可能遭受了非常大的损失。假如你有一个房地产，它的资产在不断上升，一旦上升停止后,实际上它的利率以及在股票市场上的表现会对房地产市场产生非常巨大的影响。

再来看看房地美和房利美(美国最大的两家非银行住房抵押贷款公司)的问题。它们有 50 亿美元的房地产抵押贷款,这也是导致当前经济危机这么严重的一个原因。美国国会经常质疑这件事情,而且早在 20 世纪 70 年代甚至 20 世纪 30 年代的时候,我们就有了一些这方面的讨论,当时国会说不行,我们必须为一些低收入的人增加他们拥有房屋的比率。所以,他们提供了一些非常容易获得的购买房屋的贷款,但这种情况不可能长期维持下去,因为它是不可持续的。

利率下降的时候,实际上对于美国的中央银行,甚至中国的中央银行来讲,它们都知道美国政府肯定会救助房地美和房利美,它们也参与到了房地美和房利美的投资当中。我们看到银行业出现了问题,这对实体经济会产生什么样的实际影响? 比如 20 世纪 80 年代,墨西哥、智利也遇到了银行业大幅度崩塌的情况,而且当时它们与美元的相对汇率在不断上升。智利进行了改革,我们可以看到这是正确的,它在 25 年的时间里赶超了许多国家,只是速度不像中国这么快。从另外的角度来讲,墨西哥则损失了 25% 的金融的发展,因为它没有进行金融体系的改革,没有建立一个健康的金融系统的储蓄与投资体系,墨西哥有时为了保证就业率,总是进行政府援助和救援。

另外一个比较类似的例子是日本,日本做得是非常好的。20 世纪 90 年代,日本也遭遇了非常严重的经济危机,政府方面进行了非常多的补贴,之后生产力出现了大幅度下滑的情况。当时日本作出了一定的预测,比如说接下来的 10 年里将会是发展的年代,当然这种预测有可能是对的。1992 年,日本在贸易方面遭受了巨大的打击,那一年苏联解体,而苏联是日本当时比较大的一个贸易伙伴。但由于日本做得比较好,非常快速地从经济危机中恢复了过来。

在当前的金融危机下,美国政府必须制定一些好的政策,否则在接下来的 10 年里美国不会发展得特别好。在这种新的立法过程中,需要进行能效的分析。20 世纪 80 年代,美国需要对政策进行调整,美国的建设委员会比如说美国全国劳工委员会等,这些委员会中的很多委员都有自己特殊的利益在行业里面。现在有人提出要通过提高税率来解决问题,如收入税、资本所得税以及红利方面的公司税等。中国的税是比较高的,但体制设计得实际上比美国要巧妙一些。还有人提出碳排放税等,这些人的说法有一定的道理。

我们回顾一下历史，美国很多总统上任之后，一般会在四个月之内使经济得到较大改善，如美国前总统罗斯福当选后几个月内经济就有了好转。当然也有很多企业并不喜欢罗斯福，因为它们觉得总统当选之后应该有更好的政策出来。而美国前总统胡佛及现任总统奥巴马则正好相反，还有美国前总统布什上任之前的 26 年，美国经济一直都不错，到 2000 年克林顿任期结束、布什上任的时候，美国经济开始进入衰退期，不过一直到 2001 年前三季度都还是不错的。

我还想举一个例子，人们往往对总统寄予过高的期望，比如说希望胡佛、奥巴马能做些什么，能承诺些什么，但胡佛没有这样做。有的时候生产率增加，就业率未必增加。1939 年，美国的就业率下降了 20% 之多，当时的社会存在很多问题，这也是人们研究的关键所在。2008 年的时候，很多人说房地产业的就业率受到了很大的影响，因为之前房子建得太多了，犯了很多的错误。原来房子建得非常多，是因为美国在 2006 年之前每年都会有 100 万的移民成为美国公民，而 2008 年只有 10 万的移民，也就是说缩减了 90%，只有原来移民 1/10 的规模。有人说这是金融的问题（但从理论研究来看不是这样的），金融危机使企业从银行那里贷不到款，企业没有钱也不愿意投资，对企业的经济形势没有信心。美国前总统胡佛是反对这个的，他之前的两位总统当时非常支持自由经济。这些反移民反全球化的政策是有问题的。

有人说美国要减少从中国的进口，如果这样的话，对双方有什么好处吗？美国前总统胡佛支持由政府来控制国家，他经常说美国要对国家进行控制，减少外国人进入美国，要保证美国的就业率。但本人认为这些都是存在误解、有问题的经济政策。

如果有人问，美国现在是不是进入了经济大萧条时期，本人的答案是没有。美国在 2008 年第四季度的时候，GDP 下降了 2%，2009 年第一季度又下降了 2%，本人认为 2009 年第二季度还会下降，但说美国经济进入萧条时期还为时过早。1929—1933 年，GDP 下降了 14%，那才是大萧条，人们需要工作得更多才能赚到钱，当时所有的东西都是军备物资。当然，美国的经济应该不会一直照这样的速度降下去。如果说进行一下预测的话，本人认为人均 GDP 可能不会再上涨了，而且会进入一个经济滞胀的状态，但不会一直滑下去。美国将来有可能通过减少税收、提高生产力等方式来走出经济的泥潭。本人认为，美国一定会迎来经济的繁荣，但要以牺牲 10 年的增长速度为代价。

中国人口众多，其实像中国和印度等这样人口很多的国家，它们的经济活力是非常大的。从短期来看,美国有些人对中国信心不足,而本人认为中国是没有问题的,印度也是没有问题的,巴西也是没有问题的。当然中国也需要制定很好的政策,所有的无论什么样的经济活动都取决于国家政府所制定的政策。比如说中国通过开发和引进高新技术,取得了很大的进步,这是非常重要的。中国也需要更多国际化公司的出现,在美国建立一些分公司,在一些西方发达国家建立分支机构。本人认为,中国将来应该变得更加开放一些,应该吸引更多国外的国际企业进入。

大家知道,欧洲空中客车工业公司现在已经在中国进行生产,中国也开始生产大飞机,这是非常大的进步。从工业来看,中国通过与西方国家建立密切的合作关系来发展自己,在世界上的地位越来越重要,这也是中国在过去 10 年中不断高速增长的重要原因。中国 20 世纪五六十年代的时候是非常落后的,如果能够继续维持较高的增长速度,将在 2025 年的时候进入世界富国行列。中国肯定会赶上来,现在的问题是什么时候能赶上,这只是一个时间问题。

(作者单位:美国亚利桑那州立大学。原载于《中国流通经济》2009 年第 8 期)

后金融危机时代实体经济的发展

［英］詹姆斯·莫里斯

一、金融危机的实际影响

众所周知,金融危机已经持续了一段时间,还远未结束,但我并不认为无法实现经济增长。

美国的房价在 2006 年初期达到了峰值,这是 6 年之前的事情。英国北岩银行(Northern Rock,又译为诺森罗克银行)在 2007 年 9 月得到了政府的救助,在那个时候还不清楚是否会面临非常严重的金融危机。之后的 2008 年 9 月雷曼兄弟破产,因为没有得到救助。

这场非常严重的金融危机之后,世界经济情况变得越来越糟。根据世界银行的统计,2009 年全世界的 GDP 比上年下降了 2.3%,这本身就是一个问题。如果大家都问自己:这对我来说意味着什么? 是否意味着我的收入会下降 2.3%? 当然会带来一些问题,但对每个人来说不一定会造成危机。2010年全球的实体经济增长了 4.2%。截至 2010 年底,之前五年中世界经济增长了 12%,而同期世界人口只增长了 6%,也就是说,世界经济增长快于人口增长,所以看起来并没有什么大问题。当然,各个地区的差异是很大的,比如欧元区 2012 年和 2011 年都是零增长,英国也是零增长,美国的增长率提高到了2%。对于那些工业国来说,这样的成绩还是很好的。俄罗斯、波兰和土耳其都是欧亚地区的国家,其增长率接近 5%,这是很高的。印度、阿根廷经济增长率处在 6%—8% 的区间,最近中国的增长率超过了 8%,以前都在 10% 以上,这样的增长率是很高的。

除了一些较小的欧洲国家之外,我们现在面临的问题充其量只是收入等方面的小问题。但是那些金融家也就是拥有或管理房产以及金融资产的人们非常地沮丧,非常地担心。因为在很大程度上,那些富裕国家的政治家都希望用他们的语言说话。他们认为出现了什么情况呢? 隐性收入严重缩水,比如说房产的价值和股票的价值都大幅缩水,价值的减少也就是资本的减少,并没有在 GDP 当中反映出来,这些都是隐性收入,并不计算在内,但并不意味着人们不关注这个问题。人们发现自己的财富缩水了,比如说比一两年之前减少了一半,但是并不具有代表性。真正的问题是借了他们钱的人都不还钱,或者不能够还钱了,这是一个很大的问题,他们会想到大萧条时代,特别是美国很多人损失了所有的存款,存款在顷刻间归零,这种损失是很难在 GDP 或 GNP 的统计当中读到的。

我并不认为这些金融家面临的问题很严重,因为还有更严重的问题,那就是失业,而有很多政府组织似乎都不关注这个事实上很严重的问题。失业并没有给中国带来很大的影响,但是在欧元区就不一样了,其失业率已经达到了11%。希腊的失业率高达22%,西班牙的失业率更高达24%(这并不奇怪,十几年前西班牙的失业率就曾经高达20%,所以,并不仅仅是因为现在的危机造成了它的高失业率),就算降到了10%,也仍然很糟。美国的失业率也超过了8%,有一些人受到了很严重的影响,他们失去了收入,压力很大,这可能会导致自杀率上升。失业本身具有很大的危害性,是一个非常严重的问题。

在这场危机当中,有很多相互关联的危机同时发生,在每一个危机中出现对异国产品总需求的减少,主要是对投资产品和耐用消费品的需求下降,主要原因是有很多贷款人的资本缩水,大家都清楚这一点。比如银行将房产贷款发放出去以后,非常担心贷款收不回来,这也就是所谓的"有毒资产"。"有毒资产"会给贷款人的资本带来严重的缩水和冲击,甚至造成银行破产。

在这个过程中,有一些受益国比如产油国实际上是赢利的,但是那里的人们却不愿意支出,不愿意消费,虽然收入上升了,但消费量并没有上升。在一段时间内,政府经济刺激计划是比较盛行的,但是规模还不够,因为并没有阻止问题的恶化。

我想特别强调一点,需求的缩水给很多国家带来了影响,比如说西班牙的失业,很有可能是受德国需求的影响。总需求减少会给全世界带来影响,但事实上,需求减少的影响是不平衡的,有些国家所遭受的影响很严重,而有些国家所受的影响则是有限的,因为不同的国家增长速度不同。如对中国并没有造成什么影响,经济增长仍然很快,但其他国家的增长却慢了许多,比如冰岛。一些国家如印度、中国、阿根廷的需求总量还在继续增长,而且世界上大多数人口都生活在这些国家。所以,金融危机基本上并没有对中国和其他一些国家造成非常严重的影响,因为这些国家没有受到现代金融的危害。现代金融系统是在美国、英国和其他一些欧洲国家及日本产生的,现代金融系统还没有完全影响到中国和印度,所以中国和印度也就不会出现大规模的金融危机

（从这个角度来说是一件大好事）。而且像中国和印度这样的国家都非常愿意扩大政府需求,中国的政府需求增加对于经济增长发挥了巨大作用,所以说中国的经济刺激计划是很有效的,而且事实上出口的减少对于中国来说只是一个次要问题。中国的出口确实有所下降,但对它来说并不是一个非常严重的问题。

二、世界需求与中国经济增长

欧元区如何实现复苏呢? 欧元区的紧缩政策并不会消除这些国家的失业,无法解决希腊和西班牙的失业问题,它们应该增加支出 5% 以上,但事实上这也不够。我认为所有的国家都应该增加支出,但是很多情况下它们做不到。如果真的增加了支出,就会引发德国等国的通货膨胀,德国的失业率只有6%,巨大的支出会引发通货膨胀,而且为了让这些政策奏效,还需要改变各个国家的价格水平。比如一些国家应该离开欧元区,这是一个非常严重的问题,而且完全不应该发生。

这对于中国意味着什么呢? 停滞的欧洲经济会导致对中国产品的需求量下降。问题在于中国是否能够有效地消费自己生产的产品,同时是否能够有效地通过贸易把自己善于生产的产品转变成自己希望消费的产品,也就是说把一种商品卖到国外,然后换取自己所需要的产品。比如,中国可能不想生产法拉利跑车,却可能想购买法拉利跑车,就可以通过生产手机换取法拉利跑车。危机第一阶段给中国经济带来一些影响。从图 1 可以看出,中国实际GDP 的增长呈向上的趋势,图中的曲线展示了中国在过去一段时间的经济走向。

如果中国要用较少的产出换取更多有用的物品,是否会造成损失呢? 如果中国不能大量出口,人们的购买力是否会下降呢? 一般情况下,贸易每下降10%,有用产出也会出现相应的下降,但事实上这种情况并没有发生。当出口激烈下降的时候,中国经济却以几乎相同的速度继续增长。

中国从 20 世纪 90 年代到 2011 年,出口占 GDP 的比重有些波动,但基本上是保持上升的,之后有一个骤增,然后慢慢下降。2006 年出口占 GDP 的比重出现了峰值,之后出口总量下降,这种变化对于 GDP 的增长并没有明显的影响,其中原因很多,但有一点很清楚:中国很容易就能把自己生产的东西变成人们想要购买的东西。这并不让人感到意外。这是产业博览会想要实现的目标,在中国确已实现。中国有能力生产自己想要消费的东西,而且产品质量

China real GDP index
1978–2011

图 1　中国实际 GDP 指数 1978—2011

很高。

专业化对于贸易非常重要。富裕的国家贸易非常活跃,只是量大量小的问题,彼此之间的贸易其实都是类似的东西,比如说用汽车换汽车,用时尚的服装换服装,纺织品贸易基本上集中在设计师的产品上,当然还有电影(每个电影都是不同的)。但是,如果国家之间都交换同样的东西,一旦贸易下降,这些国家面临的只是同种商品类别的减少,也就是说,只是无法获得某些品牌而已。比如韩国人可能得不到苹果手机,但是可以使用别的品牌的手机,这个损失到底有多大呢?当然是有一些损失的。国际贸易还可以帮助提高竞争力和效率,降低价格(如通过上网从国外购买物品,类似的服务和贸易活动都能够帮助降低价格,这对于我们来说是很好的),所以人们还是想要进行自由贸易。

中国目前已经进入设计和创新更为重要的阶段,应该更多地发明自己的技术,创造自己的品牌,设计自己原创的产品,自己创新。如果收入再分配能够更多地向非熟练工人、乡村居民、老年人倾斜,比如关注低技能的工人,对于老年人提供更多的医疗服务,等等,就能够带来积极的改变,而且可以鼓励创新。进一步实现社会与经济和谐,将会降低对外贸易的重要性。如果一个国家能够实现进一步的和谐,那么进口也会减少。

中国的实际增长正在减缓,资本的生产力似乎也在下降。为什么?劳动力可以从农村向城市转移,用同样的资本生产出更多的东西。也许劳动力短缺和收益递减已经到来?我怀疑这一点。确切来讲,资本的生产力水平在中国是很高的,比如说房产的投资回报率很高,而且人们在消费上也花了很多钱,我不认为这是一件坏事,遗憾的只是这种投资用的是存款,是用存款来支撑的。中国的借贷是用存款提供别人所需的资金,而且存款占了 GDP 的很大一部分。我们可以考量资本的生产率,来看一看产出的增长情况。资本的生产率现在不如以前那么高,很多年以来,资本产出率是比较稳定的,但是 2011 年(包括前两年在内)资本的回报率在下降。其主要原因是工资上涨、劳动力短缺,但是我怀疑劳动力短缺是否是事实,因为中国有很好的经济刺激计划,但同时也有很多低效投资,所以很多人、很多媒体都在说,高速铁路的投资是低效率的。但是,如果没有这些经济刺激计划,失业率会比较高。中国有一半的人口仍然生活在农村,所以我不太相信会出现劳动力短缺的情况。当然教育非常重要,特别是对中国农村来说,还应该进一步改善教育,同时投资决策还不是非常理智,应该作出正确的投资选择。还有一种可能,就是 GDP 当中一些产出的统计是有问题的。

让大家相信西方金融危机对于中国来说并不是很严重的事情,这也许很困难。西方的金融危机会使中国的人们很悲观。当人们悲观的时候,就不愿意对企业进行投资,不愿意扩大生产,这种情况会造成需求减少和失业率上升,增长也会放缓,如果政府和民众盲目支出或者作出错误的投资选择,增长速度就真的会下降。但是在我看来,这并不是一个很严重的问题,因为收入的再分配可以帮助中国解决很多问题(如需求问题),所以增长有可能下降。但是我想指出的一点是,毫无疑问,在广东、浙江、山东等地,人们都在说经济不景气,这些省份本来都是出口大省,所以注意到了外国需求下降的影响。但是中国出现的情况是,其他一些省份的增长能够弥补这些省份增长的减速,结果还是有很多人对于增长的前景过于悲观,而正是这种悲观的情绪会造成增长的下降。中国的经济增长到 2020 年之前都会呈下降趋势,因为不会有太多的农村劳动力进入城市工作。

但是,没有什么事情是板上钉钉的,只有一点可以肯定,就是人们的收入会增加。对于中国来说,像其他一些发展中国家一样,不应该让现代金融制度影响到经济发展。

(作者单位:剑桥大学。原载于《中国流通经济》2012 年第 7 期)

亚洲金融市场发展与金融创新

李昌镛

　　首先说明一点,本文的讨论更适用于亚洲中等收入国家,如中国、印度、马来西亚或韩国,而非低收入国家。

　　本文主要包括两个重点。第一,金融业的薄弱是亚洲实现长期增长的主要障碍。第二,资本市场的发展并非易事,甚至比制造业更难,但其收益却更高。亚洲的政策制定者必须面对的根本挑战是如何在政府主导型增长模式的环境下发展资本市场。而要实现这一目标,就必须进行金融市场的基础设施建设,并创立有关金融市场的新原则。

一、全球金融危机前的亚洲金融市场

　　过去,金融业在亚洲一直都被视为经济增长的工具,而非一个独立行业。金融市场中的"冒险行为"就等同于"投机"。金融业的利润也被视为不正当的非劳动所得,而不是因敢于冒险而收获的回报。

　　在上述文化的影响下,资本市场的发展普遍遭到质疑。无怪乎除新加坡和中国香港之外,当前亚洲金融市场均由受政府严格监管的商业银行所主导。但是,亚洲经济得益于过去数十年的快速增长而变得日益开放和成熟。与此同时,资本市场的发展对未来经济增长至关重要。如不进行适当的冒险和风险管理,亚洲政府将难以向高附加值行业调动金融资源,如信息技术、生物技术和绿色增长等领域,因为从本质上而言,这些行业都具有更高的风险和诸多不确定因素。商业银行是否能够独当一面将成为亚洲面临的一个根本问题。

　　同样,我认为,无论亚洲政府是否情愿,在开始面对财政行业风险集中的问题时,将被迫发展资本市场。政府如果继续分摊风险和资金,道德风险问题势必也将更加严重。如果我们继续保持由银行主导和政府控制的金融结构,这就意味着亚洲国家必须有心理准备,金融机构及其他行业的错误将完全由政府用纳税人的钱"埋单"。

　　此外,在经济结构变得更为复杂的时候,政府如何确保自己比私营部门在

分摊风险方面做得更好？

起初，在私营部门尚不发达的时候，政府能够吸引出类拔萃的人才就职于公共部门。就此而论，政府更有能力招贤纳士，实施产业政策的可信度也更高，对此社会已经达成了广泛的共识。然而，私营部门日后的发展壮大将吸引更多的精英远离政府机构。虽然社会并没有对政府是否比私营部门更具信息或技术优势这一问题达成共识，但从多方面来看，亚洲的经济结构更有可能仍由政府控制。由此，我们发现了一个重要问题：在私营部门拥有更多发展机遇时，如果政府希望日后继续保持由政府领导、商业银行主导的金融市场结构，它将如何招募到最优秀或者比较优秀的人才？这绝非易事。

二、全球金融危机后的亚洲金融市场

次贷危机之后，全球经济日渐衰败，资本市场发展（包括投行业、衍生品以及证券化）竟沦为贬义词！这就是亚洲从全球金融危机中汲取的有益经验吗？亚洲是否应重振商业银行，从而使政府在分摊风险方面负起更多责任，因而承担巨大的风险？抑或这只是从危机中汲取的错误经验，而我们应继续扩大金融和资本市场的自由化呢？

随着亚洲地区逐步跻身高收入地区的行列，全球竞争势必加速，产业结构将更为复杂，分散风险的任务也会愈重。金融业以商业银行为中心是正确的出路吗？

或许，从次贷危机中我们得到的教训是应该"更好地"加强金融监管，而非"更多更严格地"监管。如果盲目加强对以从事商业银行活动为重点的亚洲银行的监管，亚洲金融市场可能会更安全，但也会变得僵化，而且会损失很多发展机遇。

然而，发展资本市场绝非易事。金融业是一个旨在实现规模收益递增的网络产业，但是居于后来者的地位使其难以获得市场份额。近年来的经验告诉我们，亚洲资本市场升级的主要瓶颈并非缺乏资本供给，而是缺乏国内金融机构的跟踪记录和金融知识。由于高速发展及储蓄率的迅速上升，一些亚洲国家已经成为资本的净出口国。

为了建立资本市场，我们应该乐于缴纳学费，不必为可能出现的错误而介怀。20世纪，我们正是以这种心态发展了制造业。在学习证券化、并购和企业重组等先进财务技能的时候，亚洲不应畏惧犯错。资本市场的法律框架也应该制度化，例如制定资产支持证券法、综合破产法、企业重组促进法等。制

造业为我们通过向国外借贷和学习技能实现起飞奠定了基础,对此,我们同样需要建立必要的资本市场基础性制度,即便有时金融和企业重组之路将挫折重重。

亚洲资本市场的发展前景十分广阔。比如,亚洲地区的巨额储蓄和养老金能为金融机构创造机会,支援亚洲的老年人口。此外,亚洲政府近期的私有化行动可通过企业并购重组为投资银行创造更多机遇,亚洲日益增长的海外投资也为国际企业提供了无限商机。我们为什么要为他人创造商机?答案是因为亚洲地区较为发达的资本市场可让投资在区域内得到重复利用,促进亚洲金融市场的发展。

自 1997—1998 年爆发的亚洲金融危机以来,亚洲金融体系掀起了一股重大改革和重组浪潮。后危机时代的改革深化拓展了亚洲金融业,金融资产尤其是非银行业金融资产增长显著,股市和债券市场也出现了强劲的增长势头。2000—2009 年间,按占 GDP 比例计算,亚洲非银行金融机构的平均金融业资产[①]从 44.2% 增至 92%,股票市值从 95.2% 跃至 223.7%,未偿付债券总额从 38.8% 升至 65.5%。

然而,最近这场全球危机则凸显了未竟的改革议程及亚洲金融体系结构的潜在薄弱环节。尽管亚洲取得了长足进步,但资本市场基础依旧薄弱。比如,许多区域经济体的本币债券市场仍处于起步阶段,无法为银行贷款提供可靠的备选方案。2009 年亚洲未偿付债券总额仅为 GDP 的 65.5%,而欧元区这一比例则达到了 114.4%,日本为 189.6%,美国为 175.8%。同样,国内投资群体的局限性使市场极易出现剧烈波动。

因此,我们必须努力推进改革。监管需与创新、金融业结构转变和金融全球化齐头并进。虽然监管不能千篇一律,但我们有必要依据全球标准建立相关机制,在考虑不同发展阶段的同时制定国内和地区性标准和引导方案。

亚洲开发银行致力于帮助发展中成员国应对金融市场重组的挑战。例如,通过技术援助和研究为亚洲债券市场发展倡议(ABMI)提供专家意见和支持。该倡议旨在开发高效、流动性强的亚洲债券市场,从而更好地利用亚洲储蓄进行投资。令人鼓舞的是,在近期召开的河内会议上,东盟与中日韩(10

---

① 简单平均比率,涉及中国大陆、中国香港、印度、印度尼西亚、韩国、马来西亚、菲律宾、新加坡、中国台湾和泰国。参见亚洲开发银行 2010 年第 5 期简报,Lee J. W. 和 C. Y. Park《新金融改革及其对新兴亚洲的影响》。

+3）表示，愿意将当前的亚洲债券市场发展倡议扩展成亚洲资本市场发展倡议，为实现区域金融合作迈出了关键一步。

三、结论

总而言之，各种危机已基本结束，最近一次在亚洲爆发的金融危机也已"温和"落幕。亚洲的确出现了强劲反弹，并在寻求各种途径避免中等收入陷阱。从长期来看，亚洲必须寻找到新的增长源以过渡到高收入的行列。

但是，亚洲欠发达的金融市场可能无法调动所需的金融资源用于发展高附加值、高风险的行业，合理地分配风险。目前，亚洲金融市场似乎已成为亚洲经济结构最薄弱的环节。

逐步实现银行主导的金融体系的多元化和扩大化，分散财政行业的风险，符合亚洲各国政府的利益，但同时必须对金融市场上的重大创新进行适当监管。我们应鼓励和管理好金融市场的发展，避免阻碍创新。亚洲决策者应意识到当务之急是"更好地"加强金融监管，而不必"更多地"监管。

（作者单位：亚洲开发银行。原载于《中国流通经济》2011 年第
7 期）

深化金融改革　改善金融监管　推动金融和经济协调发展

成思危

中国金融改革在近几年来不断地稳步向前推进。我是一个审慎的乐观主义者,对我国金融改革的前景比较乐观,同时也认为更应该看到问题和不足,并采取有力措施去解决和处理。

一、金融和经济应当更好地协调发展

我国的经济发展取得了很大成绩,在二十多年的改革开放中,保持了相当高的增长速度,这一点是举世公认的。我国的 GDP 虽然只占世界的 4%,但经济增长对世界经济增长的贡献率却高达 20%,因此现在中国成了热门话题,全世界都很关注我国的经济状况。

目前中国经济面临着三个隐忧。第一个隐忧是投资增长过快。我国经济多年来保持着约 9% 的年均增长速度,2006 年预定目标是 8%,但上半年就已经达到了 10.9%。我认为目前经济还不应该算过热,但投资确实是过热了,表现为投资增长过快,新上项目太多。2006 年上半年我国的投资增长速度是 GDP 增长速度的 3 倍以上,新上项目 9 万多个。第二个隐忧是银行信贷较松。2006 年全年的信贷目标是 2.5 万亿元,上半年已经贷出了约 2.3 万亿元,基本上达到了全年的信贷目标,这就造成流动性过剩的问题。第三个隐忧是外贸顺差迅速增大。2004 年我国的外贸顺差是 320 亿美元,2005 年为 1019 亿美元,今年上半年顺差还在不断增大。由于顺差增大等原因,外汇储备也迅速增加,近三年每年以 2000 亿美元的速度递增。2004 年突破了 6000 亿美元,2005 年突破了 8000 亿美元,2006 年将会突破 10000 亿美元,如此迅速的增长对我国的货币政策和人民币汇率带来很大的压力。对人民币升值的预期越来越高涨,会给汇率调整带来更大的困难。当然这些经济问题不完全是金融方面的问题,但我们确实需要注意金融和经济的协调配合。

当前我国的储蓄率很高,这在一定程度上影响着我国的金融和经济。储蓄率高的原因在于：一是中国人或者说亚洲人有储蓄偏好，喜欢把今天的钱留到明天花，不像美国人和欧洲人那样喜欢把明天的钱拿到今天来花；二是我国的社会保障体系不够完善，人们需要把储蓄作为一种自我保障的手段；三是人们对于投资特别是直接投资的风险往往比较担心，存银行收益性虽然低一些，但是安全性比较高，银行是国有的，国家不会让它垮台，总能保障支付利息，所以降息对人们的消费影响并不大。另外，目前就我国整体来说，消费水平不高，人们还比较节俭，在消费上比较注意节约。

储蓄率高就在一定程度上带来了上面所说的那些问题，因为储蓄率高，在银行里存了大量的钱，银行要想办法贷出去，就趋向于放松信贷。由于银行贷款比较容易，成本比较低，人们就热衷于用贷款去投资，投资就容易过热。由于国内消费力不足，投资生产的大量产品就要出口销售。我认为，储蓄率过高的问题，是造成我国经济这三个问题的一个因素。金融和经济如何能够更好地相互配合，协调发展，是一个很值得我们研究的问题。

在国际上，中国适应经济全球化的大发展趋势，加入了 WTO。但从经济全球化的发展看来，一方面是经济全球化，另一方面是地区一体化。经济全球化和地区一体化是相辅相成的，地区一体化确实有它发展的基础，但地区一体化并不排斥其他国家的加入。地区一体化避免不了要提到货币一体化问题，现在有一些学者在研究亚元。地区的货币一体化，确实有利于经济的发展，它减少了货币兑换时买入卖出之间繁琐的手续和差价，有利于商品、资本等各种要素的流动，但地区货币一体化有一个重要因素，就是各参与国的发达程度要比较接近，如果相差较大，就可能会带来一些问题。欧元诞生以后，由于欧元区各国的发达程度不同，受益的程度也就不同，从而也产生了一些问题。

从长远看，亚洲货币将会走一体化的道路，但是我作为一个审慎的乐观主义者，认为需要相当长的时间。欧元从提出到实现用了 10 年，亚元很可能需要更长一段时间。我希望金融界研究问题不要脱离经济，金融是经济的核心，但是金融对经济既有积极的作用，也有消极的影响。同时，经济还是决定着金融的重要基础，如果经济情况变化了，金融肯定会受影响，当然金融对经济也有反作用。在推进我国金融改革的时候，我们应当特别注意正确理解经济和金融之间的关系，进一步促进其协调发展。

二、进一步推进中国金融的市场化改革

中国金融业的市场化改革，主要应该包括四个方面。

1. 利率市场化

利率是资金的成本,必须要根据供求关系来改变,但多年来我国对利率实行比较固定的办法,这不符合市场经济的要求。在利率的市场化改革上,一个非常重要的问题是如何确定基准利率。对于基准利率,有一些学者主张使用同业拆借利率,我不太赞成这个观点。隔夜拆借利率确实能很快地反映市场对货币的供求关系,我国银行之间的拆借也发展得比较快,但是隔夜拆借比重并不大,而国债回购(Repo)的比重还是比较大的。我在 1999 年时曾提出过建议,要采取发行短期滚动国债的办法,如三个月短期国债,由银行竞标承购,再通过回购市场形成基准利率。

但是这个建议推动起来问题也很多。首先,我国多年来对国债实行总量管理,就是一年只允许发一定数量的国债,如果发三个月的短期国债,就等于允许发行的国债量少了。例如一年允许发 1000 亿元国债,如果发三个月的短期国债,那每三个月就只允许发 250 亿元。所以首先要把国债从总量管理改成余额管理。这个问题我呼吁了多年,2006 年全国人大常委会已经通过决议,对国债实行余额管理,这将有利于更科学地管理国债,应对金融风险。我希望下一步能够建立短期国债市场,并且通过短期国债市场的市场化运作,为我国的利率市场化提供一个参考的基准。

2. 汇率市场化

关于汇率的市场化,1999 年我在《东亚金融危机的分析与启示》一书中提到一个三步走的战略:第一步就是当时实行的有管理的浮动汇率,但基本上是盯住美元的。在美元是强势货币的时候,盯住美元是有一定好处的。第二步是从盯住美元改成加权的一篮子汇率,例如对欧元、日元、美元,根据贸易等权重加权,形成一个篮子汇率。第三步是实行人民币的完全自由兑换。

从 2006 年 7 月 2 日开始,我国已经进入采用篮子汇率的阶段,但我们不叫盯住一篮子,而叫参考一篮子。参考和盯住有所不同,盯住是要透明的,币种和权重等等都要透明,参考就不那么透明,但灵活性比较大。我国的最终目标很明确,就是实现人民币的自由兑换,使人民币成为国际货币。在这个问题上,我跟罗伯特·蒙代尔先生也交换过意见,他认为 2008 年奥运会时很多外国人将来中国,是实行人民币自由兑换的最好时机。我不否认那是个好时机,但我担心的是我国的管理等条件是否成熟。我认为"只有管得住,才能放得开",如果管不住就放开,那就会造成灾难。1996 年我国实现了经常账户下的人民币自由兑换,现在在资本账户下共有约 60 个分账户,目前有将近 30 个已放开了,余下的一半,要逐步地放开,成熟一个放开一个,这可能在两年内做不到。人民币可自由兑换的方向是肯定的,我在总体上是乐观的,不像有些人那么悲观,说要等 30 年。

3. 要扩大市场投资者的参与

在这一点上应该进一步地推进。例如在银行方面,现在我国的银行主要是国有商业银行,有些银行也引进了战略投资者,但在中国民间有大量的资金,这些民间资金可以也应该参加银行方面的运作。我曾经提出过一个建议,即建立社区银行。在美国,社区银行的数量是很大的。社区银行的好处,就是它主要是为社区本身服务,比较了解社区的情况,也就比较容易了解贷款人的资信情况,它没有历史包袱,比较灵活,便于实行浮动利率及存款保险。另外在社区里失信的成本很高,如果谁在这个社区内借款不还,就无法在这个社区里立足。社区银行有它存在的必然性,不可能完全靠政府来办。我国现在方针已经明确,鼓励民间资本进入金融行业。我希望能以社区银行作为一个突破口,我们现在正在天津和温州研究这个问题。扩大民间资本对金融业的参与,也是推进市场化改革非常重要的一环,如果市场主体都是国有的银行,既不能满足日益增长的对金融服务的需求,也不符合市场化改革的方向。

4. 要提供更多的金融产品

要根据消费者及投资者的需求为他们提供更多的产品。现在总体上看来,我国的金融产品品种还是比较少的,金融衍生物可以说基本上还是空白,为此 2005 年我们在上海组织了国际金融衍生物论坛,研讨如何推进我国金融衍生物的发展。我认为发展金融衍生物是很重要的,它是一个避险工具,通过对冲的方式来减少风险;当然它也是一个投机工具,要注意防范过度投机。

现在国际期货市场上金融期货期权占到 90% 以上。2000 年全球金融衍生品的年末余额达到 95 万亿美元左右,其中汇率类和股指类的衍生品各占 17%,利率类衍生品占到 66%,规模是很大的。我国也应当逐步推进金融衍生物市场的发展。2006 年 9 月 8 日,中国金融期货交易所股份有限公司在上海正式成立,这标志着我国金融期货开始起步,第一步拟先做股票指数。我相信随着我国金融改革的不断深化,还会不断推出新的品种。

再如保险业。我国的保险业发展很快,近二十多年来,特别是 1994 年到现在,每年增长约 15%。2005 年全国保费收入将近 5000 亿元,2006 年上半年是 3600 多亿元,保险业总资产大概是 1.74 万亿元,预计到 2010 年,保费收入要达到一万亿元左右。这个数字是很大的,对金融也会有很大的影响。但目前保险业的品种很少,我国的保费收入中主要是人寿保险,占70%,其次是财产保险,占24%,这两者加起来就占94%了,其他的险种很少。我国的再保险规模也太小,不利于防范风险。根据国际上的经验,一般再保险的保费收入应该占保费总收入的20%,2005年我国保费总收入是5000亿元,但是再保险保费收入只有200亿元,仅占4%,远低于国际水平,这方面也是需要发展的。

三、进一步改善金融监管

中国在发展社会主义市场经济,一方面要发挥市场在资源配置方面的基础性作用,提高经济发展的效率和效益。为此我们要大胆地学习一些发达国家在几百年发展市场经济中好的经验,好的做法,好的组织方式和管理方式,并结合我国的国情加以运用。正因为这样,我国有了股票市场、股份制公司、期货、风险投资等等,现正在建立金融衍生物市场。另一方面,要不断完善社会主义制度,保障社会的公平和公正,保障人民群众特别是弱势群体的合法权益。我认为应当从以下几方面进一步改善我国的金融监管。

1. 要保障人民群众的利益

在不同的市场中有不同的应受保护的群体,例如银行应保障存款人的合法权益,证券业应保障投资者的合法权益,保险业应保障投保人的合法权益等。对这个问题我国以前重视不够,其中的原因在于:一方面是监管的经验不足,另一方面是中国的特点,即银行、证券公司、保险公司等都是国有的,它们亏损了,也是国家利益受损,所以出现问题的时候,就没有认真地考虑如何更好地维护人民群众的权益。其实国家利益和人民群众的利益从根本上来说是一致的,维护人民群众的利益,同样也是维护国家的利益。反之,国家受损失了,社会财富减少了,人民大众的收益也会减少。因此一定要按照科学发展观的要求,真正做到以人为本,保障存款人、投资人、投保人的利益。

保障利益应该包括三个方面:一是合法权益不能够受到违法的侵害,例如由于道德风险等造成人们的权益受损。二是存款人、投资人或投保人有知情权,就像消费者有消费者权益一样。金融机构要透明,要受到问责,受到监督,不能够都由自己说了算。三是要给投资人以合理的回报。前些日子银行要收跨行查询费和小账户管理费,说这是国际惯例。我认为国际惯例只是一个方面,更重要的是要改善银行运营的效益及提供给存款人的服务。如果说银行不着重去提高效益,而在这些方面打小算盘来降低成本,那就是舍本逐末。

股市经过股权分置改革以后,现正在往上走,但道路也是曲折的。中国的股市要想搞好,最根本的问题是要提高上市公司的质量。上市公司质量不高,再出台更多的利好政策,再让更多的外资进来,也难以保证股市健康运行。我国的上市公司总体上说质量不高,当然也有一些好的,但为数不多。据我们分析,在 2005 年 1344 家上市公司中,有 734 家净资产收益率低于一年期贷款利率 5.58% 的水平,占总数的 54.61% ,现金和现金等价物增加值小于零的占 55% ,净资产收益率等于零的占 15% ,净利润等于零的占 18% 。当然这四者之间可能有重叠的部分,不能相加。我国的基金选取的上市公司也大约是 400 家,就是说按照国际标准,我国股市中真正有投资价值的上市公司大概只有 30% 左右。在这样的情况下,我国的股市是不可能健康发展的,应该下决心发挥资本市场扶优汰劣的功能,让好的企业进来,让差的企业退出去,所以我一直主张建立严格的退市机制,不断地通过扶优汰劣来提高我国上市公司的整体质量,以改善我们的股市。

2. 从信息披露入手,保障监管的效率

监管部门应该明确一个观点,就是监管时不要违反市场经济的基本规律,不要跟市场对着干,而应该引导市场的力量来参与监管。也就是说,重要的是要从信息披露入手,提高透明度,只要信息披露真实、完全、及时,大家就有可能通过分析信息来决定其投资意向,如果信息披露不真实,不完全,不及时,再加大监管力度也不可能监管好。

3. 在市场发展过程中不断改善监管

监管机构不要认为自己是万能的,监管过程实际上是监管者和被监管者相互博弈的过程。制度经济学中有一句名言:"交易先于制度",任何市场都不可能先有非常完善的制度再进行交易,而是通过交易逐渐发现问题,完善制度,所以监管者不要希望能一下子制定出非常完善的规定来,要随着市场的发展不断地调整。

金融创新在一定程度上也是在监管者和被监管者的博弈中产生的。1957 年欧洲美元的诞生,可以说是金融创新的一个开始。欧洲美元的诞生背景,就是因为第二次世界大战以后欧洲有大量的美元,这些美元如果要存回美国的银行,就会受到美国对银行利率和存款准备金等方面的限制,所以就干脆在美国本土以外的欧洲开展美元存贷业务,这样欧洲美元就发展起来了。我在芝加哥商品交易所(CME)了解到,目前欧洲美元每天的交易量约 20000 亿美元,这个数字是很大的。监管者要随时注意市场的动态,根据市场的发展来不断地完善自己的监管。美国通过《萨班斯法案》来加强对上市公司的监管,但也带来了内部控制成本大大增加的问题,对资本市场造成了一定影响,特别是有些公司就不在美国上市了。所以监管的任何措施,都要考虑它的正效应和负效应,但是不管怎么说,市场不能没有监管。

中国的金融监管当前还有一个问题,就是现在实行的是分业监管。银行业有银监会,证券业有证监会,保险业有保监会,像铁路警察那样各管一段,这从长远来看是不行的。资金只有流动才能更好地发挥效益,如果保险业的资金不准进入资本市场,那就难以更好地发挥效益,同时风险也是流动的,在汇市上消除风险时,可能会给股市带来很大的风险。目前中国实行分业监管,是由当前的情况决定的,但是我们要看远一点,要想到将来,要不断地努力探索,创造条件,稳步推进混业经营和监管。

（作者单位：全国人大常委会。原载于《中国流通经济》2006 年第 10 期,被《新华文摘》2006 年第 24 期全文转载）

开放条件下的中国金融业

［美］罗伯特·蒙代尔

一、开放社会的前提是信息开放

就中国的开放政策而言,2006年是一个非常重要的年度。开放,首先意味着开放信息。投资者到一个地方投资,必须了解这个地区有哪些公司、公司的优劣、公司的前景及投资政策等等。必须让投资人充分了解相关的信息,这是开放社会主要的特点。

信息的开放,要把内部消息、外部消息之间的鸿沟尽量消除掉。信息要平等,无论对内部人还是外部人来说,都应该平等对待。对开放社会来说,信息不对称往往意味着不公平。信息不对称的开放社会是名不副实的。开放的过程是一个鉴别的过程,也是一个渐进的过程。这种社会的普遍变化,需要专家学者的不断介入。因此突破性的快速发展往往需要一定的时间。

二、中国金融业发展与开放的关系

中国在过去二十多年的时间里,取得了很多辉煌的成就。在发展生产力方面,如今提到中国的时候,都称中国为亚洲的工厂、世界的工厂;在解决劳动力就业方面,也取得了巨大的成就。但在金融领域还没有取得像工业领域那么大的成就。在中国的金融领域也有大的银行,我们希望这些银行能够不断地清理自己的资产负债表等等。中国建设银行、中国银行等这样的大银行,都是国际股票市场中的上市公司,要不断改善其公司治理结构,希望它们能够不断地向前看,向未来的十年看。那么中国的银行也会像欧洲、美洲的大银行那样在经济生活当中起到举足轻重的作用。

现在的问题是,这么多的商业金融机构是否具备了参加竞争的条件? 在美国一些大的城市,有些人会问中国是否已经开放了,或者中国开放程度有多大,特别是在金融领域又开放到什么程度。中国的金融市场是一个大海,其中有大鱼有小鱼。中国的金融市场可能是一个小鱼塘,里面有小鱼,把小池塘打开,会把更多的大鱼招引进来。有人说,中国可能会为此担忧,如果大鱼进入中国市场,可能会扰乱金融秩序。其实大可不必,中国的开放遵循着渐进的原则,所以,现在需要指出的是,目前中国经济,特别是金融领域的规模已经非常之大。我们可以通过信息产业的成果帮助中国金融业发展。中国目前已经是一个大的市场,也是世界的巨大市场,其 GDP 已经超过了全球五个大的经济实体。因此我们在金融领域也面临着巨大的机遇。中国的 13 亿人口,也同样是我们面临的重大机遇,进入这个市场就能够占领这个市场,所以中国本土一些公司和市场,还有一些风险投资领域等,我们都可以进入。

但这些市场仍然是主要属于中国的市场,至少从部分来讲是属于中国的市场,所以,在 2006 年可能会突然有很多大鱼进入中国市场,这是中国市场开放期限的最后一年。很多中国专家指出,中国已经逐渐履行加入 WTO 的承诺,中国的金融市场也会在未来十年当中不断发展,也就是说,正式与国际接轨会花费一些时间。涉及股票市场,中国对股票市场的利用率很低,与其 GDP 的规模不相匹配,在这方面存在着很大的发展潜力。西方许多国家的股票市场,是一个非常有价值的资本来源地,特别是对私营企业来说,股票市场是它们重要的筹资地。中国的私营企业还不能很方便地进入股票市场,所以大多数企业的资金来源还是银行贷款。应该引导中国私营企业进入股票市场,为它们提供更好的融资渠道。

三、金融市场与评级机构

在中国,目前评级机构对一些大的公司没有评级,这是一个问题。中国对公司的评级与国外、香港的评级还存在一定的差距。如果中国在这方面进一步扩大开放的话,就可以让更多的评级机构进入中国。它们会利用其在本国的经验为中国的企业进行评级,并以此方式进入中国的股票市场。事实上,这方面的问题中国还没有很好地解决,中国的市场一直对评级机构没有开放。在中国,对企业的评级主要依赖政府,政府对企业进行评级,在评级机构与政府之间存在着一种博弈。应该创建一种客观的环境和框架,其中需要有一个客观的、彻底透明的公司评级机制。也就是说,让这些评级机构对银行和企业进行评级,可以根据银行呆坏账的情况对银行进行评级。当然我不认为银行的呆账坏账数字是很大的。

这方面的问题是可以解决的,股票市场的很多问题也是可以解决的,但是呆账坏账的问题不一定很容易解决。以发行国债的方式来解决呆账坏账也同样存在着问题,我不想推荐这种方法。如果通过政府对银行注资来解决这个问题,呆坏账的问题同样会重新爆发。

四、货币的稳定性和通货膨胀

货币稳定性是一个很重要的问题,与经济增长率也是密切相关的。货币不稳定,除了影响汇率外,还会产生其他各种经济问题。价格问题会产生,随之而来的可能是通货膨胀,宏观调控的问题也会出现。例如,如果要制定一个控制通货膨胀的政策,就要定价,但如果货币政策不稳定,怎么控制价格呢?如何控制消费者零售产品的价格呢?很困难,难以控制。在美国,格林斯潘先生也谈论过类似的问题,例如如何使股票市场能够不断地扩大,使很多人进入股票市场?但是由于货币政策出现了一些问题,就会引发股票市场整个的问题,既有股票现货的问题,也有股票期货的问题。由于货币政策、货币环境出现问题之后,很多问题都会产生,经济运行就会起伏波动。这是很大的问题,不单是价格问题、消费品问题,而是经济运行的总体问题。

在欧洲,中央银行在控制总体通货膨胀指数方面是非常成功的,各国的通货膨胀指数一般控制在2%以内。依据他们的经验,通过制定稳定的货币政策可以很好地解决通货膨胀及零售物价问题。但是在汇率方面就可能产生其他问题。欧洲虽然在解决通货膨胀问题方面是比较成功的,但也会引发其他问题。

欧洲中央银行曾经采取各种措施控制通货膨胀,当时汇率没有很大的变化。经过几年之后,欧洲货币升值就非常快,后来欧洲货币性质也发生了变化。我认为,如果中国也想采用欧洲那样的方法通过制定一个通货膨胀指数从而控制物价的话,那么可能会产生更大的问题。一个问题似乎解决了,另外一个问题可能随之产生。如果控制了通货膨胀以后,汇率贬值了50%—60%,就是一个很大的问题。因为中国不是北美,美元在北美是使用最普遍的货币,中国对美元的汇率还是非常敏感的。所以现在最关键的是一定要使经济稳定发展。

五、固定汇率在任何国家都行不通

任何一个国家都不应该制定固定的汇率。美国的汇率不是固定的,其他国家甚至小的国家都不可能把汇率完全固定下来。

第二次世界大战后到20世纪七八十年代,所有的货币和汇率之间都具有较高的关联性,而且在很大程度上是锁定的。这种情况受到了很多人的批评,国际货币基金组织的反应异常强烈。例如,加拿大在 20 世纪 60 年代以前一直采用这样的政策,把汇率完全锁定在一个非常小的范围之内,这对加拿大发展是非常不利的。国际货币基金组织指出,如果把货币的汇率锁定的话,对加拿大的评级就会下降。20 世纪六七十年代后,加拿大就调整了有关政策。要强调的是,真正的汇率是不能锁定的。我认为,中国在过去 8 年中,货币政策和货币汇率政策的环境还是很不错的,但是如果中国完全像 15 年前那样,仍然采用纯粹固定汇率政策的话,就可能产生许多问题。中国的改革生机勃勃,而且各种各样的金融机构也都运行良好。在北京有许多的银行,而且在这里都可以从事外汇买卖,老百姓之间也可以相对灵活地使用外汇,这都是好的事情。

随着外汇体制的不断完善和开放,会产生许多外汇衍生品。目前很多人都想进入这个领域,市场总量非常大。中国现在处在一个非常关键的时期,金融货币政策等各方面的有关信息,都要让所有的人了解,不仅中国人,外国人也可以了解。这样可以使所有人共享各种各样的信息,从而使整个金融领域包括外汇市场搞活,这是一个非常重要的问题。

我认为,中国现在的金融改革应该往前迈一大步,国际收支不要有很多的盈余。中国的外汇储备非常多,中国应该充分利用这些资金,让这些资金充分发挥作用。但是把这些资金都投资到美国的公司或金融机构中,也不是高枕无忧的事情,一旦美国经济出现不稳定的话,中国应该怎么办? 我觉得中国一定要非常重视这个问题。中国外汇方面的收支问题也一定能很好地解决。

我并不是在批评中国,也不是在批评美国。不管是美国还是中国,对这些问题都要有非常清醒的认识。我们不能对这些问题避而不谈,对刚才讲的信息的可获得性问题,要给予非常的关注。大家要了解这些情况,才能够解决有关的问题。

(作者单位:美国哥伦比亚大学。原载于《中国流通经济》2006年第 10 期)

坚持对外开放 加快金融业发展

苏 宁

2006 年是中国加入世界贸易组织的过渡期的最后一年,中国对外开放即将进入一个新的阶段,在即将过去的五年过渡期,中国政府坚定不移地坚持对外开放,积极主动地履行金融业对外开放的有关承诺,全面推动了我国金融业的改革、创新和发展。

一、切实履行我国加入 WTO 承诺,积极推进金融业对外开放

2001 年 12 月 11 日中国加入世界贸易组织之后,中国金融业的对外开放政策更加透明,开放步伐更加稳健和有序。目前,中国不仅按照承诺开放了对外资金融机构的地域限制和业务限制,而且进一步扩大了金融市场对外开放的范围。

在银行业方面,按照承诺开放了外资银行经营人民币业务的地域限制和业务限制,允许外资银行在已开放人民币业务的 25 个城市向中国企业提供人民币服务。完全取消了外资银行经营外汇业务的地域和客户限制。在坚持国家绝对控股地位和确保国家金融安全的前提下引入外资参与国有商业银行改革。

在证券业方面,不仅严格履行有关证券业开放的有关承诺,而且在进一步扩大证券市场对外开放方面进行了探索。对外国投资者开放了 B 股市场;允许中外合资企业在 A 股市场融资;在 A 股市场实施境外合格投资者制度;以合资或合作的形式部分开放了证券服务业,外资证券机构可以通过合资券商从事国内证券发行和资产管理业务。

在保险业方面,地域和业务范围已基本实现全面对外开放。对外资保险公司开放了全部地域和除有关法定保险以外的全部保险业务。合资寿险公司的比例放宽到 50%,外方可自由选择合资伙伴;外资非寿险在合资公司的出资比例达到 51%,允许在外设立独资子公司。对外资保险经纪公司允许从事大型商业保险经纪业务和国际海运、航空、运输险业务以及再保险经纪业务。

在金融市场方面,积极引进国际金融机构,稳步扩大金融市场对外开放。2005 年 10 月,中国人民银行批准国际金融公司和亚洲开发银行在银行间债券市场分别发行人民币债券 11.3 亿元和 10 亿元,标志着我国债券市场对外开放迈出了重要的一步。同时,允许泛亚基金和亚债中国基金等国际投资机构进入我国银行间债券市场,这是银行间债券市场引入的第一家境外机构投资者。此外,我们还开放了汽车金融市场,2004 年以来,先后有 5 家外资汽车金融公司在中国开业。

进一步扩大金融对外开放,这既是履行加入 WTO 的庄严承诺,也是我国社会主义市场经济发展的必然要求。实践证明,开放既带来了挑战和压力,也带来了机遇和新的竞争力。

二、对外开放进一步促进了国内金融改革

党的十六大明确指出,坚持"引进来"和"走出去"相结合,全面提高对外开放水平。适应经济全球化和加入世界贸易组织的新形势,在更大范围、更广领域和更高层次上参与国际经济技术合作与竞争,充分利用国际国内两个市场,优化资源配置,拓宽发展空间,以开放促改革促发展。我国金融业的对外开放有效地推动了金融业的改革进程。

对外开放促使国有金融企业改革向纵深推进。2003 年党中央、国务院决定对国有商业银行进行股份制改革。近三年来,试点银行加快改革,按照国际公众持股银行标准和境内外监管规则的要求,改善公司治理结构,借鉴国外银行先进的管理经验和技术手段,在风险管理、内部控制、财务管理、人力资源管理等方面进行合作。目前,试点银行主要财务指标已接近或基本达到国际银行同业先进水平,初步成为"资本充足、内控严密、运营安全、服务与效益良好"的现代股份制商业银行,其中交通银行、建设银行已在香港成功上市。

经济开放促进中国金融管理制度的改革。以外汇管理体制改革为例,近年来,随着金融对外开放的逐步扩大,我们加快了外汇管理体制的改革,进一步完善了人民币经常项目可兑换的管理体制。经常项目从强制结汇走向限额结汇,逐步扩大出口企业自动核销范围,放宽企业经常项目用汇限制,提高企业经常项目外汇账户限额,取消外汇账户地区总限额;放松个人外汇管理政策,允许个人办理贸易项下外汇收付。在加强对资本流动管理的同时,稳步推进人民币资本项目可兑换进程。加强了对境内中外资银行外债和国内外汇贷款的管理,对境内外资银行对外借款实行总量控制;支持实施"走出去"战略,

放宽对境内资金转移和投资至境外的限制;逐步放开外资金融机构市场准入限制,引入合格境外机构投资者制度(QFII),引入国际开发机构境内发行人民币债券。2005年7月21日,按照自主性、可控性和渐进性原则,我国实施了人民币汇率形成机制改革,得到国际上的广泛认可和好评。

对外开放还推动了我国金融法制建设,全方位带动了金融市场的优化改革,加快了我国利率市场化改革的步伐,推进金融业综合经营改革试点,促进了金融市场中介机构的改革。应该说,对外开放给中国金融改革带来了巨大的促进作用和积极影响。

三、对外开放加快了国内金融创新的进程

加入WTO以来,金融业的对外开放给我国金融业带来了先进的金融技术、金融服务方式和金融产品设计理念,加快了国内金融全方位创新进程。

一是促进国内金融组织体系的创新。在外资进入我国金融业以及国内金融机构改革的综合推动下,我国金融业充分借鉴国际先进经验,以科学发展观为指导,创新和完善国内金融组织体系。如批准中国工商银行、中国建设银行、交通银行等商业银行开展试点设立基金管理公司,积极稳妥地推动金融业综合经营试点;推动建立小额信贷组织试点,完善农村金融服务体系;建立符合社会主义市场经济要求的风险补偿体系,推动建立证券市场投资者保护基金、存款保险机构和保险保障基金等。

二是促进金融产品创新,丰富投资人选择。通过借鉴国际成功经验,我国有关商业银行发行了次级债券和金融债,拓宽了金融机构直接融资渠道,弥补了缺乏主动负债工具的缺陷,资本充足率进一步提高。积极推出了银行业住房抵押贷款证券化(MBS)、信贷资产证券化(ABS)业务试点,国家开发银行发起的信贷资产支持证券和中国建设银行发起的个人住房抵押贷款支持证券成功发行。

三是促进金融交易工具和方式创新,深化了金融市场功能。积极开发避险类交易工具,2005年6月15日,我国推出了第一个金融衍生工具——债券远期交易。进一步推动公司债券市场的发展,批准了多只公司债券进入银行间市场交易流通。推动交易系统与簿记系统的连接,初步实现了债券交易的"直通式处理"。加快研究和设计债券预发行交易,指导中介机构对相关系统进行技术改造,推动银行间债券市场向纵深发展。加大对利率互换新交易工具的探索力度,并允许部分机构在小范围内进行利率互换交易的试点。

四是促进外汇市场产品和交易创新。允许银行对客户开办外汇掉期业务,在外汇市场引入询价交易方式和做市商制度。2005 年 5 月 18 日,以做市商报价为驱动的、与国际外汇市场联通的外币/外币即期交易系统正式上线运行,丰富了外汇市场交易品种。扩大经营远期结售汇业务试点的主体和交易范围,增加外汇市场交易主体。加快与国际外汇市场接轨的步伐,2006 年 3 月,中国外汇交易中心与美国芝加哥商业交易所达成协议,我国的金融机构和投资者可以通过中国外汇交易中心买卖芝加哥商业交易所的汇率和利率产品。

五是促进金融服务理念和手段创新。金融业对外开放引进了发达国家金融业的先进经验,为国内金融机构在资产负债管理、风险控制、金融服务等方面提供了大量的新理念、新技术和新方法。国内金融机构改变了过去传统的经营方式,围绕建立"以客户为中心"的经营理念和机制,创新服务体系,在金融产品、业务、流程和管理等方面,建立与国际接轨的服务机制,大大提高了服务质量和经营管理水平。当前,国内的企业和居民在投资理财、支付结算、财务咨询等方面得到前所未有的多种金融服务,普通居民都可以享受到银行卡支付、网上交易等现代化金融服务带来的便利。

对外开放增强了我国金融业的整体实力,促进了国内金融市场的跨越式发展,提升了金融体系优化资源配置的功能,更好地推动金融业乃至国民经济的快速发展。

四、进一步扩大金融业对外开放,全面提高中国金融业的整体竞争力

目前,中国经济状况已是全球关注的焦点,中国经济对全球经济的重要影响日益显现。今后几年,随着我国经济的进一步发展和经济全球化的进程加快,我国经济必将在更大范围和更深程度加入国际经济进程,并对世界经济产生越来越重要的影响。如何面对这一新的形势,参与并推动这一发展变化,这是我国金融业面临的机遇,同时也是挑战。

我们要统筹考虑我国金融改革、开放与发展战略,研究制定 WTO 过渡期结束后我国金融业对外开放的有关政策,要引进来,也要走出去。要加快推进外汇管理体制改革,继续完善人民币汇率形成机制,建立健全调节国际收支的市场机制和管理体制,稳步推进人民币资本项目可兑换进程;进一步开放国内金融市场;加强金融法规建设,建立公平竞争的市场环境;完善与金融开放程度相适应的金融调控和金融监管体系,维护国家金融安全,全面提升我国金融

业的整体素质和市场竞争力。

我国加入世界贸易组织过渡期结束后,金融业对外开放将进入一个新的发展阶段,中国经济将继续展现其巨大的发展潜力,我们将坚定不移地继续推进金融改革、开放和发展,努力为中外资金融机构的竞争与合作创造更好的环境和条件,使金融业为中国社会主义市场经济发展作出更大贡献。

(作者单位:中国人民银行。原载于《中国流通经济》2006 年第 8 期)

关于中国外汇储备安全问题的思考

厉以宁

一个国家的外汇储备如果出现安全问题,大体有两方面的原因:一是外汇收支连续出现赤字,以致外汇储备大幅度下降;二是所持有的外汇储备不断贬值,导致外汇储备的价值降低。所以,要保证国家外汇储备安全,必须从这两个方面着手,双管齐下。

一、关于防止外汇储备下降的问题

国际收支项目分为经常项目和资本项目,这两个项目同样重要。

1. 经常项目方面

在经常项目中,最重要的是贸易收支。国际贸易收支顺差还是逆差,与商品的出口竞争力有很大关系。如果企业缺乏出口竞争力,就会影响到国际贸易收支,使顺差减少,甚至变为逆差。在这次国际金融危机期间,美国和其他一些西方国家都把技术创新看成是危机过后本国能否在市场竞争中立足的一个最关键因素,所以不惜投入财力和人力,力求在技术创新上有较大突破。如果中国错过了这个机会,不抓紧自主创新,不抓紧产业升级和产品升级,将来是要后悔的。

同样,经常项目中的非贸易收支也很重要,比如旅游业就是增加外汇收入的重要产业,服务业同样可以带来外汇收入,服务外包更是新兴的增加外汇收入的渠道。在这些方面,我们还有很大的发展空间,一定不能错过机会。

根据科技界最近的探讨,今后国际上将在四个方面有重大技术突破:

第一,新能源。新能源可以减少我们对进口能源的依赖性,同时,还可以带动整个汽车行业的技术改造,对于以后的发展会起到很大的带动作用。2009 年,我国的汽车销量突破了 1000 万辆,如果新能源开发技术能够跟上的话,不但会继续扩大国内市场,而且会占领一部分国外市场。

第二,新材料。这同样是一个重要的领域。新材料的使用将带动装备制造业、房地产业和轻工业等全行业的技术改造,因此,新材料开发的前景非常好。

第三,生物科技。生物科技领域的重大突破不仅能够带动农业、畜牧业和水产业的发展,而且对于医药行业也会起到很大的推动作用,从而使这些产业的产品有更强的竞争力。

第四,环保产业。这一领域的技术一定会有重大突破,因为它不仅影响到出口竞争力,而且影响到能否可持续出口的问题。前不久我在欧洲跟欧洲的经济学家讨论时,他们一致认为现在的环保概念已经跟 20 年前完全不一样了。原来只要求产品本身和排放没有毒,比如说,提供给消费者的产品有安全保障,不会危害使用者的人身和财产安全,工厂排放的废水、废气不会影响到人类健康,不会影响农业、渔业、畜牧业和饮水,就算符合环保标准,但现在的要求大不相同,不仅关注这些因素,还关注生产过程中二氧化碳的排放量。虽然二氧化碳没有毒,但是对气候和人类生活会产生影响。假如南极和北极的冰全部融化,会给人类造成怎样的灾难? 因此他们提出了新的观点:少消费就是环保,少用纸张就是环保,不用一次性筷子就是环保,节电就是环保,因为生产任何产品都要排放二氧化碳。从这个角度来讲,一个企业如果排放二氧化碳多了,那么,它所生产的产品就销售不出去,它也就会失去国际市场。

产业突破能使产品的竞争力增强,即使是劳动密集型行业也需要自主创新。我们在一些省市调查时,许多企业家依然认为自主创新是知识密集型和资本密集型行业的事情,与劳动密集型企业没有太大关系。他们甚至说,劳动密集型行业能有多少自主创新? 我认为,劳动密集型行业的自主创新至少可以从以下五方面着手:一是设计创新。首先要有创意,设计才能创新。如生产服装、鞋靴和玩具,设计上的创新是最重要的。二是在原材料选择上可以有突破。一套时装、一双鞋靴、一件玩具,如果能选择一种新的更环保的原材料,一定会更受欢迎。三是节能。节能不仅可以降低成本,而且符合环保要求。四是营销方式创新。即使是劳动密集型行业和企业,在营销方式上同样可以有较大突破,实现创新。五是企业内部管理体制创新。对于民营企业来讲,家族经营制在企业达到一定规模之后就需要规范化,如果内部发生产权纠纷,就会极大地影响企业的整体效益。

由此可见,任何一个类型的企业都需要自主创新。自主创新能力是影响经常项目尤其是贸易收支项目的重要因素。

2. 资本项目方面

在资本项目方面,为了保证外汇储备不至于大幅度下降,要采取如下两个重要措施。

第一,要坚持改革开放,在国内创造更适于外资进入的投资环境。比如,要讲信用,要使投资环境更好,使基础设施更完善,使政策更具有持久性,等等。如果做得好,外资就会不断进入,而且不会发生大范围撤离的情况。

第二,为了在资本项目上不至于出现大的波动,要防止民间资本非正常性地大量外流。民间资本非正常地大量外流会影响外汇储备安全,因此,对民营经济的政策一定要有连续性。2005 年 2 月,国务院发布了《关于鼓励支持和引导个体私营等非公有制经济发展的若干意见》,即所谓的"非公经济 36 条",但到目前为止,这 36 条还没有完全落实到位。民营企业家对于政策是很敏感的,如果他们发现政策倒退了,资本就很可能非正常地流出国境,就会影响到我国外汇储备安全。

二、关于防止外汇储备贬值问题

外币的贬值会影响外汇储备,而某种外币贬值可能是该国国内经济波动的结果。那么,我们能做什么呢? 我认为,主要可以在以下五个方面有所作为:

第一,优化外汇储备结构。任何一种硬通货(包括美元、欧元、英镑、瑞士法郎,有的时候还包括日元)在我国的外汇储备中占多大比重,要全盘考虑,对其中任何一种都不要偏重或偏轻。外汇储备币种的构成是历史形成的,不宜变动过快或调整幅度过大,但是应该做到心中有数,逐步进行调整,使之合理化和优化。

第二,外汇储备的范围应该扩大为外汇黄金储备。从目前情况来看,黄金有升值的趋势,所以要增加黄金储备,把它跟外汇储备放在一起,对于我国将来保证外汇储备安全是有利的。在黄金价格稍有下跌的时候,应该抓紧时间多购黄金。

第三,要树立外汇资产储备的理念。目前我国的外汇储备是单纯由外币构成的,而实际上,从国家外汇储备安全的角度来讲,应该既有外币所构成的外汇储备,也有可以较快变现的外汇资产作为储备。外汇资产如果能够较快变现,那么效果会比外币更好。我国外汇资产在外汇储备中所占的比重不如日本。日本虽然由外币储备构成的外汇储备少,但是其外汇资产很多。所以,我们要想办法增加外汇资产,比如,在国外购买土地、矿山及好企业的股票,这些都是外汇资产。总之,增加外汇资产对我们是十分重要的,因为外汇资产的保值功能更为明显。

第四,利用外汇储备作为信贷资金对外贷款,可以带动产品出口、工程承包、劳务输出等。这样就可以利用外汇储备把国内经济带动起来。

第五,用活外汇储备。即使外汇储备是由外币构成的,也可以用活外币储备。把这么多的外币放在那里不用,本身就是一种损失,因为一方面是机会成本在增加,另一方面是外币在贬值,这样一来损失就更大了。所以,要用活外币储备,包括进口先进的设备、短缺的原材料和燃料,以及进行海外投资等。可以设想一下,如果外汇储备减少了,甚至外汇储备不多了,我们还能够进口这么多食用油吗? 因为国内的食用油供不应求。如果要在国内生产出足够国人消耗的食用油,也许上亿亩的土地都不够。这上亿亩的土地从哪里来? 没有这么多土地,怎么种大豆来生产这么多食用油? 但如果我们用活外币储备,就可以到国外建农场,在那里种植、加工大豆并生产食用油,运回来的就是我们自己农场和加工企业生产的食用油。

只要做好上述五方面的工作,国家外汇储备就拥有了一定的抗风险能力。

此外,还有必要提出"藏汇于民"的问题。以上所谈的是国家外汇储备问题,而"藏汇于民"指的是民间外汇储备。如果把国内外汇储备分为国家外汇储备和民间外汇储备两个部分,那就更全面了。民间外汇储备又分为企业拥有的外汇和个人拥有的外汇两个部分。民间外汇储备同样能发挥稳定经济的作用。民间外汇储备由于机制灵活,分散持有,信息来源多样化,所以它们的抗风险能力比较强。外汇市场一有风吹草动,民间(无论是企业还是个人)总会随时采取对策,力求保值,避免意外损失。民间外汇储备越多,国家的金融安全也就越有保障。当然,民间持有较多的外汇,市场风险也会增大,这就要求政策引导和金融监管要到位。只要制度齐全和完善,"藏汇于民"无论从哪个角度来看,都是利多弊少的。

三、对外汇储备安全问题的进一步研究

当前关于国家外汇储备安全问题,还有五个重要的理论问题需要进一步探讨和研究。

第一个问题:在有管理的浮动汇率的条件下,人民币大幅升值、快速升值显然是不可取的,置市场机制于不顾,随意性地规定一个兑换比率,那就更不可取了。那么,人民币小幅升值、缓慢升值的利弊得失何在? 应该认真地进行比较。经济学研究就是两害相权取其轻,两利相权取其重。由此需要探讨的

是:如果人民币小幅升值、缓慢升值确实也会带来不利影响的话,那么,我们如何消除这些不利影响? 什么样的对策才是有效的和可行的?

第二个问题:外汇储备的数量有没有上下限? "最优外汇储备量"是怎么得出来的? 外汇储备占 GDP 多少是最优的? 或者把外汇储备跟其他国民经济的指标连在一起计算更好些? 这也需要进一步探讨。也许"最优外汇储备量"概念不一定可信和可靠,那么能不能建立符合新型发展中国家现状的、合理的外汇储备量标准呢?

第三个问题:外汇储备不仅是一个数量概念,还包括了质量概念。根据外汇储备数量的多少,设计出一种预警机制是比较容易的,比如说,外汇储备连续几个月降低多少就逼近或突破警戒线了,但是,外汇储备有没有质量指标? 质量标准又是什么? 怎样确定质量指标? 又怎样把数量指标和质量指标结合在一起进行综合考察,以便将来建立一个有关外汇储备安全的预警机制?

第四个问题:要研究同我国联系较多的世界其他国家的币值变动趋势。既然外汇储备中外币的升值和贬值与我国的外汇储备安全有关,那么,我们就应当对其中同我国经济联系较多国家的币值变动趋势进行研究,包括近期分析和中长期分析。以美元、欧元和日元变动来说,就需要有专门的研究单位和研究人员来从事这项工作,并提出研究报告。这一研究对于我国准备进行海外投资和扩大外汇资产储备的比重同样是有重要参考价值的。

第五个问题:要加强对汇率决定理论的研究。传统的汇率决定理论(如国际收支说、购买力平价说、利率平价说等)显然已不足以解释当前的汇率决定问题。即使就西方的新汇率决定理论而言也是如此。西方较为流行的是以货币学派理论为基础的流动性汇率模型,但它过于强调货币供给的作用,偏重货币流量分析,并通常以商品市场价格具有充分弹性为前提。这究竟在多大程度上适应当前的汇率决定,尤其是在各国政府对本国货币供求有较大干预、世界性的贸易保护主义抬头以及某些关键性商品价格依然受到寡头垄断控制的条件下,它能否解释汇率决定和汇率变动的原因,是大可怀疑的。因此,我们有必要加强对汇率决定的理论研究。

(作者单位:北京大学光华管理学院。原载于《中国流通经济》
2010 年第 4 期)

发展民营银行和资本市场　建立金融市场新格局

萧灼基

当前金融市场存在的问题较多,其中主要有银行体系不完善,国有独资银行一统天下的格局基本未变,股份制银行、民营银行处于起步阶段,比重不大;银行资产质量不高,不良资产严重的局面没有根本好转;直接融资比重下降,储蓄存款大幅上升,金融风险过分集中;股市持续低位徘徊,绝大多数股民被深度套牢,市场信心严重不足。必须积极推进金融体制改革,加大解决金融领域深层次问题的力度,更加充分地发挥金融对经济的支持力度。

2003 年党的十六届三中全会对金融市场的改革与发展给以高度重视。全会通过的《中共中央关于完善社会主义市场经济体制若干问题的决定》,对金融市场的改革与发展的基本原则和基本内容,作了全面、深刻而又具体的论述。其主要内容有:更大程度地发挥市场在资源配置中的基础作用;发展混合所有制经济,实现投资主体多元化,使股份制成为公有制的主要实现形式;建立健全货币市场、资本市场、保险市场有机结合、协调发展的机制;稳步发展各种所有制金融企业;大力发展资本市场和其他要素市场,积极推进资本市场的改革开放和稳定发展;通过发展资本市场,扩大直接融资;深化金融企业改革,选择有条件的国有商业银行实行股份制改造,创造上市条件;完善人民币汇率形成机制,保持人民币汇率在合理、均衡条件下的基本稳定。

一、发展民营银行,改善银行结构

在计划经济体制下,我国商业银行由国有经济垄断,具有行政性、垄断性、计划性、封闭性的特点。除了工商银行、建设银行、中国银行、农业银行 4 家国有独资商业银行外,还有 11 家股份制商业银行,大部分也是国有经济控股。发展民营银行,是改善银行结构,提高银行素质,加大金融对经济的支持力度,开展与外资银行进行市场竞争的必然要求。

第一,发展民营银行,是打破国有银行垄断地位,鼓励和支持非公有制经济发展的需要。改革开放以来,尤其是 20 世纪 90 年代以来,我国非公有制经济迅速发展,对 GDP 的贡献率达 22.4%,在宏观经济中的作用不断增强,要求发展相适应的金融服务。但银行业至今仍由国有经济垄断,这种情况已不适应我国市场经济发展的要求。

表 1 情况说明:(1)国有独资商业银行资产总额占全部商业银行(外资银行除外,下同)的 84.18%,居绝对垄断地位;(2)国有独资商业银行存贷款总额分别占全部商业银行存贷款总额的 85.92% 和 86.12%,基本上完全控制货币市场的信贷业务;(3)每家国有独资商业银行资产总量都大大超过全部 11家股份制商业银行的总和,股份制商业银行在银行业中的地位和作用微乎其微。

国有商业银行的垄断地位,对于防范金融风险、保障金融安全曾经发挥了重要作用。但在我国市场化程度不断提高,非公有制经济迅速发展的情况下,必须改变这种状况。大力发展民营银行,可以为非公有企业提供金融服务,增加非公有企业融资渠道,协调货币市场与实体经济的关系,增强金融对非公有制经济的支持力度。

第二,发展民营银行,有利于发展金融市场竞争,提高银行业素质。在国有商业银行一统天下的格局下,金融市场难以开展充分竞争,银行业素质难以提高,多年形成的不良资产成了沉重的包袱,盈利水平不仅难以与国外银行相比,而且低于国内股份制银行,尤其低于民营资本为主的民生银行。2001 年民生银行资产在全国商业银行资产总额中只占 0.9%,但利润则占到 2.92%;而同期 4 家国有商业银行中除中国银行外,其他 3 家国有独资商业银行利润比率都低于其资产比率。

市场经济要求经济主体多元化。只有在多元主体的条件下,才能形成竞争压力,充分发挥竞争机制在企业管理和资源配置中的作用。民营银行的建立和发展,使国有独资商业银行既面临着外资银行的竞争,也面临着不断发展的民营银行的竞争,必然促使其加快改革步伐,提高企业素质,增强企业活力,改变盈利能力低下的状况。

第三,发展民营银行,可为中小企业融资提供新渠道。目前中小企业融资难的问题十分突出,资金问题成为制约中小企业发展的重要因素。中小企业规模小,抗风险能力差,不少企业诚信度不高;中小企业财务制度不健全,财务透明度不高,外界难以了解其真实的经营和财务状况;中小企业贷款额度不大,贷款成本高,贷款评估体制和担保体制不健全,担保力度不够等,这些都影响了中小企业的融资能力。民营银行的特点是以中小银行为主,业务范围较小,经营成本较低,对本地区中小企业的经营情况、财务状况、企业形象和主要投资人也比较了解,因而能够为中小企业提供更多的金融服务,能够较好地帮助中小企业融资,为发展中小企业作出贡献。

第四,发展民营银行,可以吸纳大量民间资本,规范货币市场秩序,堵塞非法集资。我国民间蕴藏着大量资金,个体、私营企业两万多亿元经营资金中,经常存在部分暂时闲置的资金;城乡居民拥有大量金融资产,仅银行储蓄存款就已超过 10 万亿元,这为发展民营银行提供了资金条件。许多非公有制经济的企业家及金融资产较多的城乡居民对进入金融行业、参股银行很有兴趣,只要国家放宽准入条件,必然会吸引大量民间资本进入银行业。由于中小企业贷款渠道单一,银行贷款条件苛刻,而民间又存在大量资本,这就为非法集资提供了滋生的土壤。发展民营银行,建立和健全合法、规范的融资体制,是堵塞非法集资的治本之策。

第五,发展民营银行,可以分散国有银行的风险。当前我国金融市场中,间接融资占主要地位,而间接融资中,国有商业银行又占主要地位。这样由企业经营风险形成的金融风险基本上集中于国有商业银行。事实上,为数达两万亿元的不良资产以及前几年转归国有金融管理公司为数达 1.4 万亿元的不良资产,就是国有企业经营风险转嫁于国有银行历年积累的金融风险的表现。民营银行是按照现代产权制度和企业制度组建的金融企业,可以从根本上改变国有商业银行政企不分、行政干预银行业务的体制;可以采取多种多样的担保形式和监督形式,有利于严格控制贷款对象和不良资产规模,降低不良资产比率;可以降低金融风险,提高资产质量,从而可以在一定程度上分散国有商业银行的金融风险。

当前,发展民营商业银行的条件已经成熟,关键在于采取措施,积极推进。为此,特提出以下建议:

第一,落实党的十六届三中全会精神,突破法律与体制障碍。银行是经营特殊商品的特殊企业。中央关于毫不动摇地鼓励、支持和引导非公有制经济的发展,关于稳步发展各种所有制金融企业,关于放宽市场准入,允许非公有资本进入法律法规未禁止进入的行业和领域等的决定,为民营银行的建立和发展提供了充分依据,当前要抓紧落实;要打破人们以银行的特殊性为借口,阻碍非公有资本进入的观念障碍;要清理和修订限制非公有制经济进入金融企业的法律法规和政策,消除法律和政策障碍;要根据《决定》精神,制定组建民营银行的法律法规和实施细则;要积极进行试点,取得经验,逐步推广。

第二,鼓励和支持非公有制经济的企业法人或自然人身份投资民营银行,按照其在组建过程中的作用和投资的数量,可作为发起人、大股东或一般参股者。

第三,民营银行模式要多样化。可以是由国有资本、集体资本和非公有资本参股的混合所有制银行,也可以是完全由非公有制经济的企业法人和自然人参股的私营银行;在混合所有制银行中,既可以由国有资本或集体资本控股,也可以由非公有资本控股。总之,要形式多样,不拘一格。

第四,加强风险管理和内部控制。必须按照《决定》要求,做到资本充足,内控严密,运营安全,服务和效益良好,特别是要防止政府权力干预、内部人控制和大股东违规贷款等。

第五,推进利率市场化,为民营银行的经营活动提供良好的外部条件和广阔的活动空间。

二、实施积极股市政策,发展资本市场

资本市场是社会主义市场经济体系的重要组成部分。中央对发展资本市场十分重视,《中共中央关于完善社会主义市场经济体制若干问题的决定》明确提出要大力发展资本市场,并对资本市场许多重大问题作了深刻而具体的论述。2004 年 2 月国务院提出《关于推进资本市场改革开放和稳定发展的若干意见》,深刻论述了资本市场在完善社会主义市场经济体系,全面建设小康社会,推进改革开放和现代化进程中的重大作用,充分肯定了我国资本市场迅速发展所取得的举世瞩目的巨大成就和重要贡献,精辟阐明了推进资本市场的指导思想和任务,全面部署了大力发展资本市场的战略要求和具体政策,是积极股市政策的全面宣示,具有极其重大的意义。

第一,《意见》的出台十分适时。经过十多年的发展,我国资本市场已初具规模,上市公司 1200 多家,开户股民 7000 多万,筹集资金一万多亿元,已经从无到有,从小到大,逐渐成熟,日臻完善,在我国经济发展中发挥着越来越重要的作用。但是,从 2001 年 6 月以来,资本市场增长乏力,长期低迷,令人担忧。一是股指大幅下降。从 2001 年 6 月中旬上证指数 2245 点跌至 2003 年底的 1500 点,2004 年初有所上升,但仍不稳定。二是入市资金减少,股票融资比重下降。2003 年只占全部融资的 2.2%。三是广大股民资产缩水,损失惨重,投资股市的积极性严重受挫。四是证券公司经营困难,有的公司严重亏损。五是资本市场缺乏创新动力,缺乏发展信心。资本市场的现状与大力发

展资本市场、完善社会主义市场经济体系的改革目标不相适应,与全面建设小康社会的战略任务不相适应,与我国快速增长的宏观经济形势不相适应,与上市公司经营业绩提高的情况不相适应,与居民金融资产的不断增加不相适应,也与2003年以来全球主要资本市场指数回升的情况不相适应。同时,直接融资比重下降,银行储蓄大量增加,不利于保持国家金融安全,加大了防范金融风险的难度。

当前,我国正处在进一步完善社会主义市场经济体制,全面建设小康社会,积极参与经济全球化进程的关键时刻。在新一轮经济增长周期已经启动的时候,我国面临许多有利条件和新的机遇,也存在深层次的矛盾和新的挑战。在这个关键时刻,《意见》的出台,准确把握了时机,对资本市场乃至整个宏观经济发展具有无可比拟的重大意义。

第二,《意见》体现了科学发展观的原则和精神。从改革发展与稳定的关系,金融与经济的关系,发展与规范、间接融资与直接融资、市场结构与市场效率、股票与债券、主板市场与创业板市场等方面的统筹,全面规划了资本市场的发展方向,提出了发展的措施,把发展放在了首位。以发展促规范,以发展解决历史遗留问题,以发展推动上市公司和资本市场提高素质。国家有关部门要根据《意见》的要求,清理和修订妨碍股市发展的法规和政策;对市场和企业的监管要从实际出发,有利于发展;对历史遗留问题的认识和处理要实事求是,有利于发展。要深刻认识我国资本市场是在从计划经济向市场经济转轨过程中诞生的,准备时间短,政策法规建立滞后,市场环境不规范,与发达的资本市场比较,存在问题较多,需要认真清理和解决。但处理历史遗留问题,必须从实际出发,考虑问题发生的背景,采取积极、慎重、务实、周到的措施,照顾各方利益,不能操之过急,而且要有破有立,在解决违规资金进入股市问题时,要提出和落实合规资金进入股市的形式和渠道。资本市场在发展中遇到的问题,也要在发展中逐步加以解决。离开发展片面强调规范是不可取的;离开发展片面强调完善结构,提高素质,是不妥当的;离开发展片面强调防范风险,保障安全也是做不到的。

第三,《意见》把维护投资者特别是公众投资者合法权益放在突出地位。《意见》指出,要坚持依法治市,保护投资者特别是社会公众投资者的合法权益;重视资本市场的投资回报,为投资者提供分享经济增长成果,增加财富的机会;解决非流通股的流通问题时,要切实保护投资者特别是公众投资者的合法权益;研究制定鼓励公众投资的税收政策等。这些都是十分正确的。股民投资股市的目的是为了获得较丰厚的回报,其最大利益是在保障安全性和流动性的前提下,从股市获得高于存款利息的回报。股民要求知情权、参与权,要求公司严格实行法人治理制度,提高管理水平,目的都是为了提高公司效益和股票盈利水平。因此,政府的政策措施都应考虑股民利益,以维护股民利益为准绳。如果由于政策措施或政府行为导致股民利益受到损失的,政府要给予充分的赔偿或补偿。切实保护股民利益,必将大大激发股民的投资积极性,增强股民的信心。

第四,《意见》出台了一系列重大的政策措施,更加注重对资本市场的宏观调控。这些政策措施针对性、可行性和可操作性很强,对大力发展股市具有实际而深远的意义。资本市场是高度市场化的交易活动。股价的波动,指数的高低,股民的损益,基本上是由市场因素和市场规律决定的。在股市运行中,市场的基础性作用十分明显。但市场经济不是自由经济,政府宏观调控是资本市场健康发展的题中之义。在市场发挥基础性作用的条件下,政府和政策的协调性作用不可忽视。与国外市场相比,我国股市受政策的影响更大。这是因为:(1)我国正在从计划经济转向市场经济,计划经济条件下形成的政府干预只是减少了,并未完全失效;(2)我国上市公司多数由国有企业改制而来,股权结构中国有股一股独大;(3)与证券市场运行紧密相关的银行、保险等金融企业,基本上仍由国有经济垄断;(4)我国金融机构的高级管理人员多数是公务员或准公务员身份,必须听命于政府;(5)我国广大公众及企业与政府的关系密切,信赖政府,政府政策对公众和企业的影响比国外的要大得多。《意见》的出台,对我国资本市场的发展,将会产生深远的影响。

第五,《意见》明确提出要引导和加强新闻媒体的宣传和监督。坚持正确的舆论导向,以科学的理论武装人,以正确的舆论引导人,非常重要。在一个时期,一些贬低股市、误导股民的舆论广为流传,起了消极的作用。有人对市场上存在的一些不完善、不规范现象,不是从爱护的角度提出积极的改善措施,而是不加分析地全盘否定,甚至主张对已经初具规模、正常运作的股市"推倒重来",严重影响了广大股民的信心,不利于股市的规范发展。建议传媒要按照十六大以及十六届三中全会精神和《意见》的原则、内容,正确宣传发展资本市场的重大意义,深入分析资本市场存在的主要问题,积极研究和提出资本市场完善化、规范化的有效措施,以正确的舆论导向引导资本市场健康发展。

《意见》出台已经半年,但具体措施没有落实,市场对《意见》的作用逐渐淡漠,市场表现比《意见》出台前更加低迷,这是很不正常的,也是很值得监管部门和市场反思的。市场要求监管部门尽快出台具体措施,认真落实《意见》,发挥资本市场在资源配置与筹资、融资中的作用。

（作者单位:北京大学经济学院。原载于《中国流通经济》2004年第9期）

完善现代金融体系　防范化解金融风险

郑新立

金融安全是产业安全的核心。党的十七大报告明确提出了深化金融体制改革的方向、目标和任务,指出"推进金融体制改革,发展各类金融市场,形成多种所有制和多种经营形式、结构合理、功能完善、高效安全的现代金融体系。提高银行业、证券业、保险业竞争力。优化资本市场结构,多渠道提高直接融资比重"。贯彻落实党的十七大精神,在改革开放中加快完善现代金融体系,在发展壮大金融产业中防范和化解金融风险,是一项关系经济全局紧迫而重大的任务。

首先,完善现代金融体系是从制度上更好发挥市场在资源配置中基础性作用的需要。党的十七大报告提出了市场配置资源基础性作用制度化的新要求,实现这一目标,关键是要建立一个完善的、现代化的货币市场和资本市场。在技术、资本、劳动力、土地和矿产资源等生产要素市场中,资本流动居于龙头地位。资本流向哪里,其他生产要素就会随之向哪里集聚。因此,所谓市场配置资源,在很大程度上是由掌握资本和资金配置权力的各类行为主体来进行的。没有发达的金融体系,要想从制度上发挥市场对资源配置的基础性作用是不可能的。

第二,完善现代金融体系是扩大就业特别是鼓励创业的需要。党的十七大报告提出了以创业带动就业的新战略。为了鼓励劳动者自主就业,开展创业活动,就必须有小额贷款和政策性金融的支持。因为开始创业的时候,规模比较小,经营比较艰难,仅靠自己的资金很难实现这个任务。经验证明,有些地方创业搞得比较好,往往是由于有小额贷款和政策性金融的支持,有一个良好的创业环境。

第三,完善现代金融体系是提高自主创新能力、建设创新型国家的需要。十七大报告把提高自主创新能力、建设创新型国家提到了国家发展战略核心的高度。实施这一战略,没有金融的支持,没有风险投资的支持,没有创业板市场的支持,是很难达到目的的。目前,我国在纳斯达克上市的企业已有六十多家,几个月前,纳斯达克在中国设立了办事处。国内一大批发展比较好的高新技术企业被纳斯达克吸引过去,成为美国股市的增长点,与其这样,为什么不能留在国内上市,用以支持国内创业板市场发展,形成用国内资金支持技术创新和技术成果产业化的机制,使国内人民能够分享这些企业发展的成果?

第四,完善现代金融体系是增加群众财产性收入的重要途径。党的十七大报告提出了2020年中等收入占多数的发展目标,并提出要"创造条件让更多群众拥有财产性收入"。随着居民收入的提高,必然要有越来越多的资金投入到资本市场,以增加投资性收入和财产性收入,使更多的人能够进入到中等收入者行列,这就需要有一个健全的资本市场,要有一批合格的机构投资者和优秀的投资理财专家,减少散户,降低投资的盲目性,提高投资理性,真正发挥股市对企业的优选功能和对财富的分配功能,从而为增加居民的财产性收入作出贡献。

第五,完善金融体系也是促进国际收支平衡的需要。党的十七大报告提出要"采取综合措施促进国际收支基本平衡"。当前经济运行中的一个突出矛盾是内需和外需的比重失衡。随着连年外贸顺差的不断增加、外资流入规模的不断扩大,外汇储备不断增加。我国已经由过去的债务国逐步变成债权国,但是我们在国际收支管理上还不太适应这种地位的变化,海外投资能力不适应资本输出的要求。在历史上美国曾经在一百多年的时间内保持外贸顺差,德国也在八十多年的时间里保持了外贸顺差,但它们没有出现外汇储备大幅提高的情况,原因就在于美、德两国都有发达的金融体系,有力地支持了本国企业对外国的直接和间接投资,使剩余资金获得了比较高的收益,同时也促进了国际收支的平衡。目前我国外汇储备持续大幅增长的原因在于我们的海外投资的能力比较弱。迫切需要完善现代金融体系,通过扩大海外直接和间接投资等途径来促进国际收支平衡。包括到海外投资能源资源开发,并购一些国外拥有科技资源的企业,对一些海外金融机构、资源类企业进行参股、控股等,以资本项目逆差消化贸易项目顺差。

第六,完善现代金融体系是防范和化解金融风险的需要。我们要防范国际金融风波的冲击,首先需要把自己的金融产业做大做强。在金融产业处于弱小地位的情况下,金融安全是难以保证的。要保持虚拟经济与实体经济的合理比例。虚拟经济比例过小,就缺乏国际竞争力,是不安全的;虚拟经济过分膨胀,形成了泡沫,也是不安全的。如何保持两者的合理比例,需要有一个完善的现代的金融体系。总之,党的十七大提出建立多种所有制和多种经营形式、结构合理、功能完善、高效安全的现代金融体系,是今后一个时期发展我国金融产业的总体目标要求,一定要落到实处。通过金融产业的迅速发展,一方面为实体经济的发展提供有力支撑;另一方面为防范化解金融风险提供保证。

按照党的十七大的部署,加快金融产业改革和发展,应紧紧抓好以下几件事情:

一是加强和改善金融调控。要保持总供求的大体平衡,着力消化银行货币流动性过剩,防止价格由结构性上涨演变为明显通货膨胀,防止经济增长由偏快转为过热,促进经济持续平稳较快协调发展。消化流动性过剩,要采取综合性措施,加大调控力度。

二是要制定一个金融产业发展的中长期整体规划。包括银行业、证券业、保险业在内,统筹考虑,合理布局,通过规划来引导整个金融产业的健康发展。

三是要尽快把我国资本市场做大做强。发展资本市场,有利于形成对企业的优选机制,使优秀企业获得充足的资金支持;有利于使更多的人拥有投资性收入,扩大中等收入者比重;有利于减轻银行压力,分散金融风险。要扩大优质企业上市规模,继续鼓励海外上市的中资企业回归A股市场上市,增加股市供给,促进供求大体平衡,满足投资者需求。要积极发展债券市场,国家重点建设项目、基础设施和重大科技工程可通过发行建设债券筹集资金。要继续加强资本市场基础制度建设,提高上市公司质量,发展机构投资者,依法规范各类市场主体的行为,强化监管责任,促进资本市场平稳健康发展。

四是要调整银行组织结构。在继续推进大银行股份制公司制改革、增强大银行竞争力的同时,重视发展区域性的中小银行,扩大农村金融改革试点规模,放宽农村银行类金融机构进入,发展村镇银行、贷款公司和各类合作性金融组织,满足中小企业和农民贷款需求。要加快农村信用社改革步伐,推广江苏省农村信用社改革试点的成功经验,根据各地不同情况,实行不同的体制模式,在多数地区发展为以县社为经营主体的合作性金融机构,在经济发达地区可以发展为区域性股份制的商业银行,真正使信用社成为农村金融的主力军。要完善人民币汇率形成机制,逐步实现资本项目可兑换。

五是要重视发展保险业。在扩大现有险种保险规模的同时,探索新的保险品种,积极发展存款保险、生育保险、作为养老保障补充的企业年金制、农业灾害保险等,提高全社会保障水平和抗御灾害的能力。拓展保险资金投资渠道,在确保安全的条件下实现增值。

六是要加强和改进金融监管。充分利用现代电子信息手段,加强对各类金融机构资金流的动态监测,及时发现问题、处理问题。加强监管队伍建设,提高监管人员素质。当前,要处理好监管与发展的关系,监管是为了金融产业更好更快发展,要从发展金融产业的要求出发改善监管,使监管适应发展的需要,而不能为了监管的方便限制发展。要在防范和化解金融风险的前提下,加快金融产业发展,尽快建立起与实体经济相适应的虚拟经济。

让我们在党的十七大精神指引下,共同努力、协调配合,把建立发达的现代金融体系这件具有战略意义的大事切实抓紧抓好。

(作者单位:中共中央政策研究室。原载于《中国流通经济》 2008 年第 1 期)

对中国国有商业银行股份制改造的探讨

吴念鲁

党的十六届三中全会对深化金融改革提出了基本要求,要求各类金融企业成为资本充足、内控严密、运营安全、服务和效益良好的现代化金融企业。选择有条件的国有商业银行实行股份制改造,加快处理不良资产,充实资本金,创造上市条件。笔者就中国国有商业银行如何实现股份制改造谈一些个人看法。

一、股份制改造是国有商业银行改革的关键

当前,国有商业银行实行的是综合改革,这是整个金融改革的重点,而股份制改造则是综合改革的关键,也是国有商业银行改革的关键。我们可从以下几方面来分析。

1. 改变国有商业银行经营效率低下的状况

2003 年末,国有商业银行资产总额为 15.19 万亿元,约占全国 GDP 的 150%,占银行业总资产的 55%,占存、贷款市场的份额分别为 60% 和 58%。这表明它在我国国民经济中占有重要地位,对国民经济的发展作出了重要贡献。但是多年来,国有商业银行经营效率低下、不良资产包袱沉重、抵御金融风险能力差以及银行业结构不完善等问题大大影响了金融业本身的发展和推动经济发展的能力。首先,四大国有商业银行的资本回报率、资产回报率与欧美大银行一般有数倍之差,人均利润指标差距更大,有十几倍甚至几十倍之差。其次,从不良资产的包袱看,几年前,四大国有商业银行剥离了 1.4 万亿,但到 2002 年底,不良贷款率仍达 26.21%,2003 年下降至 20.36%,大大高于国际公认的 10% 左右的警戒线水平,余额在 2 万亿以上。第三,从抵御金融风险的能力看,我国金融机构的资本充足率和资本实力明显不足。截至 2000 年,四大国有商业银行除中国银行外,其余三家资本充足率均未达到巴塞尔资本协议规定的 8% 的要求。中国财政部于 1998 年 8 月发行 2700 亿特别国债用于改善四大国有商业银行资本金后,很快又处于下降的趋势。第四,虽然四

大国有商业银行在市场占有率方面处于垄断地位,分支机构遍设,业务品种却基本雷同,人员臃肿,造成资源的极大浪费。四大国有商业银行没有各自明确的定位和特色服务,客户结构也高度重合,不正当价格行为和恶性竞争时有发生,这种过度竞争是影响银行经营业绩、效率低下的主要原因,并威胁着我国银行业整体的稳健发展。国有商业银行只有通过股份制改造来解决上述问题。

2. 提高国有商业银行竞争力的根本途径

我们知道,当前影响我国金融机构竞争力的因素很多。但从理论上说,提高竞争力的关键问题只有两个,而且是相辅相成的。一个是增加资本金,因为银行业务要扩大、要发展,资本金不增加,达不到巴塞尔协议规定的资本充足率的标准,就没法拓展业务,产生的风险就无法承受;另一个是促进法人治理结构的建立,在产权明晰的基础上,建立和完善公开、公正、透明的激励和约束机制,才是增强竞争力的根本出路。一个金融机构在发展过程中,如能持续不断地保持资本充足率,同时又有良好的公司治理结构,那它将在未来竞争中立于不败之地。国有商业银行只有实行了股份制改造,条件成熟后公开在资本市场招股上市,才能较好地解决这两个关键问题。

我认为,国有商业银行股份制改造可以分四步走:第一步改造重点应放在机构设置、组织架构、内控体系的再造上,其目的是强化激励机制和约束机制的作用,这也是具体落实和完善公司治理结构。第二步应实现股权主体多元化。股权多元化,可以吸收一些大企业,包括国内外知名的大企业、民营企业和一些机构投资者参股(如国内外保险基金、养老基金等)借以增加资本金。在此基础上,可用几年的时间,建成一个现代化、多元化的国有金融控股集团。这个集团,可以考虑一方面做投资银行业务,一方面做商业银行业务,同时兼做零售业务乃至保险业务,不同的业务可以由下面不同的子公司来进行。第三步可以先发行银行金融债券,通过发行债券来充实资本金。这种债券可以公开发行,并在二级市场流通。先在国内市场发行,而后也可到海外发行。第四步是公开上市。这需要基于两个条件,一个是商业银行自身已具备成熟的上市条件,另一个是外部条件,即中国资本市场已很发达和完善,整个金融业基本实现了混业经营,金融监管具备高水平,中国金融市场基本实行了全方位的对外开放。

二、国有商业银行如何吸收国内外战略投资者

准备上市或已上市的国有商业银行和股份制银行的法人投资者,一般包括战略投资者和机构投资者两类。为什么拟上市的国有商业银行更重视战略投资者,这是因为战略投资者是指那些与发行企业建立紧密合作关系,或与其重要业务拓展有密切联系,社会形象好,规模较大,并愿意大比例、大额长期持有发行企业股票的企业法人(温彬,2004)。而与发行企业无紧密联系的法人,则称机构投资者。

1. 引进境内外战略投资者

国有商业银行引进了境内外战略投资者,可以帮助改善股东结构,打破国有独资的局面,有助于法人治理结构的建立和完善,也可借助战略投资者的管理经验和影响及其拥有的战略资源使现代企业更快地成长和成熟起来。因此,国有商业银行在选择战略投资者时,要审慎从事,要制定标准和条件。比如,其持有的股票自上市之日起必须锁定 12—18 个月,最低申购量不得低于多少万股。同时,也应当清楚地认识到,战略投资者的目的在于增值和盈利,一旦上市后出现较大的盈利空间,其持有股票的锁定日一旦解冻便急于获利,这样的例子不胜枚举。因此,在选择战略投资者时还应结合自身的发展战略、市场定位等因素综合进行考虑。

在与战略投资者进行谈判时,双方都需进行深入的了解,关键必将集中在投资的定价问题上,因为双方不搞清楚如何确定定价,就无法进行投资,而定价的标准,主要取决于净资产的大小。我认为,在双方明确定价的原则下,尽可能采取换股方式进行长期的战略合作。为此,对国有商业银行来说,要解决好两个问题,一是必须实行规范的股份制改造,二是要有透明度。

2. 实行规范的股份制

如果不实行规范的股份制,就不能真正实现机制的转换,就不能建立起现代企业制度。一般来说,规范的法人治理结构要求充分发挥股东代表大会的作用,发挥董事会、监事会的作用,处理好委托代理关系。过去国有商业银行脱胎于计划体制下政府主导型的银行体制,带有浓厚的行政色彩,虽然随着银行体制的改革建立了一系列管理制度和办法,但缺少一套现代化企业的管理体制,普遍缺乏一套完善的内控和风险防范体系,对银行经营管理中可能遭到的众多风险既缺乏预警也缺少化解能力。此外,由于职工的竞争意识不强,商业银行没有真正建立健全激励和约束机制,不能充分认识到当今企业的竞争说到底是人才及人才机制的竞争,只有培养、造就并留住大批优秀人才,商业

银行在未来竞争中才能立于不败之地。

　　3. 数据要有透明度

　　战略投资者和一般投资者对准备上市的国有商业银行最关心的是其数据的透明度。人们关注的焦点是中行、建行上市前不良资产到底有多少,如何进行处置;资本金、净资产有多少,450 亿美元注资前有多少,注资后又有多少。

　　中行和建行近日已分别向东方资产管理公司和信达资产管理公司转移价值人民币 1400 亿和 569 亿的损失类贷款。央行还将发行票据,半价置换中、建两行的可疑类贷款。这两大举动被看作是继 450 亿美元注资后政府向两家银行伸出的第二次援手。

　　目前,中行的不良贷款率已下降到 14.26%,建行为 8.77%,两家银行表示,上述方案实施后,两家银行的不良贷款率在年内将分别降至 6% 和 5%。

　　需要指出的是,人们关心的是不良贷款余额和不良贷款率的双双下降,而且要明确在哪个时点上。此外,上市前与上市后,东方资产公司与信达资产管理公司与中国银行和建设银行之间的关系必须全面理顺。

　　关于两家银行净资产情况,据 2002 年的统计资料显示,工行、农行、中行、建行四大国有商业银行的资本金和净资产分别为:1600 亿和 1778 亿;1270 亿和 1360 亿;1421 亿和 2196 亿;850 亿和 1072 亿。我们知道,这四家国有商业银行的实际情况是,如按规定冲销坏账后,中行、建行的净资产基本为零,工行和农行资本金已耗尽,净资产为负数,但是 2002 年,中行、建行公布的资本充足率分别为 8.15% 和 6.91%。又据新华社北京 2004 年 6 月 7 日报道,银监会负责人称,四大国有商业银行 2003 年底资本充足率平均为 4.61%,国家对中行和建行注资 450 亿美元后,两行的资本充足率分别提高至 16.5% 和 14.14%。既然注资后中行、建行的资本充足率达到如此高的标准,就没有必要急于准备公开上市以及用发行巨额次级债的方式来充实附属资本。

　　对于上述问题和数据究竟从何而来,是按什么标准和口径统计出来的,一定要有透明度,要有一个切实可信的说法。据了解,这两家银行都请了国际知名的会计公司为公开上市帮助清理、查询有关账务,并对组织架构、业务流程等问题进行咨询。既然要上市,就要对公众,对股民,对投资者负责,一定要有清晰的透明度,把家底说清楚,不要留有尾巴,不要发生像中国人寿保险公司在美国上市因数据不清等原因引起麻烦和负面影响的事情。

三、国有商业银行如何走金融控股集团的道路

控股集团的道路是股权主体多元化的问题,现在中行和建行都基本上朝着控股集团的模式在发展。中国银行应该说已经是一个控股集团。现在中国银行在香港有中银国际专门从事投资银行业务,还有中银保险从事保险业务,中国银行(香港)有限公司系原香港中银集团合并10家成员后以独立法人身份在香港上市。中国银行在海外的分行或当地注册的子公司可从事与当地银行同样的业务,其他几家国有商业银行如工行、建行、农行在海外都设有不同类型的相关机构。

金融控股集团经营是多元化的,可以从事金融、保险、证券以及与金融有关的业务。但是,我国目前金融业仍属分业经营,银行不得从事保险证券业务。因此,几家国有商业银行都采取了迂回道路,通过其属下在香港或国外的分行或子公司从事混业经营。对这个问题必须引起监管当局的重视,因为我国加入世贸组织的宽限期马上就要结束,届时国内金融市场就要全方位开放,外资银行将享受同等的国民待遇,而外资银行本身是从事混业经营的,在这种形势下,我国商业银行的竞争力在某种程度上就会削弱。国有商业银行如何建立金融控股集团必将出现种种问题,首先就存在监管不适应的问题,如果国有商业银行要走控股集团的道路,势必要和我国的监管体制发生冲突。此外,对准备上市的建行和中行来说,建立金融控股集团还有一个如何上市以及集团公司与子公司的关系问题。

1. 集团改制上市

我国大型国有企业股份制改造基本采取的是"先境外,后境内;先分拆,后整体"的上市路径。比如,中国石油化工集团公司通过"业务、资产、债权债务、机构人员"等方面的整体重组改制,以独家发起方式于2000年2月28日设立了股份制企业——中国石油化工股份有限公司,并于同年10月18日和19日分别在香港、纽约、伦敦三地交易所上市,2001年7月16日在上海证交所上市。目前,中石化总股本为867.02亿股,其中国有法人股477.43亿股(占总股本的55.06%),流通股28亿股,上市首日市值122.08亿元,2004年4月28日流通市值140.56亿元(温彬,2004)。

该集团公司与上市公司人员机构分离,从事主营业务的人员进入上市公司,从事非主营业务的人员留在集团公司存续下属企业。从上市公司的董事和高级管理人员看,除董事长和一名副董事长分别担任中国石油化工集团公司总经理、副总经理外,不存在上市公司董事、监事及高层管理人员在控股的

法人单位任职的情况,也不存在上述人员除独立董事、独立监事外在同业其他法人单位任职的情况。

中国建设银行将以分立的形式设立中国建设银行股份有限公司和中国建设银行集团有限公司。分立重组后,中国建设银行股份公司将继续经营现建行的商业银行主营业务,中国建设银行集团有限公司将不对社会经办具体的商业银行业务,它将承继建行2000年10月20日之前形成的对公委托贷款业务(不包括住房金融委托贷款业务)及相应的权利义务,承继并继续处理政府部门委托的原中国农业发展信托投资公司等金融机构的有关事宜及相应的权利义务。对于有争议的资产,此次分立时没有放入股份公司,经过这样的分立,将在一定程度上提升建行的资产质量,有助于建行海外上市。这样的方案与中石化上市的方案有相同之处。

2. 整体改制上市

建设银行或中国银行也可能采取整体改制上市的方案。据报道,此方案不将两行分立成集团公司和准备上市的股份有限公司,不把一些后继问题和遗留业务放入集团公司,而是经过其他的方式,如把不良贷款剥离给信达和东方资产管理公司等。整体上市,就意味着中行的上市公司仍持有原中国银行在海外如中国银行(香港)股份有限公司以及海外子公司的控股权。这样的方案,在准备工作上要增加难度和复杂性,但上市后,在经营管理与运作上将避免与集团公司可能产生的摩擦。从另一个角度来看,整体改制上市的股份公司本身就具备金融控股集团的性质。

3. 部分分行分拆上市

据报道,建行可能将优质的东南沿海五个省市——上海、浙江、江苏、宁波、苏州五家分行的资产和业务单独分拆上市,再将余下部分分块重组改制,逐步注入上市公司。这样的做法看似简单,操作起来难度很大,因为这五家的营运资金如何确定,净资产如何确定,上市后与建行是一种什么关系,如果建行控股又将是怎样的控股方式等问题都要一一解决。当然,如果五家分行合在一起分拆上市,由于"盘子"相对较小,可以尽快在国内上市。

四、国有商业银行如何上市与存在的问题

1. 在国内资本市场上市需考虑的问题

我们知道,四大国有商业银行的资本金都在1000亿—2000亿元,资产总值都在几万亿元。拿中行与建行来说,国家对每家银行注入的225亿美元,如

折合成人民币也接近1800亿元,如果仅以10%的比例上市,也得180亿元,如按溢价5—8倍发行,那将从市场吸收900亿元到1440亿元,这样大的盘子入市,资本市场肯定要"崩盘",但对中行和建行来说,10%的流通股比例远远不够。此外,有的观点认为,国有商业银行如果在国内上市,将不利于已上市的1000多家公司全流通的改革。

2. 在海外资本市场上市需考虑的问题

由于海外资本市场发达,资金的容量大,因此不会出现"崩盘"现象。有人主张,中行、建行可到纽约、欧洲或香港上市,甚至同时在几个国际金融中心上市,这里同样有几个问题需要解决。首先,仍然是要确定上市的盘子多大,也就是说占资本金的比例为多少;其次,是在一个地方上市还是在两个或两个以上的地方上市;第三,用什么货币上市,这里也包含单位股票的面值,因为不同国家或地区货币之间有一个汇率折算问题;第四,也是关键的问题,如何定价,如何发行,这不仅仅是个技术、地点和时机的问题,还涉及许许多多错综复杂的经济关系和经济利益问题;第五,如何考虑国内投资者购买的问题等等。

总之,我国国有商业银行股份制改造是金融体制改革的关键,它是一场攻坚战,只能成功,不许失败。但是,我们一定要清醒地认识到,国有商业银行上市并不是股份制改造的最终目标和终结。党的十六届三中全会的决议和精神清楚表明,条件成熟了的,国有商业银行可以在境内外上市,但绝不要为上市而上市。

笔者认为,当前国有商业银行股份制改造首先是改制,而不是上市。各家国有商业银行股份制改造必须按照国务院关于加快金融改革的总体部署来进行,即完善公司治理结构,引进境内外战略投资者,明确发展战略制定总体规划,建立科学高效的管理和组织架构,深化劳动用工人事制度改革,建立有效激励约束机制,逐步与国际会计准则接轨,加强信息科技建设,落实金融人才战略,建立规范的审计监管制度。

国有商业银行管理层如果认真贯彻和落实上述十条精神的话,我相信,国有商业银行的股份制改造必获成功,我国商业银行的竞争力必将空前提高,并将极大地推进我国经济持续、健康、稳定发展。这才是国有商业银行股份制改造的本质所在。

(作者单位:中国国际金融学会。原载于《中国流通经济》2004年第8期)

国有独资商业银行如何实行规范的股份制

赵海宽

一、国有独资商业银行实行股份制的途径已经找到

不久前国务院决定动用 450 亿美元的国家外汇储备和黄金储备,通过中央汇金投资有限责任公司(简称"汇金"公司),对中国银行和建设银行进行投资,以增加其资本金数额。同时,允许这两家银行动用原有的所有者权益冲销不良资产,使不良资产占资产总额的比重降到可以实行股份制的限度之内。在此基础上,对这两家银行进行股份制改革试点。这就为国有独资商业银行实行股份制,加快加深改革找到了途径,提供了可能。

当前我国整个经济的改革和发展速度很快,形势很好,然而四大国有独资商业银行的改革却相对慢些。人们知道,四大国有独资商业银行是我国银行业的主体,业务量占我国银行业务总量的近 2/3;而银行业又在国民经济中处于特别重要的地位,是国家经济活动的核心。根据我国多年来的经验,银行业的改革特别是四大国有独资商业银行的改革,必须同整个经济改革同步前进,银行业的改革进度如跟不上经济改革,就会使整个经济的改革和发展受到不利影响。因此,加快四大国有独资商业银行的改革,已不仅是加快整个银行业改革的大问题,而且也是关系到加快整个经济改革和经济发展的大事。

如何加快四大国有独资商业银行的改革? 经过经济界多年来的讨论,绝大多数人认为应该从实行股份制着手。关于这个问题,作者早在 1997 年初就写成并于 1998 年 1 月用"肖见"的化名在《经济研究》上发表《银行也可考虑试行股份制》的论文,对国有独资商业银行实行股份制的可能性、好处、问题和条件等进行了比较深入的分析。特别重要的是,中国共产党第十六届中央委员会第三次全体会议于 2003 年 10 月 14 日通过《中共中央关于完善社会主义市场经济体制若干问题的决定》,指出"选择有条件的国有商业银行实行股份制改造,加快处置不良资产,充实资本金,创造条件上市"。这就表明,对四大国有独资商业银行实行股份制,不仅在经济改革和发展方面早就产生了需要,而且在理论认识、政策原则等方面也已铺平了道路。

　　那么,四大国有独资商业银行的股份制改革,为什么迟迟不能实行? 主要原因是资本金不足和不良资产过多。据银行监督管理委员会公布的资料,截至 2003 年末,四家国有独资商业银行的不良贷款余额为 1.59 万亿元(按"一逾两呆"的口径),仍占贷款总额的 16.86%;由于需要冲销不良贷款,资本金率实际上都低于国际清算银行规定的 8%。这么多的不良资产和资本金缺额,根本不具备实行股份制的条件。这次国家对中国银行和建设银行采取上述措施,首先,就可以使这两家银行大胆利用原有资本金等所有者权益冲销不良资产,解决多年来难以解决的历史包袱。这两家银行的不良贷款余额,经过近几年的大力处理,已经不算很多,如再用原有资本金等所有者权益集中冲销一次,不良贷款率就可能大大下降,不再成为实行股份制的障碍。以中国银行为例,到 2004 年 1 月底,共有不良资产 3426 亿元,原有资本金 2200 亿元,如把这些资本金全部用来冲销不良资产,则不良资产只剩 1200 多亿元,不良资产率就降到 6% 之内,即降到国际上的一般水平。其次,可以较好地解决资本金不足的问题。这次国家从外汇储备中拿出 450 亿美元,这两家银行可以各得 225 亿美元,按现行汇价折算各得人民币 1860 多亿元,使其资本充足率都超过国际清算银行规定的 8%。这就为这两家银行实行股份制创造了最必要的条件。

　　用外汇储备对中国商业银行投资,也使相应部分外汇储备得到更加充分的运用。我国的外汇储备近十几年来增长很快,1989 年还只有 55.5 亿美元,1998 年就增加为 1449.6 亿美元,2001 年又增为 2121.65 亿美元,2003 年底更猛增为 4033 亿美元,如果加上已投资于中国银行和建设银行的 450 亿美元,则为 4483 亿美元。为确保国民经济持续、快速、健康发展和对外支付的及时进行,国家需要保持一定的外汇储备。不久前的亚洲金融危机没有对我国造成直接冲击,有多种原因,其中外汇储备较多是重要的原因之一。然而外汇储备也不是越多越好,各国的经验说明只要能够保证三个月商品进口的需要就行了。2003 年我国的进口总额为 4128.4 亿美元,外汇储备差不多等于一年的进口数额,显然偏多。我国现在还是发展中国家,急需挖掘所有的资金潜力,加快经济建设。保留这么多的外汇储备,虽可通过购买外国债券或存入外国银行得到一点利息收入,但同直接用于我国经济建设可能发挥的重大作用相比,不能说不是一种资源的浪费。这次国家决定用一部分外汇储备投资于上述两家银行,就把这部分外汇储备用到了国内经济建设和改革最需要的地方,使其作用能够得到更大、更充分的发挥。

二、采取措施争取实行规范的股份制

改革开放以来,国有企业转化成的股份制企业,有不少是不规范的。事实证明,不规范的股份制是很难建立起现代企业制度的。因此,为了真正转变经营机制,建成现代化银行,四大国有独资商业银行即将实行的股份制都应该是规范的。而股份制要真正规范,起码条件就是要充分发挥股东代表大会的作用,使其真正成为股份制银行的最高权力机构,凡关系本银行全局的大事,都必须由其讨论通过。换句话说,就是在国有独资商业银行转化为股份制银行后,政府应把原来在该银行的业务决策权和经营管理权,转让给股东代表大会及其经常办事机构董事会。

是不是关系本行全局的大事都通过股东代表大会就可以实现规范的股份制？回答是还不一定。问题在于我国四大国有独资商业银行,当前只能实行国家绝对控股的股份制,即国家股权在整个股权中所占的比重可能为75%,最少也会在50%以上。这不仅由于四大国有独资商业银行在国民经济中处于非常重要的地位,国家尚难放弃对其绝对控制的原则,而且还由于我国资本市场盘子至今很小,国有独资商业银行的规模相对较大,如发行超过资本金总额半数以上的股票,资本市场是承受不了的。就以在四大国有独资商业银行中规模不算大的建设银行为例,按现在的资产负债规模,可能需要近2000亿元的资本金,如果国家放弃控股地位,允许民间股权占到一半以上,就要向资本市场发行票面1000亿元以上的股票,再加上溢价部分,需要从资本市场上吸收的资金还要更多。建设银行一家如此,如果其他三家国有独资商业银行也按这个比例向资本市场发行股票,那需要从资本市场吸收多少资金！这在当前资本市场规模内是根本无法实现的。而人们知道,股东代表大会表决问题是以股东持有股票数量计票的,因此在国家绝对控股的股份制银行,股东代表大会决定问题时实际上仍然是国家股权代表一人说了算,即使重大问题由股东代表大会决定,同国有独资银行决定问题的机制还是差不了多少,从而仍然无法使股份制规范起来。只有创造性地运用股份制表决问题的规则,处理好国家股权同民间股权在股东代表大会上的关系,使民间股东在决定问题方面享有必要的权力,才可能在国家绝对控股的条件下实现规范的股份制。

关于这个问题,作者早在《银行也可考虑试行股份制》一文中就提了出来。该文写道,"在国家绝对控股的股份制银行股东代表大会上,国家股代表要尊重其他股东的意见,除重大原则问题,如关系到银行性质和执行国家宏观经济政策的问题要发挥控股权作用外,在其他问题上,应尽可能听取和尊重其

他股东的意见。还可考虑由国家明确规定,哪些问题国家股代表使用控股权,哪些问题不使用控股权,表决时国家股折半计数"。在以后的一些言论中,作者进一步提出,可以把股份制银行需要股东代表大会决定的问题归纳为五个方面:(1)有关本行重大体制变化和国家控股地位方面的;(2)有关执行国家法律、法规和宏观经济政策方面的;(3)有关本银行主要管理人员聘任方面的;(4)有关经营管理和业务活动方针方面的;(5)有关利润分配方面的。在这五方面问题中,前两方面的问题是国家最关心和最重视的。国家之所以要对四大商业银行绝对控股,主要是因为它们在国民经济中处于核心地位,在资源配置中起着主导作用,是国家宏观经济政策贯彻执行的导体和杠杆,国家必须对其绝对控制和掌握。所以在股东代表大会上凡决定涉及国家在本行的控股地位和执行宏观经济政策方面的问题,国家股权代表应该发挥控股作用,即在表决这些问题时,遵守股份制表决问题的一般规则,不管股票是国家的还是民间的都是一股一票。这样,国家对大商业银行实行绝对控股的最主要目的就可以实现。后三方面的问题却是股东特别是民间股东们最关心的。首先,能不能把一家银行的股份制规范起来并真正办成现代化银行,获得越来越多的利润,管理人员的状况是决定性因素。股东特别是民间股东们都希望能参与挑选并找到能干、正直、熟悉银行业务的主要管理人员。其次,改善经营管理和加强业务活动是增加利润的主要方法,本行的经营管理方针、业务活动计划自然也是股东们关注和希望参与讨论、决定的。再次,利润分配方案直接关系股东们的当前和长远利益,更是他们最关心、最希望参与决定的问题之一。因此,国家绝对控股的股份制银行,在决定这后三方面问题时,一定要尊重民间股东的意见。凡民间股东提出不同意见的地方,一定要反复磋商,尽可能修改。为了保证做到这一点,还可以考虑对股东代表大会表决问题的规则作一些变通,即在股东代表大会上讨论和表决这后三类问题时,视国家在本行的股权占本行全部股权的比重对国家股权折扣计票。比如国家股权占全部股权的65%,则可两股当一股计票;占75%,则可三股当一股计票。以保证在表决这些问题时国家放弃控股地位,实行国有股代表同民间股代表协商一致或"平等"表决的原则。这样,就能促使股份制规范起来,彻底改变经营机制,把追求更多利润作为前进的动力,尽快建立现代银行制度。

三、给国家股票赋予增值和增收的使命

国家持有的股票,至今还不能上市买卖,也无明确的增值、增收任务,因此

对企业前进的推动力不强。人们往往把国家是否处于控股地位,当作衡量股份制企业是否规范、现代企业制度能否尽快建成的标志之一。国家股权比重大,占控股或绝对控股地位,就表明这家企业的股份制还可能不够规范,经营机制可能转变不大。在许多人的心目中国家股权是企业前进的消极因素。因此,前面我们说的国有股权在表决问题时折扣计票的做法,只能是当前的一种权宜之计。而要改变国家股权的这种状况,使其成为推动股份制银行规范化、现代化的积极因素,就必须赋予国家股增值和增收的使命,并使其按照市场原则营运起来。

这次国家给中国银行和建设银行的 450 亿美元,不是财政拨款,而是国家的投资。投资的执行者既不是财政部,也不是主管外汇储备的人民银行,而是为此专门成立的"汇金公司"。这是一个非常正确的做法。"汇金公司"应该发展成为我国金融系统国有股权的经营机构,实行企业化管理,对掌握的银行股权进行营运。它应把职工的利益同经营结果合理结合,充分调动职工营运国家股权的积极性,力求股票得到更多的增值和增收。这样,作为国家股权代表的"汇金公司",对股票的理念就会同民间股东接近,在行使股东职责时,也就会把增加收入放在首要位置,积极推动本银行改善经营管理,尽快建立现代管理制度。进入这种状态,国家股权对银行股份制的规范和现代制度的建立,就成为非常积极的、能产生强大推动力的因素,国家是否控股对银行的发展就不成为问题了。与此同时,随着整个经济运行的市场化,宏观经济调控更加有效,资本市场的容纳量增大,国家对大商业银行绝对控股的必要性也就淡化,国家就可以根据如何更充分使用资金和加快经济建设的原则,决定对哪家银行继续控股,对哪家银行放弃控股。

国有股权市场化和在此条件下国家放弃控股地位,会不会使国家对这些银行失去控制,从而使国家的宏观经济调控能力削弱?答案是不会的。第一,国家已形成系统的法律体系,任何银行都必须在国家法规范围内开展活动,如出现违法违规行为,国家有关部门就可以进行干预。第二,采取上述各项改革措施后,国家的宏观经济调控能力不但不会削弱而且还会加强。担心这样做会削弱国家宏观经济调控能力,是尚未摆脱以行政手段为主进行宏观调控的观念。对国家绝对控股的银行,政府可以对银行管理人员和国有股权代表下达指令,布置任务,用行政手段进行调控,自然非常便当。然而多年的经验说明,用行政手段调控不利于经济搞活和更快发展。党的十五大早已明确指出,今后"宏观调控主要运用经济手段和法律手段"。而用经济手段进行调控,对规范的、股权都已市场化了的股份制银行来说,则比行政手段更易于取得效果。所谓用经济手段调控,就是用影响商业银行和企业经济利益的办法进行调控,即采取各种措施,形成这样一种环境,按照国家宏观政策去做,就可以多赚钱或少担风险;反之则会少赚钱甚至遭受损失。规范的、股权都已市场化了的股份制银行,更重视经济效益,对执行这样的宏观调控措施更主动、更积极。

（作者单位:中国人民银行金融研究所。原载于《中国流通经济》2004 年第 5 期）

第五篇　市场分析与市场营销

经济全球化带来的不平等问题及其对策

〔美〕埃里克·马斯金

在过去 20 年里,全球化在不断地深化,贸易额在不断增长,产品和服务在跨国之间的交易在不断增加,生产总量也在不断增加,原因主要是通信和运输的成本都在不断下降。

全球化给发展中国家带来更大的繁荣,从这个角度来说,全球化是非常成功的,中国可能是最为成功的一个国家,当然,印度做得也不错。全球化带来的另外一个好处,就是减少不平等现象。但是,有一些愿望并没有实现,在很多发展中国家,不平等现象甚至出现上升的迹象。

我为什么会关注平等这一问题? 其中一个原因,就是它违背了我们的自我认知,我们从出生以来就认为所有人都是平等的。但现实却是有些人收入特别高,有些人收入则很低,这就违背了平等的原则。不平等对低收入人群影响最深,因为他们同时也是饥饿、无家可归最大的受害者,不平等现象实际上更加重了贫困,甚至有些时候,不平等会增加政治上的不稳定。在发展中国家的不平等现象有所增加,我们确实感到惊讶。因为在比较成熟的国际贸易理论和比较优势理论中都很明确地提出,自由贸易会减少不平等现象,尤其是在发展中国家。

之所以出现目前这样的状况,实际上原因有很多。我们可以想象,现在有两种劳动力,一种是拥有高技能的劳动力,另一种是没有什么技能的劳动力。发达国家有技能的劳动力比例较高,这也正是它们能保持比较发达的原因。

发达国家在生产产品上拥有比较优势,因为高技能的劳动力(如做软件和计算机的人员)比较多,发展中国家生产的产品是不需要太多技能的。

为了理解全球化如何影响生产的问题,我们先看一下在全球化之前的生产模式,然后将这个生产模式与全球化之后进行比较。在全球化之前,每一个国家都必须为自己生产产品,如种玉米甚至做软件,不论是发展中国家还是发达国家都一样。但是,发展中国家也做软件时,效率非常低,因为发展中国家的劳动力实际上更适合于种玉米,而不是做软件。这些没有技能的劳动力在做软件时受到了很大伤害,因为他们不大懂软件,生产软件也减少了做其他工作的人数。生产软件对高技能劳动力的需求会有所上升,而这会使那些没有技能的劳动力的收入减少,这也就使发达国家和发展中国家的贸易成为可能。发达国家就会将其拥有高技能的劳动力输出到发展中国家,发展中国家则会把像玉米一类的产品输送到发达国家,这样,发展中国家就可以种更多的玉米,少做一些软件,这就更能适合其没有技能的劳动者的发展,低技能劳动者的收入就会有所增加,由于高技能劳动力本来就不多,因此,不平等现象就会减少。这正是全球化能够减少不平等现象的原因所在。但实际上并不是所有的国家都做得很好。

在全球化最早期,不平等现象还不是很突出,如在19世纪的欧洲和美国,全球化也在不断地改变这种不平等现象,也非常符合比较优势的理论。但在最近的全球化过程中,实际上做得并不是很成功。根据比较优势理论,应该把全球化看做是国际化生产,计算机就是一个非常好的例子,它实际上是一个全球合作的产品,可能大多数是在美国设计,在欧洲编程,在中国组装。我们把这个技能分成四个层级,而不仅仅是有技能和无技能两种,把生产分成不同的任务。比如,有两个国家,一个是发达国家,一个是发展中国家,发达国家的劳动者有较高的技能,分为A级和B级;发展中国家的劳动者技能比较低,分为C级和D级。我们把生产看成一个总的任务,把管理任务和辅助性任务融合到一起,但最终的结果,是融合管理者和生产者的技能共同完成一项工作。

把全球化之前和之后的生产模式进行比较,可以看到,在全球化之前,发达国家的A级劳动者和B级劳动者,因为没有国际化的生产,他们只是在国内进行比较,而发展中国家的C级劳动者也同样只能与本国的D级劳动者进行比较。而在全球化之后,就有了一种不同的模式,即B级劳动者和C级劳动者可以跨越国界进行比较,这对于收入有什么样的影响和意义呢?

在全球化之前,D级劳动者要和C级劳动者进行比较,如果跟有高技能的劳动者进行比较的话,就会提高自己的生产能力,同时也增加了收入。但是,因为全球化,C 级劳动者拥有了一个全球性的机遇,而 D 级劳动者没有。因此,C 级劳动者就和 B 级劳动者一起合作,而 D 级劳动者依旧处于原地踏步的状态。在全球化之后,D 级劳动者只能够和其他的 D 级劳动者进行比较,而他们的收入也许会因此而下降。同时,C 级劳动者因为抓住了新的国际性机遇,收入上涨。所以,不平等现象因为全球化而更加恶化,正如我们在最近全球化过程中所观察到的那样。

对此可以采取一些什么措施? 我认为,这就需要政府或金融机构来发挥作用。应该怎样减少不平等? 这就需要提高 D 级劳动者的技能水平,使他们也可以拥有国际性的机遇,参与到全球化的过程中来。如果没有较高的技能,就难以从全球化当中受益。那么,谁为这些技能的提高而付费呢? 生产者往往没有足够的激励措施,因为如果投资于员工,那么就必须给他们涨工资,这将会减少他们投资的收益;当然,员工自己也没有能力进行这种提高技能的投资。应该有一个第三方如政府、金融机构,以援助或其他方式来发挥作用。

实践证明,我们不能阻止全球化,即使想也无法做到,因此,如果要让世界上最没有技能、最贫困的劳动力有机会分享全球化的利益,那么,就要对他们进行培训,使他们也可以在全球市场上作出自己的贡献。

(作者单位:美国普林斯顿高等研究院。原载于《中国流通经济》2009 年第 8 期)

商务环境建设与宏观经济发展

林毅夫

改革开放以来,中国的对外商务发展很快。从 1978 年到 2004 年,对外贸易年平均增长率达 16.7%;对外贸易总量从 1978 年的 206 亿美元增加到 2004 年的 11548 亿美元,增长了 56 倍多;1978 年我国在世界贸易中排名为 35 位,2004 年已跃至第 3 位,真可谓沧桑巨变。

对内贸易商务的增长势头也不错。1952 年,我国全社会消费品零售总额为 262 亿元人民币,到 1978 年增至 1558 亿元;改革开放以后,花了 17 年时间,于 1992 年达到 10993 亿元,不仅跨上了第一个一万亿元的台阶,并由此进入了一个快速增长期。在以后的 12 年中,连续大踏步跃过了四个一万亿元的台阶:1995 年达到 20620 亿元;1999 年达到 31113 亿元;2002 年达到 42027 亿元;2004 年达到 53950 亿元。信息产业界有一个著名的"摩尔定律":每隔 18 个月芯片速度和记忆容量就要翻一番,而中国的商务发展似乎也暗藏着类似的定律或者增长周期。1981 至 1986 年的"六五"时期,我国社会商品零售总额是 15450 亿元;"七五"期间为 34610 亿元;"八五"期间增至 69756 亿元;"九五"期间增至 146513 亿元;正好是每 5 年翻一番。

内贸增长的原因,首先在于国民收入的迅速提高。改革开放以后的 26 年,国内生产总值增加了 10.3 倍,平均每年增长 9.4%,国内人均收入的年均增长率达到 8.0%,需求当然也随之同步增加。

其次是商务环境得到了极大的改善。硬件方面如交通、运输和信息等关键基础设施发展迅速。1978 年,国内铁路总里程数为 51700 公里,2004 年达到 74400 公里,增加了 40%。而这个增长比例相对于同时期的公路总里程数从 89 万公里增加到 187 万公里来说就是小巫见大巫了,其中高速公路的发展尤为神速,从 1988 年以前的零公里发展到 2004 年的 34300 公里,已经仅次于美国,位居世界第二。民航的发展同样迅猛,1978 年的民航里程数只有 14.9 万公里,当时不仅国内的航线班次稀少,出国旅行也极为不便,去美国还得绕道伦敦或者巴黎转机,而 2004 年的民航总里程数已经达到 205 万公里,可绕赤道飞50圈。通讯信息产业更是突飞猛进,1978年固定电话容量为405万台,2004年已经增加到42102万台;1990年,全国移动电话只有1.8万台,而2004年已经达到33482万台。从20世纪90年代中期才起步的互联网,如今已覆盖了包括西藏在内的所有省份,东南沿海各省几乎县县通网络。

软件方面当然主要是体现在政策上,以民营经济位置的递进变化为例是颇能说明问题的。改革开放初期,经过激烈的争论,才把民营经济当成了公有经济的一个补充,到十六大时,民营经济与国有经济已经同样拥有了两个"毫不动摇"的地位,即:要毫不动摇地发展国有经济,也要毫不动摇地引导发展民营经济。

上述硬、软环境的不断改进,无疑对商贸的快速增长起到了决定性的主导作用,但是如果对内、外贸的增长差异仔细地进行比较研究,其中一些特性却令人深思。其一是外贸增长不仅远快于内贸增长,而且快于国民经济的增长。二十多年来,外贸年均增长率达到16.7%,而国内生产总值的年均增长率只有9.4%。其二是内贸的增长慢于国民经济的增长。前面提到国内消费品零售总额从1978年的1558亿元增至2004年的53950亿元是以现价计算的,如果用不变价格计算,2004年的国内消费品零售总额实际只相当于一万多亿元人民币,比1978年增加了7.1倍,而同期的国内生产总值增加了10.3倍;如果换算成增长率,年均仅为7.8%,比同期9.4%的国内生产总值年均增长率低了1.6个百分点。这两个特性及其相关数据对于我国目前为什么会出现GDP中消费只占53%,比世界平均水平低了18个百分点的现象作出了比较明确的注释。

问题出在哪里? 主要还是在于我国的商务环境尤其是内贸商务环境的不尽如人意之处还比较多。几年前世界银行与国际金融公司联合进行了全世界范围的调查,并由世界银行于2005年初公布了基于这个调查产生的全球商务环境评比结果。在参评的155个国家和地区中,中国排名第91位,排在前三名的分别为新西兰、新加坡和美国。以我国现有水平,当然暂时无法直接与排在榜首的发达国家比较,但是认真研究一下全部排名,却可以从中发现许多耐人寻味的地方。比如与中国同属东亚经济圈中的发展中国家,泰国排在了第20位,马来西亚第21位;与中国同属发展阶段转型中的国家,立陶宛排在第15位,拉脱维亚第26位,斯洛伐克第37位,捷克第41位,波兰第54位;同为中国的一部分的地区,香港排在第7位,台湾第35位。从以上多个角度来看,中国大陆的商务环境确实还处在一个较低档次的平台上,确实还需要付出更多的努力加以改进和提高。

该评比中我国在 10 个具体指标上所占的排名令人深思。开办企业的难易程度我国排在第 126 位,属于靠后和麻烦较多的;为盖厂房、商店等要取得建筑执照的难易程度排在第 136 位;雇佣工人第 87 位;注册有多少资产第 24 位;融资的顺畅程度第 113 位;对投资者的保护第 100 位;税收第 119 位;跨境贸易第 48 位;合同的执行第 47 位;要关闭企业的难易程度第 59 位。以上林林总总的系数显示了拉低我国排名分数的大多为商务软环境方面的指标,这些指标普遍低于我国在榜中的平均总排名。其中凡是低于我国排名 91 位的指标,都应该是造成内贸发展相对比较落后的主要障碍。

根据 2004 年的调查,国内办一个企业要通过 13 个关卡,要盖 13 个章。而在发达国家平均只需盖 6.5 个章,是我国的一半;国内办一个企业需要 48 天办好手续,发达国家平均只需 19.5 天;国内开办一个企业跑关卡花多少钱?一个人一年平均收入的 13.6%,发达国家是 6.8%;在中国要开办一个企业在银行存款必须是 1277 美元的人均收入的 9.47 倍,而发达国家是人均收入的 41.2%;中国取得一个建筑执照平均要盖 30 个章,发达国家平均盖 4.1 个章;中国取得一个建筑执照平均要 363 天,发达国家只要 146 天;国内取得一个建筑执照跑关卡要花一个人一年收入的 126%,而发达国家手续全部办完所花的钱只有人均收入的 75.1%;国内企业要交的税相当于毛利润的 46.9%,只略高于发达国家的 45.4%,但是我国的税种太多、手续太烦琐。国内企业平均要交 34 种税,发达国家是 16.9 种;国内企业平均每年在税上要花 584 个小时,而发达国家只要 197 个小时。通过这么一大堆具体的对比数据,我国在商务环境方面可以改进而且应该改进之处已经一目了然。

改进商务环境对于我国未来的发展具有非常重要的战略意义和现实意义。从战略上讲,经过改革开放 26 年的发展,我国虽然已经跨过中等收入国家的最低门槛,但与发达国家的差距仍然非常大。2004 年我国人均收入为 1277 美元,只相当于美国同期人均收入 40100 美元的 3.2%。因此唯有加速经济发展,才能够逐步缩小其间的巨大差距。亚当·斯密的《国富论》对怎样加速经济发展有过很好的论述,他强调的第一点是分工。如果分工越细,效率就会越高。因为分工细化以后,每一个劳动者只做一部分工作,他的技能就会很快熟练;机器、设备和技术提升的机会也会非常大。亚当·斯密还说分工的程度决定于一个国家的市场规模,如果市场越大,能进行的分工就越细,效率就越高。

可是市场规模的大小又取决于商务环境,因为商务环境的好坏决定着交易费用的高低。扩大市场范围固然可以提高分工,然而分工增加了,就需要更多的交易,可是在扩大市场范围的过程中,如果在商务硬、软环境方面差,交易费用高,那么由分工所提高的效率就会被抵消,效益反而是下降的,这就必然会降低分工的程度,从而形成对扩张市场规模的阻碍。由此可见,商务环境对市场规模与分工之间的互动关系实际上起着非常重要的制衡作用,其在战略层面上的意义也正在于此。

对于中国今后几年而言,改善商务环境还具有较强的现实意义。据我的观察和分析,我国在未来一两年可能会面临比较紧的经济环境。我国从1998年开始出现通货紧缩,到2003至2004年,从统计数字上看,宏观经济指标很乐观,国内生产总值增长都达到9.5%。从物价指数上看在走出通货紧缩的同时并没有出现通货膨胀,避免了过去一放就活,一活就乱的情况,似乎安全地实现了软着陆。但是由于物价指数是基于十几类商品价格的平均涨跌,其中就大有讲究了。在零售价格统计的16个商品种类中,2003年只有4类价格上涨,12类价格下降;2004年有6类价格上涨,10类价格下跌。也就是说有一部分商品涨得非常快,另外一部分商品却因为生产能力过剩,价格继续在下降。一边很热,一边很冷,加起来是不冷不热,看似平稳,实则潜藏着危机。因为2003年和2004年走出了通货紧缩,主要是靠投资拉动,而且投资主要集中在房地产、汽车和建材三个领域。过热的投资在还没有建成之前是需求,建成以后变成供给,就会出现过剩,再加上其他行业原来已经存在的生产能力过剩的影响,通货紧缩的局面就将不可避免。其实按严格的定义,我国在2005年9月份已经是通货紧缩,因为9月份的消费品物价指数是0.9%,低于1%,商品零售物价指数是0,从理论上来讲,当消费品价格指数低于1,商品零售价格接近0,就是通货紧缩了。而2006年很可能还会延续这个态势。

对于即将出现的通货紧缩,我个人认为倒无需过分紧张。因为中国不会像日本等发达国家在发生通货紧缩时那样出现经济零增长或负增长。这主要是由于通货紧缩的原因不同。国外出现通货紧缩通常是由于经济泡沫破裂,导致个人财富减少从而引起消费减少,使原来满足较高消费能力的生产能力变成过剩生产能力,投资机会也就随之减少,当消费和投资都减少了,国民经济也就疲软了。而中国的通货紧缩都是由于投资过热造成的,投资过热产生的生产能力比消费能力的增长更快,所以物价就下降。但是这样的通货紧缩并没有财富效应,并不会蒸发掉个人财富,国民收入基本照旧,拥有的财富并未减少,在这种前提下,消费增长也会基本照旧。比如在 1998 年至 2002 年间,国内的消费增长是年均 6.6%,在世界上算是很高的,而且与 1978 年至 1997 年间的年均 7.1% 比较,也就低了 0.5%。由于 2005 年我国的社会商品零售总额增长也很快,达到 12%,所以 2006 年的消费增长保持在 7% 至 8% 应该不会有什么问题。而在投资方面,中国与发达国家发生通货紧缩时相比还具有比较独特的有利条件。像日本、美国等发达国家在发生通货紧缩、生产能力全面过剩时,由于其现有产业已经是最先进的产业,想要再进行产业结构升级是相当困难的,而中国目前产业的整体水平比较低,产业结构升级和技术升级的空间都很大,即使过剩也还有相当大的继续投资空间,因此预计民间的投资不会减少;同时政府还可以增加公共基础设施的投入,包括在 1998 年至 2002 年对公路、铁路、港口设施的投入和从今年开始进行的新农村建设运动,都会进一步增加投资。据此分析,即使发生通货紧缩,我国经济总的发展态势不会很差。

不过通货紧缩对企业来说总是不好的。因为物价不断下降,企业开工不足,利润就会下降,甚至出现破产,增加失业,增加银行呆坏账。在这种情况下,除了企业需要练内功、降低经营成本和改善经营环境以提高企业存活率外,政府还应该下大力气改善商务环境,降低企业经营的各种交易费用。为此,我简单提四点建议。

第一,要真正落实《行政许可法》。不该审批的就不要审批,真正实行报备制。向发达国家学习,尽量减掉企业要多盖的章和要多花的时间等。

第二,改善税收环境。我国的税率与发达国家差不多,但是征收的种类和环节太多。可以考虑从两个方面着手:一是让内外贸企业享受同样的待遇;二是把生产型的增值税改成消费型的增值税。

第三,大力发展服务业。服务业的发展需要有良好的经营环境,但是服务业的发展本身就是直接改善经营环境的行为。服务业基本上分成生产型、流通型和消费型三大类。消费型的服务业是为了提高人的生活质量,而生产型和流通型的服务业都是为了降低交易成本,直接改进商务环境。

第四,要改善融资环境。目前每年可供贷款的资金达到 23 万亿—24 万亿元,但问题在于绝大多数的中小企业很难借到钱,主要原因是我国金融结构不完善。全国 1000 多万家企业中绝大多数是中小企业,但是它们难以从股票市场和国有银行融资,所以一是应该多发展地区性民营中小银行。二是为解决中小企业贷款抵押问题要相应发展一些民营担保业。三是向美国等发达国家或者我国台湾地区学习,由政府出面筹建中小企业发展局,由它来审核中小企业的各种投资计划或创办计划,并对符合条件的企业进行融资担保。四是最难也是最重要的,就是要加强和加快社会信用体系、诚信体系以及个人信用和企业信用评估机制的建设。

如果能够做到以上几点,我国的商务环境必定会大有改善,对未来经济发展也必将起到不可估量的积极促进作用。

(作者单位:北京大学中国经济研究中心。原载于《中国流通经济》2006 年第 3 期,被《新华文摘》2006 年第 12 期和中国人民大学《复印报刊资料》之《商业经济》2006 年第 6 期全文转载)

警惕国际化陷阱

魏　杰

目前,许多人对中国经济和企业发展有很多担忧,认为 2007 年以来我们面临的问题非常多而且非常大,基本面不好。那么,我们遇到的困难到底是什么原因造成的? 我认为,2007 年实际上标志着我国已经走到了国际化陷阱的边缘,再往前迈步就有可能掉下去。

实际上,大量的后发达国家在向发达国家迈进时,基本都掉入了国际化的陷阱,如早些的拉美国家,在经济加速发展一段时期之后长期处于低迷状态;后来的日本,20 世纪 90 年代初发展非常快,但很快也掉入不可自拔的长达 15 年的低迷期;1998 年的亚洲金融危机,许多国家和地区包括"亚洲四小龙"都陆续陷入低速发展的困境;直到最近的越南,经济也面临严重危机。事实上,我国 2007 年也已经走到国际化陷阱的边缘。

许多国家掉入国际化陷阱,中国会不会步其后尘? 这是一个十分严峻且需要认真对待的问题。2007 年,价格全面上涨,并不是我国经济自身的原因,而是国际因素拉动的结果。按照经济学一般规律来看,价格上涨无非是两种情况:一种是因为需求上涨太快,供给跟不上而出现供不应求,所以价格上涨,即需求拉动型价格上涨;另外一种是因为企业成本上升引起产品价格上升,即成本推动型价格上涨。我国目前的价格上涨既有需求拉动型的,也有成本推动型的,而这两方面都与国际因素密切相关。

一、关于需求拉动型的价格上涨

需求拉动型的价格上涨是因为需求增长太快,导致供不应求,引发价格上涨。而需求的增长一定和货币连在一起,因为这里讲的需求是指有货币支付能力的需求,那么如果需求涨得太快,则表示货币一定出了问题,即货币过多。我国的货币是中国人民银行提供的,也就是说中国人民银行提供的货币太多了。一般中央银行发行货币大致通过两个渠道:一是再贷款;二是外汇占款。外汇流入我国,而我国必须在收了之后发行人民币,虽然再贷款也有,但实际上是外汇占款引发的货币发行太多。

2006年底,我国再贷款多发了3.2万亿元人民币,而外汇占款1.9万亿元。一般情况下,一个国家的货币发行量最多不能超过10%,而我国则超过了50%,因为国际收支失衡,外汇进入太多。这一方面是我国进出口顺差很大,另一方面是大量外汇通过资本项目流入我国。而所谓的顺差和国际资本涌入,是我们自己推动的结果。因为我们长期把扩大出口和引进外资作为基本国策,这会促进发展,也会把我们带入陷阱。大量国际收支失衡导致大量外汇流入,导致人民币多发,需求上升很快,必然使需求拉动型的价格上涨出现。所以说,价格全面上涨是国际收支失衡导致的结果,而国际收支失衡是扩大出口的结果。从这个角度讲,我们应该尽快结束这种局面,如减少顺差和外资过度进入,但这必然引发失业,又使我们面临两难选择。

近年来,不断有人提醒这样会把我国引向国际化陷阱,但不敢去解决,一解决就会导致失业,失业比价格上涨更可怕。价格上涨还可以维系大众的心理平衡,而失业则会打破利益平衡,所以最终导致我们眼睁睁地看着往前走,2007年终于敲响了警钟,如果再往前走就会出现"拉美现象",出现类似1998年的亚洲金融危机,这才开始大面积刹车,但是刹车太猛的话,会引起增长速度下滑,整个泡沫就会破灭,就会出现更大的问题。

现在唯一可走的路就是启动国内市场,否则很难跳过这一陷阱,但启动国内市场又很难取得共识。企业还在琢磨出口问题。有企业老总抱怨说,过去拼命鼓励出口,给很高的出口退税,现在把规模搞起来了,又降低退税。企业也要生存,所以必须进行大面积调整。

启动国内市场的核心问题是启动消费。有人觉得房子一平方米10万元都不算贵,有人却连生活都维持不了,因为很多人收入来源少,收入比较低,这样消费就难以启动。对于提高居民收入,有五种办法。一是提高居民个人收入在国民收入分配中的比例。现在我国的国民收入分配比例不合理,国家财政收入太高,居民个人收入所占比例较低,国家财政收入连续五年高速增长,居民个人收入的相对比例却在下降,所以提高了个人所得税起征点,下一步还应继续提高。二是提高劳动收入在初次分配中的比例。初次分配分为两部分:一部分是劳动收入即工资;另一部分是企业利润。15年来我国企业利润都在上升,但居民个人收入增长非常缓慢。要提高劳动收入在初次分配中的比例,就要适当减少企业利润,增加劳动收入。利润增长很快而劳动收入增长较慢的企业应该提高劳动收入。三是提高财产性收入在居民收入中的比例。

居民收入由劳动性收入和财产性收入两部分构成,现在居民收入中的财产性收入太低,所以老百姓的收入增长很难。财产性收入包括动产收入和不动产收入。动产收入是指股票、债券、利润、利息等,不动产收入是指房屋、土地等带来的收入。不动产受房地产市场影响,动产受资本市场影响,所以要提高财产性收入,就必须发展资本市场和房地产市场。四是提高农民收入。关于增加农民收入,有一种提法叫"城乡一体化",它包括两层含义:第一,城乡公共产品享受一体化,即城镇居民和农村居民在医疗卫生、文化教育、基础设施、社会保障等公共产品享受方面应该是一样的;第二,城乡经济体制一体化,即城镇和农村的经济体制应该是相同的。如产权制度,城镇居民的私有房既可以抵押也可以买卖,农民的土地和房屋却不能抵押和买卖,所以农民无法提高财产性收入。五是提高欠发达地区居民的收入。要改变过去的扶贫模式,为欠发达地区居民创造就业和创业机会。

怎样跨过目前面临的国际化陷阱,对我国是一个很大的挑战。最近美国有人说,中国人净干傻事,自己给出口企业很多补贴,结果商品卖到美国很便宜,这其实是补贴了美国人民。但我们已经上了这个套,只能这样走,如果不接着走就要启动国内市场,这个问题不是2008年就能解决的,最少要三五年时间。这就要求我国企业必须调整战略,如果地方政府仍然把出口和引进外资当作政绩的话,就会把我们拖入陷阱。所以我们必须想办法改变方向。

二、关于成本推动型的价格上涨

价格上涨的第二个原因就是企业成本上升很快。企业成本在很短的时间里大规模上升,它所生产的产品价格就要上升,最后必然引发成本推动型的价格上涨。

目前成本上升的主要原因是资源短缺。而所有企业都要消耗资源,因此所有企业成本都在上升,最后演变成价格上升,而这种资源严重短缺的高价格不是我们自身的原因,而是国际因素在起作用。我国的资源已经满足不了我们的需要,如石油的对外依赖度达到50%以上,铁矿石则达到80%,能源或原材料我们自己控制的供给量已经满足不了经济增长的需求,需要走向全球配置资源,而各种国际力量又在有意推动我国所需要的所有资源的价格上升,所以企业成本随之上升,最后演变成全面的价格上升。如欧佩克不增加石油供应量,故意把油价推上去,让全世界来指责中国。因为欧美的石油需求量稳定,而我国用油量在不断增加,所以许多国家认为是中国经济发展影响到了它们。

　　这一问题将继续存在,只要我国经济继续增长,就必然会引发资源价格上涨,必然引发所有使用资源的企业成本上升,必然引发产品价格上升。这种现象可能会在未来很长一段时间内伴随着我们。我国现在 GDP 刚突破 20 万亿元,2020 年要突破 40 万亿元,20 万亿元时资源已经这么紧张,价格这么高,到 40 万亿元时会是什么状态可想而知,会引发更多的问题。

　　我认为,中国必须培育出新的文化。一个国家只能往前看,而不能从历史中寻找新武器,那样很难找到。一位历史学家举例说,大清帝国没有入关之前,政治体制接近资产阶级体制,八大王议政相当于民主贵族议会制,很厉害,效果很好,但是入关以后照搬明代的皇权制,反而把中国带入一百多年挨打赔款的境地,因此中国必须要有新的思维体系。

　　面对国际化陷阱,关键是要形成一个民族新的思维体系。未来我们不可能继续拥有低成本优势,成本优势已经丧失,就必须转向技术创新,从成本优势转向技术优势,所以我国的企业必须调整发展战略,这种调整不是一两年的问题,而是在较长时间内都必须应对这种挑战。

　　无论是需求拉动型价格上涨,还是成本推动型价格上涨,都是国际因素引起的,而我们又必须接受国际因素的挑战,怎样跳过这个陷阱是我国目前面临的重大问题。关键是要积极应对,想办法解决,否则就会像拉美国家和日本 20 世纪 90 年代初一样进入低速增长时期。我国的经济增长速度一旦低于 6%,整个泡沫就会破灭,就会带来很大的问题。

　　跳过国际化陷阱需要新的思维体系,这是我们必须认真对待和深入思考的问题。

　　　　　　　　　　(作者单位:清华大学经济管理学院。原载于《中国流通经济》
　　　　　2008 年第 10 期)

应当怎样实现扩大内需

刘　伟

一、我国经济增长速度放缓的主要原因不是外需不足

我国经济增长速度开始进入下行区已是一个不争的事实。无论是 2008 年的 9%，还是 2009 年预计的 8%，尽管与当代世界经济增长速度相比仍属高速增长（2008 年世界经济平均增长速度为 3.4%，其中发达经济体为 1%，新兴和发展经济体为 6.3%；预计 2009 年世界经济平均增长速度为 0.5%，其中发达经济体为 0.2%，新兴和发展经济体为 3.3%①），但与我国自身的经济增长速度相比，则增速确实已经放缓。

一方面，与以往比较，2008 年 9% 的增速比 2007 年的 13% 下降 4 个百分点，这在一个年度之间已属很大的跌幅，2009 年则又在 2008 年基础上进一步放缓；与 2003—2007 年的 5 年平均速度 10.6% 相比，2008 年的增速明显偏低，2009 年还将进一步滑落；与改革开放 30 年来 9.8% 的平均速度相比，现阶段的增速也是较低水平的。

另一方面，从我国现在所处的经济发展阶段及现阶段需要依靠发展和增长解决的社会问题与矛盾来看，8% 左右的经济增长速度并不算高。甚至有学者认为，以我国现阶段有效处理各类社会发展矛盾的需求看，8% 左右的增长速度与发达国家零增长的状况差别并不显著。

1. 我国经济增长速度放缓的主要原因在于内需增长不足，最主要的则是消费需求增长乏力

那么，我国经济增长速度放缓的主要原因是什么？ 归结起来可以概括为两大类：一类是国际金融危机下全球经济衰退对我国的影响，另一类则是我国经济本身的失衡，而且主要原因在于我国的经济失衡，即内需增长不足。从近些年来我国投资、消费、出口这三大需求对经济增长的拉动和贡献率来看，尽管净出口起了很大作用，但并不能说我国经济增长主要依靠出口或者过度依

---

① 国际货币基金组织 2009 年 1 月 28 日发布的预测数据。

赖外需拉动。在 2003—2006 年我国新一轮每年 10% 以上的高速增长中,净出口拉动经济增长逐年为 0.1、0.6、2.5、2.2 个百分点。净出口对经济增长的确有贡献,但还远远不能得出中国经济增长过度依赖外需(出口)的结论。所以,我国经济增速下滑的重要原因也不能归结为外需的减少,我国的经济增长主要还是靠内需拉动,增速放缓的主要原因自然也在于内需不足。

内需增长不足是形成经济增速放慢的根本原因。深入分析便会发现,其中最主要的又是消费需求增长乏力,而不在于投资需求增长不足。在 2003 年以来的这轮高速增长中,最终消费支出对经济增长的贡献率大多数年份是在 40% 以下(消费需求增量与按支出法计算的国内生产总值增量之比),有的年份甚至只有 35% 左右(2003 年),消费需求在每年 10% 以上的经济增长中所起的拉动作用只在 3.5—4.5 个百分点之间,远远低于当代世界经济中消费需求对经济增长的拉动作用。与之相对应的是,投资需求(资本形成总额)对经济增长的贡献率(投资需求增量与按支出法计算的国内生产总值增量之比)一般年份都在 40% 以上,有的年份甚至高达 55% 以上(2004 年),最高的 2003 年达到 64% 左右,投资支出对每年 10% 以上的经济增长的拉动作用一般在 4—6.4 个百分点之间,不仅显著大于消费需求的贡献率和拉动作用,而且大大高出当代世界经济增长中投资支出通常的作用程度。虽然根据经济史发展的一般规律,工业化、城市化发展进入中后期加速阶段以后,投资需求增长速度也进入相对较快时期,因而不能简单地说我国投资需求增长过快,但近年来固定资产投资需求快速增长,同时对经济增长的拉动作用突出,这是客观事实,所以我国现阶段的内需不足,主要在于消费需求增长相对不足。[①]

因此,扩大内需的战略重点应集中在扩大消费需求方面,而不是一般地扩大固定资产投资需求。而要有效地扩大消费需求,便需要进一步分析导致消费需求增长不足的原因。

2. 消费需求增长不足的原因

(1)由于我国处于工业化、城市化加速发展阶段,客观上使得投资需求增长加快;由于经济体制转轨进程的特点,使得扩大投资需求有着更强的体制效应和各级政府的积极性,而扩大消费需求的体制效应和各级政府的积极性则相对较弱。所以,在投资与消费的结构上,形成了较快增长的投资需求客观上

---

① 比例数据根据国家统计局《中国统计年鉴》中《三大需求对国内生产总值增长的贡献》数据整理得出。

挤占着消费需求的增长空间。据我们的一项研究,我国目前固定资产实际投资增长率在 22.5% 以下时,固定资产投资需求每增长 1%,消费需求的增长速度放慢 0.5 个百分点;若超过 22.5% 之后继续扩大投资支出,则投资支出每增长 1%,消费需求的增长速度放慢 0.8 个百分点左右;若超过 30% 以后继续扩大,则消费需求便不是增速放慢,而是呈现绝对量的负增长。① 我国长期以来高速增长的投资需求对消费需求形成了巨大的排斥效应。

(2)由于国民收入分配上的结构性失衡(包括初次分配和再分配中的价值取向,劳动报酬和资本要素的收入报酬之间的比例关系等);又由于市场化进程本身的价值取向是倾向于效率,因而各种能力上的差距、竞争中的效率差距等都进一步体现在收入分配差距上;还由于所有制结构上多种所有制经济的发展,使得在资产占有上的差距越来越直接地成为收入差距的重要原因等等。收入差距的扩大,使经济增长带来的利益更多更快地分配给了高收入阶层,而高收入群体一般而言其消费倾向是偏低的,这样就使其所获得收入的更大部分转化为储蓄、投资和保值品的支出,而不是转化为消费,从而使消费增长相对不足。

(3)由于我国经济体制改革的深入,改革的核心环节已逐渐从企业改革转向政府职能及社会共同保障等方面的改革,包括教育、医疗、养老、失业等社会共同保障制度改革方面的不确定性,使得人们的预期发生了深刻的变化,尤其是对中低收入群体而言,通常其消费倾向较高,但由于对未来各方面社会共同保障体制变化的预期具有很大的不确定性,为尽可能减轻和避免这种体制变化的不确定性造成的风险,往往调整储蓄和消费的结构,强迫性地增大储蓄。从而不仅在微观基础上降低了宏观上的消费需求增长速度,而且使宏观经济政策包括货币政策和财政政策的传导机制和政策效应受到严重阻滞,即扩大消费需求的宏观政策难以贯彻于经济活动之中。

(4)由于我国作为发展中国家本身客观存在的经济二元性(尤其是城乡二元性)显著,广大农村居民的收入水平较低,而且总体上增长速度也落后于城市居民;同时,我国总体上城市化率较低,并且在不同地区之间城市化率存在很大差距。据我们的一项研究,城乡差距扩大是现阶段我国收入分配差距扩大的重要原因,而城市化率差距又是造成我国不同地区之间收入分配差距

① 参见北京大学中国国民经济核算与经济增长研究中心编著的《中国经济增长报告(2006)》(中国经济出版社出版)。

的重要原因,所以,城乡差距的存在及扩大,使得占人口大部分比重的农村人口(60%左右)收入增长绝对或相对较慢,其购买力增长受到很大限制,消费需求的扩张在一定程度上主要依靠城镇人口(40%左右)的收入扩张,这就使得我国消费需求扩张存在严重的结构性扭曲,这是我国现阶段消费需求增长乏力的重要发展性原因。①

显然,我国现阶段消费需求增长乏力有多方面原因,并且其中每一方面的原因要在根本上克服都存在着许多矛盾和困难。此外,从我国经济体制条件和政府调控的经验、方式等方面来看,我们更善于也更有能力扩大投资需求,而不善于扩大消费需求,这就进一步增大了刺激消费需求的难度。

二、刺激消费需求、带动经济均衡增长,关键在于保障就业

1. 刺激消费需求最有效、最根本的路径在于努力提高人们的收入并稳定其收入来源,充分保障就业

最有效也是最根本的刺激消费需求的路径,在于努力提高人们的收入并稳定其收入来源。对于广大劳动者来说,提高和稳定其收入,关键在于保障人们的充分就业;而保障就业,既需要保障城镇居民的充分就业(包括高等学校毕业生的就业),更需要保障广大农村居民的充分就业(包括农民工的就业)。我国现阶段农村家庭收入水平的提高,主要或者说在很大程度上依靠外出打工,因而农民工的失业、待业、返乡会使农村家庭收入增长受到很大影响。据有关部门调研,我国目前农民工有15%左右失业,约有2000万人,再加上我国农业本身的劳动力过剩使得每年有1000万左右的农村劳动力需要转入非农部门。所以,农村居民就业的不充分与农民工失业的加剧,会严重影响农村家庭的购买力,进而加剧消费需求增长乏力的城乡结构性扭曲的程度。同时,全社会的失业率上升及社会共同保障体系的不完备,也是对消费需求增长最直接的威胁。

怎样提高就业的充分程度,进而扩大消费,切实实现扩大内需促进均衡增长?扩大投资需求以增加就业岗位,这是最为直接也是极为重要的举措。需要强调的是,如果通过扩大投资需求刺激经济增长,重要的在于要能够尽可能充分地使需求扩张有效地增加就业,并由此刺激消费需求的有效扩张,进而扩

---

① 北京大学中国国民经济核算与经济增长研究中心编著:《中国经济增长报告(2008)》,中国发展出版社2009年版。

大总内需以实现经济增长的均衡性。因而投资需求的扩张,无论是在技术选择上,还是在区域分布、实现方式及各方面扩大投资需求的政策选择上,都要首先考虑对就业的扩张效应。主要包括技术选择上的劳动密集、资本密集和技术密集的产业选择,区域分布选择上的不同资本密度和发展水平、不同梯度的地区之间的投资强度和结构选择,宏观经济政策上的财政政策与货币政策体系内部和相互之间的有机协调等。

2. 在刺激需求的同时,也应注重活跃供给

其实,扩大就业进而刺激消费,在刺激需求的同时,也应注重活跃供给。在宏观管理政策上,既要强调总需求管理,也应注重总供给管理,在供给与需求政策相互衔接、相互制衡中才能取得有效刺激经济、扩大就业的效果。

(1)从短期目标来看,供给管理政策的目标直接针对企业和居民(即生产者和消费者),通过包括财政政策、货币政策、区域发展政策、技术政策、产业结构和产业组织政策等等,影响企业的创新能力,降低企业的成本和风险,从而提高企业的市场竞争能力,以创造更多的就业机会;对劳动者来说,则是通过一系列宏观和微观政策影响其人力资本投入水平,提高其劳动生产率,并在此基础上不断提升劳动者的收入和福利水平,从而不断提高劳动者的积极性,提高克服就业技术壁垒的能力,以不断增强其就业的适应性和竞争性。可见,供给政策作用于企业和劳动者,能够有效地提高增加就业岗位总量、克服"失业与空位"并存的结构性失业的能力,对于扩大就业有着更为直接的作用。

(2)从长期目标来看,刺激需求必须与"供给革命"相统一,也就是说,为有效地克服扩大需求的盲目性,必须以有效的供给政策相配合,使需求扩张既能在短期内扩张经济、增加就业,又能在长期形成真正的有效供给,从而使需求扩张拉动的经济增长具有可持续性。进一步说,就是扩大需求的政策必须与作为供给管理政策的区域政策、产业结构政策、产业组织政策、企业创新能力提升、劳动者劳动生产率和积极性的提高等相互统一。在实施宏观的财政政策和货币政策时,既要强调其在拉动总需求方面的政策效应,同时也要密切关注其对国民经济供给方面形成的效应。否则,扩张需求的政策不仅是低效益的,而且也是难以持续的。

三、协调供给与需求管理是有效扩张就业的关键

那么,怎样以有效的供给管理与需求管理相互协调,提高经济均衡增长的

能力,推动充分就业,拉动消费需求增长? 以下几方面的措施是十分值得关注的。

1. 应强调以就业目标的实现来统一协调各方面的宏观总需求和总供给管理的经济政策

在运用财政政策、货币政策刺激需求、引导供给的过程中,必须充分考虑其拉动就业的政策效应;在产业结构政策上,应注重发展就业弹性高的产业,注重刺激具有反周期性特征的产业和部门发展,注重发展既能较大幅度增加就业,同时也能直接显著地增加消费的经济部门和领域,如教育特别是基础教育、医疗特别是满足大众需要的基本医疗服务以及其他社会服务业特别是具有社会公共消费特征的服务业;在产业组织政策上,需要强调反对垄断、鼓励竞争,在经济出现衰退甚至危机时是最有利的反垄断时期,也只有让不同规模、不同地区、不同所有制性质的企业尽可能获得公平竞争的体制保障,尽可能按照市场公平竞争要求均等地分享扩大需求的政策机会,以提高企业效率,同时使总需求的扩张真正建立在企业市场公平竞争的基础之上,并通过有效竞争来实现扩大总需求,使得微观上和宏观上刺激需求的举措能有效地拉动就业及收入增长,使刺激需求具有坚实和持久的效率基础;在产品开发政策上,既要考虑如何使生产适应市场需求,同时也要注意通过改善和丰富产品供给来引导和创造需求,发达国家在历史上经历了长期的"供给创造需求"时代,即通过新产品的开发和生产,通过产品的丰富、品种的创新和功能的完善,自动创造和引发市场需求,甚至以供给创新主导需求演变的潮流,我国目前所处的经济发展阶段和消费水平及方式仍然具有很大的供给创造需求的社会发展空间,也就是说,富有创意和想象力、物美价廉的产品与服务在一定意义上可以激发人们的消费欲望,自动创造出消费需求。

2. 在实施供给政策刺激经济的过程中,要科学地协调财政政策与货币政策的效应

在发挥财政政策特别是财政收入政策(税收)活跃供给,降低企业成本,提高劳动者收入,进而调动企业和劳动者积极性的政策作用的同时,注重发挥货币政策的供给效应。事实上,在降低企业成本、提高企业竞争力等供给政策效应方面,货币政策具有极为重要的功能。当然,货币政策在需求效应和供给效应两方面的作用均需要一系列的体制条件,既需要科学构建宏观的货币政策决策机制,也需要改革和完善微观的基础体制,特别是金融市场化的深入和完善,从而使宏观货币政策的扩张效应真正及时、有效地传导到微观经济主

体。否则,传导机制受阻,无论宏观货币政策如何扩张,微观市场主体(而不是政府项目)却无法获得扩张效果。

3. 在实施供给政策刺激经济的过程中,就政策行为主体的政府而言,应当区分中央与地方政府的特点并协调好相互之间的关系

从一定意义上来说,地方政府在实施供给管理方面更具有政策的主动性和有效性。就需求政策而言,地方政府的作用具有相当大的不确定性,地方政府采取的增加当地居民收入的种种扩大购买力需求的举措,不一定必然充分形成对当地企业产品的市场需求,不一定能有效地拉动当地经济的内需,在很大程度上可能形成对其他地区企业甚至国外企业产品的需求,也就是说,当地居民增加的收入不一定形成对当地产品的购买,在开放经济条件下,这种不确定性不仅存在于本国的不同地区之间,而且存在于不同的国家之间,所以,一贯鼓吹自由竞争的美国在面对经济衰退时,奥巴马也要求美国政府刺激需求的政策形成的购买力要购买本国厂商的产品,就是要使扩大需求的政策效应不直接外流。但从供给政策来看,这种政策效应的不确定性基本上是不存在的。一方面,地方政府对当地的资源禀赋、发展条件、企业状况、市场环境、历史沿革及人文传统等,相对于中央政府来说,掌握着更充分的信息,地方政府干预或影响当地企业和劳动者行为、实施供给管理比中央政府更具信息优势;另一方面,地方政府在财政政策、货币政策、产业政策、技术政策等方面给当地的企业和劳动者以优惠,受益的自然是当地企业和劳动者,因此可以提高当地经济的竞争力,相应增加的就业机会自然主要由当地人分享,所以,在实施供给管理中应强调地方政府的特殊作用。

4. 在实施供给政策刺激经济的过程中,关键的体制性问题在于处理好政府与市场的关系

供给政策作用于企业和劳动者,因此会引发人们对政府过于集权、政府对市场的替代、政府对企业和居民权利的否定等多方面的忧虑。20 世纪 80 年代美国里根政府的"供给经济学"之所以难以继续,关键也在于此。尤其是当前,全球都在抗击金融危机引发的经济衰退,市场自发、自由竞争的局限性显现得更为充分,多国政府对"市场失灵"的干预力度空前提高,更使人们不能不重新思考政府与市场的关系问题。对于我国来说,正处在经济体制改革的关键时期,因此,当前全球金融危机影响下的经济衰退对我国的影响,就不仅应当注意其对我国经济增长的冲击,而且也应注意其对我国经济体制改革的影响,尤其不能动摇社会主义市场经济体制建设目标,供给管理若无市场经济

体制改革的深入和完善作为条件,很可能导致体制"复归",同时,也很难取得成效。

（作者单位:北京大学经济学院。原载于《中国流通经济》2009
　年第4期）

营销学面临的新机遇与新挑战

王方华

从 21 世纪初开始,人们对营销的关注越来越多,各种各样的营销新名词也越来越多,营销学从开始时主要研究消费品领域延伸到工业品领域、服务领域,又延伸到非营利组织的领域。现在又在消费品领域发生深化、细化,比如说家电营销、家具营销,凡是看得到的东西都可以讲营销。报纸、杂志等各种媒体上,营销名词林林总总,数也数不过来,比如服装营销、饮食营销、旅游营销、休闲营销等,这样一来,凡是想得到、看得到的,都可以叫营销,我们为营销受到这么多的关注感到高兴,但同时也感到担心。一个学科这样乱,都要变成一个大杂烩了。我们需要回归营销学的本源,了解营销学究竟是一个什么样的学科,然后,遵循一个规范化的思路去发展。

一、营销学是一门研究交换的科学

1. 营销学的核心概念是"交换"

营销学是从经济学中分离出来的,在一百多年前,一批经济学家发现经济活动中,从生产、交换、分配到消费这些社会经济领域中,交换环节显得更为重要。它在需要者和供应者之间形成了一个最简单的买卖关系。在买卖关系中间,延伸出许许多多非常复杂的行为及其规律。因此,有些学者从经济学领域跳出来,成为营销学家,他们的研究是围绕交换开始的,所以我们都知道营销学的核心概念是交换。

2. 营销学的研究重点是交换的有效性

交换的有效性就是使我们的交换有利于买者,也有利于卖者,使买卖活动得以顺利、持久的开展。

3. 营销学是特别强调个性与差异化的科学

营销学中从来没有一成不变的原理,都是根据实际情况,根据各种不同的商品、环境和交换条件而不断变化的。

我要提醒大家的是,在任何时候提到"营销"两个字,都不要忘记它讲的是交换。因此,任何营销学,不管它贴上了什么标签,它的本质仍然是交换,如果离开了"交换"这两个字,那么它就不是本来意义上的营销学。所以营销学的研究从这个本源出发,去延伸,去发展,我们就会发现市场机会,了解消费者的需求,了解消费者购买的原因,然后去满足这种需求,并在满足需求过程中创造、发明更多更好的策略、方法、技巧,最终实现商品的交换,完成买卖的过程。在买卖交换过程中,可以是在市场中的一个点上的交换,也可以是在流通领域中的一个过程,是各种渠道、各种方面汇集到一个点上去进行交换,但更多的是讲一种关系,是人们之间形成的一种买卖的社会关系。这样一种思路形成了整个营销学的框架体系,发展营销学要遵循这样的思路。

二、营销学是一门不断创新的科学

在美国,可以说营销学是所有学科中对人们的生活影响最深、影响范围最广、影响时间最长的一门科学。每个人都受到营销学变化的影响,每个人都离不开营销学中的原理、方法给其生活带来的变化。这种科学比任何一种其他的科学带来的影响都大,它使企业的行为发生变化,使政府的行为发生变化,使每个消费者的行为发生变化。对这样一门科学,我们需要好好地去研究,去深化。但它的本质是创新,因为营销学本来就是对市场消费过程中,在买卖双方交换过程中形成的不同的做法进行总结提炼而得出来的。我们可以看到,当前的中国有许许多多非常值得我们去总结、肯定、发展的营销新理论、新方法。尤其是民营企业,它们按照自己的思路,按照营销学的基本原理,创造性地运用这些原理,做得非常成功,如"温州现象"、"浙商现象"。实际上,正是这些企业把理论应用于实践,不断去创新营销学,这需要我们系统地研究、总结。同时,市场经济和竞争使营销学发展在深度和广度上不断拓展。世界上许多著名的营销学家都纷纷到中国来访问,他们对中国的营销学产生兴趣的原因在于中国有许许多多创新的营销学的做法,值得世界营销理论学家们总结、分析和肯定。所以最近一段时间,世界著名的营销学家一个又一个访问中国。他们在访问中国的过程中,得到了许多新的思路,同时在交流中也给予了我们许多发展中国市场营销的有益的启示,希望我们不断地去总结、发扬。另外,我要强调,不管怎么创新,万变不离其宗,仍然是围绕交换来开展的。按照这样的思路来分析,任何一种营销学理论都无非是在买者和卖者之间、消费者和供应者之间以及对交换过程中的各种方法、技巧的深化和细化而形成的林林总总、各式各样的营销学。

三、营销学面临的新机遇与新挑战

1. 经济全球化带来的新机遇和新挑战

中国在整个市场经济中处于一个独特的地位,我们的营销、商品不仅在中国受到关注,而且在全球也受到关注。比如格兰仕的微波炉产品在世界市场占有率已达到80%。于是有人批评说,中国总是在制造业里做一些低附加值的产品,人家是靠技术赚钱,而我们是靠劳动力赚钱。我认为这些批评实际上忽略了一个问题,那就是中国经济发展正处在工业化初级阶段,我们的制造业要形成大规模生产能力,能够在大规模生产条件下保证质量,保证市场供应量,保证物流的畅通实际上是非常难的一件事情。如果我们在生产能力比较低下,生产规模比较小的情况下,去拼命进行所谓的品牌竞争,提高所谓的技术含量,去和世界500强比拼,实际上是没有正确认识自己的地位。格兰仕提出了一个很好的概念,叫做"制造占有率"。格兰仕微波炉在世界上的制造占有率是80%,世界上最著名的28个品牌的微波炉都是格兰仕生产的,格兰仕在生产这些品牌的过程中,提炼出一种全球供应商、全球制造商的概念,于是就出现了这样一个问题——在经济全球化过程中,中国的企业营销将怎么走?它能不能一步登天,成为世界品牌,与世界500强去较量?我们是否应宽容一点,对企业的行为更耐心一点?有这么一个制造大国的过程,有这么一个不断形成大规模生产能力的过程,让别人去赚大钱,我们赚小钱。但赚小钱的过程是向赚大钱过渡的必要阶段,同时通过这样的努力,我们可以形成自己制造业的适度发展能力,中国的竞争力除了制度优势外,更重要的是丰富的低成本劳动力资源以及我们在制造上的模仿、创新能力。在经济全球化的情况下,如何评价中国的企业营销,如何对待中国的品牌化道路,对于我们来说,是很值得研究的问题。

2. 全面建设小康社会带来的新机遇和新挑战

中央提出的全面建设小康社会的理论和方法对于全中国甚至全世界都带来了影响。全面建设小康社会对于我们来说,孕育着巨大的商机,孕育着许许多多需要研究和探讨的问题,我们的市场营销不是仅仅面向城市消费者的,更多的应该到农村,到更广阔的地域去研究。营销不仅要研究高端消费者,也要研究从温饱向小康过渡过程中的人们的消费和需求。全面建设小康社会对中国营销学的发展提供了极大的研究空间。有人说,世界不要小看中国,因为中国有巨大的内需市场,而这个内需市场对全世界都具有巨大的诱惑力。

3. 社会经济变革带来的新机遇和新挑战

政府职能转变、城市功能转变、企业行为转变以及政策法规的完善,既为营销创造了非常好的发展空间,同时也带来了许许多多的课题。比如城市营销要研究城市功能的完善,城市发展过程中如何满足市民的需求;又如教育营销,学校要满足受教育者的需求也是一种交换,也是一种营销。因此,营销学的领域在不断地延伸,从物质领域不断地延伸到非营利领域,从一个区域延伸到更广阔的市场中间去。

4. 信息技术革命带来的新机遇和新挑战

2002 年诺贝尔经济学奖获得者 Smith 教授提出"实验经济学"的概念,运用实证数据描绘经济现象,描绘买卖双方行为发生的全过程。他提出一个观点,认为市场上的行为是有规律的,大量的数据所沉淀下来的信息,经过加工可以重复和描绘这些过程。因此,他认为经济现象可以通过实证、实验来反映。Smith 教授获奖的最重要的原因是因为他解决了美国、欧洲在电力供应中的价格问题、水工业中的水价格问题以及医疗费用中的医疗定价问题。这就给了我们一个非常重要的启示:我们一直试图将营销中的交换行为定量化并模拟出来,形成一个模型以供人们模仿,但长期以来,我们都是失败的,因为我们的信息捕捉能力远远跟不上社会经济现象的变化,很多数字不够充分,且反应的速度太慢。但是现在,信息技术的变革使得曾经的不可能成为可能,它可以把瞬间不断变化的数字提供给我们,然后我们可以用先进、科学的方法去模拟,去测量。因此,人们应不断地去思考,用信息技术去描绘营销中的问题,推动营销学向数据库、向网络不断地延伸。

5. 品牌化生存带来的新机遇和新挑战

21 世纪的市场营销是品牌引导的营销,人们在大量的商品信息面前变得不耐烦,面对大量的商品,人们的思考方式发生了转变,认准品牌去购买,因为在众多的商品面前,只有品牌商品是令人放心的,品牌代表了一种信誉质量,品牌化是企业营销深层发展的一个前提条件,营销学正孕育着新的理论创新。

(1)网络经济时代改变了交换的规律,提出了新的营销理论——网络营销。网络改变了交换,原来的流通是实体流通,而在网络情况下是虚拟的,时空的概念发生了变化,交换的时间变成了一天 24 小时,每分、每秒都可以交换;空间发生了变化,不只局限于某一个市场,它可以超越国界,可以渗透到每一个有人居住的地方。因此,网络将改变人们的生活,改变人们的消费习惯,也改变着交换。信息技术的发展使营销学对交换的研究定量化,数据挖掘技术使信息可以经过数据库进行分析,使得许多行为可以事先进行模拟,事先进行测量,企业营销的战略可以在计算机中事先进行虚拟的市场模拟,然后把虚拟的市场模拟实证化反映到实际的市场中去,就形成了一门新的科学——营销工程学。

(2)心理学在营销学中的应用。最近几年在营销学诞生地美国,最受营销学家推崇的是广泛用心理学的研究成果研究交换行为的发生,因为交换最终是人的行为,而人的交换行为的发生最终是由其心理过程来决定的,由其需求、欲望及最终的行为来决定是否采取交换行为。因此,最近一个时期,在国际营销学的一些权威杂志里面,40%以上的文章都集中在以行为经济学、消费行为的变化来研究交换的过程。人们学习、研究营销要解决问题,要能够引导企业赢利,所以各种各样的专门化营销在抬头,比如金融营销、房地产营销、高技术产品营销、非营利组织营销,甚至城市营销、教育营销等。这都是一个个领域、一个个行业、一个个区域所形成的实用的、能够解决问题的一种思路。营销学正在酝酿着理论创新,有待于营销学工作者不断地去实践、创造、挖掘,形成具有中国特色的营销创新。

四、对中国市场学会学术活动的一点看法

1. 总结 25 年来理论与实践方面的优秀成果,表彰作出杰出学术贡献的人士

为进一步推动学会营销学术活动,经过讨论,初步准备设定 4 个奖项:优秀成果奖、优秀论著奖、杰出营销贡献奖、杰出学术贡献奖。

2. 编辑出版营销精品丛书

如《中国营销年鉴》、《中国营销案例精选》、《中国营销优秀论文集》、《中国营销优秀人才库》等。

3. 办好中国营销研究院

我们已正式在香港注册成立"中国营销研究院"。在网络时代,我们想利用网络把"中国营销研究院"办成一个虚拟的研究机构。因为我们的人员分布在全国各地,如果是一个实体性的研究院,在时间、精力和人员上都不可能实现,但是我们可以充分利用网络,利用 e 时代的研究思路,将其办成一个虚拟的研究院。比如说,我们可以在北京、上海以及其他城市建立若干个研究院的办事机构,挂在某一位常务理事或者某个学校的机构下面。同时,建立一个网站,首先可以充分利用中国市场学会的网站,在此基础上我们还要设立一个

中国营销研究院网站,在这个网站上面可以不断发布各种研究信息和研究成果,为研究提供一个交流的平台。另外,我们还要聘请30—50位学有成就的学者为研究员,以其姓名命名成立工作室,比如"中国营销研究院×××工作室",再在其下组成一个团队。于是,网站里就有一个教授的工作室挂在上面,如果我们有50个教授,就有50个工作室。然后,由这些教授把他们的研究思路、研究方案、研究成果在网上公布出来,进行工作室之间的交流。比如企业有问题需要研究,那么就在网上招标,哪个工作室中标,课题就交由哪个工作室研究,由企业提供研究经费。相信这样的网上课题招标,网上发布研究成果,网上征集研究合作者,网上评选,网上汇编,会形成一个虚拟的研究组织,为我们的会员、理事、学者、专家提供一个广泛的场所。这样的研究院将是一个世界最大的研究院,它可以把世界上方方面面的专家集合在一起,在网上进行交流,每年出版若干本相关的研究成果汇编,或者以文字文本形式,或者以电子文本形式。同时,我们还可以接受政府和企业的委托开展各项有针对性的研究。

4. 创办中国营销杂志

目前已有两个方案,改版广西已有的一本杂志或者单独注册一个中国营销杂志。中国市场学会应该有一个代表学会观点、学术水平的杂志。它应该是一个学术型和实务型相结合,国际化和本土化相结合,综合性和专门化相结合,理论性和趣味性相结合,雅俗共赏的杂志,我们设计它的内容包括专家访谈、新人推荐、群英论纵、案例精选、学术动态、政策聚焦、企业实践、理论思辨等栏目,将其办成在国内有代表性、有群众基础的杂志。

5. 联合各方共同推进中国市场营销学术活动

中国市场学会在中国的影响以及它的生命力在于它的学术活动,在于它不断创新的工作,所以我们要不断加强与各方的合作。要加强与高校营销院、系教学、科研的合作;加强与高校市场营销学研究会的合作;加强与地方营销组织的合作;加强与政府各部门的合作;加强与行业组织的交流;加强与新闻媒体的交流;加强与国际营销学术团体的交流。

中国营销必须抓住历史机遇,顺势而发,应势而动,借势而立。中国营销必须面对各种挑战,不断开拓,不断创新,不断发展。

（作者单位:上海交通大学安泰管理学院。原载于《中国流通经济》2004年第1期）

现代流通中的利润空间分析

戚守峰   徐原青

中国古时称钱为"泉"。"泉"乃河水之源,有源之水必是流通的,这寓意着"财"的本质是流通。"财"在流通中诞生,在流通中聚散,失去了流通的财富,犹如失却了源流的死水,必会于逐渐干涸之中断绝其应有的势能。财富的流通,无论是聚还是散都是于社会有益的。聚不是目的,只是手段,是为了再次或更合理的散;散才是目的,唯有高效、便捷的散,财富才能增殖,企业才能获利,消费者才能受益。这就是现代流通的利润源泉所在。

一、现代流通在国民经济发展中的定位

流通(Distribution)是商流、物流、资金流和信息流的总和,是联结生产与消费的桥梁和纽带,对扩大再生产具有特殊的促进作用(图1)。生产和消费就像经济曲线的横坐标和纵坐标,是经济运行的两大支柱,而流通正是联结生产和消费的桥梁和纽带,它能克服生产与消费在时间上和空间上的矛盾,发挥着促进生产、扩大就业和引导消费等多重作用。

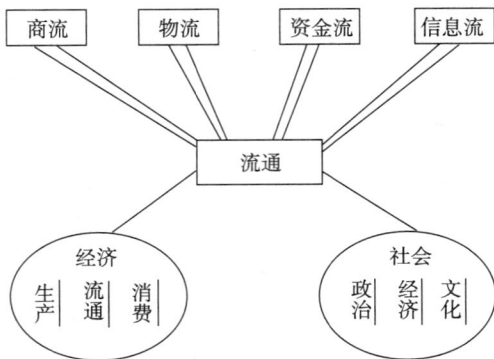

图1   流通在国民经济发展中的定位

无论对于一个国家,还是对于一个城市,或者说对一个企业,只有流通活

跃,经济才有活力,各种要素的快速流动与重新优化配置才能得以实现。发展经济也是如此,不仅要依靠"新经济增长点"所提供的利润,而且要依靠流通业的繁荣带来的土地、房产、劳动力以及基础设施等要素的普遍升值。国内外经验表明,凡是经济发达的国家,基本都是流通型、贸易主导型国家。美国、日本在加入"GATT"(关贸总协定)之前就将其发展战略定位于"贸易立国,流通先行";新加坡更是"流通立国,重商富国"的典型代表;我国香港之所以成为国际大都市,也不在于生产的规模,而在于流通业的高度发达,提高了土地要素的市场价值,即形成了经济学上所讲的"级差地租"。我国浙江、江苏、广东等地的许多地区更是靠"商"富甲一方,如闻名全国的温州就是突出代表。流通不仅实现了直接将生产与消费联结起来,补偿其他要素资源,促进扩大再生产的基本功能,而且作为国民经济的先导性行业,显示出它旺盛的活力和勃勃的生机,已经成为国民经济发展的重要基石。

现代流通在国民经济发展中的作用主要表现在:一是贡献度高。传统经济学认为,流通业只转移价值而不创造价值;而现代经济学认为,流通业不仅自身在创造价值,同时也是生产价值实现的关键。根据国际经验数字统计,流通业在第三产业中的比重一般为40%—50%,在整个国民经济中的比重为10%左右,发达国家达12%—15%,2000年我国批发业和零售业对国民经济的贡献率为8.16%,名列各行业的前列,成为国民经济新的增长点。二是就业率高。流通业由于点多面广,零星分散,门槛低,容易进入,成为社会产业的新生力量。据2000年统计,我国批发零售业就业人数就占就业总人数的27.5%,比第二产业的就业人数高5个百分点。随着产业结构的调整,特别是农业劳动力的转移,流通产业的就业人数将越来越大。三是不可替代性。流通业作为社会分工的产物,它的职能是媒介商品交换,提供商业服务,这是其他产业无法替代的职能。而且随着市场经济的发展,商品、服务和资本的流通将打破时空限制,是实现全球经济一体化和我国吸引外资的首要条件。[①]

二、流通力和流通效率是提升经济竞争力的核心

流通力(Distribution Power)是指社会(企业)组织销售商品和提供服务的能力,它包括流通规模、流通结构、服务功能和营销能力。[②] 马克思说,"只要

---

① 黄国雄:《流通新论》,《商业时代》2003年第1期。
② 黄国雄:《商业街的成功在于整体优势》,《中国商贸》2001年第1期。

产品生产变成商品生产,即为卖而生产,那么'生产出来的一切财富都要经过流通'"。① "生产就'以流通,以发达的流通为前提'"。② 一座城市拥有多少产业,生产什么,生产多少,何时生产,不仅取决于消费需求,同时也取决于流通规模、流通手段和流通速度,即流通力。流通力是衡量一个国家和地区综合竞争力的重要标志之一,是衡量一个国家和地区人民生活水平的重要尺度。市场的活力在于流通,企业的发展更离不开流通,流通是企业通向市场,实现商品价值的唯一途径。随着交换、信息技术的不断发展和全球经济一体化步伐的加快,流通业对于合理配置资源,提高经济运行质量,降低再生产成本,都起着十分关键的作用。

流通力对城市的兴起和繁荣起着重要的推动作用,成为城市的基本功能。"有商则活、无商则衰",城市历来都是"珍异所聚"、"商贾并辏",没有发达的流通业根本就不成其为城市。因此,城市是生产方式变化的结果,更是交换关系变化的结果,两者对于城市发展而言,缺一不可。一般而言,商品生产的发展决定了城市的兴起,商品流通的发展则具体决定了城市在何处、以什么速度和规模兴起。

经济学理论告诉我们,流通的效率(Distribution Efficiency)取决于资金周转速度和流通费用。③ 我国企业的平均资金周转率(流动资产=现金+应收账款+存货)为1.2次,1999年北京大中型商业企业流动资产周转率年均为1.7次,与天津(1.8次)基本处于一个层次,低于上海(2.5次)。而同期,日本商业企业周转率平均每年为15—18次,国际知名流通企业最高可达年均20次以上,美国大多数企业也都在10次以上。另有数字表明,目前我国企业的流通费用占GDP的比例约为20%,而发达国家只有10%。这10个百分点的距离也蕴藏了1000亿元人民币的财富。

三、现代物流的经济学价值

传统产业经济学认为,企业的竞争优势可以用降低资源消耗、提高劳动生产率的成本优势来取得,而如今物流管理(Logistics Management)已被广泛认为是企业获取竞争优势的"第三利润源泉"。作为以创造最大利润为终极目

---

① 《马克思恩格斯全集》第23卷,人民出版社,1971年版,第66页。
② 《马克思恩格斯全集》第46卷(上),人民出版社,1979年版,第79页。
③ 戢守峰:《日本商品交易习惯的实证分析》,木马书馆成本社(日文版)2001年版,第89页。

标的企业,追求的是产品成本最低,这时可采用世界最先进的技术和管理,由此产生了资本的全球性流动和全球性采购。全球性采购必然是进行全球性大配套,这就意味着企业供应半径拉长,仓储时间和流通加工时间延长等。其结果,增加企业的利润不仅要降低产品物耗和提高劳动生产率,也应降低物流管理过程产生的费用。

现代企业经营管理的重心已经发生了很大变化,生产的重要性变小了。这种变化使企业更加重视物流管理及供应链的应用。数据显示,直接的生产成本在我国企业的总成本中只占 10%,而物流成本为总成本的 40%;从加工的时间上看,加工和制造时间只占总时间的 10%,而物流时间则几乎占 90%。降低 10% 的生产成本只降低了总成本的 1%,而降低 10% 的物流成本则可减少 4% 的总成本。

海尔集团通过实施物流重组,使物流能力成为海尔的核心竞争能力,空调事业部采用先进的计算机系统管理现代物流中心,库管人员从原来的 389 名减少到 49 名,管理费用大大降低,仅此一项每年就可节约费用 1200 万元。广州市商业储运公司与全国 130 多个城市的储运企业结成运输中转网络,通过相互协作,实现信息沟通和资源共享,日平均商品储存量超过 10 万吨,商品运输和配送量超过 100 万吨,不但使企业自身效益大增,而且为客户和社会降低了成本,减少了资源占用。

据世界银行分析,发达国家物流总成本一般相当于 GDP 的 10% 左右,美国低于 10%,而中国估计约为 16.7%(国内专家普遍认可的数字是 20% 左右)。① 如果我国能在物流合理化方面加以改进,力争"十五"期间使物流成本占 GDP 比重降为 15%,每年将为全社会直接节约物流成本 2400 多亿元,为企业和社会带来极为可观的经济效益。以沈阳为例,沈阳市规模以上企业年生产总值一般为 1500 亿元左右,按物流管理产生费用占总产值 20% 计算,那么沈阳市企业每年物流过程要占近 300 亿元费用,沈阳市每降低一个百分点物流管理费用,就等于节省了 3 亿元。② 另据统计,2000 年底我国库存商品沉淀的资金高达 4 万亿元,占当年 GDP 近 50%,发达国家一般不超过 1%;我国

---

① 戴定一、贺登才:《发展我国现代物流产业的相关政策建议》,《物流技术与应用》2003 年第 6 期。

② Jishoufeng. *The Logistics to Inaugurate the Center City Economic New Increment*. Proceedings of 2002 International Conference on Management Science & Engineering,10.

商业流通环节的库存平均周期为 1.5 个月,其中零售环节为 2 个月,美国、德国和日本的制造业库存平均周期为 5 天;非制造业、批发和零售业的库存平均周期是 4 天。海尔集团原材料原来一年的库存成本为 15 亿元,经过一年的物流整合,降至 7 亿元,库存时间由原来的 30 天降至 10—12 天,使企业每年仅节省产品储存费用一项就上亿元。这绝对是一笔不小的"利润源"。

四、结论

微观经济学创始人、被誉为"战后繁荣之父"的凯恩斯指出:"拉动经济的有效办法是通过增加投入、扩大内需来创造有效需求。"二战后西方国家的经济繁荣以及亚洲金融危机爆发(1997 年 7 月)后中国政府采取的措施都验证了这一理论的应用价值。但笔者认为,该理论大获成功的背后是流通这一要素在发挥作用。增加投入意味着资本特别是跨国资本的移动,离不开资金流和信息流,而扩大内需则要通过降低存贷款利率和刺激消费来实现,这又与商流和物流密切相关。

随着竞争的加剧,优势行业、企业除了要在技术、服务和品牌效应上继续争取优势外,还必须在现代流通领域内创造新优势,向流通过程要利润。专家预测,在我国 10 万亿元的国民总产值中,数万亿元的工农业产品最终都要进入流通领域,因此市场空间是相当巨大的,是永不枯竭的效益之泉。尽管流通并非一马平川的坦途,但流通永远是财富聚散的路径,"利润"在流通中产生并增殖。

(作者单位:沈阳工业大学管理学院。原载于《中国流通经济》2004 年第 1 期,被中国人民大学《复印报刊资料》之《商业经济》2005 年第 6 期全文转载)

基于区域战略群体的中国零售业发展

张　立

20 世纪 90 年代以来,在对外开放和流通体制改革的推动下,中国零售业的发展取得了惊人的成绩,呈现持续高位运行的态势。2006 年中国国民经济和社会发展统计公报数据显示,全年社会消费品零售总额 76410 亿元,比上年增长 13.7%,增幅比上年提高 0.8 个百分点,其中批发和零售业零售额 64326 亿元,增长 13.7%;业制、业态方面,连锁制在我国迅速发展,截至 2005 年,全国限额以上连锁企业门店数 54891 个,增长 18%,并且出现了专业连锁等新形式,特别是以家电销售为代表的专业连锁取得了令人瞩目的业绩,多种新型业态如仓储店、新型便利店相继出现,百货商店的发展呈现规模大型化、组织集团化和经营多元化特点。与此同时,外资零售地盘不断扩大,与国际商业巨人的全面碰撞不可避免。

一、制定中国本土零售业发展战略背景分析

1. 中国经济发展的新形势呼唤新的零售业发展战略

经济全球化使我们面临一个更加开放、更加相互依赖、更加市场化的世界,这对于我国来讲,既是机遇,又是挑战,我国整个国民经济体系和管理体制都需要作出战略性的大调整,零售业当然也不例外。2003 年,我国人均 GDP 达到 1090 美元,按照国际经验,人均 GDP 超过 1000 美元后,消费结构和产业结构升级速度会加快,我国经济进入了发展的关键期,连通消费的零售业的持续、稳定发展是我国经济乘势而上、继续保持快速增长的重要方面。目前我国正处在向第三步战略目标迈进、全面建设小康社会的时期,零售业作为国民经济中一个日益成熟和发展的行业,必须作出战略调整。因此,面对形势的变化,需要重新制定和实施我国本土零售业发展战略。

2. 零售业全面进入 WTO 时代

2004 年 12 月 11 日起,我国全面开放商业零售市场,零售业进入了后 WTO 时代,2005 年外商投资的连锁零售集团(企业)有 81 家,增加了 31 家,

增长了 62%,占限额以上连锁零售集团(企业)的 5.7%,比上年增加了一个百分点,①外资零售企业加快了在我国的投资步伐。外资零售业的进入对本土企业起到了一定的示范作用,促进了本土零售业的现代化进程,但在经营理念、经营业态、经营战略、组织管理等方面也给国内零售企业带来巨大的挑战。思考新的发展战略,着力提升本土零售业的竞争力,都是必须面对的现实问题。

3. 中国本土零售业发展中出现的一些问题

中国本土零售业的现实问题主要表现在两个方面:一是零售业规模化发展的时间较短,仅用短短十几年时间就走过了西方发达国家一百多年才走完的历程,正由于我们在较短的时间内吸收了大量先进的理念及新的业态、业制形式,在消化和实践过程中不可避免地出现了一些问题。二是从行业发展角度看,我国整个商业管理体制和企业经营机制的改革发展步伐较慢;零售企业在经营策略和经营业态方面的创新不多,从市场定位、商场布局到营销手段基本趋同,特别是在外资更加畅通无阻地进入我国的形势下,竞争形势更加严峻,过度竞争造成零售企业利润低下,2005 年中国国民经济和社会发展统计公报数据显示,全国有 4 个省份限额以上连锁零售企业呈现负利润,有超过1/3 的省份利润较低(低于一亿元)。如何为国内零售企业寻找出路,是一个现实而严峻的社会课题。

二、中国本土零售业区域战略群体模型的提出

中国本土零售业区域发展呈现不平衡态势,不同的地区、不同的城市,其各种业态的发展规模与速度都不一样。从总体上讲,西部省市限额以上批发零售贸易企业零售额与东、中部地区相比差距很大。透过不同地区零售企业的效益状况,可以看出中国不同地区零售企业在经营理念、消费观念和经济实力等方面都存在很大差距。

战略群体分析旨在确定同类企业的群体组合,即每个群体中的企业有着相近的战略特点,在相近的基础上进行竞争。② 本文所研究的零售战略群体是指处于同一水平或同一区域、在大致相同的经济环境下的零售企业群。首

---

① 《2005 年中国限额以上连锁零售业经营情况综述》,2007 年 1 月 16 日,见 http://www. cncic. org/index. php? option = com_ content&task = view&id = 2227&Itemid = 14。

② [美]菲利浦·科特勒:《国家营销》,俞利军译,华夏出版社 2001 年版,第 78—79 页。

先需要对中国本土零售业进行区域层次的探讨,以零售企业所处的地域为出发点,全面分析零售企业的发展战略。界定中国本土零售企业所处的区域,主要考虑两方面的因素:一是零售企业所在城市的大小,二是零售企业所在城市的经济发展水平。

按照城市大小和城市经济发展程度两个因素,可以将我国零售业的发展状况分为五种不同的情况(如图1所示):

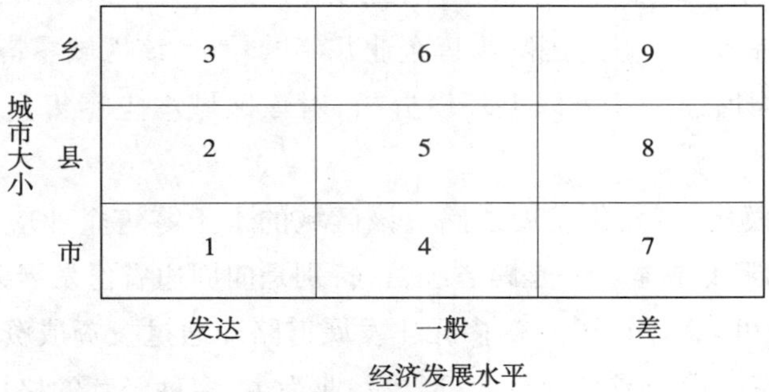

城市大小	乡	3	6	9
	县	2	5	8
	市	1	4	7
		发达	一般	差
		经济发展水平		

图1　区域战略群体分析模型

其中区域1表示经济发达的大城市的零售业,如北京、上海、天津、广州、大连、青岛和五个经济特区;区域2、4代表经济发展一般的大城市和经济发达的中型城市,如我国中部所有省会城市和计划单列市,典型代表有南京、杭州、长沙、武汉等城市;区域3、5、7表示经济发展较差的大城市、经济发展一般的中等城市和经济发达的小城镇,如欠发达地区尤其是西部地区的大、中城市和沿海地区经济发达的小城镇;区域6、8表示经济发展较差的中等城市及经济发展一般的小城镇;区域9表示经济发展较差的小城镇包括广大的农村。这九类地区零售业发展的现状不同,面临的竞争不同,处于不同区域的零售企业群应采取不同的发展策略。

三、不同区域零售群体发展战略分析

1. 区域1、2、4零售企业发展环境与战略思路。该区域是目前中国本土零售业最发达的地区,我国零售业百强大多分布在东部,中部地区次之,西部

地区最少。如在2005年度全国零售企业百强中,北京的企业就入围11家,①由此可见,目前我国规模和效益比较好的连锁企业主要集中在大城市和经济发达的省份。另外,我国零售商业市场对外开放采取的是渐进方式,所有省会城市和计划单列市是我国商业领域对外开放的前站,从全国范围看,目前不仅省会城市,而且较为发达的二、三级城市也逐渐成为国际零售巨头扩张的目标区域。因此该区域的零售企业无论是何种业态或业制都不可避免地首先受到国外大型零售企业的强力冲击。当然,区域1已经首先遭遇,区域2、4将要遭遇。值得欣慰的是,经过与国际零售企业几年的较量,该区域零售企业逐渐壮大,抗风险能力增强。基于以上环境分析,对该区域本土零售企业的战略建议为:

(1)走规模化、多元化发展道路。该区域的本土零售企业应当以规模化来增强实力和降低成本。一是跨省经营,特别是向周边省份发展,二是实力雄厚的零售企业可以跨国经营。② 多元化发展道路即通过投资或资产置换方式涉足高科技、基础设施或其他行业,形成一业为主、多种经营的格局,以分散经营风险,培植多项利润增长点。

(2)战略重组。实施战略重组可以帮助中国本土零售企业提高资产聚合度,增强整体市场竞争能力和抗风险能力。操作方式主要为合并重组和区域性联盟,一方面可以避免重复投资,另一方面能够充分提高商业资产聚合的效率。如2006年上海百联集团与大连大商集团合作组成大商国际有限公司,两家国内规模最大的流通企业集团的强强联手,对于做大、做强我国本土零售业具有重要战略意义。战略重组将是该区域零售业迎接国际竞争、在国内或世界范围内实现资源优化和优势互补的必然趋势。

(3)服务差异化战略。该区域的本土零售企业可以通过差异化战略建立一种长远的竞争优势。服务的差异化主要包括订货、送货、安装、客户培训、客户咨询、维修和其他。③ 外资零售业在服务方面有比较成熟的经验,但我国本土零售企业仍然可以通过服务质量的提高和服务种类的创新来增加价值,从而确立自己的竞争优势。

---

① 《2005年度中国零售百强企业品牌名单》,2007年1月16日,见 http://www.ppcn.com.cn/news/newsshow.asp? id=35427。

② 贺爱忠:《我国城市零售企业品牌竞争力的培育与提升》,《中南财经政法大学学报》2006年第6期。

③ [美]利维·韦茨:《零售学精要》,郭武文等译,机械工业出版社2003年版,第65页。

（4）建立零售企业自有品牌。零售业自有品牌是竞争发展到一定阶段的产物，它的核心是商品以零售企业名称或企业自己确定的名称作为品牌，在本零售企业销售，而不是使用制造商品牌在全国销售。该区域大型零售企业已拥有一定的规模和网络优势、较好的商誉条件、产品设计开发能力和市场营销能力，建立自有品牌战略势在必行。零售企业自有品牌的实施不仅可以节省流通费用，降低生产成本，实现薄利多销，而且有利于形成特色经营，建立核心竞争力。

2. 区域3、5、7零售企业发展环境与战略思路。区域3、5、7包括经济发展水平较差的大城市、经济发展水平一般的中等城市和经济发达的小城镇。该区域的零售企业与区域1、2、4的零售企业相差甚远，首先在规模上与上海百联、北京王府井等大型零售企业无法相比。其次，该区域连锁商业还处在起步阶段，区域内的连锁企业规模小、门店少，粗放的经营观念造成区域内零售业结构基本趋同、业态单一和过度竞争；商品批发市场数量多，辐射功能较弱，缺乏名牌和产业群体的支撑。最后，在竞争态势上，国内其他大型连锁零售商的扩张给该区域市场带来巨大冲击。但该区域在较长时间内外资不会大规模涌入，这就给了该区域零售业一定的缓冲之机，正好可以利用这段时间对自身进行资源整合，提高企业的核心竞争力。对该区域本土零售企业的战略建议为：

（1）养精蓄锐，充分发挥后发优势。在外来零售业进入之前，本区域企业应立足于建立良好的商业信誉，培育相对稳定的顾客群，进一步了解顾客的消费心理，贴近顾客；设法占据商业中心资源，形成区位优势；在业制、业态方面，把连锁超市作为主力业态，逐步发展特许经营，可以尝试业态创新，采用先进业态，发挥后发优势。

（2）调整经营业态，避免重复建设。本区域由于受历史因素和自然条件的影响，经济基础薄弱，发展速度缓慢，科学技术应用普及的程度也很低，在这种环境条件下，零售业态的导入一定要稳妥，不能操之过急。该区域已经存在的大量中、小百货店可以向专业店发展，加强服务功能，体现高档次、精品化、休闲化；分布过于密集、结构布局不合理的中心商业区，要搞好错位经营；积极发展特色商业街；由于该区域同时存在大量无生命力的批发市场，在新形势下，市、县应注重批发市场的"农改超"战略，可以走中外合作或合资发展道路，通过联营、租赁、承包等方式共享经营利润。

（3）注重零售企业家的培养。中国本土零售业已经造就了一批新的零售企业家。但经济发展水平较低的城市和经济发展水平一般的县镇目前严重缺乏区域零售业带头人,作为该区域零售企业的领导者应具有全新的战略思维和国际视野,能够把国际、国内零售企业的先进理念和管理模式与该区域发展状况相结合。

3. 区域 6、8、9 零售企业发展环境与战略思路。该区域主要包括经济发展水平一般的小城镇和广大的农村,本文重点探讨农村零售企业的发展。农村零售体系的不健全、不配套已成为制约农村消费市场发展的重要因素,主要表现为商品流通组织不协调,尤其是县以下的农村乡镇基本上以私营个体的小店、小铺为主,规模小而分散,进货渠道混乱;信息市场发育滞后,供求双方信息不对称,限制了农民消费的增长。可以从以下几方面着手发展该区域的零售业:

(1)以小城镇为据点进行市场网络的扩散。小城镇是城市与农村的连接体和中转站,具有发展农村零售业的区位优势和资源优势。为更好地适应当前农村消费需求的特点以及零售业自身发展的要求,可以建立面向小城镇的零售体系,从而启动农村市场,推动小城镇零售业的发展。“十一五”期间是新农村建设的重要时期,我国本土零售业的发展也要适应新农村建设的需要,积极主动、有计划地向县及县以下的广大农村地区拓展。近年来,我国启动“万村千乡”市场工程并取得明显进展,应通过市场工程的示范和带动效应打造第三零售商业圈。

(2)注重业态和业制的创新。该区域零售企业的发展需要与业制创新相结合。具体建设方式是:引导各类大中型流通企业直接到试点县市的乡村投资建立、改造农村连锁零售企业;鼓励各类大中型连锁企业通过吸引小型企业加盟的方式到乡村建立、改造“农家店”;支持各类中小型企业通过自愿连锁,即企业自愿结合、统一采购、统一建立销售网络的方式建设农村零售网络。①二是该区域零售企业在业态选择上应采取以便利店为主,小型超市、连锁经营、专卖店等多种业态并存的策略,开发具有农村特色的主导产品线。在一些超级市场发展较慢的地区,由于国内其他商业集团的进入,有可能跨过超级市场时期而直接进入后超级市场时期。

随着中国对外资零售企业在设立形式、数量、地域、股东比例等方面限制的取消,外商将加快进入我国流通业的步伐。这对我国零售企业来说,既带来

---

① 杨国民:《开启农村市场的“金钥匙”》,《经济日报》2006 年 8 月 2 日。

了难得的机遇,同时也提出了严峻的挑战。对区域战略群体发展战略的探讨只是提出了一种思路,供我国本土零售企业借鉴,如果零售企业能根据自身所处的区域及竞争状况,充分利用外部优势条件和发展机遇来应对外来挑战,加快发展本区域零售业,我国本土零售业将日益成熟和壮大。

(作者单位:湘潭大学商学院。原载于《中国流通经济》2007 年第 7 期,被中国人民大学《复印报刊资料》之《商业经济》2007 年第 10 期全文转载)

中国消费品出口贸易规模与结构分析

资树荣

本文试图以中国消费品出口贸易作为研究对象,①分析 20 世纪 90 年代以来中国消费品出口贸易规模与结构的变动。

一、中国消费品出口贸易规模

20 世纪 90 年代以来,伴随着中国对外贸易的发展,中国消费品出口贸易也呈现较快的增长速度。1990 年,中国消费品出口贸易值是 340. 5326 亿美元,到 1994 年已上升为 821. 7311 亿美元,在这 5 年中年均增长率为 25. 242%。② 1995 年以来,中国消费品出口贸易增长速度有所下降,1995 年至 1999 年年均增长率为 9. 616%。这种增速下降的原因主要有三:一是出口基数已较大,二是受亚洲金融危机的影响导致 1998 年负增长,三是机电产品出口增长快,而出口的机电产品中资本品多于消费品。但到 1997 年消费品出口已突破 1000 亿美元,达到了 1222. 0818 亿美元。2000 年以来,中国消费品出口同样保持了稳定的增长趋势。2000 年、2001 年和 2002 年中国消费品出口值分别为 1578. 8664 亿美元、1638. 9282 亿美元和 2059. 5548 亿美元(见表 1)。

---

① 依据商品用途,中国出口商品可分为消费品、投资品和中间品。按照《中国海关统计》上的商品类章分类标准,出口消费品又划分为:消费类农产品、服装与消费类纺织品、轻工类消费品、消费类电子产品、家用电器以及消费类车辆与家用缝纫机。若再细分,消费类农产品包括动植物产品、蔬菜谷物类、动植物油脂、饮料酒卷烟类(为方便统计,也被纳入农产品)等。轻工类消费品则包括日用陶瓷玻璃制品、日用化学产品、日用五金制品、消费用皮革毛皮制品、文教体育用品、消费类纸业产品、工艺美术品、家具、消费类塑料制品、木竹藤草制品、日用杂品以及摄影眼镜类等。消费类电子产品则包含消费类通讯产品、消费类计算机产品(含打字机、计算器等)和家电类电子产品(音响制品、电视机等)。消费类车辆是指小轿车、摩托车、自行车、婴幼儿车等。

② 由于尚没有这方面的统计数据,本文所有有关中国消费品出口贸易方面的数据均是笔者根据历年《中国海关统计年鉴》上的资料计算而来。

表1　中国消费品出口贸易规模及地位

年份	出口值(亿美元)	占全部出口商品的比率(%)
1990	340.5326	54.85
1991	416.5115	57.98
1992	521.4565	61.39
1993	620.084	67.59
1994	821.7311	67.91
1995	907.8291	61.02
1996	983.3449	65.10
1997	1222.0818	66.86
1998	1174.6591	63.92
1999	1278.9713	65.61
2000	1578.8664	63.36
2001	1638.9282	61.57
2002	2059.5548	63.25

资料来源:根据历年《中国海关统计年鉴》的数据计算而来。

中国消费品出口贸易的迅速发展,使其在全部出口贸易中一直占有重要的地位。1992年中国消费品出口贸易值占全部出口贸易值的比重达到了61.39%,1994年上升到67.91%。可见,在20世纪90年代上半期,其比重一直处于上升趋势。但从1995年开始,中国消费品出口贸易值占全部出口贸易值的比重有所下降,1995年为61.02%,1996年为65.10%,1997年为66.86%,1999年为65.61%,2001年是61.57%,2002年是63.25%。尽管中国消费品出口贸易在全部出口贸易中所占比重在1995年之后有所下降且呈波动性变化,但需要说明的是,自改革开放以来,中国消费品出口贸易在全部出口贸易中的比重上升了,由改革开放初期的不到一半已上升到目前超过60%。这说明中国消费品出口贸易的重要性是不断提高的,其出口值已远远高于资本品。

改革开放以来,中国消费品出口贸易迅速发展,其在全部商品出口贸易中所占比重远远超过资本品,根本原因在于,中国劳动密集型产业占主导地位,在国际分工中尤其是垂直型分工中(与发达国家的分工)以发展劳动密集型产业为主,中国劳动密集型产品在国际市场上具有较强的比较优势,中国出口的主要是劳动密集型产品(主要出口市场是发达国家,又强化了这种出口倾向),这些劳动密集型产品主要包括农产品、服装纺织品、轻工类产品等,它们大都是消费品。尤其是 20 世纪 90 年代中期以来,由于中国积极引进外资,推动了中国机电产业的发展,导致资本技术密集型的机电产品出口的迅速增加,但这些产品也有相当一部分是消费品。例如,2002 年主要消费类机电产品(没有把属于消费类的自动数据处理设备及其零部件计算在内)出口值占主要机电产品出口值的比重达到了 34.76%(根据中国机电贸易网 2002 年重点机电出口商品统计表计算而来)。可见,就是机电产业也有不少出口商品是消费品。

二、中国消费品出口贸易结构

1.1990—1994 年的中国消费品出口贸易结构

在 1990—1994 年期间,服装与消费类纺织品、轻工类消费品和消费类农产品保持着消费品出口前三名的地位。例如,在 1994 年,服装与消费类纺织品、轻工类消费品和消费类农产品分别占全部出口消费品的 37.96%、37.11% 和 13.39%。这一年,消费类电子产品、消费类车辆与家用缝纫机以及家用电器合计仅占全部出口消费品的 11.54%。需要指出的是,由于轻工类消费品出口增速较快,其出口额和所占比重已接近服装与消费类纺织品。1994 年,轻工类消费品出口值以及服装与消费类纺织品出口值分别是 304.97亿美元和 311.9011 亿美元。

2.1995 年以来的中国消费品出口贸易结构

从 1995 年开始,中国消费品出口贸易结构变化的显著特征首先是轻工类消费品取代服装与消费类纺织品成为第一大类出口消费品。这是由轻工类消费品出口增长率比服装与消费类纺织品出口增长率高所致。1995 年,轻工类消费品占全部出口消费品的 37.23%,服装与消费类纺织品只占 34.90%。不过到目前为止,轻工类消费品、服装与消费类纺织品仍然分别是中国的第一和第二大类出口消费品。2002 年,这两大类消费品出口值分别为 663.3828 亿美元和 572.3320 亿美元,分别占全部出口消费品的 32.21% 和 27.79%。

其次是在 1996 年消费类电子产品取代消费类农产品成为第三大类出口消费品。由于 20 世纪 90 年代以来消费类电子产品出口的迅速增加,1996 年消费类电子产品占全部出口消费品的比重已上升到 13.21%,而消费类农产品下降到 11.695%。1999 年消费类电子产品进一步上升到占全部出口消费品的 17.994%,而消费类农产品下降到 8.68%。2002 年,消费类电子产品占全部出口消费品的比重达到了 26.34%,已接近于服装与消费类纺织品,该年消费类电子产品出口值达到542.4亿美元。

3. 各类消费品出口值所占比重的变化趋势比较

首先考察消费类农产品以及服装与消费类纺织品所占比重的变化情况。就消费类农产品而言,从1990年以来,它占全部出口消费品的比重一直呈下降趋势,到目前还在下降,1990年是18.79%,2002年仅有7.62%。可见消费类农产品出口增速是很缓慢的。而服装与消费类纺织品从1992年开始,占全部出口消费品的比重也表现为比较稳定的下降趋势,1992年为42.94%,2002年只有27.79%。

轻工类消费品所占比重在1997年之前表现为上升趋势,该年轻工类消费品所占比重上升到40.29%的最高点,1998年受亚洲金融危机的影响降到38.56%,1999年反弹到39.0%,但2000年以来已转变为下降态势,2000年、2001年和2002年比重分别为37.78%、34.98%和32.21%。

消费类电子产品占全部出口消费品的比重一直保持着上升趋势,尤其是20世纪90年代后期以来,上升速度在加快,2002年已达到26.34%,接近服装与消费类纺织品所占比重。这就表明消费类电子产品已成为中国消费品出口的重要增长点。

家用电器及消费类车辆与家用缝纫机出口比重尽管较低,但从长期看基本上保持了上升趋势。1990年家用电器及消费类车辆与家用缝纫机分别占全部出口消费品的2.25%和1.10%,1996年分别上升到2.72%和1.304%,2000年进一步上升到3.47%和1.89%。但近两年来消费类车辆与家用缝纫机出口比重有所下降,而家用电器出口比重依然保持稳定的上升趋势。2001年,家用电器和消费类车辆与家用缝纫机出口值分别占全部消费品出口值的4.10%和1.837%,2002年所占比重分别为4.30%和1.74%。

可以看出,20世纪90年代以来,消费类电子产品和家用电器出口增长速度快于其他消费品,从而使这两类消费品出口值占全部消费品出口值的比重一直呈上升趋势。消费类农产品以及服装与消费类纺织品占全部消费品出口值的比重一直呈下降趋势,轻工类消费品所占比重也于近年来转变为下降状态。消费类电子电器产品以资本技术密集型为特征,而其他三大类出口消费品属于劳动密集型产品。可见,中国消费品出口结构在不断优化。这种优化特征反映出中国越来越深入地参与国际分工体系,在国际分工中的地位不断提高。中国大量出口了轻工类消费品、消费类农产品、服装与消费类纺织品等劳动密集型产品,正是广泛参与了传统垂直型分工的结果,但消费类电子电器产品出口的快速增加表明中国正在积极融入到方兴未艾的国际产业内分工和产品内分工体系中,显然提升了中国在国际分工中的深度和地位,也表明了中国在积极参与经济全球化。

三、中国消费品出口贸易规模与结构变动前景

首先分析中国消费品出口贸易规模变动前景。改革开放以来,中国对外贸易的基础首先是比较优势。在 20 世纪 80 年代,自然资源性比较优势发挥了重要作用,与此同时劳动力资源比较优势在中国的出口贸易中充分显示出来且持续到现在。进入 20 世纪 90 年代中期以来,以规模经济为动因的国际贸易在中国对外贸易中所占的份额越来越大,其最突出的表现就是外商投资企业出口的快速增长。在未来较长时期内,劳动力资源比较优势仍然是中国出口贸易发展的强大基础,而规模经济因素在推动中国出口贸易快速增长方面将发挥愈来愈明显的作用。以劳动力资源比较优势为基础的出口产品绝大部分是消费品。就中国而言,以规模经济为动因的外商投资企业出口的产品也有相当部分是消费品。这就表明中国的消费品出口贸易将继续保持稳定的增长趋势。

当然,中国已成为一个消费品出口大国,出口的继续增加会引发一些贸易摩擦,不少发达工业国家会采取手段阻碍中国出口贸易的增长。这些手段包括在对外经贸政策上给中国施加压力以及对中国出口产品实施非关税壁垒。例如 2003 年美国强烈要求人民币贬值的主要目的就是抑制中国产品向美国出口。而发达工业国家针对中国出口消费品的非关税壁垒主要有三:一是技术贸易壁垒。近年来,中国的一些出口消费品比较频繁地遭遇到欧、美、日等发达国家设置的技术贸易壁垒。随着发达国家进口关税的不断下降,进口关税水平已经很低,而技术贸易壁垒等非关税壁垒也开始成为发达国家的主要贸易壁垒,以阻碍发展中国家的产品出口。所以中国的消费品出口仍然会遇到发达国家的技术贸易壁垒。二是反倾销。近十多年来,中国商品一直是美、日、欧、韩等的反倾销对象,尤其是近年来,反倾销有愈来愈频繁的势头,而中国遭受反倾销的出口商品大部分是消费品。这种针对中国出口商品的反倾销势头将依然存在,成为影响中国消费品出口增长的主要因素之一。三是绿色贸易壁垒。发达国家借保护生态环境实行可持续发展之由,对来自国外的进口产品实施绿色贸易壁垒,这是近十多年来兴起的一种非关税壁垒。保护生态环境实行可持续发展是一个越来越重要的问题,绿色贸易壁垒也将被发达

国家更多地使用。绿色贸易壁垒的主要对象是消费品贸易。可见绿色贸易壁垒必将成为影响中国消费品出口的一个主要因素。

从出口消费品在中国全部出口商品中所占比重的变动趋势看,从 1990 年到 20 世纪 90 年代中后期,该比重呈现上升态势,但在此之后却有所下降。这种下降趋势会继续存在。因为中国劳动密集型产业的比较优势在 20 世纪 90 年代得到大幅度提高,近年来提高程度已较小,甚至一些产业的比较优势(如农产品、纺织品)在下降。这意味着劳动密集型产品出口增速会减缓,而劳动密集型产品绝大部分是消费品。相反中国的资本技术密集型产业的比较优势表现出稳定的上升势头,资本技术密集型产品出口增速必然会加快。相对而言,资本技术密集型产品中消费品所占的比重小于劳动密集型产品。

其次探讨中国消费品出口贸易结构的变动趋势。就中国消费品出口贸易结构的变动而言,消费类电子电器产品的出口将保持稳定的较快增长速度,它们在全部出口消费品中所占的比重将继续呈现稳定的上升趋势。而轻工类消费品、服装与消费类纺织品和消费类农产品出口增速将相对较慢,它们在全部出口消费品中所占的比重将继续呈现下降趋势。所以,在近期内,轻工类消费品仍是中国第一大类出口消费品,消费类电子产品出口值将很快超过服装与消费类纺织品成为第二大类出口消费品,实际上如果把电器产品算在一起,消费类电子电器产品出口值在 2002 年已超过了服装与消费类纺织品出口值,并且也将很快超过轻工类消费品而跃升为第一大类出口消费品。

(作者单位:湘潭大学商学院。原载于《中国流通经济》2004 年第 12 期,被中国人民大学《复印报刊资料》之《商业经济》2004年第 8 期全文转载)

中国银行营销国际化发展战略初探

刘凤军   王声平

经济全球化、市场国际化与金融一体化已成为不可逆转的时代潮流,积极开展国际化营销也成为银行业发展的必然趋势。面对竞争,中国的银行业如何国际化是一个热点问题,也是本文的主题。

一、渐进式发展是中国银行营销国际化的理性选择

任何事物的成长都不是一蹴而就的,中国银行营销国际化发展也不能超越这个逻辑,银行营销国际化作为银行走向世界的过程,具有渐进性的特征。而且,由于银行的行业特殊性,使得银行营销国际化所面临的环境更加陌生、复杂,经营成本和风险也更大,因此,中国银行营销国际化需要渐进式发展。具体说来,主要原因如下:

第一,银行营销国际化是一个学习过程,学习过程必须是渐进的。银行是一个信息处理系统,经营规模越大,需要处理的信息越多,与此相适应,越要求管理者不断学习,提高处理各种信息的能力。银行从国内经营转向国际化经营,需要面对各种各样的新问题,银行管理者只能在探索中前进,逐步提高银行营销国际化经营的素质和能力,并以此作为进一步提高国际化水平的基础。因此,银行营销国际化表现为一个渐进式的发展进程。

第二,银行是一个技术性很强的行业,具有高度的专业化要求。国内业务相对比较简单,国际业务的技术性就更高,这就要求行业应有更高的操作能力和管理能力,而这些能力的获得需要一个渐进的长期的过程。

第三,适应营销环境也需要一个长期过程。银行营销国际化将使营销环境有一个质的飞跃,错综复杂的国际金融市场充满了许多未知数和不可预见的风险,适应了国内市场的银行家如何适应瞬息万变的国际金融环境也需要一个渐进的过程。

第四,国际银行业的激烈竞争需要我国银行采取渐进式的发展思路。随着金融市场国际化和一体化的深入发展,国际化银行已经在全球范围内争夺

市场,激烈的竞争要求银行也必须不断地进行战略重组和战术调整并进行资源整合。这种竞争激烈、大银行垄断的环境对于中小银行以及初涉国际市场的银行来说,盲目参与无异于"以卵击石",只有采取渐进方式逐步积累经验,才能稳健地走向国际市场。

二、中国银行营销国际化进程中的业务拓展

业务拓展是银行营销国际化的重要内容。为了适应 21 世纪中国银行营销的国际化,中国的银行业必须进行业务调整。对于中国刚刚开始起步迈入国际化的银行来说,业务调整主要是进行业务种类的扩展,即金融产品创新。

1. 实施业务拓展战略的必要性

国际化竞争必须从各个方面增加银行利润。尽管商业银行国际业务在其发展的不同阶段有所不同,但是从商业银行开展的最基本的国际业务的内容看,各发展阶段有共同之处。商业银行最基本的国际业务主要包括:外汇业务、国际贸易融资与结算、国际信贷、国际投资、国际租赁、同业资金拆放以及提供金融、理财咨询等。我国银行营销国际化尚处于初级阶段,业务领域狭窄,急需创新以得到拓展。主要表现在:

一方面,中国银行的业务类型单一,国际业务品种比较少,主要是进出口结算和贸易融资。银行国际业务的增长速度比较缓慢,主要是伴随着中国实质经济的对外开放而扩展,银行自身并没有通过国际化扩展业务范围的意识。

另一方面,中国银行的国际业务仅限于传统的商业银行业务,而没有将投资银行业务作为发展的重点。实际上,随着全球金融市场的发展和实质经济结构的调整,投资银行业务发展空间远远大于传统的商业银行业务。因而,我国银行大力开拓投资银行业务很有必要。

2. 业务拓展国际化战略的模式选择

国际化竞争是对客户吸引力的竞争,这种竞争要求银行为客户提供多元化全面的服务。业务多元化可以提高银行抗风险的能力,分散投资风险。银行业务的多元化,并不等于忽视特色,而是有特色、有个性的多元化。或者也可以说,我国银行营销国际化的业务拓展的大原则是总体多元化,各家银行各具特色;面对不同目标市场,实施差异化营销。

经过十几年的银行体系改革,中国已经形成了四大国有商业银行、大规模的股份制商业银行、小型的股份制商业银行、地方性的商业银行、城市和农村信用社并存的多层次的商业银行体系。不同类型的商业银行具有不同的资源

优势和业务优势,即使同为股份制商业银行,其资源特色、管理水平也不尽相同。因而,中国的银行业在国际化进程中,不能寻求单一的模式,而应该各有不同。既要发展综合性的国际化银行,还要发展专业性的国际化银行。当然,中国市场广阔,国内市场的机会也很多,银行选择立足国内市场,开展营销活动,亦是一种理性的选择。

银行营销国际化进程中拓展业务包括深度和广度两个方面。从深度上看,银行应该在某个业务上获得全球或者地区优势,从而获取国际市场竞争力;从广度上看,银行必须扩展自己的业务范围,通过业务范围的扩大获取区域经济效益。银行营销国际化必须在综合化和专业化之间寻求一种平衡,以获得收益最大化与风险合理规避的平衡。

银行的业务拓展客观要求在综合性银行和专业化银行之间作出一种选择。对于规模较大、资源充足、管理水平较高或者拥有很强的职员培训能力的银行来说,可以采取综合性银行战略。在目前从事的国际结算、融资和外汇存贷款基础上,拓展注入项目融资、证券经纪、国际并购咨询、衍生金融证券等新兴业务。对于规模较小、资源有限的银行,可以重点发展某一个方面的国际业务,例如仅从事地区范围内的传统商业银行业务。对于新兴的银行机构,如果资源尚不具备,中国的国内市场又很大,可以不妨立足国内某一方面的业务,在国内同行中成为某方面业务的佼佼者,没有必要非得去搞国际化经营。

三、中国银行营销国际化进程中的区域布局

中国银行在海外设立分支机构的时间较短,除了中国银行在海外的分支机构比较分散以外,其他几家银行的海外分支机构主要集中在国际金融中心。从金融国际化发展的步骤来讲,优先在金融业集中和发达的国际金融中心布点是理性的,但是,银行营销国际化发展不应该仅仅停留在这个阶段。必须通过在全球范围的广泛布点来追逐利润最大化,因为适当的覆盖面和规模扩展是赢得竞争的重要条件之一。

1. 合理布局,实施区域发展战略的基本构想

合理布局,实施区域发展战略,就是指银行根据区域优势理论选择海外机构的区域分布。合理布局要考虑到东道国的法律环境、金融管制程度、经济发展程度、人均收入水平、与母国之间的经济贸易依存度、社会政治稳定性、进出口便利程度等因素。合理布局,实施区域发展战略,一方面有利于银行获得一定规模的零售业务、批发业务、风险资产管理和其他中间业务,形成规模经济,

降低经营成本,提高竞争能力;另一方面选择较低程度的金融管制的区域,能够提高银行经营业务的自由度,降低市场进入成本,获得成本优势;此外选择政治、法律、社会经济环境稳定的区域能够降低银行的非市场风险。

　　总体看,根据区域优势发展的要求和中国的具体实际,北美、亚太新兴市场经济国家、欧元区、拉美国家的自由港以及中东的部分地区等,都可以作为我国银行营销国际化发展的重点。而对于尚处于转轨中的独联体国家和东欧大多数国家,以及其他一些政局不稳的国家,如中东大部分地区、巴尔干半岛,尽管可能有时其金融管制并不太严格,但是政治风险较大,进入这些国家应该较为谨慎。中国目前经贸合作伙伴主要是美国、日本和欧洲国家,而比较高层次的国际化机构,如分行和代表处主要集中在香港、新加坡、韩国等亚洲国家和地区,这说明中国金融的国际化与实质经济的国际化是脱节的,需进行逐步调整。

　　2. 合理布局,实施区域发展战略的战略步骤

　　根据区域优势和当前的实际,我国银行营销国际化进而实现全球化可以分三步进行区域拓展:第一步是在世界主要的国际金融中心设立分支机构。这些地区不仅金融管制宽松,而且具有较大的市场规模,进入成本和运营成本都较低,并且能够及时把握国际金融市场发展的脉搏。第二步是在与中国具有密切经贸关系的国家的主要经济中心和经济发展快的国家或地区设立分支机构。对于具有成熟的市场经济框架的国家可以设立分行,在市场发展框架正在建设中的国家可以设立代表处。亚太地区尽管经历了 1997—1998 年的金融危机,但是估计在不久的将来,经过一定时期的调整,会重新走上快速发展的轨道。这些国家的金融自由化道路可能延缓,但是大多数国家不会走回头路,因而中国应该抓住这些国家和地区推行金融自由化的有利时机率先进入这些国家的金融服务市场,通过先动优势获得竞争优势。第三步是独联体、中东、非洲、南美、东欧等政治经济尚不稳定或者发展程度较低的国家或地区。这些地区正处在调整和改革中,短期内中国不可能在这些地区广泛扩展银行分支机构,但是,应该选择有利的时机,选择政治相对稳定,同中国经贸关系密切,转轨过程已经基本完成,能够形成一定的规模和范围经济的国家或地区的一些经济中心城市设立代表处或分行。

　　四、中国银行营销国际化的保障体系

　　为了实现银行营销国际化,除了设计区域布局,拓展银行业务以外,还需

要调整银行的组织结构,构建适应银行营销国际化的金融监管体系,以保障银行营销国际化收到预期的经济效益和社会效益。

1. 银行营销国际化进程中的组织结构调整

银行营销国际化的组织战略调整包括两个方面的内容:其一是银行内部组织结构的调整,这是市场化的内容,也是国际化的内容;其二是银行营销国际化组织形式的选择。

(1)银行营销国际化组织调整的要求。银行营销国际化组织形式选择很重要,要考虑各种组织形式的优缺点及其适应性,考虑各个东道国的金融环境特别是监管环境,组织形式的选择决定了国际化的成本,进而影响收益和利润。第一,外部环境的不确定性要求银行组织适应这种不确定的世界,强化风险管理和控制;第二,外部信息量的无限扩大要求银行组织提高处理信息的能力;第三,银行外部竞争强度的扩大要求必须采取市场(客户)导向型组织;第四,金融创新的发展要求银行建立适应创新能力要求的组织体系。

(2)中国银行业适应国际化的内部组织调整的主要内容。银行营销国际化组织战略调整包括产权制度变革、信息与管理组织设计、营销机构、产品机构以及决策体系等方面的内容。第一,要加快银行产权制度的变革,通过产权约束建立银行的激励机制和风险机制;第二,建立 M 型组织结构,实行分工明确的管理体制;第三,从功能型部门设置到以客户为主导的部门设置,以适应外部环境的要求;第四,适应环境要求,强化新产品的开发和市场开发业务部,通过业务创新和争取客户提高市场竞争力;第五,建立银行营销国际化组织设立的科学决策体系。

2. 构建适应银行营销国际化的金融监管体系

银行营销国际化不仅仅是业务或者机构的国际化,而且需要宏观监管体系的国际化。有效的金融监管体系是银行营销国际化的重要保障。由于历史的原因,银行监管体制还存在着许多亟待解决的问题,如缺乏针对经济全球化而进行的开放监管的意识,中央银行的内部组织中没有专门的对开放式金融进行监管的业务部门或机构,中央银行缺乏针对开放的市场化的金融环境而进行监管的经验,宏观金融监管的基础设施不健全等。

依据 1997 年 9 月由 IMF 和世行年会联合推出的《有效银行监管核心原则》(这个文件得到了巴塞尔协议成员国的肯定,已经成为各国中央银行对银行业进行监管的公认准则),中国实施金融国际化,发展国际化银行,必须按照该文件的要求,构建适合我国银行营销国际化的金融监管体系。

　　该金融监管体系具备以下几个基本原则：首先，要提高针对经济全球化和全球金融一体化而进行银行全面监管的意识，提高对开放后全球金融市场风险的认识；其次，中央银行建立针对国际化银行的具有激励机制的监管组织体系；第三，中央银行制定系统全面的国际化银行监管指标体系，以完善国际化风险的预警系统；第四，在公共安全网建设方面，中央银行应建立国际化银行的保险机制（在建立银行存款保险制度以后，国际化银行要参加存款保险体系）；最后，要加强对国际化银行监管体系理论与实践的研究，以适应环境变化作出及时而有效的调整与改进。

（作者单位：中国人民大学商学院。原载于《中国流通经济》2003 年第 3 期，被中国人民大学《复印报刊资料》之《商业经济》2003 年第 6 期全文转载）

农村商品流通发展对策研究

张华芹

一、农村商品流通存在的主要问题

1. 流通中的商品档次低，品种少，不符合农民的消费需求。过去几年，在城市市场趋于饱和的状态下，许多企业纷纷把投资转向农村，但大部分是将城市过剩或淘汰的产品直接延伸到农村，由于农村居民消费层次、消费偏好、消费习惯、消费心理等不同于城市居民，导致流通到农村的产品不能顺利出售，而农民也买不到称心如意的产品。

2. 现金交易、实物交易仍是农村市场主要的支付方式。农村市场上的支付方式比较简单，主要是现金交易，甚至是实物交易，信用交易、分期付款等新的支付方式还没有普遍推广。

3. 农村商品流通组织落后，经营能力差。现阶段我国农村商品流通组织与城市相比仍处于落后状态。存在的主要问题：一是流通规模小。农村各类商品市场的数量虽多于城市，但大多数规模较小，层次较低，主要是摊位式交易，属于商品市场的初级形式。二是流通能力有限。农村国有商业经营萎缩，失去了活力，供销社曾经是农村销售网点的主渠道，但在激烈的市场竞争中其流通体系逐步解体，大量分散的个体商户各自为阵，难以适应农村市场需求的变化。三是商业设施落后，根本不能满足人们日益提高的消费需求，导致大量农村购买力流向城市。四是服务观念陈旧，服务体系不健全。很少有送货上门、使用指导、定期回访等服务，甚至有的销售单位只顾眼前利益，"货物出门后统统不管"。尤其是耐用消费品的维修网点少，售后服务难以保证，严重制约了农民消费需求的实现。

4. 以购定销、坐店待客等传统营销方式仍是农村商品流通的主要模式。零售商往往以自我为中心，而不是以市场为导向去做市场；不是从农民的实际需求出发去采购、出售相关的商品，导致产品不对路，想买的买不到，要卖的卖不出去。比如在农忙季节，农用塑料薄膜不是规格不全就是货源短缺，良畜、良种、良苗以及适合农村家庭或乡镇企业经营需要的各种农用机械设备更是匮乏。这一方面使得农民不能顺利进行农业生产,延缓了农村经济的发展;另一方面也影响了零售业在农村的进一步深入和推进。

5. 流通业态、流通方式单一,新兴的流通业态和流通方式急需发展。从流通业态来看,农村市场流通业态比较单一,主要以小型百货商店、便利店为主,连锁店、超市等新兴业态比较少。随着市场的开放和经济的发展,农村居民的消费意识不断提高,对这些新兴业态的盼望程度也会逐渐增强。

从流通方式来看,租赁、代理、配送等现代流通方式还未普及。以农资租赁服务为例:农村经济和农业生产的发展对现代化农用生产资料提出了更高的要求,但由于添置这些现代化机械的费用较高,许多农户还缺乏相应的经济能力;有些生产资料在使用上存在着明显的季节性,农民没有必要都去购买这些"半年闲"的农用机械设备。因此很多农村居民迫切需要有单位或个人为他们提供农用机械设备的短期租赁服务。[①]

二、农村商品流通发展对策

1. 为农村商品流通提供种类更多、档次更高的商品

农村居民的消费已不仅仅是生活消费和生产消费。随着农民收入水平的提高,人们消费观念的改变,农村居民对文化消费、旅游消费等方面的支出将大大增加。生产以及流通企业应为农村市场提供更加多样化、高档次的商品,尤其是用于旅游、文化娱乐、通讯等方面的商品应大幅度增加。

2. 完善商品流通的支付方式

农村商品流通在支付方式上,不仅可采用现金交易方式,而且可以采取赊销、信用交易等多种方式,尤其对于价格较高的大型家电、农机设备等产品,考虑到农民的收入季节性较强,可采用赊销、分期付款方式购买,以促进此类商品的销售。市场经济本身就是信用经济。对于一些特殊的农用生产资料,可以与乡(镇)、村委会实施联合,以他们的名义和信誉作担保,打消农村消费者采购或者租赁农用生产资料时的担忧和顾虑,并在实施过程中提高厂家和商家自身的信誉度。

3. 根据农村流通特点采取多种适合农村的销售方式

(1)兑换式销售:即以物易物,用农民手中的农副产品去兑换农民需要的商品,互通有无,方便农民。(2)示范式销售:对于新推广、新引进的产品以及

---

① 李秀荣:《消费者行为变动趋势研究》,财政部(2002)"九五"科研项目。

科技含量较高有一定操作难度的商品,如农机具、新农药等可现场操作示范,让农民眼见为实,掌握技能。(3)试验式销售:某些商品示范后农民仍不放心,可让农民长期观察其效,自觉接受新的东西。(4)说明式销售:推销产品时带上产品说明、产品性能介绍,会受欢迎。(5)代办式销售:依托农民信赖的、有一定知名度的人或信誉好的销售网点代理销售。(6)投保式销售:有些产品说明和广告给人以不实之感,如能将所售产品或商品投保,出了毛病农民有处申诉,经济上少受损失,肯定会受到农村居民的欢迎。①

4. 提供更多的新型流通业态,满足农村市场需求

传统的百货商店以及个体的便利店已经不能适应农村的消费需求。未来农村商品流通将出现更多的新型流通业态,主要形式是农村超市和连锁经营等形式。

(1)农村超市。农村超市是设在小集镇上或农村流动人口较多的交通便利地带,根据农村区域经济水平的不同,主要经营日常生活用品、副食品及其他商品的自选商店。农村基础设施建设的完善,人们收入水平的提高,为农村超市的发展创造了良好环境。与此同时,城市商业竞争日趋激烈,发展空间越来越小,众多城市流通企业已经把销售的触角伸向了蕴藏着巨大潜力的农村市场。毫无疑问,超市将成为农村商品流通新的业态之一。

值得一提的是,在农村除了设立日用品超市外,农资超市在农村也有着广阔的发展空间。如山东德农农资超市有限公司已经把超市开到了农村。根据农资和农民的消费特点,超市实行会员制,农民免费入会,为每个消费者建立消费档案,提供跟踪服务;实行积分制,积满300分的农民可以成为金卡会员,享受更优惠的服务。从超市经营的品种来看,不仅卖化肥、饲料、种子、农药、农机具等,还卖农业科技知识方面的书籍;不仅有电视录像播放农资使用知识,而且还聘请农技和植保专家现场解答农民的各种问题;农民不仅可以自己到超市里挑选商品,而且可以打电话请销售人员送货上门,很受农民的欢迎。②

(2)连锁经营。目前县、乡、村一级的农村商业多数处于单店和个体经营的状态,竞争能力和服务能力都比较弱,依靠农村商业自身力量很难发展成为具有较大规模的连锁企业。城市大型流通企业通过连锁方式向城乡结合部或

---

① 王贵清:《适合农村的销售法》,《致富快报》2003 年 2 月 26 日。
② 尹红东:《农资连锁超市撬动农民生产性消费》,《中国华工报》2003 年 5 月 20 日。

农村延伸将是未来农村流通业发展的一大趋势。以上海联华、华联为例,先在县城建立直营店,然后在周边城镇吸收当地经营者加盟,实现低成本快速扩张,取得了成功经验。其中有三条经验可供借鉴:第一,在农村开办连锁店应具备的基本条件是每平方公里的人口密度在 20000—30000 人以上,人均月收入在 300—400 元左右;第二,目前适宜采用特许经营方式;第三,连锁经营公司总部要进一步提高经营管理能力,完善管理功能,以确保总部对特许加盟店的有效控制,避免出现各种违规操作现象。

从农村连锁店的形式来看,预计以下六种零售连锁商店在农村县城、集镇具有良好的发展前景。一是连锁廉价商店。根据农民收入水平不高、收入不稳定的特点,在乡村开设"天天低价"的连锁廉价商店。出售的商品主要限于家庭日常生活用品,其价格远远低于一般商店。二是连锁邮购。针对农民居住偏远,交通不方便,进城购物困难等特点,可以考虑推出方便的连锁邮购,为农民节省时间和路费,为农民提供便利。三是连锁仓储商店。仓储商店采用的是货仓式销售,其设施简陋,营业面积大,直接从厂家进货,经营费用较低,商品售价低;量贩店突出特点是批量定价、批量销售,主要经营农村消费者日常消费的低值易耗的商品。仓储式连锁商店非常适合农民集中、大量购买日常用品的需要。四是连锁超市。连锁超市以价格低廉、经营品种多、选购方便、购物环境优雅等特点吸引农民。农村居民的消费水平明显偏低,可以在农村城镇发展以食品销售为主的连锁超市。五是连锁专业商店。据统计,农村农用生产资料,例如化肥、农药、地膜、农业机械、农用车等需求明显增长;家用电器,例如彩电、洗衣机、冰箱在农村开始进入消费高峰期;贫困地区的农民进入新房建造期,发达地区的农民进入住宅的翻建和装修期,农村建筑材料的销量正在猛增;另外,摩托车、电话、手机等交通、通讯工具正在成为农民的消费热点。针对以上情况,可以发展以经营某一大类商品为主的连锁专业商店,以满足农村居民对某大类商品的选择性需要。六是连锁折扣百货商店。折扣百货商店兼收并蓄了折扣店和百货店的优点,在我国农村人口较多,人均收入较高的大集镇或县城可以开设连锁折扣百货店。[①]

5. 积极发展旧货以及租赁等各类市场

城镇居民对耐用消费品的更新换代速度很快,有些替换下来的家电、家具

---

① 李芬儒:《关于我国农村商品流通创新问题的思考》,《河北经贸大学学报》2003 年第 5 期。

还有较长时间的使用寿命,城镇居民希望旧货能够处置,农村居民希望能够买到二手家电、家具,开设旧货市场,可以满足城乡居民买卖双方的需求。

农村租赁市场主要有农资租赁市场、工程建筑设备租赁市场、运输工具租赁市场、农副产品加工机械租赁市场以及报刊书籍租赁市场等。以农资租赁市场为例,为适应农村经济和农业生产发展对现代化农用机械等生产资料的需要,农村居民迫切需要有单位或个人为他们提供农用机械设备的短期租赁服务。一方面可以满足缺乏农机的用户的需要,另一方面可以使得拥有农机的农户通过农机租赁市场找到更多的雇主,使农机具发挥更大效益,获得更多的收入。由此可见,在农村建立专门的农机租赁市场是件一举两得的好事,可以较好地解决农户和农机主之间的需求,推动农村经济的发展。

6. 重视农村中介、各类协会以及物流供应链理论在农村商品流通中的作用

针对农民组织化程度低,抵御市场风险能力较差,产销脱节严重等现象,农村迫切需要成立各种形式的农村中介组织及各类协会。如由各级科协牵头成立各种专业技术协会、各种咨询服务中介、法律服务中介、农产品经销中介等,为农民的产、供、销提供信息、技术、资金、销售等多方面服务。

物流供应链管理是在满足服务水平需要的同时,为了使系统成本最小而采用的把供应商、制造商、仓库和商店有效地结合成一体来生产商品,并把一定数量的商品在正确的时间配送到正确地点的一套方法。供应链管理涵盖了从"供应商的供应商"到"客户的客户"之间有关最终产品或服务的形成与交付的一切业务活动,其目的在于使整个供应链产生的价值最大化。

以农产品供应链为例,农产品供应链包括以下环节:生产资料的供应环节、生产环节、加工环节、配送环节、零售环节。涉及生产资料供应商、生产和加工农产品的农户或生产企业,负责配送的配送中心或配送企业,负责销售的零售商和批发商。传统农产品物流由分散的各成员各自运作,而农产品物流供应链是将上下游企业作为整体,相互合作,信息共享,以提高物流的快速反应能力,降低物流成本的管理模式。这样,通过农产品供应链物流的整合管理,可使物流活动的每一环节为了共同的目标保持协调一致,可有效提高农产品物流效率和服务水平。

(作者单位:山东财政学院工商管理学院。原载于《中国流通经济》2005 年第 6 期,被中国人民大学《复印报刊资料》之《商业经济》2005 年第 8 期全文转载)

农村流通网络建设的若干思考

徐印州

一、农村流通网络建设的成绩和问题

"十一五"时期,"万村千乡"市场工程启动了农村现代市场体系建设,"十一五"期间,连续 5 年中央一号文件都对"万村千乡"市场工程进行部署,中央财政支持"万村千乡"市场工程的力度逐年加大,从开始的每年 2 亿元增加到 2010 年的 16 亿元,累计投入 43 亿元,引导大型流通企业到农村延伸流通网络,把连锁经营的现代流通方式送下乡,把超市、便利店等新型商业业态送下乡。截至"十一五"末,全国连锁化农家店达 52 万家,覆盖 80% 的乡镇和 65% 的行政村,年销售额近 3000 亿元。以连锁经营、物流配送为代表的现代流通方式在我国农村市场快速发展,以城区配送中心为龙头、乡镇店为骨干、村级店为基础的农村现代流通网络正逐步在广大农村落地生根。农村夫妻店、小卖部经过标准化改造,传统的"土台子、黑屋子"被打破,超市、便利店等新型商业业态进入农村市场,农村商业面貌明显改善,经营面积大幅增加,全国农家店营业面积近 4000 多万平方米,平均单店面积 20 平方米以上,经营品种大幅增加,平均单店品种 400 种以上。"十一五"时期,"万村千乡"市场工程在农村支持建设 2667 个物流配送中心,每个县平均拥有 0.9 个,覆盖城乡、多层次的农村商品配送体系加速形成。一批知名度高、经营实力较强、管理制度完善、经营道德诚实守信的商业企业,通过统一配送的方式,从上游控制住商品采购渠道,又通过向农村延伸网络,使农家店统一配送率达到 50% 以上,商品质量得到有效保障。根据调查,95% 的农户认为农家店商品质量提高了。此外,作为劳动密集型行业,农村商业发展促进了劳动力转移与社会就业,带动就业近 180 万人。①

农村流通网络建设对于促进消费、扩大内需作出了突出贡献,推动了农村

---

① 《农村现代流通体系建设的成功实践——"万村千乡"市场工程系列述评之一》,《经济日报》2011 年 3 月 28 日。

城镇化的进程,极大地促进了农村经济与社会的发展,是有效解决我国"三农"问题的良策之一。

但是,农村流通网络存在很多问题,之前遗留的问题也并未完全得到解决。比如,农村传统经营网络残缺不全,分散度过高,农民买难卖难问题依然不同程度地继续存在;在网络建设中存在追求形式、虚报成绩、不注重市场反应等弄虚作假现象;门店增加,但点未能连成线,线未能织成网,形联而实散,失去了网络建设的本质意义;企业虽然数量众多,但缺少具有核心竞争力的龙头企业,只见星星,不见月亮,导致单打独斗,各自为战,难以主导市场渠道,竞争能力不强;在流通网络建设中不注重引进现代流通方式,经营业态单一、落后、规模小,农村消费环境亟待改善;流通网络缺乏基于技术平台的信息网络的支撑;经营主体大多是个体户或私营业主,缺乏管理,经营方式落后,还不具备进入现代流通网络的实力等等。

导致这些问题的原因很多。首先是观念和认识问题。事实上,农村流通网络建设始终纠结在对靠政府还是靠市场这一根本问题的认识上。农村流通网络建设是市场经济条件下城乡流通网络建设的一个组成部分,流通网络既有公共属性的部分,也有企业属性的部分,不可能全部由政府承担。政府扶持只能起到引导和导向的作用,最主要的还是要靠企业自己通过努力去发展市场网络。企业市场网络逐步成熟,作为具有公共属性的流通网络也会随之逐步成熟,说明市场发育已经相当完善。商业领域是一个充分开放、充分竞争的行业,政府不可能再有大量直接的投入,投入也只能是在一些基础设施方面。政府在农村市场网络建设上主要是政策引导和扶持,更多还是要靠企业行为。对县、镇(乡)两级干部的调查还发现,一些农村干部对农村流通网络建设究竟是不是农业问题,究竟是不是"三农"问题,认识相当模糊。重农业生产、轻农产品流通的意识还相当严重,管农业生产的不管流通,管流通的不管生产,农业生产与农产品流通"两张皮"的现象仍然很严重。不少人认为,农村流通网络建设是农业体制外的问题,或者是供销社的问题,总之"不归自己管"。

其次是人才和技术问题。现代流通是适应现代经济和社会发展的产物,现代流通的出现除了特定社会背景下的必然性之外,还有自成体系的经验、理论、技术和专门人才。农村流通网络建设的目的就是以现代流通体系取代传统的、已经不适应新农村发展的落后的流通体系,促进新农村建设。"管农业生产的不管流通,管流通的不管生产"只是表面现象,其实质在于管农业的不懂流通,而懂流通的又不懂农业。目前迫切需要既懂"三农"又懂现代流通的专门人才,没有农商兼备的人才,农村流通网络建设就抓不到点子上,只能流于形式。新农村流通网络建设还是一项重大的技术问题,连锁经营、物流管理、信息平台的构建与运行都需要专门的现代技术,从事这项工作的人不经过严格的培养和训练,很难担当如此重任。

再次是政策和投入问题。从目前存在的问题看,对于农村流通网络建设口头上很受重视,但一般号召多,具体措施和有效指导少,只注重网点数量是否增加,忽视流通网络实效或急于出成绩而忽视网络基本建设。网络基础设施投入明显不足,网络系统不完善,难以满足农民不断增长的消费需要。特别是在一些比较落后的农村地区,交通、电力、通信设施规模较小、水平较低、配套不足、设施陈旧、功能老化,流通网络建设困难较大。比如,现代流通体系必不可少的物流中心、配送中心、仓储设施等基本配套设施发展缓慢,影响到了流通体系的完善;再如,信息化设施、技术水平、信息资源落后,使农村流通网络建设缺乏与之相适应的信息平台支撑,难以推进现代化的流通方式和管理方式。

此外,还有农村消费者的教育与引导问题。与城市居民相比,农民的教育水平、收入水平、消费水平都比较低,因此消费者意识和维权意识相对淡薄,对商品性价比的要求更偏重价格低廉,而对商品品牌与品质要求不高。在农村市场上,连锁经营竞争不过个体商铺,超市竞争不过走乡串户的游商,正宗的商品竞争不过假冒伪劣商品是相当普遍的现象。在农村经常可以看到这样的情况:纳入流通体系的商店门可罗雀,而明明是贩卖假冒伪劣商品的小贩却在正规商店门前吸引了大批顾客。城市里经常举办的打假宣传和维权教育活动很少在农村开展,农村消费者消费意识的落后助长了不法经营活动,给不法经营者欺骗和坑害农民提供了机会,严重阻碍了农村流通网络建设。有些地方农村流通网络建设之所以虎头蛇尾,与得不到多数农民消费者的支持有很大关系。面对低级的市场竞争,忽视对农村消费者的教育与引导,既缺少竞争意识,又缺少竞争策略,在工作中缺少智慧和方法不过是浅层原因,利益相关者从中寻租渔利才是深层原因。

二、加强农村流通网络建设的建议

针对存在的问题与薄弱环节,建议特别注意以下方面:

第一,必须提高对农村流通网络建设的认识。

改革开放三十多年来,我国城市流通网络得到了较好的发展,而农村流通网络建设相对滞后,导致我国市场流通体系发育不健全、不完整。加强农村流通网络建设,不仅有利于进一步激发农村消费潜力,有效促进农民消费,提高消费对经济增长的强大拉动力,而且有利于形成覆盖全国城乡的流通市场网络,完善市场体系,促进经济增长方式的合理转变。其重要意义既在农村,更在全国城乡一体化;既在"三农",更在社会主义市场经济的全局。

第二,农村流通网络建设必须实施标准化。

农村流通网络建设的"新网工程"以连锁经营为主要形式,连锁经营就是把大规模工业生产追求规模经济效益的原理引入商品流通领域,通过规模经营与资源共享来降低企业经营的平均成本和每一单位的边际成本。连锁经营的核心是标准化,即通过统一品牌、统一价格、统一形象等,构建良好的购物环境,提供可靠的质量保证,从而改善农村的消费环境;通过大规模的批量采购、统一配送、连锁销售,降低商品的采购成本和库存成本,减少流动资金的占用,以最低的流通费用、最少的流通环节,加快商品流通,降低销售成本;通过利用核心企业的品牌、先进的管理水平、良好的商业信誉,实现资源共享,节省费用,降低运营成本。供销社是"新网工程"主要的承载者,农村流通网络建设必须实施标准化,而供销社的根基在农村,优势也在农村,供销社系统要充分发挥自身在农村市场既有的网络优势,把连锁经营作为有力的抓手,以标准化促进连锁经营,以连锁经营带动农村现代流通网络建设。

第三,大力培植龙头企业。

农村流通网络建设不能只见星星,不见月亮,要大力培育一批连锁经营龙头企业,以众星拱月之势,促进流通网络的形成。要把产权制度改革与培育大中型连锁经营龙头企业结合起来,通过产权重组、企业并购、投资融资等多种形式,广泛吸纳社会资源,优化现有资本配置和产权结构,鼓励支持跨区域扩张,着力扶持、培育一批体制新、机制活、带动力强的连锁经营龙头企业,带动农村流通网络建设。通过创建和培育龙头企业品牌,以品牌整合网络,有效引入现代管理方式,建立规范的服务标准和管理制度,不断增强农村流通网络的整体竞争力。

第四,高度重视流通信息平台建设与人才培养。

现代信息技术的应用与否以及应用水平的高低,是区别流通体系"传统"与"现代"的标志。目前,在农村流通网络建设中,信息平台建设是薄弱环节,而信息技术水平落后或应用程度太低的主要原因就是硬件建设投入不足与技术人才缺乏。因此,必须高度重视流通信息平台建设与人才培养。要提高对信息化的认识,只有以信息化技术支撑网络,才能使农村流通网络形成健全的管理机制和运行机制,才能使连锁经营和物流配送与农村流通网络真正对接并实实在在地发挥作用。在加大信息网络基础设施资金投入的同时,还必须加大技术投入,大力培养和引进专门的技术人才。人才不仅应具有现代流通意识,还应掌握现代流通技术,否则农村流通网络就无法实现向现代化的飞跃。

第五,积极开展农村消费者教育活动。

农村流通网络建设必须以市场为导向,只有争取农村消费者的支持才能真正占领农村市场。农村市场营销最重要的内容就是积极开展农村消费者教育。在农民收入水平逐步提高的同时,也要通过引导逐步提高农民消费者意识,这需要坚持不懈地在广大农村深入开展农村消费者教育活动。要从农民的实际需要出发,根据农村市场的实际情况,针对农村市场存在的现实问题,系统开展商品知识的传播推广,讲解假冒伪劣商品的危害,演示对假冒伪劣商品的识别方法,揭穿农村市场常见的蒙骗和欺诈消费者的行为,加强普法教育,提高农村消费者的维权意识,这些都是农村流通网络建设不可或缺的内容。

三、一个需要冷静思考的问题——"平价商店"能否生存

我国经济社会发展已经进入了一个新的阶段,在工业化和城市化的进程中,受资源、土地、劳动力、农业生产资料等成本不断上升的影响,农产品价格的上涨势必成为常态。抑制通胀,保障人民群众基本生活需要,稳定农产品等生活必需品价格,已经成为 2011 年工作的重中之重。广东等一些省份为贯彻落实《国务院关于稳定消费价格总水平　保障群众基本生活的通知》,大力推进"平价商店"的建设,国家发展和改革委员会也准备在全国范围内试点推行。不能否认,这是应对通货膨胀的一种尝试,但设想中的"平价商店"能否生存,能否发挥对市场价格的引导作用,还需要我们进行深入冷静的思考。

平价商店作为一种零售业态,源于折扣商店(Discount Store)。但折扣商店这种业态具有明显的促销之嫌,所以在传入我国后,逐渐演变为平价商店(Fairprice Store),市场上经常见到的"一元店"、"8 元店"即属此类。20 世纪70 年代初,新加坡面临石油危机和通货膨胀的双重压力,物价飞涨,社会不安定。新加坡政府为协助一些困难家庭缓解生活费用上涨的压力,确保市场上生活必需品价格的可控性,支持劳工组织——贸易工会联合会成立了平价合

作社(NTUC FAIRPRICE)。几十年来,平价合作社的组织和运营逐步完善,为新加坡政府平抑市场物价、促进社会稳定发挥了重要作用,平价合作社这一特殊的零售业态也受到了各国的重视。我国倡导"平价商店",在很大程度上是借鉴了新加坡的经验。对于我们来说,希望"平价商店"不仅能够发挥对市场价格的引导作用,抑制通胀,还要有助于解决农产品"卖难"问题。设计中的"平价商店"具有以下特点:

第一,在企业属性上,是在政府引导和扶持下,依托供销社和农民专业合作社,由企业自主经营的平价商店。

第二,在经营目标上,既尊重市场规律,又不是单纯为了参与市场竞争和追逐商业利润,其目标是确保平价销售群众必需的农副产品,并在价格异动时履行保障供应、平抑价格的义务,承担稳价惠民的社会责任,保证群众基本生活需求。

第三,在经营范围上,与市场上常见的自我标榜为"平价"的商店不同,不是广泛意义上的平价商店,而是以农副产品为主的生活必需品平价商店。

第四,在经营方式上,实行"农店对接",连锁经营,自成体系,尽可能缩短流通环节,降低流通成本,以确保平价优势。

在市场经济条件下,任何政府"父爱主义"和仁慈的设想,都会受到市场规律的严峻挑战。从新加坡的经验来看,由于平价商店属于极具市场价值的新型零售业态,把它办好实属不易。如果平价商店在运营过程中不能真正做到平价,起不到农副产品市场价格风向标的作用,那就意味着创新失败。要使平价商店真正发挥平抑物价的作用,必须在平价商店的组织和运营体制以及商业运作模式上进行周密设计,精心操作。

首先,平价商店具有政府色彩,必须是公共服务品。平价商店不以赢利为第一目的,但在市场竞争环境下生存必然要面对竞争,这不仅需要政府政策的支持,还需要政府资源的投入。除目前已经明确的政府在场地、水电、贷款贴息、税费优惠等方面的扶持措施之外,最重要的是必须动用价格调节基金给予补贴,补贴的目的仅仅是为了保证经营范围内商品的"平价"。所以,设立价格调节基金是平价商店正常运营的保障,如果没有价格调节基金的补贴,平价商店是不可能生存下去的。更为关键的是,平价商店如何面对市场竞争呢?如果平价商店不具有公共服务品色彩而参与市场竞争的话,那么它如何遵守公平竞争的原则呢?如果平价商店不参与竞争,又如何在市场竞争中产生影响力,发挥自己对市场价格的引导作用呢?

　　其次,平价商店的成功取决于渠道优势。在通胀条件下,维持价格优势的关键在于降低渠道成本,所有参与市场竞争的商户以及各种零售业态无不千方百计地谋求最低的渠道成本。而政府扶持下的平价商店不能仅仅依靠政府的呵护来降低渠道成本,取得渠道优势,这就需要在"农店对接"上认真下功夫。我们一直提倡"公司+农户"的农副产品经营模式,但着眼点却一直局限在农户身上,忽略了从流通环节入手、以市场需求带动,结果"公司"反而成了夹在生产者(农户)和流通终端之间多余的环节,拉长了流通渠道。创建平价商店有必要设法激活"公司+农户"的设想,将之完善为"平价商店+农户"的模式,真正做到以渠道优势获取"平价"效果。"公司+农户"模式的实施不够理想,原因还在于政出多门,管流通的不管农业生产,管农业生产的管不了流通,"平价商店+农户"难以产生实效。可以肯定地说,"农店对接"成功与否,直接关系到平价商店的成败。

　　再次,新加坡的经验告诉我们,平价商店要真正对市场产生影响力,必须具有规模优势,自成体系。平价商店能否通过连锁经营形成规模优势,建立平价商店体系,并且独树一帜,避免与市场上的各种平价商店鱼龙混杂,是影响其成败的关键之一。平价商店在初创阶段,可以搞搞试点,办几个示范店。但是,市场需求是巨大的,如今的市场竞争也已经具备多样性,如果平价商店的规模很小,茕茕孑立,其微小的作用很容易就会被市场竞争的巨大能量所稀释,平价商店很快就会变异,或者无疾而终。平价商店是新生事物,需要认真扶持,不能浅尝辄止,更不能止步于办几个示范店,只有通过连锁经营逐步形成平价商店的较大规模,造就平价商店体系,才能使平价商店发挥应有的作用。

　　有些地方试图在现有的具有一定影响力的大中型超市内建立平价专区,这未必是一种稳妥的设想,政府可以鼓励大中型超市建立平价专区,但这应纯属企业行为,政府只能提倡,不能直接介入,否则将形成"一店两制"的局面。事实上,政府并没有办法行使对所谓"平价专区"的有效管理,反而为这些超市无偿提供了促销的"噱头",与建立"平价商店"的初衷背道而驰。

　　　　(作者单位:广东商学院。原载于《中国流通经济》2011 年第 8
　　　期)

农产品流通的关键问题与解决思路

纪良纲　刘东英

党的十七届五中全会关于"消费、投资、出口"表述的顺序发生了变化,将消费的地位提到了前所未有的高度。"十二五"期间,消费能否成为拉动经济增长最强劲的动力,有两个非常关键的因素,一是农村消费市场能否活跃起来,二是城市消费中的食品安全问题能否得到保障,这两个问题都与农产品流通密切相关。农产品流通过程是农业生产成本补偿、农产品价值实现以及农民收益最终确定的过程,同时也是将农村、农业、农民与城市、工商业、城市居民紧密联系在一起的过程,农产品流通增值如何产生、如何分配直接影响农民收入,间接影响农产品安全。

一、当前农产品流通领域存在的主要问题

1. 农民被隔离在农产品商业环节之外

在本轮农产品价格连番上涨的过程中,农民并没有因为农产品价格的大幅上涨带来明显的收益。在农村实地考察可以看到,每公斤玉米农民可获得1.2元的收入,这个收入当然已经比过去提高,但相比起城市居民购买时付出的每公斤5元的价格,我们可以发现,其中的大部分增值与农民无关;再如,2009年大蒜价格飙涨到平均每公斤16元时,从农民手中收购也仅为每公斤8毛钱,价格相差20倍。这些数字表明,农民被隔离在了农产品商业环节之外,不仅在农产品消费价格上涨时无法获得商业利益,还要在价格下跌时成为市场风险的最终埋单者。其根本原因在于,作为商品生产者的农民小、散、市场势力弱的状况没有得到有效改善。事实上,农民组织化程度过低造成小生产与大市场之间矛盾的问题早已受到重视,政府主导或引导、各方参与的提高农民组织化程度的行为也从未停止过,但遗憾的是效果有限。究其原因,一是参与到各种组织中的农民仍然是一小部分,二是即使是这一小部分也并非能够主导组织利益的分配。以合作社为例,政府持非常鼓励态度,颁布实施了《农民专业合作社法》。但统计显示,截至

2009 年底,共有入社农户 2100 万户,占全国农户总数的 8.2%,与美国、德国等国家几乎全部农民都参加了合作社相比,我国农民的组织化程度仍然很低;同时,根据我们调研,发现真正属于农民自己的、一人一票制的合作社数量十分有限。由此,依靠合作社改变农民市场弱势地位,使其融入农产品商业环节并且能够获得商品流通增值的合理份额,就成为政府的一厢情愿。农民既然被隔离在商业环节之外,那么他们对商业环节的增值也就漠不关心,所谓从地头到餐桌的产业链条实际是断裂的,而自生产领域开始的农产品质量良莠不齐、安全隐患丛生就不足为奇了。

2. 农产品物流环节浪费严重,效率不高,增值空间拓展不力

目前我国农业的市场化程度在不断提高,其中 80% 的农产品通过批发市场、农贸市场流通,但薄弱的农产品物流环节造成流通中的极大浪费,水果蔬菜等农产品中间环节损失率高达 25%—30%,而国外农产品运输的损耗率只有 3%。这样的物流状态如果不能改变,必将带来两个方面的直接后果。第一,部分农产品成为无效供给,不仅不能补偿物流成本,还产生了额外的逆向物流费用。目前,农民是不得不以低价出卖农产品的形式承担着大部分物流费用。第二,物流活动创造的增值无法适应需求的变化。随着城镇居民消费水平的提高、消费分层的细化,越来越多的食物消费表现出对品质、安全、方便、营养等食物附加价值的追求,特别是对食品安全的重视,对流通渠道、流通方式创新以及物流增值提出了新的要求。近年来,政府在增加流通基础设施投入、开通农产品绿色通道等方面做了很多努力,包括从 2010 年 12 月 1 日开始,所有收费公路对运输农副产品的车辆免收过路过桥费,但不能从根本上提升物流水平。从行业发展的角度来看,现代物流的实现必须依靠现代物流企业,第三方物流以其专业性、综合性和功能统筹战略成为提升物流水平的绝对主体。而农产品物流因其主体、客体的特殊性,并且受到现有农产品流通渠道状态的限制而非常复杂,从事农产品第三方物流的企业几乎不存在,即赖以提升物流效率、拓展增值空间的组织协调和专用资产投资主体是缺位的。

3. 农产品供应链远未形成

一条成功的农产品供应链应该是将所有涉及物流的功能和工作综合起来的链条,从最初的供应商采购获取,到最终的消费者接受,致力于所有物流作业的一体化管理,使渠道安排从一个松散的联结着独立主体的群体,变为一种致力于提高效率和增加竞争能力的合作力量。供应链运行的典型特征是整个

链条产生增值,但单个节点的个体目标不一定能实现,这就要求供应链的核心企业与各节点之间的合作关系必须是紧密的、顺畅的,并且保证整个链条的增值能在节点间进行合理分配。虽然农产品因其鲜活易腐性,要求整个流通过程比工业品更连贯,从理论上来讲更适合进行供应链管理,但是从目前实践看,有一个重要原因致使农产品供应链难以形成,即缺乏具备供应链核心企业特征的流通主体。在农产品流通渠道上,与小规模的农户相连接的主要是小规模的贩销商、小规模的批发商以及农贸市场上小规模的零售商,这些主体承担着80%农副产品的流通,但是过小的规模致使主体间的合作与分离都表现为明显的随机性,任何环节的主体都缺乏与链条上其他主体长期合作的动力,也没有协调管理整个链条的能力。近年来,随着连锁超市的快速发展及其对生鲜农产品的经营,各方面都寄希望于新型零售商作为农产品供应链的核心企业,但是由于其他环节主体的组织化程度过低,零售终端的拉动作用有限,频发的零供矛盾更是让这个希望变得十分渺茫。

二、发展农产品流通的着力点与政策建议

1. 创新农村经济组织,提高农民进入市场的组织化程度

第一,扩大各类农村市场中介组织的覆盖面,让更多的农户加入到各类组织中去。农村市场中介组织是居于农户与市场其他主体之间,为农户在生产经营中所发生的要素和产品的需求与供给活动提供居间服务的非营利性组织,包括经纪人及其组织、拍卖商、农村专业市场、农民专业协会、农民专业合作社、一体化组织等多种组织形式。要加强对农民的宣传和培训,特别是通过示范带动作用,引导更多的农户走上组织化道路。第二,将农民的利益与各类经济组织紧密联系起来,让农民切实得到更多的实惠。也就是说要将各类组织彻底办成农民自己的组织,在组织运行过程中,农民不是被动的参与者,而要成为组织决策的制定者和组织利益的分享者,要让组织成为农民生产、生活各个方面长期而稳定的依托。第三,借鉴国外合作社聘用职业经理人进行管理的成功经验,探索农村各种经济组织两权分离的经营体制,降低农民自管带来的由于能力与经验不足引发的经营风险,并保证农民对组织利益的拥有和分享。

2. 加强农产品物流管理,提高农产品流通效率

一是加强农产品标准化建设,从地头开始,提高物流的可控性。第一,制定农产品生产标准,并有相应的质量检测、认证与监督措施与之相配套,保证

地头收购时农产品附带有完全的生产质量信息;第二,制定不同农产品分级分类标准,在质量标准的基础上依据农产品外观等物理特征进行分级分类,确保物流伊始能够根据细分市场制定分级配送计划,降低无效物流发生的几率;第三,制定不同类型农产品的储运标准,在包装、标签、温控等方面实现物流全过程的无缝对接,减少农产品的耗损。二是依托批发市场,培育第三方物流企业。从农户经产地与销地批发市场到零售终端这一物流链条上承载着80%的农副产品物流量,而且这种状态在短时间内不会改变。有鉴于此,提高物流效率的着力点应该放在批发市场上。一方面致力于批发市场的升级改造,在市场准入方面建立规范,提升其信息化水平,依靠缩短信息流时间、增强物流链的快速反应能力,来减少物流损耗,提高物流效率。另一方面是开发批发市场的流通加工功能,提高仓储配送能力,在仓库占地及建设方面给予优惠政策,引导民营资本依托批发市场建立第三方物流企业,形成较大规模、较高质量的农副产品综合物流能力。

3. 培育农产品供应链,拓展流通增值空间

实现农产品供应链管理,致力于整个链条的增值,一方面能够增加包括农户在内的各类流通主体的收益,另一方面可以满足多样化、高水平的消费需求,这是农产品流通发展的终极目标。我国农产品供应链虽然尚未成型,但是要积极引导。目前看来,最重要的工作就是培育供应链核心企业,其中连锁超市仍是首选。为了避免连锁超市滥用渠道权力,需要同时培育具有一定规模的供应商或中间商和具有较高组织化程度的农民生产者。以此为标准,有针对性地引导符合条件的农民经济组织、中间商和连锁超市组建供应链,进行供应链管理的实践探索。试点示范、积累经验、应势推广是一个培育农产品供应链的可选方案。

4. 加大政策支持力度,推动农产品流通产业发展

一是加大政府对农产品流通的财政投入,提高三个比重。即中央和地方财政预算中用于农产品流通建设的比重,固定资产投资用于农产品流通基础设施的比重,信贷资金用于农产品流通周转的比重。二是要设立农产品流通投资基金,用于支持类似于"公益性农产品批发市场建设工程"等具有公益性的农产品流通项目,同时以此引导社会投资流向农产品流通产业。三是加大税收减免力度,以服务为目的的中介组织免税费,以盈利为目的的组织享受低税率。四是在培育贸工农、内外贸、农工商一体化"航空母舰"和市场中介组织方面,制定专门的扶持政策,鼓励做大做强和为农民提供服务。五是组织编

制农产品流通方面的各类相关标准,制定与之相配套的各项法律法规,实现对农产品流通的规范化管理。

（作者单位:河北经济贸易大学。原载于《中国流通经济》2011年第7期）

农产品流通新体系建设研究

——以上海大宗农产品市场"百县百品"工程为例

费　建

中国是世界农业大国,但中国农业在国际上竞争力不断下降却成为不争的事实,我国农产品整体比较优势在下降。农产品国际贸易发生了重大变化,正在由劳动密集型产品替代土地密集型产品,由加工制成品和特色产品替代以粮食为原料的动物饲料和植物油脂类产品,由附加值高的深加工产品替代低价值的初级加工品。中国食用油对国际市场已经形成严重依赖,农产品国际定价权依然旁落,粮食战争演义下的粮食安全时刻威胁着我们……同时,我国农业生产的内部条件也在不断恶化,可持续性和安全性受到严重威胁。比如,进行农业生产的土地在不断减少,18 亿亩耕地的保护遭到人为因素与自然因素的严峻挑战,水资源不断减少,农地污染不断扩大,资金、技术、劳动力资源,特别是农业人才严重流失,"386199 部队"[①]将难以继续维系我国的农业生产,国内城乡二元结构形成的真实收入差距达到了惊人的 4∶1,农民消费低迷,农户积累下降,农业基础脆弱特征显著,"三农"问题制约着社会的发展,成为摆在我们面前的重大课题。无论是对内解决"三农"问题,还是对外应对"粮食战争",以及全面应对农产品安全(数量与质量)的需要,都决定了我们必须以农业产业化为基础,实现具有中国特色的农业现代化,提升中国农业的国际竞争力。

农业的国际竞争力可以定义为:"在全球合理、公正、统一市场规则的条件下,各国农产品种植、生产、运输、加工、销售等环节的综合能力。"农业的国际竞争是综合性、多环节、双向、可选择性的竞争。提升我国农业国际竞争力,无论从价值链环节着手,还是从产业结构突破,最根本的就是要实现中国农业的现代化,其基础是以农业产前、产中、产后的标准化为核心的农业产业化。

---

①　随着城市化进程的加快,我国农村地区年轻人多外出打工,而留下来的多为妇女、儿童和老人,被称为"386199 部队",这里的"38"指妇女,"61"指儿童,"99"指老人。

实践证明,农业产业化必须依靠农产品流通标准化的引导与促进,必须按照农产品的比较优势建立农产品优势产业带,必须让农产品生产者享有平等的定价话语权,提高其生产的积极性,必须实现农业与二三产业的充分融合。尽快建立适应这种需要的农产品流通新体系显得尤为重要,势在必行。

一、现行农产品流通体系存在的问题

经过三十多年的改革开放,中国已经初步建立起以生产地的农产品集贸市场、城镇农产品批发市场、区域经济中心城市大型农产品骨干批发市场、城市居民区农贸市场与超级市场、连锁超市以及社区服务便利店等为网络的遍布城乡的农产品流通体系,针对提升农业竞争力的要求,就市场体制而言,目前阶段我国农产品流通体系存在的问题主要表现在:

1. 整个农产品流通市场体系缺少"大脑"与"中枢神经系统"

物流与信息流处于原始的自发盲从状态,无法形成全国统一的大市场,难以实现农产品资源的科学合理配置,由此造成极大的浪费与损失,全国仅果蔬一项每年的损失就高达 1000 亿元人民币。国际国内的一体化、区域流通的一体化、城乡的一体化、农产品加工业与流通业的融合一体化、整个农业产业与二三产业融合的立体化与混沌化都无法实现,千家万户的农产品生产者无法与千百万的大市场形成有效对接。

2. 农产品流通的标准化程度非常低,不利于大流通、大市场的形成

一方面,由于农产品标准化程度低,同时也由于流通标准化对农产品生产标准化引导不够,优质难以实现优价,在我国除了期货市场上市交割的农产品外,其他农产品的标准化难以展开。另外,工业标准化形成的农产品标准化概念也误导了我国农产品标准化体系的建立与形成。

3. 现在的农产品流通体系未适应建立科学的农产品定价机制的需要

区域市场割裂,城乡市场割裂,不同农产品市场之间割裂,消费者与生产者被重重隔开,消费者与生产者无法平等实现对农产品的定价权。一方面,对于从事农产品生产的农民而言,农产品价格长期受到压制,农业投资的回报率长期大大低于社会平均水平,农民对农业生产的积极性严重不足,绝大多数农民的生产仍然以满足自身的生存需要为主,而非出于市场化与商业化的满足社会消费需求,长此以往将严重削弱我国农产品安全的基础。另一方面,对于消费者而言,长期处于居民消费价格指数(CPI)上涨的高压下,中低收入家庭的食品安全遭受威胁,成为中国民生的重大隐患。在此基础上,农业生产对政

府性投入的依赖程度不断增加,除农业税取消外,中央财政对农业的投资从2004年的2626亿元猛增到2010年的8183.4亿元,2011年将继续增加到9884.5亿元,折合每吨粮食生产政府投入接近2000元。在如此脆弱的农业生产基础上,各产地、各品种无法形成自主定价权,我国农产品整体也无法形成自主的定价权。

4. 目前的农产品流通体系无法满足以订单农业为基础的农产品产业结构调整和优势农产品产业带形成与巩固的需要

这导致各地发展农业产业化、建立农产品产业带进入两难境地,各类问题也日趋显现。其主要表现为:作为产业带构成主体的基层政府、农户的积极性难以进一步调动,主体间的协作关系没有建立起来,相互间的恶性竞争日趋激烈;优势农产品产业带产品结构与重点产区布局不合理,同构现象严重,忽视了不同区域间自然禀赋与市场条件的差异,加之订单农业保障机制缺失以及中国家庭承包生产经营的小农经济特质,往往是"有效益一哄而上,无计划一败涂地的下",如广西香蕉事件、大蒜事件、湘西柑橘事件、河北小枣与海南蔬菜喂猪事件等不断出现,"产业做大了,增产不增收,农民总遭殃",农民利益受损严重,基层政府与农户都对农产品产业带发展失去信心;科技投入严重不足,种源质量不高,科研成果转化和推广普及不力,标准化生产水平较低,直接导致优势农产品产业带的农产品科技含量低,竞争力不强;优势农产品产业带规划无序,加工能力分散,加工水平普遍偏低,产业化发育不健康;另外,优势农产品产业带发展政策与支持保障体系不够完善,缺乏专项性的政策法规,农业财政投资力度不足等构成了农产品产业带建设的老大难问题。

5. 现在的农产品流通体系与创新发展的现代流通理论存在较大的鸿沟

没能充分运用好新理论、新技术、新管理、新模式,对促进转变农业经济发展方式、推动大国在新一轮竞争中的整体再造形成滞后效应。

二、农产品流通新体系建设的指导思想、战略目标和基本原则

1. 建立农产品流通新体系的指导思想

以科学发展观为统领,围绕农业和农村经济结构战略性调整、发展方式转变和增加农民收入这条主线,遵循市场经济规律,以体制创新、经营机制创新和技术创新为动力,以农产品资源科学合理配置为目标,提高农业产业化经营水平,促进农业整体素质与效益的提高,增强农业参与国际竞争的能力,为实现具有中国特色的农业现代化奠定坚实基础。

2. 建立农产品流通新体系的战略目标

在"十二五"期间,基本形成全国统一的农产品大市场,使全国农产品资源得到科学合理配置,形成我国农产品定价的科学机制与体系,从根本上解决订单农业与农业金融两大难题,促进农业产业化经营与农业和农村经济结构战略性调整,与完善家庭承包经营协调发展,与农产品加工企业改造、完善和提高农业社会化服务水平有效结合。推动以"三品一标"系列工程为核心的"百县百品"工程的发展,建立一批具有中国特色的农产品原产品知名品牌。

3. 建立农产品流通新体系的基本原则

必须充分实现农产品生产者与消费者双方诉求的平等满足,努力为我国农民创造平等的贸易机会,维护农产品的卖权,确保农民增产增收,促进农业生产,以利于全国统一大市场的形成、农业产业结构的调整、优势农产品经济带的形成与巩固,建立科学的农产品定价体系,实现中国定价权,促进农产品安全的实现。

三、怎样建立中国特色的农产品流通新体系

中国经过三十多年的改革开放,已经形成了非常良好的传统农产品流通的基础,特别是在"菜篮子市长负责制"下形成的城市内部或区域农产品流通体系非常发达和完善。但是,提升农业竞争力,建立农产品流通新体系,无法依靠这种传统的市场模式来实现,而必须利用现代电子信息技术,借助电子商务方式,用电子信息集聚贸易主体,降低交易成本,无限集聚国内与海外贸易主体,提高空间集聚效率,广泛集聚交易信息。同时,还要在统一的交易规则下实现农产品交易,建立全国统一的农产品大市场,实现农产品资源的科学合理配置,建立科学的农产品定价体系。上海大宗农产品市场在此基础上,凭借上海国际金融中心、国际贸易中心、国际航运中心建设的优势,从追求供给方与需求方权利平等出发,以合理配置全国农产品资源为宗旨,以为我国农民创造平等的贸易机会为使命,以建立符合我国农产品流通特征的交易规则为己任,采用互联网、物联网和电子商务技术,组织全国的农产品生产者、经营者、消费者通过网络直接进行农产品交易,再以全国已经形成的农产品批发市场为节点,以农贸市场、超市为落点,采用竞价交易(招标、拍卖)、挂牌交易、专场交易、中远期交易等多种交易模式,满足农产品贸易多层次、多规模、多种类、多变化的需求,成就国家层面的农产品交易中心、信息中心、结算中心、定价中心、资源配置中心。这里面,现代技术与管理是手段,政府依法监督是保

障,同时农产品期货交易将相得益彰,共同发挥作用,以此为核心构建起中国农产品流通新体系。

1. 竞价交易(招标、拍卖)

以拍卖为主,即农产品经营企业(注册为主持交易商)的单批量产品,通过上海大宗农产品市场(以下简称 CCBOT)生成为一个或多个拍卖标的,利用 CCBOT 平台向全国拍卖,实行加价递进,标的合同实时在所有参与竞价的交易商电脑终端传递,全体买方集体竞价,出价最高者获得买权。

2. 挂牌交易

即农产品经营企业(注册为主持交易商)的大批量常销的单个农产品,通过 CCBOT 生成为挂牌交易合约,利用 CCBOT 平台向全国销售,实行主持交易商自由配发挂单销售,买方全额货款(100%资金)购买,成交后必须在合约规定的期限内交割(一周至一个月内)。

3. 专场交易(创业板)

即农产品经营企业(注册为主持交易商)作为特色农产品经济区指定企业,设立农产品标准化电子合约在 CCBOT 上市交易销售。交易采用合同定金制度,主持交易商是唯一的卖出方,其他交易商只能先买入再卖出,或合约到期实物交割交易。交易双方可直接锁定直接进入交割状态,直到交割完成。

4. 中远期交易(主板)

按照《大宗商品电子交易规范》和"国六条"的规定,参照《大宗商品中远期交易管理(暂行)办法》(草),采用标准化电子合约、电子撮合交易、保证金制度(20%以上)、每日或隔日以及在一段时间内无负债结算制度、设立涨跌最大幅度制度、T+0 交易制度、买空卖空制度、最大订货量制度等各项制度。

上海大宗农产品市场围绕国家制定的农产品产业带的规划建设以及各地方政府的农业产业化发展规划,服务以"无公害农产品、绿色食品、有机农产品和地理标志农产品"为代表的"三品一标"系列工程、"双百工程"、"新网工程",配合"标准化生产示范园"、"优势特色种养示范"、"一村一品,一乡一业"项目的展开,推动全国具备条件的特色农产品利用 CCBOT 平台,采用以上交易模式进行交易,开展"百县百品"工程,促进上市农产品的全国性销售,实现资源科学合理配置,促进优势农产品产业带的形成与巩固,还主产地农民对产品的定价权,确保农民增产增收,为主产地农产品树立品牌,提高知名度、美誉度,提高竞争力,推动一大批诸如"苹果之乡"、"大枣之乡"、"核桃之乡"、"罗汉果之乡"、"香蕉之乡"、"榛子之乡"、"大蒜之乡"等在中国的崛起,成就具有中国特色的农业现代化,提升整个中国农业的国际竞争力。

四、以"百县百品"工程为核心的中国特色农产品流通新体系的作用

面对农业的国际竞争力,我国不缺先进的生产技术,也不缺法律法规政策保障体系,缺的是来自于整个社会的对农业的投资(现在几乎全部依赖政府投资),缺的是来自于农民的农业生产积极性。这些积极性来自哪里呢? 来自农产品价格,特别是农产品生产者对价格的话语权,农产品的卖权。我国目前的现状是,农产品生产者在整个产业链条中处于最弱势地位,几乎只是为了生命的延续在维系生产,全社会农业生产的商业化率不到30%,绝大多数农业生产没有利润可言,绝大部分利润被中间流通环节层层盘剥了,消费者还承担着巨大的消费负担。过去几年全国不断重复出现的湖南柑橘每斤1毛钱难卖事件,河南、山东大蒜每斤2毛钱难卖事件,广西香蕉每斤2毛钱难卖事件,上海崇明柑橘事件,猪肉价格过山车,以及"蒜你狠"、"豆你玩"、"玉米疯"、"辣翻天"、"姜你军"等所形成的农产品价格"乱象",应该能够反映出这些问题。"百县百品"工程正是解开这个问题的"金钥匙"。

1."百县百品"工程促使主产地农产品集中,实现流向精确配置,确保所有农产品准确配置到目标市场,减少盲目性,杜绝运输损耗与浪费

目前,全国仅果蔬一项,因运输损耗与浪费所造成的损失就超过了1000亿元,是国外市场的3.6倍,如果能够降下来,将对农民增收、消费者减负作出极大的贡献。以河南省西峡县的猕猴桃为例,全年产量为5万吨,年初主持交易商(地方政府指定的销售企业)就开始在CCBOT平台陆续卖出交易,五六月后全部生产计划卖完,目标销售区域及数量已经生成,采摘交割季节一到,就按照配置好的交割计划,在地头一边采摘,一边装箱,同时进行质量检验,封箱装车,24小时内基本抵达全国所有的目的市场,全部上货架或由消费者于指定批发市场提货,完成整个交易。在这样的基础上,随着"百县百品"工程的全面实现,数百种主产地农产品精确配置,全国农产品资源获得科学合理配置。

2."百县百品"工程就是要还农产品生产者定价的权利

负责上市交易的主持交易商是地方政府核准的,地方主导农业产业的龙头企业代表地方所有农民的利益,利用CCBOT平台进行农产品的订单销售,使得主产地农民将全年计划生产的农产品直接与消费者在平等的环境下对等交易,享受平等的定价话语权,双方权利得到充分保护,合理的生产利润得到

保证。此外,还要确保将价格传导到生产农户那里,除了利用 CCBOT 的网站以及关联信息平台和媒体及时发出外,还要求地方政府利用地方媒体(广播、电视、报纸)直接发布到农户那里,确保"主持交易商"不独享利润,而只能获得合理的商业利润。

3．"百县百品"工程就是要让农民自觉维护自己的农产品品牌,维护自己的农产品质量,建立一种人性化的农产品质量安全保障体系

甘肃静宁苹果主持交易商——甘肃省静宁县格瑞苹果专业合作社社长景永学在对媒体介绍时说:真正实现了由"农民找市场卖"到"市场找农民买"的转变,农民开始有了市场定价权。农产品电子交易解决了产销的流通衔接,也更好地提高了合作社的信心,今后合作社将用好政策,用好平台,扩大果园种植,进一步普及标准化种植技术,使标准化种植深入果农心中,既让消费者品尝到更大、更甜、更富营养的静宁苹果,又让果农的钱袋子变得越来越鼓。

4．"百县百品"工程就是要帮助地方政府扶持龙头企业

将地方全年计划生产的农产品直接与消费者在平等的环境下对等交易,实现订单农业,农产品销售得到保证,合理的生产利润得到保证,农业投入的积极性、长期性得到保护,有利于农业产业结构的科学调整,有利于农产品优势产业带的形成与巩固,有利于我国农产品资源科学合理配置的进一步实现。

5．"百县百品"工程就是要为政府推动的工业反哺农业提供保障机制,促进工业反哺农业的实现

目前条件下,我国工业反哺农业的目标难以实现或屡试屡败的根本原因是订单农业无法实现,造成投资风险巨大。在 CCBOT 交易体系下,由投资农业的工商实业界企业作为主持交易商,通过这种保障机制进行预先销售,实现订单农业,问题就会迎刃而解,同时也为农业资本进行农业生产性投资创造条件,从根本上解决农业金融问题。

6．"百县百品"工程也给消费者实现家庭消费安全提供保障

从家庭消费者的角度来看,家庭食品消费安全存在两个方面的决定因素,即可以购买的数量和能够买得起的价格,要确保能够买得起,在不可能将今后一年所消费的农产品全部买回家囤积起来的情况下,就需要保值体系的支撑,这就是中远期农产品交易的特殊功效所在。下面假设甲先生五口人的家庭每个财政年需要消费粮食 1500 斤(大米、麦子或面粉、玉米、大豆、花生),食用油 100 斤(豆油、菜油、花生油、芝麻油、茶籽油、橄榄油),杂粮 100 斤(蚕豆、绿豆、红豆、高粱、小米、豌豆),瓜果蔬菜 1000 斤(萝卜、白菜、青菜、土豆、黄

瓜、茄子、冬瓜、西瓜、甜瓜、大蒜、辣椒、蘑菇），肉类500斤（猪肉、牛肉、羊肉、驴肉、兔肉、鸡肉、鸭肉、鹅肉等），水产品500斤（鱼、虾、龟、鳖、蟹），水果1000斤（苹果、香蕉、芒果、柚子、橘子、梨、桃、杏、李），山地干货200斤（核桃、榛子、枣子、竹笋、瓜子、香菇、木耳、枸杞、茶叶），食糖50斤。消费者通过年初在CCBOT平台支付20%保证金，计5865元，来订购全年消费的农产品，在超市成功购买消费时，对等卖出年初订货的部分，在CCBOT平台获取差价1466元，可以弥补其在超市采购时因价格上涨所带来的超预算支出，在保证购买数量的同时，也能够买得起，从而实现了家庭农产品消费的安全。

7.“百县百品”工程为完善重要农产品储备制度和主要农产品临时收储制度提供了科学决策的依据，充分保障农产品价格的平稳

重要农产品的储备制度以及主要农产品的临时收储制度（包括地方政府为推动地方优势特色农产品产业发展的收储）是确保我国农产品安全的重要措施，但储备多少，以什么价格收储，什么价格什么时候轮储，历来缺少科学数据的支撑，也缺乏科学合理的操作体系。老百姓经常会感到市场价格低的时候，储备在抢着抛售，市场价格高的时候，储备又在抢着采购，总是高买低抛，国家每年都要花费巨大的财政开支支撑储备。为弥补储备企业的亏损，前些年不得不允许储备企业自主经营一部分自营业务（目前，已被国务院叫停）。搞得老百姓不理解，政府不明白，储备企业很无奈，商业经营企业很不快。在CCBOT模式下，这个问题变得似乎不是那么难以解决了。以猕猴桃为例，河南省西峡县人民政府将猕猴桃确定为该县的优势特色农产品产业，根据当地的生产力水平，参考社会平均劳动力投入产出比例、科学技术进步以及其他产区的平均收益水平，确定本地农产品的保护价格，确保农民有基本的生产发展维系能力，每年根据以上数据调整，并列入产业规划扶持政策范围。该县猕猴桃在CCBOT全国销售过程中，只要价格下跌到保护价格，政府就启动储备，由主持交易商全部买回，直到价格回升，期间所有的差价与储备费用全部由财政支付承担，当价格回升到规定的范围（保护价格以上10%—12%）时，政府就要求主持交易商卖出以调控市场，获取的这部分利润只能用于弥补财政储备的费用，出现的节余划入产业发展基金管理。储备多少，以什么价格收储，什么价格什么时候轮储，全部按照市场规律操作。金乡大蒜、湖南柑橘、广西香蕉卖难事件，土豆、白菜等因价格太低烂在地里的事件就不会发生，我国的农产品安全就会多一份保障，中国农业的竞争力就会大大提升。

8.“百县百品”工程可为中国农产品指数的科学形成奠定基础，解“人民

币之锚"的困局,推动人民币国际化,巩固提升中国农业的国际竞争力

当今国际农业的核心竞争力主要表现在对国际结算货币的依赖程度上,人民币从钉住美元走出之后,"中国货币应锚驻何处"便成了一个不得不面对的问题。历史经验教训摆在面前,人民币要在世界经济中发挥作用,成为国际货币,在整个国家总的经济实力增强的同时,必须使人民币有自己可靠的锚地。当前,全球经济一体化已经到了"你中有我,我中有你"的阶段,货币制度改革也必定是各种力量对抗、博弈、理解、共识的过程,重建更为公正合理的货币体系是顺应世界经济格局变迁的必然选择。改革国际货币体系既是必然选择,又是长期、缓慢而曲折的过程。在这个过程中,人民币只有确定好自己可靠的锚地,才能脱颖而出,成为重要的国际货币。人民币选择什么作为锚呢?农产品指数是最佳也是最主要的选择。上海大宗农产品市场"百县百品"工程形成的农产品交易数据,结合期货市场的农产品数据,将共同成为中国农产品指数的重要数据来源。

总之,我国农业国际竞争力的提升,必须建立在农业产业化的基础之上,要实现每个地区、每种农产品竞争力的提升,要运用科学理论与现代科技建立中国特色的农产品流通新体系。在这个过程中,政府立法政策与规划的支持是必不可少的条件,同时利用好包括世界贸易组织在内的国际贸易规则,这也是必备的前提条件。除此之外,还要在创造和完善增强我国农业国际竞争力的宏观环境上下功夫,正如胡锦涛总书记特别指出的那样,"坚持走中国特色农业现代化道路,加快构建粮食安全保障体系,加快构建现代农业产业体系,加快推进农业科技创新,加快推进农业经营体制机制创新,大幅提高农业综合生产能力,大幅降低农业生产经营成本,大幅增强农业可持续发展能力,全面提高农业现代化水平,扎实推进社会主义新农村建设",夯实中国农业国际竞争力的基础。

(作者单位:河北经济贸易大学。原载于《中国流通经济》2011年第8期)

论农产品流通效率的分析框架

寇　荣　谭向勇

一、引言

经过近三十年的改革开放,我国的经济实力已经显著增强,但是粗放型的增长方式尚未根本改变,一些经济领域中的效率还比较低。在经济增长方式从粗放型向集约型转变的过程中,需要深入研究经济效率问题。但现有的效率研究大多集中在生产领域,而随着流通地位的不断提升,流通领域的效率问题显得越来越重要。

发展现代农业是社会主义新农村建设的首要任务。发达的物流产业和完善的市场体系是现代农业的重要保障。发展现代农业已经不仅仅局限于农业生产领域,农业流通领域的不断完善对于发展现代农业有着越来越重要的意义。

随着我国农业的发展,农民消费水平和农产品的产销量不断增长。对于农民而言,农产品的价格稳定和销路畅通对于提高其收入有着重要作用;对于消费者来说,农产品的质量安全和价格合理对于提高其福利有着重要意义;对于政府来说,调整好农产品的生产和流通既有利于发展现代农业、提高农民收入,又有利于满足人民的生活需求。同时,农产品的生产和消费在时间、空间、结构等方面还存在着一定的不均衡。因此,解决好农产品的流通问题显得尤为重要。

因为农产品流通效率不仅影响农产品生产者的利益和消费者的福利,而且关系到农业和国民经济的发展,所以本文将针对农产品的流通效率进行研究,探索性地提出一个较为科学、合理的农产品流通效率的分析框架。

二、流通效率的含义及其研究回顾

顾名思义,效率就是有效的比率,即有效的程度。具体地说,就是成果与消耗的比率、产出与投入的比率。这一名词最早在拉丁文中出现,是指有效的因素。19世纪末,效率的特定含义应用于机械工程方面,表示输出能量与输入能量的比值。后来,效率这一概念的应用范围日益广泛。与此同时,这一概念却因众说纷纭而模糊起来，①同时，不同学者对流通的概念也有不同表述。纪宝成等认为，商品流通是以货币为媒介的商品交换过程，是商品交换过程连续进行的整体。② 夏春玉将流通理解为有形商品与有形产品由生产（供应）领域到消费（使用）领域的转移过程，通常包括两种形式，一是商品所有权的转移，二是商品或产品实体的转移。③ 宋则认为，流通是指在实体经济范畴内由商品流通直接引起或与商品流通直接有关、直接派生的商流、物流、信息流和资金流等经济活动的总和或总称。④

国内外学者对流通效率的含义和应用也进行了一定的研究。吴隽文认为流通力与流通效率两者是内在因素和表现形态的关系。⑤ 姚力鸣应用流通生产率、流通毛利率、库存率三个指标对日本和欧美的流通效率进行了对比，认为日本和欧美的流通效率没有明显差距。⑥ 日本学者福井清一认为，由于流通效率概念内涵不清，对流通效率进行严格定义并对其进行严格评价是很困难的，但是通过流通结构分析对流通效率进行评价是可能的，并从各流通环节的购入和卖出的价格比、流通差价的结构、市场进入的限制和市场信息的传递等四个角度，分析了经过菲律宾的马尼拉首都圈蔬菜市场和泰国曼谷蔬菜市场的蔬菜流通效率的结构。⑦ 周德翼和杨海娟认为，建立粮食信用制度有助于提高粮食流通效率，解决微观上搞活以提高流通效率与宏观上调控以保持粮食市场稳定之间的矛盾。⑧ 汤宇卿认为，为了提高流通的效率，作为流通空间组成部分的商流、信息流空间和物流空间产生了分离，在商流空间内部，批发空间和零售空间又趋于分化，信息流通和实体商品流通形成了相互关联的两大系统。⑨ 柯炳生认为，健全农产品市场体系、提高农产品流通效率需要进

---

① 张文贤：《论效率》，《当代财经》2002 年第 1 期。

② 纪宝成等：《商品流通论——体制与运行》，中国人民大学出版社 2001 年版，第 2—7 页。

③ 夏春玉：《流通、流通理论与流通经济学——关于流通经济理论（学）的研究方法与体系框架的构想》，《财贸经济》2006 年第 6 期。

④ 宋则：《流通现代化及流通业竞争力研究（上）》，《商业时代》2006 年第 4 期。

⑤ 吴隽文：《从流通效率、流通渠道谈提高流通力的途径》，《商业经济与管理》1990 年第 1 期。

⑥ 姚力鸣：《现代日本流通结构和流通效率及其与欧美的比较》，《日本学刊》1992 年第 2 期。

⑦ ［日］小林康平等：《体制转换中的农产品流通体系——批发市场机制的国际对比研究》，中国农业出版社 1998 年版，第 197—216 页。

⑧ 周德翼，杨海娟：《粮食银行：我国粮食流通体制的组织创新》，《中国农村经济年》1997 第 1 期。

⑨ 汤宇卿：《流通空间的分化及其对城市发展的影响》，《城市规划汇刊》2000 年第 4 期。

一步建设和改善市场设施,改善市场服务,完善有关市场政策,健全市场组织。① 晏维龙等认为,流通效率和单位流通费用之间存在反比关系,并用流通效率和流通费用分析了城市化的过程。② 李辉华认为,商品流通效率是一个衡量商品流通整体质量的概念,指商品在单位时间内通过流通领域所实现的价值量与流通费用之差。③ 李春海认为,解决制约流通效率的制度瓶颈不仅有利于抵御国外商品的冲击,也直接关系到农业食品链的运转。④ 宋则认为,流通效率是指流通业的整体运行节奏,是判断流通业竞争力强弱的核心指标,流通效率是一个综合指标,通过流通速度、库存率和社会物流总成本占 GDP 的比重三个指标体现出来,流通效率的提高是一个国家或地区加快流通现代化进程的终极目的和轴心。⑤ 徐从才等认为,流通效率是指流通实现过程中价值补偿的程度以及利益的和谐度,具体包括流通产业效率和流通组织效率。⑥

从以上对流通效率研究的回顾中可以发现,很少有人专门对农产品流通效率进行研究,对整个流通效率进行研究的也不多,且没有一个统一的流通效率定义。目前,在大多数文献中流通效率只是一个笼统的概念,一些文献也提出衡量流通效率的指标并对其进行了测定,但这些指标大多为单一性的比值指标,且主要是宏观指标,还没有形成比较全面的针对具体产品的流通效率评价指标体系。

本文认为,流通效率是一个总括性、复合多维的概念,反映在农产品流通过程中各种产出与投入的直接或间接比较,是农产品流通领域中每个环节和整体效率的总称,需要一个评价指标体系来综合反映。

三、农产品流通效率评价指标体系的构建

为了从多角度、多立场全面分析农产品流通效率,农产品流通效率的评价指标体系主要包括四个部分的立场指标,即社会关注的流通效率指标、生产者

---

① 柯炳生:《健全农产品市场体系　提高农产品流通效率》,《农村合作经济经营管理》2003 年第 2 期。

② 晏维龙,韩耀,杨益民:《城市化与商品流通的关系研究:理论与实证》,《经济研究》2004 年第 2 期。

③ 李辉华:《商品流通与货币流通关系的静态和动态分析》,《中国人民大学学报》2005 年第 3 期。

④ 李春海:《制约农产品流通效率的制度瓶颈及其削减》,《财贸经济》2005 年第 3 期。

⑤ 宋则:《流通现代化及流通业竞争力研究(上)》,《商业时代》2006 年第 4 期。

⑥ 徐从才:《流通经济学:过程组织政策》,中国人民大学出版社 2006 年版,第 145—155 页。

关注的流通效率指标、流通者关注的流通效率指标和消费者关注的流通效率指标。其中,社会关注的流通效率指标属于宏观和中观指标,是从社会和政府的立场出发衡量农产品整体和分品种行业的流通效率。其他流通效率指标属于中观和微观流通效率指标,生产者、流通者和消费者是农产品流通中不同环节的主体。流通者关注的流通效率指标从农产品流通行业及其经营者的立场出发,衡量农产品流通中间环节的流通效率。生产者关注的流通效率指标是从农产品流通的起点——生产者的立场出发,衡量农产品从生产到流通环节的流通效率。消费者关注的流通效率指标从农产品流通的终点——消费者的立场出发,衡量农产品从流通到消费环节的流通效率。

　　因为农产品的种类多,不同种类农产品的流通渠道、方式等会有所不同。考虑到各类农产品的不同特点,尤其是生鲜农产品对流通效率的要求更高,本文将对农产品中的生鲜农产品有所侧重,并在此基础上进行综合研究。从不同立场关注的流通效率指标均可分为四种类型,即综合效率指标、时间效率指标、成本效率指标和质量安全效率指标,分别从综合、时间、成本收益和质量安全角度对农产品流通效率进行评价。因为从不同立场出发关注的流通效率的侧重点不同,所以每一立场指标并不一定全部包括四种类型指标。考虑到相关流通效率指标的可测度性和相关数据的可获得性,本文选择了一些更具体的分析指标。不同立场指标中的具体指标之间会有部分重合,但对于重合指标,计算上是有差异的,如损耗率,在社会关注的流通效率指标中数据偏宏观,在流通者关注的流通效率指标中数据偏微观(见表1)。

表1　农产品流通效率的评价指标体系

立场指标	类型指标	具体指标	指标说明
社会关系的流通效率指标	综合效率	市场整合度	包括不同空间的和不同环节的市场整合度
		市场集中度	包括分品种,分环节的市场集中度
		损耗率	包括分品种,分环节的重量和质量损耗率
		产销比率	指一定区域内分品种的农产品的销量与产量的比值
	时间效率	流通速度	一定时期内的销售收入/这时期内的流动资产金额
		库存率	一定时期内的库存总额/这时期内的销售总额
	成本效率	流通费用率	流通费用/销售额,包括总体和分环节的流通费用率
		流通毛利率	流通毛利/销售额,包括总体和分环节的流通毛利率
	质量安全效率	质量抽检率	包括生产、批发、零售等各环节的质量抽检率
		质量合格率	包括生产、批发、零售等各环节的质量合格率

立场指标	类型指标	具体指标	指标说明
流通者关注的流通效率指标	综合效率	技术效率	包括不同流通环节不同流通主体的技术效率
		配置效率	包括不同流通环节不同流通主体的配置效率
		损耗率	包括分区域、分品种、分环节的重量和质量损耗率
	时间效率	流通速度	一定时期内的销售收入/这时期内的流动资产金额
		库存率	一定时期内的库存总额/这时期内的销售总额
	成本效率	流通费用率	流通费用/销售期、包括总体和分环节的流通费用率
		流通毛利率	流通毛利/销售期、包括总体和分环节的流通毛利率
		平均单位流通主体销售额	总销售额/总流驼主体数、不同流通环节的流通主体分析计算
		人均销售额	总销售额/总从业人数
		平均单位流通主体毛利额	总毛利额/总流通主体数、不同流通环节的流通主体分析计算
		人均毛利额	总毛利额/总从业人数
生产者关注的流通效率指标	综合效率	产销出率	指一定区域内分品种的农产品销量与产量的比值
		损耗率	包括分区域、分品种,从生产到流通环节的重量和质量损耗率
	成本效率	流通费用率	流通费用/销售额,主要包括从生产到流通环节的流通费用率
消费者关注的流通效率指标	综合效率	消费者消费度	反映包括个人和团体在内的终端消费者对流通效率的综合消费程度
	质量安全效率	质量合格率	主要指零售环节的质量合格率

　　以上从四种不同立场出发提出的农产品流通效率评价指标体系可以从多角度分析不同利益主体所关注的农产品流通效率,使政府制定和实施相关政策更具有针对性,有利于平衡和协调不同利益主体的利益和关系。同时,该评价指标体系探索性地确定了农产品流通效率分析框架的基础。在具体研究中,该评价指标体系需根据研究对象、研究目标、研究范围等方面的不同情况对详细指标进行一定程度的调整。

四、农产品流通效率分析框架构建

　　分析农产品流通效率的重点是分析农产品流通效率的状况、影响因素及

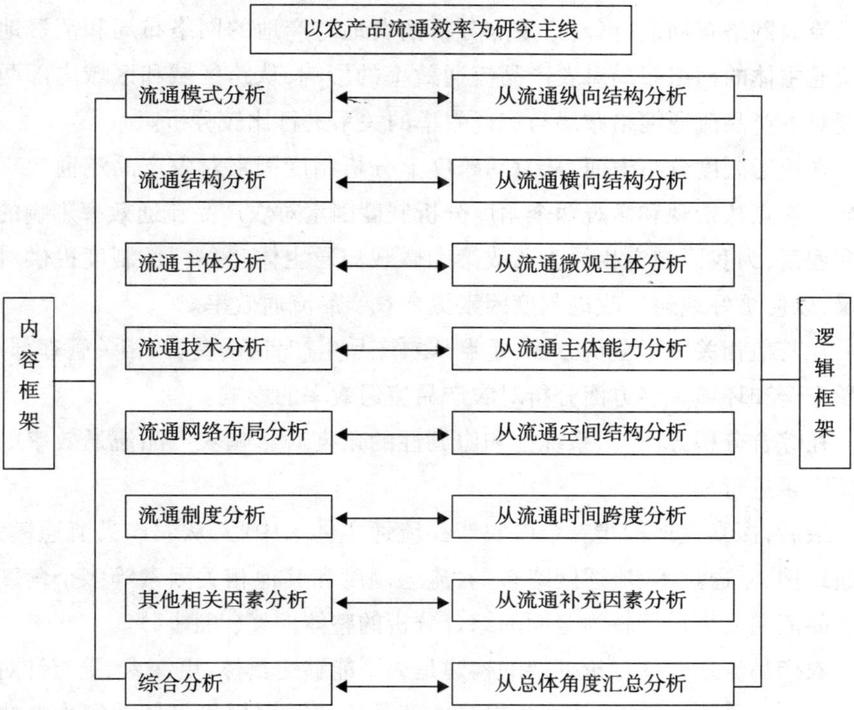

图1　农产品流通效率分析框架

各影响因素之间的关系。农产品流通效率的分析框架是以农产品流通效率为研究主线,将农产品流通领域中与流通效率相关的多个主体贯穿起来进行综合研究。主要从以下几个方面进行分析:

在流通模式分析方面,从农产品流通纵向结构划分出农产品流通的不同模式来进行分析,如分析批发零售模式、一体化模式等不同模式的流通效率。

在流通结构分析方面,从农产品流通横向结构中划分出农产品流通的不同市场结构,并对各种市场结构进行分析,重点可以分析批发市场结构和零售市场结构对农产品流通效率的影响。

在流通主体分析方面,重点分析批发环节主体、零售环节主体和其他流通主体流通效率的影响因素,分析各流通主体在既定环境中提高流通效率的途径。

在流通技术分析方面,从多种农产品多个流通技术角度进行分析,重点分析信息技术、运输技术和贮藏技术等对农产品流通效率的影响。

在流通网络布局分析方面,从农产品流通主体的空间网络布局入手,对农产品流通网络布局进行分析,重点分析消费地与产地的网络布局和消费地内部流通主体的网络布局对农产品流通效率的影响,从跨区域和区域内部两个角度对农产品流通网络布局与流通效率的关系进行比较分析。

在流通制度分析方面,从时间跨度上分析制度因素对农产品流通效率的影响。重点从宏观和微观两个角度分析制度因素对农产品流通效率影响的方向和程度,为我国制定相关流通政策和微观流通主体建立内部制度提供对策建议,以便更好地通过改进制度因素提高农产品流通效率。

在其他相关因素分析方面,重点从农产品生产者、消费者、相关管理部门、质量安全和环境等多方面分析对农产品流通效率的影响。

在综合分析方面,从系统性和协调性的角度对影响农产品流通效率的各方面因素进行综合分析。

最后,探索性地构建一个以农产品流通主体为中心,从农产品流通模式、流通结构、流通技术、流通网络布局、流通制度和其他相关因素等多个角度对农产品流通效率进行较为全面的综合分析的整体框架(见图1)。

农产品流通效率分析框架的构建是为了能够更具体、更深入、更有针对性地分析农产品流通效率,从而为提高农产品流通效率提供具体的解决办法和政策建议。本文提出的农产品流通效率的评价指标体系和农产品流通效率分析框架是探索性的,仍需要进一步完善,分析框架构建的目的在于拓展农产品流通效率的研究空间,为今后进一步的研究打下一个基础。

(作者单位:寇荣为中国农业大学经济管理学院,谭向勇为北京工商大学。原载于《中国流通经济》2008年第12期,被中国人民大学《复印报刊资料》之《商业经济》2008年第8期全文转载)

蛛网理论与中国农产品流通市场建设

王广斌　宗颖生

一、蛛网理论及其对农产品供需的解释

蛛网理论是 20 世纪 30 年代西方经济学界出现的一种动态均衡分析,它将市场均衡理论与弹性理论结合起来,再引进时间因素来考察市场价格和产量的变动状况,即用供求定理解释某些生产周期长的商品,在供求不平衡时所发生的价格和产量循环影响和变动。

蛛网理论研究的主要产品,从生产到上市都需要较长的生产周期,而且生产规模一旦确定,在生产过程未完成前,不能中途改变,因此市场价格的变动只能影响下一周期的产量。同时认为本期的产量取决于上一期的价格,本期的价格决定下期的产量。这种变动状况分为三种模型:(1)供给弹性小于需求弹性,意味着价格变动对供给量的影响小于对需求量的影响。这时价格和产量的波动会逐渐减小,使市场价格趋于均衡价格,称为"收敛型蛛网"。(2)供给价格弹性大于需求价格弹性。市场受外力干扰偏离均衡状态的市场价格在对下期供给量变动影响下,使实际价格和实际产量上下波动的幅度会越来越大,远离均衡点,使均衡无法恢复,这种情形称为"发散型蛛网"。(3)供给弹性等于需求弹性。即价格波动引起供给量变动的程度始终不变,即实际产量和实际价格始终围绕均衡点上下波动,永远达不到均衡,称为"封闭型蛛网"。

蛛网理论最适合解释农产品的供求状况及其价格的基本走势,在现实的运动中,蛛网理论的三种模型在一定时期内是相互交错出现的。在我国目前农产品市场上,则趋向于前两种模型的运行。我国农产品已告别了短缺时代,自 1997 年起农产品市场价格在波动中不断走低,农民收入增幅不断下降。农产品市场价格的变化只反映当前的供求关系,而对供求关系在未来一定时期内可能发生的变化并不能反映出来。农业生产者只是以当期的市场价格来安排来年的生产。由于农作物生长周期较长,而且途中很难改变,在正常情况下,本期的生产安排规模,已决定了下一期的产量规模。农业生产者总是以现

有的市场价格为标准,预期未来的收益,往往陷入"蛛网困境",产量增大,收入减少,赶不上市场变动的节奏。

蛛网理论强调的是供求均衡,即生产和需求的均衡。目前我国的农产品市场已形成了买方市场,供大于求的格局已经形成,短期内将难以改变。按照蛛网定理解决农产品价格波动和供求的不稳定,主要应从两方面来解决:一是解决生产的供给与需求的适应,并优化供给;二是加强流通市场的建设,使生产与市场需求连接起来,以需求指导生产。目前我国农业生产除了市场化程度低以外,关键是我国农产品流通市场建设落后,所以我们的研究是在"买方市场"条件下,在强调优化供给,即在加快农业结构调整的基础上,重点突出对市场流通体系的研究,通过流通市场的建设,加快农产品的流通,使供需逐渐达到均衡,从而走出"蛛网困境"。

二、农业产业结构调整和农户组织化生产已成为与农产品流通市场对接的重要内容

目前中国农业发展中面临的主要问题是小生产与大流通的矛盾,在流通中的表现则是小规模、大群体市场运作形式。不可避免的造成农产品供需与价格波动,使市场供需失衡。

目前农村实行的是统分结合、分散经营的双层经营体制,土地的家庭承包经营制使一家一户成为市场经济的主体。农业经过 20 年的发展,农产品的宏观供求关系发生了根本变化,买方市场的格局已经形成,分散的、简单的家庭承包制在运行中已显示出与农产品生产商品化、专业化、社会化、现代化等许多不适的地方。土地经营规模小、经营分散、管理粗放、产品单一是我国现时农业生产的特点,难以抵抗自然风险和市场风险。各个分散经营的农户的生产活动往往根据当年某种农产品的热销情况来决定明年的生产,一哄而上的现象非常普遍,缺乏必要的市场指导。同时,农民市场意识较差,较少利用价格、成本、利润等进行产出核算,往往又形成一哄而下,使市场供求在下一周期短缺失衡,体现了"蛛网理论"的运行原理。所以市场经济的发展需要农户的联合和组织化生产,实现大生产与大市场的对接,农业生产的价值趋向要由市场需求来调节,农产品生产与农产品流通市场是一种双向反应和选择,分散的小规模的农户家庭经济对市场难以作出准确的判断和预测,难以掌握准确的市场信息,市场交易成本较高,当产品出现滞销时,难以抵御市场带来的风险。实质上农业结构调整不仅仅是农业生产结构的调整,同样也是农户生产组织、

市场流通体系结构、价格形成机制、思想观念的调整,加快农产品流通和市场建设是我国农业发展的必然选择。

农产品自身生产的特点决定了其必然与市场相连,市场不仅负担着产品交换而且具有调节生产的功能。在目前农产品出现过剩的情况下,农业结构的调整必须建立相应的市场流通机制,如果农产品流通市场不畅,结构调整带来的结果仍然存在着产品卖难的问题。例如,山西寿阳县 2000 年产业结构调整中,全县种植 320 万亩蔬菜,其中,茴子白的产量达 6 亿公斤,由于市场建设滞后,县委、县政府采取了多种政策和措施促销,开展了机关干部白日营销活动。机关干部通过自己的关系开展促销,虽然最后效果不错,但无形中加大了政府和社会的管理和销售成本,这本身也不符合市场经济运行和农业生产的规律。相反市场发育良好对带动当地农业经济的发展也会起到重要作用,如新绛县蔬菜批发市场,带动了当地蔬菜生产的区域化和专业化,由过去的种植面积 5000 多亩,发展到现在的 16 万多亩,产值由 200 万元增加到 3 亿元,同时带动了当地其他经济作物的发展。因此在买方市场情况下,克服“蛛网循环”,加强市场建设和产品流通极为重要。

市场建设是产业调整的重要步骤,同时市场流通体系顺畅反过来也会加快和促进产业结构的调整,因为较好的市场环境可以及时的把市场需求信息和供给状况反映给生产者和农户,从而为产业结构调整提供指导,加快结构调整与市场需求的对接,从而提高结构调整的效率。

三、中国现行农产品流通与市场建设的基本评估

目前中国农产品交易市场网络和市场体系基本建立了起来。从市场发育上来看:以农产品批发市场为中心的市场体系初步形成。2001 年以批发为主的农产品交易市场有 4351 个,占全部农产品交易市场的 16%;农产品批发市场的成交额为 3423.1 亿元,比 2000 年增长 2.2%(其中城市增长了 1.1%,农村增长了 4.3%)。亿元以上农产品交易市场中以批发为主的有 521 个,占亿元以上农产品交易市场的 43%。从市场结构来看,初步形成了综合批发市场、专业批发市场、集市贸易、大型超市和零售的市场流通体系,其参与主体以政府组织和农民个体为主。从市场运作形式上看,一方面是政府行政经营,市场化程度低;另一方面是完全市场化,在流通领域形成了一个由农民组成的,以追求利润为目的的贩卖大军。这种“两极”化运作在实践中造成产需脱节严重,“发散型蛛网”特征明显。

从上述可以看出,我国农产品交易市场已具备了一定规模,对解决农产品"卖难"问题,满足城乡人们生活,走出"蛛网困境"发挥了重要作用。但目前在市场建设、管理运作上仍存在着诸多问题。

1. 市场以当期现货交易为主,小规模、大群体,每市交易规模较小,季节集中度高

平均每市成交额是反映批发市场发展水平的重要标志。目前农产品流通95%以上是现货流通,交易方式往往是人货同行,商品堆放在市场或档位叫喝展卖。交易规模小、分散性大,参加的人员众多、结构复杂、社会组织化程度低,其中个体农户占了绝大多数,同时农产品绝大部分集中在夏秋季节,冬春季节有组织的批发交易较多,但数量极少。

现货交易的最大缺陷就是农户总是按照当期的市场价格来安排下期的生产,掉进了"蛛网陷阱"。

2. 农产品交易市场基础设施差,整体建设水平不高,区域间差别较大

在整个农产品市场建设上,批发市场条件算是较好的,但大多仅局限在场地的硬化,简易的交易大棚和门店建设上,少数市场有储藏保鲜及加工设施,大多数市场缺乏相应的配套设施,如冷库、信息设施、加工储藏设备等,更谈不上商品检疫、农药残留检测、电子结算等设备了。一些市场甚至连地面都未硬化,还是露天市场,不能满足全天候交易的需要,而且市场之间设施建设水平差异也很大,一般城市销地好于农村产地市场,批发市场好于城乡集贸市场。尤其是农村产地市场条件最差,管理也较混乱。

3. 批发市场的开放程度高,没有严格的准入制度,批零兼营同时进行,市场的整体功能难以发挥

目前我国的批发市场基本上都是批零兼营,完整意义上的批发市场几乎不存在,整体水平较高的"北京大钟寺"、"太原桥西"、"湖南马王堆"等市场都是如此。小宗批发较多,大宗订单较少。在市场准入方面没有严格的准入制度,一般农民、小贩、零售商、采购商都可以进入市场交易,交易采取自由协商定价,对手交易的方式。同时,市场管理、服务手段落后,很多市场只是简单地提供交易场所,收取管理费并不重视市场的管理与服务。这些情况只能适应初期的市场发育,严重限制了批发市场功能的实现。

4. 政府主导有形市场建设,缺乏市场机制,市场布局不合理,缺乏统一的市场建设规划和明确的市场法规制度,使生产与流通严重脱节,必须进行体制创新

　　我国的农产品批发市场大多是由农民自发聚集交易,政府加以规范管理形成的,而由政府主持建立的市场一方面是为了本区产品流通,带动地方经济发展,一方面是为了多收税费。因此不顾实际地大兴市场,存在着发展不平衡,布局不合理,管理不规范等问题。流通市场只是为了产品交换,也就是说只起到了一个销售存量产品的作用,而没有形成对农户生产行为的影响,重复建设、盲目发展、恶性竞争经常发生,造成"空壳市场"有场无市,如山西榆次的"无公害蔬菜批发市场"等。同时,市场法规制度建设滞后,市场秩序混乱。缺乏有效的市场交易规则,加之市场参与主体众多,成分复杂以至于欺行霸市、哄抬物价、缺斤短两、掺杂使假行为时有发生。经纪人之间互相倾轧、互相拆台的现象使客商避而远之,这是一些市场衰落的重要原因。

　　综上所说,建立和完善农产品交易市场是促进农产品生产与流通的必然选择。

四、中国农产品流通与市场建设的模式构建与实施策略

　　建立现代农产品流通体系,使农产品供需和价格波动走出"蛛网困境",避免"蛛网陷阱",形成大生产、大市场、大流通对接,需要改变现行的流通模式,在制度上和市场开拓上进行创新。

　　建立以企业制的现代化农产品批发市场为主导,与其他各级市场联网协调的公司(大型流通企业)+基地+农户的流通模式是我国农产品流通市场建设的必然选择。这种模式可以使生产、流通、结构调整、优化资源配置和进一步提高农业生产和增加农民收入连接起来,形成一个大生产(基地+农户)——大流通(企业型的综合骨干批发市场+专业批发市场+大型超市+集贸市场)——生产者和消费者能同时得到满足的一个良性的大循环,解决生产、流通、需求、消费相衔接、共发展以及市场价格变化快,波动幅度大的问题,克服目前的小生产与大流通的矛盾。

　　如何构建生产与流通对接的模式或格局应采取如下措施或策略:

　　1. 整合现有的批发市场,建立现代的企业型流通机制

　　全国各地应根据农产品供需实际,科学规划、合理布局,整合和规范现有农产品交易市场,建立一批大型的、现代化的企业经营型的中心批发市场。这主要包括:

　　资源整合。即对布局不合理、重复建设、效率低下的批发市场进行重组合并,对市场所必备的如仓储、运输、加工、配送、信息、服务等按要求重新设计,

政府职能转变为企业职能,使农产品流转成本更低、流转更快。资源整合还包括对农产品的供需方的整合,如生产者、批发商、贩运商、零售商的整合建立信息档案,以及市场管理人员、工商税务等服务机构的整合。其目的是以最大限度减少中间环节和繁琐手续,降低交易成本,稳定客户群体。

服务整合。目前我国多数批发市场提供的服务内容为:交易场地、磅秤租赁、购销代理或中介服务,一些市场在交易过程中采取了统一司磅、统一开票、统一结算的方式。这仅满足了客商交易的基本需求,而远远满足不了我国加入 WTO 后,农产品流通面临着激烈竞争的客观需要,所以在完善这些基础服务的同时,应逐步引进代理、配送、拍卖交易方式,实现工商、税务、银行、保险等一条龙集中服务。尤其是在中心批发市场运用现代化的交易手段使拍卖交易、期货交易,信用交易、委托交易、网上交易等成为批发市场的主体业务。

信息整合。运用现代通讯网络,实现全国各大市场联网和省内各级市场的联网互通,把供求信息集中起来,及时发布并供客户查阅,快速组织和调配货源。目前全国 1212 个亿元以上的农产品交易市场大多加入了全国市场信息联网,建立了电子显示屏,利用互联网、电视台等各种媒体为客商收集、发布和提供全国其他市场的交易信息,实现信息共享,以指导农产品生产和流通有序进行。

2. 建立和完善农产品市场交易规则,培养专业经营管理队伍,实行标准化管理

市场规则是对市场组织者和交易者行为规范的制度安排,它决定了流通体系内的激励结构和参与者的行为预期。农产品交易市场,尤其是骨干农产品批发市场应具有现代化的交易手段和管理方式。科学完备的市场规则主要包括:市场交易规则、市场进出规则、市场竞争规则、组织运行规则和市场仲裁规则,在完备的“游戏规则”约束下市场交易主体和中介主体(经纪人或交易员)要对自己的交易行为和成交撮合负责,克服交易主体形同虚设,责任无处承担的弊端,在自由竞价的基础上,坚持公平、公正、公开的原则。

培养专业经营队伍,坚持公平与效率。市场规则需要市场参与者与管理者去执行和实施,为适应产销规模扩大,农业生产专业化、规模化、区域化发展和农产品大进大出的需要,应提高商品流通效率和市场运作水平,重点在企业化的中心交易市场,培训一批思想素质高、业务技能强的专业化的交易人员或经纪人,保证公平与效率,坚决打击哄抬或压低物价、欺骗瞒哄等行为。

标准化管理,主要包括管理制度的标准化、交易的质量要求标准化、交易

设施标准化、信息服务标准化,节省交易成本,提高市场的运作效率。

3. 建立和强化农产品交易市场的制度约束机制

建立严格的市场准入制度。市场准入制度是对进入市场的交易主体和交易对象进行的行为规范。市场准入包括进入市场交易的人员、企业、组织等要符合准入条件,以及进入市场的产品要符合市场基本要求。目前关键是提高市场参与者的组织化程度,提升市场功能。农户一家一户参与市场流通,一方面增加了交易费用,另一方面农户作为交易的一方,数量远超过中间商业组织。他们为农产品流通发挥了重要作用,但由于缺乏组织功能,削弱了其价格形成能力(讨价还价),自身利益难以保护。当产品滞销,农户作为生产者和销售者开始竞相压价,造成市场价格大幅波动,无形中放大了"蛛网效应"。所以大型的骨干批发市场应实行会员制,培养农村流通中介组织,提高农民的组织化程度,代表农民自身利益参与交易。

建立标准化的商品检验、检疫制度,保证农产品质量安全。目前随着人们生活水平的提高,对绿色食品的要求越来越多,但由于供应商的分散性,产品的质量难以把握,农畜产品中病残、药残、大量使用添加剂和高毒农药等现象还非常普遍,严重损害了人们的身体健康,所以在批发市场应建立严格的检疫机制,防止劣质产品进入市场。同时适当加强进入市场产品的严格要求,如蔬菜现进入市场的大多是毛菜,几乎没有包装,产生的垃圾成吨,加大了市场清理费用,也增加了交易成本,所以市场应建立相应配套的加工、分检、包装、运销设施。

建立市场信誉与惩罚约束机制。即对守规经营的客户应予以褒奖,赠发信誉牌卡。对于违规的予以"黄牌"警告,严重的、屡教不改的则实行"摘牌"处理。

此外,在市场的建设中应解放思想,吸引国内外的大型农产品生产流通商入住或联合经营,引进新的市场理念和新的交易方式,在立足国内市场的基础上,不断开拓国际市场,发展末端市场,提高农产品的流转速度和效益。现代化大型的中心交易市场,应更多的与那些有规模的生产商或供应商结为一体,稳定市场价格,实现供需均衡。

(作者单位:山西农业大学经贸学院。原载于《中国流通经济》2003 年第 10 期,被中国人民大学《复印报刊资料》之《商业经济》2003 年第 12 期全文转载)

零售业外商直接投资区位选择的实证研究

汪旭晖　刘　勇

一、引　言

零售业外商直接投资的区位选择问题是零售国际化领域研究的一个前沿课题。伯特(Burt)和特雷德戈尔德(Treadgold)认为,跨国零售企业海外投资往往首先选择那些与母国具有地理邻近性的市场。①② 迈尔斯和亚历山大(Myers and Alexander)指出,欧洲零售企业偏爱于向与母国具有邻近性的海外市场投资。③ 如法国零售企业尤其偏爱对具有地理邻近性及文化邻近性的意大利、西班牙、葡萄牙市场投资;德国零售企业偏爱对邻近市场的投资,因此,比利时、荷兰、卢森堡三国经济联盟区域成为德国扩张的首选;英国零售企业被一些欠发达市场所吸引,但是依旧注重地理邻近性的原则,法国市场、爱尔兰市场都是其海外投资的首选。因此,市场邻近标准无疑可以视作零售业外商直接投资区位选择的一个重要标准,尤其在国际化初期阶段,这一标准的意义更为重大。④

但随着零售企业海外业务的扩展,其海外投资的范围往往不仅仅局限在与母国具有邻近性的市场,零售企业往往需要更全面地考察外部环境与企业自身因素。伯努和哈斯德(Benoun & Hassid)认为,跨国零售企业海外投资的

---

①　Burt, S. " Temporal Lrends in the Internationalization of British Retailing " , *International Review of Retail, Distribution and Consumer Research* ,1993 ,3(4):pp. 391–410.

②　Treadgold A. and Davies R. *The Internationalisation of Retailing* , London: Longman, 1988: 59–98.

③　Myers H. and Alexander N. *Direction of International Food Retail Expansion: an Empirical Study of European Retailers* . Milan: Universita Bocconi, 8th International Conference on the Distributive Trades, 1995, pp. 1–10.

④　汪旭晖:《零售国际化:动因、模式与行为研究》,东北财经大学出版社 2006 年版,第73—74 页。

区位选择是潜在利润吸引、外部可能性以及外部限制综合作用的结果。① 珂诗(Koch)认为,跨国零售企业海外市场的区位选择是内部因素、外部因素以及混合因素共同作用的结果。② 内部因素包括零售企业的战略导向、战略目标、国际化发展阶段、国际竞争力、海外市场选择经验及选择方法的应用;外部因素指国家市场潜力、市场的竞争性地位、预期的海外市场风险;混合因素(指介于内部因素与外部因素之间的混合要素)包括零售企业自身的或可利用的资源、网络关系、市场的邻近性与相似性、市场组合的一致性及扩张后果的最优化。

　　由上可见,国外学者对零售企业海外投资的区位选择问题已经积累了不少研究成果,但这些研究大多比较宏观,即对零售市场区位选择问题的研究主要以国家为对象,而对于跨国零售企业进入一国市场时选择的进入地点(具体城市)及进入一国市场后在该国国内市场扩张时的市场选择问题的关注则相对较少。事实上,对于跨国零售企业在某国市场内区域扩张行为的研究更有助于深入挖掘零售业外商直接投资区位选择的一般性规律。

　　中国零售市场的对外开放已经走过了 15 年的历程,其间知名的跨国零售企业如沃尔玛、家乐福、欧尚、易初莲花、万客隆、麦德龙、7—11、百安居等均在中国零售市场占据了重要的市场份额。尤其是 2004 年 12 月 11 日中国政府完全取消外资商业地域、股权、数量的限制以后,跨国零售企业对华投资的规模越来越大,速度也越来越快,这不仅加剧了中国零售市场的竞争,对于刚刚开始进行跨区域扩张尝试的中国本土零售企业而言也意味着更大的挑战。在这样的背景下,深入研究跨国零售企业在华投资过程中区位布局选择的规律,不仅有助于进一步丰富零售业外商直接投资的区位选择理论,而且有助于中国本土零售企业更加清晰地认识跨国竞争对手,从而制定科学的竞争战略。

二、研究设计

　　本文选择沃尔玛、家乐福、麦德龙、欧尚、易初莲花、乐购六大跨国零售企

----

① Benoun M. & Hassid M. L. *Distribution* ,Paris:Acteurs et Stratégies,Economica,1993,pp. 188-210.

② Koch A. J. "Factors influencing Market and Entry Mode Selection:Developing the MEMS Model" ,*Marketing Intelligence & Planning* ,2001,19(5):pp. 351-361.

业作为分析样本,根据六大跨国零售企业中国市场区域选择的变化,研究零售业外商直接投资的区位选择问题。

1. 样本描述及初步分析

目前,沃尔玛、家乐福、麦德龙、欧尚、易初莲花、乐购六大跨国零售企业均在中国零售市场取得了较好的业绩。世界最大的跨国零售企业沃尔玛自1996年8月在深圳开设了中国第一家沃尔玛购物广场和第一家山姆会员店后,截至2006年末已在国内36个城市开设了75家店铺,包括沃尔玛购物广场68家、山姆会员店4家、沃尔玛社区店3家。从分布区域来看,华南的店铺数量最多(27家),占其在华店铺总量的36%,其次分别为东北(12家)、西南(11家)、华东(10家)、华中(8家)、华北(7家)。① 法国家乐福是仅次于沃尔玛的世界第二大零售企业,但是在中国市场的业绩却超过了沃尔玛,自1995年进入中国市场以来一直保持着迅猛的扩张态势,截至2006年末,家乐福在中国33个城市拥有92家大型综合超市,华东的店铺数量最多(27家),占其在华店铺总量的29.3%。德国麦德龙1996年与中国锦江集团合资成立的锦江麦德龙现购自运有限公司在上海设立第一家仓储式商场,而后分别以上海、北京、广州、武汉为区域总部所在地,设立了华东、华北、华南和华中四个大区域。虽然开店速度比其他外资零售巨头相对缓慢,但截至2006年末,也已经在中国内地27个城市开出了33家商场,华东的店铺数量最多(13家),占其在华店铺总量的39.4%。法国的欧尚自1999年进入中国至今,已在苏州、成都、北京等10个城市开设了16家大型综合超市,华东的店铺数量最多(12家),占其在华店铺总量的75%。泰国易初莲花截至2006年末在中国内地31个城市共开出了78家店,华东地区店铺数量最多(40家),占其在华店铺总量的51.3%。乐购截至2006年末在中国内地19个城市共开出了45家店,华东地区店铺数量最多(28家),占其在华店铺总量的62.2%。

六大跨国零售企业总共在中国69个城市开办了339个店铺,其中省会城市和计划单列市的店铺数量达到263个,占77.6%;位于环渤海湾地区、长江

---

① 六大跨国零售企业有门店分布的城市可以分为七大区域:华东地区包括上海、浙江、江苏、山东、安徽;华北地区包括北京、天津、河北、山西;华南地区包括广东、广西、福建、海南;华中地区包括湖南、湖北、江西、河南;东北地区包括辽宁、吉林、黑龙江;西南地区包括云南、贵州、四川、重庆;西北地区包括新疆、陕西。

三角洲与珠江三角洲的店铺占 69.6%。我国省会城市和计划单列市、环渤海湾地区、长江三角洲与珠江三角洲都属于经济发展水平相对较高、消费潜力较大的地区,这说明外资零售企业在华进行区位选择时偏好于经济发达城市及其辐射的周边城市。

2. 指标选取与数据采集

本文拟通过对六家跨国零售企业 2002—2006 年在内陆扩张过程中区域选择的定量分析,进一步探究加入世界贸易组织及零售业全面对外开放背景下跨国零售企业在华区域选择的一般规律。

对于六大跨国零售企业在华门店数量,我们收集了 2002—2006 年的数据,这些数据全部是从这六家跨国零售企业的相关报道及其相关网页上得到的。根据亚历山大(Alexander)和川端基夫的研究,目标市场的宏观因素对零售企业海外投资区域选择的影响最为重要,①考虑到研究的方便性及数据的可获得性,本文认为这些宏观因素指标可以包括 GDP、人口规模、社会消费品零售总额、地区零售门店数量、人均可支配收入。由于人口规模可以从社会消费品零售总额和 GDP 上得到解释,而社会消费品零售总额与 GDP 指标在 2002—2005 年间其相关系数在 0.93—0.987 之间,所以为了研究方便本文只保留三个最为重要的指标:社会消费品零售总额(衡量商业整体发达程度与经济发展水平)、人均可支配收入(衡量当地消费能力)、限额以上零售企业门店数量(衡量当地商业竞争程度)。

考虑到跨国零售企业新开店的考察调研工作一般需要提前半年或一年,人均可支配收入、社会零售总额和限额以上零售企业门店数量对外资开店的影响滞后,故对于经济指标的搜集采取前置一年的方式。跨国零售企业开店数量我们采集了 2002—2006 年的数据,所以宏观指标采集时间段对应为 2001—2005 年。对于人均可支配收入、社会零售总额和限额以上零售企业门店数量,我们查阅了 2002—2006 年的《中国统计年鉴》,得到了 2001—2005 年的统计数据。

三、模型建立和数据分析

1. 一般线性回归

---

① Alexander N. *International Retailing*, Oxford:Blackwell Business,1997,pp.135–137.

我们以某一地区某一年份 t 外资新开的门店数作为因变量 y_{it}，以前一年度的人均可支配收入 R_{t-1}、社会零售总额 N_{t-1} 与限额以上零售企业门店数量 P_{t-1} 为自变量，则可以建立如下线性回归方程：

$$y_{it} = c_{it} + \alpha_{t-1} R_{t-1} + \beta_{t-1} N_{t-1} + \gamma_{t-1} P_{t-1} \tag{1}$$

按年度对该模型进行回归，SPSS12.0 软件运算结果如表 1 所示。

表 1　模型不同年份的回归结果[①]

年份	自交量	标准化后的 Beta 系数	t 值	显著性	容忍度	方差影响因子	DW 值
2002 年	人均可支配收入	0.127	0.623	0.539	0.459	2.177	
	社会零售总额	0.366	2.316	0.028	0.764	1.309	2.125
	限额以上零售企业门店数	0.349	1.773	0.087	0.493	2.029	
2003 年	人均可支配收入	0.367	1.588	0.124	0.476	2.102	
	社会零售总额	0.141	1.588	0.045	0.746	0.476	1.971
	限额以上零售企业门店数	0.149	0.709	0.484	0.571	1.750	
2004 年	人均可支配收入	0.267	1.189	0.245	0.449	2.226	
	社会零售总额	0.311	1.752	0.091	0.719	1.392	2.530
	限额以上零售企业门店数	0.176	0.869	0.393	0.552	1.812	
2005 年	人均可支配收入	0.343	2.497	0.019	0.434	2.303	
	社会零售总额	0.553	4.928	0.000	0.652	1.534	2.242
	限额以上零售企业门店数	0.126	0.865	0.395	0.390	2.563	
2006 年	人均可支配收入	0.363	2.439	0.022	0.437	2.290	
	社会零售总额	0.404	2.470	0.020	0.362	2.763	1.718
	限额以上零售企业门店数	0.206	0.996	0.328	0.227	4.408	

注：因为我们主要考察三种因素对外资零售企业选择开店数量的影响，故表中没有列出常数项。同时，由于三个变量之间不同的量纲导致相关系数差距很大，故在此选取标准化后的 Beta 系数。

模型结果表明，外资零售企业开店数量受地区人均可支配收入、社会零售总额和限额以上零售企业门店数量影响的显著程度是不一样的。2002—2006 年，地区社会零售总额对其开店数量的影响显著，这说明外资开店的数量受一个地区商业环境的影响，外资在进入中国时会充分考虑一个地区的总体商业发达水平。地区人均可支配收入在 2002—2004 年对外资零售企业开店数量的影响并不显著，但是在 2005—2006 年则变得非常显著，置

---

① 川端基夫：《零售商业的海外投资与战略》，《新评论》2000 年第 10 期。

信概率超过了 0.95. 这说明尽管我国零售行业从 2004 年底对外资全面开放,但外资进入中国并不是盲目无理性的,而是在认真选择和考察之后选取人均可支配收入高的地区进入,因为这种地区更具有消费潜力。而 2005 年以前,由于我国零售企业没有全面对外资开放,外资零售企业进入中国时受到比较多的限制,因此很多外资在选址上可能无法按照规范、理性的投资原则进行考察,而可能因为拥有某种政府资源(如地方政府的优惠政策及超国民待遇)而促使其在某地开业。限额以上零售企业门店数量反映着当地商业的竞争程度,从 2002—2006 年的模型结果来看,对外资开店数量没有显著影响。这说明外资企业在中国选择开店时并不把当地已有的门店看作竞争对手,这是因为它们有品牌、管理、资金、渠道等方面的资源优势,内资企业与它们有很大的差距,所以不必顾忌。事实也是如此,大型跨国零售企业进入之后,周围商圈的中小零售企业会普遍感到有生存危机和压力,无法与外资抗衡。

本文单独以三个自变量对外资开店数量进行回归,发现模型拟合效果都不错,影响非常显著。但无论从逻辑上看还是从模型模拟效果来看,这三个变量都具有某种程度的共线性。不过从 2002—2006 年的模型拟合效果来看,其容忍度、方差影响因子(VIF)和 DW 值(杜宾—沃特森检验值)都属于可以接受的。

2. 基于面板数据(Panel Data)的回归模型

与通常的时序数据模型或截面数据模型相比,面板数据模型在分析截面数据与时序数据混合的二维资料时具有独特的优势,表现在充分利用了资料的信息,缓解或消除了时序数据模型中多重共线性的影响,可以反映各种未知因素的影响。所以为了更精确地验证前文三个自变量对外资开店数量的影响,本文将利用面板数据模型作进一步分析。面板数据的一般形式为:

$$y_{it} = c_{it} + \alpha_{i,t-1} R_{i,t-1} + \beta_{i,t-1} N_{i,t-1} + \gamma_{i,t-1} P_{i,t-1} \tag{2}$$

其中,i 代表不同的地区,t 代表年份,其余参数含义和(1)式相同。

由于时间序列比较短,因此本文不考虑参数随时间的变化,只考虑参数的个体差异,即:

$$y_{it} = c_i + \alpha_i R_{i,t-1} + \beta_i N_{i,t-1} + \gamma_i P_{i,t-1} \tag{3}$$

我们对各个年度的相关数据进行 F 检验后,决定采用变截距模型来建模。

三种模型的估计和检验结果如表 2 所示。

表2 三种模型估计和检验结果

	模型 1			模型 2			模型 3		
	系数	t 值	可能性	系数	t 值	可能性	系数	t 值	可能性
c	−2.588	−4.156	0.000		−2.535	−3.690	0.000		
α	0.000	3.934	0.000	0.000	0.865	0.389	0.000	3.595	0.001
β	0.001	5.563	0.000	0.001	2.269	0.026	0.001	4.795	0.000
γ	0.001	0.897	0.372	0.000	−1.760	0.082	0.000	0.188	0.851
R^2	0.566	0.743	0.641						
调整后 R^2	0.556	0.649	0.632						
DW 值	1.781	2.892	2.112						

注:本文涉及 31 个地区,由于篇幅所限,随机效应模型和固定效应模型中各个截面单元的参数估计量在此不予列出。其中,模型 1 为所有截面单元有相同截距,模型 2 为固定效应变截距模型,模型 3 为随机效应变截距模型。

从三个模型的结果可以看出,地区社会零售总额对外资在我国开店数量有显著的正向影响;地区人均可支配收入在模型 1 和模型 3 中都对外资企业开店数有显著影响,在模型 2 中却不显著;地区限额以上零售企业门店数量对外资企业开店数量的影响不显著。

四、结论与建议

通过对沃尔玛、家乐福、麦德龙、欧尚、易初莲花、乐购六大跨国零售企业在中国市场区域扩张的定量分析,本文发现:(1)社会消费品零售总额对跨国零售企业在中国市场的区域选择有显著的正向影响,这充分反映出地区商业环境对外资区位选择有重要影响,另外社会消费品零售总额与 GDP 指标在2002—2005 年间的相关系数在 0.93—0.987 之间,也从一个侧面反映出当地整体经济环境对外资零售企业中国市场区域选择具有影响。(2)人均可支配收入对外资零售企业中国市场区域选择的影响具有不确定性,这主要是因为在 2004 年零售业全面对外开放以前很多地方政府依然给予外资零售企业很多的超国民待遇,导致外资零售企业选择区位时往往只看重地区的经济总量和商业整体环境,而对居民消费能力的考察可能不是很充分。(3)地区零售门店数量对跨国零售企业区位选择没有影响,这说明跨国零售企业希望凭借强大的资金实力快速进入中国市场,有时甚至不惜在连续多年亏损的情况下坚持低成本倾销,以快速提高市场份额。在这种心态下,往往不会过多考虑当地的商业竞争程度。

　　上述研究结论对中国本土零售企业具有重要启示。中国本土零售企业应加快跨区域发展步伐,在这一过程中,由于本土企业对中国本地市场有着更为深入的了解和把握,所以比跨国零售企业更容易准确而科学地评价目标市场的整体经济环境、消费潜力及零售业竞争状况。从跨国零售企业目前中国市场投资的区位选择来看,其店铺主要分布在东部经济发达地区,而在中西部地区,大多数跨国零售企业还只是刚刚完成了在战略性节点城市的布局,尚未进行全面扩张。整体经济环境好、商业较为发达、消费潜力大且零售竞争相对不太激烈的中西部地区将成为中国本土零售企业跨区域发展的重要目标市场。

　　应该特别指出的是,虽然人均可支配收入对跨国零售企业中国市场区域选择的影响具有不确定性,但本土零售企业跨区域发展时必须重视对当地消费潜力的考察,一些跨国零售企业在中国某些城市经营效益不佳的原因之一,正是当初急于进入新市场而忽略了对市场潜力的考察。此外,由于跨国零售企业凭借其强大的资本实力,为了迅速提高市场占有率可以承受相当长时间的亏损经营,所以不会过多考虑当地商业竞争情况,但是本土零售企业由于在资本实力方面无法与跨国零售企业匹敌,所以在进行跨区域扩张时还必须考虑目标市场零售竞争对手的情况,注重地区零售门店数量这一指标的影响。中国本土零售企业只有对目标市场整体经济环境、商业发达程度、消费潜力及零售市场竞争状况作出科学的评价,才能为成功的跨区域发展奠定基础。

　　　　(作者单位:汪旭晖为东北财经大学工商管理学院,刘勇为清华大学经济管理学院。原载于《中国流通经济》2008 年第 6 期,被中国人民大学《复印报刊资料》之《商业经济》2008 年第 9期全文转载)

关于中国产权市场的几个问题

黄少安

近期内,随着中国市场经济的发展和国有经济改革的深化,产权交易从而产权市场的建设和管理问题,成为改革的决策者、操作者和研究者关注的重点之一。这是很自然的现象。不过,确实有很多问题需要深入研究,否则,会影响改革的决策和操作。

一、从长期和短期认识发展和完善中国产权市场的必要性

产权交易是市场交易的重要组成部分,相对于一般的商品交易来说,它对资源配置可能起更大的作用。从市场交易发展的历史看,最早是从一般商品的物物交换开始的。只有市场经济发展到一定高度后,产权交易才会兴旺起来。我们现在所理解的产权交易,已经与一般的商品交易有所区别。一般的商品交易,交易的客体是商品或物本身。产权交易是指以物或财产或利益(现实的或可能的利益)为基础并代表这些物或财产或利益的权利或权利证书的买卖,市场往往可以相对独立于相应的实物客体而独立运行。

从长期看,产权市场是整个资本市场的一个重要组成部分,没有它,市场是不完整的,资源的流动和优化配置将受阻;对解决原来遗留问题,化解风险,也是非常有益的。

另一方面,从短期看,为国有资本的出让能够提供一个正常的机制,目前人们关注的焦点也是国有产权出让问题。要想在国有产权的出让过程中没有严重的国有资产流失,同时又能促进国有资产管理体制改革,完善资本市场,必须发展和完善产权市场。

从一般的意义上说,作为市场的建设和管理,无非是对市场交易主体(买卖双方)的培育和规范、交易客体的评价和确认、交易中介(包括交易场所以及其他服务机构)的建立和规范。这些也就是产权市场建设和管理的基本内容。当然,根据我国目前的实际,就产权市场的建设和管理而言,问题或内容又是具体而特殊的。

二、产权交易所的性质与功能

产权交易所是营利性的公司制,还是非营利性的会员制?目前国内大小300多家交易所,有会员制的,也有公司制的。是统一规范成会员制,还是允许多样化?根据国际上比较通行的做法,还是非营利性相对好一些。当然,我们可以选择。到底选择什么,需要以客观的研究为基础。交易所的性质不同,管理方式、组织形式和治理结构以及相应的权利关系都不同。

不管是公司制还是会员制,必须堵死依靠行政权力获利的通道,不能形成设租与寻租的关系。

产权交易所(中心)的功能:(1)是单纯的交易功能,还是兼有筹资功能,即通过产权市场筹资组建新公司或者增发股份?应该赋予它筹资功能,这样,可以使大量不能在主板市场上融资的企业有直接融资的渠道。(2)是否要涵盖所有的产权交易,即是否所有的产权交易都要进入产权交易所(中心)交易?我们可能可以对国有产权和集体产权作如此规定,但是却不能对非公有产权的交易作如此规定。即使公有产权,是否必须进入交易所交易,也可以再讨论,因为在有产权交易所之前,公有和私有产权都是可以通过其他方式交易的(如合同转让),其他的法律也是认可和保护的。当然,我们可以规定特殊时期的国有产权转让必须进场交易。

三、国有产权出让主体、场所和方式问题

谁、如何出让国有产权,相关问题如何处理?这是必须研究并提出可操作方案的问题。不同级国资委及其国有资产经营管理公司的职能如何界定?到底谁、如何决定国有资产是否出让和如何出让?如何认识政府及其首脑的作用?如何规范其行为?如何运用委托代理理论认识国有产权代理者行为动机和特征,从而有效地激励和约束,防止串谋?如何处理国有产权转让过程中相关主体的利益关系?如何界定政府的公权(行政)行为与私权行为(国有产权主体行为)的关系?如何防止二者的冲突和公权侵犯私权或以公权行为行使私权,或以公权侵犯别的私权。《国有资产法》的制定主体以及它对产权出让主体、程序、出让收益的处置等必须有明确规定。全国人大应该加快制定和通过《国有资产法》。通过合理性和可行性研究后,法律上必须明确规定:谁决定国有资产的出让(也包括其他决策),怎样决定。

关于交易场所问题,现在有政府指定交易所的现象。政府该不该指定国有产权交易地点?有什么利与弊?按规则说,任何所有者可以自由选择任意

交易所交易,国资委选择三家,没有什么不对,而且有利于监督。但是,我们是否应该考虑这么两点:(1)这三家交易所是否会依靠国资委的指定而获得垄断地位从而不利于产权市场的运作;(2)各级地方国资委是否会仿效国家国资委,指定本地或归其所有的国有产权只能在本地的某个交易所交易,如果是这样,产权市场的地区封锁、地方保护就成为可能,统一的产权市场就难以形成。还有就是国有产权是否必须进场(交易所)交易。这既是一个交易场所问题即在哪里交易,又是一个交易方式问题即场外交易还是场内交易。前面论及交易所的功能时,已经涉及这一问题。针对国有产权全部进入交易所(中心)交易,可以研究"是否必要"和"是否可能"以及"如何监管"等问题。即使有国有产权必须进场交易的规定,也应该是场内监管与场外监管相结合。进场交易不等于场外不需监管,即使进场交易,大量的活动也完成于场外。如何防止国有产权交易中的腐败,提高交易效率? 要把市场监管和国有产权交易与腐败防治结合,实现"阳光下的交易"。

还有一个具体技术性的却对国有产权出让影响很大的问题,即是整体一次性交易还是允许拆分、连续交易,这属于交易方式问题。前者的潜在交易者范围较小,投资收益主要源自经营回报;后者的潜在交易者范围较大,投资收益分为经营回报和差价收益。作什么规定,应该以深入的研究为依据。

四、国有产权出让的一般性和特殊性

国有产权出让(也包括国家可能的买进产权行为)必须是市场行为,国家在这种情况下是一个市场主体,其行为必须符合市场规则。从这个意义上说,国有产权出让具有一般性即属于一般的产权交易。但是,它又确实具有特殊性——是中国经济转轨的一个重要组成部分,具有三重作用,即国有资产结构优化、产权市场培育和规范产权市场(可以以规范的国有产权交易行为去引导和规范成长中的产权市场);也有两种可能的结果:如果行为合理、规范,可能实现对国有资本的优化配置与对产权市场的培育和完善;如果不合理、不规范,则完全可能阻碍产权市场的形成和运转,甚至可能恶化产权市场。国有产权出让主体无论如何是一个代理者,出让的不是它自己的产权。有委托代理关系,就有代理问题和代理成本。既要认可代理成本存在的客观性,又要努力降低代理成本。委托代理理论、激励理论对认识和解决代理问题来说,是有用的工具。

国有产权是公有产权,是全民委托国家掌握的产权,但是,它与国家行使

的行政管理、公共管理、军事管理等权力是不一样的。尽管都由国家掌握,都具体落实到国家的一些具体机构,但是,后者是公权,而前者是私权。国有资产管理部门是国家行使私权的一个特殊部门,与其他行使公权的机构是不同的(特殊的国家机构行使私权,其他的国家机构行使公权)。

国有产权作为由国家特殊机构行使的私权,其运作和管理(包括出让)的特殊性就非常突出:一是国有产权存在、运作和管理的目标确实可以有双重性即赢利和宏观调控(也可能同时实现了两个目标,也可能不能同时兼得)。两个目标如何同时最大限度地实现、不能同时实现时如何取舍等问题就既是理论问题,也是现实的决策和操作问题。二是国有资产产权管理体制的特殊性。多层次的委托代理和最初的委托人监督的动力和能力的缺失就是最突出的特征。单纯用一般私有产权管理的效率标准来衡量,逻辑上必然推出国有产权管理的相对低效率和国有产权存在的非必要性。前面已经说了,它的目标是二重的,因此,标准也是二重的。但是,即使认可二重的标准,也还是要通过构建相对二重效率标准的国有资产管理体制,以便提高国有产权的效率。

五、国有资产管理体制问题

党的十六大报告和十六届三中全会决议关于深化国有资产管理体制改革的论述被置于突出位置。在对近年来实践经验和理论研究总结的基础上,在改革的指导思想和改革总原则上有了重大突破,对新体制有了原则性的框架,从而使改革有了方向,但是具体的改革方案以及一些相关问题甚至是重要问题,仍然需要深入而且具体的探索。

第一,也是最关键的,即如何实现"管人和管事、管资产相结合"、"谁管人,管什么人"。按照党的十六大以后确定的机构改革方案,原来的国资局和经贸委撤销,相应职能合并到新组建的国资委,企业工委合并到国资委。那么,应该是国资委管人管事管资产。它怎么管人? 管什么人? 怎么管资产? 肯定是它具体找人去代理国有资产。所以问题的关键之关键是它如何管人和管什么人。国有资产管理体制的基本模式是:组建国有资产经营公司(一般是国有独资),作为独立的企业法人受国资委的委托行使国有资产的投资决策权和管理权,决定国有资产投资的流量和流向。国资委对这些公司来说是委托人,这些公司是代理人,这些国有资产经营公司又向其他企业(公司)投资,控股或参股,从而又构成委托代理关系。那么,国资委就是通过对这些经营公司的人的管理来实现管事和管资产,而不是直接去管理资产的经营之事。

这些经营公司也应该按现代企业制度要求构建治理结构。

国资委管什么人呢？按照党的十六届三中全会的决定，它作为国有资产经营公司的"老板"，决定公司的董事会和监事会成员，经理人员（包括总经理和副总经理）应该由董事会从市场聘任。国资委如何决定董事会和监事会成员？我们应该设计这样一种机制：首先，应该从组织上明确选派进国有独资企业或控股企业或参股企业的董事长、董事，都不是干部。其次，这些人员的确定应该市场化、公开化。由国资委制定一定的规则，出面组织一个委员会，委员会的成员应该包括政府官员、相应的经济学家、法学家、管理学家和相应行业的技术专家，还必须有全国人大代表。这个委员会可以有一部分相对固定的成员，一部分不固定成员（不同行业的技术专家参加不同的技术问题讨论），负责选拔国资委要派的人员。再次，招聘的条件应该合理、公开，可以有学历、专业、工作经历、政治素质等方面的条件，符合条件的都可以应聘。国家公务员如果被聘用，必须放弃其"干部"资格。同时，对这些派出人员，建立合理、可行的激励和约束机制。最后，派出的监事或监事长，是否可以与派出的党委成员同一，双重身份，纳入"干部"序列，可以讨论。要避免把党政机关的干部不经过委员会的严格选拔、不改变干部身份而派出去管理国有资产和企业。至于这些公司的党委会成员，一律按照组织部门的干部原则选派和任免，纳入干部管理系列。而且，他们的个人待遇，为了有保障和便于监督，最好与其所工作的公司没有任何关系，完全由同级财政全额解决。

第二，不同级人民政府作为不同的履行出资人职责的主体，他们之间的权利、义务、责任如何划分。哪些资产归中央？哪些资产归地方？有些中央与地方联合投资、但又界限不清的企业，如何界定产权？地（市）级以下政府投资形成的资产其所有权收益及经营决策权等归谁？还有，现在一些政府部门实际上主管着一部分国有资产（包括经营性的和非经营性的资产，例如国家教育部所属大学的资产，是归教育部管的）。这些部门是否也是一个国有资产所有者而独立履行出资人主体的职责，如果是，它与中央、省、地市的国资委是什么关系？如果不是，它们现在主管的国有资产如何处置？这些问题都必须解决。否则将引发产权矛盾。

第三，还有其他一些问题。例如：（1）经营性国有资产与非经营性国有资产是否采取两种完全不同的管理体制，如果是两种体制，对两种资产的管理如何协调？两种管理体制如何协调？如果是一种体制，在同一体制下如何管理两种不同的资产？如何处理两种资产的相互转化问题？（2）对于既不是非经营性资产,又不同于一般企业中的经营性资产的资产,如资源性资产、公共设施等,如何管理? (3)对同样属于经营性的国有金融资产,是与其他资产一样归口国资委管理还是归中央银行或者是专设一个金融性国有资产管委会? 这些都不是一个可以随便划定就能解决的问题,需要认真研究。

六、国有产权评估和定价问题

目前人们使用或讨论的定价方法有:依据企业盈利水平的折现现金流法和市场价值法;根据企业资产价值的账面价值法、重置价值法和清算价值法等;根据企业成长机会的实物期权法等。

其实,只要产权明晰,采用什么方法定价,从宏观角度看,不是特别重要的问题。任何评估价格只是买卖的参考,最后的成交价格是由供求决定的。只有具体的中介机构在面临具体的资产评估时,才有评估方法的选择问题。国有资产的评估价值也同样只是成交价格的参考,二者完全可能不一致。资产值多少钱,是站在所有者角度的一个评估问题,而资产能卖多少钱,是由市场供求决定的。购买者看重的是资本的赢利能力,而不是资产的价值。但是,国有产权定价确实是一个特殊的大问题,有一些需要特别关注和研究的内容,而且会涉及政府。政府是管具体的评估方法和成交价格还是管价格的形成机制和规范相关主体的行为,这一点必须明确。一些与政府有关而产生、又必须靠政府才能解决的问题,政府不能推卸。主要是国有资产产权瑕疵、职工补偿以及相关问题的处理。拟出让的国有产权相当多的是有瑕疵的产权,涉及对职工的各种补偿、就业以及其他债务和遗留问题。例如,政府赋予的土地使用权、特许经营权以及政府相关部门在企业中的隐形利益。这些权利中有相当部分处于不明确的状态中,主要是职工补偿和就业。这些问题如何处理,是一个重点。首先是要明晰和度量瑕疵,明确权利和责任,然后研究政府该如何做。职工补偿和可能的失业救济等(也就是国有产权的瑕疵)是必须要解决的问题(否则社会成本无穷大),这是讨论问题的前提。在这个前提下,政府出让国有产权时,有两种选择:

第一种,政府去掉所有瑕疵,让国有产权完全与其他产权一样定价交易。政府从出让收入中拿出足够资金作为社会保障资金,用其中一部分解决职工补偿和可能的失业救济问题。

第二种是,将职工补偿和去掉其他瑕疵所需资金从所要出让的企业的净资产中扣除,即从出让价格中扣除(打折),并留在企业——或者转化为职工的股份,或者以挂账形式形成职工债权。这样做有两个问题:一是如果购买者不履行义务怎么办? 二是如果职工要求现金补偿,但是因为是资产折算,购买者即使想支付也会因为流动性等问题而无法支付,这时应该怎么办? 政府来承担剔除的成本(或者由政府具体实施)应该是外部性最小的安排,因为由企业承担的话,企业总有方式来转嫁成本。

可见两种方式意味着政府采取两种不同行为,不仅对转让价格有直接和重大影响,而且更为重要的是对问题的解决以及解决问题的成本有更大影响。

我们倾向于政府承担其责任,把产权瑕疵去掉,即把一些遗留问题纳入社会化渠道解决,使国有产权以可比的对象接受评估,然后出售。政府把出售所得收入的相当部分用于社会保障资金的来源,包括用来处理国有资产出让后有关职工补偿和失业救济等问题。这是完全符合国有资产转让目的的。从短期看,有利于国有产权的转让和产权市场的正常运作,也有利于保障职工的权益;从长远看,有利于产权重组后的企业或资产有效运转。但是,最后的结论,我们需要进行定量分析以后才能作出。

当然要对两种方法进行定量比较。需要定量分析的有:所有瑕疵折合价值是多少,总共有价值多少的国有资产要出让,如政府去掉瑕疵,价格总额大概是多少,如果政府不剔除瑕疵,扣除瑕疵总额或打折后的价格总额是多少,政府需要花多少钱解决"瑕疵";对两种方式解决问题的可能性或解决程度进行测度(概率分析);如果两种方式都能解决问题或解决程度相同,我们将定量分析各自的成本,包括各自的内部成本、外部成本和两种方式(处理问题的规则)的交易成本。

(作者单位:山东大学经济研究中心。原载于《中国流通经济》2004 年第 9 期,被中国人民大学《复印报刊资料》之《商业经济》2004 年第 12 期全文转载)

家乐福在中国市场的竞争力

［日］田村正纪

家乐福是近年来在中国市场上取得很大成功的一家外资流通企业。它的店铺不仅仅开设在北京、上海、广州等主要城市，也涉足各省市的中心城市。2001年9月，家乐福（中国）在原有的上海采购物流中心的基础上，又获得了中央政府在大连、北京、青岛、广东、深圳等地设立店铺的许可，奠定了其全国连锁经营的基础。

家乐福在中国成功的主要原因可以总结为以下几点：首先，要归功于公司内部富有战略构想力的企业家精神和高超的政治交涉力，这使得商店的数量急速扩展；其次，要归功于家乐福的战略地位，作为大型店的发起者，它有效地利用了其在各地市场中的垄断地位及世界零售业中地位所产生的期待购买量；第三，家乐福成功地削减了中国连锁经营模式未进入轨道前的购买费用及物流费用；第四，形成了具有顾客指向学习能力的商店零售组合，并成功地达到了一定的顾客满意度。

在中国市场，家乐福现在已经步入了急速成长的时期。以消费市场的急剧扩张为背景，充分运用其店铺数量的迅速扩展能力和高度的顾客指向能力，家乐福以提高顾客满意度和公司业绩为出发点，使企业发展进入了良性循环状态。

家乐福凭借什么能持续保持其先发者利益呢？这关键取决于家乐福商店的零售组合能否比其他竞争对手更好地满足顾客的需求。本文通过家乐福与其潜在竞争对手的比较，对家乐福究竟具有何种商店竞争力进行实证研究与探讨。

一、商店竞争力的含义

1. 先发者和后发者的相对优位性。家乐福在许多地区作为大型商店的先发者开设新店，获得了先发者利益

所谓先发者利益，是指最初进入市场的组织或个人所得到的具有支配性

的市场份额和丰厚的经济收益。先发者作为市场的最初参与者,相对于后发者来说,能掌握更多差异化优势和更多的机会。

先发者的规模往往比后发者大,这样,先发者通过规模经济,就可以获得商品原价率和销售管理费率的费用优越性。此外,如果企业的费用是累积经验(加入以后的累积销售额)的函数,那么在后发者赶上的过程中,先发者具有经验上节约费用的优越性。

先发者利用采购上的垄断地位与商品供给方优先形成合同,这就可能与后发者产生绝对的费用差。作为先发者,可先得到最适合设立商店的地点并开设店铺。与后发者相比,先发者的店址垄断在吸引顾客方面能够持续保持有利地位。

作为大型商店先发者的家乐福,把期望大型商店出现的、具有革新思维的中国消费者作为第一批顾客,培养他们对于家乐福商店的忠诚度。而在此之后的后发者商店,除了要把对大型商店未抱有期望的消费者作为对象,还必须极力挽回忠于家乐福的消费者,因此其在起始点就处于一种不利的地位。

上述假设如果能够成为现实的话,那么在先发者和后发者的竞争阶段,这个优越性是能够继续保持的。先发者利益在竞争阶段是否能够持续还依赖于下述几个条件:

(1)中国消费市场的环境。假设中国消费市场今后能够持续、快速成长,家乐福即使作为先发者能够先得到商品的供给方和适宜开设商店的店址,但是想让它继续保持这种绝对的优势也是困难重重。因为在经济成长的过程中,更多的商品供给方会不断出现,而且适合大型商店落户的地区和地点也会不断地出现。

(2)虽然对于先发者来说,先发者利益的持续存在着一种不可言喻的优越性,但后发者在具备以下条件的情况下,也有可能获得后发者的利益。

首先,家乐福作为外资大型商店,付出了相当大的先发费用。比如,为了跨越和扫清国内对外资大型商店的限制而付出的对策费用、商品供应商的寻找和培养费用、物流基础设施的准备费用以及对在大型商店消费的消费者的教育费用等。后发者如果仿效家乐福的作法,就不用再付出先发费用而搭乘便车,那么,其费用是相当低的。

其次,后发者还能够从家乐福在有关零售组合的形成、供应商的选择及培养过程中学习到经验。

那么,在与后发者竞争的阶段中,身为先发者的家乐福能否持续保持先发者的利益呢？中国消费市场的成长及后发者利益的存在，可能对此会有一定影响，但是，决定家乐福能否保持先发者利益的关键仍取决于家乐福本身的零售格式化能否实现。

2. 零售格式（format）

零售格式不一定有明确的定义。但我们关注的问题是业态和格式在概念上有什么样的不同。

零售格式是模仿者出现以前某家特定企业拥有的完成商店业务的独特方式。即使在同一超市，为了识别企业间完成业务方式的差异，弄清零售格式的概念也是有必要的。某种零售格式如果与所归属上位类型的差异变大或出现多家模仿者，就可能会作为一个新的业态被认同。但目前许多零售格式都是被作为现有业态的下位类型而分类的。

零售格式由两部分构成。一部分是格式对消费者的提供物，这是格式和消费者的接点，也是格式的前沿部分，我们把这部分称为"零售组合"。零售组合是商店为了吸引消费者所提供的店铺属性，具体来说，就是店铺所处的位置、商品种类、价格、顾客服务和购物环境等的组合。

零售格式是支撑零售组合组织内部的部分，也是决定零售企业业务上的强弱和战略方向的关键，是由企业的零售技术和组织文化组成的。其中，零售技术是由企业在业务工作中所使用的系统、方法及顺序所构成的；而组织文化是概念、规范、规定和经验等的集合，影响着企业怎样评价环境状况和解决问题。

我们发现，最重要的是家乐福的零售组合比后发者能得到更高的顾客满意度，而且这个零售组合使后发者不能轻易模仿，因此，它也必须由家乐福自己的能力来支撑。

可是，消费者在选择商店时重视的却不完全是零售组合的有效性，而主要依赖于顾客价值。所谓顾客价值，是指消费者在选择商店时所使用的判断基准。如果从零售组合的观点考察的话，顾客价值就是顾客对零售组合的各要素及相对比重的重视度。

顾客价值随着消费者生活环境的改变，存在着发生变化的可能性。众所周知，中国的消费市场正在发生着急剧的变化，顾客价值发生变化的可能性很高。为了维护先发者利益，家乐福就不得不将顾客指向作为组织文化并给予重视，而且，这种消费者指向必须具有一种很强的学习能力。这样，家乐福使零售价值适应顾客指向的变化，继续保持高度的顾客满意度的可能性就会大大提高。

在市场竞争中决定商铺成功的因素,是商铺的零售组合所产生的竞争力。

3. 比较事例的选择

位于上海市的家乐福南方店和世纪联华的体育馆店的大致情况如表1所示。

表1　比较事例的概要

比较项目	世纪联华	家乐福
店名	体育馆店	南方店
所在地	徐汇区	徐汇区
距城市中心部的距离	地铁15分钟	地铁20分钟
开设年月	2002年	1999年
卖场面积	7000平方米	10000平方米
竞争对方(商店)	汇金百货(地下超市)	联华超市等中小型SM
顾客层次	30—40岁,40—50岁的顾客多	20—30岁,30—40岁的顾客多
周围的住宅价格	5000—8000元/平方米	5000—7000元/平方米

比较事例必须满足下述的几个条件:第一,两家商店属于同一业态,而且卖场面积规模必须相似;第二,商店所在地区与该店消费者的社会经济特性最好能够相似;第三,经营这些商店的企业规模也最好大致相当;第四,现在两家店铺处于近邻而没有激烈的冲突,但在不久的将来会有激烈冲突的可能性,最好它们已经相互意识到互为竞争对手。

世纪联华的体育馆店和家乐福一样,是处于上海徐汇区的地下大型商店,但是其卖场面积比家乐福南方店稍小,为7000平方米。体育馆店的附近有地铁站、公共汽车换乘站等交通设施,从公共交通方面来看,它与南方店同样方便。它的周围是一般工薪阶层的住宅区,近年来不断地建设了大型高级住宅,因此居民的社会经济属性也和家乐福的南方店相似。体育馆店就是为了追赶超级综合超市的先发者——家乐福的店铺格式而建立的。

二、两家店铺的顾客特性和零售组合(retail mix)

1. 两家店铺的顾客特征

为了调查两家店铺零售组合的状态和顾客的满意水准,2003年3月,我们通过调查发现,大半来店者的频度(见表2)和来店的交通手段(见表3)也非常相似。由于两店都位于住宅区,步行来店者占30%左右,加上利用自行车、摩托车来的,接近50%,另外利用公共汽车、私家车、轻轨电车来店的有40%左右,其中,利用私家车来店的,两家商店均占10%左右。

表2　来店频率的构成(%)

来店频率	世纪联华	家乐福
月1-2次	32	30.5
月3-4次	36	22.5
周一次	18	26
2-3天一次	11.5	15.25
几乎每天	2.5	5.75
合计	100	100

表3　来店交通工具的构成(%)

来店手段	世纪联华	家乐福
步行	32	29.5
自行车/摩托车	15.5	14.5
汽车	10.5	11.75
公共汽车	19	24.75
商店免费迎送汽车	20	12.75
轻轨	2	6.75
其他	1	
合计	100	100

从消费者来店的交通手段我们容易推测,从距离上来看,两家商店的商圈范围都比较狭小。如图1所示,两店80%的顾客都是在20分钟以内来的。所以新店选址时要首先考虑交通是否便利,另外,周围的人口密度对开设新店也是必须的考虑因素。可以预想一下,如果私家车普及的话,这个商圈结构将会发生何等大的变化。

如上所述,这两家商店的商圈结构极其相似,但是,两家商店的顾客特性却有很大的不同。这种不同是由来店顾客的平均购买消费额进行推算而得出的。家乐福的平均购买消费额是223元,而世纪联华是90元。这种不同发生的理由如图2来店顾客的平均购买消费额的分布所示。

在世纪联华,其分布是单峰型,而在家乐福是双峰型。家乐福的来店顾客与世纪联华相同,由50—100元与150元以上的顾客购买层两种购买层构成。

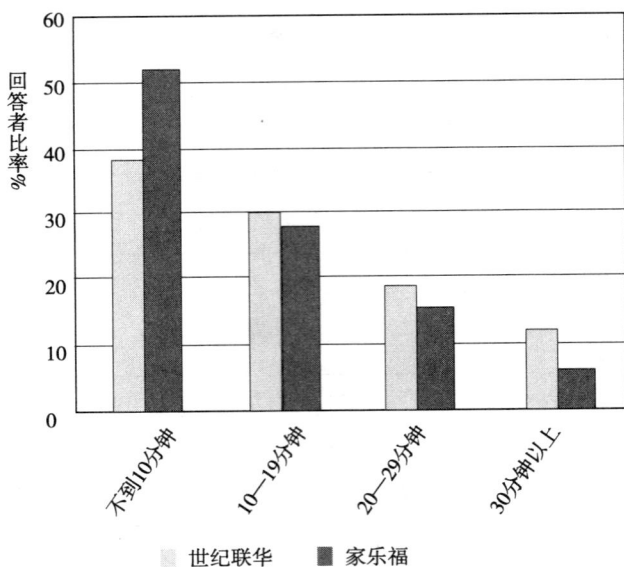

图 1　来店所要时间

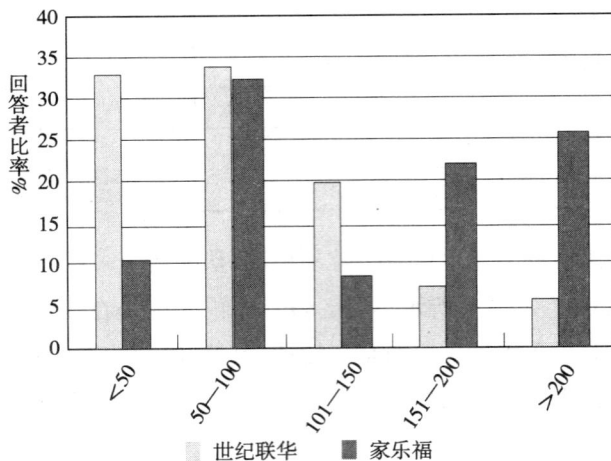

图 2　来店顾客平均购买消费额(元)

发展中国家的外资超市等大型商店主要面向中等收入阶层以上的顾客。在中国,家乐福作为超级综合超市的先发者,首先也要考虑到这个阶层的顾客。

2. 食品卖场的组合零售

首先,从超级综合超市的主力卖场即食品卖场来展开讨论。食品卖场零售组合的结构由表4属性栏所提供的各种要素构成。为了测定各种要素在两家店的状态,使用"两极7点尺度"作为测定评价尺度。

这种尺度,以卖场的配置和陈列为例,分为:1＝非常难找,2＝很难找,3＝比较难找,4＝说不上难找与不难找,5＝比较好找,6＝很好找,7＝非常好找等7个尺度。其他的尺度也是同样的配比,4处于中间位置,小于4是比较低的评价,大于4是比较高的评价。满意度亦如此,由1＝非常不满意,2＝很不满意,3＝比较不满意,4＝说不上满意不满意,5＝比较满意,6＝很满意,7＝非常满意7个尺度来测定。

表4列举了两家商店零售组合各要素的平均得分与得分分布的差异以及曼—惠特尼检定数据。

表4　食品卖场的零售组合和顾客满意度(7尺度法)

属性		平均		曼—惠特尼检定
		世纪联华	家乐福	有意购买
卖场配置及陈列	醒目—不明显	5.39	4.92	0.0002
加工食品配货	不好—好	5.46	5.07	0.0008
加工食品价格	高—低	5.18	4.80	0.0003
菜类品种齐全度	少—多	4.87	4.93	0.395
菜价	高—低	4.77	4.43	0.0115
菜新鲜度	坏—好	5.07	4.97	0.5138
鱼肉配货	少—多	4.94	5.05	0.1129
鱼肉价格	高—低	4.63	4.75	0.0564
鱼新鲜度	坏—好	4.97	4.94	0.9567
鱼加工服务	坏—好	4.77	4.85	0.4407
蔬菜配货	坏—好	5.09	5.04	0.812
卫生方面考虑	坏—好	4.94	5.36	0
期限管理	坏—好	4.97	5.39	0
安全性考虑	坏—好	4.96	5.31	0
平均价格水准	高—低	4.88	4.99	0.0715
肉类商品价格表	少—多	4.82	4.55	0.1329
特价商品表	少—多	4.84	4.90	0.0603
待客服务	坏—好	4.81	5.35	0
卖场方面信息提供	坏—好	4.81	4.85	0.229
付款等待时间	等待—顺利	4.74	4.05	0.0011
食品卖场满意度	不满—满意	4.98	5.46	0

第一,价格相关要素,可分为有关平均价格水准、特价商品数、同类商品价格带等全部价格特性。通过调查,我们可以发现鱼肉价格在两个店是没有区别的。可是加工食品和菜类,世纪联华的价格较为便宜。从这点来看,可以说世纪联华店有若干的价格诉求。

第二,世纪联华的卖场陈列合理,布置条理清晰,交款等待时间短。以上各点以及若干的价格相关要素是世纪联华零售组合所具有的优越性。

第三,家乐福的优越性可以归结为两点,一是食品管理安全性高,比如对卫生方面的考虑及对保质期管理安全性的考虑等;二是对顾客服务态度好。从以上可以看出,家乐福正在追求差别化战略。

两家商店的零售组合完全不同。那么,产生这种不同的主要原因究竟是什么呢? 相信读者马上会想到的就是两家商店商圈各自拥有的顾客需求的差异性。如果两家店铺都满足了顾客的需求,那结果就会是零售组合的差异性产生出假设的内容。

但这种顾客需求差异性的假设必须以两家商店具有相同的顾客指向能力作为前提才能成立。而且需要指出的是,在这里所说的顾客指向能力是准确地把握顾客对商店属性的重视方向并将此反映在零售组合业务上的组织能力。

如果两家商店顾客指向能力不同,即使没有顾客需求的异质性,两家商店的零售组合也有可能产生不同。由此可知,即使两家商店的顾客有相同的顾客要求,但由于两家商店的顾客指向能力不同,也会发生零售组合上的差异。因此,不论是顾客要求的异质性还是顾客指向能力的差异性,都可能会产生两家商店零售组合上的差异。

如表5所示,仅仅在顾客要求的异质性和顾客指向能力有无的组合条件下,零售组合的差异显示了A、B、C三种情况。但是,如果两家商店的顾客满意度存在着差异的话,第三种情况C就有消失的可能性,所剩下的情况只有B和C。就是说,零售组合的差异不仅仅是由顾客指向能力的差异所产生的,还要考虑顾客要求异质性的相乘作用。

表5　销售组合与顾客满足不同的发生条件

	顾客指向能力	
	相同	不同
同质的顾客要求	A:顾客组合相同 顾客满意度相同	B:零售组合不同 顾客满意度不同
不同质的顾客要求	C:零售组合相同 顾客满意度相同	D:零售组合不同 顾客满意度不同

那么,两家商店究竟达到了什么程度的顾客满意度呢? 我们来看表4,两家商店的顾客满意度间是有差别的,即家乐福比世纪联华高。与在价格低廉、交款等待时间短、卖场陈列和布置方面出色的世纪联华相比,家乐福力图在食品管理安全性与顾客服务方面实行差别化,并由此取得了更高的顾客满意度。那么,两家商店零售组合的不同,仅仅是由顾客指向能力的差异所产生的? 还是连同顾客需求异质性的相乘作用所产生的? 关于这个问题我们将在下篇第三节进行讨论。

三、两家商店的服装卖场与日用杂货卖场的零售组合

我们对服装卖场的零售组合进行了比较(见表6)。一般情况下,在百货商店及专卖店里,商店的主题、经营商品品种的齐全度、流行商品的进店速度、货位配放信息、商品等级、同类商品价格带等属性的得分偏高。但是,家乐福和世纪联华仅仅显示了超级综合超市的"量贩店"特征,因此,两家的得分情况不尽人意。并且,两家商店的服装卖场也均带有典型的"量贩店"型的特性。

表6　衣服卖场与日用百货卖场的零售组合

属性	世纪联华	平均得分		曼—惠特尼尼检定
		家乐福	有意概率	
卖场配置,陈列	好找—不好找	4.6	4.8	0.0014
商店的主题	不明确—明确	4.6	4.8	0.0051
配货齐全度	丰满—单调	4.5	4.5	0.5841
流行商品进店程度	远—近	4.4	4.3	0.5398
自家商品的配货齐全度	少—多	4.4	4.1	0.0248
配送信息	坏—好	4.4	4.2	0.1528
大众化商品度	少—多	4.1	4.2	0.5777
商品等级	高	4.8	5.1	0.0003
挑选商品的方便程度	好挑选—不好挑选	4.7	5.2	0
平均价格水平	高—低	4.5	5.5	0
肉类商品价格表	少—多	4.5	4.3	0.5321
特价商品类	少—多	4.5	5.0	0
接待顾客的适时程度	坏—好	4.5	5.0	0
店员的商品知识	不足—丰富	4.4	4.9	0
比较	足够	4.4	5.0	0
修改尺寸	好	4.3	5.4	0
交款等待时间	等待—顺畅	4.7	4.9	0
服装卖场满意度	不满—满意	4.6	5.1	0

除此之外,两家商店还存在着重要的差异。这就是,除"自家商品的配货齐全度"指标外,家乐福的其他属性均比世纪联华要高。在自家商品的配货齐全度方面,世纪联华虽然得分很高,但是得分的水平并不高;而在卖场配置、陈列、大众化商品数、挑选商品的方便程度、平均价格水平、特价商品数、接待顾客的适时程度、店员的商品知识、试衣室、修改尺寸等服务项目方面,家乐福则显得技高一筹,并且处在一个较高的得分水平上。家乐福不但拥有服装卖场所应具有的挑选商品方便、平均价格水平合适、特价商品数较多等"量贩系列"的基本特性,同时在接待顾客的适时程度、店员的商品知识、试衣室、修改尺寸等服装卖场应该设置的基本服务项目方面,与世纪联华也有着明显的差别。

通过上面的分析,从服装卖场的超级超市应该重视的全部属性看,家乐福与世纪联华相比有着绝对的优势。这就意味着,服装卖场的顾客价值由于地理位置的不同,即使有小的变化,家乐福也能赢得比世纪联华高的顾客满意度,事实也同样证明了这一点。

两家商店的日用杂货卖场存在与服装卖场完全相同的现象(如表7所示)。

表7   日用杂货卖场的零售组合与顾客满意度(7点尺度)

属性	状态	平均得分			曼—惠特尼检定
调查对象商店	世纪联华	家乐福	有意概率		
卖场配置,陈列	好找—不好找	4.9	5.1		0
商店的主题	不明确—明确	5.0	5.2		0
配货齐全度	单调—丰满	4.9	4.7		0.3082
流行商品进店速度	迟—早	4.9	4.7		0.8987
自家商品的配货齐全度	少—多	4.8	4.5		0.1308
商品等级	低—高	4.7	4.7		0.2708
挑选商品的方便程度	好挑选—不好挑选	4.9	5.3		0
平均价格水平	高—低	4.8	5.3		0
同类商品价格带	少—多	4.7	4.6		0.782
交款等待时间	等待—顺畅	4.8	4.7		0.072
店员接待顾客的态度	坏—好	4.7	5.5		0
店员的商品知识	不足—丰富	4.7	5.3		0
日用杂货卖场满意度	不满—满意	4.7	5.5		0

首先,从配货齐全度、流行商品进店速度、自家商品的配货齐全度、商品等级、同类商品价格带等几个方面来看,两家商店的得分都不高,均属"量贩型"日用杂货卖场,没有很大差别。但是,在卖场配置、商店的主题、挑选商品的方便程度、平均价格水平、店员接待顾客的态度、店员的商品知识等属性方面,家乐福与世纪联华存在着明显的差异。

在日用杂货卖场方面,家乐福在超级综合超市应重视的所有属性上,与世纪联华相比有着绝对的优势。这种状态如果能够持续的话,日用杂货卖场的顾客价值即使发生很小的变化,家乐福也能达到远比世纪联华要高的顾客满意度。实际上,在世纪联华的体育馆店和家乐福的南方店的案例中,家乐福的日用杂货卖场的顾客满意度远比世纪联华要高。

四、两家商店的顾客指向

1. 顾客价值的推断

目前在中国,即使在上海等流通发达地区,也只有在城市的中心才会出现业态相同的大型商店为邻开店、争夺共同顾客的情况。由于中国私家车的普及率不是很高,消费者的购物流动性也非常低,这导致了大型商店商圈的地理范围只能局限于狭小的地区。另外,虽然中国有大量人口集中到都市,引起了市区的急剧扩大,但大型商店的发展还未达到西方先进国家的水准。如果我们对这种现状进行仔细观察的话,就会发现大型商店之间的竞争,是发生在不断扩大的市场边沿的,并且其最终目的是为了保护独家商店的垄断地位。

各大型店的零售组合状态,与其说是相互竞争,不如说是在市场中应对顾客的需求而自然形成的。如果把面向顾客需求的这种应对度称之为顾客指向,那么,由于顾客的需求越来越适应商店的零售组合,即使与邻近商店发生了竞争,这家商店的竞争力还是能够保持的。为什么会是这样呢?这是因为顾客指向度越高,顾客满意度就会越高。在这个意义上,不论是在各地区先发者的独占阶段,还是后发者加入的竞争阶段,各商店的顾客指向度是先发者利益能否保持的决定因素。

得出顾客满意水平反映了店铺的顾客指向度的结论后,我们在判断这种水平产生原因的过程中,就有必要推断顾客的价值。如上所述,顾客价值是消费者在选择商店时所用的判断标准(商店属性,也就是零售组合的要素)的重要度。在通常情况下,由于这样的判断标准不是一个独立的数值,我们把多个顾客价值集中在一起的顾客价值称为顾客价值矢量。

　　为了确认顾客的店铺指向度,我们有必要对以下的各种问题进行分析研究,即顾客价值矢量是由什么样的要素构成的呢? 各个顾客价值具有什么样的重要度? 商店的零售组合的得分怎样应对顾客价值矢量? 是把顾客价值的重要度按比例分配而形成零售组合的得分吗?

　　首先,我们利用下述各卖场的顾客满意与卖场的零售组合相关的模型,从顾客价值的推断开始。

$$S = \beta_1 X_1 + \beta_2 X_2 + \cdots + \beta_n X_n$$

　　在这里,S 表示两家商店各卖场的顾客满意度,X_1、X_2、$\cdots X_n$ 表示各卖场的零售组合的得分,是模型的独立变量。β_1、β_2、$\cdots$、β_n 是根据数据推断出来的参数,表示向各属性的顾客满意度所施加的影响度的标准化系数(β)。

　　分析所用的数据,要按照一定顺序使用才能反映某种含义的顺位尺度,为了更正确地推断顾客价值,我们要在模型中使用模型回归分析(CATREG)。所使用的独立变量的重要度指标是关于各独立变量(店铺属性)的标准化系数(β)。需要注意的是,标准化系数完全不受独立变量的影响,与独立变量无关联。

　　在以下的分析中,让我们利用各独立变量特性的测定值来测定属性的重要度。从统计的观点来看,根据回归分析,用这个特性的测定值来表示属性的重要度,显示了各独立变量对于顾客满意度说明力的相对贡献度,这个说明力用决定系数表示。属性重要度是对各个变量的决定系数的相对寄予率,而各变量的属性重要度的总和为 1. 顾客价值矢量就是以这样的属性重要度作为要素的。

　　用顾客价值进行推理作业,在两家商店的各卖场进行。在这个作业中,引进作为独立变量的与该卖场相关的所有的店铺属性。由于独立变量间的高相关所带来的多重共线性,存在几个不满足符号条件的独立变量。除去这些不符合条件的变量,利用剩余的变量再次进行推理,最终的推理结果如下所示。

　　2. 食品卖场的顾客价值

　　两家商店食品卖场的顾客价值如图 3 所示。根据图 3 所示属性,可以看出世纪联华的顾客满意度是 78.8% ,家乐福是 51.5% 。从决定顾客满意度的重要属性来看,在世纪联华是鱼和蔬菜的新鲜度、加工食品的经营种类和保质期管理,这三项占了决定系数的将近 70% 。除此之外,还有蔬菜品种的齐全度及鱼类的加工服务等。

　　与世纪联华相同,家乐福的顾客也同样重视加工食品的品种齐全度。但

世纪联华 标本数=400

属性	重要度
鱼新鲜度	0.331
加工食品种类齐全度	0.177
保质期管理	0.109
蔬菜新鲜度	0.081
菜类品种齐全度	0.068
鲜鱼加工处理	0.065
交款等待时间	0.05
特价商品数	0.047
接待顾客服务	0.036
鱼肉品种齐全度	0.02
烹饪方法信息提供	0.012
鱼肉价格	0.002

0 0.05 0.1 0.15 0.2 0.25 0.3 0.35
属性的重要度
调整后决定系数=0.788

家乐福 标本数=400

属性	重要度
加工食品种类齐全度	0.225
接待顾客服务态度	0.203
安全性考虑	0.172
保质期管理	0.081
卫生方面的考虑	0.078
交款等待时间	0.077
加工食品价格	0.071
卖场配置、陈列	0.044
鱼肉价格	0.027
蔬菜新鲜度	0.025

0 0.05 0.1 0.15 0.2 0.25
属性的重要度
调整后决定系数=0.515

图3 食品卖场的顾客价值

注:表4所列的属性,是在表3未显示的从最终式中除去的变数属性。

是两者之间的顾客价值却不相同。这是因为,第一,家乐福的顾客远比世纪联华的顾客重视顾客服务;第二,家乐福的顾客远比世纪联华的顾客重视食品的安全性管理。这不仅仅是考虑食品的保质期管理,也是出于对安全性及卫生方面的高度考虑;第三,家乐福的顾客与世纪联华的顾客相比,不是那么在乎生鲜食品的保鲜。

关于食品卖场,从顾客价值的角度来看,两家商店的顾客期望是完全不同的。与上节所讨论过的食品卖场中两家商店的顾客满意度不同,主要是从世纪联华和家乐福的顾客能力的差异中产生的。

图4是根据食品卖场的零售组合要素(属性)的各自重要度和平均得分所绘制的,显示了两家商店的顾客指向能力。从整体上来看,如果两家商店的属性重要度都高的话,这种属性的平均得分也会有变高的倾向。但是,关于顾客指向能力,两家商店还是存在着差异。比如在世纪联华,具有绝对重要属性的鱼类,它的新鲜度平均得分与其他属性相比就不是那么高。

在家乐福重要度高的属性,即加工食品的品种齐全度、接待顾客服务及安全性考虑等的平均得分,与其他属性相比处在一个相对较高的水平。家乐福准确地把握着顾客的需求内容,并把这种需求体现在零售组合中。两家商店食品卖场的顾客满意度产生差异的原因,就是这种顾客指向能力的差异。上

世纪联华

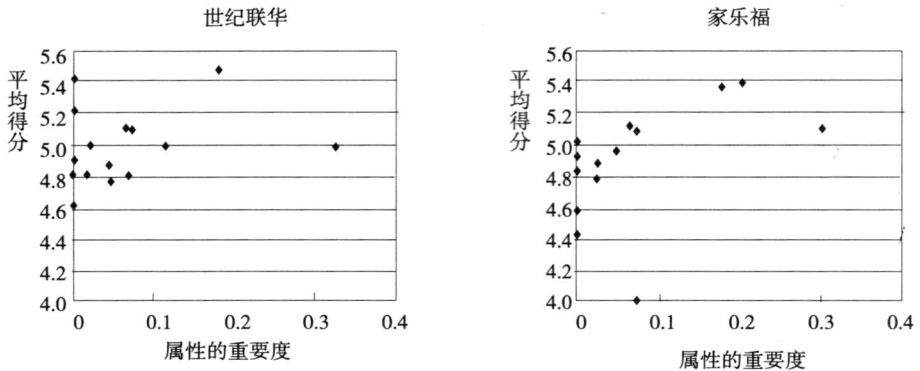

家乐福

图4　食品卖场的顾客指向

一节所指出的两家商店零售组合的不同,是由该商圈的顾客需求的异质性和顾客指向能力的差异所产生的。

3. 服装卖场与日用杂货卖场的顾客价值

采用同样的方法,对服装卖场的顾客价值进行分析,如图5所示。两家商店的顾客所重视的店铺属性中存在着共同点及差异。共同点体现在修改服装尺寸、接待顾客的适时程度等重要度高的属性;差异是世纪联华更重视特价商品数及价格,而家乐福则有重视商品等级、经营商品的齐全度、货位配放信息等倾向。

世纪联华 标本数=200

属性	重要度
修改尺寸服务	0.156
接待顾客的适时性	0.152
特价商品数	0.151
试衣室	0.151
挑选商品的方便度	0.113
卖场配置、陈列	0.084
同类商品价格带	0.072
平均价格水平	0.069
流行商品进货速度	0.052

属性的重要度
调整后决定系数=0.782

家乐福 标本数=400

属性	重要度
修改尺寸服务	0.169
	0.152
商品种类的齐全度	0.109
	0.103
卖场配置、陈列	0.099
	0.095
特价商品数	0.062
	0.051
挑选商品的难易度	0.047
	0.038
大众用商品数	0.028
	0.026
平均价格水平	0.022

样本的属性
调整后决定系数=0.406

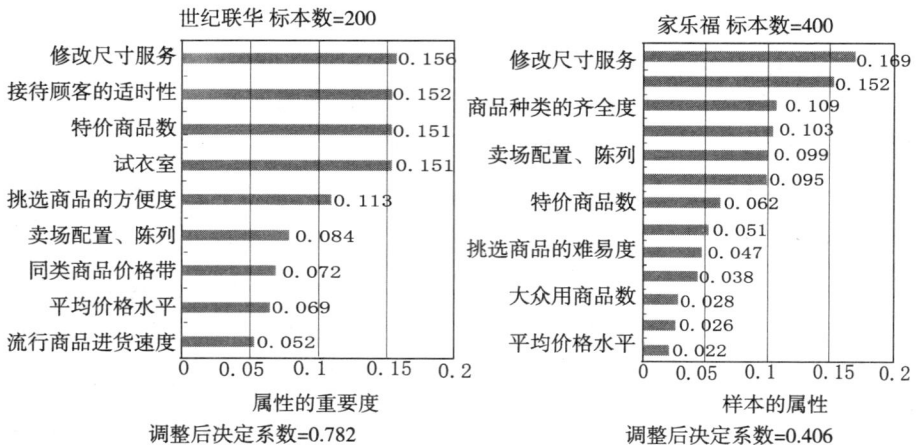

图5　衣服卖场的顾客价值

对于这样的顾客价值,两家商店的顾客指向是一种什么样的状态呢? 在世纪联华,位居顾客价值前面的属性是修改尺寸服务、适时接待顾客、特价商品数、试衣室等。从图6可以看出,与其他属性相比,世纪联华在这些具有高度重要性的属性上的平均得分是较低的。总的来说,世纪联华的衣服卖场的顾客指向能力非常低。

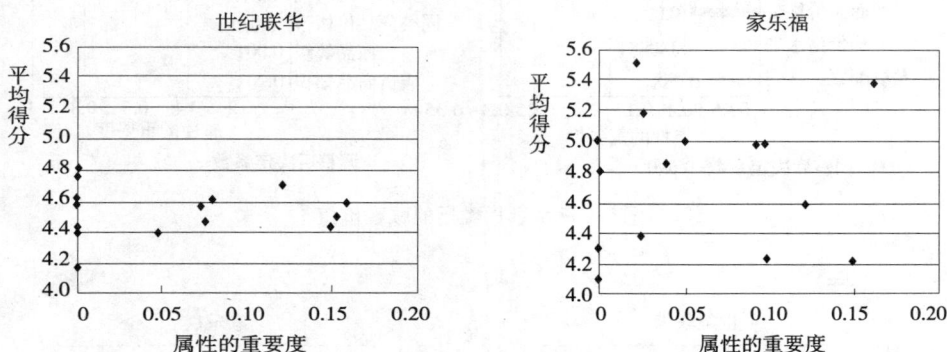

图6　衣服卖场的顾客指向

那么,家乐福的情况怎么样呢? 居顾客价值第一位的尺寸修改服务,平均得分达到了很高的水准。但是,关于商品的等级、商品品种的齐全度及柜台的放置信息的平均得分不是很高。

在中国,除了市中心地区以外,还没有高品位的服装专卖店,因此,像超级综合超市那样的大型商店的服装卖场,被认为是替代高级服装专卖店的。

怎样持续地应对顾客的这种需求,牵涉到超级综合超市业态关联中的许多业务问题。正是因为如此,才使得服装卖场的顾客指向没有食品卖场那么高。

但是,如果比较两家的服装卖场,家乐福所有的属性远在世纪联华之上。这种现象与顾客需求的异质性无关,只是意味着世纪联华的服装卖场无力与家乐福对抗。确实如此,世纪联华的体育馆店是在家乐福的南方店开设3年以后才建立的新店。这样分析的话,世纪联华服装卖场的业务态势与后发者利益毫无关系,只是还未达到家乐福的水准。

两家商店的日用杂货卖场可以说是相同的。关于顾客价值,对于两家商店来说,店员的接待顾客态度同是重要的属性(参见图7)。可是在世纪联华,除此之外还重视流行商品的进店速度、商品知识、付款等候时间等。而家乐福则特别重视卖场的配置及商品的陈列。

根据图8,观察如何应对这些顾客价值,我们会发现,世纪联华在接待顾客态度、流行商品进店速度及店员掌握商品知识等方面,处于顾客价值前面的

世纪联华 标本数=200

属性	重要度
店员接待顾客态度	0.293
流行商品进货速度	0.212
店员商品知识	0.144
交款等待时间	0.105
同类商品价格带	0.093
平均价格水平	0.085
卖场配置、陈列	0.068

属性的重要度（0 0.05 0.1 0.15 0.2 0.25 0.3 0.35）

调整后决定系数=0.690

家乐福 标本数=400

属性	重要度
卖场配置、陈列	0.771
店员接待顾客态度	0.135
商品种类齐全度	0.038
商品挑选的便利性	0.023
交款等待时间	0.018
同类商品价格带	0.012
商品等级	0.001
店员商品知识	0.001

属性的重要度（0 0.2 0.4 0.6 0.8 1）

调整后决定系数=0.523

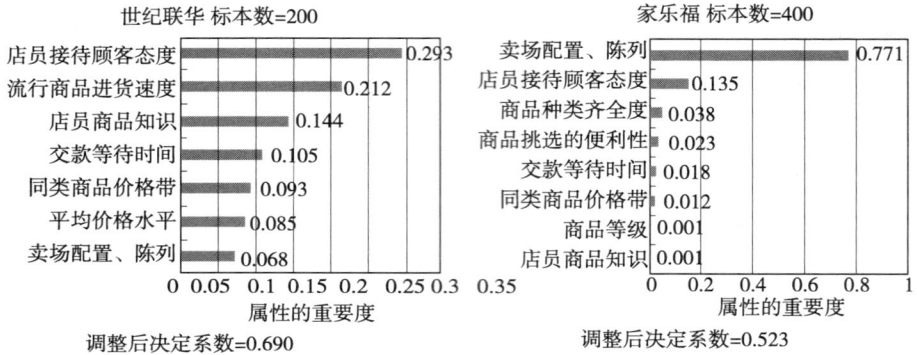

图 7　日用杂货卖场的顾客价值

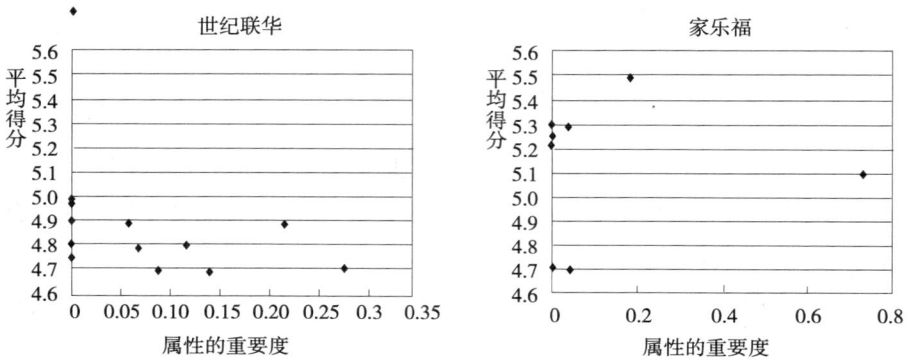

世纪联华

平均得分 / 属性的重要度

家乐福

平均得分 / 属性的重要度

图 8　日用杂货卖场的顾客指向

属性的平均得分比较低。这个现象表明,在日用杂货卖场中,世纪联华的顾客指向低下,在日用杂货部门中的商品供应计划能力和员工的业务水平方面还没有充分的准备。

让我们再来看看家乐福的情况,它的整体顾客指向度与食品卖场相比不高,却在处于顾客价值前面的卖场配置、陈列及店员接待顾客的态度等方面取得了很高的平均得分。通过两家店的对比,我们可以清楚地看出,家乐福的优势远远大于世纪联华。所以,与服装卖场的情况一样,只要有这样的零售组合差异存在,不论何种顾客价值的地域市场,即使是两家商店发生激烈的冲突,家乐福也一定能够比世纪联华赢得更高的顾客满意度。

五、结束语

家乐福的顾客指向是带有旺盛的学习能力的,这样,才使其能够不断改进。正如前面分析的那样,家乐福每次在开设新店的时候都在改善零售组合,提高顾客的满意度。家乐福在中国所设的商店中,家乐福南方店只是一家普通的大型超级市场,但与中国国内最大的流通集团的商店相比,却具有绝对的竞争力。在食品卖场,家乐福是通过其优秀的顾客指向能力而产生竞争优势的。在服装及日用杂货卖场,在几乎所有的指标上,家乐福都优于世纪联华。由此可见,与中国本土的零售企业相比,家乐福的竞争优势是显而易见的。

中国的消费市场如果能够继续保持现在的增长速度,在可以自由开设新店的条件下,以家乐福的市场竞争力应该可以保持其先发者利益。可是,有两个使家乐福的先发者利益不能保持的潜在原因,一个是其与沃尔玛等其他国际零售企业的竞争;另外一个关于大型商店的规章制度。两者中较重要的是后者。在中国市场中,往往通过对大型商店的规范限制来影响其与世界性零售业者的竞争。

据报道,中国政府将在 2004 年底出台关于大型商店设店的法律、法规。据说这个新法将参考日本的《大店立地法》,规制对象是 1 万平方米以上的大型商店。在这个新法的背后,可能存在本案例分析里所讨论的这种情况,即外资大型商店和国内流通企业之间有着极大的竞争力差异,并可能因此使外资流通业的市场份额不断扩大。

在这样的新法制定的背景环境下,我们应该慎重思考中国市场上国际流通企业之间的竞争究竟将走向何处。这也是我们今后应该继续讨论的课题。

(作者单位:日本流通科学大学流通科学研究所。原载于《中国流通经济》2004 年第 5 和第 6 期,被中国人民大学《复印报刊资料》之《商业经济》2004 年第 8 期和第 9 期全文转载)

第六篇　电子商务

信息化与电子政务

乌家培

一、信息化是加快实现工业化和现代化的必然选择

江泽民同志在党的十六大报告中指出："信息化是我国加快实现工业化和现代化的必然选择。"这正确地说明了信息化、工业化、现代化三者之间的关系。

中国提出现代化建设任务，是在 1964 年 12 月三届人大一次会议的政府工作报告，即农业、工业、国防和科技的四个现代化。

中国提出工业化的任务还要早些，这是在 1953 年过渡时期总路线，即"一化"（工业化）、"三改"（农业、手工业、资本主义工商业的社会主义改造）。

中国党和政府提出信息化的任务则晚得多，这是在 1995 年 9 月党的十四届五中全会。全会要求"加快国民经济信息化进程"。2000 年 10 月党的十五届五中全会进一步要求"推进国民经济和社会信息化"。

什么是现代化？现代化是一个过程，也是一种状态，它反映社会和经济的变迁。世界上有两类国家，一类是现代化先行国家，另一类是现代化赶超国家，前一类通常不提现代化问题，后一类则把现代化作为任务来完成。对现代化的理解，应有动态的认识，现在 21 世纪讲的现代化，其内容显然不同于 20 世纪 60 年代当时所讲的现代化。

什么是工业化？中国最早提国家工业化，是要把大农业国变为工业国。18 世纪 60 年代的工业革命是从英国开始的，先有蒸汽机的出现和应用，后有电力的应用与普及,形成了机器制造业。工业化的标志是机械化、电气化、自动化。

什么是信息化? 其原意是工业社会向信息社会演进的动态过程,同时也是工业经济向信息经济演进的动态过程,因为经济是社会的基础,有工业经济就有工业社会,有信息经济就有信息社会。20 世纪 50 年代的信息革命,是从美国开始的,计算机的发明与应用,电脑与电信的结合,互联网的应用与普及,信息产业成了主导产业,其标志是数字化、网络化、智能化。

从这里可以看出,工业化、信息化、现代化是社会生产力大发展所产生的质的飞跃的显著标志,当然它必然会引起生产关系和上层建筑的相应变革。工业化产生工业文明,信息化产生信息文明。实际上,工业化是第一次现代化,信息化是第二次现代化。其发展是连续的过程,很难把它们截然分开。

中华民族的农业文明享誉世界。大唐盛世,据世界银行计算,当时中国的 GDP 占世界 GDP 的比重约为 36% ,连现代美国 GDP 占世界 GDP 的比重已高达 33% 还没有赶上。但我国在工业化中落伍了,20 世纪 50 年代开始搞工业化后,虽然在 70 年代末建立了独立的比较完整的工业体系,按增加值算,我国工业超过农业的发展是在 1970 年,但按劳动力算,非农劳力超过农业劳力却晚到 1997 年。目前我国城镇人口占总人口的比重还只有 36% ,低于中等水平国家的 50% ,中国工业化还处于中后期阶段。所以党的十六大正确指出:"实现工业化仍然是我国现代化进程中艰巨的历史任务。"

振兴中华的历史机遇在于信息化。这就是为什么党的十五届五中全会在"十五"建议中把信息化提到空前重要的高度,把信息化视为覆盖现代化建设全局的"战略举措",视为实现产业升级和工业化、现代化的"关键环节",要求把信息化放在"优先位置",提出"以信息化带动工业化,发挥后发优势,实现社会生产力的跨越式发展"的原因。正如朱镕基同志在"建议"说明中所强调的那样,要抓住信息化这个很重要的历史性"机遇"。

中国信息化是在工业化进程中开始的,可以说,信息化是从"七五"起步,"八五"发展,"九五"进入互联网阶段,"十五"有了信息化发展专项规划。所以,在我国,客观上工业化与信息化是并存互进的。

工业化是信息化的基础。因为工业化从四个方面为信息化创造条件。这四个方面是:提供物质基础;扩大市场容量;积聚建设资金;输送专业人才。而信息化是工业化的发展,因为信息化从四个途径推进工业化的发展。这四个途径是：用信息技术改造和提升传统产业，特别是传统的制造业；发展信息产业，包括信息技术产业和信息服务产业；提高工业的整体素质和国际竞争力；帮助工业企业降低成本，提高效率，减少污染，增加商机。

信息化对工业化的作用概括起来有 3 条：补充作用：弥补工业化的不足，如有利于降低消耗、增加效益、减轻污染等；替代作用：用信息资源部分地替代物质、能量资源；协同作用：提供新机遇、新途径，促进自组织和演化过程。

党的十六大正确地说明了信息化与工业化的关系，即以信息化带动工业化，以工业化促进信息化，并要求坚持"带动"与"促进"的相互影响关系，走出一条新型的工业化道路来。所谓新型的工业化道路，我领会就是工业化与信息化相结合的一种互动式道路。1957 年毛泽东同志曾提出工业化道路问题，指的是正确处理农业、轻工业、重工业三者之间的发展关系。当时针对片面理解和执行优先发展重工业的偏向，及时提出产业结构要合理化，国民经济要协调发展的方针问题。2002 年江泽民同志提出新型工业化道路问题，那就是要在工业化过程中大力实施科教兴国战略和可持续发展战略，使今后 20 年的工业化与以往 50 年传统的工业化不同，应具有五个特点：科技含量高；经济效益好；资源消耗低；环境污染少；人力资源优势得到充分发挥。以上五点的实现，都离不开信息化的帮助。

以信息化带动工业化，那就要做到：

第一，在观念上使工业化不以工业经济和工业社会为终点，而在此基础上继续往信息经济和信息社会前进。

第二，在技术上要求在运用工业制造技术的同时，在全社会广泛应用信息技术，提高计算机、电信和互联网的普及应用。

第三，在管理上要求改革和创新，实现办公自动化、贸易无纸化、信息网络化，以及管理信息化与业务信息化进行整合的一体化。

第四，在资源上加强信息资源的开发利用，充分发挥信息和知识的作用，使工业化扩大了可用资源的范围，并增加了知识化和智能化的特色。

信息化的带动作用是我国工业化时间得以缩短、质量得以提高的一个重要原因。党的十六大规定，在 2020 年前，基本实现工业化，那么我国搞工业化就只用了 70 年的时间，比发达国家的工业化时间差不多缩短了三分之二，而且还可以避免先污染环境、破坏生态后治理环境、保护生态所付出的巨大代价。

党的十六大报告中有三句话："基本实现工业化,大力推进信息化,加快建设现代化",这是相互联系的一个整体,是全面贯彻"三个代表"重要思想的要求,也是全面建设小康社会奋斗目标的保障。

二、政府先行,推行电子政务

"政府先行,推动信息化"这个方针是国家信息化领导小组 2001 年 12 月 15 日召开的第一次会议提出来的。我领会这有两层含义:从狭义上理解,指政府信息化先行,可对企业信息化、家庭信息化起示范、带动、促进、主导等作用;从广义上理解,在国民经济和社会信息化的整个过程中,政府先行,可起到推动、引导、统筹、规划等作用。

政府信息化、电子政府、电子政务是三个既有差别又有联系的概念。政府信息化是指工业社会的政府向信息社会的政府演进的过程。电子政府可理解为与现实政府相对应的虚拟政府或网上政府,如美国的 First·gov,也可理解为与传统政府相对应的新型政府。电子政务是指在政务活动中采用信息技术,实现网络化,通过政府信息交流和共享水平的提高,达到全面改进政府工作的目的。我认为,电子政务是建立电子政府的必由之路,是政府信息化的主要体现;电子政务是手段,电子政府是目的,政府信息化是个过程。

我国惯用"电子政务"这个概念。国家信息化领导小组已通过《关于我国电子政务建设的指导意见》,并由国务院信息化工作办公室构建了我国电子政务的基本框架,包括两个平台、一个网站、四个数据库、十二大业务系统等。党的十六大把"推行电子政务"正式作为"深化行政管理体制改革"的重要内容,还要求"认真推行政务公开制度"。就电子政务本身来说,当然"政务是根本,应用是方向,实效是关键,战略是前提,协同是要害,安全是保障"。但电子政务的意义和影响远远超过政务活动本身。我曾把电子政务看作是一场革命,但当时在认识上仍把它局限于政府管理体制和机制改革创新。后应美国国务院贸易发展署和国际开发署邀请,参加了 2002 年 11 月在华盛顿特区召开的"实施电子政务"的国际盛会,我的认识又进了一步。

电子政务对美国来说也是新一轮革命。自因特网从军用转向民用后,美国并没有一开始就关注电子政务问题。相反,由于企业竞争的需要,电子商务成了第一大热点。但在联网世界的发展过程中,人们很快发现,只有实施电子政务,才会全面改变政府、企业、公民三者之间的互动关系,把这种关系推进到一个新阶段,达到用电子手段实现公共目标的目的。1994 年前后,越来越多的美国政界高层人士,包括众多的参众两院议员,纷纷指出实施电子政务,是优化政府业绩、激活民主力量的需要,是一次前瞻性浪潮,是美国的"新一轮革命"。自此以后,电子政务成了新的热点,并迅速向世界其他国家扩散。这说明,即使在美国,对电子政务的认识和电子政务本身的发展也是有一个过程的。

这次会议对35个国家的调查表明,实施电子政务的重要性已为各国所认识,电子政务可改进服务、提高效率、节约开支、方便群众、减少贪污、增加透明度、有利于民主、促进出口和外国投资、增强人力资本和社会资本的开发。但每个国家通过电子政务要达到的目的并不完全一致,偏重于透明度和民主的国家比重为58%,偏重于开发社会资本和人力资本的国家比重为15%,偏重于支持本国产业、促进出口、增加外国直接投资的国家比重,依次各为9%。为实现电子政务目的,各国对政策、管理、技术三个因素的重要性排序是一致的,如果政策对管理的重要性的比率为2:1,那么政策对技术的重要性的比率则为4:1。

从各国实施电子政务的现状看,已建立全国性组织并定期举行会议的国家约有91%,已从各种来源取得资金可用于电子政务的国家约有62%,已能向企业和公民提供一定程度电子服务的国家约有54%,已制定和颁布全国发展战略的国家约有42%,已能在国内进行跨部门政府作业的国家约为12%,能对电子政务项目回报进行评价和计量的国家只有8%。有39%的国家能向企业提供一般信息,28%的国家可让公民在网上交易并在线支付,14%的国家其政府与企业、公民三者间已有联网互动关系,但通过网站完全实现政务改革的国家只占5%,而尚无政府门户网站以共享信息的国家仍有14%。

各国实施电子政务的最主要障碍首推"数字文盲",其次是公共部门和私人部门间的合作缺乏完善的程序。另外,资金不足也是重要原因。在计量、评价和监控电子政务的成果方面还需作很大努力。有较高投资回报的、影响大的、最终用户多而广的电子政务项目,往往是有效推进电子政务的关键。反过来,电子政务的有效发展又会促进国家实现其社会的和经济的目标。

通过这次国际会议,我还认识到实施电子政务的关键在于成功地逐个抓好电子政务项目。要推进电子政务,设计、计划固然很重要,但关键还在于实施,要一个接一个地实施具体的电子政务项目。在实施过程中,要吸收企业和公民积极参与,并应注重对项目成果的度量和评价,切忌空谈。美国布什政府一共安排了互有联系的 24 个电子政务项目,正在分批逐项实施中。"第一政府"门户网站、电子采购、电子报税、在线养老抚恤这四个项目,公认为是最成功的一批项目。这些项目都是跨部门的、成果导向的,不仅避免了重复建设、重复采购、重复管理,而且取得了显著的成效,提高了向企业、公民提供信息和服务的质量,从而用实例显示了电子政务的威力和影响。我认为,实施电子政务应有以下四点认识:

1. 整合、集成高于分立、单处

现有的政府构架,基本上是在工业时代初期形成而后逐步演变过来的。当时强调职能部门细化分工以提高工作效率,而今到了信息时代,实施电子政务成了人类迈向信息社会、数字经济的必然趋势,迫切要求资源整合、信息整合、功能集成、作业集成。在这种情况下,整合、集成高于分立、单处。在推进电子政务过程中,首先要在观念上、工作中完成向整合、集成的转变。

2. 项目管理优于职能管理

以往的政府,实行的主要是职能管理方式,不同职能部门之间既有交叉、重叠之处,又有分离、割裂之弊。随着信息通讯技术在政府内部的深入应用,引起管理变革,必然会兴起项目管理。项目管理是由项目负责人在一定资源约束下为完成一定目标,通过计划和组织、控制和协调而实施项目任务的一次性管理方式。这种管理方式在赋予负责人足够权力的条件下,有利于解决多部门、跨部门的管理纠葛问题。这比较适宜于电子政务的实施。越来越多的人士认为在 21 世纪的管理中项目管理将起重大作用。

3. 外部信息胜于内部信息

在电子政务发展过程中内部信息要外部化,外部信息要内部化。政府执政为民,需向企业与公民提供信息,增加透明度,促进民主化。另一方面,政府为适应外部环境频繁复杂的变化,及时正确地决策,又需把外部信息变为内部信息,并与内部信息相结合,使其为决策科学化服务。当然,外部信息与内部信息的划分始终是存在的。在战略的制定和实施中,外部信息变得越来越重要。政府搞电子政务同企业搞电子商务一样,由内部信息为主转向以外部信息为主,是不可扭转的发展趋势。

4. 历史机遇大于现实挑战

大多数发展中国家在还没有完成工业化、现代化的条件下,迎来了信息化、全球化的现实挑战,这固然有其不利的一面,但从电子政务的实施过程看,从根本上改造政府、改进政府工作,有利于抓住历史性机遇,以较短的时间、较小的代价、较新的方式,来实现未竟的工业化任务,并通过数字化、网络化、智能化,把现代化事业推向前进。

（作者单位:国家信息中心。原载于《中国流通经济》2003 年第
5 期）

大力发展电子商务　推进国民经济和社会信息化

廖晓淇

一、全球电子商务持续快速发展

1. 世界电子商务持续快速发展,电子商务成为经济全球化的助推器

2005 年,全球货物贸易额达到 10.4 万亿美元,服务贸易额达到 2.4 万亿美元,分别比 1996 年增长了近一倍。伴随着经济全球化,全球网民增加到 9.7 亿人,网络经济蓬勃发展。根据联合国贸易和发展会议的统计数据,2003 年世界电子商务交易额达到 3.9 万亿美元,比 2002 年增长 69%;预计 2006 年世界电子商务交易额将达到 12.8 万亿美元,占全球商品销售的 18%。据统计,美国 90% 以上的企业使用了互联网,60% 的小企业、80% 的中型企业、90% 以上的大型企业已经借助互联网广泛地开展商务活动。据日本经济产业省的数据,2003—2004 年度日本企业间电子商务交易额达 7453 亿美元,比上年增长 67.2%,其中 90% 为企业间大宗交易;面向个人的电子商务交易额达 425 亿美元,比上年增长 64.8%。电子商务的广泛应用,降低了商务活动和企业管理的成本,促进了资金、技术、产品、服务和人员在全球范围内的流动,推动了经济全球化的发展。

2. 电子商务的应用已经成为决定企业国际竞争力大小的重要因素

随着电子商务的发展,商业运行逐渐出现了零库存、无店面、连锁经营、电子报关、无纸化作业等新型模式。电子商务不受时空限制,以低廉的成本、快捷的方式把企业同顾客、供应商及雇员联系在一起,减少了交易费用和经营成本,提高了经济效益及参与国际竞争的能力。1987 年,沃尔玛公司卫星网络的完成使之能够实时掌握公司在全球的产品采购、存储和销售情况,降低了运营成本,并使企业管理更加科学、规范,展示了强大的国际竞争力。从 2002 年到 2004 年,沃尔玛公司连续三年在《财富》杂志公布的世界 500 强中位居榜首,并在《财富》杂志"全美最受尊敬的公司"中排名第一。

3. 电子商务正日益引领世界服务业的发展潮流

以信息产业为代表的全球制造业投资转移热潮趋于稳定,以服务业外包

为标志的新一轮投资转移初现端倪。据联合国贸易和发展会议预测,2007 年全球服务外包业务转移额将超过 6000 亿美元。而服务业外包正是以信息技术和电子商务为基础的。美国亚马逊、EBAY 以及中国的阿里巴巴等公司在吸收投资方面取得的成功,说明电子商务在引导世界服务业发展方面的重要作用。有人预测,50 年后世界上最大的 10 家企业中,为首的将是类似于亚马逊和 EBAY 组合而成的网上营销公司。

4. 电子商务还影响着未来的商业发展模式

越来越多的国家和国际组织认识到发展电子商务的重要性,并为适应电子商务发展的需要陆续制定了一批相关的规划和法律法规。如联合国贸易与法律理事会(UNCITRAL)通过的《电子商务示范法》;世界贸易组织部长级会议通过的《关于全球电子商务宣言》及总理事会通过的《电子商务工作方案》等;经济合作与发展组织(OECD)召开了电子商务部长级会议;美国发布了《全球电子商务政策框架白皮书》,欧盟发布了《欧洲电子商务倡议书》,韩国制定了《电子商务基本法》等。可以说,电子商务的发展正在对全球范围内的商业发展模式产生重要影响。

二、中国电子商务进入务实发展阶段

20 世纪 90 年代中期开始,各种商务网站、电子商务业务不断涌现,电子商务取得迅速发展。进入 21 世纪,我国电子商务进入务实发展阶段,取得了新的成效。

1. 电子商务基础设施条件逐渐完善

我国互联网用户不断增加,互联网应用水平逐步提高,为电子商务发展奠定了坚实的基础。目前我国上网计算机数量、网民数量、网站总数持续增长,IP 地址总数仅次于美国和日本,居世界第三位。国家顶级域名 CN 注册量突破 100 万,居亚洲第一位,这些都是商务信息化的基础条件。

据商务部组织的调查,我国企业在信息化方面的投入成倍增长。65% 的被调查企业认为电子商务对本企业发展是非常必要的,41% 的企业开展了电子商务业务,40% 的企业通过第三方电子商务网站开展商务活动。

2. 电子商务发展软环境逐步改善

我国先后颁布了一系列涉及网络管理、电子政务、电子商务等方面的相关法律法规。2005 年 4 月 1 日起,《中华人民共和国电子签名法》正式实施。电子商务标准建设得到重视,启动了《电子商务应用标准建设与发展研究》项目。有关电子商务安全认证标准初步形成,全国已建立了约 60 个电子商务安全认证机构。与安全标准、电子签名、密码系统等相关的核心技术开发受到重视并加大了投入力度。

网络支付和物流配送等电子商务发展条件逐步改善。全国性跨银行支付系统已经建成,一些专门为电子商务服务的物流配送企业也相继出现。电子商务人才的教育和培训发展较快,全国已有 275 所高等院校开设了电子商务专业,初步形成了多层次的电子商务职业教育和培训体系。

3. 各行各业电子商务取得可喜成果

我国电子商务率先在金融、证券等行业开展起来。截至 2005 年底全国银行卡发卡量为 9.6 亿张,当年刷卡消费 9000 亿元,占社会消费总额的 10%。大多数保险公司开通了网上服务网站。此外,计算机网络在铁路、民航部门的应用进展也很快。

4. 企业电子商务成效明显

据不完全统计,2005 年我国网上购物用户达到 2200 万个,电子商务交易额达 7400 亿元,比上年增长了 50%。

大型企业通过网络采购带动了上下游企业应用电子商务。连锁配送企业应用电子商务获得了事半功倍的效果。许多中小企业通过网上营销等方式积极应用电子商务。

三、电子商务是推进国民经济和社会信息化的重要组成部分

"十一五"时期是我国全面建设小康社会的关键时期,对电子商务发展提出了更高的要求。按照职能分工,商务部是负责我国电子商务推广应用的部门。多年来,商务部一直致力于推动电子商务的健康发展。

1. 创造环境促发展

为了贯彻落实国务院办公厅《关于加快电子商务发展的若干意见》,进一步促进网上交易健康有序发展,商务部起草了《关于网上交易指导意见(暂行)》,已于 2006 年 5 月份上网发布,面向社会公开征求意见,将充分考虑社会各界的意见和建议,认真修改后争取尽快出台。

为了做好电子商务统计工作,商务部与国家统计局合作开展了电子商务统计标准研究制定工作,标准和实施方案已通过专家评审,并列入 2006 年全国年度统计报表中。

2. 调研案例促推广

商务部与教育部合作,委托高校进行课题研究,建立与高校的合作机制。目前,已经与 12 所大学建立了合作关系,研究领域包括电子商务对外经贸和国内流通的贡献、不同地区的电子商务发展、电子商务企业发展等。

商务部一直把大型展会的电子商务作为重点,努力把中国进出口商品交易会(广交会)办成"具有电子商务特色的广交会"。广交会网站的访问量和网上意向成交量持续增长,取得了良好的效果。

2006 年商务部实施了新农村商务信息服务体系建设,建立了"新农村商网",并把交易对接作为新农村商网的一项主要功能。2006 年 8 月初,西安出现卖瓜难的问题,新农村商网组织了"陕西西瓜直通车"专题,把西安瓜农的销售信息上网,通过提供商务信息服务,10 天左右的时间共帮助陕西农民促销西瓜 2800 多吨,做到了"网络传信息,助农解难题",显示出信息化、电子商务对搞活农村流通,促进农民增收致富的重要作用。

3. 国际交流促合作

商务部积极参与电子商务领域的国际合作和交流,与 13 个国家和地区建立了电子商务合作机制。建立和开通了中俄经贸合作网站、中国新加坡经贸合作网站、上海合作组织合作网站等,积极参加亚太经济合作组织(APEC)电子商务工作组的各项活动,跟踪研究电子商务的国际发展趋势。

4. 研究培训促提高

商务部自 2003 年起组织撰写《中国电子商务发展报告》。2006 年 5 月发布了《中国电子商务报告 2004—2005》,从宏观上分析了我国 2004—2005 年电子商务的发展状况,并对外贸、国内流通、大型与特大型骨干企业网上零售、中小企业电子商务应用等进行了重点分析,勾画出了近两年我国电子商务发展的脉络。

为了提高地方和企业应用电子商务的能力,推动电子商务发展,商务部组织了多期地方商务主管部门领导参加的电子商务培训高级研究班。此外,商务部还多次举办了电子商务重点课题研讨会,为电子商务的政策制定和环境建设献计献策。

当前,电子商务发展的新形势、新进展为我国电子商务的发展展现了新的前景。我们应集思广益,交流提高,携手共进,共同促进电子商务在我国的普及和健康发展。

(作者单位:中华人民共和国商务部。原载于《中国流通经济》2007 年第 3 期)

从国际电子商务研究趋势看
中国电子商务发展之路

李　琪

一、会议概况

受中国教育部委托,由科技部、商务部、信息产业部指导,中国信息经济学会电子商务专业委员会、西南财经大学、中国高校电子商务专业建设协作组及美国德州大学奥斯汀分校电子商务研究中心联合主办的"第二届中美电子商务高级论坛暨第三届全国高校电子商务专业建设联席会议",于 2004 年 6 月 20—22 日在蓉城成都隆重召开,来自国内 150 多所高校和科研院、所的 400 余名专家、学者、教师及学生参加了会议。

为突出中外研讨,大会分别邀请到了我国著名经济学家、中国信息经济学会名誉理事长、原国家信息中心副主任乌家培,国际电子商务著名专家、国际电子商务研究中心(ICEC)主任、韩国科学院教授李在奎(Jae Kyu Lee),台湾中山大学电子商务研究中心主任梁定彭,美国加州大学长提分校资讯系统系主任、《电子商务研究》学术期刊创办人、主编季擎华(Robert Chi),留美中国学者电子商务研究会会长林漳希(Zhangxi Lin),苏格兰互动大学主席 John Gorden,美国亚利桑那州立大学管理学院会计与信息系统系 William Foster 博士,美国伊利诺伊大学厄巴纳—香槟分校管理信息系统系夏木(Mu Xia)博士,乔治亚理工学院工业与系统工程学院邓世杰(Shijie Deng)博士,佛罗里达大学冯娟(Jane Feng)博士等及其他国内知名学者。

会议第一天进行了主题发言与专题讲座,后两天分别就电子商务教育、应用、技术及保障与支持体系等四个主题组织国内外专家和参会代表进行探讨。本文对邀请学者的发言进行了简单归纳。

二、从综合视角看电子商务发展

1. 从宽带王国看全球电子商务发展

韩国是国际上公认的宽带王国,互联网渗透度高,电子商务应用广泛,其网上购买率甚至远远超过美国。来自韩国的李在奎教授试图从该国的 B2C、B2B、网上金融及网上虚拟社区等四方面讨论其电子商务发展,以对全球电子商务提供启示。

　　韩国的高网上购买率是与其用户特性密切相关的。首先,成年人上网人数增长幅度大,所占比重大。从 2001 年 6 月到 2003 年 6 月,30 余岁、40 余岁、50 余岁上网者分别实现 54%、57.7% 和 74% 的增长率,三组人群在总上网人数中所占比重也从原来的 37% 上升为 44%。其次,家庭上网人数增加。在家里上网的网民比率 2002 年为 71.7%,到 2003 年已增长到 79.5%。同时,在单位及学校上网人数逐渐缩减,分别从 17.5%、2.9% 降为 14.3% 和 1.3%。第三,上网人群中女性超过男性。2003 年女性上网比率达到 53.5%,而男性为 43.7%。正因如此,在网上购买商品数量增加的同时,品种也发生了变化。2001—2003 年韩国的网上购买年均增长率为 79%,其中计算机配件的比重在下降,由原来的 24% 降至 12.7%,而化妆品、服装、体育用品及家庭用品的购买率却在上升。

　　在 B2B 发展上,企业遵守的原则不外乎"最低价格、最低库存和最低订购管理成本"。为获取最低采购价格,企业常采取逆向拍卖或到公共交易市场中寻找合适伙伴;针对最低库存,企业充分发挥供应链管理、协同商务等经营思想,以博取高效率;而企业在实行电子商务直接获得订单、压缩管理结构的同时,大大节约了订购管理成本。基于以上考虑,企业在发展 B2B 过程中会选择最佳方案。在韩国,以卖方为中心的 B2B 模式占到 74%,次之是以买方为中心的模式,而第三方模式只拥有 3.1% 的份额。因此,集成化、协同发展是企业电子商务发展的必要手段。以韩国三星电子为例,它使用一个统一的 ERP 系统就将全球 89 个工厂连接起来,可方便地从 900 个国外供应商和 1200 个国内供应商手中实现 85% 的网上购买。

　　韩国网上金融服务的渗透率较高。到 2002 年第三季度,有 2290 万用户使用网上银行,网上交易占到 30.3%;网上证券交易达到总交易的 60% 左右;相比之下,网上保险相对较少,仅占总额的 1%。这一高使用率与其完善的网上支付系统及一定的信任机制是高度关联的。在韩国,每个网上用户都拥有自己的数字签名,这在增强消费者信心的同时,也保障了交易的进行。

　　李在奎教授还以一个网上置家网站为例(www.cyworld.com.kr),说明网上虚拟组织作为一种盈利模式的可行性和趣味性。

2. 从变革过程看电子商务前景

季擎华教授从事物变革的发展规律看全球电子商务的发展前景,指出电子商务正在迅速增长,未来充满生机。

他借用2000年互联网泡沫破灭时期的消极评价"游戏结束了","互联网繁荣破灭了,正如从来就没有过一样,它再也不会来临了",表达出众多人对互联网尤其是电子商务的担忧,进而通过电子商务的优势及发展数据说明其强劲的生命力和永不停息的创造力。他指出新事物的价值并不是与其产生和应用严格同步的,正如电力、汽车等的发明在开始阶段人们对其也充满了猜疑和不相信,时间的推移和实践的力量证实了它们的作用不仅是巨大的,而且是超前的。虽然,在此阶段也不乏有一批批企业经历了从进入到运行,再到倒闭的过程。

3. 从全球供应链看中美制造业的电子商务

William Foster 博士从全球供应链透视中美制造业的电子商务接受度。由上海某制造厂到 Quanta,再到 Dell/Apple,这是 Dell/Apple 等笔记本的传统生产链条。这些旗舰公司首先将业务外包给台湾的 Quanta,Quanta 进而再交给上海的制造商进行生产。然而在新的环境下,处于此类全球供应链上的中美企业如何看待并接受电子商务是一个值得探讨的问题。

William Foster 博士主要研究了影响中国供应商与美国企业接受电子商务的因素。他指出影响因素主要由社会与文化因素、同类供应商或企业参与者的竞争、信息技术与电子商务的优势等方面组成。他通过对电子、服装等制造行业的 58 个中国企业和 37 个美国企业的实证分析,试图回答中国供应商的哪些行为会影响美国企业下订单,美国企业的哪些行为会鼓励中国供应商使用电子商务等问题。对美国企业来说,他们希望中国供应商对供应链管理和客户关系管理比较熟悉的同时,还要了解美国企业的运行规则;而促进中国供应商使用电子商务的因素则主要是希望与美国企业签订长期合同,与其建立良好关系,互相尊重,了解中国文化。

三、电子商务应用的几个焦点问题

1. 搜索引擎的收费位置(paid placement)

数据显示,50% 的网络用户每隔几天就会使用搜索引擎,而每日有超过2.5 亿的用户会在 google 上进行检索。这样,搜索引擎运营商针对在检索页面所处的不同位置而实行的差异收费已成为其获利的一个主要途径。普通的基于特定关键词的序列收费是最常见的,而收费位置与一般的排序收费不同,它通常出现在检索结果最上方或侧边,并以显著的图标直接链接到某企业网站上。如此一来,带有资源稀缺性的搜索引擎收费位置便成为企业及搜索引擎运营商关注的焦点,如何报价、选择位置及如何设置、分配与收费也成了两个主体必须考虑的问题。

冯娟博士从搜索引擎运行商的角度探讨了搜索引擎收费位置的分配方式。她首先研究了收费位置的运行机制,设计出其利润模型,然后提出四种主要的分配方式:基于出价高低的分配方式;基于出价高低与关联性大小的分配方式(即综合考虑出价多少和与某一主题的关联性大小来分配位置);先价格后关联性的分配方式(即运营商先选择出价最高的 k 个企业,然后根据其与主题的关联性进行排序,这种方式与第二种方式有一定相似);基于保留价的分配方式(即运营商在一定时期对每一位置都设定保留价,通过对超过保留价企业的排序来选择出各位置的获取者)。她运用模拟试验对其进行检验,结果显示:(1)当企业出价和其与主题关联性正相关时,四个分配方式都能良好运行;(2)基于出价高低与关联性大小的分配方式较其他三种方式的利润获取能力强;(3)基于出价高低的分配方式在企业出价与相关主题的关联性正相关的情况下也能良好运行;(4)搜索引擎运营商的获利能力与用户对排列的不同次序严格正相关,如果用户明显对排在后面的检索结果不感兴趣时,搜索引擎运营商的利润也会明显降低。

2. 利润管理中的电子商务应用

利润管理自 19 世纪 80 年代开始实行,从最早的航空、铁路到旅馆、汽车租赁,再到能源、媒体等众多行业,都从中受益。目前,零售业、制造业、娱乐业、保险、银行及医疗服务业等也开始频频采用利润管理。邓世杰博士介绍了利润管理的概念及核心因素,通过几个案例说明了基于信息系统实现需求预测、动态定价、生产计划和库存管理的电子商务模型对利润管理的重要作用。

利润管理(Revenue Management)是通过预测市场需求、最优化产品定价、控制库存量以实现利润最大化的一门科学。利润管理的影响因素有四点:市场需求预测、库存控制机制、最优化方法及与用户进行利润管理系统的互动检验。其实施过程也分四步:首先是市场细分,即回答消费者类型是什么,他们需要什么;其次是商品设计,也就是有多少商品,它们如何划分;接下来是进行定价,即如何针对不同群体、不同产品设定价格;最后是决定如何针对不同产品类别进行销售。利润管理处于电子商务应用的最前沿,它能实现信息共享,创造新的分配渠道,动态管理潜在利润。

　　3. 网上学习(e-learning)

　　网上教育与学习是发展最快的知识性产业。在美国,该市场规模每年翻两番,2003 年已达 115 亿美元;预计 2005 年欧洲市场也将从 2001 年的 8 亿增长到 60 亿—100 亿美元。网上教育专家、苏格兰互动大学主席 John Gordon 对网上学习进行了界定并指出其特点,提出网上学习市场的细分三维图和价值链,并通过比较英格兰网上大学(UKeU)与苏格兰互动大学(IU),认为网上教育已成为电子商务应用的一个主要方式,前景乐观。

　　他指出网上学习是通过电子媒介进行教与学的过程,是借助新媒介或网络技术提供、传递和管理学习的市场。知识作为一种不可触及的产品,能被无数次地消费,且整个学习过程可由信息系统来管理和控制,适合在网上进行。他用一个基于技术、对象及地理位置的三维图来表示网上学习市场:技术层面从低到高包括学习服务、学习设施及学习内容;对象主体分正规学习主体(在大学、学院及研究机构的学习)、企业学习、政府学习及个体的终身学习;地理位置上主要划分为美国、加拿大、欧洲、亚太地区、拉美及其他国家和地区。在他看来,网上学习的价值链由四部分组成:内容创造、硬件产品、学习平台及最终市场,即学校及科研院、所通过硬件产品的协助将学习内容放在学习平台上,供市场消费者学习。

四、无线互联网:下一代电子商务的推动力

　　无线互联网将是下一代电子商务的主要推动力,到 2005 年至少 7.5 亿移动电话将能使用 Internet,其中无线 Internet 接入将占 57%。无线局域网 Wi-Fi 由于得到芯片业巨头的支持而大幅增长,其市场规模 2003 年只有 1090 万美元,但到 2007 年将急剧膨胀到 26 亿美元;而得到半导体巨头英特尔的积极支持、正在成熟起来的无线城域网 WiMAX 的市场规模更大,如果推广顺利,到 2008 年 WiMAX 用户将达到 4000 万,2009 年美国以 WiMAX 为龙头的宽带无线服务市场收入将会达 37 亿美元,而那时,固定无线服务在宽带服务市场上的份额将只有 3.6%。

　　林漳希教授还介绍了下一代电子商务主要推动力的无线互联网。他指出无线互联网技术目前主要有四大类:无线局域网 PAN(Personal Area Network,即 Bluetooth,服从 IEEE 802.15 标准),LAN(WLAN,即 Wi-Fi,服从 IEEE 802.11a/11b/11g 标准),无限城域网 MAN(Wireless Metropolitan Area Network,即

WiMAX,服从 IEEE 802.16/16a/16e 标准),移动无线广域网 WAN(Mobile Broadband Wireless Access,即 Mobile-Fi 或 MBWA,服从 IEEE 802.20 标准)。Bluetooth 在理论上的覆盖范围才 10 米,Wi-Fi 的覆盖面有所改进,达到 50—100 米,而 WiMAX 却能在 50 公里的半径内提供高速的无线数据服务,移动无线广域网的覆盖范围则更广。预计采用 WiMAX 技术标准芯片的产品将于明年面市,而 802.20 技术产品则有望于 2006 年推向市场。

这样一来,长期受移动通讯蚕食的固定电话业务将会利用 WiMAX 有力还击移动通讯。因为,WiMAX 不仅各项功能远高于 3G 网络,而且无线电频谱是免费的,营运商只需要很少的基站建设投资。随着无线互联网的迅速发展,基于无线互联网的 4G 将挑战 3G,通讯格局也将重组。

五、其他问题

1. 知识管理的生态模型

知识管理在近几年受到理论界的热切关注,梁定彭教授从生态角度出发,将组织内知识间的动态关系看成一个生态体,并提出 DICE 模型(Distribution,Interaction, Competition and Evolution)予以表述。该模型主要由四个方面组成:知识分布、知识互动、知识竞争以及知识演进。该模型可用来分析知识管理行为及其与组织表现的关系。

2. 电子商务标准建设

任何事物在向高级阶段发展的过程中,标准建设都不可缺少,电子商务也不例外。夏木博士介绍了电子商务标准建设的现状与问题。

夏木博士从简单的螺丝标准建设推入主题,指出铁路、电信、通讯等行业也经历了类似的标准建设过程。通常,为了打破少数企业锁定大额市场的局面,行业企业联合起来推出适用标准,而网络效应来得似乎更加狂猛,智能卡、电话、软件及电子商务交易等都凸现出标准问题。对电子商务而言,标准建设的需求来自于两方面:作为需求方的消费者希望得到更好的服务,而供应方也面临如何实现企业间信息共享和组成高兼容性价值链的问题。随着这种需求的上升,更多行业意识到设立一个共同标准的重要性,因为它可以降低成本,提高服务水平,创造更多的商业机会,易于政府管制。如此一来,无论是在信息技术渗透度高的保险、金融、高技术产业、旅游等行业,还是在渗透度低的林业、造纸、法律等行业,都相继出现了标准建设团体,如金融业的 IFX,旅游业的 Open Travel,高新技术的 Rosetta Net 及保险业的 ACORD。企业只需缴纳一定的会费加入该行业的标准组织，就不论大小均享有相同权利，可参与讨论、选举标准，而且标准是公开、自由、独立于知识产权的。以 Open Travel 为例，它是一个自发成立的非营利组织，以建立并实行一个全行业的开放电子商务规范为宗旨，囊括了众多航空公司、旅行社、汽车租赁企业及休闲娱乐产品提供商，目前已有 150 多名成员。

标准建设也存在一定问题。鉴于现存的众多标准建设都源于自发组织，那么如何看待政府的作用并处理好这种关系值得探讨；标准在解决锁定效应的同时，也意味着先行企业较后行者会处于不利地位，失去巨额利润，这样一来，如何刺激企业提出标准并鼓励整个行业接受标准也是一个亟待解决的问题；建立统一标准还会与保护知识产权形成矛盾。

六、小结

当然，会议分组讨论中还有很多学者发表了精辟的见解，大家共同探讨我国电子商务的发展问题，因篇幅限制在此不予一一说明。

全球电子商务开始了新一轮的增长，如图 1 所示。

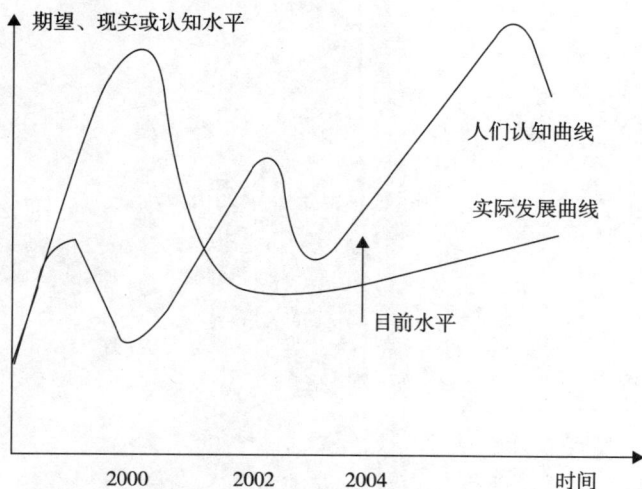

图 1　电子商务发展阶段图

在以时间为横坐标，期望、现实或认知水平为纵坐标的平面空间中存在两条不同路径的曲线：电子商务实际发展曲线和人们对电子商务的认知曲线。前者在经历了急剧上升与下跌之后，从 2002 年开始实现缓慢增长，而后者尽管存在阶段性回落，但随时间的推移整体水平是提升的。当前，电子商务的发展与人们的认知水平呈正向关系,都在不断增长。

因此,为了顺应这一趋势,我们要时刻紧跟国际潮流,突出本土特色,开掘我国相关问题,实现我国电子商务的快速发展。

(作者单位:西安交通大学经济与金融学院。原载于《中国流通经济》2004 年第 9 期,被中国人民大学《复印报刊资料》之《商业经济》2004 年第 12 期全文转载)

电子商务对中国汽车贸易服务业的影响

冯之浚

一

根据市场研究机构加特纳公司（Gartner）公布的最新报告，三年前，美国尝试网上购车的用户只有 2.5%，而去年一年在美国售出的 1690 万辆车中，有 120 万辆是消费者利用电子商务实施交易的。根据美国汽车经销商协会（NADA）的调查，83% 的汽车贸易商有自己的网站，62% 已经进行网上售车，98% 的交易网站是互动式的，顾客可以发电子邮件，在线订货，在线获得资金。正因为如此，国外大型汽车公司和汽车贸易公司纷纷投入巨资拓展电子商务，并已取得很好的成效。如美国通用汽车公司在 1999 年建成了自己的电子商务网，不仅准备在 2000 至 2001 年度把所需的 950 亿美元的年采购额全部转移到网上来——据悉这样可使通用公司每年数十万笔采购业务的成本下降90%，而且还实现了在网上的个性化销售。通用公司的网上售车的网站 GM-BuyPower 一个月的访问量超过 100 万人次，1999 年 3 月到 2000 年 3 月的一年之间便从网上售出了 2 万辆汽车。著名的电子商务咨询公司 Forrester Research 的调查表明，1999 年，美国有超过 200 万的消费者通过网络来查询购车信息；到 2000 年，这一人数达到了 800 万，也就是说，有将近一半的家用小汽车和卡车通过网上直接购买，每年由此产生的利润高达 120 亿美元。

目前，电子商务对中国汽车工业发展的重要性已经得到大多数汽车生产厂家的认可，但中国大部分汽车贸易、流通企业对发展电子商务的重要性和必要性还缺乏应有的认识。已经建立起来的汽车商务交易网络平台，无论从交易规模、数量，还是电子商务的整合利用率、赢利率、社会影响力、效益规模等各方面来看，都说明我国的汽车电子商务建设仍处于初级发展阶段。比较理想的操作模式，应是电子商务与传统模式的有机结合，在使用电子商务手段的同时，满足顾客的具体需求，把服务落在实处。汽车贸易公司要建立产品数据库、信息库以支持销售，方便各级客户查询；建立自有的具有一定数量的实体库存,借用社会专业力量,以企业联盟及其他方式广泛建立覆盖当地市场的仓储服务和配送服务,把虚拟库存的产品加以调配通过配送服务落到实处;以品牌为起点、电子商务为手段、仓储和配送服务为支持,开展连锁经营。这样,在开放式信息平台的支持下,汽车贸易供应链上的企业,通过信息共享,共同服务汽车贸易市场,降低汽车交易的成本,共同获益。从传统汽车贸易服务行业、电子商务二者的自身发展完善程度上讲,还需要一个渐进的过程。汽车贸易公司要想实现自己的电子商务战略,就要结合互联网信息传播及平台的交互性、实时性、大量信息、便于检索等优势,根据自己的商务模式建立起开放的交互的信息资讯平台。

网络的技术优势和时空优势是实现商务目的的基础,要想真正实现商务目的,网络应该按不同需求对信息进行深加工,向消费者、商家、厂家提供全方位、系统化、个性化等等的资讯服务,提供的信息资讯应是真实有效的、实用的信息。在信息资讯的实用性、有效性及技术实现方式上,应满足信息需求双方的对接性、交互性,因为网络资讯平台的最终目的还是要促成汽车商务的达成。在整个商务过程中,电子商务就是服务。汽车贸易网站的功能和作用主要是信息实用性、产品展示作用、服务功能的衔接作用和中介作用。网站在信息功能的体现上,应促成供需双方通过网络进行沟通,并最终达成交易;在产品展示服务上,为进一步给购车者提供方便,在全方位的立体图片展示、汽车技术性能技术参数详尽介绍的基础上,还应该有对相应车型安全、动力、可靠、操作等性能较为专业、较为客观公正的"第三方评价",起到引导作用,帮助消费者作出正确的购车决策;在服务上,网站不仅要提供详尽的展示和导购功能,还应做到人机对话、在线沟通交流等与现场购车无差别的环境和条件。

实际上汽车商业网站有多种运营模式,目前虽然汽车电子商务被炒得如火如荼,而实际上暴露出的缺陷正是传统汽车贸易没有与电子商务紧密结合。目前汽车贸易网站和销售商正处于增加消费者对网上购车信任、引导人们购车方式、购车行为、购车思想的培育阶段,消费者对网上购车的信任和参与,是汽车贸易公司通过实实在在的实际服务工作做出来的。汽车电子商务在中国的前景无需质疑。通过互联网,一辆辆三维汽车图像呈现在用户面前,用户可根据各款的性能报告进行"个性化"购车选择,当用户把需求信息通过网络反馈给厂家后,可以在最短的时间内满意地得到厂家的信息反馈。目前国外及国内,汽车消费者的个性化需求及对厂家生产的影响越来越明显,个性化、小批量、柔性化的"个人定制"式生产正在成为现实。汽车贸易公司必须和用户进行交互式的信息勾通,并得到大量个性化需求信息,而这种个性化需求信息交互的实现,只有网络可以提供。不久的将来,在国内汽车贸易行业、汽车网络自身成熟完善,信用体系、金融防范机制等因素的逐步健全下,在中国成功地实现企业直接面对消费者式的汽车电子商务,定将成为现实。

随着电子商务在汽车贸易服务行业的实施,汽车贸易行业将会出现崭新的营销模式,这种新的营销模式将呈现四大趋势:客户将非常容易地获取所有有关信息;客户将越来越倾向于网上购车;客户对销售商的依赖将越来越小;互联网将会取代销售商的现场展示,成为更有效的市场营销手段和沟通客户的媒介。作为这四大发展趋势的直接结果,未来汽车贸易行业的销售系统将呈现以下四个特点:会给客户更多的选择可能性和余地;必须更有针对性地实施品牌管理;会大幅度地减少销售网点,调整销售商的结构;会有全新的营销渠道。

在汽车贸易服务领域引入电子商务有以下优点:

1. 可以加快信息流和物资流的传递,提高效率,降低库存成本

传统的销售方式层次太多,汽车的销售成本非常高,造成了最终车价高,而厂家利润薄的现状。使用电子商务方式,从订货到货物配送,时间大大缩短了,企业的利润额得到了保证,消费者也可以少支付一些从分销商到提货商的层层加价,总体上有利于汽车市场的开拓。而且,过去由于物流缓慢,汽车贸易服务商要消耗大量的库存保养和维修成本,物流加快后,商家可以通过电脑和网络计算出所需备件的数量,不够时可以迅速上网订购,减少了不必要的备件损失和成本积压。通过电子商务,汽车销售渠道被大大缩短;成本和库存得以降低;与用户的交流反馈更加直接有效;用户对公司的忠实度大为提高。

2. 通过 CRM,同客户密切联系,为客户提供更好的服务

一方面,汽车贸易服务公司通过 CRM 的实施,可以及时掌握客户的信息,对信息进行分析,为销售决策提供量化的数据;可以了解潜在客户和客户的潜在需求,作出有效的预测;为客户提供柔性的、个性化的营销服务。另一方面,客户也可以了解公司的各种信息,简化交易的手续,降低了交易成本,对买卖双方来说实现了双赢。

3. 有利于品牌的创建

汽车贸易公司可以充分利用网络信息传播的交互性,传播范围广,信息密集而全面,高度针对性来进行品牌的宣传和推广,实施公司品牌战略。在日益激烈的汽车贸易服务市场竞争中,良好的品牌和企业形象是一个有力的竞争

手段。

二

制约中国汽车贸易电子商务发展的因素主要有：

1. 认识问题

我国的汽车企业无论是在以往推进信息化建设的过程中，还是现在向电子商务方面努力的过程中，总是用传统经济的思维方式来思考问题。往往对计算机系统、网络系统和应用软件等技术平台建设重视有余，而对革新企业管理思想和观念、推进先进的管理方式等深层次工作还不足，使汽车贸易电子商务难以发挥作用。

2. 法规问题

对我国汽车企业来讲，电子商务带来的最大挑战或许不是技术上的难题，而是政策上的一致性和制度框架的制定设计问题。现在电子商务的出现，给交易过程中过去适用于传统交易方式的法律、制度均提出了严重挑战。在我国目前商业信誉还较低的情况下，网络交易的安全无法得到切实保障。另外，还有网上交易支付等问题，虽然最近制约电子商务发展的支付系统在不断完善，银行卡、在线支付等已经在相关金融机构得以实现，但是从技术和方便易用性上讲，它还存在许多弊端和漏洞，有待进一步完善。现在汽车相关电子商务相关法律和税收政策还存在着许许多多的问题，在我国这一问题尤为突出。现行的电子商务行业法律依据较少，一些税收政策还不尽合理，这对电子商务的发展是不利的。因而，在电子商务交易过程中的交易主体的身份识别、交易和其它信息内容的保密、安全、税收等核心问题只有通过政府颁布的相关标准、制度及政策才能得以实施。

3. 管理问题

与国外相比，中国绝大多数汽车贸易公司管理水平还有很大的差距，在采购、销售等方面还是相对独立的手工操作，对人和物的管理相对粗放。人流、物流、资金流的配置没有实行集约经营管理。这种管理模式难以适应电子商务条件下各环节高效、协调、统一、即时的要求。

4. 观念问题

调查表明，经常光顾汽车网站的网民中，真正愿意体验网上购车者不到5%。传统的购物观念，使人们对于相对虚化的网络交易心存狐疑。人们还是喜欢"货比三家"的购买方式。

　　总的说来,中国的汽车电子商务目前还普遍存在着基础设施薄弱、投资方向盲目、技术环节脱节、决策层对市场认识不够等问题,这都说明国内的汽车电子商务仍处于初级的自发阶段。随着我国加入世贸组织,将面临着开放汽车与零售部件的国内销售、汽车进出口和分销服务、经营性运输、汽车分期付款和融资租赁、汽车生产性融资等汽车服务贸易领域。这些领域的开放必将对我国的汽车贸易服务体系产生极大的冲击。为了应对这种压力和挑战,汽车贸易服务行业必须从根本上转变经营思路,提高以人为本、顾客至上的服务意识。建立一套以汽车生产企业为主导,与国际惯例接轨,自主完善、五位一体(新车销售、零部件供应、旧车回收、售后服务和信息反馈)的较为完善的汽车贸易服务体系势在必行。这种建立和完善是与进口汽车竞争的最重要手段,也是占领市场的关键。

　　无论从哪些方面来看,网络化无疑已成为竞争中的关键。在市场环境方面,随着中国逐步实施加入世贸组织的有关承诺,世界经济的一体化将彻底打破区域市场的界限,企业将面临更加广泛的市场竞争——与国外电子网络化的汽车业接轨,已经成了中国汽车企业的当务之急;在产品结构方面,随着汽车消费需求的个性化发展,国内汽车市场的产品必将极大地丰富,其信息量也将日益增长,所以,对经营者和消费者而言,为了节省时间和精力,信息的网络搜寻必然会取代传统的市场搜寻;在用户结构方面,汽车市场正由公款购买为主逐步向私人消费转移,消费层面的扩大要求更为快捷和全面的资源共享,而只有网络才能使其变为现实;在购买方式方面,将由一次性购买向多模式支付转变,网络化管理为这种转变提供了安全而有效的保障。由此可见,汽车行业与网络商务的结合,是发展的趋势,更是市场的需要。谁能够快速进入这个领域,谁就将把握市场的脉搏,最终赢得竞争的胜利。

　　　　　　　(作者单位:民盟中央委员会。原载于《中国流通经济》2002 年第 4 期)

中国电子商务市场的有序化:耗散结构理论的解释

周　密　刘湘蓉

中国电子商务市场随着网民和入网企业的快速增长经历了一系列变迁。如何认识电子商务市场的有序与无序,本文以耗散结构理论为依据对我国电子商务市场进行分析,以揭示我国电子商务市场有序化的实现途径。

一、熵与耗散结构的主要内容及意义

耗散结构理论(Dissipative Structural Theory)是一种关于非平衡系统的自组织理论。其理论基础源于著名的波尔兹曼(Boltzmann)定理:S=klnP。式中S表示系统的态函数熵,P对应系统宏观态可实现的微观状态数,K是有名的波尔兹曼常数。波尔兹曼定理揭示了熵是系统状态混乱程度的一种量度。熵越大,系统越混乱,越无序,反之,熵越小,系统越简单,越有序。通俗地说,系统宏观状态混乱程度的大小(即熵 S 的大小)与组成系统的各个元素所允许出现的状态数 P 的大小是正相关的。例如,当企业对每个员工的规范越少,员工自由表现的空间就越大,员工可表现的各种状态数就越大(P 值越大),则该企业宏观状态的混乱程度就越大(即系统的熵值 S 越大),说明该企业管理不到位,经营不善。如果该企业不采取整改措施或整改措施不力,最终的结果必然是企业混乱程度加剧→无政府状态→趋于崩溃。这种演化在热力学分析中早已被告知,对孤立系统而言,它总是沿着熵增加的方向演化,直至熵达到最大的无序态。即,dS>0(不可逆过程,这是一个实际的过程),dS=0(可逆过程,是理想化的过程)。

对开放系统而言,无论其开放程度如何,系统的熵值演化规律都与上述不同。开放系统的总熵变由两部分组成:一部分熵变叫熵产生 d_iS,它是由系统内不可逆过程引起的,另一部分叫熵流 d_eS,它是系统与外界进行物质能量等交换引起的。总熵变为 $dS=d_iS+d_eS$。因此,在交换过程中有可能出现被交换的输入部分熵值小于交换中系统输出部分的熵值,从而在交换过程中系统出现熵减少的机制。我们通常把因交换引起的系统熵减少过程称为系统从外界得到负熵流,用 $d_eS<0$ 表示。

当 $d_eS>d_iS$ 时,过程中系统总熵将减少,即 $dS=d_iS+d_eS<0$,这表明对于一个开放系统而言,在外界注入的负熵流足够大时,系统有可能向熵减少的方向演化,直到稳定在一个低熵的有序状态,形成低熵有序结构即耗散结构。系统不开放($d_eS=0$)或即使开放,但系统从外界得到的负熵流($d_eS<0$)不足以抵消系统内部的熵产生($d_iS>0$),系统都不能形成低熵的有序结构。

热力学进一步告知,开放系统在变化过程中,单位体积内总熵的变化速率由通过单位面积的熵交换速率 $f(Js)$ 及单位系统内产生熵的速率 λ 的和给出。熵交换速率 $f(Js)$ 是过程中各种热力学流(Js)的函数,广义的热力学流可以包括热流、扩散流、化学反应速率、电流、资金流、信息流、人力资本流等。熵产生速率 λ 则是由产生各种流的推动力给出,如温度梯度、化学势梯度、信息源强度、资金流强度等。在不可逆过程中产生熵的速率 λ 具有过程中广义流和广义力乘积之和的形式:

$$\lambda = \sum_k J_k \cdot X_k$$

其中,J_k 为第 K 种热力学流;X_k 为产生第 K 种流的热力学力。

因为热力学力是产生热力学流的原因,因此,可认为热力学流是热力学力的某种函数。理论可知,取平衡态($J_0=0$,$X_0=0$)为参考态的单一过程,流与力的函数关系有如下形式:

$$J(x) = LX + \frac{1}{2}(\frac{\partial^2 J}{\partial x^2})_0 x^2 + \cdots\cdots$$

其中,$L=(\frac{\partial^2 J}{\partial x^2})_0$

在热力学中,按照流与力的关系,系统的非平衡态可分为如下两种:

1. 线性非平衡态。当系统偏离平衡态很小时,热力学力很弱,含力(x)的高次幂项可忽略不计,则有 $J=LX$。在 L 与 X 无关时,流与力满足线性关系。此时系统的非平衡态称为线性非平衡态,此态所在区间称为线性区间。线性区间的特点是系统遵守最小熵产生原理,当边界条件阻止系统达到平衡态时,最小熵产生原理保证了系统最终将选择一个最小耗散态(最小熵产生态)的一个高熵值的定态,叫非平衡定态。非平衡定态在社会经济领域中也时有产生。如股市中未除名的 ST 股票的上市公司,在各种边界条件(如社会负担增加,关联公司和股市投资者反对等)的阻力作用下,虽然这种公司经营不善,乱象丛生,濒临破产,处于高熵值状态下,但仍在一段时间内继续存在(公司的熵值未达到极大值)。此时,公司的状态是一种非平衡定态。

2. 非线性非平衡态。当系统远离平衡态时,热力学力不很弱,含力(x)的高次幂项不可以忽略不计,则有

$$J(x) = LX + \frac{1}{2}(\frac{\partial^2 J}{\partial x^2})_0 x^2 + \cdots\cdots$$

流与力为非线性关系,与此对应的系统状态称为非线性非平衡态,对应的状态变化区间称为非平衡非线性区间。非平衡非线性区间的特点:(1)由于系统远离平衡态时不存在热力学位函数,因此,对非平衡非线性系统的不可逆过程仅仅依靠热力学分析,将无法知道系统在到达和超过不稳定临界点之后会发展到一个什么样的状态,而只能给出不稳定现象出现和自组织现象出现的可能性。要获得自组织过程和临界点之后出现的时空有序结构的定量结果,只有通过对系统内部动力学过程进行仔细分析才能给出定量描述。(2)系统的耗散结构(即开放系统的低熵有序结构)或自组织现象,只能出现在开放系统的非平衡非线性区。

普利高津(Prigagine)和哈肯(H. Haken)建立起来的自组织理论进一步告知,开放系统在远离平衡的非线性区,非平衡定态可以变得不稳定,对参考定态一个很小的涨落,可以使系统越来越偏离参考定态,直至发展到突变,达到一个新的时空有序结构状态,即耗散结构状态。当系统进一步远离平衡时,某个足够大的涨落还可能使系统由低级有序向高级有序跃迁,出现新的耗散结构替代旧的耗散结构。这是两位科学家创立的在非平衡非线性区涨落导致宏观有序增加的演化观。

耗散结构理论对于分析电子商务市场的有序和无序以及电子商务市场达到宏观有序过程提供了新的视角。从认识论角度看,耗散结构理论能够较好地描述竞争性市场系统的动态性质,揭示市场系统的演化机制,从而深化我们对电子商务市场的认识;从方法论角度看,耗散结构理论对分析电子商务经济现象多了一个工具,它把必然性和偶然性结合在一起,"提供了最高的创造功能——帮助我们创造崭新的秩序"。①

二、电子商务市场非平衡演化类似于耗散结构演化

电子商务活动本质上是一种求新、求异的商务活动。电子商务市场是一

---

① 普利高津等:《从混沌到有序》,曾庆宏译,上海译文出版社1987年版,第127—132页。

个开放系统,它不断与环境交换物资、能源和信息,不同的系统之间彼此竞争,争夺进入系统的负熵流。因此,高新技术推动的电子商务市场演化过程具有与耗散结构非平衡演变类似的过程和特点。随着高新技术发展和技术创新,在电子商务市场上形成新产业,并通过技术创新逐步替代传统主导产业成为新市场的主导,同时向其他领域渗透辐射,带动支柱产业及其他产业的发展,当发展变化超过某一个临界值时,原有的电子商务市场失衡,产生分叉,逐渐消融,产生新的电子商务市场。我们看到电子商务市场的发展由以 BtoC 为主向以 BtoB 为核心再转到以 CtoC 为触发点的电子商务市场,这种演化实际上是市场中的参与者和策略结构相互作用所导致的结果,它类似于一种耗散结构转变为另一种耗散结构。每一种电子商务市场的兴起都在原有基础上产生,又有新的内容,可以预言,随着高新技术的发展,这个过程还将继续发展下去。电子商务市场高级化通常是以技术和经济社会的变动为先导,最终电子商务市场结构形成和演化在于产生涨落,导致电子商务市场结构的变动。其中,技术创新、中小企业的发展和观念更新在电子商务市场演化过程中起着"负熵"的作用。技术创新直接产生一系列新兴的企业和产业,通过关联效应促进新市场的出现,同时引起原有电子商务市场的技术更新,并建立起新的电子商务市场间的技术经济联系,高新技术和中小企业发展引起电子商务市场的改变,类似于"涨落"导致耗散结构的演化。

三、实现中国电子商务市场有序化的途径

电子商务市场逐步成为国民经济系统的一个组成部分,其达到空间有序、结构有序和功能有序是电子商务乃至整个复合经济系统实现良性循环的基础。耗散结构理论启示我们:实现电子商务市场的有序,就是要采取措施引入足够的负熵流,减少正熵的产生,使系统内部低熵运行,实现市场从高熵、无序、低效向低熵、有序、高效转化。

1. 中国电子商务市场的发展需要加强国家的宏观调控和行业协会的引导,以完成无序到有序的跃迁

各种经济政策、措施、法令、行规都是一种负熵流。从热力学角度看,我国大部分电子商务市场基本处于初建的高熵状态,电子商务市场发展的动力不足。在目前情况下,我国不同地区电子商务市场重复建设现象严重,有的电子商务市场根本就没有被利用,还有一些可能存在于其他时空内成为一种潜在形式,而且电子商务市场中普遍存在商品编码混乱,电子订单标准不统一等问

题。要使我国的电子商务市场跃迁到低熵有序态,仅仅靠电子商务市场生态圈内部缓慢的诱致性变迁可能永远无法克服系统内部的阻尼影响,甚至走向熵值最大的无序状态。我国某些电子商务市场的几起几落正是市场熵值最大化的结果,其原因就是没有采取减熵措施。因此,需要一种外部的强制性变迁手段,①将电子商务市场及时推向低熵有序态,以利于电子商务的持续健康发展。依据我国国情,政府除了将重点放在政府和公益性机构的网络建设与应用上之外,还应该加强软环境建设,在政策法规的制定、普及、宣传与培训等方面进行投入,保持电子商务有关的政策、法规和标准的一致性、连续性,重点扶持一些商务网络和电子商务市场的建设,利用国家政策推动电子商务市场由高熵向低熵转化,同时发挥行业协会的主导力量,使其向有序结构发展。

2. 发展电子商务市场要大力培育中小企业,激励中小企业在电子商务方面的投入,增添扰动"涨落"的因素

中小企业在一国经济系统中具有重要作用,它不仅是经济增长的重要来源,而且为吸纳新增劳动力提供了巨大的空间。早在1995年,欧盟成员国就确立了一项《为中小企业开辟全球市场》的课题,目标就是为广大中小企业开辟全球信息网络。对电子商务市场来说,中小企业是一个涨落因子,它反应灵活,比大企业更了解市场需求、更注重新技术运用,不论是以 BtoB 为主导的电子商务市场,还是以 BtoC 为核心的电子商务市场,发展中小企业都可以为电子商务市场加入扰动因素,增强市场发展的活力。如我国的阿里巴巴网站通过建立电子商务市场中介平台,聚集了各类中小企业。据统计,截至2006年2月22日,阿里巴巴的大陆企业会员总计约1125671家,其中诚信通会员约117657家,收费比为10.45%,诚信通会员中广东和浙江两省的企业占到一半。随着中小企业的不断发展壮大,可以引发电子商务市场经济活动效率的"涨落",进而带动体制创新和就业转移,产生劳动力的"涨落",而劳动力的"涨落"也意味着产业的"涨落"和兴衰,同时也带动新产业逐渐兴起。

目前,我国中小企业的电子商务存在量小、水平低、相对无序,急需进一步普及和提升,这离不开政府的引导和扶持,包括及时提供相应的信息服务、政策和资金支持等。

3. 注重人力资本投资,形成驾驭"涨落"的自组织形式。

我们知道,观念更新是一种负熵流。因此,从对企业家等管理人才的培养

---

① 谭长贵:《动态平衡态势的阶段可调控性》,《湘潭大学学报》2006年第2期。

到一般的电子商务市场参与者的素质提升,更新观念都很重要。一般认为,电子商务市场是经济系统和技术系统,更多的时候忽视了它作为生态系统的责任。现实中的经济生态系统很复杂,常常给电子商务市场输入一些意想不到的正熵流,像虚假信息污染、不诚信等现象,使电子商务市场处于混乱状态。这不但不能促进经济系统的良性循环,反而有可能成为掠夺自然生产力的经营方式的帮凶。比如在解决"三农"问题上,由于信息的开放,可能会让"订单农业"惠及于"农",但脱离"真实需求的订单"也会掠夺性地破坏农业经济系统的良性发展,提高经济增长的成本。因此,应该通过教育和培训提高人力资源的素质,使其了解现代经营,可以在随机选择的过程中准确把握时机和类型,引发有利于产生耗散结构分支的"巨涨落",实现系统由高熵向低熵转化,从而完成电子商务市场内部自组织过程。

(作者单位:湘潭大学商学院。原载于《中国流通经济》2007 年第 11 期,被中国人民大学《复印报刊资料》之《商业经济》2008 年第 2 期全文转载)

第七篇　流通企业管理

诚信建设与企业发展

解思忠

　　诚信建设对企业发展来说,有着至关重要的作用。无论是要维持正常的经营活动,还是要通过创立品牌做强做大,乃至于要走出国门,参加全球竞争,都离不开诚信。

　　首先,企业要维持正常的经营活动,需要诚信。市场经济是一种广泛的人际交往,而人际交往的第一原则就是诚信;市场经济中合同、协议之类的契约无所不在,这就要求重承诺、守信用,自觉履行契约,不可随意违反。有一家民营企业的董事长,出身农民,最初在创办企业时缺乏资金,周围的乡邻、亲戚朋友知道后都慷慨解囊,一下子就凑了十几万元的资金。为什么大家都敢、都愿意借钱给他呢? 原来,早在人民公社那个年代,他和另外一个人打赌,约定谁输了谁就挑走村子里一大堆石头。结果,他输了,于是就开始挑石头。对方劝他千万不要当真,说这只是开玩笑。但是他不,硬是花了三个月的时间把那堆像小山一样高的石头挑走了,并在空出的地上种了三棵桃树,如今那三棵桃树每年都结满丰硕的果实,也见证着他的为人。然而也不可否认,目前商品广告中的夸大不实之辞,商品生产销售中的假冒伪劣和坑蒙拐骗,执行合同过程中的违约欺诈以及做伪证、做假账等,比比皆是。有不少企业,由于缺乏诚信,正吞噬着苦果,这种沉痛的教训一定要汲取。

　　其次,企业要通过创立品牌做强做大,也需要诚信。国外有一位管理学家说过,21 世纪是品牌时代,是靠名字赚钱的时代。中国的企业要想做强做大,没有过硬的品牌是不行的。企业品牌的创立,固然需要一流的产品,需要成功的宣传,但如果没有诚信的品质,是绝对不行的;创立品牌的直接目的,就是赢得客户、顾客的信任,不可想象一个诚信度差的企业会创立出让人们普遍认同的品牌。众所周知,北京的同仁堂药店是一个知名品牌,历经三百多年而不衰。这在很大程度上得益于同仁堂一直坚守着"炮制虽繁必不敢省人工,品味虽贵必不敢减物力"以及"修合无人见,存心有天知"的堂训。同仁堂生产一种药叫"紫雪丹",据史料记载,煎制"紫雪丹"要求使用"金锅银铲"。但在药店初创时期,由于不具备这样的加工条件,其创始人乐氏家族便发动全家人将金银首饰贡献出来,放在药锅里与药一同煎制,以保证药的疗效。然而,在我们的现实生活中,也有着相反的例子。浙江某品牌火腿是一个有着 1200 年历史的驰名品牌,但是,由于新闻媒体披露了一些厂家制作过程中的不卫生行为——也是不诚信行为,使这个品牌遭受重创。

其三,企业要走出国门,参加全球竞争,更需要诚信。我国已加入 WTO,其基本原则中所包含的公平交易原则、透明原则和非歧视性原则,都在更深层次上蕴涵着诚信的道德要求。全球化规则也是建立在诚信基础之上的,世界贸易本身就是诚信经济,而不是假冒伪劣、尔虞我诈的经济;没有诚信,就没有参与国际竞争的资格。在四川省阿坝藏族羌族自治州一个偏僻的小县城里,有一座由法国一家公司在 20 世纪 20 年代建造的小教堂。2003 年,该县收到这家法国公司发来的通知:该教堂已到了 80 年的设计使用年限,请进行安全检查,我公司不再对教堂承担责任。接到通知后,当地有关部门对该教堂进行了检查,发现主体结构仍然牢固,还可继续使用。由此可见,法国这家公司不仅建造教堂的工程质量过硬,而且在此之前一直没有忘记对该教堂安全负有责任的承诺。这种诚信精神不能不让人佩服! 相比之下,我们某些企业在对外交往中就缺乏这种诚信精神。众所周知,我们一些企业在对原苏联的边境贸易中,出现过"礼拜鞋"、"礼拜服",卖给人家的鞋和衣服,不出一个礼拜就报废了,其所产生的阴影,到现在还没有完全消除。

现在,越来越多的企业已认识到:缺乏诚信,必然会失去社会的信任,并进而导致自身利益的丧失;坚守诚信,必然能赢得社会的信任,并进而会从中获得利益。然而,一些企业却将诚信建设仅仅作为一种谋取自身利益的手段,片面理解"向诚信要效益"、"以诚信换利润"等之类的口号,不是着眼于从提高道德素质入手,培植员工的诚信品质,而仅仅是从赢得用户的信赖出发,也就是从企业自身的利益出发,提醒员工应该做到诚信。其结果,很难培植起真正的诚信品质。

为什么这样说呢？因为诚信是道德范畴的东西，而效益、利润则是物质范畴的东西。我们不能把道德追求建立在物质追求的基础之上，而应该建立在精神追求的基础之上，否则，当确认物质利益不会受到损害时，人们就不会自觉地做到诚信。也就是说，这样建立起来的诚信，不是真正的诚信，它本身是不牢固的。

我们的某些企业之所以缺乏诚信，固然与不重视诚信教育有关，与相应的制度建设薄弱有关，但是在很大程度上还与如何正确理解诚信，如何处理诚信建设与企业发展的关系以及如何对员工进行诚信教育有关。

"诚信"这个词，最早出自《论语》："君子务本，本立而道生，诚信也者，其为人之本欤。"意思是：君子做人讲求根本，根本确立了，做人的道德原则也就产生了，诚信就是做人的根本。遗憾的是，时过两千多年，我们还要回过头来大讲特讲诚信，因为，目前在中国诚信已经成为一种稀缺的社会资源，不仅是企业员工，而且我国公民普遍都缺乏诚信品质。

邓小平同志曾指出：最大的失误是教育。我国公民之所以普遍缺乏诚信品质，在很大程度上也可以归咎于教育的失误。这种失误表现在两个方面。一是道德教育的缺乏与滞后。缺乏就不说了；滞后，就是人们常说的"在小学学大学的东西，在大学学小学的东西"，甚至到了当爸爸妈妈、爷爷奶奶的时候，还要学说"您好"、"谢谢"、"对不起"之类的文明礼貌用语。二是道德教育的功利倾向。也就是把诚信仅仅与个人的物质利益挂起钩来——讲诚信就会占便宜，不讲诚信就会吃亏。如果道德教育里掺杂了这种功利成分，就永远也培植不出真正的诚信品质。

"狼来了"的寓言故事曾年复一年地被收入小学课本或其他少儿读物，当作对儿童进行诚信教育的生动教材，却很少有人能意识到，它并没有从道德上谴责说谎行为，指出说谎会损害他人、集体的利益，而仅仅暗示了说谎可能会给自己带来危害。不知道这种带有缺陷的诚信教育误导了多少代人。受了这种有缺陷的道德教育，儿童也许会慑于被狼吃掉的严重后果而一时不敢说谎，但随着他们慢慢长大，就可能会审时度势，权衡利弊，去干那些弄虚作假的事情。由于他们弄虚作假时不会受到内心的道德约束，不会受到良心谴责，所以就会心安理得。

前几年，一家全国性的大报曾以《社会主义精神文明建设的成功之路》为题，报道了关于某市职业道德建设的调查，其中举了这样一个典型事例：有一位老人，为更换两角钱残币跑了6家储蓄所，得到的都是"不能换"的回答。当他来到工商银行一个储蓄所后，该储蓄所热情接待，并及时将他的残币予以兑换。老人很受感动，当即将一万元现金存入了这家储蓄所。工商银行领导由此认识到服务态度对于服务行业的重要性，于是就统一规定了90句服务"禁语"和26句文明服务用语进行推广。这个"换残币"的故事与"狼来了"的故事有着某种相似之处，它并没有从与人为善尤其是善待老人这一点上颂扬该储蓄所，而是指出热情接待顾客可能会给自己带来意想不到的利益。受了这种掺杂有功利成分的道德教育，服务人员也许会在利益驱动下，尽量多说文明用语，但是当他们发现这种努力近乎守株待兔或确认对方不会给自己带来好处时，便会原形毕露。由于他们在冷淡、训斥甚至欺骗顾客时不会受到道德意识的约束，也不会受到良心的谴责，因而也就不会顾及冷淡、训斥甚至欺骗顾客给对方造成的伤害。

所以，我们要培植公民的诚信品质，最根本的是要着眼于提高人的精神追求与道德素质，而不能以获得自身利益为目的。我曾将道德素质分解为10个子项：诚信、良心、爱心、同情心、责任心、羞耻心、职业道德、社会道德、家庭道德、自然道德。在这10个子项中，诚信、良心、爱心、同情心、责任心、羞耻心这前面的6项，又可以看作是整个道德素质的基础。如果不具备这几项基础的道德素质，就谈不上后面的职业道德、社会道德、家庭道德和自然道德。前面6项基础道德素质相互之间又有着密切的联系，要培植诚信品质，还必须同时培植良心、爱心、同情心、责任心和羞耻心。有了爱心、同情心和责任心，就会自觉地为用户着想，为社会负责；有了良心和羞耻心，当不守诚信的念头出现时，就会受到良心的谴责，感到羞愧难当，无地自容。

前不久，我在报纸上看到这样一则报道：香港殡仪馆花一两个亿进口了一台焚烧炉，在使用过程中出现了故障，上面一层的骨灰洒落到下面一层，两具尸体的骨灰混合在了一起，而且其中一个是男的，一个是女的。殡仪馆发现后，立即通知双方家属，赔礼道歉，并运用DNA技术尽量将骨灰分开，最后，还支付给双方家属一笔巨额的精神赔偿金。从这个事件中，我们可以看到香港殡仪馆的诚信品质。他们之所以这样做，并不是为了创立品牌。香港弹丸之地，也不过就这一家殡仪馆，没有另外的殡仪馆与其竞争；本身也不需做强做大，走向世界，去拉国外的客户。他们之所以这样做，与其说是有良好的职业道德，不如说是出于良心和责任心。我们不妨再设想一下，这种情况如果发生在内地，又会是一种什么结果呢？

诚信建设靠教育,还得靠制度。制度建设之重要,正如邓小平同志曾说过的:"制度是决定因素";"制度好可以使坏人无法任意横行,制度不好可以使好人无法充分做好事,甚至走向反面"。要培植公民的诚信品质,只进行道德教育还不够,还要有一个合理的激励机制和健全的法制。生理学和心理学的研究表明,人都具有积极和消极两个方面。如果没有合理的激励机制和健全的法制,积极的一面就会受到压抑,不能充分发挥,同时消极的一面也会滋长起来,甚至会做出违背道德和法律的事。

当前社会的诚信缺乏,既与诚信教育缺乏及功利化有关,也与机制不合理和法制不健全有关。如果守诚信会使自身的利益得不到保证,弄虚作假反而会占到便宜,就不利于公民诚信品质的培植;如果社会中介组织不能维护公正,不能披露真实的信息,就会给种种不诚信的行为留下可乘之机;如果司法不公正,不坚决,不及时,就不能为诚信提供有力的法律保证,同时也不能遏止不诚信行为。

这里,我还想举一个例子。大家知道,法国是一个首饰大国,在法国的首饰业内有个规定,就是制造商在自己的首饰上签名。"卡地亚"是法国首饰的一个名牌,一件首饰只要在内环上有"Catrier"的字样,价格就会大大提高。我们去考察的人问那些工匠:会不会有冒名签字的? 回答是:法国人不会这样做,如果有人这样做了,那他一辈子就别想再干这一行了,因为按照法国的法律,一个首饰商要是在首饰上签上这几个字冒充卡地亚,一旦被查出来,坐牢14年,罚款几十万,足以让你身败名裂,倾家荡产。相比之下,我们的法制未免显得苍白无力。

上海市已于 2004 年 2 月开始施行《上海市个人信用征信管理试行办法》。这是国内首次以政府令形式发布的,并首次为个人信用征信制定的地方规章。在太原市,已有近 12 万户企业和个体工商户的信用信息录入社会信用信息数据库,将不同信用状况的企业划分为 A、B、C、D 四个等级进行管理,并通过网站向全社会公示。我们相信经过努力,一定会将我国的诚信建设向前大大地推进一步。也希望我国企业在诚信建设中,能从提高人的道德素质做起,有效地推动诚信建设。

(作者单位:国务院国有资产监督管理委员会。原载于《中国流通经济》2005 年第 8 期)

国有企业改革遇到新难题

何　伟

改革开放以来,中国国有企业(以下简称国企)改革取得了巨大成就。不过现在有些国企与原来不同,已经异化为特殊利益集团。现在将本应作为改革对象的一些垄断国企做大做强,变异为既得利益集团,值得探讨。

一、目前国企发生的变化

1. 垄断企业的主体发生了变化

政企分开前,垄断企业的主体是政府;政企分开后,垄断企业的主体是企业。

2. 国企的资本构成发生了变化

政企分开前,国企资本为百分之百国有;政企分开后,许多国企开始实行股份制,有的还有外国资本介入。

3. 目前的国企具有分配自主权

原来的国企没有分配自主权,工资全国统一,差距很小,基本上是平均分配,厂长的工资也不能超过职工平均工资的几倍,企业利润全部属于国家,企业没有支配权。政企分开后,企业是自治法人,具有分配自主权,利润不再上交国家,可自主分配,出现了高工资和高福利现象。全国几大垄断行业共有职工2833万人,不到全国职工人数的8%,而其工资和工资外收入却占当年全国职工工资总额的55%。高职位者年薪几百万元,甚至数千万元。这些领导者既以企业家身份获得高收入,又以国家官员身份享受政府级别待遇,退休后还享受省部级待遇,已经成为既得利益的权贵者。

4. 企业具有经营自主权

政企分开前,企业根据国家下达的任务进行加工,产、供、销,人、财、物均按计划进行,企业没有经营自主权;政企分开后,企业是独立法人,有经营自主权,根据市场需要自主生产、自主定价、自主销售、自负盈亏,国家计划对企业不再具有约束力。企业在价格和政策上可以"挟持"政府。比如,对于我国石油出口价大大低于国内销售价的情况,政府并没有很好的办法。

将这样的国企当作昔日的国企捍卫,实际上是在维护既得利益集团的利益。

二、目前国企持有的特权

1. 国企拥有获得社会优势资源的垄断权

如石油、电信、电力、烟草、煤炭、航空、金融、保险等,都是"国字头"的。很多优势资源只能由国企垄断经营,民营企业不能进入,已经进入者必须退出,如陕北油田、山西小煤矿、小钢铁厂、铁道部自备车皮的回收等。

2. 国企享有国家投资的优先权

2007 年我国社会总投资 13 万亿元,2008 年超过 17 万亿元,2009 年超过 20 万亿元,其中大部分为国家和地方政府投资,主要投向了国企。[1] 最近应对金融危机,国家 4 万亿元的投资中,民营企业所得不足 5%,大部分投资注入了国有企业。银行贷款多半用于国企,股票上市方面国企也有优先权。国企资产迅速增加,从 1999 年的 9 万亿元,到现在已达 43 万亿元,翻了几番。

3. 国企能获得银行大量贷款

凭借国企这顶帽子,可顺利地从银行获得贷款,拿到贷款后就能大力扩张。最近出现的"地王"均为国企,国企在房地产业已占 60% 的份额。

4. 国企具有股票上市的优先权

股票上市是企业融资的有效手段,所有企业都翘首以待。而国企上市一般都有优先权,截至 2002 年,国企在股市上融资已超过 7000 亿元。现在国有资产核心部分几乎都已上市,融资数额大大增加。

现在有些人讲:"企业经营好坏与所有制没有关系。"试图回避所有制带给国企的这些特权和优惠,但这样的现实是无法回避的。

三、目前国企利用垄断权获取垄断利润

下面列举一些垄断行业获取垄断利润的事例:

1. 信息行业获取高额垄断利润

信息行业对我国的信息化发展作出了重要贡献,但信息行业垄断经营,获取巨额垄断利润,有违其提供公共产品的使命。

---

① 秦立海:《"将革命进行到底"究竟针对谁?》,《炎黄春秋》2009 年第 10 期。

（1）信息行业有原罪。马克思把资本主义的资本原始积累称为原罪，指依靠暴力对农民进行掠夺，即所谓的"羊吃人"。除暴力外，原罪还可扩展为权力、垄断力、贿赂力等。借助不同形式的超经济力进行掠夺或非等价交换，把他人财产据为己有，即为原罪。

中国电信企业的原罪所依靠的不是暴力，而是垄断力。20世纪90年代初，北京有线电话初装费每台高达5000元，若需提前装机，还要再交2000元。尽管这种集资是经过政府批准的，但并不合理。这是因为，首先这笔钱的收取没有让人信服的依据，如所提供的服务及成本如何；其次，初装费的收取是单方面行为，没有征得用户同意；其三，既然是集资，其产权应属于出资者，而非电信企业。这笔集资数量很大，据说占当时电信企业资产的1/3（其余部分中国家投资占1/3，银行贷款占1/3），远远超过了民营企业家的"第一桶金"。尽管这对电信行业发展起到了重要作用，但严重损害消费者利益。既不付息，也不还本；出资者既无知情权，也无所有权。这是电信企业依靠垄断力进行的一种掠夺，属于资本的原始积累，是有原罪的。尽管这与私人募资有所不同，但对老百姓来讲，其利益损失是一样的。

（2）收座机月租费。电信企业规定，无论当月用机量多少，必须交月租费。如果说这项收费是国际惯例的话，那么高额的初装费恐怕就无法用国际惯例解释了。电信企业每年收取的月租费至少600多亿元，也是一个不小的数额。电信企业这项收费所根据的既不是成本，也不是服务，而是依靠垄断力进行的强行征收，也是一种原罪。

（3）手机双向收费。当初我国手机实行双向收费，据说是因为当时"大哥大"在我国比较稀缺，价格高，数量少，属于奢侈品。这在当时也算说得过去。之后，手机日益普及，成为了广大人民群众的生活日用品。于是，2001年国务院总理签令取消双向收费，消息传出后，我国香港电信股大跌。为稳定我国香港股市，又宣布两年内不取消双向收费，之后股价立即回升。由此可见，我国香港电信股市所依靠的主要不是电信企业的业绩，而是国家的政策，是内地客户双向付费的纳贡。目前的问题在于，许多年后，在股市行情较好的情况下，电信企业仍然继续实行双向收费。这种利用垄断力进行的积累，尽管不是原始积累，也属于原罪。

（4）收费不透明，收费偏高、偏乱。一些收费不公平、不公正、不公开，没有经过听证，付费与服务不对称。同国外相比，我国信息收费偏高。国外信息资费一般占居民收入的2%左右，而我国高达7%—8%。我国国际长途收费比美国高,国内长途收费比印度高。正是由于这种高收费,2007 年上半年中国移动通信集团公司利润率高达 21.16%,平均每天净赚超过 2 亿元,国内外罕见。收费乱主要表现在套餐上,其数量巨大,花样繁多,十分混乱。根据 2007 年 9 月 19 日《中国经济时报》的报道,自当年 6 月份起,各省市清理电信资费套餐超过 4 万个。

其一,乱加价。如购买手机小额卡乱加价,促使人们购买大额卡,而大额卡如果到期未用完不续卡就会被没收,这是霸王条款。国家发展和改革委员会曾经公布,2006 年全国通信价格违法案件同比上升了 65.59%,足以说明问题的严重性。

其二,乱涨价。根据电信行业的特点,线路铺设完成后,扩大用户并不需要进一步加大投入,即便存在小量的费用支出,也会随着用户数量以及收入的不断增加,得以抵消,因此不应涨价而应降价。这是网络行业的一个特征,而目前我国的信息行业并非如此。如我国宽带互联网,以前有些收费是按 1 美元折合人民币 8 元计算的,而现在是按人民币 6 元多兑换 1 美元计算的,若不降低收费实际上就等于变相涨价。目前信息行业按美元标准计算的收费都存在这个问题。

其三,乱设项目。信息行业设计了许多套餐,这些套餐的上市收费标准、技术水平、质量、效益等未经有关部门批准或备案。对于这些套餐的性质,消费者无法辨别。目前,很多行业利用信息出台了一些收费项目,如电视上某些文体娱乐活动号召人们参与,它们到底属于公益活动还是为了牟利,人们并不清楚。

(5)随着技术的进步、服务项目的增加、客户数量的扩大,在不存在边际成本的情况下,信息资费应该是逐步降低的。目前,欧洲境内已经取消了漫游费,而我国有些费用长期不降,如国际、国内长途费、漫游费、宽带费、座机费、月租费等。

2. 铁道部门的垄断利润

(1)铁道部春运涨价案。前几年,有人状告铁道部春节火车票涨价非法,违背市场原则。铁道部解释说,涨价是为了促使客运高峰分流。那么,客运低谷时为什么不降价呢。火车票春节涨价不合理,一是因为服务质量下降,车厢内挤进了更多的乘客,没有理由涨价;二是因为成本没有增加,在每节车厢乘客增加一倍的情况下,不提价收入就可增加一倍。此外,春节客运中有很大一部分是农民工,火车票涨价,对这部分人来讲也不太合适。最后,尽管法院判决铁道部胜诉,但迫于社会舆论的压力,铁道部后来取消了火车票春节涨价,受到社会的好评。

(2)铁道部强行收购自备车皮案。20世纪80年代后期,由于山西、内蒙古煤炭外运困难,铁道部和当地政府鼓励国营、集体、民营企业自购车皮参与运输,对解决铁路企业困境、缓解运力紧张局面、促进煤炭外运起到了重要作用。当时有46986辆自备车皮,占山西省煤炭铁路外运量的31.8%、内蒙古自治区西部煤炭铁路外运量的80%以上,解决了十多万人的就业问题。

铁道部收购自备车皮提出了三个理由:一是价格双轨,收费繁多,货主负担增加(应属物价部门管);二是分散经营,单向使用,造成线路和车辆双重浪费(属于铁路调度);三是投入不足,严重威胁行车安全(属于铁道安检)。铁道部149号文件提出,对于不愿意转让的自备敞车,从文件下达的第二年起铁道部将不再为其办理国铁过轨运输手续。为迫使自备车主就范,2003年7月24日颁布的《企业自备货车经国家铁路过轨运输许可办法》规定,拥有自备敞车的企业注册资本额不低于2亿人民币;经由干线利用率不低于80%。这就意味着绝大部分自备敞车会由于达不到两个条件的要求而停止运营,被铁道部强制收购。

在这个案例中,首先,铁道部收购自备车皮的三条理由并不充分,都属于管理问题,与车皮归谁所有并不存在因果关系;其次,铁道部强行收购自备车皮,破坏党的政策的连续性,不是改革而是倒退;其三,铁道部强制收购自备车皮,影响了十几万人的就业,导致一些民营企业破产;其四,铁道独家垄断,不引进市场机制,没有竞争,不利于提高效率。

3. 石油行业获取垄断利润

(1)垄断国内石油价格。前面已经指出,我国石油出口价比国内销售价低一倍多,国内加油站零售价比欧美等国高出一倍。依靠这一垄断价获取高额垄断利润,而不上缴国家,甚至前两年还从国家财政部获取巨额补贴。

(2)陕北油田案。2003年,陕北地方政府违背中央指示精神,违法行政,强制收回油田,造成了重大影响。此事件涉及范围广(15个县),人数众多(十几万名职工、近两千名企业家),资产巨大(近百亿元),经济损失严重(80%以上油井停产),扰乱社会秩序(5000人到西安上访,前后抓捕人数众多),引起了国内外媒体的高度关注,后果相当严重。对此,我们必须总结经验教训,引以为戒。

首先,整顿油田秩序很有必要,但不应采取先收三权(所有权、经营权、收益权),后低价补偿的办法。对不服从者强行夺取,还以妨碍公务、抢占国家财产和非法集会等罪名进行抓捕,甚至不准法院受理此案,是违法的。

其次,上述地方政府单方撕毁合同,单方决定低价赔偿(约为20%),单方决定兑付时间,不准法院受理,不准群众上访,公、检、法、司为其保驾护航,这种"三单方、二不准、一保驾"的做法,违背宪法、合同法、司法程序,属于违法行政。

(3)垄断加油站。中国石油垄断企业利用不供油的手段,对民间加油站进行排挤,迫使收归国有。此外,垄断企业高层管理者拥有对国家资源进行处理的巨大权力,容易导致腐败现象的滋生。

四、今日的国进民退

从以上分析可以看出,现在有些国企已经发生了异化,开始变异为特殊利益集团,但仍然有人为之辩解并进行维护。

比如,将"公有制为主体"变异为国有企业为主体,提出"国有企业是国民经济的重要支柱","是我们党执政的重要基础"。那么已占GDP65%,新增就业岗位80%,税收总额占65%的民营企业是不是国民经济的重要支柱和党执政的重要基础呢。当前,改革已成为大势所趋,从某种意义上可以这样讲,正是民营经济拯救了我国社会主义。民营经济的发展奠定了市场经济的微观基础,有利于民富国强目标的实现,有利于扩大就业,促使农民转变身份,有利于构建中间大、两头小的社会阶层结构。正是由于民营经济的这些重要作用,中共中央十五届四中全会提出要缩小国有经济控制领域,扩大民营经济发展空间,这就是国退民进,国有经济和民营经济两个轮子一齐转的国民经济发展模式。也正是由于民营经济的这些重要作用,才有了中国共产党第十六次全国代表大会的"两个毫不动摇"(即必须毫不动摇地巩固和发展公有制经济,必须毫不动摇地鼓励、支持和引导非公有制经济发展)。我们不能不顾事实,用传统观念抬高国有企业,贬低民营企业。

此外,还有一种说法认为,国有企业作为宏观调控的物质基础,为提高我国竞争力,与世界大企业抗衡,必须做大做强国有企业。于是就用许多"小舢板"组成"航空母舰",挤进世界500强企业行列,而不考虑自身与国外同类企业在自主知识产权、劳动生产率、经济效益和竞争力等方面存在的本质差距。

在这种观念支配下,扩大国有企业占有领域,缩小民营经济发展空间,出现国进民退就会成为必然趋势。

目前关于国进民退,存在不同的观点。本人认为,"进"和"退"应该有一个标准,这个标准主要不是资本量和企业量,而是控制领域的大小。中共中央十五届四中全会《关于国有企业改革和发展若干重大问题的决定》(以下简称《决定》)对国有经济有一个明确定位,即"国有经济需要控制的行业和领域主要包括:涉及国家安全的行业、自然垄断的行业、提供重要公共产品和服务的行业以及支柱产业和高新技术产业中的骨干企业"。《决定》将国有经济锁定在"三类行业和两类骨干企业"之内,这才是国有经济有进有退、有所为有所不为的标准。按照这个标准的要求,在占有领域上应该是国退民进,而目前有些做法与之相反。

其一,明显的国进民退。例如,将《决定》中的"自然垄断的行业"改为"重要基础设施和重要矿产资源",大大扩大了国有经济占据的范围,压缩了民营经济的经营空间,这就是国进民退。基于这种修改,就可借种种名义,将陕北油田和山西小煤矿,以低价强制收归国有。这种做法容易引起民企的不满,不利于政府公信度的提高。

其二,潜在的国进民退。一些国有企业不按照《决定》的要求退出,仍然占据着本应由民营经济进入的空间,这是一种潜在的国进民退。

其三,隐形的国进民退。国有资本在国民经济中的比重增长不快,并不能表明不是国进。国民经济的增长包括民营经济和国营经济两部分,国营经济的相对量增长不快,主要是因为民营经济增长得太快,实际上国营经济的绝对量仍然在快速增长。这几年国企净资本从2万多亿元增长到5万多亿元,国有资产从9万亿元增长到目前的43万亿元,增速很快。这种利用国有经济优势在国有经济定位范围之外进行的扩张,是与民争利。此外,还有因制度上不平等而造成的观念上的差别,这些是无法用数字计算的,也是一种隐形的国进民退。

其四,潜能的国进民退。一些国企利用国有的身份,获得"市长"的支持,在市场上获利。据说影片《建国大业》自2009年9月16日全国首映,三天半后票房收入就达到上亿元,最终票房更高。其制作方高层管理者曾多次提到,电影投资3000万元,只要票房达到1亿元即可赢利。这是否可以"说明主旋律影片不依赖政府支持就能赚钱了,实践成功了"①呢? 实际上,这部影片还是找了"市长"的:2006年《建国大业》开始创作时,就通过关系找到中国人民

---

① 王安:《从〈建国大业〉看国进民退》,《领导者》2009年第12期。

政治协商会议全国委员会(简称全国政协)汇报;2008 年 10 月剧本完成后,全国政协领导再次作出批示,在中国人民政治协商会议成立 60 周年之际,拍摄此片意义重大,要支持。至于这部影片最终确定由中国电影集团公司拍摄,其国企的身份以及行业老大的地位,应该是重要砝码。可以说,《建国大业》正是由于头号国企撑大旗,"市长"支持,众明星赶集和零片酬,才取得了市场的巨额利益,是行政、市场通吃的产物,其他非国企无法企及。中国电影集团公司所具有的独家进口大片的经营权和中央电视台电影频道(CCTV—6)的广告经营权,其实就是一种国有的特权。尽管有些国企经营者、管理者对所持有的国有特权持否认态度,并一再表明自己的功绩,但国企的特殊地位是无法掩饰的。

　　从以上列举的国企的特点可以看出,现在的国企与原来的国企不同,已经异化为特殊利益集团。它们凭借国企的身份,从政府获取优势资源的垄断权和优惠特权,而企业经营不好却不承担责任;它们从市场上获得利益而不承担风险,即使企业亏损,高薪高收入也照拿不误;它们既持有国企特权,又占有市场经济的利益。这样的国企不应成为我们做大做强的对象。有些人维护国企,实际上是在维护特殊利益集团的利益,而非国家利益,应当认清这一现实。因此,2009 年底的中央经济工作会议再次指出:"要推进国有经济战略调整,深化国有企业改革,推进垄断行业体制改革。"这表明,垄断行业是改革的对象,而不是做大做强的主体。当然,目前对垄断行业的改革并非易事,必须有中央的共识、坚定的决心以及强有力的措施,否则垄断行业的改革只能是纸上谈兵。

(作者单位:中国人民大学经济学院。原载于《中国流通经济》2010 年第 3 期)

公司治理结构中的利益相关者问题

周小川

　　股份制改革是中国企业改革的主流方向，这已在党和国家的文件中多次强调和明确了。目前，金融企业在股份制改革方面有了很大的进展，大量的金融企业进行了股份制改造，国有商业银行的股份制改造取得了重大进展，保险公司、证券公司等都在推进这一工作。在这些企业的股份制改革中，有一部分企业已经提出希望能够采用职工持股计划。提出职工持股计划，在很大程度上是借鉴了国际上一些成功企业特别是科技型企业的做法和经验。

　　从国际经验来看，国外企业主要是考虑了三个方面的因素。一是职工特别是高素质人才的积极性调动问题；二是充分利用职工在参与管理方面的能力及优势；三是充分发挥职工对于整个公司管理层在合规性、防止出现舞弊和恶性事件等方面所能够起到的监督和报警的作用。实际上，由于多方面的原因，包括对公司治理发展的方向和我们自己过去一些失误的认识不足，我们在这方面的改革进展不是很顺利。尽管有些公司提出了职工持股计划，到目前为止还没有实现，但这一工作仍在推进之中。

　　公司治理改革是股份制改革的核心。在金融企业的股份制改革过程中，国家领导人特别强调的内容就是搞好公司治理。关于公司治理的一些内容已经写入了《公司法》，规定是非常明确的，概念也是清楚的，但是公司治理其实还有相当一部分内容是理念性的、原则性的、指引性的，而不是由法律条文明确规定的。其中一个问题就是所谓利益相关者问题。从定义的角度看，广义的利益相关者包括投资者在内，投资者的利益在《公司法》中有明确的规定。现在一般讲到利益相关者时更多的是指职工，同时也包括有稳定关系的上下游企业，如供应商、债权人，还有一些涉及环境企业，涉及社区。

　　在国际上有大量企业特别是高科技企业都采用职工持股计划，有一些不一定是高科技企业，比如美国联合航空公司也采用了职工持股计划。公司治理概念对中国人来讲是一个新的事物，我们曾经最早在 1993 年试图把公司治理的概念写入党和国家的重要文件，但当时由于这个概念没有被广泛接受，直到 1999 年才写入中央全会的文件。因此,我们还有很多东西需要不断地学习和探索。在改善公司治理的早期,更多强调的是尊重股东的利益,保护股东的利益,建立良好的制衡关系和制衡结构。最初我们把"公司治理"翻译为"公司治理结构",主要是强调公司治理结构的作用。

公司治理在各个国家具有自己的特色,并没有一个统一的模式,但是仍可以归纳出公司治理最基本的内容。尽管各国在公司治理方面的做法不一样,因为涉及文化传统、法律制度等各方面的因素,但是都有一些共同的核心内容,这体现在两个重要文件之中。一个是 1999 年国际经济合作与发展组织(OECD)发布的《关于公司治理的五项原则》,另一个是 2004 年国际经济合作与发展组织发布的《经合组织公司治理原则》(修订版)。在 1999 年国际经济合作与发展组织《关于公司治理的五项原则》中,对利益相关者在公司治理结构中的作用是作为五项原则之一来介绍的,明确提出公司治理结构框架中应该明确利益相关者的合法权利,并且鼓励公司和利益相关者在创造财富和工作机会及为保持企业财务健全所进行的积极合作。在这方面,文件列出了四项内容:第一,公司治理框架中保证利益相关者得到法律保护的权利受到尊重。第二,利益相关者受到法律保护,在其权利受到侵害的时候应该有机会得到有效的补偿。第三,公司治理结构框架应该建立使利益相关者的参与有助于提高公司经营效益的机制。要特别强调的是,文字上描述的是公司治理框架使利益相关者发挥不同的作用,但他们在多大程度上参与公司的管理,应该根据国家法律和惯例,不同公司要有不同的参与机制,例如董事会的雇员代表制,雇员股票所有制计划(也就是职工持股计划)和其他分配机制,或者某些重要决策要考虑利益相关者的意见,并特别提出在破产清算过程中要确保债权人的参与。第四,确保利益相关者参与公司治理过程时能够得到有关信息。

经过几年公司治理的实践,在 2004 年国际经济合作与发展组织对公司治理原则又作了一次修订。在这个修订版中,更加强调对利益相关者和投资者的保护,强调员工和债权人作为利益相关者的权利。主要有以下三个方面的内容:一是明确提出应该提高和发展员工参与的程度和机制,利益相关者包括单个员工和代表机构,应该就董事和公司的违法和不道德行为自由地表达他们的看法,员工表达的看法和员工表达看法的权利应该受到重视和保护,要建立信息安全送达董事会的渠道。二是提高参与机制,使员工掌握的特殊技能能够快捷地为公司所用,从而提高公司的直接和间接收益。公司参与机制的例子包括董事会中增加职代表,实施员工持股计划,包括养老金投入在内的利润分享机制等。养老金投入应该建立一个独立的基金,基金托管人应该独立于公司的管理层等。三是强调债权人在公司治理中扮演的角色,强调债权人对公司运作发挥外部监管者的作用,并提出建立有效的清偿框架以及有效的债权人执行机制。这是对有效公司治理的重要补充,是对股东利益的有效保护,对员工和债权人的关注在新的指引版本中又被提升到更重要的高度。

中国也要参照国际经验,同时发展有中国特色的社会主义制度。从社会主义市场经济角度来讲,员工的地位和员工参与管理的程度应该能够做得更好,但是这并不等于说我们已经有了制度性的或原则性的框架,而是需要我们在今后的实践中不断探索,不断闯出新的经验。

为什么与许多传统的西方国家相比,我们现在在这方面的进展反而处于相对落后的状况? 这在很大程度上是由于历史上产生的一些失误造成的。对于任何一个国家来讲,解读历史,解读自己的经验和教训都是一件重要的事,有时候也是一件困难的事,甚至有可能解读不对。我国在员工持股问题上,在20 世纪90 年代初曾经出现较大的混乱,所以这件事一旦提起来很多人有一种恐惧,或者是立即出现否定的反应。当时所出现的就是所谓职工股、原始股,那时候的做法在制度上来讲有很大问题,没有明确的制度规定,而且企业当时主要是处于内部人控制的状况,职工股的操控或安排基本上由内部人所掌控,同时又没有经过律师事务所提供法律服务,也没有经过必要的法定程序,从而出现了大量舞弊贿赂等现象。另外,20 世纪90 年代上半期的时候,任何一只股票只要一上市,就在行政定价和市场定价之间有一个跳升,而且跳升幅度非常大。这是因为行政定价是有问题的,定价过低,一旦上市就有一个跳升,中间有一个巨大的利益空间,变成了利益输送的机制。

现在这些条件已经改变了,《公司法》越来越明确了,也不会再出现那种完全由内部人控制、不经过任何程序甚至没有任何职工名单就搞职工股的可能性。同时,市场也开始成熟了,也不是每只股票上市后都有所谓原始股价值跳升这样一种巨大的机会。甚至说市场对定价越来越理性,一些初始定价过高的股票,在上市过程中甚至可能没有什么上升。所以,在这种情况下,过去所担忧的很多问题,现在条件发生了很大的变化。借鉴世界上很多的事例,我们要认真地、冷静地、超常规地解读自己的历史,总结自己的经验和教训。

从国际上来看,也有一个非常重要的例子,就是美国人对于1929 年经济大萧条、经济大危机的解读。这个解读和一开始的初始反应与20 世纪三四十年代的反应很不一样,并在这个问题的研究中产生了好几位诺贝尔经济学奖获得者。因为他们通过真正客观的挖掘以后,找到了那时候的问题所在。当然,并不是说这个问题已经完全客观地解决了,还可以继续讨论和进一步研究。

需要强调的是,中国企业改革的方向是股份制改革,公司治理是股份制改革最核心的内容,公司治理原则中不可缺少的一项就是利益相关者的安排问题,即他们的权利、他们的作用和他们的保护问题,而这些问题需要我们进一步研究,并结合我国的情况,结合自己的经验和教训,在这方面有所推进。这有利于和谐增长,特别会有利于科技型企业、人才密集型企业和以知识为基础的企业的健康发展,从而为中国经济创造更大的财富。

(作者单位:中国人民银行。原载于《中国流通经济》2006 年第 8 期)

强化企业内部控制　促进企业健康发展

刘长琨

一、中国企业内部控制存在的主要问题

目前中国经济形势虽已企稳回升,但金融危机的影响尚未完全消除,在社会各阶层、各行各业、各界人士都在深刻反思金融危机影响的背景下,中国总会计师协会与北京物资学院联合举办了这次 2009 企业内部控制高层论坛。举办这次论坛的目的,不仅仅是为了研究金融危机对企业所造成的现实影响,使企业尽快走出金融危机的阴霾,更重要的是促使企业从这次金融危机的影响中获得启迪,以检讨以往的经营管理,总结经验教训,从而建立和完善企业防范风险和健康发展的长效机制。

2001 年,美国安然公司与世通公司财务丑闻爆发之后,企业内部控制状况受到美国和世界各国的广泛关注,针对企业财务弊端而制定的《萨班尼斯——奥克斯来法案》明确要求上市公司的年报要包括内部控制的评价部分。根据这一要求,在国际上内部审计重新介入企业的内部控制领域。2003 年 9 月,国际内部审计师协会执行副主席理查德·钱伯斯先生在北京国际内部审计高级研讨班上发表了以《国际内部审计的发展趋势》为题的主题讲演。他指出了新形势下国际内部审计呈现的三大发展趋势:一是重新介入内部控制,二是推动更有效的公司治理,三是对内部审计师的期望在改变(期望值提高)。这三大趋势传达的一个信息是,企业内部控制被提升到了一个前所未有的更加重要的新地位。受国际发展趋势的影响,我国也更加重视企业内部控制问题。有关专家认为企业决策失误、经营管理混乱、会计信息失真及违法违纪等问题,在很大程度上都可归咎为企业内部控制的缺失或失效。因此研究企业内部控制的理论与实务是当前最紧迫的课题之一。2008 年,财政部、中国证券监督管理委员会、审计署等五部门联合制定下发了《企业内部控制基本规范》,要求上市公司自 2009 年 7 月 1 日开始施行并鼓励非上市的大中型企业自觉执行这一规范。有人认为该文件的颁布实施,是继新的企业会计准则和审计准则颁布之后,在国家层面推出的深化企业改革的又一重大举措,

对建立和完善现代企业制度,实现公司治理国际接轨,防范风险,防止舞弊和企业的长远发展,必将发挥重要作用。

企业内部控制这一命题自提出伊始,就是一个具有很强实践性,同时又具有很强理论性的问题。但是长期以来,无论是实践方面,还是理论研究方面,都还没能臻于完善,都还存在某些误区。我在国有企业监事会工作期间,曾到企业执行监督检查任务,在和企业领导探讨内部控制问题时,我感到有些企业对内部控制的认识还不够到位,实践中也存在着一些偏颇。

1. 把内部控制与规章制度建设完全等同起来

有些企业领导一谈内部控制就大谈建立了哪些规章制度,并拿出印集成册的规章制度,给人的印象是所谓内部控制就是建章立制,建立了规章制度就实现了内部控制。诚然,内部控制需要以一定的规章制度为载体,但它绝不等同于制度建设,更不能认为建立了规章制度就完成了内部控制。如果制度本身不科学不合理,制度越多,执行越有力,管理反而越混乱,效益越差。无法否认的是,无论过去还是现在,规章制度不科学、不合理而且相互矛盾的情况非常普遍。这也就是很多规章制度只能写在纸上挂在墙上而不能落实的根本原因。内部控制不是静态的制度,而是一个能够保证制度具有科学性并有效落实的动态过程。

2. 把内部控制和日常的具体管理相混淆

有些企业领导谈到内部控制就分门别类事无巨细地介绍日常管理情况,仿佛内部控制就是日常管理,二者毫无区别。必须承认内部控制确实融于日常管理并以一定的管理手段为外在表现形式,且随着内部控制内涵的扩大,其与管理的边界越来越难以明确界定。但内部控制并不等同于日常管理,它比日常管理层次更高,是更高级的管理,是管理的灵魂,是使管理臻于科学、更加合理和有效的重要保证。

3. 把内部控制视为一种纯粹的消极预防行为,对内部控制的认识仍然停留在20世纪中叶的水平

有人似乎还不了解内部控制早已走过了消极防范的阶段,其着眼点已不再仅仅是防范舞弊,而是积极促进企业经营目标的全面实现。有人把企业内部控制喻为人体的免疫机制,但人体免疫系统的功能不仅仅是防病,而是促进气血畅通,实现阴阳平衡,从而达到强体健身与长寿的目的。

企业内部控制绝不只是制度建设,也不能等同于日常管理。它比制度建设和日常管理层面更高,更关键,更要害,它犹如人体的血脉和神经,犹如看不

见摸不着的经络组织,有了这些组织与机制才能构成活的有机生命,否则人体就是一具僵尸。内部控制也绝不只是消极的防范措施,而是着眼于企业长远健康发展、进取性很强的积极行为。这才是企业内部控制的本质特征。

二、企业内部控制的内涵

对内部控制的定义表述不统一和有欠清晰,是产生上述认识误区和工作偏差的客观原因。令人遗憾的是,至今似乎仍然没有一个统一的具有权威性的关于内部控制简明而标准的定义。近期有专家撰文指出:"近年来随着国内外舞弊丑闻的频频爆发,内部控制这个概念为越来越多的人所熟知,但在内部控制应该包含什么样的内容、内部控制的边界到底在哪里等问题上,理论界并没有形成统一的认识。"所以,内部控制的内涵也是我们应当深入研究的根本性问题。

20 世纪 90 年代,美国全国虚假财务报告委员会下属的发起人委员会(COSO)发布了一份报告,对内部控制的定义作了这样的表述:"内部控制是由企业董事会、经理阶层和其他员工实施的,为营运的效率效果、财务报告的可靠性、相关法令的遵循性等目标的达成而提供合理保证的过程。"这一定义的表述虽然听起来有些绕口,内容也过于原则并有失空洞,但却给了我们两点重要启示,第一,内部控制是一种动态的积极行为过程,第二,这一行为过程涉及到决策层、执行层乃至全体员工,没有任何层级和任何个人可以超脱于内部控制之外。认识到这两点是非常重要的。COSO 的报告还提出了内部控制的五大要素,即控制环境、风险评估、控制活动、信息和沟通、监督。这五大要素明确了企业内部控制建设是一项极其复杂涉及方方面面的系统工程,绝不是简单地建立几项制度或改善一下管理就能实现的,需要有严肃的科学态度、认真严谨的工作作风和很高的专业水平,做不得丝毫表面文章,容不得半点敷衍与浮夸。这对每一名企业高管无疑都是一个严峻的考验。

三、完善中国企业内部控制的建议

1. 企业内部控制建设与研究,要以科学发展观为指导

科学发展观是马克思主义关于发展的世界观和方法论的集中体现,是与马克思列宁主义、毛泽东思想、邓小平理论和"三个代表"重要思想既一脉相承又与时俱进的科学理论,是我国经济社会发展的重要指导方针,是发展中国特色社会主义必须坚持和贯彻的重大战略思想。科学发展观要求发展以人为

本,实现全面、协调、可持续的发展。我们一定要深刻领会其精神实质和丰富内涵,用以指导我们的思想与工作。学习实践科学发展观当前的一个重要任务,是要在一切工作中和工作的所有层面上真正做到尊重规律和科学,反对搞形式主义、做表面文章等一切违背规律和科学的思想与行为,这是一次新的思想解放,是一次新的更加深入的思想与工作上的拨乱反正。由历史和诸多方面原因所致,我们太习惯于搞形式主义、做表面文章了,好像已经形成一种难以扭转的定势。如果在企业内部控制建设方面也搞形式主义、做表面文章,不仅这一制度建设要落空,企业的发展也没有希望

2. 研究企业内部控制,不仅要研究企业内部小环境,也要研究企业外部大环境

企业内部控制建设是一项系统工程,系统理论告诉我们,世间的万事万物都是相互联系而存在、相互影响而发展的,企业内部控制制度建设受社会主义市场经济体制大系统的制约与影响,受整个社会大环境的制约与影响,如果大系统、大环境不够完善,存在缺欠,子系统不可能独善其身。所以研究企业内部控制,不能只着眼于小系统的优化,只有将其和所从属的大系统联系起来,从整体优化的角度考虑和解决问题,才有可能取得理想的结果。

3. 要学习借鉴国际先进经验

在国外,内部控制的理论与实践已有很长的历史,大致经历了内部牵制、内部控制制度、内部控制结构、内部控制整体框架和企业风险管理框架等发展阶段,积累了丰富的经验。我国企业内部控制建设起步较晚,特别是国有企业长期在计划经济体制下运作,缺乏在市场经济规则下应对危机防范风险的经验。因此,在建立具有中国特色的企业内部控制制度过程中,必须重视研究与借鉴国际经验。不能因为外国某些企业存在管理缺欠爆发了财务丑闻而忽视了向外国的学习。应当肯定地说,这次源于美国波及全球的金融危机带给我们的一个正面影响是,它给中国企业上了在市场经济体制下应对危机、防范风险的生动一课。我国改革开放的过程,也是一个学习借鉴国际先进经验的过程,只有在虚心学习别人先进经验的基础上,才能少走弯路,才能得到较快的发展。

另外,总会计师作为中国企业的 CFO,在执行《企业内部控制基本规范》,加强企业内部控制建设方面的角色与责任,也是一个需要研究的课题。令人鼓舞的是,广大总会计师已经主动积极作为,在实际工作和理论研究上均已取得了可喜的成绩。希望大家再接再厉,为我国企业内部控制制度建设作出更

大的贡献。

　　企业内部控制制度的研究,不仅有利于企业的改革与发展,而且有利于社会主义市场经济体制的进一步完善,有利于我国经济社会的发展与进步。

　　　　　　　　（作者单位:国务院国有资产监督管理委员会。原载于《中国流
　　　　　　　　　　通经济》2009 年第 11 期）

风险管理和企业内部管理

周放生

一、美国金融危机的启示和反思

在这次美国金融危机中,众多美国著名投资银行机构和知名公司纷纷破产、重组,其中一个重要的原因就是风险失控。那么,为什么会导致风险失控呢?

1. 公司治理失效

公司治理的关键是董事会,而董事会的职能从本质上看就是控制风险。如果一个公司发生重大失误,就说明风险失控,董事会工作失效。在美国,董事会失效的重要原因是董事会结构不合理。美国企业的董事会中包括独立董事,很多公司的独立董事超过董事会的半数,但许多大公司的独立董事是由董事长直接聘请的,他们大多是董事长的朋友或者是朋友的朋友,这就决定独立董事难独立。当他们的独立性难以做到的时候,就无法有效地对管理层的决策失误进行制衡。雷曼兄弟公司的独立董事甚至有艺术家,他们更难以参与雷曼兄弟公司的经营决策。这至少说明了美国公司在公司治理方面存在着较大的缺陷。

2. 公司董事会缺乏对风险的预判、评估

在这次金融危机中,摩根大通没有发生严重问题。他们在 2008 年上半年曾经进行了压力测试,对可能出现的极端情况进行模拟测试,主要对房利美和房地美破产后的资产证券化市场进行测定,认为如果出现价格暴跌的情况,摩根大通就有可能破产。这个结果报给董事会和高管层后,董事会和高管层决定将公司持有的资产证券化产品全部抛掉。虽然此后有的产品价格还在上升,并导致了公司内部产生争议,但当 2008 年 9 月份美国金融危机全面爆发时,由于此前董事会的正确判断,摩根大通才幸免遇难。摩根大通作出正确判断的前提是公司有一套较为完善的内部控制机制。

3. 股票期权的推波助澜

这次金融危机表明,股票期权对金融危机的爆发起到了推波助澜的作用。

股票期权的初衷是对管理层的积极激励。但是由于资本市场的投机和放大效应，股票期权有可能会将管理层的激励引至负面，管理层可能为追求自己短期的功利而牺牲公司和股东的长远利益。我国上市公司治理模式，包括董事会的结构和股票期权等基本上移植于美国模式，我们应该以一种平和的心态重新评估某些过去顶礼膜拜的东西。

二、风险管理和内部控制的关系

这个问题存在较大争议。

1. 对内部控制和风险管理有一个认识的过程

美国全国虚假财务报告委员会下属的发起人委员会（COSO）1992 年提的是"内部控制"，到了 2004 年是"风险管理"，其内容 1992 年时包括 5 个要素，2004 年时包括 8 个要素，说明对该问题的认识是有一个过程。我认为内部控制是风险管理的基础和重要组成部分，它们是一体化的，不能分割的。

2. 内部控制解决的是常规性风险，风险管理解决的是非常规性风险

内部控制解决的是"如何正确地做事"，而风险管理解决的是"如何做正确的事"，它们既有联系，又有区别，打个比喻，内部控制类似于埋头拉车，风险管理类似于抬头看路。一个企业要成功，既要埋头拉车又要抬头看路，二者缺一不可。

三、内部控制和信息化

内部控制主要体现在流程管理上，因为企业所有的业务活动都不是一个部门能够从始至终完成的，都要通过流程去实现。我国企业恰恰在流程管理上是比较薄弱的。

流程管理的内容主要包括两个方面：一是业务流程，即规定完成业务的先后顺序；二是管理流程，主要是指对各风险点的管理标准。二者结合在一起才是真正的企业流程管理。很多企业虽然制定了许多制度，但是基本上还只是贴在墙上或锁在柜子中，实际工作仍在依靠人的指挥，企业工作的流程和标准往往仅存在于领导的脑子中，而不是在制度上。只有企业的制度流程化了，每一个人能在流程中找到自己的位置，并且明确了管理标准，这个制度才能真正落实。

在这方面，台塑集团是非常值得我们学习的，其管理达到了国际一流水平，最突出的就是流程管理，而且其流程管理已经信息化了。台塑集团 1967

年就开始搞信息化。现在很多企业,包括中央企业在信息化方面投入了很大力量,有了很大发展,但仍然是两张皮,还是信息孤岛,而台塑集团的信息化与流程管理却是完全融为一体的,主要原因是我国企业的基础管理落后。

国资委于 2006 年 6 月份颁发了《中央企业全面风险管理指引》,2008 年财政部等五部委颁发了《企业内部控制管理规范》,企业应该认真执行这两个文件,如果企业能够真正落实文件的要求,我国企业的管理水平就会有明显的提高。

四、银行的风险控制与企业风险管理的关系

银行的风险主要来自于债务人,企业贷款不能按时归还就形成了银行的坏账,这就是银行的风险。现时银行和企业的关系是博弈的关系,对于经营状况良好的企业,银行会主动为企业提供贷款;而对经营状况一般的企业,则是企业请求银行贷款。对于银行来说,这两种情况都有可能出现不良贷款。

一般而言,银行通过内审机制进行风险控制。在为企业提供贷款时,要对行业的风险、企业的经营情况进行分析,还要分析企业的还贷能力、现金流情况以及项目的效益。这些分析虽是必要的,但是都没有抓住关键,没有切中要害。企业能否按时归还贷款本息的关键是企业内部控制和风险管理的状态和水平。如果银行在提供企业贷款时,不能有效判断企业内部控制和风险管理的状态,就存在着风险,甚至这种风险是不可控的。因为企业和银行的信息是不对称的,而且很难对称。

中央企业正在推进的内部控制和风险管理的目标首先是控制企业自身的风险。国资委之所以要求企业进行内部控制和风险管理,是因为作为出资人必须关注被出资企业的风险,被出资企业的损失就是出资人的损失。出资人如果不关心出资企业的风险,就是失职。如果企业经过努力,能够把自己的风险控制住,同时将股东的风险也控制住,那么债权人的风险就降低到了最小程度。按照这个逻辑关系分析,银行控制风险最重要的是判断债务人的内部控制和风险管理的状态。如果企业的问题不解决,对其风险不能准确判断,那么银行在控制风险方面也同样会出现问题,实践已经证明了这一点。

银行怎么判断企业的风险呢?关键是建立一套评价企业内部控制和风险管理的指标体系,进行信息搜集,并通过这套指标体系判断企业的状态。如果企业不能达标,具体的项目经营状况是没有意义的。因为这个项目不是孤立的,是与企业融为一体的。

　　这种评价工作可以由银行进行,也可以聘请第三方进行评价,但是第三方必须由银行聘请,而不能由企业聘请。由企业聘请评价机构,其结果很难保证客观真实。银行与出资人合作敦促企业提高内部控制和风险管理的水平,是债权人、债务人、股东和企业利益相关者风险控制的根本保证,而恰恰在这个问题上,国内的认识和实践都是非常不到位的。

　　　　　　　(作者单位:中国总会计师协会。原载于《中国流通经济》2009
　　　　　　　年第 11 期)

零售企业价值创造的模式比较及策略研究

班　博　张　雷

企业的投入成本与产出效益之间的差值构成了其价值空间。这一空间的大小,受到企业投入成本、产出效益及活动项目等三项因素的影响。前两者决定了每种活动的价值创造能力,而活动项目的多寡与性质则决定了企业价值创造的范围。作为制造业与消费者之间联系的纽带,零售业通过专业的渠道服务协助商品交换以达到货畅其流,其价值创造也与其他企业有显著不同。

一、企业价值创造模式的理论研究

迄今为止,有关企业的价值创造已经出现了价值链管理、供应链管理及价值平台等不同理论,并在信息化的有力支持下向价值网管理继续发展。

1. 传统价值链与虚拟价值链管理

价值链(Value Chain)概念是迈克尔·波特在《竞争优势》一书中提出的。波特认为,企业的业务流程可以看作是一系列战略性相关的活动,即价值链。① 在该理论中,价值链活动指向企业内部业务流程的各个环节,方向由内向外,因此这种模式侧重于对企业内部资源的整合。价值链中的价值创造活动可以分为基本价值活动(Primary Activities)和辅助价值活动(Supporting Activities)两大类。其中,基本价值活动是有关产品的物质创造及销售、转换给买方和售后服务的各项活动。辅助价值活动是辅助基本活动并通过提供外购投入、技术、人力资源及各种公司范围的职能以相互支持。

传统意义上的价值链被看成是一系列连续完成的活动,每种价值增值活动都必须基于特定的时间和空间进行。尽管波特也注意到了信息在价值链管理中的作用,但他把信息作为价值增值的辅助工具而不是价值创造的源泉。这些都大大限制了价值链在新经济条件下的应用和发展。雷伯特与斯维柯拉(Rayport & Sviokla)提出了开发虚拟价值链的观点。他们认为,产品和服务的

---

① 迈克尔·波特:《竞争优势》,陈小悦译,华夏出版社 1997 年版,第 37 页。

信息不仅是企业资源整合的重要工具,而且成为企业利润的重要来源。企业可以采用大规模信息技术系统协调它们在实物价值链中的活动,并用虚拟活动来代替实质活动,在市场空间中构造虚拟价值链。[①]

2. 传统供应链与虚拟供应链管理

信息技术的应用弱化了企业边界,使跨边界的虚拟合作更为快捷和高效,从而大大提高了企业资源整合的深度和广度。在这种条件下,面向企业外部资源整合的供应链管理模式(Supply Chain Management,SCM)应运而生。奥立弗与迈克尔(Oliver & Michael)最先提出了供应链管理的概念,一些著名企业如 IBM、惠普、戴尔采用基于供应链的资源整合模式,取得了显著的效果。美国著名的电子商务研究权威卡拉克塔与温斯顿(Kalakota & Whinston)指出,供应链管理包括订单的产生、取得、完成及产品、服务或信息分布等的定位,企业在供应链中互相依赖而产生扩展企业(Extended Enterprise),原料供应商、渠道供应伙伴与顾客是其主要成员。[②]

供应链同样存在于可感知的物质世界及由信息构成的虚拟世界,因此可以划分为实物供应链和虚拟供应链两种形式。传统的供应链模型仍然将信息看作是价值创造的辅助形式,企业通过前后双向的信息流来进行供应链和价值链管理。信息技术的发展同样使得虚拟供应链(VSC)的出现成为可能,企业可以通过观察、映射和建立新型的供应关系,利用信息技术在虚拟的市场空间直接创造价值流。

3. 价值平台管理模式

价值链的价值在于经由一系列价值活动使企业的成本下降或产生产品差异化,但忽视了利用主要活动启动外部的资源网络。针对这一问题,斯塔贝尔与弗杰尔德斯塔得(Stabell & Fjeldstad)提出了价值平台的概念及相关理论。价值平台(Value Network)本身不是一个网络,它给不同的顾客提供一个交换的技术平台,这些中介性技术使不同独立个体的顾客或供应商之间不必直接联系而通过中介平台实现不同时间或空间的交易活动。[③] 企业在价值平台的活动中,彼此是同步且多层次的,其主要活动分为基本活动和辅助活动。基本

---

①　Ravi Kalakota & Andrew B. Whinston:《电子商务管理指南》,陈雪美译,清华大学出版社 2000 年版,第 251 页。

②　大卫·波维特:《价值网:打破供应链　挖掘隐利润》,上海大学出版社 2001 年版,第 12 页。

③　何静:《网络组织模式及其发展趋势研究》,《商业研究》2003 年第 2 期。

活动主要包括网络扩充与合同管理、提供服务的相关活动以及网络基础架构的维持等;辅助活动包括网络基础架构的发展、服务发展(客户合约的修正、品牌维持及新服务的提供等)以及与价值链活动一样的其他辅助活动,包括企业基础设施、人力资源管理、技术开发和采购等。

4. 价值网管理模式

要在未来的竞争中占据有利地位,企业就必须同时对内、外部资源进行整合,价值网(Value Nets)正是基于这一研究和应用现状出现的新型价值创造模式。大卫·波维特(David Bovet)等根据对价值链和供应链的研究进一步提出,价值网是通过应用数字化的供应链管理构造的由顾客选择机制所驱动、符合顾客选择条件的迅捷弹性系统。创造价值网的企业(或事业单位)是围绕着顾客形成的内侧同心圆。企业通过电子集成设备准确地收集、评估和整合顾客信息,有效地控制顾客接触点(Touch Point),以提高顾客的满意度和企业获利能力。① 他们认为,企业要成功打造价值网诚非易事。企业可以通过商务的电子化提高顾客反应能力和系统集成能力。价值网管理模式的基本框架包括五种基本要素,即价值主张(Value Proposition,主要有超值的服务、便利的解决方案和企业定制等)、营运范畴(Scope)、利润获得(Profit Procurement)、战略控制(Strategic Control)以及执行力(Execution)等。其中,价值主张和营运范畴直接影响着企业的获利能力,利润获得代表企业资本的运用效率,而战略控制和执行力则代表企业保持持续竞争优势的能力。企业只有综合运用上述五种要素,才能进行卓有成效的价值网管理,通过对企业内部资源和外部资源的优化整合在未来的竞争中立于不败之地。

二、价值创造理论的演变对我国零售企业的启示

加入 WTO 后,各种大型卖场、超级市场、便利店、专卖店、仓储中心及社区店不断出现,促进了我国零售业的快速发展,进而推动了我国零售业态的日益完善。据国家统计局统计,2006 年我国社会消费品零售总额达到 7.6 万亿元,是改革开放初期 1978 年的近 50 倍。2007 年 1 月到 11 月,我国社会消费品零售总额突破 8 万亿元,同比上升 16.4%。我国零售业的快速发展,客观上要求企业依据国内外价值创造理论与实践的演变,构建更为合理的价值创

---

① 徐玲、刘艳萍:《价值网与传统业务模式的比较分析及启示》,《武汉科技大学学报》2005年第 3 期。

造模式。

1. 认识传统价值链管理模式的局限性

传统的价值链管理模式侧重于企业内部资源的整合,不利于零售企业识别和发掘价值创造的增长点与变革点。(1)价值链理论很容易局限于在行业或企业内部进行思考,而零售业的行业特性决定了企业只有在更广阔的视野范围才能找到关键点所在;(2)价值链理论很容易让企业过于关注成本而不是通过资源再造去创造更多的价值;(3)价值链理论很容易让企业为最大化地获取利润而简单地追求规模扩张和运营效率的提高;(4)价值链理论很难让企业及时进行战略调整和变革,从而导致企业在单一的商业形态中进行无差别的竞争。

2. 构建基于流通领域的产业供应链

价值链管理和供应链管理是两种性质相异的价值创造活动。价值链指向企业内部,供应链则指向企业外部。供应链管理是在全球制造业出现企业经营集团化和国际化的形势下提出的新型管理模式。① 供应链的提出弥补了价值链只注重企业个体分析的缺陷。供应链管理通过前馈的信息流(需方向供方流动,如订货合同、加工单、采购单等)和反馈的物料流及信息流(供方向需方的物料流及相伴随的供给信息流,如提货单、入库单、完工报告等),将供应商、制造商、分销商、零售商直到最终用户连成一个整体的模式,即对整个供应链系统进行计划、协调、操作、控制和优化等各种活动的过程,形成一种崭新的价值创造模式。

3. 塑造资源整合的动态价值创造模式

价值网管理的出现,使企业能以更加客观的态度审视传统价值创造理论。价值网提供了一种立体的空间思维模式,它突破了传统价值链管理以至供应链管理中的线性沟通,即由"供应商—企业—顾客"的价值递增模式而转变成网络内成员多向沟通、全面价值共享的模式。它把所有的网络成员(包括供应商、顾客、互补者甚至替代者)都纳入到企业的运营范畴之内,因而是一种全面资源整合形成的全新动态价值创造模式。

---

① Fisher M. L. "What is the Right Supply Chain for Your Product?" *Harvard Business Review*, 1997(3—4), pp. 103–116.

三、我国零售企业价值创造的策略

目前,国内零售业正面临着加入 WTO 和知识经济导致的消费者价值观的多元化、信息科技应用的迫切性等因素的冲击,笔者提出以下策略:

1. 加强基于核心环节的价值链管理模式

零售企业价值链管理的核心环节在于强化基础设施、财务管理、卖场管理与人力资源管理。(1)基础设施中应加强对公司规模(涉及停车位数量、卖场面积、产品种类、分店家数等)和企业资源(服务资源包含保全及监视系统、仓储中心、消防系统等;无形资源主要有自有品牌开发、地点选择、交通便利等)的控制。(2)零售企业应特别重视财务管理,如资金调度与管理、财务风险管理、成本控制能力等变项。(3)卖场管理主要有卖场动线设计规划、异常管理(缺货、负毛利、负库存、滞销、耗损)、提供产品多样化等。(4)人力资源管理方面则主要涉及职工职业生涯规划、专业技能训练、员工绩效与薪酬系统等。

2. 建立基于信息手段的供应链管理系统

零售企业的信息管理主要包含电子交换系统(EOS)、电子数据交换系统(EDI)、快速响应系统(QR)、管理信息系统(MIS)、价值网络(VAN)、顾客反应系统(ECR)、决策支援系统(DSS)、单品管理信息系统(POS)、全球定位系统(GPRS)等。同时,零售企业应有计划、有步骤地发展电子商务、网络营销等高科技性质的零售方式,从而紧跟时代发展潮流,迎合国际化竞争的需要,更加便捷地满足顾客多样化的消费需求。

3. 完善全面价值共享的价值网管理业态

价值网管理模式要求零售企业摒弃传统被动的单向盈利模式,建立集顾客、供应商、零售商于一体的动态整合体系。为此,零售企业不仅要推出包含会员制、促销活动或优惠措施、节庆促销等措施提高顾客价值认知,而且应确保卖场商品种类繁多,让消费者实现一站式购物。此外,零售企业可根据设立地点搭建周边商区,设立专店如专业药店、传统美食店、儿童游戏区等,形成休闲及购物的最佳卖场。同时,根据所在社区特点,通过服务不同层级顾客、附加设施、快速展店、改变营销渠道以及参与社区公益等建立自选超市、连锁店、便民店、仓储商场专卖店等不同形式的零售业态体系。

价值网管理模式强调与供应商之间的合作与协同。目前,我国零售企业较多实行代销制、供应商自销等方式,导致将本应属于供应商和零售商应付的费用最终转嫁给消费者。沃尔玛与我国零售企业的显著不同是不存在零售商对供货商的压价行为,而是站在为消费者采购代理的立场上精心甄别供应商及其商品。为此,沃尔玛一不需要供应商回扣回佣,二不需要供应商提供广告服务,三不需要供应商送货上门,但是要求供应商把价格降到最低限度,并切实保证产品质量。此外,通过与供应商之间建立战略性合作关系,零售企业还可以建立自有品牌,增加客制化的新产品,与外资结合以及世界知名品牌进行异业联盟等,进一步扩大价值网管理的范畴。

价值网管理模式的价值在于整合企业内外部资源共同创造顾客价值。从某种角度讲,价值网管理结合了传统价值链管理和供应链管理的优点,对新经济条件下实施企业变革和顾客响应的零售企业具有普遍适用性。价值网管理通过对企业品牌经营系统的价值定位,广泛、深入地影响顾客。顾客所获得的价值再也不是购买产品后所获得的满足,而是从购买开始即获得价值。同时,价值网模式克服了从单一或少数价值链出发分析问题的局限,让零售企业以超越竞争、超越行业的姿态识别自己的竞争优势,从而让企业的战略视野更加开阔,也能够让企业更加有效地进行战略变革。

（作者单位：山东大学管理学院。原载于《中国流通经济》2008年第 4 期,被中国人民大学《复印报刊资料》之《商业经济》2008 年第 7 期全文转载）

零售企业在跨国经营活动中应注意的问题

顾锦芳

在全球经济一体化的框架下,国际零售商业资本的跨国流动呈现出日益加速的趋势。究其原因,一是大型国际零售商的国内市场饱和,急于寻找海外市场,零售业与其他产业关联性、渗透性的加强以及信息技术的发展成为零售业对外投资的推动力;二是近一二十年来,世界经济环境发生了深刻的变化,产业、市场、顾客、竞争日益全球化,这些原因促成了全球营销的发展;三是大型跨国公司为主动适应和利用环境的变化,提高竞争力以主宰全球市场,在观念和行为上也一步步走向全球化。

在零售业国际化的过程中,每个时代都有零售企业国际化经营成功和失败的代表性案例。即使像沃尔玛公司(以下简称沃尔玛)这样的零售业超级巨头也有在他国市场碰壁的情况。这不得不引起我们的思考,零售企业在进行跨国经营活动时应注意哪些问题,才能更快地站稳脚跟并顺利拓展业务?本文将对此问题进行较为深入的分析和探讨。

一、零售企业的典型代表:沃尔玛的经营历程

所谓零售企业,是指专门从事生活消费品的采购,而后将它或连同一定的服务向最终消费者个人出售的赢利性的经济组织。零售业属于第三产业的范畴,因此零售企业的产品不仅仅指某种有形的生产物,还包括有形生产物以外无形资产的部分。零售业正面临着一个零售企业跨越国界进行经营活动的国际化过程。

沃尔玛可以作为跨国零售企业的典型代表。目前,沃尔玛已迅速成长为世界上最大的商业零售企业,且一直名列世界500强前列。1991年前,沃尔玛的经营一直局限于美国,依靠高效的销售规划和与时俱进的人际关系政策的结合,沃尔玛确立了它的竞争优势。1991年,沃尔玛在墨西哥与零售商西弗拉(Cifera)合资开出了第一家分店,但由于种种原因,沃尔玛开始时复制的高效分销系统在墨西哥并不起作用,反而抬高了成本与价格。20世纪90年

代中期,沃尔玛从其早期的错误中吸取了教训,并调整其在墨西哥的分公司,使之适合当地的环境,使得墨西哥商店所出售的商品更加符合当地的口味和偏好。随着沃尔玛在当地业务的增长,沃尔玛的许多供应商都把工厂建在其墨西哥配售中心的附近,以便更好地为公司服务,这些都有助于进一步降低库存和物流成本。截至2002年,公司在美国境外拥有的商店已超过1200家,有协作业务的公司达303000家,产生的国际收入高达350多亿美元。

全球化趋势尽管存在,地域差别仍然对规模经营的零售业构成威胁,在某个国家经营良好的零售企业并不意味着在另外一个国家也会经营良好。构建全球化的零售业需要大量的努力,全球化经营隐患仍然很多。时至今日,沃尔玛的海外扩张仍然小心翼翼,甚至有时困难重重。2005年5月,沃尔玛宣布退出韩国市场。2005年7月,又在入驻德国8年后宣布退出德国市场。在日本,尽管沃尔玛有合作伙伴西友百货公司(Seiyu)作堡垒,但其阵地仍在不断丢失。沃尔玛的"天天平价"政策似乎难得日本人心,日本市场很可能会成为沃尔玛下一个退出的目标。①

二、零售巨头跨国经营成败的原因分析

回顾沃尔玛在国际上的发展经历,沃尔玛的国际扩张原先只是对美国国内市场饱和的一种反应,结果使其在跨国经营中取得了一些成功,本文认为将经营管理和零售专业知识本土化是非常必要的。全球扩张对所有的零售商而言都是高风险的事。本土化是要付出一定代价的,因为人们很难一开始就能抓住解决问题的要害。企业进入一个新市场的时候,其先前在营运和物流等各方面的优势并不会随之一起进入这个新的市场,一切都得从头开始。分析沃尔玛在全球经营成败的原因,本文认为有以下几点:

1. 成功原因分析

(1)沃尔玛因全球扩张而获得的购买力使其能获得巨大的规模经济。沃尔玛的许多关键供应商都是老牌的国际公司,它利用日益扩大的规模迫使其全球供应商在当地的企业给予更大的折扣,使公司有能力为消费者提供更低价的商品以获取市场份额,并最终获取更高的利润。

(2)先进的信息系统特别是基于互联网的软件的普及,为沃尔玛的跨国经营提供了基础。沃尔玛在分销和物流方面的专业技术使其能对全球的经营

---

① 陈颐:《"沃尔玛一路领先"新战略是怎样提出来的》,《经济日报》2006年8月8日。

业务网点实施严格的控制,跟踪各商店每日的销售额、库存、定价和利润等数据。先进的物流系统和尖端的信息系统,是零售业提升经营效率的主要原因之一。沃尔玛也积极应用最新的信息技术。1985—1987 年之间,沃尔玛安装了公司专用的卫星通信系统,投入四亿美元巨资,委托休斯公司发射商用卫星,实现了全球联网。

(3)严格的成本控制为沃尔玛节省了相当数量的费用支出。沃尔玛在成本控制方面很有一套,例如,所有员工均不能在上班时间发私人邮件,所有私人电话均不能报销;无论在美国还是世界上任何地方,沃尔玛都很少打广告,沃尔玛的广告宣传费用仅占总运营费用的 0.4%。

2. 失败原因分析

(1)忽略了企业在当地的本土化是沃尔玛受挫的重要原因。一个零售企业在一个区域或一个国家经营的成功并不能保证其跨区域或跨国经营的成功。任何一个企业要成功进入国外市场,关键在于因地制宜,必须深入了解当地消费者的消费习惯和当地文化、政策等相关因素,才能始终立于不败之地。

(2)东道国本土企业势力雄厚且竞争力极强,导致了沃尔玛的退出。综观韩国与德国的本土零售企业可以发现,本土企业在满足顾客需要与自我赢利方面做得较出色,在国内占有很高的份额,国内的零售业市场基本为本土企业所控制。因此,具体到某一区域而言,当地零售业在店铺位置和网络覆盖等方面都具有跨国零售企业无可比拟的优势。[①]

(3)各国客观因素也制约了沃尔玛的跨国经营。韩国自身经济实力表现不俗,加之韩国本身是个民族感很强的国家,自然会对本土企业更加眷顾,沃尔玛要有所突破,困难和阻力巨大。在德国,当地政府的价格控制、严格的劳工法和分区经营规则也令沃尔玛措手不及,以至其庞大的采购优势完全失去了效用。

三、零售企业在跨国经营活动中应注意的问题

跨国经营不存在一个放之四海而皆准的模式,一切都要在实践中摸索。沃尔玛跨国经营的历程给市场带来了诸多启示,值得认真分析和借鉴。

1. 制定正确恰当的战略是跨国经营的首要条件

(1)注意恰当的进入时机。跨国零售企业要成功进入外国市场,最起码

---

① 竺彩华:《国际零售服务贸易的发展与我国对策》,《国际经济合作》2006 年第 10 期。

要具备三个条件:第一,本国文化在世界上很有影响力,他国能够接受;第二,在本国形成战略联盟,拥有较高的市场占有率,使自己在母国的地位牢固;第三,需要有强大的经济实力,以在国际上收购其他零售集团来开拓当地市场。

(2)选取本土化的经营模式。企业不应以固定的一成不变的模式进入他国市场,而应在固定模式的基础上,通过对不同国家市场进行调研与实践反馈,及时调整经营模式,迅速适应当地市场。任何一家零售企业在国外开店,都要针对不同的地区实行本土化战略,否则不管其有多大的实力都难成气候。

(3)要有清晰的跨国经营战略。清晰的跨国经营战略是跨国公司成功发展的首要条件。企业必须把自己生存发展的空间放到全球经济总体发展中去,制定全球化经营战略。大型跨国零售企业有很多经验是值得学习的,企业应学习和借鉴其优秀管理思想,为自身确立行动指南。沃尔玛正是因为有明晰的战略意图,并以此引导其几十年的企业行为,才铸就了它的竞争优势和今天的成功。企业所要学习的就是这种长期的战略布局和竞争优势积累。

2. 了解进入地区与跨国经营成败的关系

从进入地区看,国际零售企业经营较好的国际店铺的扩张一般都从地域和文化与母国比较接近的地区向地域和文化与母国相差较远的地区扩张,而且与母国市场和文化越接近,国际化经营成功的可能性越大。沃尔玛的进入过程具有代表性。拉美国家成为沃尔玛跨国经营的开端,并在沃尔玛的国际店铺中占有绝对比重。沃尔玛进入亚洲市场也体现了由近到远的逻辑,它从三个最大的市场入手,即日本、中国和印度尼西亚。虽然与美国相比,这些市场在语言、文化和地理上存在极大的差异,但日本的经济发展水平与美国比较接近,零售商在该国的市场规模也很大。尽管沃尔玛的经营方式与日本消费者的消费习惯之间有一定差异,并产生了一定的抵触,但沃尔玛毕竟在日本积累了扩张的经验,并进一步发展到中国和印度尼西亚。

可见,零售商所进入的国家与母国在地理和文化上的差异越小,就越容易获得成功。进入地区的选择是零售企业跨国经营成败的重要影响因素之一。

3. 业态选择对跨国经营具有重要意义

大型零售集团的形成加速了多业态经营的步伐,它们通过兼并重组,覆盖了不同类型的业态。各国之间的零售结构通常差别很大,跨国零售企业应根据东道国市场的零售文化调整店铺的业态。

当差异化竞争优势与大卖场、超级市场等业态紧密相连的时候,零售企业的跨国经营就会取得特别的成功。从沃尔玛的业态结构中可以看出,超级市场接近总店铺数量的一半,而且从业态发展的趋势上看,大卖场的增长速度也远高于折扣店等其他业态。

4. 营销渠道对跨国经营具有重要影响

对零售业来说,具有垄断性的供货与物流渠道非常重要。如果零售企业能掌握广大供应商,就拥有供应与物流渠道上的优势。未来渠道管理的核心是专业化的渠道建设系统。当跨国零售企业最初进入一个外国市场时,在渠道方面尤其是分销渠道上是不占优势的,跨国零售企业要在当地市场有所作为,必须向下游销售网络延伸,进行渠道系统建设。企业应建立良好的零供关系。跨国零售企业要展开公关,与供应商在全球经济中寻找平衡和发展,建立良好的关系,将其纳入企业价值链,与其形成战略联盟。

5. 重视东道国消费者的消费习惯和偏好

本土化程度越高,企业越容易取得跨国经营的成功。本文所说的本土化,绝对不仅仅停留在"地利"的层面上,尽管企业事先会进行广泛的市场调研,以了解外国市场上什么商品会畅销、什么商品会滞销,但在制定商品销售战略时依然会出现某些失误。如在墨西哥,沃尔玛就曾为货架上积满灰尘的电炉配件大伤脑筋,因为它们发现墨西哥的大部分消费者用煤气煮饭;在巴西,大量白色的男士内衣在箱柜内整齐地堆放着,这令沃尔玛感到迷惑,直到它们发现巴西男士偏好有色的贴身内衣。

不同国家的顾客消费习惯是不一样的,本土的销售策略不见得在他国有效。顾客的层次性和动态性决定了顾客需求的异质性和特殊性,而市场细分是解决企业提供价值的有限性和顾客需求的异质性这一基本矛盾的有效工具。[1] 在海外扩张的开始阶段,企业不应直接套用本国的管理模式,在产品选择、顾客定位等方面还是要针对当地的市场需求来运作。

6. 认识企业公共关系对跨国经营的作用

企业的形象和声誉是其无形的财富,良好的形象和声誉是企业富有生命力的表现,企业公共关系的好坏直接或间接地影响着企业的形象和声誉,更决定了跨国零售企业能否在他国立足。跨国零售企业应以公共关系为促销手段,利用一切可能利用的方式和途径,使当地社会公众认识和了解企业,使企业在社会上有较高的声誉和较好的形象,促进跨国经营的顺利进行。

由于在跨国经营中,公共关系的好坏直接关系到企业能否进入市场以及

---

[1]　金玉华:《价值创新构筑零售企业核心竞争力》,《现代商业》2006 年第 11 期。

进入后能否取得较好的经济效益,因此企业在取得经济效益的同时,拿出部分收益回报当地社会的教育与福利事业也是理所当然的。企业应与当地政府保持良好的关系,争取当地政府的支持和帮助。利用有关传媒正面宣传企业的经营活动和社会活动,如赞助公益事业、举办庆典、为公众提供有益的大型活动等,以树立良好的企业形象。在当地,通过劝服性教育和实惠性社会服务,使社会公众认同并接受企业的行为、产品等。针对不同的国家和地区,展开不同的交际型公关,如在中国采用人际交往等方法。

7. 以服务在他国市场赢得份额

零售企业要发展,就要抓住产业的关键点,但不一定总是成本,比如在服务上就可以有所作为,拿出自己的特色。目前零售业已从价格竞争走向服务竞争。市场同质化竞争的现状迫使我们要采取措施加以应对。作为一个成熟的跨国零售企业,所应选择的市场定位战略是服务差异化战略,即向目标市场提供与竞争者不同的优异服务。企业的竞争力越能体现在顾客的服务水平上,市场差异化就越容易实现,因为服务差异化战略能提高顾客总价值,保持牢固的顾客关系,从而击败竞争对手。

零售企业如何提高竞争力?“零售就是细节”恰恰体现了这一点。如果由于客户服务水平表现得不好,客户在这里得到非常不佳的购物体验,这个时候你就会丧失销售。其实零售企业只要做好一些小事就行了,顾客所看重的是一些实实在在的东西,而不是那些高深莫测的概念。跨国零售企业要向每一位顾客提供比满意更满意的服务,一项服务仅做到让顾客满意是不够的,还应想方设法加以改进,以期提供超过期望的服务。由于买方市场的出现,零售业的竞争愈发激烈,人们更愿意光顾以顾客为导向的企业,这就要求企业给予顾客足够的个人关照,以各种服务为手段,通过行动去争取公众的了解、信任和好评。

8. 注意跨文化管理对跨国经营的作用

进行跨国经营的零售企业,因所处的文化背景和地域环境不同,必将遇到前所未有的机遇与挑战。在跨国经营中只有找到不同文化的结合点,实施平衡的管理模式,才能解决文化冲突,实现文化融合,使经营顺利进行下去,让企业的产品为不同习俗的人群所接受和使用。进行跨文化管理,消除文化冲突,是企业成功进行跨国经营的战略选择。

由于零售业与当地的文化、宗教以及生活方式等密切相关,对本土化要求极高。企业要生存,必须对当地法律法规、文化习俗有深刻的认识,因地制宜,调整管理思想和方法,进行跨文化的经营。海外扩张的策略很重要,如果选取不当,克服文化障碍的成本是难以想象的。而跨国公司实行人才本土化能够克服在东道国经营成本过高的缺陷。在海外扩张过程中,跨国企业采用人才本土化有利于企业运作效率的提高,有利于企业文化水平的提升,从而推动企业全球化战略。只有这样,跨国零售企业才能快速打入当地市场,在竞争中拥有自己独特的优势。

笔者认为,未来几年跨国零售企业在赢利模式上向上游供应商索取利润越来越行不通,通过商品进销差价和降低供应链管理成本来赢利的模式将是市场的最终发展方向。在经营模式上,强调系统性和集权性,以先进的信息系统和高效的物流配送系统为强有力的支撑,将是21世纪零售业的发展方向和跨国零售企业的核心竞争力。

（作者单位:江苏工业学院管理系。原载于《中国流通经济》2008年第1期,被中国人民大学《复印报刊资料》之《商业经济》2008年第4期全文转载）

农业产业化龙头企业的金融支持

段应碧

一、农业产业化是推进农业现代化的现实途径

中国农业正处在从传统农业向现代农业转变的过程中。这是一项长期任务,同时又具有相当的紧迫性。一方面,随着加入世贸组织过渡期的结束,农产品国际贸易竞争日趋激烈,原来具有优势的劳动密集型产品出口遇到困难,而原本不具备优势的土地密集型产品进口的冲击压力则越来越大,农产品进出口已连续三年出现逆差。另一方面,随着工业化、城镇化的发展,大量青壮年农村劳动力向外转移,农村常住人口中老人、儿童比重上升,务农收入占家庭收入比重下降,"老人农业"、"附属农业"趋势日益显现。面对这两方面的严峻挑战,我们必须大力发展现代农业,加快推进农业现代化。

中国推进农业现代化最大的难点是农业的经营规模太小,户均耕地只有7.3亩。一是难以使用现代技术装备,二是难以与国内外大市场对接。扩大农业经营规模必须首先把大量农村劳动力转移出去,但这是一个漫长的过程。我国人口高峰值预计将接近16亿,届时即使70%的农民进城,农村还有4亿多人口。小规模农业如何推进现代化,这是人多地少的国家和地区普遍遇到的大难题。日本通过政府高额补贴的办法,从装备到技术,从生产到流通,用高补贴"制造"和维持其现代农业。中国台湾发展高价值经济作物,不搞大田作物生产。这些做法我们很难行得通,一方面农民数量太多,靠高额补贴负担太重;另一方面,我国13亿人口的现实决定了必须有70%的耕地种粮食。在这种情况下,如何发展现代农业,走集约经营、规模经营道路?如何应对农民老龄化、农村空心化、农业副业化的趋向,避免农村凋敝、农业萎缩?从各地的实践看,发展农业产业化经营是一种现实可行的办法。

1. 可以解决一家一户小生产与千变万化大市场的矛盾

龙头企业一头连着市场,一头连着农户,按市场需求与农民签订产销合同,能有效缓解生产与市场脱节的问题,把农户生产纳入社会化大生产的轨道。

2. 可以解决稳定家庭承包经营与扩大经营规模的矛盾

龙头企业带动农户按"统一品种、统一技术、统一管理"的模式进行生产，通过"小规模、大群体"的方式实现农业区域化布局、标准化生产、产业化经营，有效扩大农产品生产批量和上市规模。

3. 可以解决小规模农户经营与采用先进技术装备的矛盾

龙头企业利用自身信息、资金等方面优势，引进优良品种、先进技术和现代设备，带动农户使用先进生产要素，提高农业科技含量，加快农业从粗放经营向集约经营转变。

正因为产业化适应了现代农业的发展方向，符合我国现阶段农业发展的实际，所以它一出现就受到高度重视。据农业部统计，目前全国已有各类农业产业化组织13万多家，其中龙头企业6万多家，带动了近9000万家农户，占全国总户数的35%以上，平均每户每年增收1200多元。许多龙头企业与国内外科研机构、大专院校联合攻关，推进联合创新，开发了一批科技含量高、市场竞争力强、销售前景好的产品，大大提高了农业生产的效益。

二、立足龙头企业自身特点创新金融服务

1. 发展农业产业化，龙头企业是关键

龙头企业是与农民有利益联系的农产品加工营销企业。为提高市场竞争力，获得稳定的原料来源，龙头企业一般都要做好三件事：一是建立自己的农产品生产基地，组织千家万户为企业生产特定农副产品；二是向农民提供市场信息、优良种苗、生产技术等方面的社会化服务，确保农产品质量；三是采取合同订购、保护价收购、参股和利润返还等多种方式，与农户建立利益联系，稳定产销关系。因此龙头企业对于带动农户进入市场，推动农业科技创新，改善农业生产条件，增加农民收入，都具有特殊重要的作用。

2. 培育龙头企业需要从多方面入手，其中金融支持尤为重要

当前农业产业化龙头企业贷款难的问题非常突出，已经成为制约其发展的"瓶颈"。据全国农业产业商会的抽样调查，其会员企业实际获得的贷款不足企业贷款需求的8%。参加该商会的都是国家重点支持的大型龙头企业，它们尚且如此，其他中小龙头企业的情况就可想而知了。

龙头企业贷款难，从企业自身看主要有三个方面的原因：

（1）抵押担保品不足。龙头企业主要以加工、营销农副产品为主，固定资产投资不多，没有足够的抵押物和可靠的信用担保。

（2）流动资金需求季节性强。农产品生产大多有很强的季节性，这决定了龙头企业只能季节性收购、常年加工销售，企业收购资金需求量大，占用资金多，需要大量流动资金。金融机构受抵押担保、贷款期限等规定的制约，很难满足其贷款需求。

（3）银行开户的地域局限。许多龙头企业进行跨区域经营，但它们大多是从产地发展起来的，在产地开户，开户银行的信贷服务能力与企业跨区经营的信贷服务需求不对称，其信贷服务需求难以满足。加之农村金融机构不健全、机制不完善、信贷资金总量供给不足等方面的原因，严重制约了金融机构对龙头企业的金融服务能力和质量。

3. 搞好对农业产业化龙头企业的金融服务，需要从龙头企业的自身特点出发，采取有针对性的具体措施

（1）进一步扩大农业发展银行对龙头企业的支持范围。近年来，虽然农业发展银行不断扩大业务范围，对一些从事粮、棉、油加工营销的龙头企业给予了信贷支持，但还应进一步拓宽业务领域，把各种类型的龙头企业特别是贫困地区具备发展潜力的小型企业，都纳入其信贷范围，更好地发挥政策性金融对农业产业化的扶持作用。

（2）对国家级重点龙头企业在基层机构开户的，商业银行应给予基层机构较为灵活的信贷发放和管理权限，并在资金调度上予以必要支持，为龙头企业跨区经营提供方便。

（3）创新担保形式，以动产抵押、仓单质押、权益质押等方式，解决龙头企业贷款担保难题。探索用生长期或收获期农作物抵押贷款的办法，允许企业以原材料、产成品等动产抵押，推广期货仓单、进出口环节仓单以及其他仓储机构出具的物权仓单质押的做法，加快实行保单质押、土地出租、入股权益质押等担保形式。同时积极开办各种形式的农业产业化信用担保机构，鼓励现有商业性担保机构开展面向龙头企业的担保业务。

（4）扩大对龙头企业的信用贷款。金融机构可在信用评级和建立贷款档案制度的基础上，对资信状况好、资产实力强、发展潜力大的龙头企业，核定信用额度，用于企业收购与基地农户签订合同的农产品。

（5）加强对龙头企业资金运用的监管。一方面要防止龙头企业把信贷资金乱支乱花，造成较大的金融风险；另一方面，对龙头企业从事农业产业化经营得到的优惠贷款，也要督促其专款专用，防止挪作他用。

（6）鼓励龙头企业资助农户参加农业保险。一方面可以减轻参保农民的

保费压力,解决农民投保能力低和农民组织化程度低带来的保险运作成本较高的问题;另一方面,可以强化龙头企业与农户风险共担、利益共享的合作机制,促进农业保险的持续健康发展。这既有利于降低农户和企业的生产风险,也有利于分散银行的信贷风险,从而降低企业获得信贷支持的难度。

三、构建专门服务龙头企业的金融机构

在改善现有金融机构对龙头企业金融服务的同时,要积极探索建立由农业产业化龙头企业出资,专门为其提供金融服务的银行机构,解决农业产业化信贷资金供给不畅的问题。

1. 有利于引导社会资金回流农村

农业产业化龙头企业将闲散资金存入商业银行,会使部分资金从农村外流。由龙头企业出资组建银行,专门为其服务,能把它们的资金引导到农业产业化中,开辟社会资金回流农村的渠道,增加农村信贷资金供给。

2. 有利于破解龙头企业贷款难题

龙头企业出资组建银行,能有效整合它们的智力资源,发挥企业家熟悉农业、了解农村的优势,从农业企业多样化的信贷需求出发,设定贷款条件、准入门槛、审贷机制和管理服务流程,建立符合农业特点的信贷支农模式,加大对龙头企业的信贷支持力度。

3. 有利于提高龙头企业的组织化程度

通过共同出资设立银行,可以把产业化龙头企业更有效、更紧密地联系起来,一方面促进国家宏观调控政策和农业产业布局规划的落实,深化区域分工,发挥比较优势,形成各具特色的产业体系;另一方面促进企业在国际市场竞争中的联合与协调,增强龙头企业在国际市场上的话语权和影响力,推动我国农业走向国际化。

可以先由国内规模大、实力强、声誉好的几家龙头企业发起,吸收一定数量的其他龙头企业参股,成立规范的股份制商业银行。在服务对象方面,专门服务于农业产业化龙头企业,并以此来设定营销、信贷运营和风险防控模式。在经营机制方面,按现代公司制要求健全法人治理结构,建立现代银行的体制机制,完全按市场化、商业化的模式运营,坚持自主选贷、择优扶持,同时自担风险、自负盈亏,即使承担一些有政府补贴的政策性业务,也要采取市场招标的方式,按市场机制运作。在经营特点方面,从龙头企业的实际出发设计信贷产品,构建统一的信贷流程,简化审批手续,提高办贷效率;利用熟悉行业运行

状况的优势,强化对信贷企业非财务信息和软信息的分析判断,建立简明实用的信用评级体系;通过对企业家业务素质和信用记录的考核,重视企业潜在还款来源和持续盈利能力的评价,探索信用贷款的发放和管理模式,而不过分依赖抵押担保。同时,银行还可以发挥自身优势,加强对行业经济的分析研究,在输出资金的同时,对企业提供信息服务和产业政策等方面的辅导,提高企业的经营业绩和水平,努力实现银行企业互利共赢。

（作者单位:全国政协经济委员会。原载于《中国流通经济》 2007 年第 9 期）

强化内部控制　促进商业银行可持续发展

孙晓霞

近年来,随着中国金融改革的逐渐深化,内部控制逐步成为商业银行经营管理的重要内容。在此过程中,政府部门和银行经营管理者对内部控制的认识逐步趋于一致,为商业银行内部控制的改革发展奠定了良好的基础。但是,由于我国商业银行内部控制起步较晚,与国际同业相比,在很多方面还存在较大差距,需要进一步加强和完善,使之真正符合商业银行的实际发展需要。

一、正确认识商业银行内部控制的内涵和意义

1. 商业银行内部控制是涵盖财务管理、公司治理、会计内控、风险管理等多项内容的系统工程

经过多年的发展,内部控制涉及的领域已非常广泛,覆盖到企业各层面的活动,远远突破了原来的内部牵制、会计控制的范围。尤其是 20 世纪 80 年代以来,内部控制与风险管理、公司治理、信息技术等越来越融合交织,使现代内部控制越发具有复杂性和开放性。以美国全国虚假财务报告委员会下属的发起人委员会(COSO)发布的《内部控制—整合框架》为标志,内部控制理论已经进入到内部控制整合框架阶段,具有更强的系统性。

在内部控制的发展历程中,由于商业银行经营的金融产品风险较其他产品更为多变和复杂,商业银行内部控制既有一般企业内部控制的共性,又具有明显的自身特性。1998 年 9 月,巴塞尔委员会发布了《银行组织内部控制系统的框架》,提出了 13 条原则,为银行内部控制的建立提供了基本框架。之后,我国的银行监管部门也推出了商业银行内部控制方面的指引。综合地看,商业银行内部控制实质上是一个管理过程,它既包括传统的财务管理、会计内控,又包括公司治理、风险管理等内容,内部控制的目标旨在实现银行的整体发展战略,保护银行资产的安全完整,保证信息质量的真实可靠,督促银行遵循法律法规。从商业银行内部控制的目标看,它实质上是与银行经营管理的目标是一致的,但内部控制更注重强调实现结果的方法和过程,而非结果

本身。

2. 商业银行内部控制是全员主动参与的、基础性的管理过程

近十年来,商业银行内部控制越来越受政府部门和银行经营者的重视,已成为银行经营管理中的一个重要组成部分。商业银行逐步开始从零散、静态、被动的内部控制规章向建立系统、动态、主动的内部控制体系转变。尽管如此,各方对内部控制仍然存在一些认识上的误区,如有人认为内部控制就是管理层的事情,加强内部控制就是加强制度建设等。这些误区在一定程度上反映了当前对商业银行内部控制了解的还不够深入。在对商业银行内控管理的理解上,应着重把握以下几点:

(1)内部控制是所有员工主动参与的管理过程。任何制度的运行状况和效果在很大程度上都取决于人的因素,再完善的制度也需要人来贯彻执行。同样道理,完善的内部控制体系在制度设计上应该覆盖银行全部机构、部门、岗位和环节,需要全体员工共同参与。因此,内部控制不单纯是管理层或一部分人的事情,它是全体员工主动参与的管理过程。只有所有员工全部参与,才能从总体上体现内控管理的要求,实现内控管理的效果。

(2)内部控制是涵盖经营管理各环节的全面管理过程。完善的内部控制不能流于形式,更不能单纯地停留在制度建设层面。内部控制必须将制度体现到控制的对象上,体现在内控过程中。从内部控制的对象看,银行在经营过程中所涉及的财务管理、公司治理、战略决策、风险管理、组织文化、制度执行和责任追究等环节都应纳入内部控制体系。从内部控制的内容看,应包括各类业务流程的合规性、资产管理的有效性等全方位的管理活动。从内部控制的时段看,它不仅包括事中规范和事后监督,在事前更应具有前瞻性的判断和防范措施。

(3)内部控制应随着银行经营环境的变化不断调整。内部控制通过制定和实施一系列制度、程序和方法,形成一种动态纠错过程和机制,是一个发现新问题、解决新问题的不断变化的过程。随着我国经济、金融环境在不断变化,商业银行自身在发展,商业银行的目标定位、治理结构、业务品种都在发生变化,内部控制制度应不断适应这种变化而相机调整。

3. 商业银行内部控制对金融体系乃至经济的稳定具有重要的意义

国际金融危机爆发后,各国专家学者从不同层面分析了危机产生的原因,既有中美贸易失衡等宏观层面的原因,也有金融衍生品过度、监管失败等客观因素。但最根本的原因在于,这场金融危机是最早发端于美国的次贷危机,而

次贷危机的根源就是放贷银行在审贷控制上出现了问题,发放了大量的高风险的次级贷款,这些高风险的次级贷款继而通过证券化,影响了整个资本市场。

目前,金融创新的步伐不断推进,风险管理的任务也就越来越重,内部控制问题已经成为关系到商业银行稳定和发展的核心要素。商业银行不同于一般企业,它主要依靠存款和其他负债资金开展经营,资金杠杆率高,与社会群体的利益密切相关,各国监管机构对商业银行内部控制的监管都尤为重视。商业银行作为金融市场的一个重要参与者,其自身的规范经营对于维护金融市场有序性起着非常重要的作用。从以往的金融危机可以看到,个别银行的经营失败可能会引起全社会的金融恐慌,甚至出现多米诺骨牌效应,导致整个金融业出现区域性甚至系统性危机。当前,我国商业银行正处于改革发展的关键时期,内部控制问题尤为重要,直接影响到银行能否实现真正的可持续发展,影响到我国金融和经济的稳定发展。

二、中国商业银行内部控制的现状

长期以来,中国商业银行的内部控制以"双人临柜,相互牵制"为控制手段,以财务复核为主要特征,这实际上是一种原始的内控方式。随着我国经济体制改革的不断深化,银行业改革逐步推进,政府部门相继出台了内部控制方面的制度,使我国商业银行的内部控制进入了一个快速发展阶段,内部控制制度不断完善,内部管理措施更具针对性和有效性。

1. 政府对商业银行内部控制的推动作用不断加强

在中国商业银行内部控制建设的历史上,政府部门发挥了重要的推动作用。财政部、人民银行、中国银行业监督管理委员会、中国证券监督管理委员会等部门都研究制定了与内部控制有关的规章制度。2005 年,中国银行业监督管理委员会出台了《商业银行内部控制指引》,提出了商业银行内部控制的基本框架。2007 年,财政部发布了《金融企业财务通则》,明确了金融企业投资者、经营者及其职能部门的财务管理职权,促进了金融企业公司治理结构的建立和完善。2008 年,财政部制定了《企业内部控制基本规范》,完善和明确了内部控制的概念。这些文件的要求各有特点,各有侧重,在商业银行内部控制具体实践中发挥了重要作用。

2. 国有商业银行改革为内部控制建设奠定了基础

银行股份制改革的一项重要成果,就是推动国有商业银行建立了符合市场经济原则的公司治理架构。目前,我国改制后的商业银行都已建立了以股东大会、董事会、监事会、高级管理层为核心,权责清晰、相互制衡、权责对等、有效问责的公司治理结构,基本上已按内部控制要求,建立了适合自身的内部控制框架体系,设立了专门的风险管理部门和内控合规部门,形成了由内部控制决策层、建设执行层、监督评价层三部分组成的内部控制组织结构,更加重视业务精细化管理和流程化建设,为提高内部控制水平打下了坚实的基础。

3. 已经初步形成了较为有效的内部制约机制

中国商业银行大部分是国家控股,既不同于美国高度分散的股权结构,也不同于亚洲国家部分家族控制的结构,国有股东的作用如何体现直接影响到国家利益在银行经营中如何实现。在引入战略投资者后,改制银行股权结构的多元化导致股权董事结构发生变化,国有股权董事参与改制银行董事会和专门委员会决策,已成为代言国家利益的重要渠道。通过董事会制度的建立和不同类型董事的参与,在商业银行决策层初步形成了较为有效的内部制约机制,推动了对改制银行重大事项的充分探讨,提高了决策的科学性,有利于维护改制银行的长远利益。

4. 银行风险管理和资本管理的水平明显提升

随着改制银行市场化经营程度的不断加深,我国国有商业银行密切关注国际金融危机的演变发展,认真分析危机及对业务的影响,加强了风险防范措施,通过借鉴国际经验和自主创新,信用风险、市场风险、流动性风险和操作风险管理也得到了加强,初步建立了风险管理的基本政策框架,推动了各项风险管理工作规范化。同时,国有商业银行的资本管理也取得了新进展,逐步深化价值最大化的经营管理理念,建立了更为科学的激励约束机制,资本配置更加规范和注重效益。部分银行开始实施全面的资本管理,引入了经济资本占用、经济资本回报率、经济增加值等指标,起到了良好的导向作用。

三、商业银行内部控制存在的主要问题

1. 公司治理结构有待进一步优化

长期以来,与国有企业类似,国有商业银行一直存在着内部人控制问题。尽管改制后的商业银行均按照股份制改革需要,成立了股东会、董事会、监事会,建立起了法人治理结构框架,但在治理结构的有效性方面还存在很多欠缺,治理结构的相互制约和相互监督作用难以充分发挥。一是董事会在公司治理中的作用还有待于强化;二是董事在专业背景、履职能力及实际工作经验

方面还有待于优化;三是在独立董事的工作机制方面,还存在接触业务时间少,对银行整体情况了解不够,在决策中独立性发挥不充分的问题,尤其是外籍独立董事,对中国文化的了解有一定的局限性。

2. 内部控制文化尚未真正发挥作用

文化引领是商业银行内部控制的重要内容。企业如果能够形成和重视内部控制文化,员工能够自觉遵循银行运行规律和管理要求,将会极大地促进内部控制制度的有效实施。一个企业只有拥有健康的文化,才会形成一个强有力的、有凝聚力的集体,才能在激烈的市场竞争中保持不败之地。目前部分商业银行的内部控制文化环境还不够完善,在理念上不能做到与时俱进,没有形成包括管理理念、经营风格、职业道德、组织结构等内容的内控文化,特别是很多基层机构不能充分把握内部控制的理念,造成商业银行内控文化缺位,制约了内部控制有效性的实现。

3. 多级管理链条使内部控制难度加大

目前,国很多大型的商业银行实行的都是"四级管理、四级经营"的模式,从总行到省行、地市分行、县支行四级的组织结构,是典型的金字塔管理结构,管理链条长、管理环节多,是一种多层次的委托代理关系。在管理成本、信息沟通、管理者和员工素质难以在短期内有较大提高的情况下,这会导致决策权力层次过多、责任界限不清、总行对分支机构的内部控制力逐级减弱,也使银行在整体运营过程中,对基层的约束和制衡能力不够,监控困难,从而加大了银行整体内部控制的难度。

4. 内部控制机制缺乏系统性和科学性

中国商业银行在内部控制的机制建设方面还刚刚起步,在一定程度上还不够系统和科学,缺少正确的方法和手段。一是在控制程序方面,存在业务流程和风险防控手段不到位的情况,在执行过程中,存在制度层面的管制空白点,导致局部内控链条失效;二是信息管理系统方面,没有充分利用现代的信息处理手段建立灵敏的信息收集、信息反馈系统,难以及时地为决策者提供科学、可靠的分析资料;三是在日常监督方面,没有对高风险点业务建立独立的检查制度,缺少对内控制度执行情况的常规性检查和监督。

5. 内部组织结构和职责分工不够科学和明晰

科学的内部组织结构是内部控制机制得以有效执行的前提和基础,但目前商业银行的内部组织结构还不够科学,有的虽然按照决策系统、执行系统和监督检查系统来设置内部组织结构,但职能部门之间缺乏整体的协调和配合,各自为政,阻碍了内部控制制度的施行。目前,部分机构还存在机构岗位之间的分工不明确,存在责任推诿的情况,导致部门之间和岗位之间职责交叉等问题,不仅会影响正常业务的开展,还会给风险管理带来漏洞。

6. 内部控制的评价标准不够明晰和统一

作为国有商业银行,在评价内部控制制度的建设情况、制度的执行情况和监督保障情况等方面,应有统一的标准。但从目前情况看,就内部控制应遵循哪些原则、内控制度执行程度如何衡量、实施内控保障应具备哪些条件等,缺乏相应的论证和规定。即使是同一家银行的不同分支机构,其评价标准也各不相同,在一定程度上影响了内部控制整体效应的发挥。

7. 外部竞争和金融创新给内部控制带来新的挑战

随着金融市场开放程度的不断扩大,我国商业银行面临着激烈的竞争环境和复杂多样的风险,为争夺市场、拓展业务,商业银行更加重视金融创新。从理论上讲,金融创新是金融机构变革机制、流程,创造新型金融服务和产品,提高竞争力的行为,是金融业生存和发展的必然路径。但如果没有建立有效的风险管理手段,一些金融创新行为反而会进一步放大市场波动性,并且对实体经济产生直接影响。因此,金融创新给银行内部控制带来新的挑战,增加了内部控制制度设计的难度和复杂性,如果处理不好,也会给经营管理带来风险。

四、几点建议

1. 进一步完善董事会制度建设

董事会作为商业银行公司治理结构的核心,除了要履行公司法规定的常规职能以外,还要对商业银行内控、风险管理以及合规经营负最终责任。因此,应进一步强化董事会的管理职能。一是要优化专门委员会组织机构设置,清晰界定其工作职责和工作流程;二是要充分发挥监督类专门委员会的作用,理清监督类委员会与监事会的职能边界;三是改善专门委员会信息不对称问题,建立非执行董事与高管层良好的沟通平台;四是在选择独立董事的过程中,应更加重视专业背景和从业经历,不应过于看重社会声望,充分发挥独立董事的作用。

2. 强化内部控制文化建设

通过内控文化建设,将管理意识、合规意识、制度意识深深根植于员工的思想观念之中,使全行员工对本行的内控制度、风险观念产生一致的理解和认同,将员工的风险意识和风险管理行为控制与约束在既定的目标范围之内。为此,商业银行的决策和管理层必须通过内部控制文化的建立和完善,促进商业银行内部控制的有效运行,达到有效调动员工潜能、发挥每个员工积极性的作用。要在银行内部树立全员内部控制意识,进一步提高管理人员和普通员工对于内部控制建设的重要性、迫切性的认识,通过对员工定期进行内部控制培训,将内部控制管理观念、行为规范由管理层贯彻落实到基层,由此促进商业银行内部控制制度的完善。

3. 建立全面科学的内部风险控制系统

在巴林银行事件中,里森同时拥有签发支票、核销银行对账单等权力,违背了交易和结算业务分开、相互制约的常规,丧失了有效的内部监管。因此,健全的内部控制系统要求,一是要严格授权审批制度,根据银行的经营管理水平、风险控制能力、制度执行以及资产等状况,实行差别化的授权制,并进行连续有效的监督;二是要严格高风险业务管理制度,加快建立信贷风险控制体系;三是建立风险测量预警机制,实现风险的有效防范,将风险造成的损失控制在可接受范围内,在业务开展过程中,应加强对风险状况的跟踪检测,及时提出防范措施。

4. 充分发挥内部审计监督和外部监管的作用

内部审计部门是商业银行业务综合管理和评价内部控制的职能部门,内部审计部门应具有完全的独立性和权威性,能够独立地按照法人要求,有选择地对内控的各方面行使其检查职能,并能够将检查评价结果直接地反映到高级管理层,在这种机制下,内部审计才能真正有效地发挥监督作用。

为提高监管效率,内部审计还应与外部监管相衔接,特别是要充分发挥监管部门、中介机构的外部监督作用。美国颁布的《萨奥法案》明确规定,独立审计师要对管理层对内部控制的评估进行再评估,并作出报告。目前我国还没有这方面强制性的规定,但目前各银行在年报中已经开始对本行内部控制情况进行披露。下一步,应更加重视外部监督的作用,与内部监督形成一个完整的体系。

5. 建立科学严密的内控组织体系

商业银行的组织结构,是指商业银行内部设立的职能部门和机构及其相互关系。合理有效的组织结构既是商业银行生存和发展的内在要求,又是实行内部管理的前提。一是在设置内部控制组织机构及对其定位上,应坚持独立性原则和权威性原则。内部控制组织机构的地位和设置层次越高,权威性越大,内部控制的作用就发挥得越充分。二是要建立健全组织机构,分清管理权责,为设计、执行、控制和监督活动提供基本的框架,使各机构、各职位做到有效的配合和整合,使商业银行的组织体系在相互制衡的前提下协调高效地运行。

6. 建立健全内部控制评估制度

内部控制评估是内部控制体系的重要内容,商业银行在建立内部控制评估制度的过程中,一是要根据业务发展,及时制定、修改、补充和完善各项制度;二是尽快建立风险识别的指标体系,开发和运用风险量化评估的方法;三是要大力开展内部控制评估。在业务经营活动中,对银行的管理状况、风险控制状况、现实风险状况等进行量化分析和评估,确定业务经营管理中的高风险点,提前制定防范预案。有效的内部控制评估制度可以促进银行内部控制不断完善,提高内部控制的有效性。

（作者单位:中华人民共和国财政部金融司。原载于《中国流通经济》2009 年第 11 期）

企业客户流失的原因及防范措施

范云峰

再次到张裕集团、森隆饲料、南阳红都等企业讲课，交流中一些高层管理人员诧异地对我说："不久前与客户的关系还好好的，一会儿'风向'就变了，真不明白。"客户流失已成为很多企业所面临的尴尬。

一、企业客户流失的原因

客户需求不能得到切实有效的满足往往是导致企业客户流失的最关键因素，表现在：

1. 企业产品质量不稳定，客户利益受损

这是比较常见的一种情况。

2. 企业缺乏创新，客户"移情别恋"

任何产品都有自己的生命周期，随着市场的成熟及产品价格透明度的增高，产品带给客户的利益空间往往越来越小。若企业不能及时进行创新，客户自然就会另寻他路，毕竟利益才是维系厂商关系的最佳杠杆。

3. 企业内部服务意识淡薄

员工傲慢，客户提出的问题不能得到及时解决，咨询无人理睬，投诉没人处理，服务人员工作效率低下也是直接导致客户流失的重要因素。

4. 市场监控不力，销售渠道不畅

某食品企业在进行山西市场开发时，对经销商投入了较高的营销费用，而在相邻的河南三门峡这个老市场企业营销费用的投入却较低，结果山西市场的营销经理与当地经销商联通，向三门峡市场肆意窜货。三门峡市场经销商无利可图，只好"忍痛割爱"，放弃了该企业产品的经营。

5. 员工跳槽，带走了客户

很多企业由于在客户关系管理方面不够细腻、规范，客户与企业之间业务员的桥梁作用就被发挥得淋漓尽致，而企业自身对客户影响相对乏力，一旦业务人员跳槽，老客户就随之而去。与此带来的是竞争对手实力的增强。

6. 客户遭遇新的诱惑

市场竞争激烈,为能够迅速在市场上获得有利地位,竞争对手往往会不惜代价以优厚条件来吸引那些资源丰厚的客户。"重金之下,必有勇夫",客户"变节"也不是什么奇怪现象了。

找到客户流失的病因只是有效管理客户的第一步,企业还应结合自身情况,"对症下药"才是根本。

二、实施全面质量营销

全面质量管理是创造价值和顾客满意的关键。顾客追求的是高质量的产品和服务,如果我们不能给客户提供优质的产品和服务,那么终端顾客就不会对他们的上游供应者满意,更不会建立较高的顾客忠诚度,就不可能为企业创造较大的效益并与企业建立牢固的关系。企业应实施全面质量营销,在产品质量、服务质量、客户满意和企业赢利方面形成密切关系。

1. 树立全员质量营销意识

通用电器公司董事长小约翰·F. 韦尔奇说过:"质量是通用维护顾客忠诚度最好的保证,是通用对付竞争者的最有力的武器,是通用保持增长和赢利的唯一途径。"可见,企业只有在产品的质量上下大工夫保证产品的耐用性、可靠性、精确性等价值属性才能在市场上取得优势,才能为产品的销售及品牌的推广创造一个良好的运作基础。

郑州"少林"防盗门是我们服务过的一个企业,该厂的质量营销意识给我留下了深刻的印象。在生产工艺环节,该厂要求防盗门内筋骨必须一根到底,不能有接头。有一次,工人在割制时发现有几个筋骨离焊接标准差一点点距离,如果按厂里要求,扔掉就太可惜了,若焊接上一小段,也能凑合着用,和正常的没什么差别,一般消费者看不出来。为此工人找到车间主任,主任说,就接一段吧,当心些,不要让人看出接头的痕迹。孰知产品在质检时,被查了出来。厂长甚是生气,首先炒了主任的鱿鱼,接着就当众叫人拿切割机将这些产品统统拆掉,然后当废品处理。厂里的工人一下子全都懵了。厂长语重心长地说:"品牌不能有二等品、三等品,这个关一定要把好。否则,客户不会相信我们,那企业也就会很快垮掉!"

2. 提高企业的服务质量

客户首先面对的是企业一线员工,员工服务态度、服务质量的好坏直接影响客户对企业的印象,这就需要企业加强员工服务意识方面的培养。建立

"无客户流失"文化,并将其渗透到员工的观念上,贯彻到行动中。IBM 拥有众多客户,这不仅来自于其可靠的产品质量,而且来自多年不懈的努力和服务人员的实际行动。众所周知美国纽约大厦停电事故,当时华尔街停电,纽约和证券交易所都关闭了,银行一片混乱。而 IBM 纽约分部的员工紧急动员每个人都忘我工作,争取把客户的损失降到最低限度。在 25 小时的停电期间,户外温度高达华氏 95 度左右,空调、电梯、照明一概没有,IBM 的员工不辞辛苦攀登一些高层大楼,包括有 100 多层的世界贸易中心大楼,他们带着各种的急需部件为客户维修设备。费城信赖保险公司的大楼失火,所有的导线被烧坏,电脑上的其他主要部件及设备被破坏,IBM 立即调来各服务小组,进行 24 小时不停顿的抢修。由于 IBM 服务小组连续三天抢修,信赖保险公司又恢复了正常业务,几乎没耽误什么工作。而正是 IBM 这种优质及时的工作,奠定了公司繁荣兴旺的基础。

(1)把企业的服务理念贯彻到行动中。企业除了在传统的售前、售中、售后服务领域做好工作外,还应不断地进行创新,为客户提供竞争对手难以满足的服务。企业的服务理念不是随便说说就完了,主要的是要贯彻到实际中去。去年夏天,武汉市空调销量大增,由于当地售后服务队伍人数有限,海尔预料自己的售后服务将面临人员危机,于是把东北市场的售后服务人员迅速调配到武汉。客户得到了海尔全心的支持,"真诚到永远"真是名不虚传。

(2)降低客户的经营成本。企业在竞争中为防止竞争对手挖走自己的客户,战胜对手,吸引更多的客户,就必须向客户提供比竞争对手具有更多"顾客让渡价值"的产品,这样,才能提高客户的满意度并影响双方深入合作的可能性。为此,企业可以从两个方面改进自己的工作:一是通过改进产品、服务、人员形象,提高产品的总价值;二是通过改善服务和促销网络系统,减少客户购买产品的时间、体力和精力的消耗,降低货币和非货币成本。

某企业为了更好地吸引客户,将销售收入的 3% 用于新产品的研制开发,生产市场上有良好需求的产品,还投入了大量费用改进产品的各种性能,提高产品的价值。而且把全国市场划分为华东、华西、华中、华南、华北五个部分,出资建立了五个仓库,每个仓库都配备专门的送货车,另外企业承诺客户不管什么时间要货,只要一个电话,保证 24 小时内送到。解决了客户缺少货源问题,节省了货物运输的时间、费用,客户购买产品的成本大大降低,受到众多客户的好评,企业当年的销售额就比往年增加了 23.5%。

(3)不断完善企业的服务。很多企业为了发现自身存在的问题,经常雇一些人,装扮成潜在顾客,报告在购买公司及其竞争者产品的过程中发现的优缺点。著名的肯德基快餐店就经常采用这种方法。美国的肯德基国际公司的子公司遍布全球60多个国家,达9900多个,但如何保证它的下属能循规蹈矩呢?一次,上海肯德基有限公司收到了3份总公司寄来的鉴定书,对他们外滩快餐厅的工作质量分3次鉴定评分,分别为83、85、88分。分公司中外方经理都为之瞠目结舌,这三个分数是怎么定的呢?原来,肯德基国际公司雇佣、培训一批人,让他们佯装顾客潜入店内进行检查评分,来监督企业,完善服务。

(4)以额外的服务留住客户。客户已成为企业竞争的重点,诸如售后服务等是每个企业都能做到的,额外的、意想不到的服务将是企业留住客户的法宝之一。

三、提高市场的反应速度

1. 善于倾听客户的意见和建议

(1)让客户感觉到自己受到重视。客户与企业间是一种平等的交易关系,在双方获利的同时,企业还应尊重客户,认真对待客户提出的各种意见及抱怨,并真正重视起来,才能得到有效的改进。

(2)企业从倾听中创新,为客户创造更多的经营价值。客户意见是企业创新的源泉。很多企业要求其管理人员都去聆听客户服务区域的电话交流或客户返回的信息。通过倾听,企业可以得到有效的信息,并可据此进行创新,促进企业更好地发展,为客户创造更多的经营价值。在一次进货时,某家具厂的一个客户抱怨,沙发体积大,而仓库的门小,搬出搬进很不方便,还往往会在沙发上留下划痕,顾客有意见,不好销。要是沙发可以拆卸,就不存在这种问题了。两个月后,可以拆卸的沙发运到了客户的仓库里,不仅节省了库存空间,而且给客户带来了方便。而这个创意正是从客户的抱怨中得到的。

2. 分析客户流失原因

(1)对于那些已停止购买或转向另一个供应商的客户,公司应该与他们接触一下以了解发生这种情况的原因,区分客户流失的原因。当IBM公司流失一个客户时,公司会尽一切努力去了解它在什么地方做错了。公司不仅要和那些流失客户谈话,而且还必须控制客户流失率,如果流失率不断增加,无疑表明该公司在使客户满意方面不尽如人意。

(2)对流失的客户进行成本分析。部分的企业员工会认为,客户流失了就流失了,旧的不去,新的不来。而根本就不知道,流失一个客户,企业要损失多少。一个企业如果每年降低 5% 的客户流失率,利润每年可增加 25%—85%,因此对客户进行成本分析是必要的。

获取一个新客户的成本是保留一个老客户的 5 倍,而且一个不满意的客户平均要影响 5 个人。依此类推,企业每失去一个客户,其实意味着你失去了一系列的客户,其口碑效应的影响是巨大的。

3. 建立强力督办系统,迅速解决市场问题,保证客户利益

如窜货问题导致客户无利可图,企业应迅速解决。定期派出业务人员到市场上进行巡查,一旦发现窜货迹象,要及时向企业反映,以争取充足的时间来采取措施控制窜货的发生,从而降低经营风险。因为,在很多情况下,猖獗的窜货往往致使客户无利可图,最后客户才无奈放弃产品经营而远企业而去。张某是一家乳品企业的三门峡地区总经销,哪知道只经营三个月,便发现山西市场不断向三门峡低价倾销。对此问题,张某多次与厂家交涉,不料厂家的负责人扔了一句"窜货是正常问题"打发张某,张某一气之下,以更低的价格向山西市场窜货,迅速收拢投入资金后,又重新换了一个乳品来经营。可见企业唯有加强市场的监控力度,方能解决窜货引起的客户流失问题。

对窜货的监督是必要的,而对业务员来说,检查客户在有关如何使用产品方面是否得到了适当的指导、培训和技术性帮助也是其职责。

4. 建立投诉和建议制度

95% 的不满意客户是不会投诉的,仅仅是停止购买,最好的方法是要方便客户投诉。一个以客户为中心的企业,应为其客户投诉和提建议提供方便。许多饭店和旅馆都备有不同的表格,请客人诉说他们的喜忧。宝洁、通用电器、惠而浦等很多著名的企业,都开设了免费电话热线。很多企业还增加了网站和电子信箱,以方便双向沟通。这些信息流为企业带来了大量好的创意,使它们能更快地采取行动,解决问题。

长春佳美宾馆用品商店的老板就接到了客户的一个建议,建议其销售的卫生纸纸卷小点。原来商店的客户是一家低档的宾馆,入住的客人素质较差,服务员每天放在卫生间的一大卷卫生纸,客人用不完也都全部拿走,用做其他用途了。本来可以用二三天的卫生纸,当天就不见了踪影,第二天只好再上新的。结果导致管理成本上升,这是很多低档次宾馆经理十分头疼的一件事。商店老板了解到这个情况,就立即从造纸厂订购了大量小卷卫生纸,派人去本市各低档宾馆推销。由于小卷卫生纸解了宾馆经理的难心事,从而受到欢迎,销量大增。

5. 建立预测系统,为客户提供有价值的信息

信息就是财富。企业真正为客户着想,一切从客户出发,不仅将企业的信息反馈给客户,而且及时对竞争对手的行为作出预测,并提供给客户。在为企业策划的过程中遇到这样一个企业,生产的是花生露奶。它的客户在市场上遇到一个竞争对手,而且两个企业都要占领市场。竞争对手的实力很强,在预测到竞争对手要在电视台投入巨额的资金打广告及占领超市时,这家企业及时告知其客户,并避开对手的资金优势,没有打广告,而是结合自身的实力和现状,转而采用了其他的促销方式,并把目标对象放在了居民小区。利用其销售人员非常熟悉居民小区的运作,30 多个业务员集体出动,在小区门口、学校门口支起半赠半卖的摊子,采用了免费赠饮、对比品尝等手法,通过对比强化人们对其口感的认识,帮助客户成功占领了市场。

四、与客户建立关联

1. 向客户描绘企业发展的远景

企业应该向老客户充分阐述自己企业的美好远景,使老客户认识到自己只有跟随企业才能够获得长期的利益,这样才能使客户与企业同甘苦、共患难,不会被短期的高额利润所迷惑,而投奔竞争对手。笔者在培训中就曾遇到这样一位学员,他是某兽药厂的区域经理,面对市场上众多的竞争对手和别的厂家的高额返利,他没有盲从,而是与经销商进行推心置腹的谈话:"很多厂家以高利润和高返利来吸引客户,但我们可以分析一下,差异化程度不大的产品,成本相差不大的情况下,其高额利润从哪里来呢?'羊毛出在羊身上',厂家一定不会做亏本买卖的,一定在产品的质量上打了折扣。我们的产品虽说价格高了点,但产品质量可以保证,而且我们生产的这种饲料还有一定的科技含量,企业发展潜力非常巨大,返利也可以顺利返还到经销商的手中,你经营我们兽药厂的产品保证你会得到稳定的收益。"这样做的结果使很多经销商放弃了眼前的利益,追求更为长远的打算,该企业也赢得了一大批稳定的老客户。

2. 深入与客户进行沟通,防止出现误解

(1)将厂家的信息及时反馈给客户。企业应及时将企业经营战略与策略的变化信息传递给客户,便于客户工作的顺利开展,同时把客户对企业产品、服务及其他方面的意见、建议收集上来,融入企业各项工作的改进之中。这样,一方面可以使老客户知晓企业的经营意图;另一方面可以有效调整企业的

营销策略以适应顾客需求的变化。当然,这里的信息不仅包括企业的一些政策,如新制定的对客户的奖励政策、返利政策的变化、促销活动的开展等,而且还包括产品的相关信息。

(2)加强对客户的了解。首先,要掌握客户的资料。很多销售人员跳槽带走客户,很大的原因就是企业对客户情况不了解,缺乏与客户的沟通和联系。企业只有详细地收集客户资料,建立客户档案进行归类管理并适时把握客户需求,才能真正实现"控制"客户的目的。其次,引进新型的客户关系软件。市场上流行的CRM给企业提供了了解客户和掌握客户资料的条件,主要是使用IT和互联网技术实现对客户的统一管理,建立客户档案,注明其名称、公司地址、资金实力、信用情况、库存情况等,做到对客户的情况了然于心,并为其提供完善的服务,才能留住客户。

(3)经常进行客户满意度的调查。一些研究表明,客户每四次购买中会有一次不满意,而只有5%的不满意客户会抱怨,大多数客户会少买或转向其他企业。所以,企业不能以抱怨水平来衡量客户满意度。企业通过定期调查,直接测定客户满意状况。企业可以通过电话向最近的买主询问他们的满意度是多少,测试可以分为:高度满意;一般满意;无意见;有些不满意;极不满意。在收集有关客户满意的信息时,询问一些其他问题以了解客户再购买的意图将是十分有利的。一般而言,客户越是满意,再购买的可能性就越高。询问客户是否愿意向其他人推荐本公司及其产品也是很有用的。好的口碑意味着企业创造了高的客户满意度,了解了客户不满意所在才能更好地改进服务,赢得客户的满意,防止客户流失。

3. 优化客户关系

感情是维系客户关系的重要方式。日常的拜访、节日的真诚问候、婚庆喜事、过生日时的一句真诚祝福、一束鲜花,都会使客户深为感动。交易的结束并不意味着客户关系的结束,在售后还须与客户保持联系,以确保他们的满足持续下去,维系客户关系也是其工作的职责。某公司销售总经理会在每年的大年三十拿上漂亮的鲜花和丰盛的年货,到公司最优秀的客户家中热情地送去祝福,并和客户家属围坐圆桌包饺子、畅谈公司远景。结果客户及家属感动得热泪盈眶。某服装商店的老板平时就十分注意收集客户的档案资料,客户家里的红白喜事、生日满月,这些他都心中有数。届时,小到一束鲜花、一盒蛋糕,或是一件纪念品,便会准时送到,传达他浓浓的友情。每次逢年过节,该老板也总是放弃与家人团聚的机会,主动拜访客户,联络感情,这种"情感法"做生意的窍门,深得广大客户的好评。这样每年的客户都非常稳定,公司的销售业绩也逐年上升,增幅达 10%。

对于那些以势相要挟的客户,企业一定要严肃对待,"杀一儆百"乃为上策。

防范客户流失工作既是一门艺术,又是一门科学,它需要企业不断地去创造、传递和沟通优质的客户,这样才能最终获得、保持和增加客户,锻造企业的核心竞争力,使企业拥有立足市场的资本。

（作者单位:北京范云峰营销管理有限公司。原载于《中国流通经济》2003 年第 5 期,被中国人民大学《复印报刊资料》之《商业经济》2003 年第 7 期全文转载）

第八篇　流通法制建设

依法诚信纳税　共建和谐社会

谢旭人

　　构建社会主义和谐社会,是中国共产党从全面建设小康社会、开创中国特色社会主义事业新局面的全局出发提出的一项重大战略任务,适应了中国改革发展进入关键时期的客观要求,体现了广大人民群众的根本利益和共同愿望。2006 年召开的党的十六届六中全会审议通过的《中共中央关于构建社会主义和谐社会若干重大问题的决定》,深刻阐明了社会主义和谐社会的性质,明确了构建社会主义和谐社会的指导思想、目标任务和工作部署。2007 年 3 月 7 日,胡锦涛总书记在"两会"期间参加全国政协委员讨论时指出,要把共同建设、共同享有和谐社会贯穿于和谐社会建设的全过程,真正做到在共建中共享、在共享中共建。税收是国家财政收入的主要来源,是国家实行宏观调控的重要杠杆,与和谐社会建设息息相关。各级税务机关要认真学习、深入贯彻十六届六中全会和胡锦涛总书记的重要讲话精神,努力做好各项工作,充分发挥税收筹集财政收入和调节经济、调节分配的作用,为促进社会主义和谐社会建设服务。

　　依法诚信纳税是社会主义和谐社会建设的客观要求,是广大纳税人共建、共享和谐社会的具体体现。

一、依法诚信纳税是社会主义和谐社会建设的重要物质保障

　　构建社会主义和谐社会,实现经济又好又快发展、社会全面进步、人民群

众安居乐业,需要强大的财力作保障。税收是国家参与国民收入分配最主要、最规范的形式,筹集财政收入稳定可靠。我国的税收收入已占财政收入的95%左右,是财政收入最主要的来源。我国实行社会主义制度,国家、集体和个人之间的根本利益是一致的,税收的性质是"取之于民,用之于民"。国家运用税收筹集财政收入,通过预算安排用于财政支出,提供公共产品和公共服务,进行交通、水利等基础设施和城市公共建设,支持"三农"发展;用于环境保护和生态建设,促进教育、科学、文化、卫生等社会事业发展;用于社会保障和社会福利,促进地区协调发展;进行国防建设,维护社会治安,用于政府行政管理,开展外交活动,保障国家安全,促进经济社会发展,满足人民群众日益增长的物质文化等方面的需要。

近年来,中国税收收入保持持续快速增长势头。2006年达到37636亿元,比2005年增长21.9%。这是国民经济快速增长和企业效益大幅提高的反映,是各级党委政府、社会各界对税收工作的支持和全国税务系统推进依法治税、加强税收征管的结果,也是广大纳税人依法诚信纳税为国家作出的贡献。国家税收较快增长,大大增强了财政实力,为增加公共产品和服务,改善民生提供了财力保障。要构建社会主义和谐社会,需要着力解决我国存在的经济社会、城乡发展不平衡等问题,支持农村发展和农民增收,发展医疗卫生、教育、文化等社会事业,促进就业和社会保障,进一步改善民生。这些都需要国家有强大的财力作保证。这就要求税收随着经济发展保持平稳增长,依法筹集更多的财政收入。因此,纳税人要依法诚信纳税,税务部门要坚持聚财为国、执法为民的工作宗旨,依法诚信征税,确保税收收入平稳较快增长,不断增强国家财政实力,为各级政府增强公共服务和社会管理职能,全面建设小康社会,构建社会主义和谐社会提供强大的财力保证。

二、依法诚信纳税是构建社会主义和谐社会的重要内容

我们所要建设的社会主义和谐社会,是民主法治、公平正义、诚信友爱、充满活力、安定有序、人与自然和谐相处的社会。民主法治就是社会主义民主得到充分发扬,依法治国方略得到切实贯彻,各方面积极性得到充分调动。诚信友爱就是全社会互帮互助、诚实守信,全体人民平等友爱、融洽相处。法制是社会和谐的重要保障,诚信是社会和谐的重要标志。这实际上就是要求坚持依法治国与以德治国相结合,推进社会主义和谐社会建设。

依法诚信纳税从法律和道德两个方面规范、约束税务机关和纳税人的行

为,是构建社会主义和谐社会的题中应有之义。我国宪法明确规定,中华人民共和国公民有依照法律纳税的义务。任何不依法纳税的行为都要受到法律的惩处,依法诚信纳税也是纳税人最好的信用证明。诚信不仅是一种品行,更是一种责任;不仅是一种道义,更是一种准则;不仅是一种声誉,更是一种资源。就个人而言,诚信是高尚的人格力量;就企业而言,诚信是宝贵的无形资产。"人无信不立,商无信不兴。"失去了信用就难以在市场竞争中立足。只有坚持守法经营、诚信纳税,才能树立良好的商业信誉和形象,实现长远发展。广大纳税人必须依法诚信纳税,才能推动、形成全社会诚实守信、文明守法的良好风气。

三、依法诚信纳税、共建和谐社会需要征纳双方共同努力

2007 年是《中华人民共和国税收征收管理办法》公布 15 周年。这些年来,税收征管法及其实施细则作为我国重要的税收法律法规,在加强税收征管、规范税收执法、维护纳税人合法权益等方面发挥了重要作用。税收征管法及其实施细则还明确规定了税务机关和纳税人的权利与义务。就税务机关而言,就是要严格执法,文明服务。就纳税人而言,就是要自觉履行纳税义务,依照法律、行政法规的规定及时足额缴纳税款,这也是享有国家提供各项保障和服务权利的前提与基础。同时,纳税人还享有依法申请减免缓税、行政复议、选择申报方式、检举、控告税务人员的违法行为等权利。税收征管法及其实施细则明确税收征纳双方的权利与义务,为推进依法诚信纳税、共建和谐社会提供了有力的法律保障。实现依法诚信纳税,促进和谐社会建设,是纳税人与税务机关的共同责任。纳税人是依法诚信纳税的主体,税务机关在促进依法诚信纳税方面发挥着关键作用。税务机关和纳税人都要树立权利与义务对等的观念,认真履行义务,正确行使权利,共同为促进和谐社会建设作出应有的贡献。希望广大纳税人增强在和谐社会建设中共建才能共享、共享有利于促进共建的意识,认真遵守税收法规,积极履行纳税义务,及时足额缴纳各项税款,做和谐社会建设的积极参与者。各级税务机关要坚持依法治税,科学管理,优化服务,为纳税人依法纳税创造良好条件和环境。

加大税法宣传力度,增强全社会依法诚信纳税意识。坚持不懈地加强税法宣传教育,是推进依法诚信纳税,营造良好税收法治环境的重要举措。要进一步改进宣传方式,创新宣传形式,丰富宣传内容,切实提高税法宣传的效果,广泛、及时、准确地向纳税人宣传税收法律、法规和政策,普及纳税知识;要加

强办税服务、政策咨询和纳税操作实务知识的宣传培训,既要使纳税人明确纳税义务,又要使纳税人掌握如何履行纳税义务,为纳税人学法、用法和守法创造条件;要加强税收职能作用、税收取之于民、用之于民的宣传,使广大群众了解税收为各级政府社会管理和公共服务提供财力保障,调节经济和调节分配,促进国家经济建设和社会事业发展的重要作用,从而进一步增强依法诚信纳税的荣誉感和自觉性;坚持日常宣传与税收宣传月宣传相结合,既要搞好全国税收宣传月活动,扩大影响,又要加大日常宣传力度,常抓不懈;坚持正反典型宣传相结合,既要广泛宣传依法诚信纳税的典型,发挥示范效应,又要对涉税违法犯罪大案要案进行曝光,教育广大纳税人,震慑不法分子;坚持贴近实际、贴近群众、贴近生活,采取群众喜闻乐见的形式,开展新颖活泼、丰富多彩的宣传活动。开展税法宣传是一项系统工程,需要税务部门和社会各界的共同努力。上下级税务机关以及各级国、地税局之间要加强协调配合,密切协作,发挥整体优势,形成宣传合力。税务部门要积极主动地向当地党委、政府汇报税法宣传活动情况,加强与宣传、司法、教育等部门和新闻媒体的联系沟通,取得他们对税法宣传的支持。要注重听取专家学者和纳税人等各方面的意见和建议,及时研究改进,不断提高税法宣传的针对性和实效性。

改进和优化纳税服务,构建和谐的税收征纳关系。和谐的税收征纳关系是促进国家税收事业发展,发挥税收职能作用的重要条件,也是和谐社会的重要组成部分。要以提高税法遵从度和方便纳税人及时足额纳税为目标,加强和改进纳税服务工作,切实维护纳税人合法权益,构建和谐的税收征纳关系。在税收征管中要注意减轻纳税人办税负担,下大力气清理、简并要求纳税人报送的各种报表资料,避免纳税人重复报送。国、地税局要进一步做好联合办理税务登记、开展税法宣传、评定纳税信用等级和加强税务检查协调等方面的工作;合理简化办税程序,推行申报纳税"一窗式"管理、涉税事项"一站式"服务,充分利用现代信息技术和金融支付结算工具,实行多种申报和缴款方式,推进税库银联网,方便纳税人办税;开展纳税辅导咨询服务和援助,帮助纳税人掌握税法知识,熟悉办税程序;优化办税服务厅功能,推进税务网站建设和管理,规范12366热线服务,充分发挥其在税法宣传、咨询辅导、办税服务、政务公开等方面的作用;大力推行全程服务、预约服务、提醒服务及首问责任制。坚持礼貌待人,文明服务,努力营造和谐融洽的办税环境;结合推进社会信用体系建设,完善纳税信用等级评定管理办法,建立健全征税信用、纳税信用相结合的税收信用体系,使税收信用成为衡量纳税人诚信状况的重要标准,激励和促进纳税人依法诚信纳税。采取定期征询纳税人意见等多种形式,建立纳税服务工作考核评价机制。

大力推进依法治税,创造公平竞争的税收环境。依法治税是依法治国方略和依法行政要求在税收领域的具体体现,是税收工作的灵魂。税务机关必须依法征税,严格、公正、文明执法。要推进税法体系建设,为依法治税、规范行政奠定良好基础。加强与有关部门的协调配合,严格按照立法权限和程序,做好税收法律法规和规范性文件的制定与完善工作。深入贯彻国务院《全面推进依法行政实施纲要》,按照法定权限和程序行使权力,履行职责。认真落实依法征税,应收尽收,坚决不收过头税,坚决防止和制止越权减免税的组织收入原则,正确处理依法征税与支持经济发展、依法征税与完成税收计划、依法征税与纳税服务、依法征税与完善税制之间的关系,做到依法治税、依法征管。要强化税收执法监督。深入推行税收执法责任制,推广税收执法管理信息系统,严格执法过错责任追究。扎实开展税收执法检查,大力整顿和规范税收秩序。加强税务稽查,坚决打击涉税违法行为,继续严厉打击虚开和故意接受虚开增值税专用发票和其他可抵扣票,骗取出口退税,以及利用做假账、两套账、账外经营偷税等行为。对房地产、建筑安装、餐饮娱乐、食品药品生产、连锁经营超市等行业纳税情况以及高收入行业个人所得税缴纳情况开展专项检查。对一些税收秩序比较混乱、征管基础比较薄弱的地区进行税收专项整治。

依法诚信纳税,共建和谐社会,是一项长期而艰巨的任务。让我们共同努力,推进依法治税,促进国家税收事业发展,发挥税收职能作用,为构建社会主义和谐社会作出更大贡献。

（作者单位:国家税务总局。原载于《中国流通经济》2007 年第5 期）

商业网发展的法制建设

万典武

　　中国搞社会化市场经济已十多年,成绩巨大,但问题也不少。以流通领域而论,诚信丧失、假冒伪劣、坑蒙拐骗、欠账赖账、食品安全等问题之严重,令人怵目惊心。"严打"要打,但治本之策在于完善"游戏规则"和实施公正裁判。

　　下面着重就我多年关注的我国商业网发展如何走法制道路的问题,来阐述社会主义市场经济呼唤完善"游戏规则"的观点。我这里说的商业网是指一个国家、一个地区批发、仓储、物流、配送、零售、餐饮、生活服务、娱乐等企业的经营场所、设施的总和与架构。因其布局成网状,故称商业网。

一、盲目新建商业网的巨大损失和浪费

　　不少人对市场经济的糊涂认识是:一只"看不见的手"统治一切,一切放任自流,毫不尊重宏观规律。我国大型商场、批发市场、商业街、商业步行街等方面的盲目建设十分严重。20世纪90年代中叶,我国许多大中城市掀起兴建大型百货商店的热潮,时任北京市委书记的陈希同就说要在北京新建100家10000平方米以上的百货店。我们几位专家齐声反对;认为百货店有三四十家即可。但1996年就已达到70多家,1997年因恶性竞争而有个别倒闭的,全行业也随之跌入了微利的困境。据当时粗略估计,这股风在全国造成的损失不下数百亿元。

　　2003年《商业时代》杂志统计了全国已建、在建、酝酿上马的大型购物中心(Shopping Mall)共需投资1700亿元,单体规模有50万、70万甚至100万平方米的,连江西某个20多万人口的县城也想建一个20万平方米的大型购物中心。当时正值三峡水库二期工程告捷,共投资800多亿,几年后全部竣工,也才花1700亿元。对比之下,令我震惊。全国有共识的专家曾用多种方式批评这股歪风,有的专家还直接报告了温家宝总理。好在政府比较看重专家意见和客观规律,在宏观控制的盲目投资项目中把大型购物中心与钢铁、水泥等一起列入力戒盲目发展的项目名单,避免了上千亿的损失。

二、应当借鉴国际经验推进我国商业布局的法制建设

发达国家公共商务管理一个很重要的内容是规范大型零售店铺的发展，而其基点是限制大店铺投资者的到处自由设店。20 世纪 90 年代以来，许多发达的市场经济国家在零售业大店铺的管理上采取了逐步严格的规范政策，其中以西欧各国最为明显。法国政府 1992 年对 1973 年制定的《店铺法》进行修改，并决定所有大型零售设施的开发冻结到 1994 年，1996 年再次修改法规，将零售店的规范对象降到了 300 平方米的店铺，同时对达到 60 万平方米的大店的开设申请采取了搁置态度。英国于 1996 年出台了大型零售设施开发的第三次国家方针，提倡城市商业中心概念。德国于 1980 年出台大店铺的规范政策，以 1200 平方米为规范基准，大店被限定在特别指定的区域，1996 年又修正《闭店法》，要求大店延长闭店时间，以照顾中小商店的经营。日本于 1973 年出台了《关于调整大规模零售企业活动的法律》（简称《大店法》），对 1500 平方米以上的大店的扩张和新设，采用了由主管部门许可的方式进行法律限制；1963 年还制定了《中小企业基本法》，对包括批发、零售在内的中小企业以低利融资方式诱导其进行集团化、协作化改造。日本零售业对外封闭式的商业结构多年来一直受到美国的批判，要求日本开放零售市场。为此，日本于 1999 年废止了原《大店法》，但同时又出台了《大规模零售店铺立地法》，继续对大店的新设进行规范。美国联邦政府没有专门规范大店发展的法律，但授权州政府和地方政府在区域规范和土地利用计划中设置了这类内容。按照这类规范，零售设施只允许在符合规定用途的区域内设置，也是采取有条件许可的政策。另外，美国也十分注意保护中小商业的发展，防止大店过多对原有的零售业特别是中小店铺带来威胁。从以上情况可以看出，对大型零售店铺的发展加以规范，是成熟市场经济国家的通例，而且总的趋势是管理趋于严格。

作者多次到美国探亲小住，深感美国的商业布局比较合理。一个城市的店铺数量、行业结构、地区分布、业态构成均比较适当。美国的商业布局和店址选择主要是由业主按照市场规律决定的，着重衡量投入、产出、营业额大小、赢利多少等经济因素。无论大房地产开发商还是小店主都慎之又慎，因为成败得失都由他们自己承担。作者一再询问美国是否有严格的商业法律或条例来规范商业主的行为，但答案是美国并没有全国性的单独的这类法律或条例。美国政府着重管建设、交通、环保、专用设施等事项。联邦政府、州政府、市政府管理权限有明确分工。比如飞行、航空监督等由联邦法律管，建筑业等由州

法律来管,店铺开设和关闭须到市政府登记,而旅店、枪支店、色情录像店、网吧等特种店铺还须报警察署审批。

新建商业项目须报市政府审批,主要是审查建筑方面的有关事项。比如房地产商开发一个 Mall 商业城,主要是报建筑规划和具体设计。市政府审查的重点是这一项目对于交通的影响、停车位的多少、上下水道的安排、对周边环境的影响(例如对附近居民特别是学校安宁的影响)、绿地面积及环保等方面。建筑工程等行业还有全国通用的行业标准,很多,很细,都是技术性的,均须严格遵守。

现有房屋的改建、扩建也要到市政府报批。我亲戚的一座独门独院房(Single house)由平房顶改成人字架房顶,就是到市政府报批的。批准内容很详细,比如立柱用几寸见方的木料都写在一张卡上,挂在住宅明显的地方,市政府的管理人员可以随时核查。这项工程共花 7000 多美元,向市政府有关部门交各项管理费 200 多美元。经过批准的这类改造,将来房屋转卖时可以作为附件,纳入房价估算内容。如私自改造就不能作为附件(私自改扩建,政府查到是要罚款的)。

我特别问到停车位数量有何规定,他们说连普通住宅都有车位规定。如前面提到的独门独院私人住宅就必须有两个室内车位,不得私自将车位改作他用。公共场所建设时均有车位的严格要求,比如电影院是平均 3 个观众座位须配备 1 个停车位,即一个 600 位观众的电影院须有 200 个停车位;办公楼一般是 100 平方米的使用面积必须有一个停车位。市政府对各类商业中心和 Mall 均有停车位的最低规定,而入住的店铺业主普遍对房地产商要求更高一些,作为吸引顾客的有利条件。

作者从上述情况中深深体会到,美国虽没有单独的商业法规,但在城市总体规划中特别是在建筑工程等方面已经把商业建设作为重要的内容纳入了法制轨道,这是美国对商业建设进行宏观管理的微妙之处。

三、应当发挥我国少数城市制定商业布局法规的领先示范作用

我国对商业网发展进行法制建设的必要性,早已为国务院的主管部门和少数城市所认识,并采取了实际步骤。1991 年 5 月国家商业部发布了《城市商业网点建设管理暂行规定》,后为适应新情况,1995 年 12 月国家内贸部又发布了《城市商业网建设管理规定》。但因机构调整等原因,这项工作多年被撂荒。

　　上海、大连等城市这项工作走在全国的前面。2001 年 11 月 1 日,上海市商业委员会、上海市发展计划委员会出台了《关于大型超市开设中引入听证制度的通知》,规定"在内环线以外地区开设 10000 平方米左右的大型超市,应当符合地域、人口、商圈等布局要求。为确保今后大型超市规划布局的科学性、合理性,避免过度竞争,由上海连锁商业协会根据本市大型超市发展规划意见,规定开设大型超市听证办法,召集商业、计划、规划、工商行政、外资等行政管理部门及有关专家、相关企业代表、社区代表等有关人士,广泛听取意见,举行听证会,由工商部门根据听证结论确认是否办理有关注册登记手续";"外商投资企业在内环线以外地区开设 10000 平方米左右的大型超市,除符合外资企业准入的条件外,还需通过听证程序后,方可办理有关工商注册登记手续"。

　　2002 年 8 月 12 日,大连市人民代表大会常务委员会公告发布了市人大常委会通过并报辽宁省人大常委会批准的《大连市城市商业网点规划建设管理条例》。这是我国第一部比较完整而且通过立法程序批准颁布的商业规划建设的法律文件。《条例》共 17 条,其中第 4 条规定各区应制定商业网点规划并将之"纳入国民经济和社会发展计划以及城市总体规划"。第 7 条规定 2000 平方米以上商业项目要组织听证会,"新建(含新设)、改建、扩建建筑面积 2000 平方米以上的商业项目,应在立项前申请商业交通管理部门组织听证会,听取行业组织、周边商业单位、社区组织、消费者代表及专家等方面的意见,有关职能部门应当吸收听证意见作为审批依据。"

四、中国商业网法制建设的要点及新动向

　　综上所述,中国商业网立法是规范、指导、制约中国商业布局、建设、发展的根本性问题。这是一个需要较长时间组织各方力量共同努力研究的重大问题,是应该由国务院法制办公室,全国人大常委会法律委员会,各省、市、自治区及大城市人大常委会提上议事日程的大事。几年里,作者提出的粗浅建议主要是:

　　1. 开展调查研究,打好基础,取得共识

　　日本、法国等均有全国性的商业网法,我国少数大城市如大连等也有经过市人大常委会制定颁布的商业网管理条例,但总的来说目前全国是无法可依的。要调查这种没有商业网方面的条例、法律的危害性并研究解决办法,取得共识,同心协力做好工作。

2. 全国性的商业网立法要抓住重点

第一,规定各大城市均须作 5 年或 10 年商业网规划,滚动调整,而且必须纳入城市总体规划,作为城市总体规划中必不可少的重要的构成部分。第二,各大城市地方政府或市人大常委会均应参照大连市等地的做法制定本市的商业网发展和管理条例。第三,大城市的条例应规定,凡新建 5000 平方米以上的店铺均须举行有专家、同行、附近居民代表参加的听证会,并将会议纪要作为上报审批的必要附件,必须有环保、停车位、交通条件等方面专家的论证报告。第四,大中城市、城镇的商业网规划及其实际建设必须符合本市、本镇总体规划的要求,实用、美观,成为"百年大计"的主要构成部分。

3. 步骤

第一,由国家发展和改革委员会、商务部、建设部、国土资源部、工商总局等有关主管部委(局)联合草拟一个试行条例,请国务院办公厅批转试行。第二,经过一段试行,总结经验,再经过反复修正落实,由国务院法制办公室列入立法日程,起草由国务院颁发的《中华人民共和国商业网建设和管理条例》。第三,再经过一定时间的实践,在上述《条例》的基础上修订充实完善,由国务院提请全国人大常委会列入立法提案,提请全国人大常委会审议批准并颁布《中华人民共和国商业网建设发展法》。

2004 年春天,十届人大会议期间,我主持专家组为全国人大代表王填草拟了一份《中国大商法》的议案,引起了多方面的重视,被正式列为大会代表提案。许多报刊对此作了报道。随后商务部和有关专家向温家宝总理提出了相关建议,温总理作了正面批示。现在商务部已草拟全国城市商业网管理办法草案,正在征求有关方面意见。这个草案经过了多方协调,国务院法制办公室列入了工作日程,从动向看,很有希望成为国务院审定颁布的《条例》,从而开辟我国商业网发展纳入法律正轨的新阶段。

（作者单位:中国商业政策研究会。原载于《中国流通经济》2004 年第 7 期）

循环经济与立法研究

冯之浚

一、循环经济是一种发展模式

循环经济不仅是一种新的经济发展模式,也是一种新的经济增长方式。所谓循环经济,就是按照自然生态物质循环方式运行的经济模式,它要求遵循生态学规律,合理利用自然资源和环境容量,在物质不断循环利用的基础上发展经济,使经济系统和谐地纳入到自然生态系统的物质循环过程中,实现经济活动的生态化。其本质上是一种生态经济,倡导与环境和谐的经济发展模式,遵循"减量化、再利用、资源化"原则,采用全过程处理模式,以达到减少进入生产流程的物质量、以不同方式多次反复使用某种物品和废弃物的资源化目的,是一个"资源—产品—再生资源"的闭环反馈式循环过程,可以实现从排除废物到净化废物再到利用废物的过程,达到最佳生产,最适消费,最少废弃。

人类社会在经济发展过程中经历了三种模式,代表了三个不同的层次。第一种是传统经济模式。这种模式是一种"资源—产品—污染排放"的单向线性开放式经济过程,不考虑环境代价。第二种是生产过程末端治理模式。它强调在生产过程的末端采取措施治理污染,采取"先污染,后治理"的做法。第三种是循环经济模式,也称为全过程治理模式。

在现实操作中,循环经济遵循的基本指导原则包括减量化原则、再利用原则和资源化原则。减量化原则要求在生产、流通和消费等过程中尽可能减少资源的消耗和废物的产生。再利用原则要求将再生资源直接作为产品或者经修复、翻新、再制造后继续作为产品使用,或将再生资源的全部或部分作为其他产品的组件或部件予以使用。资源化原则即资源综合利用原则,包括在矿产资源开采过程中对共生、伴生等矿产进行综合开发与合理利用;对生产过程中产生的产业废物进行回收和合理利用;对流通、消费后废弃的产品进行回收和再生利用。

发展循环经济有企业、产业园区、城市和区域等层次,这些层次由小到大依次递进,前者是后者的基础,后者是前者的平台。

　　循环经济立法中所指的循环经济,是在生产、流通和消费等过程中进行的减量化、再利用、资源化活动的总称。发展循环经济,有利于提高经济增长质量、节约资源能源和改善生态环境,是建设资源节约型、环境友好型社会的重要途径,是落实科学发展观、实现可持续发展的必然要求。

二、循环经济范式研究

　　循环经济作为一种新的范式,较之其他范式有如下特征:

　　1. 重估自然资源的价值

　　循环经济范式强调,任何一种经济都需要四种类型的资源来维持其运转,即以劳动、智力、文化和组织形式出现的人力资源;由现金、投资和货币手段构成的金融资源;包括基础设施、机器、工具和工厂在内的加工资源;由资源、生命系统和生态系统构成的自然资源。循环经济范式将自然资源列为最重要的资源形式,认为自然资源是人类社会最大的资源储备,提高资源生产率是解决环境问题的关键。

　　自然资源对人类的生存与发展、满足人类多方面的需求具有极其重要的功用价值,除经济价值外,还具有生态价值和社会价值,主要体现在:(1)自然生态为人类提供最基本的生活与生存需要的“维生价值”;(2)自然资源作为人类利用自然、改造自然的对象,为人类提供“经济价值”;(3)自然资源在为人类提供经济作用的同时,还提供“生态价值”,尽管其不能直接在市场上进行交换,体现的是潜在价值和间接使用价值;(4)自然为人类满足精神及文化上的享受而提供“精神价值”,体现的是存在价值或文化价值;(5)自然为满足人类探索未知而提供“科学研究价值”等。

　　自然资源的经济价值、生态价值、社会价值等是统一的不可分割的整体,经济价值如不顾及其他而不断地开发,必然会引起生态价值和社会价值的流失和缺损。自然资源的价值是其经济价值和服务价值(生态价值、社会价值等)的总和。自然资源的服务价值是其经济价值的基础,对经济价值起着制约作用。人类对于自然资源的利用是对其各种价值利用的叠加,当人类经历对自然资源经济价值的着重利用阶段之后,将会更加偏重对自然资源服务价值的利用。

　　在末端治理范式中,往往认为自然资源是无价值的,这种观念导致了资源的无偿占用、掠夺性耗竭性开发,以至于造成资源的浪费和损毁、生态环境的破坏和恶化,严重制约了可持续发展。长期以来,资源的过度消耗和浪费随处可见(每年全世界对资源的浪费竟有 10 万亿美元)。过去,发展仅仅是劳动生产率的增加,而知识经济时代,资源生产率的提高被赋予同等重要的地位,作为最优先考虑的目标,并被认为是解决环境问题的关键。应通过技术进步和知识创新,提高生产效率,用更少的资源消耗创造更多的财富。

中国作为发展中国家,虽然劳动力资源廉价、丰富,但资源和能源相对缺乏,生态环境问题较为突出,必须吸取发达国家的经验教训,重视资源生产率革命,一方面依托现有最佳实用技术,淘汰落后技术,推动产业升级,实现技术进步与效率改善;另一方面在绿色化学技术开发、减物质化设计、(有毒化学品)就地制造、精益制造、闭环制造等领域,寻求技术突破,以更大限度地提高资源生产率,真正实现科学发展。此外,还要充分发挥自然资源的作用,通过向自然资源投资来恢复和扩大自然资源存量,运用生态学模式重新设计工业,开展服务和流通经济,改变原来的生产和消费方式。

2. 关注不同生态伦理的整合与提升

生态伦理是关于人与自然关系的伦理。由末端治理范式发展到循环经济范式,在生态伦理基础上,经历了从人类中心主义向生命中心主义、生态中心主义的转变并实现了三种生态伦理观的整合与提升。

人类中心主义生态伦理观认为,人类的价值是最崇高的且是唯一的,其他物种的价值只有在人类使用它们的时候才表现出来。一切从人类利益出发,维护人的价值和权利是人类活动最根本的出发点或最终价值依据,衡量人的行为只看它能否给人类带来好处,至于是否伤害了其他物种均可不予理睬。经过多年的努力,人类将伦理的范围从人类扩展到非人类,对自然界的生物体给予道德考虑,这类学说通称为生命中心主义。认为所有生命特别是动物都有价值,判别善恶以是否伤害生命为标准。后来,生态伦理又有了新发展,产生了生态中心伦理的主张,认为天下万物都是有价值的,生态系统是一个整体,对局部或个体的破坏就是对整体的伤害,不能为了局部利益伤害整体利益。

人类中心主义的伦理观产生了传统的生产—消费模式:大量使用地球资源—无节制地大量生产,不计环境代价与成本—无限制地满足消费欲望,大量消费和奢侈消费—大量排放生产和生活废弃物。这一传统模式最终导致地球资源严重枯竭,环境恶化,生态灾难频繁发生。人们意识到问题的严重性后,开始着手治理环境问题,采取生产末端治理方式,短期内取得了较好的效果。但长期来看,生产末端治理方式不能从根本上减缓并遏制资源日趋枯竭的进程,人与自然的矛盾仍然突出。为使地球上现有的资源能使用更长时间,将资源的有限性和人类繁衍、文明进步的无限性协调统一起来,实现人类社会可持续发展,循环经济作为一种新的经济社会发展范式应运而生。

发展循环经济要求不同伦理从分立走向整合,建立以人与人、人与自然和谐发展为道德目标的伦理,它应是一种开放的、统一的伦理,一种经过整合、提升的伦理。上述三大生态伦理虽然从不同视角思考生态问题,但存在整合的基础,即它们一致认为,人类道德扩展是必要的,道德对象的范围从人和社会的领域扩展到生命和自然界,这是人类道德的完善;生态伦理的道德目标是维护生物多样性、保护环境,这符合人类包括子孙后代的利益。它们具有各自的合理成分。因而发挥不同伦理的理论优势,综合其合理的思想,建立一种同时包含人类中心主义、生命中心主义和生态中心主义的合理成分,补充其不完善方面的,既开放又统一的生态伦理学,是必要和可能的。这种整合与提升的要求,既关注环境道德中人与自然的生态关系,又关注人与社会的社会关系,由此经过综合和创新、扬弃和整合,形成了循环经济的生态伦理基础。

循环经济有自己的生态伦理基础,它兼容平衡与发展两种取向,既符合人类利益,又符合生态规律。它强调生态价值的全面回归,主张在生产领域和消费领域向生态化转变,承认生态位的存在和尊重自然权利。在这个范式里,人类应是自然的一部分,既要维护人类的利益,又要维护整个生态系统的平衡。人类必须在道德规范、政府管理、社会生活等方面转变原有观念、做法和组织方式,倡导人类福利的代内公平和代际公正,实施减量化、再利用和资源化生产,开展无害环境管理和环境友好消费。

3. 深化对生态阈值的研究

循环经济范式的基本前提之一是认为生态阈值客观存在。环境净化能力和承载力有限,一旦社会经济发展超越了生态阈值,就有可能发生波及整个人类的灾难性后果且不可逆转。

发展有度,有临界点,越过度,接近或超过临界点,就会危及人类自身的生存。这个"度",既包括发展规模也包括发展速度,映射到自然界,就是地球生态系统吐故纳新、自我修复的能力范围,也就是生态阈值。

生态阈值即环境容量,指某一环境区域对人类活动所造成影响的最大容纳量。大气、土地、动植物等都有承受污染物的最高限度,就环境污染而言,污染物数量超过最大容纳量,这一环境的生态平衡和正常功能就会遭到破坏。

在中国"十一五"规划纲要中,根据资源环境承载能力、现有开发密度和发展潜力等条件,将我国国土空间划分为优化开发、重点开发、限制开发和禁止开发四类主体功能区,并按照主体功能定位实行分类管理的区域政策,在其财政政策、投资政策、产业政策、土地政策和人口管理政策以及绩效评价和政绩考核等方面有所区别,从而规范空间开发秩序,形成合理的空间开发结构。这里提到的资源环境承载能力,实际上就是对生态阈值、环境容量存在的肯定。"十一五"规划纲要中还提出,要保护修复自然生态,生态保护和建设的重点要从事后治理向事前保护转变,这也包含了生态系统存在边界、阈值的观念。

循环经济范式强调在生态阈值的范围内,合理利用自然资源,从原来的仅对人力生产率的重视转向在根本上提高资源生产率,使"财富翻一番,资源使用减少一半",在尊重自然的基础上切实有力地保护生态系统的自组织能力,实现经济发展和环境保护的双赢。

4. 深层生态学的研究与追问

浅层生态学关注环境问题,但过分依赖技术,一旦技术不能解救生态阈值,就拿不出解决办法,甚至产生反对经济增长的消极想法。而循环经济模式是一种深层生态学,它不仅强调技术进步,还通盘考虑制度、体制、管理、文化等因素,注重观念创新和生产、消费方式变革。它防微杜渐,标本兼治,从源头上防止破坏环境因素的出现。

深层生态学的概念是由挪威学者阿奈·伦斯提出来的,指对生态问题的深层追问。人们对人类与自然关系更深层次的思考使得生态学思想向哲学领域扩展,发展了生态系统整体性观点和生态价值概念,摈弃了人类统治自然的价值观,树立了人与自然和谐发展的价值观,从而出现了生态哲学或生态学世界观。

深层生态学在生态环境方面的认识由浅层向深层的发展主要体现在以下方面:(1)由关注小范围的污染问题在小范围及短期内可能的危险性,发展到以解决环境问题为契机推动人类社会经济变革;(2)由关注废弃物的净化处理发展到关注废弃物的减少及控制;(3)由污染后治理的模式转变为采取可持续发展途径,在发展的同时保护环境;(4)由环境资源对人类有价值的认识,发展到自然界具有自身价值的认识;(5)由有限度地利用自然、反对掠夺自然发展到通过改变价值观来改变人类的生产和生活方式;(6)由分析性、线性思维发展到整体性、非线性和循环思维。

三、循环经济立法的若干问题

1. 立法的必要性

近年来,中国经济持续高速增长,但粗放型增长模式还未从根本上转变,资源消耗急剧增加,环境压力越来越大。为从根本上扭转这种局面,实现经济社会的可持续发展,必须改变过去高投入、高排放的经济增长模式和末端治理的环境保护机制,大力发展循环经济。

目前中国循环经济虽有一定发展,但实践中仍存在不少问题和障碍,迫切需要通过立法加以解决:(1)现行法律法规中对政府及其相关部门推进循环经济发展的职责规定得不够明确,有关企业和公众的权利义务也缺乏规范,致使循环经济的推广存在较大困难,难以持久深入下去;(2)现行法律法规的规定,可操作性较差,缺乏推进循环经济发展的有效管理制度和激励机制,影响了企业和公众发展循环经济的积极性;(3)循环经济发展的一些重要领域存在立法空白,特别是废物再利用、资源化等内容缺乏专门的法律规范;(4)有利于循环经济发展的科技支撑体系尚未建立,科技创新能力与发展循环经济的要求还存在很大差距。

总之,中国循环经济的相关法律法规还很不健全,不利于循环经济的顺利开展。因此,有必要制定一部专门的法律,对可以推动循环经济发展的根本性制度作出明确规定,以有效推进我国循环经济的发展。

2. 立法的指导思想、基本原则

循环经济立法的指导思想是:贯彻全面、协调、可持续的科学发展观,针对我国经济发展、资源消耗和环境保护的现实问题,采取有力措施,重点解决我国循环经济发展中存在的主要矛盾,完整体现党中央关于大力发展循环经济的决策,建立推进循环经济发展的长效机制,以实现经济发展、资源节约、环境友好、人与自然和谐的相互协调和有机统一,建设资源节约型、环境友好型社会,促进经济社会可持续发展。

根据上述指导思想,在法律起草过程中,主要遵循了以下基本原则:(1)以建立基本管理制度为核心,包括规划制度、总量控制制度、评价和考核制度、以生产者为主的责任延伸制度、对高耗能高耗水企业的重点管理制度、统计、标准等基础管理制度,等等;(2)以减量化、再利用、资源化为主要内容,以资源的高效利用和循环利用为核心,在生产、流通和消费的各个环节建立推进循环经济发展的制度和措施;(3)突出主要工业行业和重点企业,着力解决影响我国循环经济发展的重大问题;(4)注重发挥政府、行业协会、企业和公众等各类主体在发展循环经济中的积极性,形成推进循环经济发展的整体合力;(5)从激励和约束两个方面建立和完善法律制度,在强化法律约束力的同时,通过一系列的激励政策,支持和推动企业、公众大力发展循环经济;(6)明确法律责任,强化法律监督。

3. 立法的起草过程

党中央高度重视循环经济立法工作。2005 年 3 月 12 日,在党中央召开的人口资源环境工作座谈会上,胡锦涛总书记明确提出要加快制定循环经济法律。《国民经济和社会发展第十一个五年规划纲要》明确规定要加快循环经济立法。

为依法推进循环经济发展,2005 年,全国人大常委会决定将制定循环经济法纳入十届全国人大常委会立法计划,据此,全国人大环境与资源保护委员会于 2005 年年中成立了起草领导小组和工作小组,正式启动立法工作。2006 年 12 月,全国人大法律委员会、财经委员会、法制工作委员会的有关负责同志加入起草领导小组,共同进行研究和起草工作。此后,起草领导小组多次召开座谈会,就节水、节油、资源综合利用等内容专门征求各行业意见,并在会同国家发展和改革委员会、国家环境保护总局等部门进行讨论修改后,形成了目前的草案(征求意见稿)。

4. 立法的主要内容

草案(征求意见稿)共七章 64 条,主要内容包括:

(1)建立循环经济规划制度。草案(征求意见稿)从两方面对循环经济规划制度作了规定:首先,县级以上人民政府编制国民经济和社会发展总体规划、区域规划以及城乡建设、科学技术发展等专项规划,应制定发展循环经济的目标;其次,全国和地方的循环经济发展规划由经济综合宏观调控部门(或综合经济管理部门)会同环境保护等有关部门编制,报同级人民政府批准后公布施行。此外,草案还明确了循环经济发展规划应包括规划目标、适用范围、主要内容、重点任务和保障措施等,并规定资源产出率、资源循环利用率、废物产生量等指标,以增强循环经济规划的权威性。(2)建立循环经济评价指标体系和考核制度。草案征求意见稿规定了循环经济评价指标体系和考核制度,要求国务院经济综合宏观调控部门会同统计、环境保护等行政主管部门制定循环经济评价指标体系。上级人民政府可根据这一评价指标体系,对下级人民政府发展循环经济的状况定期进行考核,并将考核结果作为评价地方人民政府行政领导政绩的依据。(3)建立循环经济的标准、标识、标志和认证制度。草案(征求意见稿)要求国务院标准化行政主管部门会同国务院经济综合宏观调控等部门建立循环经济标准体系,制定和完善节能、节水、节材和再生产品标准。要求国家建立和完善产品效能、再生产品、节能建筑等标识制度,开展节能、节材、节水和环境标志产品认证。(4)明确规定以生产者为主的责任延伸制度。生产者不仅要为产品的质量负责,同时还应依法承担产品废弃后的回收、利用、处置等责任。草案(征求意见稿)区分不同情况,对以生产者为主的延伸责任作了明确规定。(5)强化重点企业资源节约和循环利用的定额管理制度。草案(征求意见稿)规定,国家对钢铁、有色金属、煤炭、电力、石油石化、化工、建材、建筑、造纸、纺织、食品等行业内年综合能耗、水耗、物耗总量或者废物产生总量超过国家规定的重点企业,实行循环经济定额管理制度。要求国务院经济综合宏观调控部门按行业定期公布重点企业资源节约定额指标以及废物再利用和资源化定额指标;要求重点企业必须对定额指标的实现情况进行审核和报告;要求重点企业在列入名录后的一定年限内达到资源节约定额指标的要求。(6)强化产业政策的规范和引导制度。草案(征求意见稿)规定,国家产业政策应当符合发展循环经济的要求,限制高消耗、高污染行业的发展。同时,要求国务院经济综合宏观调控部门会同有关行政主管部门,定期发布鼓励、限制和淘汰的技术、工艺、设备和产品名录。禁止生产或采用列入淘汰名录的技术、工艺、设备和产品。地方人民政府综合经济管理部门会同有关部门对这些名录制度的实施情况进行监督,并定期向社会公布。(7)强化激励政策。草案(征求意见稿)专设一章,对激励政策作了比较具体的规定,主要包括:建立循环经济发展专项资金,对促进循环经济发展的活动给予税收优惠,资源节约项目的投资倾斜政策,实行有利于循环经济发展的价格、收费和押金等制度,政府采购和表彰奖励制度等。(8)明确政府、企业和公众的责任。政府、企业、公众是发展循环经济的三大主体,在推进循环经济发展方面负有不同的责任。为了使这些主体形成合力,草案(征求意见稿)在总则部分分别规定了政府、企业、公众在发展循环经济中的一般性权利、义务或责任,在其他章规定了具体的权利义务或职责,以充分发挥政府的主导作用、企业的主体作用和公众的参与作用。

此外,草案(征求意见稿)专设法律责任一章,对各类主体不履行法定义务的行为规定了相应的法律责任,以保障法律的有效实施。

(作者单位:全国人大常委会。原载于《中国流通经济》2007 年
第 9 期)

流通立法的方法论思考

高铁生

进入 21 世纪,我国改革开放面临着新的历史形势。一方面是怎样进一步完善社会主义市场经济制度,一方面是怎样尽快适应加入世贸组织所出现的新的变化。新的形势任务,新的挑战与机遇都要求我们加快推动流通现代化和促进市场体系的发展,以及与此相一致地建立健全现代市场流通的法律体系。

国家商务部成立伊始就重视并着手探讨建立健全现代市场流通法律体系框架是非常及时和必要的,既具有长远的战略意义,又满足了当前整顿市场秩序的现实需要。鉴于当前市场流通的现状,许多同志提出尽快起草《商法通则》和抓紧制定分门别类的市场管理办法,以填补流通法律法规体系中的"空白",是可以理解的,也是势在必行的。但是与此同时,也完全有必要就建立市场流通法律体系的方法论问题,进行深入的探讨,以便形成流通立法的正确指导思想。

一、关于内在规则与外在规则

这个问题实际上是要讨论市场经济内部规律性与外部管理制度包括法律体系之间的辩证关系。市场经济一旦形成,必然有其客观规定性,有运行于其中的客观规律,并保持其内部稳定有序相互关系,这些体现为市场经济的内部规则和内部秩序。这些内部规则虽然都是在市场中活动的各种主体的行为交互运动而产生的,但却并不是某个人或某个组织刻意设计而形成的。

在市场出现的最初阶段,市场处于无管理状态。随着市场的发展,逐渐出现了各种各样的成文不成文的外在的管理规则和制度。这些外在规则在历史长河中起过推动市场发展的积极作用,也起过阻碍限制市场发展的作用。这些作用的性质,从某种意义来说,取决于它们同市场内部规则、内部秩序的相互联系。

假定市场内部规则是天然合理的,那么市场外部规则应当反映内部规则的要求,并维护内部规则正常运行。如果外部规则违背内部规则的要求,企图肢解、取代、限制、破坏内部规则,势必阻碍和损害市场经济的发展。

问题在于对市场经济内在规则是否具有天然合理性的判断。对此作出肯定回答的,主张外部规则服从内部规则。走极端者,甚至否定外部规则存在的必要性。对此作出回答的,就会像斯大林和他当年领导下的苏联计划经济完全否定市场、排斥市场,把市场与流通视为社会主义经济发展的障碍。我国传统的经济体制也带有排斥市场的特点。

但是,多数经济学家,在肯定市场经济内在规则的同时,也强调其有"失灵"和"缺陷"的一面,基于此种判断,则主张外部规则在反映、符合内在规则要求的同时,也应校正弥补其"不足之处"。

对市场"失灵",如何补偏救弊,也有通过非市场方法解决和运用市场的方法去解决的两种不同主张。

对上述问题的不同见解,都会导致对外部规则包括对市场经济法律法规体系地位和作用的不同的立场和态度。

不仅如此,转轨经济有其特殊性,外部规则的作用也有其特殊性。社会主义市场经济不是对资本主义市场经济的继承,而是在否定了市场经济,建立起计划经济之后,又几乎从无到有发展市场经济。在转轨中,有些市场是先发展后规范,有些市场是摸着石头过河边发展边规范,有些市场是政府按计划范式营建起来。在整个社会这种"矫型"手术中,不成熟的市场经济的"内部规则"究竟是什么,带有浓厚的主观色彩的各种"外在规则"是否有长期适应性,都是需要质疑的。

经过二十多年的改革开放历程,中国的市场经济已初步形成。中国的市场体系也搭起了基本框架。在这种情况下,市场流通的法律体系,作为市场经济外部规则,如何反映内部规则的客观要求,同时又维护和匡正内部规则,是一件十分复杂的事情和相当曲折的过程。如何甄别哪些是市场经济内部规则及其外在表现,哪些是不发达市场经济或转轨市场经济伴生的消极腐败现象,怎样在减少对市场内部规则的束缚的同时,而又不放纵这些市场外生的消极腐败现象滋生蔓延。后者在多大程度上靠市场内部规则自身成长去解决,在多大程度上要靠外部规则,包括市场流通法律法规体系去芟除。这些都需要深入的讨论和睿智的安排。

二、关于正式制度与非正式制度

在讨论市场秩序的文献中,对正式制度与非正式制度的关系有广泛的共识。这对研究市场流通法律体系建设很有帮助。

　　所谓正式制度,统指有一定强制约束力的制度或规则。非正式制度不具备这个特点。前者主要指法律法规、政府文件等,后者指行业内部相沿成习的规矩或自律准则、道德规范等等。

　　讨论这个问题的意义主要在两点:一是在市场经济发展历史中,许多后来成为法律法规之类的正式制度,最初不过是乡规民约式的习俗和惯例,后来逐渐成为法律法规。这种经过长期历史考验的正式制度往往是市场经济内在规则的客观真实要求,对维护和发展市场经济至关重要。在市场流通立法中对一些没有确实把握的,不妨作为非正式制度,在实践中看看再说。尽量避免在立法上的反复。二是,市场经济的内在规则的客观要求是否都要通过法律体系来反映。一般来讲,法治是有较高成本的,相对来说,非正式制度成本较低。因此,市场流通的法律体系没有必要事无巨细,无所不包。法律法规也有一个"精兵简政"的问题。如果一个社会上的企业、家庭和公民动辄涉法,那将要付出巨大的经济和社会代价。因此有必要在立法中尽量以简驭繁,提高法治质量和效率。

三、关于市场自发性和立法空间

　　流通立法同其他经济领域立法一样,广义上属于对客观规律的认识和利用。当我们没有认识和把握经济规律时,经济规律也在起作用,不过是自发地起作用;我们科学认识和准确把握经济规律,并相应制定计划、政策、法律,规律就以被我们自觉利用的形式起作用。建立健全现代市场流通法律体系就属于后一种范畴。

　　市场流通规律未被人们认识自发地起作用,对人来说就有一定的盲目性并由此可能带来某种破坏性。因此自觉利用可以避免盲目性和破坏性,以及事后调整的过高代价。但问题是我们对经济规律是否科学认识和准确把握是一件很不确定的事情。往往我们以为掌握了本质,实际上只是现象。一个阶段对规律的认识往往被后来的实践推翻。改革开放以来不乏市场流通政策到头来被证明违背市场经济规律的例子。而在一些我们没怎么加强管理的领域,市场流通畅行无阻。所以从一定意义上来说,应当给市场的自发作用保留一定的空间。自发性并不都是坏事情。自觉性不一定都起到好作用。当自觉性与某种既得利益结合起来时,由此驱动起来的立法积极性很可能有害无益。因此,在今天的现实中既要在看到流通立法存在一个大有作为的空间,同时又要注意不要把法律尚未覆盖的空间全部占领。处理好二者关系应遵循的原则是:一是凡是没有把握的领域不要急于立法,不能认为有法总比没法好。二是立法不妨先粗后细,留有余地。三是从市场扭曲中接受教训。事实一再证明只要我们的法律法规政策决定违背市场内在规则,势必出现价格扭曲、市场扭曲。比如不适当的限价就会出现质量下降和销售搭配;过度地保护导致效率低下等等。一旦出现市场扭曲,"自主性"不妨暂时让位于"自发性"。

四、关于独立立法与借鉴国外

市场经济既有共性又有个性。不同国家的市场经济不同,不同历史时期的市场经济也各有不同。这就要求我们从自己国家的实际出发,正确处理好独立立法与向国外借鉴之间的关系。

世界各国在市场流通方面的立法普遍存在移植和借鉴现象。美国是较早制定《垄断法》的,许多国家在制定"垄断法"时参考了美国的法律。这是因为在各国国情特点之上存在"市场一般"。中国作为后发展的市场经济国家,在立法方面的一大优势是可以广泛借鉴国外经验,避免流通立法一概"迈步从头越"。无论是在体系架构上,还是具体法律法规上,都应当充分吸取一切有益的成分。这样做可以少走弯路,降低立法成本。

但是中国毕竟有自己的国情,我们既是经济欠发达的市场经济国家,又是转轨中的市场经济国家。比如我国经济生活中的垄断现象与发达国家有很大不同。他们的一些企业是在竞争中形成的垄断,而我国则是源于国有企业改革不到位仍保持垄断地位。对美国微软的分拆,许多经济学家不赞成,而对我国一些垄断行业的分拆,很多经济学家认为还远远不够。发达市场经济国家在适当控制企业兼并,阻止形成市场垄断地位,而我国许多所谓大企业,在国际上微不足道,远不是防止其做得过大过强的问题。从这方面看来,我国的市场流通立法又不能走照搬发达国家市场流通立法的捷径。看来在市场流通立法方面也存在一个自力更生和利用外援的问题。我们对二者的关系应持的正确态度是,借鉴那些带有共性的方面,借鉴其历史上相当我国现阶段社会经济发展水平时期的市场流通立法。在强调独立立法时又要注意符合世贸组织的要求,与世界市场上通行的规则即国际惯例不相抵触。

五、关于长期有效性和阶段过渡性

讨论市场流通立法一个不可回避的问题是,怎样看待立法的过渡性问题。一种观点认为,现在不宜制定在市场流通中长期起作用的法律体系,因为现实中并不存在成熟的市场经济。严格意义上的市场流通法律规范管理的市场主体尚未存在。因此,充其量可以搞一些临时性的规章制度,待市场经济真正建立起来后,再着手制定法律体系。与其对立的观点认为,市场经济是一个发展过程,市场经济的法律体系也是一个逐步完善的过程。发达市场经济国家的市场流通法律也并不是当其步入现代市场经济时期才制定的。立法、修法将贯穿市场经济全过程。当网络经济、虚拟经济出现后,西方市场流通也出现前所未有的现象,也需要研究制定新的法律法规。

但无可否认,改革开放以来我国经济中不少法律都带有过渡性。市场流通领域也不例外。重视审视改革开放 20 多年中我们制定的流通法规,不少都因其历史局限性已被废除或正在修改。这种现象以后也很难避免。

由此可知,一劳永逸的立法是不存在的。我们能够制定的只能是在一定的历史阶段起作用的法律体系。我们不能因为有其过渡性,就无所作为;我们也不能无视过渡性,而怠于修改。我们相信在不断对过渡性的肯定与否定中,我国的市场经济将长足发展,我国的市场流通法规体系会更完善。

六、关于从体系完整性出发和从解决实际问题出发

在市场流通立法中还有一个问题是从何处入手推进立法工作。一个切入点是着眼市场流通法律体系的完整性,拾遗补缺,不断充实。在过去的一个历史时期中,我们更多地是从后一种切入点,即从现实需要出发,从解决当前紧迫的问题入手,建立健全市场流通法律法规。今后我们可能要更多地注意完整的市场流通法律体系的构建,因为在中国已经初步建立起市场经济,社会主义市场经济框架要求建立健全市场流通法律体系的整体架构。

这是从量变到质变。但市场流通法律体系内容丰富范围很广,在保证结构严谨,程序合理的前提下,完全可以根据现实情况调整出台时间,做到急用先立。从立法完整性和从解决现实问题出发,可以把二者适当结合起来。

关于流通立法的方法论,可能远不止上述几个问题。对这类问题的讨论,可能会使一些同志感到"远水不解近渴"。但回避这些问题,又难免走弯路。历史经验证明,虚实并举是解决这类矛盾的一个行之有效的办法。

(作者单位:中国市场学会。原载于《中国流通经济》2003 年第 7 期,被中国人民大学《复印报刊资料》之《商业经济》2003 年第 10 期全文转载)

社会主义市场经济中的中国税制改革

刘　佐

从 1978 年到 1991 年,随着改革开放政策的实行和经济的发展,中国的工商税制改革从建立涉外税收制度入手,进而推行国营企业"利改税"和工商税制改革全面进行,初步适应了中国经济体制改革起步阶段的经济状况,税收的职能作用得以全面加强,税收收入持续稳定增长,宏观调控作用明显增强,对于促进国家的改革开放和经济发展起到了非常重要的作用。

中国从 1984 年实行"利改税"第二步改革和工商税制的全面改革以后,就开始酝酿进一步改革和完善税制,中共中央、国务院和全国人民代表大会对此都很重视,财税部门做了大量的准备工作。1984 年 10 月中国共产党第十二届中央委员会第三次全体会议通过的《中共中央关于经济体制改革的决定》,1985 年 9 月 23 日中国共产党全国代表会议通过的《中共中央关于制定国民经济和社会发展第七个五年计划的建议》,1986 年 3 月 25 日第六届全国人民代表大会第四次会议上通过的《关于第七个五年计划的报告》,同年 4 月 12 日六届全国人大四次会议通过的《中华人民共和国国民经济和社会发展第七个五年计划》,1987 年 10 月 25 日中国共产党第十三次全国代表大会上的报告,1988 年 3 月 25 日国务院代总理李鹏在第七届全国人民代表大会第一次会议上所作的《政府工作报告》,都提出了改革、完善税制的要求。根据中共中央、全国人大、国务院的上述要求,经过几年的调查研究和论证,国家税务局于 1990 年年初提出了《关于今后十年间工商税制改革的总体设想》。

1990 年 12 月 30 日,中国共产党第十三届中央委员会第七次全体会议通过了《中共中央关于制定国民经济和社会发展十年规划和"八五"计划的建议》,其中关于税制改革方面的建议分别为 1991 年 3 月 25 日国务院总理李鹏在第七届全国人民代表大会第四次会议上所作的《关于国民经济和社会发展十年规划和第八个五年计划纲要的报告》和同年 4 月 9 日七届全国人大四次会议批准的《中华人民共和国国民经济和社会发展十年规划和第八个五年计划纲要》所采纳。根据上述文件的精神,1992 年 2 月 25 日,国家税务局制定了《税收工作十年规划和"八五"时期计划纲要》,纲要中提出了今后十年中国税制改革的任务。

1992年春邓小平同志视察中国南方发表重要谈话,中共中央政治局为此召开全体会议以后,党中央、国务院作出了关于加快改革开放和经济发展的一系列重要决定,国民经济持续、稳定、快速发展,经济体制改革逐步深入,税制改革的重要性也日益受到各方面特别是中共中央、国务院和全国人民代表大会的重视。1992年3月20日国务院总理李鹏在第七届全国人民代表大会第五次会议上所作的《政府工作报告》和同年5月16日中共中央发布的《关于加快改革、扩大开放、力争经济更快更好地上一个新台阶的意见》,都提出了进一步改革和完善税制的要求。同年3月至7月间,国家税务局多次召开会议,学习邓小平谈话和中共中央政治局会议精神,研究深化税制改革等问题,以便更好地服从于、服务于深化改革、扩大开放。

1992年10月12日,中共中央总书记江泽民在党的十四大上所作的报告中明确提出:中国经济体制改革的目标是建立社会主义市场经济体制,以利于进一步解放和发展生产力。从而给中国的经济发展和经济体制改革指明了方向,也给税制改革提出了新的任务,并带来了新的机遇。

1992年12月29日,中共中央政治局常委、国务院总理李鹏在全国财政会议上的讲话中指出:财税改革是整个经济体制改革的重要组成部分,其核心是按照社会主义市场经济的要求,正确处理国家与企业、中央与地方的利益分配关系,为市场发育和企业之间的公平竞争创造良好的外部条件,改进和加强宏观调控。因此,改革要加快进行。

1993年1月,中共中央政治局提出:要以加快价格改革为契机,大力发展和培育各类市场,配套改革计划、税收、财政、金融、外贸体制。

同年3月7日,中国共产党第十四届中央委员会第二次全体会议通过了《中共中央关于调整"八五"计划若干指标的建议》,其中提出:在第八个五年计划实施的后三年,要加快财政改革和发展的步伐。

同年3月16日,国务院总理李鹏在第八届全国人民代表大会第一次会议上所作的《政府工作报告》中提出:要积极改革和健全税制,改革财税体制,理顺中央与地方、国家与企业的分配关系。改革的方向是实行中央与地方的分税制和国有企业"税利分流"。

江泽民、李鹏、朱镕基等党和国家领导人还多次在其他许多重要会议上反复强调,要加快税制改革,充分发挥税收职能作用,通过税制改革和其他改革解决当前经济中存在的突出问题。

为了在新的形势下进一步提高税收的地位,更好地发挥税收的职能作用,加强对税收工作的领导,1993 年 4 月 19 日,国务院在机构改革中将国家税务局改名为国家税务总局,并升格为国务院直属机构。

根据形势发展的要求,国家税务总局在经过几年深入调查研究、反复论证以后提出了税制改革的基本思路,在此基础上,重新对于税制改革问题作了认真的研究,并广泛地听取了各方面的意见,逐步形成了关于全面深化税制改革的新的指导思想和基本方案。

1993 年 4 月下旬,中共中央总书记江泽民先后三次主持召开中央财经领导小组会议,听取国家税务总局关于税制改革等问题的汇报,研究税制改革工作。中央财经领导小组在听取了上述汇报以后,充分肯定了中国改革开放以来税制改革取得的明显进展和税收工作发挥的重要作用。同时指出,现行税制已经不适应经济发展的需要,对于理顺中央与地方以及国家、企业、个人的分配关系,难以起到有效的调节作用。因此,必须加快税制改革。会后,国家税务总局和有关部门根据中共中央、国务院的指示,抓紧了全面税制改革的研究准备工作。

1993 年上半年,中国经济在快速发展的同时,也出现了一些宏观调节失控,经济秩序混乱的问题,危及改革开放和经济发展。为此,中共中央、国务院于同年 6 月 24 日发出了《关于当前经济情况和加强宏观调控的意见》,提出了关于加强宏观调控的一系列重要措施,其中包括加快财税体制改革。

同年 7 月 22 日,国务院总理办公会议决定:为了保持中国经济的持续、快速、健康发展,要加快实施财税体制改革的步伐,将原定分步实施的改革设想改为一步到位,并于 1994 年 1 月起施行。次日,中共中央政治局常委、国务院副总理朱镕基在全国财政、税务工作会议上的讲话中就财税改革问题作了明确的部署。

根据朱镕基副总理的部署,从同年 7 月下旬到 8 月中旬,国家税务总局起草了《关于税制改革的实施方案(要点)》并上报国务院。从 8 月下旬到 9 月上旬,国务院总理办公会议、国务院常务会议和中共中央政治局常委会议先后听取了国家税务总局关于税制改革问题的汇报,审议并通过了上述方案(要点)。1993 年 10 月 31 日,第八届全国人民代表大会常务委员会第四次会议通过了《关于修改〈中华人民共和国个人所得税法〉的决定》,同日以中华人民共和国主席令公布,自 1994 年 1 月 1 日起施行,同时废止国务院 1986 年发布的城乡个体工商业户所得税暂行条例和个人收入调节税暂行条例。1994 年 1 月 28 日,国务院发布了《中华人民共和国个人所得税法实施条例》。至此,统一个人所得税制的改革顺利完成。

1993 年 11 月 14 日,中国共产党第十四届中央委员会第三次全体会议通过了《中共中央关于建立社会主义市场经济体制若干问题的决定》。决定中提出:社会主义市场经济必须有健全的宏观调控体系。宏观调控主要采用经济办法,近期要在财税、金融、投资和计划体制的改革方面迈出重大步伐。财政运用预算和税收手段,着重调节经济结构和社会分配。要积极推进财税体制改革。近期改革的重点之一,就是要按照统一税法、公平税负、简化税制和合理分权的原则,改革和完善税收制度。推行以增值税为主体的流转税制度,对少数商品征收消费税,对大部分非商品经营继续征收营业税。在降低国有企业所得税税率,取消国家能源交通重点建设基金和国家预算调节基金的基础上,企业依法纳税,理顺国家与国有企业的利润分配关系。统一企业所得税和个人所得税,规范税率,扩大税基。开征和调整某些税种,清理税收减免,严格税收征管,堵塞税收流失。近期改革的另一个重点是将现行的地方财政包干制改为在合理划分中央与地方事权基础上的分税制,建立中央税收和地方税收体系。维护国家权益和实施宏观调控所必需的税种列为中央税;同经济发展直接相关的主要税种列为共享税;充实地方税税种,增加地方税收入。通过发展经济,提高效益,扩大税源,逐步提高财政收入在国民生产总值中的比重,合理确定中央财政收入和地方财政收入的比例。中共中央这一决定的发布,为建立适应社会主义市场经济体制需要的新税制和财政管理体制进一步指明了方向。

同年 11 月 25 日和 26 日,国务院总理办公会议和国务院常务会议先后审议并原则通过了国家税务总局草拟的《工商税制改革实施方案》和增值税、消费税、营业税、企业所得税、资源税、土地增值税等六个税收暂行条例。

1993 年 12 月 25 日,国务院批准了国家税务总局报送的《工商税制改革实施方案》,从 1994 年 1 月 1 日起在全国施行。国务院在为此发出的通知中指出:这次工商税制改革是新中国成立以来规模最大、范围最广泛、内容最深刻的一次税制改革,其目的是为了适应建立社会主义市场经济体制的需要。这次改革必将有力地促进我国社会主义经济的持续、快速、健康发展。为此,各省、自治区、直辖市人民政府要高度重视,加强领导,切实抓好《工商税制改革方案》的组织实施。

同年 12 月 13 日,国务院发布了《中华人民共和国增值税暂行条例》、《中华人民共和国消费税暂行条例》、《中华人民共和国营业税暂行条例》、《中华人民共和国企业所得税暂行条例》、《中华人民共和国土地增值税暂行条例》。12 月 25 日,国务院发布了《中华人民共和国资源税暂行条例》。以上六个税收暂行条例均自 1994 年 1 月 1 日起施行,同时废止在此之前施行的产品税条例(草案)、增值税条例(草案)、营业税条例(草案)、资源税条例(草案)、盐税条例(草案)、国营企业所得税条例(草案)、国营企业调节税征收办法、集体企业所得税暂行条例、私营企业所得税暂行条例和关于征收特别消费税的有关规定。

1994 年 1 月 23 日,国务院发出了《关于取消集市交易税、牲畜交易税、燃油特别税、奖金税、工资调节税和将屠宰税、筵席税下放给地方管理的通知》,决定自 1994 年 1 月 1 日起取消集市交易税、牲畜交易税、燃油特别税、奖金税和工资调节税,废止在此之前施行的集市交易税试行规定、牲畜交易税暂行条例、关于征收燃油特别税的试行规定、国营企业奖金税暂行规定、国营企业工资调节税暂行规定、集体企业奖金税暂行规定、事业单位奖金税暂行规定,并将屠宰税和筵席税下放给地方管理。

为了统一税制,公平税负,改善中国的投资环境,适应建立和发展社会主义市场经济的需要,1993 年 12 月 29 日,第八届全国人民代表大会常务委员会第五次会议通过了《全国人民代表大会常务委员会关于外商投资企业和外国企业适用增值税、消费税、营业税等税收暂行条例的决定》,决定自 1994 年 1 月 1 日起外商投资企业和外国企业适用增值税、消费税、营业税等税收暂行条例,同时废止《中华人民共和国工商统一税条例(草案)》。

至此,中国 1994 年税制改革的主体工程完成,新税制初步建立。这时,中国的税收制度一共设 25 种税收,它们是:增值税、消费税、营业税、关税、企业所得税、外商投资企业和外国企业所得税、个人所得税、资源税、城镇土地使用税、城市维护建设税、耕地占用税、固定资产投资方向调节税、土地增值税、房产税、城市房地产税、遗产税、车船使用税、车船使用牌照税、印花税、契税、证券交易税、屠宰税、筵席税、农业税、牧业税(从 2000 年起,固定资产投资方向调节税暂停征收,屠宰税在农村税费改革中逐步取消;从 2001 年起,车辆购置附加费改为车辆购置税,船舶吨税重新纳入预算管理;证券交易税、遗产税和后来增设的燃油税和社会保障税至今没有立法开征)。

根据税制改革和实行分税制财政管理体制以后税务机构管理体制改革的

需要,为了进一步加强税收工作的领导,充分发挥税收在建立社会主义市场经济体制中的重要作用,1993 年 12 月 22 日,国务院决定将国家税务总局升格为正部级机构。

1994 年税制改革是在中国改革开放十几年来税制改革的基础上,经过多年的理论研究和实践探索,积极借鉴外国税制建设的成功经验,结合中国的国情制定的,推行九年来从总体上看已经取得了很大的成功,党中央、国务院、全国人大对此都予以充分肯定,国内外各界也普遍予以较高评价。

2001 年,中国的国内生产总值为 95333.3 亿元,比税制改革前的 1993 年的 34634.4 亿元增长了 175.3%,年平均增长率为 13.5%(均按照现价计算,下同);全社会固定资产投资额为 37213.5 亿元,比 1993 年的 13072.3 亿元增长了 184.7%,年平均增长率为 14.0%;全社会消费品零售总额为 37595.2 亿元,比 1993 年的 12462.1 亿元增长了 2 倍多,年平均增长率为 14.8%;进出口贸易总额为 5097.6 亿美元,比 1993 年的 1957.0 亿美元增长了 160.5%,年平均增长率为 12.7%;年末国家外汇储备额为 2121.7 亿美元,比 1993 年年末的 212.0 亿美元增长了 9 倍;外商直接投资 468.8 亿美元,比 1993 年的 275.1 亿美元增长了 70.4%,连续 8 年成为利用外资最多的发展中国家;城镇居民家庭人均可支配收入为 6859.6 元,比 1993 年的 2577.4 元增长了 166.1%,年平均增长率为 13.0%;农村居民人均纯收入为 2366.4 元,比 1993 年的 921.6 元增长了 156.8%,年平均增长率为 12.5%;年末城乡居民储蓄存款余额为 73762.4 亿元,比 1993 年年末的 15203.5 亿元增长了 385.2%,年平均增长率为 21.8%;税收收入为 15301.4 亿元,比 1993 年的 4255.3 亿元增长了 259.6%,年平均增长率为 17.3%;税收总额占国内生产总值的比重为 16.0%,比 1993 年的 12.3%上升了 3.7 个百分点;中央税收收入占税收总额的比重为 54.5%,比 1993 年 20.8%上升了 33.7 个百分点。此外,经过"八五"后期的宏观调控和治理整顿,"九五"期间中国的商品零售价格指数和居民消费价格指数呈明显下降趋势,其中 1998 年和 1999 年两者均比上年下降,从 2000 年开始后者略有起伏。这些都是中国经济持续、快速、健康发展的表现,其中也反映了完善税制和税收政策调整的成果。

2002 年,中国的经济、财政、税收继续保持着持续、快速、健康发展的好势头,预计全年国内生产总值超过 10.2 万亿元,比上年增长 8%;全社会固定资产投资额和消费品零售总额均超过 4 万亿元,进出口贸易总额达到 6200 亿美元,外商直接投资超过 500 亿美元;城镇居民家庭人均可支配收入超过 7500

元,比上年实际增长 10% 以上;农村居民人均纯收入达到 2470 元左右,比上年实际增长 4% 以上;税收收入达到 17000 亿元左右,比上年增加 1700 亿元左右,增长 11% 左右;税收总额占国内生产总值的比重上升到 16.7% 左右,比上年上升约 0.7 个百分点。

根据 1994 年税制改革以来九年的实践检验和理性思考,我认为,1994 年中国税制改革的成效主要表现在以下九个方面:第一,初步统一了税法,包括实行了内外统一的流转税制度,统一了内资企业所得税制度,统一了个人所得税制度,从而构成了新税制的主体。第二,在统一税法的基础上,初步实现了公平税负,有利于促进各类企业在市场经济条件下平等竞争。以流转税而言,增值税的普遍推行减少了重复征税;以所得税而言,基本实现了各类内资企业平等纳税。第三,通过统一税法,简并税种,初步实现了税制的简化和规范化,税制要素的设计更为科学、合理、规范,适应了经济发展和税制建设的需要。第四,较好地处理了国家与企业、个人之间的分配关系和中央与地方之间的分配关系,有利于调动各方面的积极性,促进转换企业经营机制,推行分税制财政体制和调节个人收入差距,实现经济、社会的协调发展。第五,较好地体现了国家的产业政策,促进了经济结构的有效调整,从而促进了国民经济的持续、快速、健康发展,同时没有引起经济、社会的动荡。第六,通过适当集中税权和税收收入,调整税收政策,大幅度提高了中央财政收入占全国财政收入的比重,加强了中央政府的宏观调控能力,税收的宏观调控作用得到了较好的发挥。第七,新税制的设计积极地借鉴了国外税制建设的有益经验,从而使中国税制进一步与国际税收惯例接轨,有利于促进对外开放的扩大和中外经济、技术交流与合作的发展。同时,保持了税法的相对稳定性和对外税收政策的连续性。第八,在经济增长、理顺分配关系和加强管理的基础上,实现了税收收入的持续、快速增长,逐步扭转了税收占国内生产总值比重逐年下降的局面,同时总体上没有增加纳税人的负担。第九,通过学习、宣传、贯彻新税制,依法治税的观念更加深入人心,从而使税收的社会环境有所改善,税收工作日益受到各级领导的重视,得到各地区、各部门和广大群众的理解与支持,越权减免税、偷税、抗税、欠税等现象受到了一定的遏制。

（作者单位:国家税务总局税收科学研究所。原载于《中国流通经济》2003 年第 1 期）

中国生产资料流通行业税收政策现状及相关建议

王　丹

生产资料是从事物质资料生产所必需的劳动资料和劳动对象的总和,一般包括生产工具、机器设备、厂房、自然资源和经过加工的原材料。在中国,由于改革开放前实行计划经济体制,生产资料有所特指,主要包括机电产品、金属材料、非金属材料、建筑材料、燃料和化工材料。生产资料流通是生产资料从生产领域向消费领域转移的经济过程,是保障社会再生产顺利进行的前提条件,是生产性服务业的重要组成部分。改革开放以来是我国生产资料流通发展最快、最好的时期,但国家的税收政策对生产资料流通行业几乎没有"倾斜",在一定程度上制约和影响了生产资料流通行业的发展。本文主要针对我国生产资料流通行业现行税收政策进行分析和研究,并提出相关建议。

一、中国生产资料流通行业税收政策的现状和特点

中国生产资料流通行业涉及的税收政策主要包括税收与各项收费两大类:一类是应缴纳的税收,包括增值税、营业税、消费税、关税、企业所得税、资源税、城镇土地使用税、房产税、车船税、印花税、车辆购置税、契税等;另一类是各项收费,包括教育费附加、地方教育费附加、水利建设基金、综合基金、防洪费、河道管理费、价格调节基金、垃圾费、人民防空建设经费(以下简称"人防经费")、人民教育基金、工会经费、职教统筹费、残疾人保障基金等。

通过走访和调查相关企业,如中储发展股份有限公司、诚通金属集团、浙江物产集团、广东物资集团、广东欧浦钢铁物流股份有限公司、上海西本新干线股份有限公司、济南博远物流发展有限公司、山东立晨物流股份有限公司、江苏惠龙港国际钢铁物流股份有限公司、西安市物资总公司、湖南一力批发市场、天津南仓批发市场等,发现目前生产资料流通行业税收政策的特点主要有以下几方面:

生产资料流通行业涉及的主要税种有7种:增值税、营业税、企业所得税、城市建设维护税、房产税、印花税、城镇土地使用税,其中税种、税率全国统一

的有 6 种,各地税率不一的主要是城镇土地使用税,城镇土地使用税一般按平米/年计征,每年每平米 3.5 元至 8 元不等,最高的达到 16 元;生产资料流通行业涉及的收费项目较多,其中费率一致的有两种,即教育费附加、地方教育费附加,附加率分别是 3% 和 1%,各地收费项目及费率不一的较多,主要有10 种。

二、中国生产资料流通行业税收政策存在的问题

目前生产资料流通行业在税费政策方面存在的主要问题如下:

1. 有些税种的税率偏高,加大了企业经营压力

这方面的问题比较突出,具体表现在增值税、营业税、土地使用税以及水利基金等收费上。

(1)营业税。仓储业营业税税率偏高。按照国家现行税收政策规定,运输及装卸搬运的营业税税率为 3%,而仓储业与旅店业、饮食业、旅游业、广告业等一样执行 5% 的税率。但现实情况是仓储业的平均利润率远低于交通运输业的平均利润率,而承担的税率却高于交通运输业。仓储业适用税率明显偏高,不利于仓储物流业发展。

(2)增值税。①运输发票抵扣额度差异问题。目前增值税征税额度为17%,而运输发票抵扣额度仅为 7%,10% 的差价使得流通企业无利可图甚至亏损,从而给生产资料跨区域流通制造了障碍,影响了生产资料流动。②增值税实行税负率管理的问题。一些地方的税务机关为了方便计征增值税税款,将大多数生产资料流通企业的增值税税负率定为 1%,将钢材批发企业的增值税税负率定为 0.5% 左右。而在现实中,流通企业经营主要是以量取胜,每吨钢材通常仅加价 30—50 元,毛利率普遍偏低,有些地方还低于 0.5%。业内有人戏言:卖一吨钢材还不如卖一吨白菜赚得多。因此不从实际出发预定增值税税率,大大加重了企业的纳税负担。

(3)企业所得税。流通企业跨区域经营遇到的所得税征收障碍。流通企业要做大做强,走出去是至关重要的一步,但面临着属地所得税征收难题。以某钢材批发企业为例,其母公司设在上海,西部、西南、中部、东北区域分别设立了子公司,年终上海本部微利 200 万元、西部公司盈利 3000 万元、西南公司亏损 2000 万元、中部公司亏损 1000 万元、东北公司亏损 500 万元,总计亏损300 万元。按照属地征收所得税的规定,该公司需要分别在上海、西部区域按累计 3200 万元缴纳所得税,这种征税明显不合理。

（4）土地使用税。2006年,国务院对《城镇土地使用税暂行条例》进行了修订。修订后的土地使用税单位税额比原来提高2倍。土地使用税的大幅上涨,使得部分流通企业因税负加重而亏损,甚至是负债经营,对本来就经营困难的仓储企业来说更是雪上加霜。以中国储运总公司为例,2007年实施新的土地使用税征收办法后,由于税额标准以及土地级次提高,仅土地使用税一项就增加了3倍以上的税负,相当于每年需要多交6000—8000万元土地使用税。其下属沈阳公司缴纳的土地使用税从每平方米3元一下子提高到9元,汉口公司从1.6元提高到3.9元,无锡公司由1元提高到9元,内蒙古公司甚至从1元提高到15元。这对于以露天货场赚取仓储费、装搬费的流通企业来说,税收负担十分沉重,一些公司甚至因此陷入亏损。与企业的成长速度相比,土地使用税税负增长过于迅猛,给主要依靠仓储生存的生产资料流通企业带来极大的困难。

（5）房产税。现行的房产税暂行条例规定,房产出租的,按照租金收入的12%缴纳房产税;房产自用的,以房产余值的1.2%缴纳房产税。但现实情况是一些仓储企业尤其是国有仓储企业,其仓储库房大多为20世纪50—60年代兴建的砖混结构建筑,经过半个世纪的沧桑巨变,已成了简陋的老库房,在市场上竞争力差,出租率低,收费水平上不去,但房产税是按原值扣除30%后的1.2%的税率缴纳,造成库房仓储业务税负沉重。有部分仓储用房整体改建为大宗商品交易市场后,收取市场摊位费,其房产税在实际缴纳中按照收入的12%征收,再加上5%的营业税,流转税税负高达17%,对于微利的仓储企业来说税收负担过重。

（6）水利基金等地方性收费。这部分收费缴纳基数大,费率偏高。比如黑色金属和有色金属的销售、冶炼、加工企业虽然营业额很高,但单位产品毛利率很低,而水利建设基金等地方性收费以全部营业额为依据计征,无疑加重了企业的费用负担。

2. 有些征税不太合理,存在重复纳税问题

流通企业买卖产品要交两次印花税,产品卖给下家,下家买卖的时候还要再交两次印花税,这样流通环节要多次缴纳印花税。生产资料流通企业销售的产品单位价值高,因此买卖双方通常必须签署书面合同,如果按照购销双向计算,印花税将达到销售额的万分之六。

3. 个别税收政策执行不到位,给企业造成很大困难

这方面问题在再生资源增值税征收方面比较突出。财政部、国家税务总

局于 2008 年 12 月印发《关于再生资源增值税政策的通知》,自 2009 年 1 月 1 日起对再生资源回收与利用的增值税政策作了调整。自实施以来,再生资源回收企业与行业协会反映在实际运作中遇到了很多困难和问题。①进项税额无法抵扣。回收企业尤其是报废汽车回收企业无法取得报废企业或个人提供的销售发票,因此无法抵扣进项税额,只能以销项税额全额计算增值税。②退税困难。退税手续不明晰,过程烦琐,周期较长,且占用企业资金较大。③难以执行增值税抵扣政策。如在船舶拆解业内,正规拆船企业收购废船时因无法取得增值税发票,又不能执行同属交通工具的机动车报废处理增值税抵扣政策,而致使税费过重,成本增加,无利可图,故难以调动企业回收拆解废船的积极性。

4. 各地税费政策差异较大,落后地区纳税缴费状况有待改善

我国中西部地区经济发展不平衡,导致税费政策也不平衡。经济发展水平越低的地区,税费越重,投资环境越差;越是没人投资,税费越高,从而形成恶性循环。这种状况,不利于西部地区发展,也不符合税收公平原则。

三、完善中国生产资料流通行业税收政策的建议

为了进一步促进生产资料流通行业的发展,应对现行不合理的税费政策进行完善和调整,具体建议如下:

1. 关于营业税

(1)仓储企业营业税。按照现行规定,仓储企业营业税率为 5%,而运输企业营业税率为 3%,其政策依据可能是仓储业利润率较高,但实际情况是其利润率低于运输业。建议仓储企业营业税调降为 3%。

(2)试点物流企业营业税。根据国家税务总局规定,纳入试点名单的物流企业,其交通运输和仓储业务的营业税按照营业额减除项目支付款后的余额计算缴纳,但在实际执行过程中往往无法实行差额纳税,营业额不能扣除相关支付项目,全额计征营业税,造成企业税收成本增加。在开展从外部承租库房、输出管理的新业务时,重复纳税的沉重负担也使得外租库业务处于亏损的边缘,仓储业务步履维艰。建议把"纳入试点名单的物流企业及所属企业",界定为"试点企业及其分公司、全资子公司、控股子公司和相对控股的参股公司";明确界定差额纳税可抵扣的成本费用,如运输、装卸、加工、仓储等费用。

2. 关于增值税

（1）按增值额征收增值税。生产资料流通企业销售额较大而增值额较低,应根据其增值额计算其纳税额,目前一些地方按照销售收入的一定比例作为税负率来计征增值税是不合理的。建议税务机关按照生产资料流通企业实际增值额征收增值税。

（2）解决再生资源流通行业增值税难题。再生资源利用企业存在无法取得销售发票、以销项税额全额计算增值税问题。建议尽快研究解决再生资源回收与利用行业的增值税难题,同时简化退税手续,缩短退税周期。

3. 关于所得税

根据国家税务总局《关于印发〈跨地区经营汇总纳税企业所得税征收管理暂行办法〉的通知》（国税发〔2008〕28号）,企业所得税缴纳实行“统一计算、分级管理、就地预缴、汇总清算”,但在汇总计算缴纳的过程中,由于所得税汇算清缴由总机构统一进行,而各分支机构不再参加汇算清缴,出现分支机构所得税税收优惠及减免在当地审批难以通过、总机构所在地税务局也不予认定的问题。建议对全国或区域性的生产资料流通企业统一缴纳企业所得税,对中小生产资料流通企业给予减免企业所得税的优惠政策。

4. 关于土地使用税

生产资料流通行业的仓储企业一般占用场地面积大,土地使用税大幅上涨,很多仓储企业经营艰难。建议对物流仓储用地、铁路专用线等基础设施的占地仍执行2006年度的土地使用税税率,或者给予一定期限的减免、减半征收等优惠政策,扶持仓储企业发展。

5. 关于房产税

仓储业是国家储备的延伸,是流通领域的重要环节,但是仓储业是微利行业,不能跟房地产行业一样征收重税。建议取消生产资料流通企业仓储库房租金收入按12%计征房产税的规定,生产资料流通企业所属仓储用房不论是否出租,均按房产余值计算缴纳房产税;结合房产已使用年限,给予一定比例的房产税减免优惠。

6. 关于印花税

建议按照生产资料流通企业的购销额单向计税,即只向买方或卖方征税;或销售额超过一定数额且毛利率低于一定水平时减半征收。

7. 关于地方性收费

水利建设基金等地方性收费没有考虑生产资料流通行业的特点,按企业全部营业额为依据计征,缴纳基数大,费率太高。建议降低缴纳基数和费率,按销售差价或应纳流转税额的一定比率征收。同时,对地方不合理的行政收费项目要坚决清除。

(作者单位:北京物资学院商学院。原载于《中国流通经济》2011年第8期)

国外政府规制对中国零售业管理的启示

梁毅刚　王　辉

政府规制是指政府对私人经济部门的活动进行某种规制或规定,如价格规制、数量规制或经营许可等。① 对于零售业来说,政府规制的作用主要是维护市场竞争秩序,规范商业企业行为,保护消费者正当权益,促进商品市场繁荣。由于零售业具有贴近居民生活,反映国家、地区经济发展与变化,与其他产业关联度高,体现城市繁荣形象等特性,西方各国高度重视并建立了具有符合自身发展特色的商业和零售业规制,对经济增长起到了促进作用。

一、西方零售业政府规制工具

1. 一般性规制

一般性规制是各国经济管理部门从国家管理层面上对所有市场生产经营主体作出的普遍规定或限制,主要体现在市场竞争、治理结构、商品进出口、基础设施政策、环境政策、劳工标准、社会福利保障等领域,对所有企业的商业行为和事务都适用的一般性规定,对零售企业也同样适用。在某些规制中也部分涉及了零售业,如德国在《反限制竞争法》中规定不允许批发与零售兼营,在《反不正当竞争法》中列举了几种不正当竞争行为:(1)作对比性的广告宣传;(2)对自己的业务情况、货物的性质、产地、生产方式、价格清单、货源、拥有的奖项、销售的动机和目的、库存的数量内容作虚假宣传来迷惑顾客;(3)商业贿赂;(4)诋毁他人商誉;(5)对他人营业标志制造混乱;(6)出卖商业机密;(7)作明显的价格对照;(8)有意压低交税额或排除转卖可能性的特价。② 日本与零售业有关的政策法规有:以排除零售发展的障碍,确保中小商业企业发展机会和条件为目的的《商品交易所法》、《批发市场法》、《中小企业基本法》、《商业登记法》、《中小企业协同组合法》、《有限公司法》等,以及为促进公平竞争,禁止私人垄断,禁止不

---

① 樊纲:《市场机制与经济效率》,三联书店 1995 年版,第 2 页。
② 李春华、付中强:《中德反不正当竞争法之比较》,《商业研究》2005 年第 6 期。

正当交易而制定的《垄断法》、《防止不正当竞争法》等。

2. 行业适用规制

国外对零售业规制的手段常常表现在本国零售业的准入、经营行为、价格限制等三个方面：

（1）价格限制。是指对零售企业的产品或服务确定最高限价,对过度竞争产品或服务规定最低保护价。在价格控制方面,大部分西方国家限制较少,只在少数几种商品如药品、烟草、酒精、石油等战略性物资产品上实行控制,对于其他商品,只有比利时、冰岛、墨西哥等少数几个国家采取了价格管制。如德国的《物价法》规定,销售者向最终消费者推销商品或在新闻媒体上向最终消费者公布的信息必须包括含增值税在内的最终价格、销售单位、货物的名称,并保证数据明确、真实。另外,橱窗里陈设的商品也要备有标签,并标明价格。日本在维持市场和物价稳定方面的政策法规有《物价统制令》、《农产品价格安全法》、《批发市场法》等,目的是调整需求,扩大供给,改善市场结构,实行国家直接干预。

（2）准入限制。即对零售企业进入零售业市场的规定。主要的准入限制是对大面积店铺的限制,由于限制大店铺的进入数量可以降低大型零售商对供应商的影响力,限制其扩张行为,而且有利于现有零售业态的并购,因此有76%的国家作出了审批上的规定（见图1）。其中法国更加严格,规定限度已降低到300平方米。另外在经营审批期限方面也加以规定,主要是使申请者在营业开张时间上有一个滞后期。对此各个国家规定不同,日本为一年,意大利、澳大利亚、比利时为6个月,法国为4个月,而墨西哥、韩国仅为20天。在审批内容方面,主要是对与零售业有关的房地产建设及营业区域的限制。

（3）经营行为限制。各个国家由于宗教、文化和历史原因,在销售时间、折扣、付款方式、免费赠送等方面作出了不同程度的限制。

以德国为例,其在《营业时间法》中规定,除报纸杂志销售店、加油站、集市贸易和星期日贸易市场外,其他所有商店必须遵守统一的营业时间,绝不允许为获取更多营业额而私自延长营业时间。另外,德国法律对商品的减价销售也有专门规定,每年只有冬季和夏季两次大减价,分别在1月份的最后一个星期和7月份的最后一个星期,时间为12个工作日。除法律规定的两次减价外,企业平时不得以减价销售招揽顾客。减价商品的类别为纺织品、服装、鞋和皮革制品及体育用品。其《货物搭配规定》不允许除去货物之外再额外搭配礼品或作有关宣传,但下列情况除外:一是带有公司标志的价格低廉的广告

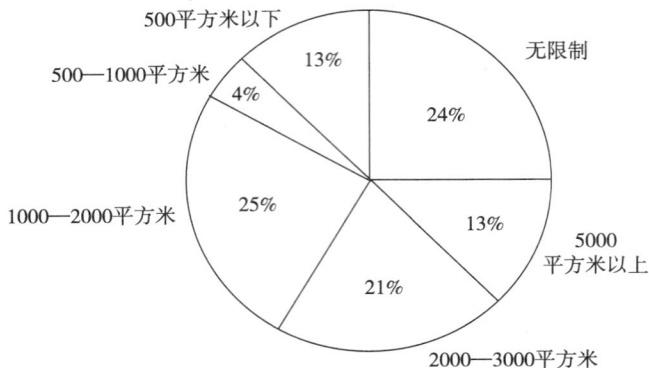

图1　经合组织成员国对营业面积的限制

资料来源：OECD International Regulation Database（2000）。

宣传品；二是价格低廉的小物品（如汽球、小瓶子等）；三是同贸易有关的附件或附加的服务（如无偿运送冰箱、无偿改衣等）；四是送给顾客的有关杂志。但这些搭配物品不可以作宣传。

　　日本在二战后也相应制定了一系列的法律法规，特殊适用的销售法规有《分期付款销售法》、《上门销售法》及邮购方面的规定。针对特殊商品的经营也有特殊规定，如《粮食管理》、《酒类专卖法》、《药业法》、《挥发油销售业法》等。美国为了限制连锁超市店大欺厂，向供应商提出种种条件，如要求供应商加大折扣、交进场费等而出台了《罗宾逊波特曼法案》（又名《连锁商店价格限制法》）。

　　法国、奥地利、波兰限制程度较高，而捷克、瑞士、澳大利亚限制程度较低。这说明政府规制的宽严程度与经济发展和国民生活水平并无直接的关系。

　　上述工具更多体现了规制对企业的规范和限制，但随着世界贸易的扩大，各国规制体系也在不断调整，以使零售企业适应全球化竞争的需要。如日本在1974年颁布了《大店法》，旨在保护中小零售商业企业的利益，但使得竞争市场的淘汰机能蜕化，本来应该可以大量进口、以低廉价格提供国外产品的大型零售商场，却因限制了行业进入而影响了店铺规模和商品进口，使一般商品的价格上涨，造成商品流通效率低下。近年来日本政府进行了调整，《中心市街地活性化法》、《大型零售店铺立地法》、《改正都市计划法》等相继公布实行，同时废止了《大店法》。①

---

① 李智：《日本流通业的管理》，《中国工商管理研究》2004年第12期。

3. 西方政府在规制中的角色定位

从西方各国在零售业的规制制定及实践看,管理者(政府部门及行业协会)、消费者和零售企业三者形成了良性的互动博弈关系。其中零售企业和消费者是规制博弈的双方,二者根据自身利益进行讨价还价,并通过各种渠道影响政府的规制决策,推动政府在他们希望解决的公共问题领域建立规制,规制博弈的结果往往在很大程度上反映或接近社会公共利益。政府规制机构只是博弈的仲裁者或规则的制定者、执行博弈结果的代理人,它根据企业集团和消费者集团博弈的结果制定并执行规制。如美国各级政府在每项规制政策的制定过程中,都有公众参与机制。联邦政府或各级政府提出规制的议案交国会或各级议会,在国会或各级议会召开的辩论会、听证会乃至批准议案的过程中,企业、消费者或受托代表其利益的中介组织都可以发表自己的意见。政府的作用是创造一个良好的法律法规环境,即一方面形成体现公平与效率,维护市场经济流通秩序,促进公平竞争,保持零售业活力的体制性政策法规系统;另一方面形成推进零售业自身建设,不断提高零售业流通机能的高效执行机制。①

二、中国零售业政府规制问题

中国在零售业政府规制上存在着一些缺陷,主要表现为:

1. 缺乏零售业管理整体发展战略

零售业政府管理部门对计划规制的机制和方法驾轻就熟,习惯于用计划规制的手段来管理市场经济。加之旧的规制没有废除,又受 WTO 等国际性公约的约束,结果表现在对零售业管理上,主要是零售业整体发展战略方向和速度的模糊性,各种规制手段出现多变性和不一致性。比如在对国际大型零售商的外商投资比例限制、外资优惠政策给予、中央和地方的权利义务划分等诸多问题上,地方政府这种处理问题的模糊性更为突出。表现为一方面出于城市经济发展和提升城市形象的愿望,在引进外资的规模和数量上不加限制,过度进入,重复建设,导致商业基础设施及资源的闲置,商场之间恶性价格竞争屡屡出现;另一方面考虑到就业问题,为维护社会秩序的稳定,又对小规模零售网点不加严格管制,提高了流通成本,降低了流通效率,小店铺假冒伪劣问题也时有发生。

---

① 　植草益:《微观规制经济学》,中国发展出版社 1992 年版,第 106—130 页。

2. 规制体系不完善

中国目前已初步建立了市场经济运行的法律体系框架,其中与零售业有关的法律和规定主要有《反不正当竞争法》、《反倾销和反补贴条例》、《关于制止低价倾销行为的规定》、《商品市场登记管理办法》、《连锁店经营管理规范意见》、《零售业态分类规范意见》等。同时,中国政府先后签订了一系列国际公约、条约和协定。这些法律法规和行政性规章的出台,规范了零售市场主体的行为和市场秩序,促进了市场的发展。但目前最大的问题,一是规制的"空白"问题,针对零售业的行业适用规制尚需完善,如缺少各地区的零售业投资指导目录规定,制定专门针对零售企业行为的法律规定以及法律法规的具体可操作性政策(如《销售行为法》)等;二是各种规制的"交叉重复"问题,由于零售领域涉及的管理部门较多,城市规划、工商、质检、物价、城管、卫生、商务、环保等行政管理机关按照各自的职能制定管理政策,而不同的政府部门共同规制同一产业,必然会引起各行政管理部门之间职能交叉,职权不明,执法严格程度不一,重复执法以及相互之间争权夺利、"踢皮球"等问题,并为寻租活动提供更多的机会。

3. 规制执行软弱无力。零售业管理重事前控制,在审批上手续繁杂;轻过程控制和检查,对零售经营者在执行和监督上软弱无力。零售业管理政出多门,缺乏统一的综合管理部门,加之在法律上没有对行政部门的监管活动作强制性要求,并作为评估管理部门绩效的指标,导致实践中政府部门或出于对执法成本的考虑,或由于懈怠,或出于不正当的庇护(例如地方保护主义),而对举报投诉置之不理或行动迟缓,从而使得很多不正当竞争行为无法得到及时查处,一旦出现了问题又相互推诿,造成零售企业遵纪守法付出的代价远远高于违法乱纪的代价。这不但损害了消费者的整体利益,而且最终影响的是政府形象及公信力。

三、中国零售业管理的改革思路

1. 建立长远的商业规划和布局,确定零售业合理的发展速度和方向

城市总体规划是一个城市建设发展的蓝图,决定了一个城市在一定时期内建设发展的方向和格局。商业网点规划对于城市总体规划是局部与全局的关系。商业网点规划必须服从和服务于城市总体规划的要求,防止城市中心商业区内大型商场过分集中,促进商业网点建设与整个城市建设的协调发展。

零售业的发展速度应当适应城市经济发展速度的总体要求。在当前商品

供过于求的状况下,零售业的发展速度要合理,要与其他行业平均发展速度和经济增长速度相适应,减少重复建设和资源浪费现象,达到既提高流通效率又照顾中小型企业利益及居民就业的目标。

2. 建立完善的政策法规体系

随着零售业市场化程度的提高,我国零售业应在 WTO 框架内,对零售业中央政府和地方政府管理两个层面的法律法规进行界定和梳理,解决规制中的机构重叠、多头管理和政企不分问题,重新建立规制体系,特别是针对行业特点的规制的补充修改和各项规制的整合,消除管理上的"真空"地带和"重叠"地带。

未来零售业的规制体系是约束制度与激励制度的结合体,应包括:(1)产品和企业的市场准入制度。实行市场准入的资格审查制度,建立市场信用体系和经营监控体系,杜绝伪劣或变相造假产品及未达到环保标准的产品进入零售市场。(2)监督与仲裁体系。政府要致力于企业行为监督机制和仲裁机构的建立,并支持独立于政府的仲裁机构的培育,为市场经济发展营造一个良好的制度环境。(3)激励性机制。政府采用价格上限规制、区域间标尺竞争、特许投标制等方式引导企业经营,使企业受到利润刺激或竞争性刺激,削减成本,提高生产效率和资源配置效率。[1]

3. 充分发挥行业协会的监督管理作用,保证规制的有效执行

由于政府作为国家组织形式,缺乏管理上的灵活性,加之政府机构严格的隶属关系、烦琐的办事程序,其运行结果也往往会因各种原因而效率低下。现今各国都十分注意积极寻求与行业组织进行合作来规范其国内市场竞争行为,将部分政府规制的职能转移给行业组织,通过行业自律来规范市场竞争秩序。依靠行业协会、商会等社会中介组织的自律功能,通过法律保护正当经营者的合法权益,使市场能有序运行。

在我国,规制零售业的行业协会是各级商业联合会和各类商会,他们对零售业的事务最为熟悉,也最为了解,可以充分利用社会力量和相关专业知识,更科学地对零售行业进行管理。特别是对零售企业的不正当行为、假冒伪劣商品销售、恶性杀价行为及其他损害消费者利益的行为进行有效的规制,以形成公平的市场竞争环境。[2]

---

[1] 尚珂、赵兵:《我国流通领域法律体系研究》,《中国流通经济》2005 年第 8 期。

[2] 于雷:《市场规制法律问题研究》,北京大学出版社 2003 年版,第 127 页。

4. 培养强大的消费者利益集团

从西方国家管理经验得出,零售业的规范发展应是管理者、零售企业、消费者三者关系的协调。从我国现状看,零售企业在供应链中尚处于优势地位,特别是大型零售企业,他们控制着零售终端,在投资中影响着政府的决策,成为市场中的强势集团。而消费者权益的保护还在很大程度上依附于政府,消费者虽然人数众多,但由于其分散性,不能充分有力地表达自身利益,未形成独立、成熟、强大的消费者主体,在客观上为一些企业漠视消费者利益,操纵规制过程提供了可乘之机。

政府规制的作用,就在于以满足消费者的需求为根本点,引导和规范零售企业行为,形成不同作用、不同层次的规制体系。因此,在规制制定中应考虑消费者等利益相关者在规制立法、规制决策中的重要地位和作用,充分吸收消费者及相关者直接或间接地参与规制立法过程,如参加立法听证会等,使其利益能够在规制博弈中得到尽可能充分的表达。[1][2]

四、结束语

零售业的发展最终取决于居民收入的提高和消费者需求的满足程度。由于消费者在商品与服务选择和购买上的分化,体验式消费观念的深入人心,因此建立现代化流通体系应由注重资源建设转向面向消费者需求。管理部门规制未来的变革是审批手续简单,准入门槛降低,而执行上严格,监管力度加大,政府对零售业的管理将进一步间接化、规范化、法制化和有序化,以提高流通效率,抑制不正当竞争。同时鼓励零售企业在盈利模式、商业布局、渠道建设、物流配送上的创新,鼓励业态多样化发展,使企业发扬本土优势、文化优势、专业化优势和服务优势,在市场竞争中不断发展壮大。

(作者单位:石家庄铁道学院经济管理分院。原载于《中国流通经济》2006 年第 1 期,被中国人民大学《复印报刊资料》之《商业经济》2006 年第 4 期全文转载)

---

①　王辉、白自立:《借鉴国外经验,加快我国便利店的发展》,《商业时代》2001 年第 8 期。

②　Dongjin and Wanghui. The Competitive Advantages of Large International Retailers & The Countermeasures for Chinese Enterprises. *Proceedings of 2001 International Conference on Management Science & Engineering* . Harbin:Harbin Institute of Technology Press,2001,pp. 1302−1306.

责任编辑:辛春来

图书在版编目(CIP)数据

中国流通经济体制改革新探/陈建中 主编　林英泽 副主编.
　-北京:人民出版社,2014.10
ISBN 978－7－01－013025－5

Ⅰ.①中⋯　Ⅱ.①陈⋯②林⋯　Ⅲ.①流通经济-经济体制改革-研究-中国
Ⅳ.①F724

中国版本图书馆 CIP 数据核字(2013)第 321123 号

中国流通经济体制改革新探
ZHONGGUO LIUTONG JINGJI TIZHI GAIGE XINTAN

陈建中　主编　　林英泽　副主编

人民出版社 出版发行
(100706　北京市东城区隆福寺街 99 号)

北京汇林印务有限公司印刷　新华书店经销

2014 年 10 月第 1 版　2014 年 10 月北京第 1 次印刷
开本:710 毫米×1000 毫米 1/16　印张:39.25
字数:640 千字　印数:0,001-2,000 册

ISBN 978－7－01－013025－5　定价:80.00 元

邮购地址 100706　北京市东城区隆福寺街 99 号
人民东方图书销售中心　电话 (010)65250042　65289539